［美］伊沛霞 著

姚平 张聪 程晓文 易素梅 段晓琳 编

中古探微

伊沛霞中国史研究

修订版

图书在版编目（CIP）数据

中古探微：伊沛霞中国史研究 /（美）伊沛霞著；
姚平等编 . —修订版 . —上海：上海古籍出版社，
2024.1
ISBN 978-7-5732-0777-7

Ⅰ.①中… Ⅱ.①伊… ②姚… Ⅲ.①中国历史-古
代史-研究 Ⅳ.①K220.7

中国国家版本馆CIP数据核字（2023）第164871号

中古探微：伊沛霞中国史研究（修订版）

〔美〕伊沛霞 著

姚平 张聪 程晓文 编
易素梅 段晓琳

上海古籍出版社出版发行

（上海市闵行区号景路 159 弄 1-5 号 A 座 5F 邮政编码 201101）

（1）网址：www. guji. com. cn
（2）E-mail：guji1 @ guji. com. cn
（3）易文网网址：www. ewen. co

苏州市越洋印刷有限公司印刷

开本 787×1092 1/16 印张 31.75 插页 6 字数 471,000
2024 年 1 月第 1 版 2024 年 1 月第 1 次印刷

ISBN 978-7-5732-0777-7

K · 3412 定价：158.00 元

如有质量问题，请与承印公司联系

1991年春我正在伊利诺伊大学读人类学博士时，有幸聆听伊沛霞教授讲授中国妇女史课，即刻决定转修历史，做她的学生。从我1992年入历史系至1997年博士毕业，伊教授言传身教，我也因而对美国学者研究中国史的视角和切入点、他们对史料的运用，以及美国的中国史领域的研究动态有了比较全面的了解。1997年毕业后，我赴加州州立大学洛杉矶分校任教。虽然我们经常在学术会议上见面、交流，但这次采访是我第一次系统地向她请教她对中国史领域的总体观察和她对自己的学术生涯的回望。

问：我第一次修您的课是1991年春季您开设的亚洲研究专题讨论班的《中国妇女史》。自那时起，您对中国历史的执着和熟稔一直让我很好奇，我很想知道您为什么选择中国史研究？

答：其实我以研究中国为业并不是什么特别原因所导致的。直至高中毕业，我从未碰到过一位来自中国甚或是去过中国的人。在芝加哥大学读大一时（1965-1966），我在选择社会科学专业或人文科学专业上踌躇不定。我非常喜欢大一的社会科学必修课，我们阅读了马克思和韦伯等思想家的著作。如果我选择社会科学专业，则必须修一年学程的非西方文明课，当时我决定先选一门试试。我记得当时可选择的课程是俄国文明、印度文明、中国文明和日本文明。我觉得俄国文明太接近西方，便不经意地选择了中国文明。随后，我又"突发奇想"，决定修一门中文课。当时的课程指导老师认为，古代汉语早于现代汉语，因此，初学者应该首先修古代汉语。可能芝加哥大学是当时唯一一所如此教中文的学校。所以，大二时，我修的课是《西方文明》《中国文明》（由顾理雅［Herlee Creel］、柯睿格［Edward Kracke］、何炳棣［Ping-ti Ho］各教授一学期），[①]以及《古代汉语》（顾理雅授课）。我非常喜欢古汉语课。我们用的教科书是顾理雅自己编的：第一年从《孝经》学到《论语》，第二年学《孟子》，由柯睿格授课。当时我对《西方文明》课程

---

① 顾理雅（Herlee Glessner Creel, 1905-1994），早期美国汉学和儒学领域开拓者，长年在芝加哥大学任中国史教授。柯睿格（Edward Kracke, Jr., 1908-1976），美国宋史研究的奠基者，长年在芝加哥大学任中国史教授。何炳棣（Ping-ti Ho, 1917-2012），主治中国思想史，先后任教于加拿大英属哥伦比亚大学和美国芝加哥大学。

伊沛霞教授
摄于 2016–2017 年担任清华大学苏世民书院
杰出访问教授的一次讲座上

本书编者与伊沛霞合影
摄于 2022 年 8 月伊沛霞荣休纪念暨学术研讨会
（左起：段晓琳　易素梅　程晓文　张聪　姚平）

序：五十年的中国史缘

——伊沛霞访谈录

访 谈 录 一

访谈人： 姚平

访谈时间： 2010 年

在西方中国史学者中，伊沛霞（Patricia Buckley Ebre
国史之融会贯通、开妇女史研究之先河以及将社会生活史
材而备受尊仰。她所撰著的《剑桥插图中国史》《内闱：宋
生活》《早期中华帝国的贵族家庭》等书在国内学界也非常
教授的学术生涯不仅反映她的才智和勤奋，更重要的是，
美国中国史研究领域半个世纪以来由汉学（Sinology）转
Studies）的过程，以及美国多元文化运动和女权主义运动
育的影响。

伊沛霞教授 1968 年毕业于芝加哥大学，同年考入哥
系研究生课程，专治中国中古史。1970 年获硕士学位，19
1970 年代正值美国历史学界的活跃时期，伊沛霞教授对
展的兴趣和思考使她成为最早从社会史的角度去研究中
者之一。1973 至 1997 年间，伊教授在伊利诺伊大学东亚
二十五年间，她从一位默默无闻的临时教员起始，最后成
教授和美国中国史研究的领袖人物。自 1997 年起，伊教
顿大学执教，直到 2022 年 8 月荣休。

也非常感兴趣,并觉得它比《中国文明》课程更为成熟。我想,中国史这个领域一定有很多非常有意思的方面可作探寻,因此也一定是一个机会很多的领域。所以,在大二结束时,我已全然决定研究中国史。同时,我也已决定要当一个大学教授,因为教授们的日子似乎很闲适。

问: 您为什么选择妇女史研究? 您对身为女性历史学家有何感受?

答: 妇女史与女历史学家其实是两个非常不同的问题,不过,我个人在这两方面的经历在很大程度上是大环境的变化造成的。我是在哥伦比亚大学读的博士,在1970至1971年间选择我的博士论文题目时,我绝对没有去想女性应该研究哪些特定的历史课题。我所希望的是成为一位历史学家,而不是研究女性的历史学家。我是女性,但我的性别与做历史学家没有关系。正如与我同辈的其他女性一样,我希望能证明,若平等待之,女性能胜任所有男性做的工作。在那些日子里,妇女力争女消防员被社会所接受,她们根本没有要求任何幼儿保育之类的特殊待遇。

至于在身为女性教授方面,我认为,随着时间的推移,这渐渐变得容易起来。在读博士课程时,我明显地感觉到,我的同学中的女性比例要远远超过哥大教授中的女性比例。当时大家以"夫人"(Mrs.)称呼东亚系唯一的一位女教授,而以"教授"称呼其他的男性教授。我想其原因是,对男性来说,"教授"意味着"一位男子",因此,称一位女性为"教授"似乎很不自然。我在1973年刚到伊利诺伊大学执教时,整个亚洲研究课程(Asian Studies Program)没有一个女教师,而历史系也好像只有两位女性,其中一位还是当年刚招的。在许多场合下,我感觉到男教授们真希望我自动提出不参与他们的活动。不过,当他们逐渐习惯了我的存在后,一些男教授成了我坚定的支持者,尤其当时已在伊大的两位中国史教授——魏侯玮(Howard Wechsler)和易劳逸(Lloyd Eastman)。① 久而久之,随着与我同辈的男性教授的职务提升,对女性同事的接受也大有改善。与我同辈的男性教授往往

---

① 魏侯玮(Howard J. Wechsler, 1942-1986),美国唐史研究专家,耶鲁大学东亚研究博士,1969年至1986年任教于伊利诺伊大学历史系和东亚研究系。易劳逸(Lloyd E. Eastman, 1929-1993),美国民国史专家,哈佛大学东亚研究博士,1967年至1993年任教于伊利诺伊大学历史系和东亚研究系。

在读博士时已经接触了不少女研究生，因此，与前辈相比，他们更容易与女性同事相处。

至于我进入妇女史研究领域，这绝对是因为受了美国妇女史和欧洲妇女史研究的影响。其实，我最初是在1980年前后因受到欧洲家庭史研究成果的启发而转入家庭史研究的，我认为家庭史是社会史的一个分支。到了1980年代后期，进一步转向妇女史似乎是一件顺理成章的事。

问：在我博士第二年修您的《中国史史料》课时，我感觉到您这一代中国学学者体现了汉学（扎实的古汉语训练、强调史料）与现代社会科学的融合。您能不能谈谈您对自己求学和训练过程的想法？另外，我们这份学刊的读者大多是在美国大学执教的中国教授，我想他们一定很希望能知道您在培养研究生方面的经验和告诫。

答：我于1968至1973年间在哥伦比亚大学的东亚语言和文化系读博士（1971至1972年间在中国台湾和日本做研究）。当时哥大研究中国、日本和朝鲜古代史（premodern）的教授都基本上驻阵此系（有些在其他系兼职），因此，在东亚系学历史并不为怪。我选择的课程领域是中国和日本的历史、文学和思想。

我想汉学训练的基本目的是培养我们能独立运用中文资料来做研究。因为我在入哥大前已经有了两年的古汉语基础，因此，我没有选毕汉思（Hans Bielenstein）①教授开设的相应课程，但我还是去旁听了他的课。与我以前所修的所有语言课不同的是，毕教授以讲课为主，从头到尾解释文本的意思，而从来不问学生对这些段落怎么理解。与此同时，我又修了华兹生（Burton Watson）②的讨论班课，这门课对古文的研读则更接近一般的讨论课。很显然，毕汉思和华兹生两位教授在理解中文文本上采取了完全不同的方法。在当时的研究生中，母语是中文的学生占的比例很小，因此，古文讨论班课往往致力于一行一行地研读，以准确理解句子的意义为起点。我

---

① 毕汉思（Hans Bielenstein, 1920–2015），瑞典汉学家，主治汉代历史，1961至1988年间在哥伦比亚大学执教。

② 华兹生（Burton Watson, 1925–2017），美国汉学家，尤以翻译中国古籍著称，曾执教于京都大学、哥伦比亚大学及斯坦福大学。

记得自己曾花大量时间在《马守真华英字典》(*Mathews' Chinese-English Dictionary*)①中找中文字。此外，东亚系还设有一门汉学研究方法的课，由一位图书馆馆员教授，但并不怎么理想。最有用的课倒是由吴百益教授②开设的古文阅读辅导课。当时吴百益在皇后学院(Queens College)任教，同时他在哥大以临时教授的身份开课。学生一星期见他一次，带上自己正在阅读的古文资料，与他讨论自己有疑惑的段落。我们都在他那里获益匪浅。

当时哥大的研究生课程不十分强调社会科学研究方法，这不是狄培理(Wm. Theodore de Bary)、③毕汉思、华兹生等教授的学术重点。姜士彬(David Johnson)④于1970年入盟哥大后，情况有所改变，他带来了对社会科学研究方法的关注。

我认为研究生课程的目标应该是培养学生自己学习的能力，因为我们不可能教给他们所有的知识。与教会他们用中文资料做研究同等重要的，是教会他们阅读和欣赏学术作品，使他们能独立地通过搜寻和集中阅读来确定自己的研究方向。

说到社会科学研究方法，我应该提到1976年郝若贝(Robert Hartwell)⑤组办的为期两周的工作坊。这个工作坊有十几位学员，他们大多刚获得博士学位。工作坊集中介绍了社会科学，并一起研讨了以社会科学方法论来研究历史的种种途径。我们有一个很长的阅读书目，几乎概括了所有的社会科学中的分支领域。而且，每天都有不同的社会科学专家(他们并不是中国学专家)分别指导我们对这些领域的学习。郝若贝的这个工作坊非常成功，过后，大多数参与学员都希望能更深入地阅读社会科学研究成果，探索

---

① 马守真(R. H. Mathews)，《马守真华英字典》(*Mathews' Chinese-English Dictionary*)，麻省剑桥：哈佛大学出版社，1972年修订版。

② 吴百益(Pei-yi Wu, 1927–2009)，美国汉学家，主治儒家文化史，长年执教于纽约的皇后学院和哥伦比亚大学。

③ 狄培理(Wm. Theodore de Bary, 1919–2017)，美国汉学家，主治中国思想史，曾长期执教于哥伦比亚大学。

④ 姜士彬(David Johnson, 1938–   )，美国汉学家，主治中国社会史，现任美国加州大学伯克莱分校历史系主任。

⑤ 郝若贝(Robert Hartwell, 1932–1996)，美国汉学家、历史学家，主治唐宋史，曾任宾夕法尼亚大学教授。

如何使这些成果有助于自己的研究。

问：您的研究兴趣似乎始于汉代，随后逐渐转到宋代，您转向的原因是什么？

答：其实我并没有始于汉代，我的早期研究着重于六朝和唐代。但因为我决定做这一时期的大姓的个案研究，必须追溯到汉代，将故事从头讲起。接下来的一两年间，我花大量时间在汉碑上，这完全是因为杜希德（Denis Twitchett）要求我撰写《剑桥中国史》的汉代史卷中的东汉社会和经济这一章。[①] 因为他刚允诺我的毕业论文修改稿可以在剑桥大学出版社出版，我颇感义不容辞。我本打算在完成这些文字后再回头做唐代研究，但当时我已对家庭史非常感兴趣，而在这方面，宋代的史料要比唐代的多。我没有任何宋史研究的正规训练，因此，不得不自己在大量史料中找线索。

问：您能不能谈谈近几十年来美国的中国史研究的主要动态？您认为这个领域最重要的变化是什么？

答：这个问题不太简单。也许是因为每一代学者都希望能超越前代学者，尤其他们的师辈吧，这似乎导致了研究取向的一次次变化。但就中国史研究而言，美中关系的变迁对这个领域显然有着巨大的影响。

我读研究生时正处1960年代后晚期和1970年代初期，美国公民不能去中国。我的老师们基本上是冷战代学者，他们大多在二战和朝鲜战争时期因为对军事战争有兴趣而开始做东亚研究。在我求学的日子里，越南的战争是一个重大议题，因此，这两代学者在观念上有非常大的分歧。我们所称的社会史在我们这一代学者中非常流行，这当然也是受了历史领域中的研究趋势的影响，如法国的年鉴学派等。我们做社会史的目标之一是超越贵族史，虽然我们知道由下向上写历史是难以实行的。另一个目标是分析社会结构，更明确地了解贵族怎样掌握权力，为什么要掌握权力。还有一个重要方面是收集可以数据化的资料，这是因为在史料中，平民百姓往往是以数

---

① 杜希德、鲁惟一（Michael Loewe）主编：《剑桥中国秦汉史》（*Cambridge History of China*, Vol.1, *The Ch'in and Han Empires*)（剑桥：剑桥大学出版社，1986年。）杜希德（Denis Twitchett，又译作崔瑞德，1925-2006)，英国汉学家、历史学家，主治隋唐史，曾任教于英国剑桥大学和美国普林斯顿大学。

字出现的，如人口资料等。我们倾向于认为我们的师辈的研究过于注重狭隘的政治史和思想史。

1980年代，许多学者转向于研究文化史，这是与所谓的"语言学转向"（linguistic turn）紧密相关的。理论方法，尤其是文学理论和人类学理论在历史学家的研究中占的分量越来越重，不少文章和著作往往开宗明义地强调其理论上的推设和主张。就中国史研究而言，其趋向还更为繁复。这是因为，1979年美国与中国恢复了正常外交关系后，美国研究生和美国教授可以到中国去学习、做研究，中国学生也可以申请美国大学的研究生课程。至1980年代晚期，大多数重点博士课程招收了大量的中国学生，而许多新入学的美国学生也已经在中国生活过——或是在那里教授英文，或是在那里的国际组织工作。因此，研究生课程中的语言训练成分逐渐下降。

1980年代至1990年代间在中国做研究的机会增加也对中国史研究领域有极大的影响。中国的档案馆逐渐愿意让学者查阅他们的资料，而中国政府也越来越多地批准采访、民意调查、驻扎田野调查的申请。历史学家们发现，与以往相比，他们可以更容易地选择以大量文件、珍本书籍和考古材料为基础的研究课题。这些变化不仅决定了在这一时期入学的博士生的论文题目，而且一些有眼光的资深学者也很快地利用这些新的可能性来设计自己的研究项目。博士生在日本学习的时间缩短了，相应地，日本学术界对美国的中国史研究的影响也逐渐减弱，而中国学术界的影响则随之增强。

我相信当一二十年后我们回望二十一世纪的第一个十年时，我们会发现一些重要的研究趋势。族裔（ethnicity）、身份标识（identities）、社会性别（gender）以及民间宗教（popular religion）显然是目前中国史研究中的重要课题，但是我还不能肯定这些研究是否反映了一个更为广泛的趋势。

问：您的获奖著作《内闱》[①]最先在中国史研究领域提出了妇女是构造

---

① 《内闱》（*The Inner Quarters: Marriage and the Lives of Chinese Women in the Sung Period*，伯克利：加利福尼亚大学出版社，1993年）荣获1993年度全美亚洲学研究学会列文森著作奖（中国古代史类）；中译本见：[美] 伊沛霞：《内闱——宋代妇女的婚姻和生活》，胡志宏译，南京：江苏人民出版社，2010年。

中国文化和中国历史的能动主体（agents）的观点，是什么原因导致您提出这一主张？以您之见，在过去四十年中，中国妇女史研究领域有哪些重要成果？

答：关于女性主体能动性（women's agency）的想法，这要归功于伊利诺伊大学历史系的同事们。当时的历史系教授中有一个非常活跃的"社会史"小组，我们每个月聚一次，讨论一个成员的文章，这非常有助于我们不断地更新思路。我记得我第一次听到的有关女性主体能动性的演讲是桑尼亚·米歇尔（Sonya Michel），她的研究专业是现代美国妇女史。

在过去的三十年中，中国妇女史研究成果累累，要概括出这个领域发展各阶段的里程碑还真不容易。中国妇女史有其专门的学术期刊《男女》①这一事实就反映了这个领域有着多大的变化。中国文学研究者对这个领域贡献非常大——他们不仅引起了学界对女性作者（尤其是女诗人）的关注，而且还非常练达地以语言研究来探讨社会性别、妇女、性以及相关的课题。十七、十八世纪的中国妇女史的研究非常有深度。我往往尽可能地广泛阅读明清史研究——由于史料的丰富，明清史研究者往往会关注到一些我们自己在看史料时忽略的现象。

问：您认为目前妇女史研究中有哪些方面或课题还没有得到学者们的足够重视？

答：如果你的言下之意是，还有没有好课题可以让年轻学者去做，那我相信一定有。在学术团体年会或学术讨论会上，我每每对社会性别研究方面的新角度感到钦佩。我的两位研究生在这方面做得很出色。但是，我并不希望推荐任何一个特定研究方法。我认为更有效的途径是阅读中国史之外的研究，至少是自己的朝代史之外的研究。你一定会发现一些研究方法、手段和研究焦点让你耳目一新。

问：在中国史研究领域中，学术讨论会似乎占有重要的地位，以专题学

---

① 《男女》(Nan nü: Men, Women, and Gender in China)，莱顿：博睿（Brill）学术出版社，1999年创刊。

术讨论会论文为主的学术论文集也非常受学者和大学教授们的重视。作为六本此类论文集的编辑，您能否为我们阐述一下这类学术讨论会及论文集的角色和重要性？

答：其实学术讨论会是所有学术领域（包括科学领域）的重要组成部分。不过，相对来说，我认为讨论会论文集在引导中国研究方面的作用确实非同一般。这可能是因为几十年来，中国研究的学术讨论会得到了很有实力的基金会的赞助，而且，这些讨论会的程式安排非常有利于集中地、有深度地讨论参与者的论文。比如，中国思想研究委员会（Committee on Chinese Thought）出版的有关中国思想史的论文集（如《中国的思想与制度》①等）、一批有关中国社会的论文集（如《中国社会家庭与亲缘关系研究》②《中国社会中的宗教和祭祀》③《中国社会中的女性》④《中华帝国晚期的城市》⑤），以及由当代中国联合委员会（Joint Committee on Chinese Studies）出版的大型论文集系列（其中包括我参与合编的有关亲缘关系和婚姻的论文集）就是这类学术讨论会的产物。当然，这里关键是经费。长期以来，有好几个基金会对中国研究有兴趣，从而对相关的学术讨论会慷慨赞助。

这类专题讨论会的重要作用表现在两个特点上。第一，对研究生来说，讨论会论文集为他们提供了中国史研究领域中主要研究课题和研究者的入门性介绍。对与会者来说，这类学术讨论会让他们切身感受到，别的学者在读他们的作品、关注他们的研究。此外，这类讨论会使与会者更容易设想自己的听众：他们是那些在年会上对我们的论文感兴趣的人。第二，组织这

---

① 费正清（John King Fairbank）编：《中国的思想与制度》（*Chinese Thought and Institution*），芝加哥：芝加哥大学出版社，1957年。
② 斐利民（Maurice Freedman）编：《中国社会家庭与亲缘关系研究》（*Family and Kinship in Chinese Society*），斯坦福：斯坦福大学出版社，1970年。
③ 武雅士（Arthur P. Wolf）、马丁（Emily Martin）编：《中国社会中的宗教和祭祀》（*Religion and Ritual in Chinese Society*），斯坦福：斯坦福大学出版社，1975年。
④ 卢蕙馨（Margery Wolf）、维特克（Roxane Witke）编：《中国社会中的女性》（*Women in Chinese Society*），斯坦福：斯坦福大学出版社，1975年。
⑤ 施坚雅（William Skinner）、裴达礼（Hugh D. R. Baker）编：《中华帝国晚期的城市》（*The City in Late Imperial China*），斯坦福：斯坦福大学出版社，1977年。

类学术讨论会也是一种非常有益的经历。我总是与学科外的学者组办讨论会。组办讨论会并争取出版论文集的好处是，它促使你在思考你自己的研究的意义之外，还要去思考其他十几位作者的研究的意义。这可以让你颇感兴奋。不过，它的遗憾处是，总有一些参与者不按时交论文。有时候你不得不为了按时出版论文集而放弃一篇你非常喜欢的文章——对其他作者来说，因为一个作者不按时结稿而将出版日期推迟一两年是不公平的。

近年来，大多数学术讨论会由大学组办，并向更大的听众群开放。除了评论者之外，听众都没有读过你的论文，这种模式与美国亚洲研究学会（The Association for Asian Studies）的年会很相像。虽然这种学术讨论会很有益，但它不如非开放型的、"人人预先读过所有文章"的那种讨论会有张力，因此，相比之下，在开拓研究领域方面贡献不大。

问：最近，历史学家质疑是否真正存在过一个"历史的中国"（historical China）。这个研究方法的学术背景是什么？您对这个问题怎么看？在历史上有没有商代中国或周代中国？

答：我不知道我是否理解这些质疑。这是不是应该完全取决于你用"周代中国"一词时想要表达什么内容？如果对你来说，这个词的意思是，这个被称为"中国"的地方与今天的中国的疆域完全相同，这当然是很荒谬的。但是我并不是这样来理解这个词的。如果我们能用"中世纪印度"（Medieval India）或"封建时代日本"（Feudal Japan）或"早期现代欧洲"（Early Modern Europe）——它们各自都由种种政体和流动性关系组成的，那我们为什么不能用"周代中国"这个名称呢？中国人显然以非常简单化的词汇来标示其邻近国家和地区。如果几世纪以来中国人用同一个词来指称日本，尽管其历史现实从来不是固定的，那我们为什么要反对日本人或西方人以同样的方式称呼中国呢？这些都是局外者（outsiders）使用的词汇。而以我之见，这些词在何种程度上反映了不同社会地位的局内人的想法倒是一个可以研究的课题。当然，我们在美国用英语写有关中国的著作或教授有关中国的课程时，我们是从局外者的角度来看中国的。我可以想象当时的匈奴一定有一个词汇用来代表我们所称的汉代中国。

问：那您怎样定义"中国"（China）和"中国人"（Chinese）？

答：很难说我有自己的定义。我当然用这些词，但很可能在用法上不一致。一般来说，我用"中国本土"（China Proper）来指称以汉语为基本语言的地区。也就是说，这是一个文化区域（cultural region），而不是一个国家政权（state）。这个区域的大部分往往是被一个国家政权（state）所控制，因此，我又会指称这个政府为"中国"。也就是说，除了使用"宋代中国""明代中国"之外，我肯定还简单地用"中国"一词，尤其是当我写到"当传教士最初到达中国时……"之类的句子时。一般来说，当我用"中国人"这个词时，我指的是以汉语为母语的人。但这个用法又排斥了一些模棱两可的情况，比如，有些人会在不同的境况下使用不同的种族标识。我认为在1949年以前，没有人真正试图以"中国人"一词来统称所有居住在中国的公民（不管他们是属于哪个民族的）。

问：您对家庭和生活非常投入，又全职教书，但同时您还能出版近二十本著作，发表六十篇文章。您能不能给我们传授一下您完成写作和争取出版的经验？您对刚刚走上学术道路的年轻学者有什么告诫？

答：我给助理教授们（assistant professors）的告诫往往是，尽可能在每星期留下固定的一段时间来做研究，至少是在就职任教的第一个学期之后。我基本上每星期能留出至少两天的时间来做研究，当然我也清楚这在教课量比较轻的研究性大学更容易做得到。

但是，自律并不是唯一的条件。三十多年来，我观察了不少朋友、同事和学生的学术生涯，我感受到，个性与才气、志向同等重要。就我个人而言，研究和写作过程是一种享受，所以，我对伏案写作并不搁置。许多非常有才华的人又恰恰是极大的拖延者，在稿子截止期之前往往会找出各种其他需要做的事情来。我记不清有多少次我是学术讨论会的第一个交稿者。我喜欢在截止期远远还没到之前就交稿，这样我就可以把这件事放在脑后，转手去做别的研究课题。

我不知道我在发表作品上能够提供什么好的建议。我的天真想法是，应该考虑如何写出好的学术性文章和著作，而不是如何让编辑和出版社接受你所写的东西。要想写出好作品，真正喜欢读学术著作和文章会对你极有益处。你可以随后思考一下，你喜欢这些作品中的什么？你也可以想象怎样为这些作品的读者写文章。在我的学术生涯中，我一直很清楚地意识到，我是在为一个英语读者（而不是汉语读者）写作。当然，时至今日，因为交流的频繁，这些语言上的界限已经不再那么重要，至少就非常专业的期刊而言是这样。但是写书的话，语言应该还是一个非常关键的问题。

问：除了大量的学术著作外，您还撰著或合著了六本广为使用的中国史、东亚史、世界史、史料教科书。是什么动因促使您牺牲大量的研究时间去为课堂教学写作？

答：其实我开始为学生写作是一件很偶然的事。我1973年到伊大是因为我丈夫接受了那里生物系的终身教授职务。伊大给我一个为期一年的半日制（half-time）讲师（lecturer）工作，教一个学年的东亚通史。因为我当时还没有完成我的博士论文，所以，这份工作对我来说也不错。远在学年终结之前，我们都很清楚，第二年不会有我可以教的课。当时亚洲研究课程主任克劳福德（Bob Crawford）建议我申请美国人文基金会（The National Endowment for the Humanities）的教育组的基金，以作为我第二年的薪水。于是我试图找一个自己能够做而且人文基金会会认为值得赞助的项目。我回想起我在芝加哥大学读本科生时的西方文明史课——这门课的主要阅读材料是原始文献。我曾想用同样的方法教我的东亚通史课，但是当时可选用的教材（如狄培理的《中国传统之本源》①和陈荣捷的《中国哲学文献选编》②）都偏重于宗教和哲学，而没有任何私人信件、回忆录、法案或诸如此类的社会史研究所经常引用的文献。当时这类文献的英译已在西方文明史课堂中被使用。虽然这套申请材料是以克劳福德的名义提交的，但整个提案

---

① 狄培理（Wm. Theodore de Bary）编：《中国传统之本源》第一、第二卷（*Sources of Chinese Tradition Vol.1 and Vol. 2*），纽约：哥伦比亚大学出版社，1960年。

② 陈荣捷编：《中国哲学文献选编》（*A Sourcebook of Chinese Philosophy*），普林斯顿：普林斯顿大学出版社，1963年。陈荣捷（Wing-tsit Chan, 1901-1994），主治宋明理学，朱子学权威，曾长期执教于美国哥伦比亚大学。

是我撰写的。提案的主旨是，在东亚系开设中国文明和日本文明课，组织翻译原始文献并在这些新课中试用。这个提案被授予三年的基金赞助。在伊大教了两年后，虽然我并没有一个终身教授职轨道（tenure track）合同，但至少我已经拿到了博士学位。因此，我以自己的名义再次向美国人文基金会申请科研资助，申请的项目是编写一本中国文明文献史料选。我的计划是润饰已经完成的文献翻译，选择并翻译更多的文献史料，编成书稿后在十所左右的大学的课堂中试用。我完成了申请方案中的工作计划——《中国文明和社会文献选编》①在我拿到博士学位六年不到的时候顺利出版，同时我也终于拿到了终身教授职。

可以说，这本书与我以后的教科书写作的链接是读者的反馈。当时我还是一个默默无闻的教授，但我收到不少教授和学生对这本文献选编的好评，我觉得自己对改变教学作出了贡献。此后，当有人请我为大读者群撰写书稿时，我会感受到一种吸引力。《剑桥插图中国史》（*The Cambridge Illustrated History of China*）即是为普通读者写的。如果我没有记错的话，当时出版社编辑提议，初版印数为一万八千册。在这之前不久，普林斯顿大学出版社出版了我的一本著作，当时只印了八百五十册，因此，我对能够让更多读者读到我的作品非常动心。这里，我可能应该坦白，当我是一个爱看书的孩子时，我认为成为作家是人生志向的最高境界。虽然现在《剑桥插图中国史》的主要读者是大学生，但我想我当时以普通读者为对象而写作的初衷可能使这本教材对大学生更具有吸引力。当时出版社对字数有严格限制（我记得是十二万字），我必须写得简略，略去一些我认为成人读者不太有兴趣的内容（如中央政权的结构及其变迁的细节）。当然，书中的彩图也起了不小的作用。

正当《剑桥插图中国史》付印之际，我被邀请参与世界史教材的编写。这本教材预计每版（四年）发行十万册，而且，因为大学生往往会买用过的教材，所以它的读者群会更大。于是我又为我的文字会被许许多多人读到而

---

① 伊沛霞编：《中国文明和社会文献选编》（*Chinese Civilization and Society: A Sourcebook*），纽约：自由出版社（Free Press），1981年。

动了心。撰写世界史让我感受到了出版教科书的另一个层面——出版社的项目编辑有权做种种决定，而且几次三番地将我们已经完成的稿子送出去审评。编写世界史的经历促使我去思考东亚史教材应该如何编写。因此，我向我的世界史教材项目编辑提出编写一本东亚史教科书。

虽然我对编写这些教材的经历非常有好感，但是我也觉得我已经写得够多了——到此为止！商业性出版社往往有非常紧凑的出版计划，因此，他们往往不停地发号施令，会在连续几个月里一会儿要这个，一会儿要那个。

问：在中国研究领域里，您对视像的运用远远超过了任何人。除了《剑桥插图中国史》外，您还建立了网络教学资料库——《中国文明图片资料》（A Visual Sourcebook for Chinese Civilization），[1]并作过多次有关中国历史图片和艺术的学术演讲。您为什么对图片资料那么注重？您认为在哪些方面图片资料可以补充文字资料来理解中国历史？

答：我不记得从什么时候开始更多地注意中国文化中的视觉艺术。我向来喜欢参观博物馆，多年来也逐渐对中国艺术史熟悉起来。在1980年代我们去中国时，我和我丈夫都会去文物商店看看，也经常发现一些非常有意思的文物。比如，那时候十九世纪的中国画的价格非常低。和其他历史学家们一样，我自己也有好几盘幻灯片，常常在课堂上放给学生看（如今PPT已经完全改变一切）。当我向出版社交《内闱》稿件时，我选用了十五张图片，但是出版社编辑要我增加到二十五张，于是我在图片的取舍上做了很多考量。当时，我至少已经模糊地意识到用图片资料来强化一个观点（我们教课时常常这样做）和以图片本身作为原始资料来探索其他史料所没有反映出的历史现象的区别。当然，用图片来说明一个现象要容易得多。

撰写《剑桥插图中国史》使我更进一步地去思考这些问题。因为出版社对插图的数量有限制，因此，我希望每张图片都能反映出多层面的历史现象。这使我去思考文字能够传达什么信息，图片能够传达什么信息，文字和图片结合起来（文字强化图片的表达或图片强化文字的表达）能够传达什么

---

① http://depts.washington.edu/chinaciv/.

信息，以及文字和图片以不同的角度传达什么不同信息等等。我开始阅读与视觉艺术有关的研究，大部分是有关视觉材料铺天盖地的当代文化。我开始考虑在宋史研究中有什么课题可以让我去探索这些问题。当然每个教宋史的人都会用《清明上河图》。但是，虽然这张画内容丰富，我们还是有很多东西没有探讨过。我开始试图考察衣服的颜色、人们在各种仪式中所站立的位置之类的现象。我曾写过一篇有关皇帝出游仪式的文章。我找到的有关皇宫的视觉艺术资料远远超过宋代社会的其他方面，于是我开始决定我应该研究宋代的朝廷。

这可以说是我学术生涯中的一个大转折，因为自从1960年代起，我一直认为自己是一个社会史学家，而社会史学家是不研究官僚体制顶层的历史的。但是，我已经被牢牢吸引了，因此在过去的十几年中，我的大多数研究都与宋徽宗有关。不过，虽然我已经在2008年出版了一本有关他的收藏的书，我至今还没有做完我一直想做的题目——宋徽宗和他的朝政。我现在的困惑是他为什么会信神霄道。明年我有一年的研究奖，我希望能最终完成我的徽宗研究的主要著作，这本书会一直写到他被掳的全过程。在写2008年出版的那本书时，我心目中的读者对象至少有一部分是艺术史专业的，但是这本关于徽宗生平的书更多地是为历史学家写的，我会大量地讨论各种朝政问题。

问：您对数据化信息时代的历史学研究范式转移（paradigm shift）有什么看法？

答：我不太清楚你提到的范式转移是指哪方面，不过，可以肯定的是我们做研究的方法已经有了极大的变化。在我开始从事中国史研究时，我们还没有《二十四史》的标点本。而现在，搜索引擎可以在几分钟内找到中文和日文的各种有关学术性文章，史料的搜索也同样地迅速。当然，因为并不是所有的人都有资格使用最好的数据库，这使学者们面临了一个新的不平等学术研究环境。

所有这些研究工具使我们能够去探讨一些三十年前不可企及的课题。然而，从另一方面来说，我觉得现在的学生往往认为做研究的首要方法就是在网上找资料。其实，我们当年那些"苦难日子"的治史方法有它的益处。

比如，通读整本文人笔记以找寻有意思的段落，而不是只读那些通过关键词搜索而找到的段落。通读全文常常会让你发现一些电子检索中不可能跳出来的非常有意义的材料，这些材料很可能启发你去写下一篇论文。

这些美妙的工具有没有带来学术研究上的突破？当然，它们使得做研究更有趣、不那么累人。但是，我还不至于会说，这十年中的博士论文比前二十、三十年的博士论文有长足进步。有时候，处理那么大量的信息会带来某种程度上的乏味。

（姚　平　译）

访 谈 录 二

访谈人：姚平、张聪、程晓文、易素梅、段晓琳

访谈时间：2022年

问：您会如何总结和评价您的职业生涯？

答：我的回答会尽量简短。我在芝加哥大学读本科时就开始学中文，师从顾理雅（Herlee Creel）、柯睿格（Edward Kracke）、何炳棣（Ping-ti Ho）和孔飞力（Philip Kuhn）。[①]我还在那里认识了我的先生汤姆，1968年我毕业的时候就结婚了。然后我进入哥伦比亚大学的东亚系，在那里我师从毕汉思（Hans Bielenstein）、狄培理（Wm. Theodore de Bary）、姜士彬（David Johnson）、华兹生（Burton Watson）、夏志清（C. T. Hsia）、韦慕庭（C. Martin Wilbur）。[②]还和几位日本研究的教授一起研讨。那时候，傅路德（L. Carrington Goodrich）和房兆楹（Chao-ying Fan）[③]正在编辑《明代传记词典》，

[①] 孔飞力（Philip A. Kuhn, 1933-2016），曾师从费正清，主治中国近现代史，长期在哈佛大学任教。

[②] 夏志清（C. T. Hsia, 1921-2013），美国中国文学研究开拓者之一，长期在哥伦比亚大学任教。韦慕庭（C. Martin Wilbur, 1908-1997），美国民国史研究先驱，长期在哥伦比亚大学任教，以对哥大的亚洲研究及其研究生培养贡献显著而享誉学界。

[③] 傅路德（L. Carrington Goodrich, 1894-1986），美国汉学家，长期在哥伦比亚大学任教。房兆楹（Chao-ying Fang, 1908-1985），美籍华裔历史学家，先后在斯坦福大学胡佛研究所、加州大学伯克利分校东亚图书馆以及哥伦比亚大学任职。

他们也加入了狄培理的明代研讨班。在这一时期，社会史——特别是社会结构如何演变——吸引了我的兴趣，我1975年的论文就追溯了博陵崔氏家族从汉到唐的发展。

1973年，我们搬到了伊利诺伊大学香槟分校。在接下来的二十多年里，我与中国史方面的资深同事相处的时间是最多的，所以我认为他们对我作为一个中国研究学者的成长有着莫大的帮助。他们包括郭辅德（Robert B. Crawford）[1]——他曾在华盛顿大学师从卫德明（Helmut Wilhelm）和萧公权（K. C. Hsiao）；[2]易劳逸（Lloyd E. Eastman）——他曾在哈佛大学跟随费正清（John King Fairbank）[3]学习；以及曾经在耶鲁大学师从芮沃寿（Arthur Wright）[4]的魏侯玮（Howard Wechsler）。在伊利诺伊大学，我在东亚语言和文化系任教，教授古代汉语和各种研讨班的课，还有面向本科生的课程，比如"中国和日本的家庭和社群"以及"东亚的妇女"。这些课程能够满足本科生选读非西方文化课程的要求。在研究课题方面，在我的博士论文之后，我回头研究了几年汉代，然后在1979开始关注宋代，主攻家族史，依次转向妇女史、宗教文化、视觉文化和帝国机构，但我一直都在研究宋代。

1997年，我们搬到了华盛顿大学，在那里我最亲密的同事是盖博坚（Kent Guy）和董玥。[5]我的主要职务是在历史系，主要教授的课程是宋代以来的中国史，还有中国通史，同时也开设各种主题的研讨班。

除了写面向其他中国史专家的学术专著之外，我还为学生和普通大众写书，很大程度上是因为我当时还没有一个终身教职。我在1970年代末申

---

[1] 郭辅德（Robert B. Crawford, 1926-1987），美国汉学家，伊利诺伊大学东亚研究创始人，长期在伊大任教。

[2] 卫德明（Helmut Wilhelm, 1905-1990），德裔汉学家，主治中国思想史，以《易经》研究著称，长期在华盛顿大学任教。萧公权（K. C. Hsiao, 1897-1981），美籍华裔历史学家，主治中国社会史和政治思想史，1949年至1981年在华盛顿大学任教。

[3] 费正清（John King Fairbank, 1907-1991），美国汉学家，美国中国近现代史研究创始人之一，长期在哈佛大学任教。

[4] 芮沃寿（Arthur Wright, 1913-1976），美国汉学家，美国汉学研究奠基人之一，长期在耶鲁大学任教。

[5] 盖博坚（Kent Guy, 1948- ），美国清史研究专家，长期在华盛顿大学任教。董玥（Madeleine Yue Dong），美籍华裔中国史专家，长期在华盛顿大学任教，现为该校中国研究项目主任。

请了一个美国国家人文基金会（NEH）的课题。这个项目是让我和一群研究生一起编写一本关于中国文明和社会的资料汇编，后来于1981年出版。这个项目让我开始参与翻译中文史料的工作，直到今天我仍致力于此。这个项目也让我开始写有关中国通史的书。在二十世纪九十年代初，我同意编写《剑桥插图中国史》，几年后又同意合作编写有关世界史和东亚史的教科书。根据谷歌学者的数据，到目前为止，《剑桥插图中国史》是我被引用最多的出版物，尽管《内闱》（The Inner Quarters）也不遑多让。《宋徽宗》（Emperor Huizong）的中译本销量也很好，但被引用的次数还没有那么多。

当然，关于我的职业，我还有很多可以说的。我的先生是实验科学家，所以我们需要两份工作，同时我们抚养了两个儿子。虽然工作和家庭都很繁忙，但我还是找到了有趣的生活方式。仅举一例，参与和组织会议对保持我的思辨能力很重要。我喜欢与其他学者合作并向他们学习，所以我很享受我参与的所有合作项目。旅行和长期的访问学者职位也是一大亮点。我非常喜欢我们能在不同的地方居住，深入了解那个地方，并且和当地的学者交流。逗留的时间一般从一个月到一年不等，我们去过的地方包括京都、东京、北京、上海、杭州、香港、台北、巴黎、明斯特和普林斯顿。

还有一点也值得一提，我应该算是学术界最早的一批女性学者。当我在芝加哥和哥伦比亚大学求学时，中国领域的教授中没有女性，当我1973年来到伊利诺伊大学时也是如此。而在今天，这种情况已经发生了巨大的变化。当我1997年来到华盛顿大学时，学校里已经有几位中国学科的女性教授。而今天在中国研究的领域中，大约有三分之一的教授是女性，如今哥伦比亚大学的东亚系里似乎也是如此。

问：在过去的50年中，您几乎每年都参加亚洲研究学会的年会。在这几十年中，您见证了哪些重大变化和趋势？

答：我在研究生院的第二或第三年就加入了亚洲研究学会。我第一次在这个年会上作报告是在1974年，距今还不到50年，但很可能我在那之前就旁听过一次会议。从那时起，除非我不在国内，否则我一定会去参加所有的亚洲研究年会。我还曾在学会的几个下属委员会任职。亚洲研究年会是我最重视的学术会议。

这个年会最大的变化是，每年的小组讨论、与会者和下属学会的数目都在不断地增长。对于很多学者来说，他们必须能在小组中作报告，这样才能从学校获得参加会议的经费。因此增加研讨小组的数量大大有助于增加与会人数。

我喜欢去不同的小组听各种报告，我参加年会不仅仅是为了见老朋友和看新书——尽管这两件事也是我喜欢的。看到和听到学者们讨论自己的研究，给这个领域赋予了人性的一面。一开始，像我同时代的人一样，我想看看我读过的书的作者是什么样子的，比如芮沃寿和费正清。到了今天，如在两个同样精彩的小组中做选择，往往取决于我听说过一个年轻学者的名字但是还未能见到真人。

设置这么多研讨小组当然也是有代价的。当有不到一百个分组讨论时，我自然会去参加更多我自己并不熟知的主题。例如，以前我可能会参加一个关于早期思想、明代文学或清代地方社会的小组。我甚至会去参加关于日本历史的分组讨论。到了今天，我仍然会努力参加至少一个有关于当代中国的研讨组，努力吸收学术界更多的新动态。

问： 您是《中国历史学刊》(*Journal of Chinese History*) 的创始编辑。您能告诉我们这个期刊是如何开始的吗？这本杂志最让您兴奋的是什么？未来有哪些计划？

答： 我担任这一角色可能是几个因素的结合。在2014年的中古时期人文会议上，我很惊讶地发现这个领域已经出现了很多在读和新毕业的博士生，于是我想知道发表文章的机会是否能跟上学界的这一变化。然后我和我的同事就此进行了讨论，她是《非洲历史学刊》(*Journal of African History*) 的联合编辑。她表示无法相信没有一份《中国历史学刊》。我们有涵盖整个亚洲或东亚的期刊，也有专门针对某个朝代的期刊，但为何在这两者之间却是空白？我的同事和我讨论了编辑期刊所涉及的工作，以及如何使其易于管理。后来，完全是一个巧合，剑桥大学出版社期刊部的一个人为了其他的事情来找我，我们就开始谈及创办期刊。我想合适的期刊可能会鼓励做中国史研究的人读更多他们自己所关注的朝代之外的学术成果。

你问我在编辑工作中感到最兴奋的是什么。我不得不说，我很享受挑选特刊主题的过程，以及和特邀编辑一起合作完成这份专刊。在过去的一年里，我读到了傅佛果（Josh Fogel）①挑选的有关汉学中民族传统这一问题的精彩文章。但是，作为一名编辑，也有很多繁琐的工作。最费时的，有时也是最令人沮丧的，是在印刷前对所有文章进行校对。审稿的失误太常见了，所以我在定稿之前经常会发现很多需要修改的地方。

我们已经为该杂志的未来制定了计划。2023年1月，魏希德（Hilde De Weerdt）②将和我一起担任联合编辑，她将在2024年1月全面接管，成为唯一的编辑。有了值得信任的新编辑，也就到了我要离开该杂志的时候了，毕竟我已经带它走过了头八年的时间。

问：美国历史学会（AHA）前现代东亚图书奖是以您的名字命名的。您能不能告诉我们这个奖项的重要性，以及您希望看到什么样的书被授予该奖？

答：1969年宣布设立费正清奖时，该奖仅限于公元1800年以来有关东亚的书籍。我自然注意到，美国历史学会并没有为公元1000年至1800年之间的任何中国历史书籍设立奖项。有一个詹姆斯·亨利·布雷斯特奖（The James Henry Breasted Prize）是为有关公元1000年以前的历史书籍所设立的，有时中国历史的书也会获此荣誉，但关于宋、元、明、清的书籍却被排除在美国历史学会设立的所有图书奖之外。几十年来，我一直认为这一空白应该被填补。费正清对广义上的东亚地区——包括韩国、日本和越南——一直很感兴趣，这一点应该被认可和尊敬，所以这个新的奖项也包括了关于这些地区的书籍。对于这些国家来说，公元1800年以前的领域并不大，所以我估计一半以上的被提名的书将是关于中国的。

---

① 傅佛果（Josh Fogel, 1950-   ），北美历史学家，主治近现代中国，先后在美国加州大学圣塔芭芭拉分校及加拿大约克大学任教。
② 魏希德（Hilde De Weerdt, 1969-   ），欧洲汉学研究领袖之一，主治十五至十八世纪思想文化史，先后在荷兰莱顿大学和比利时鲁汶大学任教。

我相信评奖委员会将会有很多好书可供选择，并会选择值得被广泛阅读的书籍。我这两年一直参与美国科学院列文森图书奖（针对1900年以前中国史的书）的评选，所以我知道有很多好书正在出版中。

问：您目前的项目是什么？您对未来的研究有什么计划？有什么您想做但由于某种原因没能做的课题吗？

答：我已经75岁了，我知道不能指望之后像过去那样高产，但有两本书我想完成，这两本都希望能面向更多的读者。

第一本是我近几年来一直在断断续续写的书。我暂且把它命名为《中国：世界史中的另类》(*China as an Outlier in World History*)，或《从历史角度看中国的规模》(*China's Size in Historical Perspective*)。这本书的构思始于我和其他学者一起编写世界史的教科书。一个很惊讶的发现是，中国的历史进程与其他所有国家的历史进程都有很多不同。最主要的不同在于中国不仅创建了一个巨大的帝国（这在其他地方也不鲜有），更是在于它反复地经历了分裂和重新统一，其结果是中国在其历史的大部分时间里一直是世界上人口最多的国家。我希望从国家建设和人口动态等方面来探讨这个问题。我已经完成了某些章节的草稿，但仍有一些需要完成。

我也急于投入到我构思的下一本书中，我的初步设想是《在美中国研究的一个世纪》(*A Century of Chinese Studies in the US*)。我非常喜欢读傅佛果为《中国历史学刊》编辑的关于汉学传统的专辑。他收到的不少文章都讨论了欧洲大多数国家以及韩国、日本和越南的中国研究的发展，但没有报道美国汉学研究情况的投稿。我越想知道这个领域几十年来是如何成长和发展的，我就越觉得我应该尝试讲述这个故事。我设想的不是一篇长文章，而是一本书，其中的一些章节涉及主要的研究中心、主要参与者、政府和基金会资金、图书馆发展、语言教学，还有学者们追求的课题的转变、在数字化和在线资源的影响下研究方式的变化等，当然还有与世界尤其是中国的历史发展之间的复杂联系。我一直在记录需要涵盖的内容，比如要制作什么样的图表，写什么样的小传。目前，对于这个课题我只构思了几个月，但我认为我的目标是写一本中国研究领域里每个人都想读的书。很多著名的学者,比如费正清和牟复礼（Frederick W. Mote）,[1] 都已经写了他们自己的经历。但呈现一个更大的画面也是很有必要的。我知道这会是一本非常不同的书。它不是关于中国的,却是关于我所身处的美国学术界的。但我认为这是一个值得讲述的故事,也是我有能力讲述的一个题目。

问：如果您现在开始读研究生,您会选择哪个时期和主题?

答：我可以从几个角度来回答这个问题。你似乎暗示我现在一定会选择攻读中国历史的研究生,但这个领域从1960年代以来发生了如此多的变化,以至于在我看来,如果我是今天的本科生,我不一定会选择中国历史作为我的领域,甚至我也不一定会选择历史学作为主攻专业而不是经济学、语言学或人类学。甚至可以想象,今天的大学教职也和我在考虑职业选择时不大一样。

也许换个方法回答这个问题会更有意义：我对今天的本科生有什么样的建议——如果他们已经确认要攻读中国史的研究生,但不确定在哪里申请,因为他们不知道什么朝代或什么类型的历史会更有意思。那我可能会问他们是否读到过一些他们希望自己能写的东西——这可能是一条线索,因为这说明什么样的历史能让他们愿意参与并享受自己的研究。如果你不喜欢阅读某一学术作品,那大概率你也不会喜欢写这些题目。

如果学生倾向于现代史,我不会劝阻,因为现代史的就业前景往往很好。但是,如果学生说他或她觉得更倾向于古代史,特别是中国古代史,但不确定是哪个朝代,这种情况下,我可能会建议他们考虑可用的史料,以及史料对于研究方式和课题的限制。例如,如果学生想做思想史,那么从周代到清代的任何时期都有足够的资料,可以支持一个足够复杂的课题。但是,如果学生想研究像大众宗教这样的主题,那么关注宋代或更晚的朝代,就会更有意义。

我当然可以大谈宋元时期。这段时间有很多材料可供研究,不乏新的想法和方法,也有很多期刊可供发表论文,而且有足够的人研究这些时期,

---

[1] 牟复礼（Frederick W. Mote, 1922–2005）,美国汉学家,主治儒家思想,长期在普林斯顿大学任教。

所以会有足够的读者群体——我认为这些因素对人们的写作都很重要。如果学生有这方面的倾向，我会鼓励他们考虑数字人文的研究方法和使用大数据。但如果一个学生更倾向于宗教、艺术或文人生活这样的题目，我也不会不赞同，特别是如果他们能提到自己读过什么书，并且希望自己也能写出类似的题目。

问：您对研究生和青年教师有什么好的建议吗？

答：我知道这篇文章会被翻译成中文，主要读者是中国人，但我远不是中国职业机会方面的专家。

对于那些处于研究生阶段的人，我想说的是，对于学术生涯是否适合你，请保持开放的心态。这么多年来，我认识的一些人最终从事的并不是他们适合的职业。最重要的是，要确保你能从你需要做的事情中得到乐趣，对于学术工作来说首先是教学、阅读、研究和写作。你必须喜欢工作本身，因为其他的满足感往往是延迟的。你可能在一篇文章上投入大量的时间，但多年来没有得到任何反馈。而且你是否能接受这样一个事实：你将获得更多的精神奖励而不是物质奖励？

对于那些有一份工作并正在努力争取评上终身教授的人来说，我的建议是多和你的同事交流：你需要优先考虑什么，在很大程度上取决于你所在学校的情况。而对于那些已经获得终身的人来说，想想你擅长什么，你最喜欢做什么，以及更大的目标：如何拥有一个有趣且充实的人生。毕竟，人生不应该全是苦差琐事。

对于那些刚刚完成论文并开始找工作的人，我的建议可能会更自由一些，因为这个阶段容易对结果有很强的焦虑感。我想说：尽量通过参加小组报告、会议或者工作坊来认识其他地方的学者。虽然你的导师写的推荐信对获得第一份工作至关重要，但让不是你的老师的人美言一二也会很有帮助。我曾在许多基金评审委员会任职，所以我知道当委员会中的人称赞某个申请人的时候，会对他们的申请很有帮助。也许我个人的经历会是一个不错的例子：1974年我在亚洲研究年会上作了第一次报告之后，有人向杜希德（Denis Twitchett）提到了我的论文。杜希德是我最欣赏的学者之一，但我从未见过他,因为他当时仍在英国。他给我写了信(那还是一个写实体信件的时代),要我给他寄一份论文,并在完成博士论文后也给他寄一份。看了我的论文之后,他建议我再加一章,然后提交给他在剑桥大学出版社编辑的丛书。这本书是在1978年出版的,当时我还没有找到终身教职,但肯定帮助我最终得到了一份工作。所以你永远无法预料让大家知道自己的研究会带来什么。

（段晓琳　译）

目　录

序：五十年的中国史缘——伊沛霞访谈录 ·················· 001

唐代的书仪
T'ang Guides to Verbal Etiquette ··············（姚　平　译）001

宋代的火葬
Cremation in Sung China ···················（张　聪　译）028

妇女、金钱与阶级：司马光及宋代理学的妇女观
Women, Money, and Class: Ssu-ma Kuang and Neo-Confucian
　Views on Women ······················（程晓文　译）055

宋代士人阶层的婚姻
Marriages Among the Sung Elite ·············（程晓文　译）087

姓氏与汉族身份标识
Surnames and Han Chinese Identity ···········（姚　平　译）116

宋代宫廷祭祖仪式中的神御
Portrait Sculptures in Imperial Ancestral Rites in
　Song China ··························（易素梅　译）131

性别与汉学：十四到十九世纪西方对缠足的诠释
Gender and Sinology: Shifts in Western Interpretations of
　　Footbinding, 1300–1890 ……………………………（郭中翰　译）170

君位的传承：中国的案例
Succession to High Office: The Chinese Case ……………（易素梅　译）208

唐宋间人口翻番的历史与史学史
The Doubling of the Population between the Tang and the Song:
　　History and Historiograghy ……………………………（张　聪　译）231

朱熹在手书上的题跋
Zhu Xi's Colophons on Handwritten Documents …………（段晓琳　译）260

榜而告之：宋代与民众的交流
Informing the Public in Song China ……………………（段晓琳　译）280

殇之痛：唐代的悼亡子女墓志
Coping with the Loss of a Child: Evidence from Tang
　　Funerary Writing …………………………………………（姚　平）313

文本、文体、女性道德：宋代一位淮阴妇女的前世今生
The Many Lives of the Woman of Huaiyin in the Song
　　(960–1279): Text, Genre, and Female Morality ……………（张　聪）331

不规矩的观者，性别化的观看：亵慢神像和宋代民间宗教中的视觉文化
Deviant Viewers and Gendered Looks: Erotic Interactions with
　　Images and Visual Culture in Song Popular Religion ………（程晓文）361

家事与庙事：九至十四世纪二仙信仰中的女性活动 …………（易素梅）383

西湖十景：景观命名的传统
Ten Views of West Lake …………………………………………（段晓琳）416

附录　伊沛霞履历 ………………………………………………… 443

唐代的书仪

在所有社会中，社交往来都受制于种种规则——如何交流联系？何时以及如何称呼处于不同社会地位的人？什么事情可以说？什么事情不能说？以什么形式来表达显得更为尊敬或更为不屑？大多数人在童年时就学会了这些规则，并习以为常，等闲视之，甚至可能从未意识到这些规则的存在。然而，建立在这些规则上的相互交往却是人类社会中的一个至关重要的组成部分。人们往往可以从观察他人对待自己的行为模式中获得自我意识。[①]同时，基于规则的社会交往也造就了我们称之为社会结构的权威模式。规定可以说什么或不能说什么的规则对任何自愿参与文明的社交生活的人都有着极大的制约。[②]

本文的雏形和初稿曾在普林斯顿大学举办的中国社会史研究小组和儒教社会关系研讨会上发表，与会者的指正和建议使得本文有多处改进。梅维恒（Victor Mair）和杜希德（Denis Twitchett）两位学者阅读了本文修改稿，特此感谢他们的指点。

① 高夫曼（Erving Goffman）：《互动仪式：面对面行为研究论文集》（*Interaction Ritual: Essays in Face-to-Face Behavior*），芝加哥：奥尔丁（Aldine）出版社，1967年，尤其是《遵从与行为的性质》（The Nature of Deference and Demeanor）章（第47-95页）。

② 参见，布罗克（Maurice Bloch）：《符号、歌曲、舞蹈以及声音传达的表征：宗教是传统权威的极端形式吗？》（Symbols, Song, Dance and Features of Articulation: Is Religion an Extreme Form of Traditional Authority?），《欧洲社会学学刊》（*Archives Europeennes de Sociologie*）第15卷（1974年），第55-81页；马丁（Emily Martin）：《中国仪式与政治》（*Chinese Ritual and Politics*），剑桥：剑桥大学出版社，1981年，尤其是《礼节与控制》（Etiquette and Control）一节，第31-41页；古迪（Esther Goody）：《"问候""乞求"和表达尊敬》（"Greeting," "Begging," and the Presentation of Respect），收于拉封丹（J. S. La Fontain）编《仪式的解读》（*The Interpretation of Ritual*），伦敦：塔维斯陶克（Tavistock）出版社，1972年。

从很早起，中国的士大夫就试图阐释和制定社会交往的规则。他们设计了日常礼遇、探访、由帝王或官员主持的朝廷中的仪式，以及私家婚丧场合中所使用的言语和举止。记录这些规则的最早的文本是礼经，其中最重要的是《礼记》和《仪礼》。

至汉代末期，礼经所规定的准则已基本失去其日常行为指南的功能，不仅许多用词已过时，许多社会等级差别也无关紧要，而且，因为书面文件逐渐取代了信使，通信交流的方式也发生了变化。在礼经中，使者担当着传达方案、宣言和协议的角色。使者本人通常并不会与被传达者直接见面，他会将信息告诉被传达者的属下，然后由属下转告给被传达者。随着官僚机构的发展，这种对口头信息的依赖急剧下降。秦朝和汉朝政府使用了木牍文书的通信系统。至汉末，即使在诸如订婚之类的私人事务中，书面信息交流也相当普遍。

书面语传达信息的效果与口头语不同。传递者无法通过判断收信人的第一反应来调整自己的语气或内容。他必须谨慎地选择自己的语言，因为书面表达的语言不容易收回或和缓。因此，随着书面交流在正规场合的作用愈趋重大，有必要制订相应的指南。各朝皆定期编撰文书行政中文件的格式和措辞的规则，有的非常详细。①唐朝还为民间书信往来编写指南。本文探讨的主题就是这些被称为书仪的文献。书仪指导人们在什么场合互相问候、贺喜、吊唁，或以信代言，因此，这些文献生动地反映了唐朝社会生活的方方面面。它们还展示了唐朝文人如何将他们的社交领域依尊卑之别来层层划分，揭示了在其他史料中难得一见的语言使用的一个层面。

唐代书仪与欧洲书信指南很相似。这两个传统都为写信人在书信措词、尤其是如何称呼和赞誉对方提供帮助。这两种类型的指南都包含了范本，写信人稍作调整或填入合适的内容即可全文抄用。然而，中国的书仪和欧洲书信指南之间是有差异的，而这个差异为我们提供了一个了解中国书仪的功用的很好的

① 有关唐朝廷对文件格式的规约，见仁井田陞《唐令拾遗》，东京：东京大学出版社，1964年重印版，第542-606页。有关这些律令与宋代文书交流的关系，参见马伯良（Brian E. McKnight）：《法律模式与思维模式：宋代中国的"式"》（Patterns of Law and Patterns of Thought: Specifications (Shih) of Sung China），《美国东方学会杂志》（Journal of the American Oriental Society）第102卷（1982年），第323-331页。

线索。欧洲的书信指南是在中世纪时期从古典修辞学中发展出来的。[①]古典修辞学强调运用文学创造，包括使用比喻性语言，其终极目的是说服收信人。尽管中世纪的书信写作艺术（ars dictaminis）因提供范本而降低了写信人的自身创造力，但这些指南并没有摈弃说服对方这一终极目的。在中世纪尺牍艺术中，信件开头的赞誉词句往往是让收信者进入顺随心态的一种手段。这些指南通常会提供一系列的备用词句。例如，1135年的《口授之理》（Rationes dictandi）指出，一位写给领主的属下可以称自己为"忠诚的仆人""忠诚的追随者"或"唯命是从者"；标榜自己是"忠诚的奴隶"、自己的"至忠至诚"、一个"无条件服从的奴隶"、自己的"忠诚和任何形态下的奴役""最热切忠诚的奴役"，等等。[②]乞求是信函来往中最常见的，中世纪尺牍指南为此提供了一系列可供使用的理由。例如，学生写信回家要钱，可以用以下任何一个理由来解释他们为什么缺钱：由于严冬、围城威胁、农作物歉收而使得生活费用异常高昂；因为最近的一个信使遭到抢劫或者卷款逃亡；或者是这个儿子不再可能向他的同伴或犹太人借钱了；或者是因为他感冒了。"以动人的言辞描述这位学生的困境，多多触动父亲的虚荣和疼爱。"[③]在此后的几个世纪里，欧洲尺牍指南中的礼貌用语随着社会的发展和变迁而相应变化，但它们似乎从未与说服艺术脱钩。[④]

---

① 有关书仪的重要研究论著包括：墨菲（James J. Murphy）：《中世纪修辞学》（Rhetoric in the Middle Ages），伯克利：加利福尼亚大学出版社，1974年，第194–296页；康斯特勃（Giles Constable）：《十二世纪独裁者眼中的中世纪社会结构》（The Structure of Medieval Society According to the Dictatores of the Twelfth Century），收于潘宁顿（Kenneth Pennington）、萨默维尔（Robert Somerville）编《法律、教会与社会》（Law, Church and Society），斯泰特科利奇：宾夕法尼亚大学出版社，1977年；派特（William D. Patt）：《作为回应变化中社会的早期书信写作艺术》（The Early "Ars Dictaminis" as a Response to a Changing Society），《中世纪和文艺复兴研究》（Viator）第9卷（1978年），第133–155页。

② 墨菲编：《三种中世纪修辞学艺术》（Three Medieval Rhetorical Arts），伯克利：加利福尼亚大学出版社，1971年，第14页。

③ 哈斯金斯（Charles Haskins）：《中世纪文化研究》（Studies in Mediaeval Culture），牛津：克拉任顿（Clarendon）出版社，1929年，第11–13页。

④ 例如，1804年由伦敦布兰堡（Brambles）、美捷特（Meggitt）、沃特斯（Waters）出版社出版的一本书的书名页上印有以下内容：完整书信写作，包含生活中最常见场合的信件。还有各种优雅书信的样本，给予提示和用于文字点缀，内容包括商务、职责、娱乐、爱情、求爱、婚姻、友谊以及其他主题。书信样本前有简明的英语语法、写信指南和正确的称呼方式。书的最后部分有各种贺卡、请柬等样本。与唐代书仪相比，这本书以及其他类似的书，仍然显示出与关于写作和艺术方面的论述的关联。人们可以在中西方的礼仪史上找出其他种种差别，比如，西方尤其（转下页）

相比之下，中国的书仪不是从文学或演说理论发展而来，它是礼经和制订礼仪传统的产品。它的关注点是词语的固定性，而不是它的多样性。从这一点来说，书仪很像礼仪进程的脚本，详细规定参与者要说的话，一字不误，许多书仪还包括了有关仪式的说明。而书信中常见的"事务"部分，如讨钱或求职，则通常略而不存。

在本文中，我将提出，书仪之所以在唐朝被广泛使用和修订，是因为仪礼化的交往有助于维持社会关系。唐朝大部分的书信内容并不涉及请求或其他事务，而是表达问候、恭贺、知照和哀悼。所有这些通常都是本人亲自参与的活动，但如果因为路途遥远而无法做到的话，书信可以替而代之。换句话说，这些信件的目的是取代面对面时的礼节，它们使用与日常问候基本相同的、标准化的表述。亲属间的密切关系似乎是通过书信交流，尤其与死亡相关的信息交流来维持的。死者的近亲有义务以规定的形式将噩耗告知各类亲属。如果希望维持他们的亲属关系的话，那些收到讣告的人必须以适当的方式表达他们的哀悼。同样的，为了保持一群将来的靠山和盟友，那些有仕途抱负的人也必须经常拜见这些人或给他们写信，尤其是逢年过节之际。书仪提供了可以在这类信件或拜访时使用的语句。

有关书仪的研究非常稀少，而且没有一篇是英文的，因此本文将以介绍书仪的历史和内容为主。了解唐代书仪内容最好的来源是敦煌文献。学者们常常认为敦煌是一个特例，不足以代表中国；因此，在讨论这些敦煌文献之前，我将首先证明书仪在主体唐代社会中的重要性。

正史中所记载的书仪

在传统书目中，书仪被归在"仪注"类，隶属于"诏令奏议"。《隋书·经

（接上页）注重餐桌礼仪。参见埃利亚斯（Norbert Elias）《文明化进程：礼仪史》（*The Civilizing Process: The History of Manners*），译者：杰夫科特（Edmund Jephcott），纽约：乌里森出版社（Urizen Books），1978年。正如埃利亚斯所强调的，行为方式的重大变化无疑与社会和政治发展有关，例如宫廷贵族的兴衰或强有力的资产阶级的出现等。不幸的是，我们对于中国的礼仪何时以及如何改变了解甚少，不足以解释这些变化的社会和政治背景。

籍志》称，书仪这一体裁渊源悠久，来自于上古社会等级分化的需要（"仪注之兴，其所由来久矣。自君臣父子、六亲九族，各有上下亲疏之别"）。①其他归入"仪注"类的书籍包括了宫廷礼仪和家礼方面的书籍。朝廷定期召集礼仪专家制订宫廷礼仪手册，包括由皇帝或其官员主持的所有仪礼的规则。现存的《开元礼》就是这样一本以统治年号开元（713-741）命名的礼仪大纲。除了描述皇帝主持的所有宫廷仪礼外，这本书还将官员分为三等，分别为之提供了家庭仪礼指南。②此外，一些题名为《家礼》的著作还详细罗列了在家中进行的四个生命周期仪礼（冠、婚、丧、祭）的具体步骤，这些书大多是某个家庭中的传世之物。没有一本完整的唐朝或更早时期的家礼幸存下来，但《通志》的引文中保留了一些家礼的残文。从这些段落来看，唐代和唐以前的家礼文献似乎特别关注如何保证官员和其他受过教育的人的家礼更接近礼经的准则。③

史书记录中最早的书仪是来自南方琅琊大族的王弘（379-432）所撰的10卷本著作。大约50年后，他的远亲王俭（452-489）撰写了《吉书仪》（2卷）和《吊答仪》（10卷）。与此同时，谢朓（441-506）撰写21卷本的《书笔仪》。稍晚一点，在北方，西魏朝官唐瑾撰著了《书仪》10卷和《妇人书仪》8卷。《隋书》和《旧唐书》的经籍志中还列出了其他几本唐代之前的书仪。④

这些书仪作者的思路可以在颜之推的《颜氏家训·风操篇第六》中略窥一斑。在这一章中，颜之推讨论了礼貌用语的使用，例如亲属间的称呼，

---

① 《隋书》卷33，第971页。（本文中所引二十四史，均出自1959-1977年中华书局标点版。）书仪当区别于礼书，后者所涉及的是礼经、古代仪礼实践以及礼之道德和社会意义的理论。这些书是由经学家、哲学家和历史学家撰写的，同时也是为他们写的。在图书总目体系中，它们被归在经部的"礼"这个类目之下。书仪文字面向更为广泛的读者，它们关注的是那个时代应该遵循的形式和实践。

② 《大唐开元礼》，卷75-78，第117-125，138-150页。

③ 马国翰：《玉函山房辑佚书》（台北：文海重印本）中包含几篇重组的文本，例如汉末一篇有关冠礼的文献和一篇关于婚姻的文献、秦代一篇关于祖先仪式的文献以及一些关于丧服的文献。这几篇文献都不完整。

④ 《隋书》卷33，第971页；《旧唐书》卷46，第2008-2009页。其他在《隋书》中列出有关著作有谢元《内外书仪》（4卷）、蔡超《书仪》（2卷）、昙瑗《僧家书仪》（5卷）、周舍《书仪疏》以及鲍行卿《皇室书仪》。有关唐以前之书仪，见周一良《敦煌写本书仪考（之一）》，收于北京大学中国中古史研究中心编《敦煌吐鲁番文献研究论集》，北京：中华书局，1982年，第17-18页。

以及一些被南方人看作是义不容辞的做法是如何被北方人不屑一顾的，反之亦然。他提到，南方的书仪中列出了对不同等级的人的不同称呼方式。[①]他还提到了一些务须毕恭毕敬的场合，如丧葬："江南凡遭重丧，若相知者，同在城邑，三日不吊则绝之；除丧，虽相遇则避之，怨其不己悯也。有故及道遥者，致书可也；无书亦如之。"[②]

一些唐代之前的书仪一直流传到唐中期（至少可以在皇家图书馆找到），[③]并且很可能影响了唐代书仪的写作。唐朝最早的书仪大概是裴矩（547—627）的作品。《旧唐书·裴矩传》记载，在七世纪二十年代初，他曾和虞世南（558—638）合撰《吉凶书仪》（在这里，"吉凶"指的是生命周期的仪礼，如不吉利的葬礼和其他吉祥的仪式）。此书"参按故实，甚合礼度"，因而广为传阅。[④]这本10卷本《书仪》在720年完成的皇家图书馆目录中被列为《大唐书仪》。[⑤]

裴矩的《书仪》并没有流传到宋代，但其他一些唐代的书仪却流传了下来。1042年编纂而成的《崇文总目》记载了以下几本唐代和五代的书仪：

> 裴茞《书仪》3卷
> 郑余庆《书仪》2卷
> 杜有晋《书仪》2卷
> 刘岳《新定书仪》2卷[⑥]

---

① 王利器：《颜氏家训集解》，台湾：文明书局，1982年，第86页。

② 同上，第101页。

③ 《旧唐书》卷46，第2008—2009页。其中包括王俭《吊答仪》、谢朓（朏写成朓）《书笔仪》、唐瑾《妇人书仪》以及鲍行卿的《皇室书仪》。

④ 《旧唐书》卷100，第2408页。

⑤ 《旧唐书》卷46，第2009页。

⑥ 王尧臣：《崇文总目》，台北广文书局《书目续编》版，第2册，第4b页。除了以上提到的唐代书仪之外，《新唐书》和《宋史》的艺文志中分别包括了另一种书目。《新唐书》列有裴度（765—839）《书仪》2卷（卷58，第1493页）；《宋史》提到郑余庆表亲郑洵瑜（765—805）的单卷本《书仪》（卷204，第5137页）。郑余庆在《书仪》序中提到当时流行着数种书仪，可见这些艺文志中的书目是可信的。不过，裴度和郑洵瑜的传中都没有提到他们撰著《书仪》（郑余庆的列传也没有提到）。我的猜测是，裴度当是裴茞之误。此外，唯一提到裴度撰《书仪》的《新唐书·艺文志》并不可靠。一份九世纪九十年代日本人编撰的书目中有两本其他书目没有提到的《书仪》，作者分别是赵灯和鲍昭，但未知是唐代作品还是唐以前的作品。见藤原佐世《日本国见在书目录》，收于小长谷惠志《日本国见在书目录解说稿》，东京：小宫山书店，1956年，第18种。

这些书没有一本完整地保存下来,但它们的内容却可以在其他书中找到。司马光(1019-1086)10卷本《书仪》是唯一一本完整保存下来的以书仪命名的此类著作,^①他在注解中多次提到裴茝、郑余庆和刘岳的作品,正如王应麟(1223-1296)所指出的,司马光的书是以这些早期书仪为基础的,尤其是刘岳的《新定书仪》。^②《新唐书》提到,裴茝活跃于元和时期,在礼部就职,曾撰文阐述悼文格式。除此之外,我们对他知之甚少。^③相比之下,郑余庆(746-820)和他的著作更为人所知。从圆仁(794-864)在847年带回日本的书籍目录中,可以大致了解到郑余庆的著作的内容,因为书名是《大唐新修定公卿士庶内族吉凶书仪》。圆仁的书目称,郑著应该有30卷。^④关于郑余庆的生平,我们知道他是一位宰相,是望族荥阳郑氏的一员,对韩愈(768-824)和孟郊(750-814)等文人很惠顾。他曾在礼部任职,818年受命检定朝廷礼仪,他随后指派韩愈等官员参与这个项目,一起完成了宫廷礼仪修订本。^⑤

尽管郑余庆是一个受过良好教育的人,而且在仪礼方面有着丰富的知识,但他的《书仪》并不是礼经的摘要,也不是像《开元礼》那样对礼经作进一步阐释和演绎。我们从对刘岳修改郑著的描写中可以清楚地看出这一点。根据刘岳的传记:

---

① 《司马氏书仪》(《丛书集成》版),第7、14、15、16、68、105、106、111页。除了两条引文外,其他所有引文都是为了显示司马光与上述作者在书信措辞上的不同看法。书中裴茝作裴莒,当是误录。

② 《困学纪闻》(《四部丛刊》版),第14册,第6a页。

③ 《新唐书》卷58,第1492页。裴度也列入《新唐书》的世系表(卷71,第2241页),他是河东裴氏家族的一个主要分支的成员。他父亲的堂兄曾在八世纪末任宰相。司马光在他《司马氏书仪》中引用了郑余庆《书仪》和裴度《书仪》有关书信格式的论述,这表明它们很相似。

④ 小野胜年:《入唐求法巡礼记之研究》,东京:铃木学术财团,1969年,第4册,第605页。我怀疑"内族"可能是"九族"或"内外族"之误。现存郑余庆《书仪》并不排斥外族。

⑤ 《旧唐书》卷158,第4165页。由郑余庆负责编撰的文献可能是30卷本的《元和曲台礼》,《新唐书》的《王彦威传》及《礼乐志》将此书列在王彦威名下(《新唐书》卷11,第309页;卷58,第1492页)。《礼乐志》提到,王彦威在818年编撰《曲台新礼》30卷,这与郑余庆接手这项任务正好是同一年。在《王彦威传》中,他被描述为以小文书的身份担当起所有实际工作。很有可能的是,与早期的开元礼不同,元和新礼包括了为平民百姓提供指南的内容。一份宋代的书目提到,在几年后的长庆年间(821-824),唐人编撰了一本30卷的续集,为公、卿、士、庶提供婚姻、丧葬和哀悼等仪式方面的指南。见陈振孙《直斋书录解题》(《丛书集成》版,第6册),第176页。从圆仁的记录来看,郑余庆的《书仪》也是面向社会各阶层的。

> 初，郑余庆尝采唐士庶吉凶书疏之式，杂以当时家人之礼，为《书仪》两卷。明宗见其有起复、冥昏之制，叹曰："儒者所以隆孝悌而敦风俗，且无金革之事，起复可乎？婚，吉礼也，用于死者可乎？"乃诏岳选文学通知古今之士共删定之。岳与太常博士段颙、田敏等增损其书，而其事出鄙俚，皆当时家人女子传习所见，往往转失其本……①

这段话提到了郑余庆《书仪》偏离礼经的两个方面——为起复和冥婚提供指南。虽然刘岳受诏撰书，旨在阻止粗陋习俗的浸淫，但他还是保留了不少被宋代学士认为是离经背道的礼仪。②尽管如此，刘岳的书还是颇受欢迎的，据《新五代史》记载，虽然这本书有不足之处，"然其后世士庶吉凶，皆取岳书以为法"。③

敦煌文献中的书仪

在敦煌文献中，有几十件是唐代书仪的残卷。④《敦煌遗书总目索引》将23篇收藏在伦敦的斯坦因敦煌遗稿和40篇收藏在巴黎的伯希和敦煌遗稿归类为书仪。因为大多数遗稿是碎片，所以，我们并不能完全确定它们属于书仪。在这些收藏中，没有一件是可以用来作为书信样本做研究，也没有以书仪为题的官方文书。因此，尽管《敦煌遗书总目索引》将它们归入书仪，本文的讨论将不包括这些残片。⑤翟林奈（Lionel Giles）将书仪翻译为model letter-

① 《新五代史》，卷55，第632页。
② 有关宋朝之致力于家礼改革，请参阅拙文《寓教于礼：宋代家礼的形成》（Education through Ritual: Efforts to Formulate Family Rituals During the Sung），收于狄培理（Wm. Theodore de Bary）、贾志扬（John W. Chaffee）编《理学教育：形成阶段》（Neo-Confucian Education: The Formative Stage），伯克利：加利福尼亚大学出版社，1989年，第277–305页。
③ 《新五代史》，卷55，第633页。欧阳修在《归田录》中也批评了士大夫对于此书的盲目使用（中华书局，1981年，第2卷，第34–35页）。
④ 在现存吐鲁番文书中，至少有一本《书仪》。见《吐鲁番出土文书（二）》，北京：文物出版社，1981年，第274–278页。
⑤ 这个索引是由商务印书馆编辑出版的（1962年）。有关官员间书牍往来的指南，参阅周一良《书仪考》。周文中有一篇此类指南的录文。

writers（书信范本），并对斯坦因敦煌遗稿的状况和日期做了简短记录。[1] 斯坦因敦煌遗稿现已全部发表在《敦煌宝藏》（台北新文丰出版公司，1981- ）中，但并不是所有文献都清晰可辨，也没有一篇是完整的。虽然伯希和敦煌遗稿尚未出版，但那波利贞在一篇关于书信作者的文章中对它们做了整体考察。[2]《巴黎国家图书馆所藏伯希和敦煌汉文写本目录》第三卷（伯3000至伯3500）也简要地描述了一些书仪残卷。[3] 所有这些都可以通过缩微胶片获得。其中3篇斯坦因敦煌遗稿和11篇伯希和敦煌遗稿含有书名，它们是：

斯361 《书仪镜》2卷

斯6180《朋友书仪》2卷

斯6537 郑余庆《大唐新定吉凶书仪》30卷

伯2556 张敖《新定吉凶书仪》2卷

伯2646 张敖《新集吉凶书仪》2卷（908年抄写），书末题名为《要集书仪》，序末题名为《纂要书仪》

伯2622《吉凶书仪》2卷（859年抄写）

伯3249 同伯2646

伯3375《书仪》1卷

伯3442 杜友晋《书仪》2卷

伯3502 张敖《新集诸家九族尊卑书仪》1卷（862年抄写）

伯3691《新集书仪》1卷（940年抄写）

伯3637《书仪镜》，书末称《书仪》1卷，分吉、凶两部分

---

① 翟林奈（Lionel Giles）：《大英博物馆藏敦煌汉文写本注记目录》(*Descriptive Catalogue of the Chinese Manuscripts from Tunhuang in the British Museum*)，大英博物馆，1957年，第252–254页。这份索引和翟林奈并没有将同一组文本归类为"书仪"/"书信范本"。除了索引列出的文献外，翟林奈还列出了斯1725、斯4374、斯5566、斯5593和6180。

② 那波利贞：《〈元和新定书仪〉与杜友晋编〈吉凶书仪〉》，《史林》第45卷第1期，1962年，第1—34页。

③《巴黎国家图书馆所藏伯希和敦煌汉文写本目录》(*Catalogue des Manuscripts Chinois de Touen-houang: Fonds Pelliot Chinois de la Bibliotheque Nationale*) 第3卷，波利尼亚克基金会（Foundation Singer-Polignac），1983年。

伯3716《新集书仪》1卷（930年抄写）

伯3849 杜友晋《新定书仪镜》

斯6537显然是上述郑余庆文稿的一个版本，伯2556、伯2646、伯3249和伯3502出于同一作者——张敖，他是敦煌地区节度使署的一名低级官员。尽管书名各不相同，但它们应该是同一本书，也与其他一些没有书名的遗稿残卷（伯3246、伯3284、伯4019、斯2200、斯4761）同属一书。此外还有其他一些版本的伯2622（伯3886抄于一世纪之后的960年，以及斯1040；这些很可能来自张敖文本的后半部分）、伯3849（斯361和伯3637）、伯3691（伯3716和斯5636；这些可能来自刘岳的《新定书仪》[①]）。张敖的书不见于任何现存书目；杜友晋的一本书在宋朝的书目中被提及，并注明他是长安人。除此之外，我们对杜氏一无所知。他的《书仪》（伯3442）和《书仪镜》（伯3637和伯3849）并不是同一本书。[②]张敖的《新定书仪》显然有很多抄本，可能在敦煌很流传，但其书仪文本似乎与该地区没有特殊关系。

序

这些残卷之间的关系可以通过它们的序或跋串联起来。郑余庆的序提供这样的背景：

> 叙曰，人之有礼则安，无礼则危，[③]此识材通明于仪礼。是以士大夫

---

① 我认为有这种可能性的原因是文稿的题名和日期。伯3691和伯3716同时抄写于刘岳生活的时代（930年和940年）。它们各自包括了两段题为《唐新定家礼……》的文字，一段关于婚姻，另一段关于丧葬。从题名用"唐"而不是唐代常见的"大唐"这一事实来看，这两份文献不仅仅是唐以后抄写的，而且更可能是在唐之后才成文的。

② 他的《书仪》抄录在那波的文章中（1962年，第17—32页）。宋人书目将杜友晋写成杜有晋，可能是误录。这两份传为杜友晋所撰的文本在书信的用词上有多处差异，几乎多到差不多像是两个不同作者所写的书仪，因此，很有可能的是，这两份书仪中，一份是杜友晋所撰原文，而另一份被不知名者做了重大修订，但仍然保留了杜友晋的名字。但因为我们没有证据证明这一点，所以本文仍然将这两个文献列为杜友晋的作品。

③《礼记·曲礼》（1816年《十三经注疏》版），第1册，第13a页。理雅各（James Legge）译：《礼记》（The Li Chi），纽约：大学出版社（University Books），1967年重印牛津大学出版社1885年版，第1册，第65页。

之家，吉凶之重用而诸礼经繁综浩大，卒而难以检寻。乃有贤士，撰集纂要吉凶书仪，以传世所用，实为济要。凡有十余家著述，唯京兆杜氏制撰，比诸家仪礼，则今之行用七十八矣。[①]

郑余庆随后描述他的书与杜著的不同之处，尤其是一些重要词句的选择。如，杜著称冬至为"晷运环周"，郑余庆改为"晷运推移"。杜著建议在给姨舅的信末写上"不具再拜"，郑余庆改为"不宣再拜"。郑余庆没有解释为什么这些词句更可取，可能他觉得读者一看就知道杜著的用词过时了。郑余庆还在序中提到他在这些问题上咨询过的人，包括他的门徒韩愈，以及另一本流传到宋朝的书仪作者裴茪。

杜友晋的《新定书仪镜》有两个跋，一个显然是杜友晋写的，另一个署名卢藏用（约664-713），显然，该书撰于八世纪初。卢藏用的跋讲到文字风格的变化，并指出南方（江南）的种种文风已经成为主流。杜友晋的跋很清楚地讲到，他撰书的目的想要取代五世纪王俭的书仪，因为在那些"旧礼仪"传统中，亲属的称谓很不恰当。例如，在王著中，父亲被称为"大人"，而对堂兄弟则直呼其名。

张敖《书仪序》的前半部分几乎是逐字逐句地重复郑余庆的序。接着，他解释了他自己是如何从早期的作品中做出选择的：

> 今朝廷遵行元和新定书仪，其间数卷，在于凡庶，固无所施，不在于此；今采其的要，编其吉凶，录为两卷，使童蒙易晓，一览无遗。

张敖明确提到了元和时期的包含了贵族和平民的礼仪指南的书仪，但我们不清楚他指的是郑余庆的《书仪》还是裴茪的《书仪》，或是朝廷监制编纂的

[①] 黄永武主编：《敦煌宝藏》，台北：新文丰出版公司，1981年，第48卷，第195页。这段文字中有"七十八"不知是什么意思。与其他许多文书相同，在这篇文书中，当作者写错一个字时，他不会划掉它，而是在它的右边打了一个小标记。我怀疑"七"是"十"之误，但它边上没有记号。

书仪。①张敖提及，他的书是写给平民的，不针对官员事务，那波推测，张敖编纂此书的目的是用来作为他任职地区的教科书。序中提到"童蒙"，可见那波言之有理。②敦煌题记中有学生抄写此书的记录，其中，伯3691还有学生称自己已能背诵此书。

从这些序和跋中，我可以推断，王俭的书仪在整个七世纪都很流行。随后，杜友晋的《书仪》在九世纪初开始流行（这之后也应该非常流行，因为敦煌遗书中有多份此书的抄本）。郑余庆《书仪》大约是在812年完成的，而裴茝的《书仪》在此后的十至二十年内完成。随后，张敖用郑余庆的书为准则来编写自己的《书仪》。③其去旧立新的一个主要原因是，随着文学风格和社会习俗的变化，标准化的术语也在不断变化。

学者们往往倾向于将所有在敦煌发现的文献贴上"通俗"标签，但是本文所讨论的书仪并不能完全归类于通俗读物。就我们所知，这些书仪的撰

---

① 那波利贞认为这是朝廷敕令撰写的30卷书仪（1962年，第15-16页），但从谈及此文的其他文献称它为"书仪"这一事实来看，很有可能它是郑余庆所撰的《书仪》（圆仁的书目以及现存书稿序均提到有30卷）。那波并没有见到敦煌文稿中的郑余庆《书仪》，因此无由得知其序及书信范本的相同程度。

② 那波利贞，第15-16页。

③ 本文关于这几本书仪的成书年代的讨论似与那波关于这些书仪出现在士（贵族）庶等级不再分明的九世纪初的观点相左。那波认为，唐代的旧族以他们教育方式和对家礼的精益求精为豪，因为这反映了他们的家族传统和价值，但是，这些传统在九世纪初业已衰微。他的例证是：权贵子弟的教育被讥评为肤浅，与此同时，商人及其他富裕平民正在模仿贵族的社交风格。那波由此推断，当时士和庶都需要礼仪指南（第1-4页）。这个阐释是有问题的。首先，自五世纪起，书仪似乎就已经非常热门。第二，那波提到的对权贵子弟教育的抨击的例证并不是无懈可击的。其中一例是张九龄嘲笑一位姓萧的贵族不认识芋头的书面术语，另一个例子是韩愈称"长安众富儿"之"不解文字饮"。那波认为这里"富"当指旧贵，但在唐代"富"常常用来形容粗俗的新贵，以有别于旧族。竹田龙儿在《唐代士族家法研究》中也提出了与那波相反的观点。他认为，旧贵对家教和举止的强调始于中唐（《史学》第28卷第1期，1955年，第84-105页，尤其是他有关郑余庆的孙子的讨论，第98页）。可能更重要的是，贵族并不需要因为教育水平下降而求救于礼仪指南。虽然我们可以想象好家庭出生的弟子会通过家教而学到普通礼仪和书信写作，但这并没有妨碍其他指南性著作的撰写。在唐代，类书已经非常成熟，现存的类书就有虞世南的《北堂书钞》、徐坚（659-729）的《初学记》以及白居易的《六帖》。以《六帖》为例，读者可以在"夫妇"一栏下找到39个词汇及其出处。虽然现在使用这些书来寻找典故的含义很常见，但从它们的结构来看，它们的最初目的似乎是为写作的人提供合适的词组。此外，如前所述，官员们有官府书札中的语句指南，许多这类指南也在敦煌保存了下来。那波的文章的修订稿收入他的著作《唐代社会文化史研究》（东京：创文社，1974年，第53-76页），文中提供了更多的关于唐代精英地位的讨论。这篇修订稿改动很大，并略去了杜友晋的《书仪》释录。

者郑余庆、裴茝、张敖和刘岳都受过良好教育,社会地位也很高。郑余庆在他的《书仪》序中提到,他自己所要做的并不是破旧立新,他真正担心的倒是这类书的泛滥。此外,郑余庆似乎也并没有向社会下层施教的意图——他称读者为"士大夫",他的《书仪》还提供了许多只有官员才用得上的范本。他声称,他所撰写的内容是实用的,而不是粗俗的。此外,我也找不到任何唐代官员和其他受过良好教育的学者鄙视书仪的证据。在宋朝,虽然欧阳修和司马光没有采用唐代书仪中的家礼模式,但司马光书仪中的书信仍然是以唐代书仪为底本的。

不过,虽然这些书仪的预设对象是受过良好教育的人,作者们还是希望那些只受过部分教育的人也能够成为它们的读者,至少在敦煌地区是这样。张敖的《书仪》不包括任何官场文书,因此,这本书对所有具备一定文化素养和自信、想要写请帖、贺信和唁函的人都很有用。在中世纪的欧洲,书信写作艺术是期望在政府或宗教机构谋得一职的年轻男性的主要课程。一旦受雇,他们将处理各种信件,包括外交信件。在唐朝,重要的政府信件往来由受过文字训练的人担当,他们完全能优雅自如地表达。但那些较低级别的行政职位,特别是地方政府中的职位,需要由掌握行政文书知识的人来担当,即使他们不能声称自己有伟大的文学天赋。抄写书仪的敦煌学仕郎文化程度不一,有的刚开始识字,有的已经熟读各种典籍。[1]如果完成这样的学业后不再深造、科考,他们可能会在当地官府中谋职。谋职不成的话,他们或许会以自己的一技之长为不识字的平民代写信函。

内容

虽然没有一本完整的唐代书仪流传下来,但现存的残卷足以让我们了解书仪通常包含的内容。以下我将按时间顺序总结四部主要书仪的内容(两部由杜友晋著,一部由郑余庆著,一部由张敖著)。杜友晋的《书仪镜》的两个比较完整的版本的结构是平行的,第一卷分上下栏抄写,第二卷分三栏

---

[1] 参阅梅维恒:《学仕郎与俗语叙述故事的抄写: 敦煌写本目录》(Lay Students and the Making of Written Vernacular Narrative: An Inventory of Tun-huang Manuscripts),《中国口头与表演性文学学刊》(Chinoperl Papers)第10卷(1981年),第5–96页,尤其是第90–93页。

抄写。每一栏从右至左，上下栏间的内容并不相关。这两个抄本的开头部分都已残缺，残卷上栏的第一个题目是"成礼毕相慰语"，显然是婚礼仪式指南的最后一部分。这之后是20封写给姻亲书信范本（比如写给妻子的姨、舅、姑），然后是女子书信范本（比如写给丈夫）。下栏中间起是一系列适用于普通场合的书札范本以及答复范本：

三月三日（节日）

五月五日（节日）

九月九日（节日）

冬至

借马书

遣物书

求物书

问马坠书

问疾书

霖雨书

雨后书

雪中书

雪后书

阴惨书

风雹书

召蹴踘书

与僧尼书

与道士书①

接下来是给官员的7封贺信：

---

① 其他书仪中列在《屈宴书》下的一些范本并不在此列，如斯5636中有酒后无礼的道歉、饮新酒请帖以及索求还贷的书信范本。

重贺官爵

贺正冬启

贺平贼书

贺及第书

贺加官书

贺雨书

喜晴书

《新定书仪镜》第二卷保存完整，都是关于凶仪的范文。首先是三张丧服图：《内族（服）图》《外族服图》《（妇）为夫族服图》。然后，从上栏起，是"凡例五十条"，介绍有关凶仪的书札范文，其中包括要求在所有情况下都使用白纸和楷书，列出指称大功级别亲属死亡时的八个词汇，这些词汇根据死者的年龄和辈分来区别。比如，"高门"用于指代高祖，"大门"指祖父，"家门"指父亲，"堂上"指母亲。在凡例之后是12封告哀书（长儿亡父母告次儿书，父母亡告祖父母书等）。接下来是12封内族吊答信（如大哥吊唁弟弟）和12封外族吊答书（如吊唁父母姐伯等）。最后一项冥婚书。中间一栏是20封普通吊唁信（例如，慰问某位失去姑姑的人），然后是24篇祭文（例如为葬礼的各个程序、死亡后的每个季节以及为不同的亲属而写的祭文）。最下面一栏是一组用于向那些经常见面（因此不需书面吊唁）的人致哀时使用的措辞。第一组是男性与公众或亲属交往时用的词，第二组是女性用词。女性用词的分类要少得多；他们显然主要是向其他女性或近亲表示哀悼。书末以卢藏用和杜友晋的文章以及28条凡例结尾（比如，复书日月在前，单书日月在后；除非超过一年，否则不说分开时间"长"等）。

杜友晋的《书仪》要比他的《新定书仪镜》短得多。它的开头已残缺，幸存下来的是10封写给内族的吉书，其中包括订婚的"婚书"。接下来是8封女性写吉书范本（比如写给丈夫的父母或姐妹），再接下来是7封佛教和道教人士的吉书，主要是写给自己的亲属。然后是5种用于普通场合的吉书，按年资分类。第二卷有关凶仪，以目录开头。凡例讨论了凶仪的原理和规则，之后是15种官员吊唁书、21种内族吊唁书、7种内族吊唁书（外族亲属的范围将在下文中解释）、9种妇女吊唁书、3种僧侣尼姑吊唁书以及21种用于普通场合的吊唁书。写本在妇女吊唁书部分有断裂。

郑余庆的《书仪》只有五分之一幸存下来，但包括了书的篇目。题名如下：

年叙凡例第一
节候赏物第二
公私平阙式第三
祠部新式第四
诸色笺表第五
僚属起居第六
典史起居启第七
吉凶凡例第八
四海吉书第九
内族吉书第十
外族吉书第十一
妇人吉书第十二
僧道吉书第十三
婚礼仪注第十四
凶礼仪注第十五
门风礼教第十六
起复为外官第十七
四海吊答书第十八
内族告丧书第十九
僧道凶书第廿
国哀奉慰第廿一
官遭忧遣使赴阙第廿二
敕使吊慰第廿三
口吊仪礼第廿四

诸色祭文第廿五

丧服制度第廿六

凶仪凡例第廿七

五服制度第廿八

妇人出嫁为本家父母服式图第廿九

公卿士庶内外族殇服式图第卅①

虽然本书的目录结构与杜友晋的吉凶仪之分不同，但其内容显然有很大的重叠。郑书中也有关于婚丧的范文以及当面吊唁和书信吊唁的用词建议。然而，与杜著不同的是，郑书包括了行政文书的范本。

如前所述，张敖的《书仪》只有关于吉仪的卷上幸存下来（当然，这只是明确有他名字的写本，此书的其他部分很可能保留在目前尚未能辨认作者的残卷中）。这一卷的内容可能是郑余庆的《书仪》的简本。第一部分是关于节候的四字短语，按月份排列。接下来是致官员的贺书，按事由罗列（这些显然取自郑余庆的《书仪》）。再接下来是赞美官员的短语、用于普通场合的信牍（按资历和场合排列）、僧道致答书疏、内外族亲属的告吉书疏。在关于书信所用称谓之后，是一篇关于婚礼的章节。如上所述，张敖在序中称，他的书仪剔除了对平民无用的表状笺启。从与郑余庆的仪目比较来看，张敖的《书仪》略去了赏物、祠部格式及一部分官牍文范，但包括了平民写给官员的信札范文，如贺正书或贺官书等。

张敖的《书仪》是唯一一份完整的吉仪文本，也是唯一一本为婚礼提供详细指南的书仪。它描述了应该备有的婚书、递交婚书的仪式、婚礼时祭告祖先的范文以及婚礼仪式的几个步骤。从《书仪》中，我们得知，婚礼的某些环节必须配有相应的吉利语句②，《书仪》中能找到的最完整的丧礼指南

---

① 《敦煌宝藏》第48卷，第196页。

② 张敖书中的这一部分收录在刘复《敦煌掇琐》中，考古研究所，1957年重印版，第74卷，第293-298页。张敖书中的一些婚礼程序不见于礼经，不过，宋代文献记载的一些流行程序与张文相近，比如，新郎新娘结红绸、新娘以扇遮面，以及以戏谑、诙谐之词在新郎新娘面前唱歌等。见马之骕《中国的婚俗》，台北：经世书局，1981年，第95-96页，第143-143页，第156-158页等。很可能的是，张敖的《书仪》融合了一些流行于敦煌地区的婚俗，如，婚床似乎是设置在（转下页）

是伯2622（这可能是张敖书仪的后半部分）。这个写卷前面残缺，但剩余的文字却是一套相对详细的丧葬仪范，包括葬礼程式中的一系列步骤和用语。其次是与其他书仪相近的凶仪书疏，包括吊答书、告哀书、祭文和当面吊唁用语。文中甚至还包括了有关当面吊唁的指南。

总而言之，所有的书仪都包括书疏语辞用法；许多还包括其他仪式化文书的语辞用法，尤其是祭文和婚书；有些包括口头用语；还有一些包括了婚礼和葬礼程序的说明。

书札类别

所有敦煌书仪将书信分门别类，但仪目繁简有很大的差别。总体来说，书仪分三大类：用途、寄信人、收信人。官府公文又与私家书札有别，而私家书札类下又有许多子目，分别属于吉仪和凶仪两大类。区分寄信人的主要标准是性别（女性有另一套规范）和僧道身份（和尚、尼姑、道士和道姑也另有一套规范）。私家书札收件人之间的区分是由亲属关系决定的——非亲属公众、内族、外族。

书仪在亲属和非亲属上分类很不同。在杜友晋的《书仪》中，内族与外族的定义都很狭隘。内族亲属只包括有丧服义务的亲属（上至高祖、下至侄孙），而不是所有父系族人。外族只包括与自己有血缘关系的人，即外祖父母、其他姓氏的表亲、外甥、外孙。姻亲（例如姐妹的丈夫和妻子的兄弟）以及远亲被纳入"公众"（四海）范围。张敖书仪与杜著（以及郑余庆书仪）不同，亲属只有一个类别——"内外族"。用于长辈（祖辈、姨、姑、叔、舅、中表兄姐）的仪范既适用于内族也适用于外族。小辈的仪范有内外之分（这与宋朝司马光的分类法相似）。姻亲（如妻子的父母或姨父、姑父）既被置于"内外族"之下，也被置于"四海"之下。这可能表明，杜氏书仪中的亲疏分类正

（接上页）新娘家而不是新郎家。也有可能的是，此处描写的是入赘婚，或者先在新娘家成婚，随后新婚夫妇回到新郎家定居。敦煌文稿中的一组诗歌描写了同样的场景。见威利（Arthur Waley）《敦煌歌谣故事集》（*Ballads and Stories from Tun-huang*），伦敦：乔治·艾伦与昂温出版有限公司（George Allen and Unwin），1960年，第189—201页。亦见罗宗涛《敦煌变文社会风俗物考》，台北：文史哲出版社，1974年，第101页。

在逐渐变化，有些人称姻亲为亲属，有的不这么称呼。还有一个可能是，这种对姻亲关系的不同看法反映了地区和社会地位的差异。

即使是在一个类别内，书札形式也是种类繁多，这是因为身份地位与书札用语是有紧密关系的。书仪中亲属告哀书和亲属吊答书的种类最繁复，就是因为这些书信要根据收信人和告亡人的身份作出相应区别。例如，在杜友晋的《书仪》中，在内族凶仪类下面，有四种不同的告伯叔亡的书信范文，而且还要在注释中进一步澄清。这四个范文的最后一篇是《伯叔父母丧告答堂从兄姊及外兄姊书》。如果收件人是女性，这封范文还提供了六处说明措辞变化的注解。①

许多书仪都有"公众"（书仪中称"四海"）这个类别，它总是按资历和辈分来进一步细分的。杜友晋的书仪是分类最细的文本之一。在"极尊"类中，有住在一起的继父、父亲的朋友，不住在一起的年长亲属、教师、姑父和姨父，以及祖辈或父辈的内族远亲。在"稍尊"一类中，有以前的上司或更高级别的官员、姐夫和内兄。杜著还增加了"稍卑"和"卑者"两个类目。②据司马光，裴茝的《书仪》中的"四海"吉书有五个等级，前两个等级与杜友晋的书仪几乎相同。但裴著是唯一一本给更低等级的书信对象下定义的《书仪》，它将同龄人和同等级的人定义为"平怀"，将比自己更年轻担任较低职务的人以及小舅子和妹夫定义为"稍卑"，将曾经在自己手下工作或自己的学生等归类为"极卑"。③也许是时代变化的反映，或是读者对象的不同，张敖的书仪文本（以及斯766和斯5636）的等级规格简单得多。张敖把"四海"分为三等："极尊"，他加注是年长者（"丈人"）、老师和妻子的父母；"稍尊"是那些年龄较大的人、姨父和岳叔父、岳舅；"平怀"；以及未曾谋面者。但他没有提到卑者。

书仪中的这些根据身份不同来分类的指南还包括了称呼自己和对方的不同的用词、表明书信交往程序的种种动词以及众多的谦词。例如，在杜友晋的《书仪》中，对"极尊"者，吉书要以"名白"开头，以"姓名再拜"结

---

① 那波利贞，第27页。
② 那波利贞，第21页。
③《司马氏书仪》，第7页。

尾。对"稍尊"者，则以"某姓官位座前"开头，以"名谘"结尾，然后换行写上"谨姓名白书封"，下一句是"谨通某姓官位"。给同辈的人（平怀者）的信，则不必有开头，结尾是"姓名谘"，此后两行与"稍尊"者同。给"稍卑"和"卑者"书信也有类似的变换。对于"卑者"，写信人甚至可以自称"吾"而不需用自己的名字。许多其他的词句也会因为身份类别的不同而有所不同，比如如何表达分别已久或表达思念。[1]

这些人为的、旨在标示所有等级区别的分类法是否有哲学上的重要性？抑或只是经验性的指南，更多的是基于实践而非理论？我的推测是两者兼而有之。从他们的序中，我们可以清楚地看到，作者试图记录和整理当时的习俗，而不是制定一成不变的原则。然而，毫无疑问，正是这个整理过程和这种分类法，使得书信指南中所列的"适用"语句比当时的习俗用语更为明确化。

书 信 范 文

为了显示唐代书仪是如何根据亲属关系的远近、场合和事由的不同以及公文和私信的差别给予不同的指南的，我将从两本密切相关的《书仪》中选出五封书信。我会尽量用同一组英语语汇来代表同一组汉语语汇，以突出书信范文的重复性。此外，尽管除了最后一封信之外，其他信件原文中都没有人称代词，为了便利英语读者，我的翻译适当地添加了人称代词。一般来说，信中的主要内容，会出现在最后一段之前。以下是郑余庆书仪中供官员模仿的"启"：

> 孟春犹寒，伏惟官位尊体动止万福，即日某蒙恩。限以卑守，不获拜伏，下［情］无任惶惧。谨奉启起居不宣。谨启。[2]

---

① 那波利贞，第21页。
② 方括号中的字来自张敖的书仪。

郑余庆书仪中致僚属的贺冬启范文如下：

> 某启，曷运推移，日南长至。伏惟官位膺时纳祐，声无不宜。某乙限以卑守，不获随例拜贺，下情无任惶惧。谨奉启不宣。谨启。

张敖书仪中给长辈的书札如下：

> 违奉已久，伏增驰结。不奉诲示，无慰下情。孟春犹寒，伏惟厶位尊体动止万福，即日厶蒙恩。限以所守，拜伏未由，无任驰结。谨奉状不宣。厶乙再拜。

张敖书仪中给长兄的书札如下：

> 拜辞虽近，驰恋增深，不奉诲示，无慰下情。孟春犹寒，伏惟兄动止万福（今多云尊体动止万福），即日厶蒙恩。限以厶事，未由辞事，伏增驰恋。谨奉状不宣。厶再辞。

给弟弟的书札如下：

> 别汝已久，忆念难言，久不得书，忧耻向□撼，念汝住健，此吾如常，未期集见，眷想盈怀，立遣此不多，兄厶报。

在试图评估这些错综复杂的措辞变化的效应时，我们必须避免从我们相对贫乏的词汇角度来思考。赵元任关于现代汉语的称谓的研究显示，中文中有很多称谓区分和相关的用法，在很多地方与唐代书仪的称谓区分和用法一致。[1] 如同在现代中国，唐人无疑已经在学习语言的过程中学会了称

---

[1] 赵元任（Yuen Ren Chao）：《中文中的称谓》（Chinese Terms of Address），《语言》（Language）第32卷（1956年），第217—243页。

呼亲属和熟人的大部分"规则"。但是，他们仍然需要一些口语词汇中所没有的谦辞敬语和花言巧语方面的指南。

以书代礼

颜之推曾引用过这样一句谚语："尺牍书疏，千里面目也。"[1]换句话说，信件取代了面晤。口语和书面语之间在用词上的关系可以通过比较杜友晋的《书仪镜》中吊唁对方长兄的语句来凸显。

当面吊唁：

> 凶故无常，贤兄倾逝。贯割哀苦，悲痛奈何！

丧家答：

> 凶故无常，家兄倾逝。悲痛罪罪，苦苦。

吊亡书：

> 日月名顿首。凶故无常，贤兄倾逝。贯割攲气，哀痛奈何！悲切奈何！贤兄年未居高，冀保荣禄，何图报施无准，奄迁凶襄。哀痛奈何！悲痛奈何！春暮暄甚，惟动静发胜。厶疾弊少理，未由造慰，但增悲抑。谨遣疏慰，惨怆不次。姓名顿首。

丧家的答书使用了几乎相同的语句，但提到了哥哥的病情及意外的恶化。对其他亲属的口头吊唁主要在开头语中有所不同（这里用的是"凶故无常"）。

在贺冬至仪中也可以看到相似的口语和书面语之间的对应关系。公元838年冬至时，圆仁记载僧侣和信徒的互相祝贺，平民百姓也向官员致贺，用

---

[1]《颜氏家训集解·杂艺第十九》，第507页。

的句子是郑余庆和张敖书仪中贺冬书开场白（"暑运推移,日南长至"）。[①]
据圆仁记载,840年冬至时,他所住的寺院里的所有僧侣都完全按照书仪的
规定互相祝贺。[②]

当在口语和写作中使用相同的词汇时,通常的假设是书面词汇来自口
头用法。然而,在这里,这种影响似乎是双向的。口头表达的语句非常有文
学性;它们与敦煌变文的方言几乎没有相似之处;这在一定程度上可能反
映了一种普遍的倾向,即在礼仪语言中保留古人的用法。也就是说,这些颇
具"文学性"的词汇很可能反映了古代口语语句的遗传。[③]然而,撰写吊书
和答书的文人在当面吊唁时有可能会受吊书范文的影响。即使是那些略通
文字的人,在他们讲话时,也会因为模仿贵族的社会礼仪而间接地受到书仪
的影响。

结 语

书仪揭示了其他史料中未有见证的唐代社会生活的一个维度,这在其
他资料中是前所未有的。绝大部分从唐朝流传下来的书信是有抱负的文人
撰写的。这些文人将书信视为旨在以巧言令色来说服和娱悦对方的文学作
品。这些文人自己保留下来的信件都是他们自认为包含了有新意的句子、
独创性的词汇,或者是讨论哲学、文学或政治课题的书札。[④]因此,这些书信
很少能与书仪所提供的范文类目相匹配。例如,韩愈是郑余庆在撰写书仪
时经常咨询的文人之一,50封韩愈撰写的书信保留了下来,有些还是写给郑
余庆的。但有意思的是,这些书信(至少是其中幸存下来的部分)与书仪中

① 小野胜年:《入唐求法巡礼记之研究》,第1册,第297页。英译见赖肖尔(Edwin O. Reischauer)
《圆仁日记》,纽约:罗纳德(Ronald)出版社,1955年,第58页。
② 小野胜年,第3册,第314页;赖肖尔,第295页。赖肖尔并没有认识到书仪是一种书,但小野对此
在注解中有所讨论(第315-316页)。
③ 布罗克:《符号、歌曲、舞蹈以及声音传达的表征》,第58页。
④ 因此,他们有时会因其文学价值保留奉承性的书信。见梅维恒《李白求取仕进的书信》(Li Po's
Letters in Pursuit of Political Patronage),《哈佛亚洲研究学刊》(Harvard Journal of Asiatic Studies)
第44卷第1期,1984年,第123-153页;梅维恒《唐代投卷考》(Scroll Presentation in the T'ang
Dynasty),《哈佛亚洲研究学刊》第38卷第1期,1978年,第35-60页。

的书信格式几乎没有什么共同之处。几乎没有提及月份或气候，也没有使用任何在书仪中非常典型的赞词，或以"即日"来开头，或以"不宣"结尾。很有可能的是，这些信首尾因为太过平淡无奇而在收入文集时被删去了，就像在文集中省略了疏奏的首尾一样。①

李商隐（813-858）的一些书信更接近于书仪的模式，这可能是因为其中很大一部分是他作为门人时为他所属的官员起草的例行书札。例如，在他的信中有5封贺冬书，都是为他的恩主柳仲郢起草的奉送给高官的信。在所看到的书仪范文中，我发现有三种不同形式的贺冬书，一种是杜友晋的《书仪镜》的贺冬启，在郑余庆和张敖的文本中也有类似格式；另一种是斯4374中的贺冬书（也在其他地方以短语出现），第三种出现在斯329中。李商隐的每封贺冬启都不一样的，而且没有一封与这些书仪中的贺冬格式相近。不过，他的信中的一些用语还是可以在书仪中找到，如"膺时纳祜，与国同休"和"某方叨藩任，款贺无由"等。李商隐的信也引用了"周正""阳开"等书仪贺冬书中的词语。②

日本和尚圆仁的书信与书仪范文非常相近。如上所述，圆仁在中国待了九年（838-847），其间曾得到郑余庆的《书仪》。他还提到，唐朝和尚在贺冬时使用的词句和书仪中的范文相似。在他的日记中，他抄录了十几封他写给官员的信，所有这些信都与书仪范文有许多相似之处。在其中7封信中，他使用了四字句的节气问候短语，其中五个与张敖的书仪如出一辙。他几乎总是使用"伏惟官位尊体动止万福"，并以"不宣"结尾，并且往往以常用的语句表达自己的感激涕零。他的书信与书仪中写给官员的书信范本之

---

① 韩愈有时也会采用通用的书信标准，这可以从他给田弘正的回信中看出：

季冬极寒，伏惟仆射尊体动止万福。即日愈蒙免，蒙恩改职事，不任感惧。使至，奉十一月十二日示问，欣慰殊深，赞善十一郎行，伏计寻上达。愈虽未获拜识，尝承仆射眷私，猥辱荐闻，待之上介，事虽不允，受赐实多。顷者，又蒙不以文字鄙薄，令撰庙碑，见遇殊常，荷德尤切。安有书问稍简，遂敢自疏？比所《与杨书记书》，盖缘久阙附状，求因间粗述下情。忽奉累纸示问，辞意重叠，捧读再三，但增惭悚。仆射公忠贤德为内外所宗，位望益尊，谦巽滋甚。谬承知遇，欣荷实深，伏望照察。限以官守，拜奉未由，无任驰恋。谨因使回奉状，不宣。谨状。

（《昌黎先生集》，《四部丛刊》卷19，2b。）

② 《全唐文》卷776。

间唯一显著的区别在于,圆仁从未使用过"即日"一词,取而代之的是"即此",这被认为不太礼貌,因为它是用于给同辈或下属的信件的。然而,圆仁可能遵循了当时被认为可以接受的做法:张敖将"即此"列为僧侣写给世俗人士的合适用语。

下面是圆仁抄录的最短的信件之一,写于840年,其目的是向一位太守求得通行许可:

> 季春极暄。伏惟使君尊体动止万福。即此圆仁蒙恩,僧途有限,数日不获参谒,下情无任悚惧。谨遣弟子僧惟正奉状。不宣。谨状。①

圆仁当然不是中国人,但他精通汉语;他套用书仪范文并不是因为他缺乏别出一格的能力。显然,对圆仁来说,这类信件并不是展示文学才华的场合。

我们或者可以更确定地说,许多使用书仪的文人一定认为书信公式化很重要。他们感到,如果他们自己新编一个语句来代替"伏惟尊体动止万福"的话,这封信的效果会更低,而不是更高。因为这些书牍中的语言不是文学语言,而是仪礼语言。

仪礼语言是形式化的,正如布罗克(Maurice Bloch)所说的,它缺乏创造力。②它有一套固定的词汇、句法形式和含义,要比日常用语狭窄得多。语言的形式化"极大地限制了可说的内容,因此所有的语言行为要么都是相似的,要么都是一种类型的,因此,如果采用这种交流方式,就不存在什么内容的选择了"③语言的格式化降低了任何陈述的命题力,即其传达未知信息或观念的能力。然而,这并不意味着格式化的语言是不能传递意义的。布罗克借用奥斯汀(J. L. Austin)的观点,认为它可以具有强大的表演(或"言外")力量。说某些词这个行为本身带有一定的意义,就像说"我承诺"就是承诺这一行为一样。在这种情况下,改变常规用语只会削弱这一行为的

---

① 小野胜年,第2册,第282页;赖肖尔,第184页。
② 布罗克:《符号、歌曲、舞蹈以及声音传达的表征》,第60页。
③ 同上,第62页。

意义；"我打算"或"我答应"不具备"我承诺"的全部效力。[①]

书仪中的一些语言格式显然是行为性的。给长辈和尊者写格式化的赞誉书札就是一种表示尊重的行为，它坦承自己的低下地位、表达荣耀尊者的意愿。寄送婚书是一种订婚行为。向亲属发送告亡书是一种确认亲属关系的行为。寄吊唁书是对这种亲属关系及其义务的认可。为了使所有这些行为都具有其预期的效力，最好的办法是让书信读来有标准化的感觉。不使用任何标准语句的吊唁书很可能会被认为无视亲属关系。事实上，如果它偏离了既定的规则，可能会被怀疑为不合时宜。因为吊唁信是一种姿态，像鞠躬一样，与其说是为了被阅读，不如说是为了被认知的。

唐朝的中国人当然也会写那些以加强社会关系为目的以外的书信。他们借钱、求情、议政，等等。如果双方面对面进行此类活动，那么会面的开始和结束也会包括双方都认可的地位和角色上的差异的问候和礼貌用语。在信件中，承认身份差异的恭维有着同样的效果。即使写信给父亲的目的是要钱，但最好先通过以尊敬的姿态称呼父亲来证明自己是一个孝顺的儿子。使用的语句越标准，出错的风险就越小。

换句话说，在书仪中经常出现的谦卑语句可能是达到某种目的的有效策略的一部分。研究过其他社会问候习俗的民族志学者已经证明，人们可以通过有效地利用敬语的规则来达到自己的目标。一个寻求帮助的人需要称对方为有权有势的人。如果他不想扮演恩主角色，他将不得不通过自卑技巧来否认自己的优越性。[②]正因为如此，书仪除了提供亲属间的书信来往范文外，还提供了大量的下级给上级的书信范文，这可能是因为上级给下级的书信在社交生活中并不那么重要。维持同僚（文人、士）间社会和政治关系的担子落在了下级的肩上，应该由他来启动并保持互动。

书信指南和相关礼仪在唐之后仍然绵延不断。北宋时期，两位著名学

---

① 奥斯汀（J. L. Austin）：《如何以言行事》（*How to Do Things with Words*），麻省剑桥：哈佛大学出版社，1962年。值得一提的是奥斯汀的表演性的说话不包括敬语（第80–81页）。

② 欧文（Judith T. Irvine）：《沃洛夫族问候语的身份操纵策略》（Strategies of Status Manipulation in the Wolof Greeting），收于保曼（Richard Bauman）、舍泽（Joel Sherzer）编《言语民族志探索》（*Explorations in the Ethnography of Speaking*），剑桥：剑桥大学出版社，1974年。

者胡瑗（993-1059）和司马光编纂了书仪。司马光的《书仪》完整地保存下来，它具有高度的学术性，并致力于制定符合经籍的礼仪模范。他所提供的书信格式并不像唐代书仪中的书信有那么多区分，这反映出礼仪随着唐宋时期的社会变化而产生了相应变化。更多的非常流行的十三世纪末到十四世纪初的书仪流传了下来。①这些书比早期的书仪更全面，不仅包括家礼的范本和指南，还包括了以前另立一体的遣词造句②以及著名文人的信件作为样本。总的来说，这些十三世纪和十四世纪书籍中的书信在亲属关系的分类上比较简单，但在职业的分类上却很讲究。例如，根据新娘来自绅士家庭、药剂师家庭还是农民家庭，他们会给一个农民家庭提供各种不同的婚书范文，等等。随着人们对中国礼仪历史的了解越来越多，解释此类变化的社会背景越来越成为一种可能。

（姚 平 译）

---

① 这些包括以下大致以年代先后排列的作品：陈元靓（晚宋）《新编纂图增类群书类要事林广记》、刘应李（卒于1311年）《新编事文类聚翰墨大全》（1307年刊出）、佚名《新编事文类要启札青钱》（1324年刊出）、佚名《居家必用事类全集》（十四世纪刊出）。刘应李的书最长，只有原版或在微缩胶卷上看。其他都有影印版。

② 更早的词汇表可见于《初学记》和《六帖》等类书（见第12页注③）。

宋代的火葬

　　处理死者的尸体往往会在生者心中唤起爱恋、恐惧、焦虑和痛苦等诸多情绪。除了这些人类共通的反应，生活在不同文化中的人们会以迥然不同的方式表达感情，并因此常常排斥其他文化的表达方式。古代的汉人对其邻人和少数民族的一些习俗，例如藏人的天葬和穆斯林不用棺椁的做法，表现出极度憎恶之情。如果他们了解欧洲中世纪肢解尸体的做法，一定也会为之大为惊骇。在中国的欧洲人也曾面对类似的问题。北方汉人把装有尸体的棺材存放在活人居住的院落里长达几十年之久，东南地区的汉人在葬礼之后几年重新挖出尸体，再把清理好的尸骨放入骨灰罐中的做法，也让欧洲人感到不适。

　　这些由文化构建起的在处理尸体时自然产生的感受很难改变。从1988年夏天的媒体报道来看，中国政府已持续进行四十年的以火葬代替土葬的运动尚未取得成功。举例为证，一位县委副书记的五个子女在他去世后的两天内把他葬在一个位于山坡上的占地90平方米的墓地里。这一切发生在县委负责人曾试图阻止死者家人将尸体搬离医院，并前往其家中坚持应把死者火葬之后。在随后的五周时间里，经许多党政官员施压，死者的家人才最终让步，在几百名村民众目睽睽之下，将已浸水的棺材挖出，把尸体送去

　　本文曾在1987年8月在洛杉矶举办的美日史学家会议上宣读。本文写作过程中，周启荣（Kai-wing Chow）、格里高利（Peter Gregory）、徐萍芳、李弘祺（James Lee）、罗友枝（Evelyn Rawski）、太史文（Stephen Teiser）及托比（Ronald Toby）提供过宝贵意见，在此表示感谢。

火化。①

　　本文考察中国殡葬史上的一个"反例"以证明风俗习惯其实可以发生变化。从十世纪开始，许多汉人自愿放弃传统的将尸体入殓进行土葬的习俗，转而接受经由佛教僧人传入中国的火葬，或将骨灰撒入水中，或存于地上的骨灰罐中，或将骨灰罐葬在一个规模较土葬要小的墓穴中。在汉人建立的宋代及蒙古人建立的元代，尽管有来自政府和儒家精英阶层的强烈反对，火葬依然盛行。②西方史学家已经证明，殡葬习俗的变化是观察宗教观念和社会组织变迁的绝佳视角。③中国丧葬行为的变化同样揭示了民间宗教、知识阶层的思想观念，以及国家试图规范民众行为的努力之间的复杂互动。

　　火葬的传播标志着尸体处理方式的一个根本性变化。宋以前，汉人丧

① 《严如瞻（音译）子女土葬其父影响恶劣》，《杭州日报》1988年8月26日；《严如瞻土葬遗体择日火化》，《杭州日报》，1988年9月15日。另参见，怀默霆（Martin K. Whyte）：《中华人民共和国时期的死亡仪式》，收于华琛（James L. Watson）、罗友枝编：《帝制晚期及中国近现代史上的死亡仪式》，伯克利：加利福尼亚大学出版社，1988年。

② 有关中国火葬史的综述见高延（J. J. M. de Groot）：《中国的宗教体系》，第3卷，第1391-1417页。1892-1910年第一版，1972年台北重印。那波利贞：《火葬在中国的流传》（火葬法の支那流传に就いて），《支那研究》，第1卷（1921），第553-558页；徐苹芳：《宋元时代的火葬》，《文物参考资料》，第9辑（1956），第21-26页；宫崎市定：《中国火葬考》，《亚细亚研究》，第3辑，第63-84页，东京，1976年；牧尾良海：《宋代的火葬习俗》，《智山学报》，第16辑（1968），第47-57页；素安士（或索安，Anna Seidel）：《茶毗（火化）》（Dabi），《法宝义林：中日文佛教文献百科辞典》（*Hobogirin: dictionnaire encyclopédique du bouddhisme d'après les sources chinoises et japonaises*），第6卷，第573-585页，东京，1983年。杨存田、陈劲松：《我国古代的火葬制度》，《考古与文物》第3辑（1983），第88-95页；孙薄泉：《火葬是中华民族自古就有的卫生习惯》，《中华医史杂志》，第17辑（1987），第164-167页。1949年后，中国学者一般从正面介绍火葬的历史背景，以证明包括少数民族在内的中国人在历史上一直实行火葬，而火葬的原因并非只是为贫穷所迫。日本学者对火葬感兴趣则是因为火葬在日本历史上与中国不同的走向。自火葬经佛教僧侣传入日本后，一直长盛不衰。

③ 参见阿利斯（Philippe Aries）著，威弗（Helen Weaver）译：《我们死亡之时》（*The Hour of Our Death*），纽约：诺普夫（Knopf）出版社，1981年；彼得·布朗（Peter Brown）：《圣徒崇拜在拉丁世界基督教中的兴起与功用》（*The Cult of the Saints: Its Rise and Function in Latin Christianity*），芝加哥：芝加哥大学出版社，1981年；伊丽莎白·布朗（Elizabeth A. R. Brown）：《中世纪晚期的死亡和人体：圣卜尼法斯八世有关分割尸体的立法》（Death and the Human Body in the Later Middle Ages: The Legislation of Boniface VIII on the Division of the Corpse），《旅行者：中世纪及文艺复兴研究》第12辑（1981），第221-270页；拉克（Thomas Laquer）：《人体、死亡和穷人的葬礼》（Bodies, Death, and Pauper Funerals），《陈述》（*Representations*），第1辑（1983），第109-131页。

葬中最重要的考虑是推迟尸体腐烂的时间。[①] 为达此目的，古人不仅选用厚重的木制棺椁，还在其中塞满装裹衣物和裹尸布。死者家人还建造木、石或砖结构墓室，并采用其他尸体保护措施，例如在棺内放置玉器，甚至为尸体穿上金缕玉衣。定稿于公元前一世纪的儒家经典《礼记》反复强调将祖先入土为安的重要性。时人认为，死者的魄会停留在尸体附近，并可以为害。取悦魄的方法是供奉食物、酒类和各种器物。古人笃信祖先具有强大威力，而生者可从取悦祖先的过程中获益。另外，从上古时期即有一种强烈的认知，那就是死者的尸体应该被完好无损地葬于地下；后人对祖先的一个重要义务即是妥善保存他们的尸体，并最终将之入土为安。儒家学派尤其强调在准备葬礼及之后祭祀祖先时诚敬的重要性。[②]

反对昂贵、繁复葬礼的声音古已有之。但这些人质疑的是随葬物品及墓室的效用，而非使用棺椁和土葬的做法。公元前五世纪，孔子的批评者墨子虽然提倡简葬，但仍然主张棺木的厚度应为三寸。墨子批评西部仪渠之国实行火葬并相信死者灵魂会随烟雾升腾的习俗为无情之举。[③] 尽管许多早期思想家认为死者并没有感情或意识，但极少有人因此觉得对尸体的处置无关紧要。[④] 汉人关于灵魂、祖先和来世的观念甚至在佛教传入之前即已开始发生变化，[⑤] 但新观念的产生并没有削弱人们使用厚重坚固的棺椁将死

[①] 中国境内的一些非汉人，如羌人自古即实行火化。有关非汉人火化的情况，参见孙薄泉：《火葬》；杨存田、陈劲松：《我国古代的火葬制度》。

[②] 有关汉人葬俗，参见刘仕骥：《中国葬俗搜奇》，香港：上海书局，1957年；高延：《中国的宗教体系》对各种丧葬实践也有广泛讨论。

[③] 孙诒让编：《墨子间诂》，世界书局重印本，卷6，第113，116页；华兹生（Burton Watson）译：《墨子、荀子、韩非子选译》（*Basic Writings of Mo Tzu, Hsun Tzu, and Han Fei Tzu*）第72，76页，纽约，1967年。墨子提到不同部落习俗的差异是为了说明每个人群都认为只有自己的习俗符合道德标准，而他人的则有违道德。

[④] 高延：《中国的宗教体系》，第1卷，第659-698页。

[⑤] 见余英时：《魂，回来吧！——佛教传入中国前有关魂灵及来世观念的变化》（O Soul, Come Back! —A Study in the Changing Conceptions of the Soul and Afterlife in Pre-Buddhist China），《哈佛亚洲研究学刊》（*Harvard Journal of Asiatic Studies*）第47辑（1987），第363-395页；鲁惟一（Michael Loewe）：《中国人的生死观》（*Chinese Ideas of Life and Death*），特别是第23-25页，伦敦：乔治·艾伦与昂温（George Allen and Unwin）出版有限公司，1982年；索安士：《汉墓出土葬礼文本中的宗教思想》（Traces of Han Religion in Funeral Texts Found in Tombs），收于《道教和宗教文化》，东京，1987年。

者安葬于地下的偏好。[①]甚至有关永生的观念，特别是道教对长生不老的崇拜，也仍与肉体有关。[②]此外，汉人对周遭民族使用火葬的了解也并没有导致他们接受火葬。

表面看来，中国火葬的历史可以直接理解为佛教对中国文化逐渐渗透以及儒家思想在宋代及之后重新确立地位的过程。考虑到这一模式对我们理解哲学和宗教思想在中国文化演变中作用的影响，自然不能不经审视即予以接受。佛教于公元二世纪传入中国，但其逐步调整适应中国社会的进程却是缓慢进行的。直到唐朝，佛教才完全融入普通民众的社会和宗教生活中。[③]如果我们能证明佛教改变了普通人对待死者的方式，无疑就可以说明它对中国文化的巨大影响。同样，如果我们能找到儒学复兴导致了十四世纪后火葬衰落的证据，就可以确认，发生于社会和政治等级制度上层的思想和政治变化促成了普通人日常生活的变化。

为考察佛教和儒家思想在殡葬习俗变化中的作用，本文试图理清几个不同层次的理念和实践。首先，我把佛教思想与佛教寺院提供的各种服务区分开来。在佛教教义内部，我将源自佛经的思想与礼佛习俗及源自经文之外的民间佛教传统区分开来。遵循同一原则，我将新儒家思想与国家政

---

① 道教思想似乎对火葬持肯定态度，但很难确认这些思想是道教本身既有的还是受佛教影响的结果。《列子》成书年代较晚，有可能掺入了一些受佛教影响的故事。其中一则提到一位圣人宣布他对自己尸体的命运持无所谓的态度，人们可以将之火化、投入水中、裸身埋葬，或以棺椁盛放。葛瑞汉（A. C. Graham）译：《列子》，第143页，伦敦，1960年。牧尾良海在《宋代的火葬习俗》中提出，从汉代开始，黄老道教主张让尸体迅速腐烂，却只提供了有限的几个例证。佛教传入中国后，道教有可能间接地促进了佛教的传播。比如，中世纪道教曾谈到"尸解"。见贺碧来（Isabelle Robinet）：《道教中的变形与尸解》（Metamorphosis and Deliverance from the Corpse in Taoism），《道教史》第19辑（1979），第37–70页。尽管这一词汇是用来比喻沉思冥想的一种状态，但未受过良好教育的信众有可能根据字面理解，认为死后快速实行尸解是有益处的。

② 见康德谟（Max Kaltenmark）：《老子和道教》（Lao Tzu and Taoism），格利弗斯（Roger Greaves）译，第117–121页，斯坦福：斯坦福大学出版社，1969年；欧弗迈耶（D. T. Overmyer）：《中国》（China），收于霍尔克（Frederick H. Holck）编：《死亡与东方思想》（Death and Eastern Thought）第198–225页，纳什维尔：阿宾顿（Abington）出版社，1974年。

③ 有关佛教在中国的发展史，见陈观胜（Kenneth K. S. Ch'en）：《中国佛教史概论》（Buddhism in China: A Historical Survey），普林斯顿：普林斯顿大学出版社，1964年；《佛教在中国的演变》（The Chinese Transformation of Buddhism），普林斯顿：普林斯顿大学出版社，1973年。

策区分开来。①新儒家反对火葬是基于其反对佛教教义,坚信古礼化民的力量,以及执着祖先崇拜等诸多立场。而宋、元、明政府只是偶尔反对火葬,颁布法律,敦促民间执行并提供其他权宜之法。因此,我们有必要确认,火葬的衰退,到底是因为它不符合儒家主张,还是受到政府压制,抑或是因为其他原因。

在火葬流行及之后的衰落过程中,来自佛教及儒家传统之外的观念也起了重要作用。对中国当代民间宗教和殡葬实践的研究清楚地表明,不仅只有佛教和儒家参与处理死者的尸体;风水师、占卜师、萨满祭司,以及与佛教和儒学无关的一些民间的、土生土长的,或道家有关灵魂和来世的观念也在其中发挥作用。②整个唐宋时期,地方性宗教生活一直影响很大且充满活力,并非是佛教或儒家精英轻而易举就可以改变的。马祖、文昌和城隍等新的宗教信仰也正在中国广大地区传播。③考古学和文字记载都显示,除了火葬的传播,殡葬习俗在其他方面也发生了重大变化,尤其表现在随葬品的减少,久而不葬成风,以及坟茔在宗教信仰中地位的加强。因此,研究火葬的

---

① 有关中国近现代丧葬习俗及祭祖仪式的研究有高延:《中国的宗教体系》;阿赫恩(Emily Ahern):《一个中国村庄的死者崇拜》(*The Cult of the Dead in a Chinese Village*),斯坦福:斯坦福大学出版社,1973年;华琛、罗友枝:《帝制晚期及中国近现代史上的死亡仪式》。有关民间宗教的研究卷帙浩繁,了解这些成果可从熟悉下面几部著作开始:武雅士(Arthur P. Wolf)编:《中国社会中的宗教与仪式》(*Religion and Ritual in Chinese Society*),斯坦福:斯坦福大学出版社,1974年;乔丹(David K. Jordan):《神、鬼和祖先》(*Gods, Ghosts, and Ancestors*),伯克利:加利福尼亚大学出版社,1972年;盖茨(Hill Gates)、威勒(Robert P. Weller)编:《文化霸权与中国民间思想专题讨论集》(*Symposium on Hegemony and Chinese Folk Ideologies*),《近代中国》(*Modern China*),第13辑(1987)。

② 有关佛教传入中国后至宋代的民间宗教,见尉迟酣(Holmes Welch)、素安士编:《道教面面观》(*Facets of Taoism*,纽黑文:耶鲁大学出版社,1979年)中的文章,特别是斯坦因(Rolf A. Stein):《二至七世纪的道教和民间宗教》(Religious Taoism and Popular Religion from the Second to the Seventh Centuries);司马虚(Michel Strickmann)编:《密宗与道教研究:致敬斯坦因教授》(*Tantric and Taoist Studies in Honour of R. A. Stein*),第2、3卷,布鲁塞尔,1983年和1985年。另外参见姜士彬(David Johnson):《唐宋时期的城隍神》(The City God Cults of T'ang and Sung China),《哈佛亚洲研究学刊》第45辑(1985),第363–457页;太史文:《中古中国的鬼节》(*The Ghost Festival in Medieval China*),普林斯顿:普林斯顿大学出版社,1988年;韩森(Valerie Hansen):《变迁之神:南宋时期的民间信仰》(*Changing Gods in Medieval China, 1127–1276*),普林斯顿:普林斯顿大学出版社,1989年。

③ 有关道学的研究已有大量成果,见陈荣捷编:《朱熹与道学》,火奴鲁鲁:夏威夷大学出版社,1986年。有关明清正统学说,见刘广京(Liu Kwang-Ching)编:《帝制晚期的正统》(*Orthodoxy in Late Imperial China*),伯克利:加利福尼亚大学出版社,1990年,特别是刘的前言。

历史还需把它放在民间宗教中关于身体、灵魂和坟墓的语境中考察。

　　本文在社会、宗教和政治的背景下探讨火葬的历史，依次考察宋代火葬到底有多普遍，人们为什么选择火葬，当局如何及为何试图抑制火葬，以及火葬何时衰落等问题。现存史料虽然不能确凿无疑地回答上述所有问题，却足以说明，丧葬习俗的变化是比简单的佛教—新儒学模式复杂得多的历史现象。作为权宜之计和相信火葬优于土葬可能在人们决定使用火葬的过程中起了同样重要的作用；而民间信仰与佛教教义一样促成了民众逐步接受火葬；国家抑制火葬的政策则既源于排外情绪又和排佛有关。

　　文字材料和考古发现都提供了有关火葬的证据。从962年火葬首次被禁开始，史料中多次提到火葬在中国已相当流行。①十一世纪初，贾同（约1020年）写道，火葬已在普通民众中习以成俗，并逐渐污染士大夫阶层的葬俗。②十一世纪中叶，韩琦（1008-1075）注意到，在华北中部，"河东俗杂羌彝，死者燔而后瘗，贫者寄骨佛祠中，岁久盈积，不可胜数"。③1157年，范同在一篇奏折中写道："今民俗有所谓火化者，生则奉养之具唯恐不至，死则燔爇而弃捐之……甚者焚而置之水中……方今火葬之惨，日益炽甚。"④大约同时，洪迈（1123-1202）写道："自释氏火化之说起，于是死而焚尸者，所在皆然。固有炎暑之际，畏其秽泄，殓不终日，肉未及寒而就爇者矣。"⑤1261年，黄震（1213-1280）描述了苏州城外的一个火葬场："寺曰通济，在城外西南隅可一里。寺久为焚人空亭约十间以网利。邪说谬见久溺人心，合城愚民悉为所诱，亲死肉未寒，即举而付之烈焰，权棒碎拆，以燔以炙，余骸不化，则又举而投之深渊。"⑥

　　在黄震描述上述情景之后不久，马可·波罗在中国生活了十七年时间

---

① 史料中使用的词汇包括火化、火葬、烧身、焚人、焚尸等。有时使用梵语的音译如荼毗、蛇毗、蛇维、阇毗。见素安士：《荼毗（火化）》。
② 祝穆：《古今诗文类聚》，卷56，第14页，《四库全书》版。
③ 韩琦：《韩魏公集》，卷13，第202页，《丛书集成》版。
④《宋史》，卷125，第2918-2919页。
⑤ 洪迈：《容斋随笔》，卷13，第374页，上海：上海古籍出版社，1978年。
⑥ 黄震：《黄氏日抄》卷70，第14页，《四库全书》版。

（1275-1292）并记录了火葬与其他汉人丧葬习俗并存的情况。死者的家人穿麻制孝服，将棺材长期存放家中，并每天放置食物祭品等。[①]马可·波罗称火葬是汉人处理尸体的常见方式。在他访问的13个城市，特别是沿海城市中，他都明确提到当地居民使用火葬。[②]

　　尽管批评火葬的人经常使用夸张的语言，声称"每人""所有的穷人""甚至孝子贤孙都使用火葬"，但在一个特定地区，穷人，尤其是城市贫民，可能比士人家庭更频繁地选择火葬。1158年，在中央政府任职的荣薿提到穷人很难在城市周边找到葬地。"臣闻吴越之俗，葬送费广，必积累而后办。至于贫下之家，送终之具，唯务从简，是以从来率以火化为便，相习成风，势难遽革。况州县休息之久，生聚日繁，所用之地，必须宽广。仍附郭近便处，官司以难得之故，故未行标拨者。"[③]十三世纪末的一位学者也认为，禁止火葬根本是不现实的。首都临安每天都有数百人死亡，但没有足够的空间掩埋这些人的尸体。[④]

　　严格来说，火葬并非只是流行于穷人或城市居民中的习俗。考古学家发掘出的许多火葬墓中都有证据表明其墓主出自富裕之家。浙江"水乡"的富人常常采用火葬，究其原因，可能是因为在那个地区实行土葬会遭遇重重困难；甚至北方一些地区的上产之家也使用火葬。[⑤]贾同和司马光（1019-1086）都记载说，士人家庭对死于远离家乡的亲人尤其倾向于火化。司马光提到，政府官员的儿孙宁愿把父母尸体火化，以便将骨灰带回家中，而不愿将他们土葬在异地。[⑥]

---

① 尤尔（Henry Yule）译：《马可·波罗游记》第三版，科迪厄（Henri Cordier）改译两卷本，伦敦，1903年，第一卷，第204-205页；第二卷，第191页。

② 莫尔（A. C. Moule）：《杭州及有关马可·波罗的其他注释》，第44-45页，剑桥：剑桥大学出版社，1957年。

③《宋史》，卷125，第2919页。

④ 俞文豹：《吹剑录》卷4，第126页。收于《宋人杂记八种》，台北：世界书局。

⑤ 周辉：《清波杂志》（《丛书集成》版），卷12，第109页；张履祥：《丧葬杂录》（1891年《读礼丛抄》本），第1页。

⑥ 祝穆：《古今诗文类聚》，卷56，第13-14页。司马光：《司马氏书仪》（《丛书集成》本）卷7，第76页。有关宋代官员死于他乡后火葬的例子，见上官融：《友会谈丛》（《百部丛书集成》本），卷2，第4页。可惜的是，我们无法用墓志铭来推断火葬的流行程度，因为火葬墓中发现的墓志铭往往并未提到死者是火葬的。见《泉州南安发现宋代火葬墓》，《文物》，1975年第3期，第77-78页。

洪迈《夷坚志》中的传奇故事从不同的角度为我们提供了十二世纪中部和东南地区中上产阶级火葬的情况。许多故事中都若无其事地提到火葬及之后的撒灰或埋灰。这些记载证实了时人经常抱怨，人们已对火葬习以为常，见怪不怪了。但这并不意味着在中上产之家，火葬已占据主导地位，成为首选，或与把死者的棺椁无限期存放在寺庙中同样普遍。从这些故事中可以判断，死在他乡和无后之人比死在家中有儿女料理后事之人更有可能被火化。客死他乡又无后的未成年人、仆从或侍妾，死后被火葬的概率更大。

火葬的概率也因地而异。相关的文献资料提及中国的许多地区，包括北方和西北地区、①中原地带、②长江流域③和东南沿海。④同样有证据显示北宋的洛阳、南宋的杭州和元初的北京等大城市也实行火葬。⑤

考古学证据尤其有助于评估火葬的地理分布。当然这些证据仅限于火葬之后被埋葬的骨灰罐或骨灰盒。此外，由于气候和土壤条件的差异，并非所有宋代火葬墓都有留存下来并为考古学家发现的机会。尽管如此，考古学家在中国的每个地区，包括北方省份中的山西、河南、辽宁、内蒙古、河北，中部省份如四川、湖南、江苏，以及南部沿海省份的福建和广东，都发现了埋葬有骨灰的宋墓。⑥当然，很可能有一些特定地区的人们并不实行火葬，但我们可以肯定，宋代不止一两个条件特殊的地区使用火葬。

与土葬墓一样，考古挖掘出的火葬墓的大小及形制因地因时而异。洛

---

① 韩琦（1008-1075）、范纯仁（1027-1101）、程颢（1032-1085）、毕仲游（1047-1121）在他们任职的并州、太原、河东都发现火葬盛行。韩琦：《韩魏公集》卷13，第202页；《宋史》卷314，第10289页；《二程集·文集》卷11，第633页；张履祥：《丧葬杂录》，第1-2页。

② 潘时（1126-1189）提到荆湖北路实行火葬。朱熹：《朱文公文集》（《四部丛刊》本）卷94，第3页。

③ 荣薿（约十二世纪五十年代）、王爓（1237）、黄震分别提到火葬在吴越（今江苏、浙江、福建）、琴川、吴等地区流行。《宋史》卷125，第2919页；卢镇：《琴川志》（《宋元地方志丛书》），卷1，第24-28页；黄震：《黄氏日抄》卷70，第14页。浙江会稽附近的一座佛寺也开有火葬场。鲁应龙：《闲窗括异志》（《百部丛书集成》本），第15页。

④ 真德秀（1178-1235）提到泉州实行火葬。《西山文集》（《四库全书》本），卷40，第24页。

⑤ 张方平：《乐全集》（《四库全书》本），卷38，第31页；吴自牧：《梦粱录》卷18，第294页；《大元圣政国朝典章》卷30，第8页（总1273页）。

⑥ 杨存田、陈劲松：《我国古代的火葬制度》；徐苹芳：《宋代墓葬和窖藏的发掘》，《新中国的考古发现和研究》，第600页，北京，1984年。

阳一座建于1100年左右的宋墓有一个长宽各2.2米的方形砖室，砖室屋顶为拱形，有一扇拱门将其与倾斜的墓道连接起来。砖室内的设计与房屋内部相似，配有砖结构的门窗、屋檐及支架。这座坟墓里共有八个人的遗骸，其中七人死后被火化，另外一人先是被葬在别处，其后迁葬于此。七具火化尸体的骨灰有六具被装在陶罐内，第七具则被安放在两米长的木棺中。[①] 由于宋代墓葬通常只放置夫妻二人的两具棺材，该墓中的两副棺材中盛放的应是一对夫妻（其中一人系从别处迁来），而存放在骨灰罐中的遗骸是这对夫妻早逝的子女或其他近亲。

四川发现的火葬地点比其他任何地方都多。这种情况可能反映了西部靠近西藏地区的汉人和少数民族（非汉人）文化的交融。在成都周边地区，二十世纪五十年代发掘的大约一百座南宋墓中，80%都葬有火化的遗骸。这些坟墓都是砖砌拱形墓穴，通常长约2.5米，宽约1米，高约1.1米。从十二世纪末开始，也有一些长约1米、宽约0.5米的较小的墓穴。这些坟墓中通常随葬有杯盏、骨灰罐、钱币和地券；偶尔也会有偶人、碗、香炉、酒具、铜镜、石刻墓志和道教咒语。[②] 几个小型坟墓中，几乎装满了巨大的、制作精良的士兵、仆从、官员和动物的陶俑。[③]这些证据表明，火葬在成都地区已是首选的葬法，而不是人们将就之下的选择。

根据文献和考古证据可以初步估计，宋人中大概10%到30%是被火化的。火化的比例因地区、时间和具体情况而异。[④]

---

① 《洛阳邙麓街道清理了一座宋墓》，《文物参考资料》1956年第11期，第75—77页。
② 洪剑民：《略谈成都近郊五代至南宋的墓葬形制》，《考古》1959年第1期，第36—39，23页。
③ 刘志远、坚石：《川西的小型宋墓》，《文物参考资料》1955年第9期，第92—98页。文字资料和考古发掘不仅显示火葬在宋流行，辽金元考古也发现了火化墓。例如山西省文物管理委员会：《山西洪赵县坊堆村古遗址墓群清理简报》，《文物参考资料》1955年第4期，第46—54页；《广州市文物管理委员》：《广州河南简家冈宋元墓发掘简报》，《文物参考资料》1957年第6期，第70—73页；易青安：《辽阳市大林子村发现辽寿昌二年石棺》，《文物参考资料》1956年第3期，第79—80页。有关辽墓的报告描述了一个不同寻常的墓葬。死者的骨灰罐被放置在一个精心设计形似墓志铭及盖的石质外棺中。据圆孔两侧的篆文记载，死者为一位官员的妻子，去世时53岁，葬于1096年。她的石棺后被封存在一米见方有余的砖墓中。
④ 因为没有有关儿童火葬的资料，这一估计只是大概。据推测，宋代死亡人口中有三分之一是儿童。未成年人应该有很多是被火化的，但与婴儿及儿童有关的材料几近于无。

　　佛教显然与火葬的传播有很大关系。火葬一直是印度处理死者尸体的惯用手法。中国的僧人也实行火葬。[①]高僧火化后的残余物或"骨灰"通常被埋在佛塔下保存。[②]这种做法很早即在印度流行。火化后的人骨的残余则被视为圣物，这一做法继承了虔诚处置佛陀遗骨，并视其舍利为具有强大宗教效力的圣物的传统。[③]到了唐代，对舍利的崇拜借鉴了民间佛教的一种信仰，认为菩萨（未来的佛陀）的骨骼与普通人不同，或像链条一样相连，或与珠宝神奇地混合在一起。因此，死者的尸体被焚烧后，可以通过检查其遗骨，来确认死者是否已取得菩萨的地位。[④]

　　正因为人们希望能检查和保存这些遗骨，一种常见的做法是在火化时留下大块的骸骨以便于捧在手掌中仔细查看。这些残骸之后被遗弃到水池中，长此以往甚至可以填满整个池塘。[⑤]即使被火化的是个普通人，人们仍然会寻找舍利的痕迹。有一个故事提到，一位官员家中的乳母被火化后，她的骨灰被送回家中。附近的人在闻到莲花的香味后，循迹在她的遗骸中发现了舍利。另一个案例同样提到，因为人们在一位年轻妇女火化后的骸骨中发现了珠宝，她的公公出资建造了一座奢华的佛寺来安置她的骨灰。[⑥]由此可见，佛教的舍利崇拜把火葬置于一种可以从教义方面予以肯定的语境下。

---

① 西胁常记注意到唐代僧人传记很少提到火化，只是说明他们被葬在塔下，而宋代僧人传记却经常提到火葬。西胁常记：《唐代丧俗研究序说》，《东洋学术研究》，第18辑（1979），第130-153页。有些唐代僧人可能是在火化后被埋在塔下的，但并不是所有的僧人都被火化。白居易所作的一些墓志铭清楚地记载有些僧人是"全身"入葬的。董诰：《全唐文》卷678，第20、25页。

② 参见肖宾（Gregory Schopen）：《葬于圣人之侧与早期印度佛教中佛陀的舍利》（Burial' Ad Sanctos' and the Physical Presence of the Buddha in Early Indian Buddhism），《宗教》第17辑（1987），第193-225页。

③ 火化并不是获取舍利的惟一途径。有时候，僧人的全身都被保存下来，甚至上漆保护，供人礼敬。

④ 李昉编《太平广记》（中华书局本）中一则故事记载，一位九十余岁的虔诚的僧人宣布他将于哪一天涅槃，并坚持实行火葬。他火化后的"肢体连贯"，显示他是位菩萨。邻居们因此募捐建塔，以埋葬他的遗骸。见卷101，第680、682页。十二世纪一位僧人死后被火化。他的塔铭提到，他的信徒在遗骸中发现了闪光的舍利，并把舍利收集起来埋在塔下。陆游：《陆游文集》（广济书局本）卷40，第249页。

⑤ 周辉（1126—约1198）记载道，寺庙的池塘中有很多火化后男女的遗骨。僧人会定期清理，以容纳更多新的遗骨。《清波杂志》卷12，第109页。

⑥ 洪迈：《夷坚志》（中华书局本），支景7，第936-937页；三志，卷7，第1357-1358页。莲花是常见的圣洁的象征。

　　佛寺无疑在火葬的传播中发挥了巨大作用。所有史料中提到的火葬场都是由佛教寺庙经营的。当然人们也可以在开阔地上建一个大柴堆火化自家的死者。一些寺庙并可以储存火化后的残骸，另一些建有可供撒骨灰用的池塘。从另一方面看，佛教并不要求信众死后火葬。火葬也不属于佛教的重要礼仪形式；没有任何经文或评论辩称一个人死后的命运取决于该人是被土葬还是火葬，或者人的命运与其尸体的处理方式有关。[①] 僧人们在试图说服中国民众皈依佛教时，会要求他们放弃祭祀中使用肉类，但从没有要求民众放弃土葬。佛教传入中国后的最初几个世纪，僧人们在葬礼中的作用并不重要。即便到了宋代，僧人成为葬礼不可缺少的一部分时，他们也并不拒绝参与实行土葬的葬礼，甚至于并非所有的僧人在死后都被火化。对火葬持批评态度的人士普遍把火葬看成是一种伴随佛教而来的异域习俗。有人写道："佛本是胡人，火化乃是其国之俗。"[②] 即使在佛教界，火葬也常被称为"西域之法"。[③]

　　尽管佛教教义对火葬关注度不高，但接受佛教基本理念，尤其是因果报应和灵魂轮回转世等思想，肯定改变了许多人对尸体的看法。这些佛教思想与中国自古以来有关死者身后是否安宁缺乏任何共通之处。因为死者将会再生到另一个肉体中，所以没有必要保存原来的肉体或延迟其腐烂速度。佛教教导人们超脱任何有形的东西；无论死者还是生者都没有任何理由对死者的肉体有任何不舍。

　　有关佛教与火葬之间联系的一个谜团是宋元时期的火葬墓很少有与佛教有关的图像或文字资料。[④] 也许那些因深受佛教信仰驱使而实行火葬

---

① 我只找到一位对火葬持批评态度的人声称僧人把它与涅槃联系起来。生活于十三世纪的车若水记载说僧人坚称火葬可以使人进入天堂。《脚气集》（《百部丛刊集成》本）卷2，第14页。

② 卢镇：《琴川志》，卷1，第25页。

③《宋高僧传》中有九处类似说法。见牧田谛亮：《中国高僧传索引》七卷（东京，1978年），卷7，第978,1168,1205页。

④ 建于1107年的一座辽墓是一个例外。石棺上的铭文提到因果报应。另一块石板上刻有佛教祷词。大同市文物陈列馆：《山西大同卧虎湾四座辽代壁画墓》，《考古》1963年第8期，第432—433页。但该文中提到的附近其他的墓葬中的壁画却都是常见的主题，没有特别明显的佛教痕迹（尽管壁画在佛寺中已非常常见）。买地券中使用的也多是与风水有关的语言。泛泛而言，视觉和文字材料在火化墓中同其他埋葬方式中一样极为少见。

的人们最终都抛撒了他们的骨灰,因此没有留下任何遗骸。但僧人们的骨灰通常被葬于佛塔之下,甚至被当做舍利,因此不太可能反对他人把骨灰下葬。由此看来,火葬的流行既与佛教思想有关,也受其他非佛教思想影响。

在宋人笔记故事中,死者的鬼魂经常出现在生人的梦中,告知生者他们遇到的问题。这些鬼魂会使用流行的佛教术语来讨论他们的处境,提到诸如重生、地狱及其他与佛教有关的礼仪等,但这些鬼魂并不曾抱怨说,如果他们是被火化,而不是土葬,他们的境遇会更好一些。由此推断,佛教的死亡礼仪可能会加速再生,火葬却没有那样的作用。但鬼魂会抱怨他们的尸体被装在棺材里、遗弃在寺庙中,并要求生者将他们火化。以下面的故事为例:

> 户部员外郎阮阅,江州人,宣和末为郴州守。子妇以病卒,权殡于天宁寺。阮将受代,语其子曰:"吾老矣,幸得解印还。老人多忌讳,不暇挈妇丧以东,汝善嘱寺僧守视,他日来取之可也。"子不敢违。是夜,阮梦妇至,拜泣曰:"妾寄殡寺中,是为客鬼,为伽蓝神所拘。虽时得一还家,每晨昏钟鸣必奔往听命,极为悲苦。今不获同归,则永无脱理。恐以椟木为累,乞就焚而以骨行,得早窆山丘,无所复恨。"阮寐而感动,命其子先护枢江州营葬。是夜,梦子妇来谢云。[1]

另一个类似的案例涉及一个乳母,而非儿媳。家人在梦中得知情况后,找到了她的棺材,火化了尸体,并将骨灰带回家中埋葬。[2]此类轶事似乎表明了一种广为人们接受的信念:如果死者的遗体被留在不合适的地方,比他们的肉身被火化要遭受更多的痛苦。如果火葬能让一个家庭更好地料理死者的遗骸,那么他们便会采用火葬的方法。最常见的让死者不悦的现象是把他们的尸体装在棺材里久而不葬。中国历史早期,人们普遍的看法是,让尸体慢慢腐烂,死者会觉得更为舒适。这种从注重整个身体的感受到关注

---

① 洪迈:《夷坚志》丙,卷15,第495—496页。
② 洪迈:《夷坚志》丙,卷11,第456页。

尸骨的态度转变，有助于使火葬更容易被人们接受。

我们很难确认对尸骨而非整个尸体的重视究竟源于何时。也许这一转变与佛教的舍利崇拜有关。或者它可能源于南方的地方文化。该地区有在死者下葬一段时间后，再挖出尸体来清理和保存尸骨的传统。[①]不管它的起源如何，到了宋代，这一习俗在北方和南方都很流行。为了把亲人们葬在一起，人们有时把已经死去多年的长辈的遗骸挖出来葬在一起。[②]来自山东的贾同认识到他的同时代人不想把亲人埋在远离家乡的地方，所以他提出了火葬之外的一种替代方案。当家人亡殁于远方时，贾同建议：“买地而葬之，庐而守之，伺其久也，负骨而归。”[③]贾同认为，用火葬故意损伤父母的身体是一种不孝的行为，但他并不反对处理把已因自然力量由尸体变成尸骨的亲人的遗骸。

有关尸骨的理念对火葬流行的重要性也仅止于此。宋代资料中并没有现代人有关骨骼代表死者纯洁、稳定、源自父系的部分，而肉体代表危险、不洁和污染的理念。宋人也大多没有选择快速去除尸体的肌肤部分，而只保存死者的尸骨。[④]事实上，关于宋代火葬之所以流行的诸多谜团之一是当时

---

① 赫兹（Robert Hertz）认为火化与分为两个步骤的丧葬仪式有相似之处。后者需要先等肉体腐烂，再重新埋葬骸骨。两种丧葬方式都包括让不洁的肉体腐烂，同时让死者的骨骼干燥。见《对集中表现死亡的研究》（A Contribution to the Study of the Collective Representation of Death），《死亡与右手》（Death and the Right Hand），罗德尼·尼达姆（Rodney Needham）、克劳蒂娅·尼达姆（Claudia Needham）译（格伦科，伊利诺伊，1960年），第43页。

② 举例说明，1041年，石介把石家五代未葬之人的七十具尸体一起下葬。石家原籍河北，但已定居山东百年之久。见《徂徕石先生文集》（中华书局本）第168—169，188，234—235页。人类学家发现类似迁葬在北方很普遍。

③ 祝穆：《事文类聚》前卷56，第14页。这种迁葬与福建、广东、台湾流行的二次葬相似。但没有任何证据证明宋代任何群体偏好二次葬。宋人在抱怨民间粗陋习俗及有违儒家经典的仪式实践时也没有提到有的家庭会把棺材挖出，清理死者的尸骨，再把尸骨埋回同一墓穴。

④ 有关近现代南方的此类观念，见华琛（James L. Watson）：《肉与骨：广东人社区处理死亡污染的研究》（Of Flesh and Bones: The Management of Death Pollution in Cantonese Society），收于布罗克（Maurice Bloch）、帕里（Jonathan Parry）编：《死亡与再生》（Death and the Regeneration of Life），剑桥：剑桥大学出版社，1982年，第155—186页。宋代史料中最接近这种观念的记载是，十二世纪初的一位僧人认为火葬比埋葬更可取，其原因在于火葬能防止尸体腐烂散发的恶臭，避免蝼蚁的吞噬，并能使魄脱离肉体，使魂变得纯洁，可以升天。戒环：《妙法莲华经要解》（《卍续藏经》本），台北：新文丰出版公司，卷47，第337页。宋代士人确实提到过与哀悼活动有关的各种恐惧。见洪迈：《容斋随笔》卷9，第123页；张载：《张载集》（中华书局本），第301页；司马光：《司马氏书仪》卷6，第63，67—68页；宇文豹：《吹剑录》，第124页。

流行的一种几乎与之截然相反的做法，那就是久而不葬：人们将死者的棺材保留数年、数十年甚至几代之久，而不将之葬于地下。这种做法的动机无疑与火葬一样复杂。两种做法的相似之处在于，人们通过把尸体运到寺庙，然后装棺存放或遗弃，把处理尸体的麻烦转移给了他人。把父母和祖父母的遗体留在寺庙里，也正是因为选择他们的最终安息之处非常重要，而子孙后代需要时间长大成人、积攒足够的钱物，或找到吉利的葬地才能将之入土为安。

上面提到的鬼魂故事表明，尸骨不仅是死者留在世上的最后的物质存留，将这些残留物掩埋在地下同样至关重要。这一想法与有关阴宅的风水学相关。风水学致力于找到地力相合的葬地，既保证死者身后安宁又有助于其家族的繁荣。虽然它的基本前提来源于古人有关祖先安宁便可使后代受益的观念，但随着时间的推移，其信条也因借鉴了几种宇宙学思想和占卜传统而得到了极大丰富发展。宋代社会各阶层都相信阴宅风水术。宋元时期仅存的几本风水著作，注意的大多不是尸体，而是尸骨。《大汉原陵秘葬经》提到"植骨"。[1]另一部葬经，蔡元定（1135-1198）的《葬书》，提到埋葬父母的尸骨，而不是尸体。该书还称人的骨骼是从其父祖处得到的精华，而适当的葬法使"气"可以重新进入死者的尸骨，这样死者便可以继续保护他的后人。[2]

儒家学者经常辩称，可以把死者就便埋葬。就祭祖仪式而言，祖先坟墓的地点并不重要，因为人的魂灵可以在任何地方接受拜祭。[3]但大多数宋人仍然坚信，父祖的坟墓应该位于近处，便于祭扫。祖墓对社会各阶层来说

---

[1] 《葬书》收入在《永乐大典》卷8199中。有关《葬书》，见徐苹芳：《唐宋墓葬中的"明器神煞"与"墓仪"制度——读〈汉原陵秘葬经〉札记》，《考古》1963年第2期，第87-106页。

[2] 《刘江东家藏善本葬书》（《百部丛刊集成》本），第1-6页。风水学因为强调骨骼的重要性，可以说与火葬有相通之处，但二者之间同样也存在张力。十三世纪中叶的王爌声称，人们之所以选择火葬，是因为受风水学理论的困惑。他们因害怕把家人葬在错误的地方会带来不良后果，所以将尸体扔进火中做快速处理（卢镇：《琴川志》卷1，第24-26页）。同样生活在十三世纪中期的罗大经以一位高官为例反对风水学的有效性。这位官员的父母和祖父母均被火化，之后埋葬了骨灰。《鹤林玉露》（中华书局本）丙6，第345页。

[3] 司马光在《司马氏书仪》（卷7，第76页）中写道："延陵季子适齐，其子死，葬于嬴博之间，曰：'骨肉归于土，命也；魂气则无不之也。孔子以为合礼，必也不能归葬，葬于所在，可也。不犹愈于焚之哉？'"司马氏在这里间接提到了《礼记·檀弓》中的典故（《十三经注疏》本卷10，第18页）。又参见《二程集·遗书》第58页。

都是祖先崇拜的重要场所。宋代士大夫连篇累牍地表达了他们对祖坟的关切。一些人投入大量精力寻找家族的旧茔，另一些人则努力保护祖茔不被外人蚕食侵占，在祖茔组织祭祀仪式，修建祠堂，或者通过赠地来保证家礼祭祀的延续。[①]有宋一代，官员们在祖先的墓地设立坟寺，让僧人替自己献祭。此举不仅常见，甚至得到了政府支持。[②]

死者的坟墓对于安置灵魂和提供祭祀活动场所变得如此重要，人们有时会建造衣冠冢。家人会为海上溺水或不知所终的死者修墓，并在其中放置一些死者的遗物，以安置死者的魂魄，并以此提供一个献祭的场所。[③]宋代社会各个阶层对坟墓的推崇清楚地说明了人们为什么会花费巨资埋葬已经火化的遗骸。如果死者的骨灰被完全撒落，便不会有坟墓存世。完全吸收佛教宇宙观的人们在接受这一现实的同时，相应地改变其死亡仪式实践。祖籍江西的高官京镗（1138-1200），出身贫苦，其父祖死后皆被火化。由于没有坟墓可以祭奠，每当清明时节，京镗会在一块空旷之地献祭。[④]还有记载提到，有些后人在父祖骨灰被抛洒的池塘旁献祭。[⑤]

另外一些人却因父祖死后未葬于墓中而苦恼。十二世纪，一位妾室所生的男子因母亲在他年轻时即已火化没有入葬而烦恼不已。最后，他制作了一尊母亲的木制雕像，为雕像穿上装殓的衣服，把它放在棺材里入土为安。之后，这位男子又拨出土地支付在空坟旁定期祭祀的费用。[⑥]元代的傅守刚因为其兄长将父亲火化，并将遗骸丢弃在水塘中而深感痛苦。在兄长们离开水塘后，他脱掉衣服，潜入水中，收集了他所能找到的父亲的残骸，把它们暂时安置在一个箱子中。之后，傅延请风水师，找到了一个合适的地方埋葬父亲的遗骨。[⑦]

---

① 见伊沛霞：《亲属集团发展的早期阶段》，收于伊沛霞、华琛编：《帝制中国后期的亲属组织，1000-1940》，伯克利：加利福尼亚大学出版社，1986年，第20-29页。
② 竺沙雅章：《中国佛教社会史研究》，东京，1982年，第111-145页。
③ 具体例证可参洪迈：《夷坚志》三辛，卷3，第1407-1008页；儒家反对这一习俗，可见司马光：《司马文正公传家集》（《万有文库》本），卷18，第276-277页。
④ 罗大经：《鹤林玉露》卷6，第344-345页。
⑤ 周辉：《清波杂志》卷12，第109页。
⑥ 吴自牧：《梦粱录》卷15，第260-261页。
⑦ 宋濂：《宋学士文集》（《万有文库》本），卷62，第1005页。

《夷坚志》中的一些民间故事暗示，抛撒死者的骨灰有助于削弱鬼魂的功力。《王县尉小箱》讲述，王在与之交往的一名娼女死后将其火化，并把骨灰存放在一个木箱中。箱子中之后会发出各种怪声，王因此把骨灰"抛之江流"。在《叶七为盗》中，叶七的鬼魂给邻人造成很大麻烦。他们因此挖出了叶七的棺材，发现尽管已经过去了二十多年的时间，棺材已经解体，但叶七的尸体并没有腐烂。为了让叶七无法继续作祟，村民们烧掉了他的棺材，将其骨灰"投诸水中"。[1]因此可见，在对付怨鬼而非体贴的祖先时，撒骨灰不失为一种有用的方法。

尽管这些民间观念表明，火葬是一种可以为人接受的替代土葬的方式，特别是火化之后剩余的骸骨还可以被埋到地下。但没有任何迹象表明，人们在处理自己父母的尸体时会把火化作为首选。很难判断有多少人选择火葬作为处理尸体的最佳方式。许多人死在远离家乡的异地，而这里的家乡往往指的是祖先的葬地，并非死者自己过去一二十年定居的地方。许多条件不错的火葬墓可能埋葬的就是这些人。把父母火化的穷困之家很可能认为火化是下选，只因火化已是常态，才可以接受。至少这是文人们对下层采用火葬的解释。宋代知识人并不认为穷人视火葬优于土葬。穷人对尸体的看法与士人并没有任何不同。宋代笔记和神鬼故事中也从没有人提倡火葬优于土葬。[2]

---

[1] 洪迈：《夷坚志》支景卷9，第948页；三志卷9，第1375-1376页。

[2] 当然，文章中也可能有人持这种观点，只是这些人没有留下任何文字资料。对火葬持正面看法的原因有可能与人们对火的强大转化力量的认识有关。火与精神世界有着密切的联系，尤其是它有将实物转化成可以联络精神世界的能量。焚烧祷文是道教礼仪及祖先崇拜的标准程序。烧香也是一种对包括祖先在内的各种神灵表达敬意的常见方式。焚烧纸钱是向神灵传递祭品的最常见方式。焚烧纸制的各种明器作为给死者的供品是宋代葬礼中的流行习俗。人们可能因此想到，为什么不把死者也火化呢？有唐一代，有僧人偶尔会像《莲花经》中的菩萨一样，自焚以显示自身的虔诚。他们的行为吸引了大量围观之人。参见谢和耐（Jacques Gernet）：《五至十世纪中国僧人的自焚》（Les Suicides par le feu chez les Bouddhistes chinoises du V'au Xe siecle），高级中国研究院，第2辑（1960），第527-558；冉云华：《中古时期佛教徒自焚》（Buddhist Self-Immolation in Medieval China），《宗教史》，第4辑（1965），第243-268页。正如自焚的僧侣被视为献身佛法，也许在民间信仰中，自然死亡的人的尸体也可以通过火葬作为"供奉"。这一想法显然是印度教对火葬思想贡献的一部分。见帕里：《祭祀性死亡和食尸禁欲主义》（Sacrificial Death and the Necrophagous Ascetic），收于布罗克、帕里编：《死亡与再生》（Death and the Regeneration of Life），第74-110页，剑桥：剑桥大学出版社，1982年。火葬与其他用火与灵魂沟通之间可能存在的联系是个有意思的问题，但宋代知识人似乎并不认为选择火葬的人是受这一想法影响。

在分析火葬流行的原因时，我们必须把火葬传播的时间考虑进去。中唐时期，佛教基本教义已广为传播，僧人们在死后实行火葬也为大众熟知。当时，僧人们已频繁参与葬事，每年七月佛教的鬼节已成为祭祖的重要场合。① 但迄今为止学者们却几乎没有找到唐代俗人火葬的记载。② 考古学家也没有发现宋以前汉人地区俗人火葬的证据。既然火葬如此便利，且得到佛教教义和寺庙的支持，能减少人们与腐臭尸体的接触，并可以保存死者的尸骨，为什么这一处理死者尸体的方法久未被人们接受？

对这一现象的一个简单解释是，佛教在宋代对家庭生活的影响远超唐朝。③ 熟悉《夷坚志》的读者轻易就会注意到，在洪迈生活的十二世纪，僧人、寺庙和他们提供的服务可谓无处不在。最近的研究揭示了宋代佛教在其他方面也充满活力。④ 虽然宋代知识人比唐代往往更加排佛，但与前代相比，僧侣和寺庙可能更是普通人社会生活的一部分。

火化在宋代流行的第二种可能的解释是，采用火葬不仅是虔诚敬佛的行为，也是一种权宜之计。许多选择火葬的人并非相信火葬比土葬更好，而是因为火葬是可以接受的仅次于土葬的第二种选择。火葬似乎常常与各种特殊情况有关：某人死于他乡或没有子嗣，因此无法成为后人祖先祭祀的对象。当某人选择火葬作为权宜之计时，他对佛教教义的看法其实无关紧要，只要他不坚决反对与僧侣打交道即可。因此，佛教对火葬的主要贡献可能

---

① 太史文：《中古中国的鬼节》。

② 宫崎市定（《中国火葬考》第67页）提到一例唐代俗人火葬。另外，九或十世纪敦煌的有些世俗佛教社团也可能曾实行火葬：当有人去世时，社团会向成员发出通知，要求大家除了贡献粮食、油类和布料以外，还提供柴火。但到底这些柴火是用于煮食还是作为火葬的燃料却不得而知。那波利贞：《唐代社会文化史研究》，东京，1947年，第530，532页；长泽和俊：《敦煌庶民生活》（敦煌の庶民生活），收于池田温编：《敦煌社会》（敦煌の社会），东京，1980年。应该承认，有关火葬记载的缺失并不能证明民间没有或很少有人实行火葬。但我们至少可以推测，如果火葬在当时流行，至少会吸引反对佛教和批评其他佛教习俗的学者们的注意，留下一些记载。

③ 牧尾良海持这种观点，见《宋代的火葬习俗》，第56页。

④ 竺沙雅章：《中国佛教社会史研究》；黄敏枝：《宋代佛教社会经济史论集》，台北，1988；福尔克（Griffith Foulk）：《禅宗及其在佛教清修传统中的地位》（The Ch'an School and Its Place in the Buddhist Monastic Tradition），密西根大学博士论文，1987年；莱弗灵（Miriam Levering）：《俗人的禅觉悟：大慧与宋代的新宗教文化》（Ch'an Enlightenment for Laymen: Ta-hui and the New Religious Culture of the Sung），哈佛大学博士论文，1978年。

是把寺庙作为火葬的场所。宋代的另一种丧葬习俗——在安葬之前先将死者的棺材存放在佛寺中——似乎与火葬有某种可比性。佛教教义中没有任何鼓励推迟葬事的内容。而印度的做法是迅速火葬,但寺庙的存在鼓励了久而不葬的做法。就连对佛教漠不关心之人也觉得利用寺庙提供的这项服务很是方便。

如果说权宜和信仰一样重要,那么当时的历史环境可能在火葬的推广中起了重要作用。九世纪末至十世纪的社会和政治情况可能为这种习俗的传播提供了必要的刺激。880年到980年这一个世纪是中国历史上战乱不断、大规模移民的时期。北方的非汉人民族,特别是契丹人,进一步推进到汉人生活的地区。火葬为被迫迁徙的人提供了很多方便。这些人很可能已经把等待下葬的棺材存放在附近的寺庙里。抛弃祖墓已是罪不可赦,与其抛弃尚未下葬的家人的棺材,不如把他们的尸体火化,将骨灰装进骨灰罐随身携带。而逃离战争的人们需要及时处理伤亡人员:火葬不仅速度快捷,而且人们可以携带骨灰前行,在途中践行其他的葬仪。[1]

最早记录在案的三起俗人火化的事例就发生在上述情况之下。九世纪八十年代,一名阵亡的将官请求将自己火化,并将他的骸骨送回家乡。[2]946年,从父亲手中接手统治华北的非汉人军人石重贵为契丹人所败,他、他的生母和嫡母都被流放到遥远的东北。石的生母临死前表示:"当焚我为灰,南向飏之,庶几遗魂能返中国也。"石的生母死后虽然被火化,但她的骨灰却没有被向风抛撒。950年,石的嫡母患病时也表示:"我死,焚其骨送范阳佛寺,无使我为虏地鬼也。"遵遗愿,她的尸体也被火化。两位母亲的骨灰随后都被掩埋。[3]

移民将人们带到新环境中,旧的习俗可能已不再适用。来到大城市的移民可能发现,与他们在农村的父母相比,处理死者的尸体要复杂得多;他

---

[1] 有人可能会质疑我过分强调动乱、战争和移民的作用,并指出类似情况在四世纪并没有导致火葬流行。这两个时期的区别在于四世纪时佛教组织尚不发达。直到唐朝,佛教组织才在满足俗人仪式需求方面发挥重要作用。

[2]《太平广记》卷158,第1135页。

[3] 欧阳修:《新五代史》(中华书局本),卷17,第179-180页。

们因此有可能非常愿意使用佛寺的火葬场。从北方逃到长江流域或以南的移民可能不愿意把他们父母的尸体埋葬在土壤条件与他们熟识的北方大不相同的地方。而南方的湿热天气使在下葬前将尸体在棺材中保存数周或数月变得不太现实。蝼蚁和地下水分对棺木的侵蚀也比北方严重得多。如果想避免尸体在下葬后迅速腐烂，就需要更加精心地建造坟墓。[①] 对于不习惯这些条件的新移民来说，让父母的肉体被烈火迅速吞噬，可能比让虫蚁慢慢消耗掉更容易接受。此外，刚刚定居到一个陌生地区的新移民因为尚没有祖坟，也比较容易改变约定俗成的做法。

儒家几乎从火葬开始出现即持反对态度。有宋一代，一批杰出的学者和思想家复兴了儒学。在此过程中，他们不仅发展了儒家哲学思想理论，补充了古代儒家缺乏的形而上学，还将遵循经典中的道德准则来改革国家和社会视为己任。儒家经典非常重视仪礼的践行，而有宋一代的新儒家（道学或理学家）学者认为，为了对抗佛教的影响，有必要消除佛教对人生重要礼仪的污染。这些学者还同时试图净化仪礼中掺入的其他不符合经典，特别是低俗、迷信、为下层人群崇尚的元素。[②]

儒家学者反对火葬，认为火葬残忍、亵渎尸体、野蛮，并深受佛教影响。子孙火化父祖尸体，更是不孝。贾同推测，火葬由传授"西域之胡俗"的僧人引入中国。他并引用儒家经典中"孝子事死如事生"及"父母全而生之，子全而归之，不亦孝乎"等话语对火葬加以批评。[③] 理学家程颐（1033–1107）希望人们将火葬视为一种严重的伤害尸体的方式："今有狂夫醉人，妄以其先人棺椁一弹，则便以为深仇巨怨，及亲拽其亲而纳之火中，则略不以为怪，可不哀哉！"[④] 学者、政治家司马光也指出，亵渎陌生人的尸体本是严重的罪

---

① 朱熹：《朱子语类》（中华书局本）卷89，第2286–2287页。

② 有关这方面的努力，见伊沛霞：《寓教于礼：宋代家礼的形成》（Education through Ritual: Efforts to Formulate Family Rituals During the Sung Dynasty），收于狄培理（Wm. Theodore de Bary）、贾志扬（John W. Chaffee）编：《理学教育：形成阶段》（Neo-Confucian Education: The Formative Stage），伯克利：加利福尼亚大学出版社，1989年。该文集中讨论婚礼与祖先祭祀。

③ 祝穆：《事文类聚》卷56，第13页。

④ 《二程集·遗书》卷2下，第58页。

行,但人们对火化家人却等闲视之。[1]受到最严厉攻击的是将父祖尸体火化的儿孙们。程颐形容晋城风俗之恶时提到:"晋俗尚焚尸,虽孝子慈孙,习以为安。"[2]

哲学家朱熹(1130—1200)认为火葬比其他违反礼仪的行为更加严重。他反对的理由如下:

> 或问:"亲死,遗嘱教用僧道,则如何?"曰:"便是难处。"或曰:"也可以不用否?"曰:"人子之心有所不忍。这事,需子细商量。"或问:"设如母卒,父在,父要循俗制丧服,用僧道火化,则如何?"曰:"公如何?"曰:"只得不从。"曰:"其他都是皮毛外事,若决如此做,从之也无妨,若火化则不可。"泳曰:"火化,则是残缺父母之遗骸。"曰:"此话若将与丧服浮屠一道说,便是未识轻重在。"[3]

在上述谈话中,朱熹承认,并非所有被贴上"佛教"或"道家"标签的东西都同样糟糕。他将火葬归类为极其有害的行为,以至于人子即使冒着与父亲发生冲突的危险也要表示反对。

宋代理学家们在批评火葬时很少提及因果报应、再生或其他佛教教义。他们谴责火葬与佛教的关系主要是因为佛教和火葬都是外来的。到了南宋,女真占领了中原,之后蒙古人开始对中原构成更大威胁,排外情绪似乎愈演愈烈。1237年,王爚写道:"生民与禽兽异,中国与夷狄异……胡羌之俗,譬若禽兽。浮屠氏之立教也,固已背弃伦理,绝灭种类。[4]则其死后,以天生地长可贵之身,取快于灰飞烟灭而甘心者,不足怪也。"[5]火葬与中国文化格格不入,也可以通过历史上的先例加以论证。为了证明自愿火葬不是中国文化的一部分,黄震列举了一长串前代的例子,来证明焚烧尸体是对死

[1]《司马氏书仪》卷7,第76页。
[2]《二程集·文集》卷11,第633页。可参江少虞:《宋朝事实类苑》(上海古籍出版社本),第413页。
[3]《朱子语类》卷89,第2281页。
[4] 此处指僧人出家及不婚。
[5] 卢镇:《琴川志》卷1,第26页。

者或敌人的最严厉的惩罚。①

宋代理学家在批评火葬时并没有强调火葬与贫困的关系，或让士人觉得火葬是不入流的行为。他们也没有试图对抛撒骨灰、不建坟墓，或埋葬骨灰这些不同情况加以区分。这些学者似乎并不关心，骨灰抛洒之后，灵魂就没有了安身之所，或者如果亡者没有入土为安，祖先祭祀就无法进行。在他们看来，将火葬指为一种亵渎尸体、令人发指的不道德行为，就已经足够了。

国家禁止火葬的努力无疑在很大程度上是受理学思想的影响。颁布于962年的《禁火葬令》即基于火葬有害的认知。宋代法律对火葬的惩罚是绞刑，僧人、外国人和需要把遗体带回家乡埋葬的人不受此条款限制。②而程颐就曾抱怨《禁火葬令》不够严苛。例如，国家允许死在战场的士兵被火化，并规定火化不能在离城市三里之内的地方进行。③

和许多其他国家一样，中国政府用法律来界定可接受行为的底线，并经常对其没有实际控制能力的行为规定各种处罚。例如，在葬礼上奏乐就是非法行为。④大多数官员似乎将禁火葬也视为这些无法执行的法规之一。王安石（1021-1086）就曾抱怨说，尽管火葬有多重显而易见的害处，但禁止如此根深蒂固的做法几乎是不可能的。⑤

少数北宋官员相信他们有能力从地方开始改革社会，并试图通过教育民众、为他们提供替代方案来消除火葬。欧阳修（1007-1072）在著名的《本论》中指出，儒学的成功复兴需要建立在遏制佛教在平民礼仪活动中影响的

---

① 《黄氏日抄》卷70，第15-17页；黄氏的记载可与洪迈《容斋随笔》（卷13，第374页）中有关记载对照。

② 李焘：《续资治通鉴长编》（中华书局本）卷3，第65页；窦仪：《宋刑统》（台北：文海重印1918年本）卷18，第9页。

③ 《二程集·遗书》卷3，第58页。除此之外还有其他不一致之处。政府会定期指示地方政府负责掩埋被遗弃的棺材。有时，地方官员会将尸体火化，或允许以火化替代土葬（施宿：《嘉泰会稽志》[《宋元地方志丛书》本]卷13，第38-39页）；洪迈：《夷坚志》甲，卷11，第96页）。有时甚至皇室成员，特别是婴儿及下层妃嫔，也会被火葬（张方平：《乐全集》卷38，第30-34页；王洪涛：《泉州南安发现宋代火葬墓》，《文物》，1975年第3期，第77-78页）。

④ 《宋刑统》卷1，第1页。

⑤ 《王临川集》（世界书局本）卷70，第441页。

基础上："今将号于众曰：禁汝之佛而为吾礼义！则民将骇而走矣。莫若为之以渐，使其不知而趣焉可也。"①据称理学家程颢（1032-1085）在担任晋城县令期间，成功说服了当地人放弃火葬，但当程的继任者将自己的母亲火化后，当地人又恢复了以前的做法。②北宋中期著名政治家韩琦（1008-1075）试图通过解决穷人在襄理葬事时遇到的困难来根除火葬；在担任并州知州时，他用公款购买土地作为穷人的免费墓地。③范纯仁（1027-1101）在太原任知州期间，埋葬了三千无人认领的骨灰罐。④这些地方性举措最终导致了国家层面的新政策。1079年，陈襄建议所有地方政府都要设立"漏泽园"。⑤朝廷批准了这一提议并颁布了关于墓地管理以及有关坟墓位置和墓主记录的详细规定。⑥尽管地方政府对此反应缓慢，但有些地区确实根据这些法律设立了公用墓地。⑦考古发掘证明，为了响应这些政令，地方政府建立了大规模墓地，用以埋葬遗弃在寺庙中的骨灰罐。⑧但是，1158年，有一名官员要求免除对居住在没有公共墓地地区的穷困之人实行火葬的禁令，表明此类墓地虽相当普遍，但并非随处皆备。⑨

建立免费墓地主要是为了解决寄存在寺庙里几十年甚至更长时间数以百千计被遗弃的棺材的问题。朝廷最初的法令要求地方官掩埋已被遗弃20

---

① 《欧阳修全集》（世界书局本）卷17，第123页。

② 《二程集·文集》卷11，第633页。

③ 《韩魏公文集》卷13，第202页。

④ 《宋史》卷314，第10289页。

⑤ 徐度：《却扫编》（《丛书集成》本）卷3，第207-208页。

⑥ 徐松：《宋会要辑稿》（世界书局重印本），食货，卷60，第3页。

⑦ 方万里、罗濬：《宝庆四明志》（《宋元地方志丛书》本）卷14，第7页，卷16，第11页，卷18，第1页，卷20，第7页，卷21，第10页；施宿：《会稽志》（《宋元地方志丛书》本），卷13，第36-37页；张铉：《至正金陵新志》（《宋元地方志丛书》本），卷2，第1990页；周应合：《建康志》（《宋元地方志丛书》本），卷43，第44-49页。

⑧ 有关多个砖砌火化罐的描述，见《四川官渠埝唐宋明墓清理简报》，《考古通讯》1956年第5期，第37页。很多罐上刻有"熙宁八年（1075）五月葬于延保寺遗骨，姓名不详，葬于崇宁三年（1104）十二月初七，编号38"。又见何正璜：《宋无名氏墓砖》，《文物》1966年第1期，第53-54页；《河南南阳发现宋墓》，《考古》1966年第1期，第54页；宋采义、予嵩：《河南滑县发现北宋的漏泽园》，《河南大学学报》，1986年第4期，第53-58页。

⑨ 《宋史》卷125，第2918-2919页。

年以上无人认领或死者身份不明的棺材,以及暴露在外的尸体或遗骨。[1]这些墓地也为乞丐和其他无力埋葬家人的家庭提供了埋葬之所。负责管理墓地的尚未剃度的僧人则根据其服务时间长短或埋葬人数的多少获得度牒。[2]即便是真德秀(1178-1235)这样的理学家也把漏泽园交给佛道寺院管理。[3]最终,免费墓地并没有根绝人们选择火葬。十一世纪末的一位地方官报告说,习惯火葬的富户不愿与穷人一起被埋葬在公共墓地中,所以并没有改变他们原有的埋葬方式。十三世纪中期的另一位官员同样抱怨说,当地居民不愿意自己死后与犯人和陌生人一起被葬在漏泽园中。[4]

宋末,吴县知县黄震采取了另一种方法:他希望通过禁止重建火葬场来根除火葬。[5]尽管这个方法有明显优势,却似乎并没有被广泛推广。宋廷对僧人的剃度进行监管,并对寺庙给予免税待遇,但并没有利用这些监管权力诱使僧人或寺庙停止火化。这一失败表明政府对压制火葬并非志在必得。

除了政府组织,民间团体也提供火葬服务以外的选择。浙江、江苏和福建等许多火葬盛行的地区,宗族组织在宋代得到了发展。许多家族只是每年聚会一到两次,在祖先的坟墓前献祭。到了宋末,最发达的宗族已经开始书写家谱、建造祭祖的祠堂,以及拨出墓田承担祭礼的费用。[6]这些宗族组织的一个重要功能是照料祖茔。第二个重要目的是帮助宗族在世成员的礼仪需要,尤以料理父母葬礼的责任为重。虽然人们以使用地方政府设立的漏泽园为耻,但接受亲属的帮助则被视为完全合情合理。这一观念尤其适用于葬礼。从理论上讲,葬事不仅是死者子女的责任,也是所有五服之内亲属们的分内之事。十四世纪,道学家吴海在他制定的族规中加入了包括禁止本族成员成为僧人或道士、举行佛教葬礼,和采用野蛮的火葬仪式等条款。[7]

官方和民间的努力可能抑制了火葬的发展,但无论是考古学还是文献

---

[1] 施宿:《会稽志》卷13,第36页。

[2]《宋会要辑稿》卷60,第3,7-8,9页。

[3] 张铉:《至正金陵新志》卷12,第71页。

[4] 张履祥:《丧葬杂录》,第1页;卢镇:《琴川志》卷1,第24-28页。

[5]《黄氏日抄》卷70,第14-18页。

[6] 伊沛霞:《早期宗族组织》。

[7]《闻过斋集》(《丛书集成》本),卷1,第1-3页。

记载都未显示火葬在宋末或元代有衰退之势。①

　　汉人火葬的习俗在明清时期才真正呈衰退之势。明开国皇帝朱元璋绝不是狭隘的儒家,也并不排佛,②但却坚决反对火葬。有一个说法是,元末内战期间,有一次朱站在南京城墙之上,对焚烧尸体的气味深恶痛绝。他的谋士陶安(1312?-1368)利用这个机会说服了朱元璋火葬是不人道之举。陶辩称,古人甚至会把长期暴露在外的人骨掩埋起来,但是"近世狃于胡俗,或焚之而投骨于水。孝子慈孙,于心何忍?伤恩败俗,莫此为甚"。在陶的影响下,朱元璋开始命令军队掩埋而不是焚烧阵亡将士的尸体。③之后的1370年,朱元璋颁布了全面禁火葬令。该法令甚至对死在异乡任上的官员也不网开一面,而是要求当地政府提供资金,将地方官的遗体运返回乡。1372年,朱元璋重申了这一禁令,并借机指责,"邪恶"的元代遗留下的诸多风俗中,最糟糕的就是火葬。④1397年颁布的《大明律》明确规定,即使家中的老人在去世前要求死后将自己火化,这种行为仍被视为非法,应该受到惩罚,但法令允许死在异乡的平民实行火化。火化家中长者的处罚是斩首,火化子孙的刑罚是鞭打八十。⑤这些处罚不仅比宋元的法律更加严苛,而且明初政府在社会控制方面也比前朝更无处不在,因此有关火化的法律可能执行力度也更大。⑥

---

① 华琛认为政府在统一葬礼方面起了重要作用,但基本忽视了与尸体处理有关的仪式(土葬、火葬、火化然后埋骨等)。《中国葬仪结构:基本形式、仪式顺序、表演的重要性》(The Structure of Chinese Funerary Rites: Elementary Forms, Ritual Sequence, and the Primacy of Performance),收于华琛、罗友枝编:《帝制晚期及中国近现代史上的死亡仪式》,第15—19页。

② 蓝德彰(John D. Langlois, Jr.)、孙克宽:《三教合流与明太祖的思想》(Three Teachings Syncretism and the Thought of Ming T'ai-tsu),《哈佛亚洲研究学刊》第43辑(1983),第97—139页。有关朱元璋与其儒家谋士的关系,可参见窦德士(John W. Dardess):《儒家思想与专制统治》(Confucianism and Autocracy),伯克利:加利福尼亚大学出版社,1983年。

③ 黄瑜:《双槐岁抄》(《丛书集成》本)卷1,第12页。

④ 姚广孝等编纂:《明实录·太祖》("中央研究院"重印本),卷53,第10—11页;《明史》(中华书局本),卷60,第1492页。

⑤ 高攀:《大明律集解附例》(《明代史籍汇刊》本),卷12,第25页(总989页)。

⑥ 范德(Edward L. Farmer):《明代开国皇帝的社会管理:作为权威功能的正统》(Social Regulations of the First Ming Emperor: Orthodoxy as a Function of Authority),收于刘广京编:《帝制晚期的正统》,伯克利:加利福尼亚大学出版社,1990年。有关明太祖执行法律的严酷性,见窦德士:《儒家思想与专制统治》,第183—253页。

考古发掘显示，火葬虽在明初急剧衰落，[①]但并没有完全消失。证据是仍不时有对火葬做法的抱怨。[②]与宋代不同的是，明清人士很少提到精英阶层即使在特殊情况下采用火化的例子，或者贫困之人将父母火化的情况。相反，火葬似乎越来越局限于某些特殊情况或不重要的死者。张履祥提到，在他的家乡，火葬儿童尤其常见。[③]十九世纪中叶，卢公明（Justus Doolittle）提及焚烧麻风病人的尸体作为一种防止疾病传播的措施。[④]十九世纪末在中国生活多年的高延写道，除了僧尼和死于异乡的士兵外，他从未见过甚至听到过有关火葬的传闻。[⑤]

那么，火葬的衰落从何种程度上可以说是新儒家的胜利？司马光、程颐和朱熹都反对火葬，他们的立场在明代更广为人知。司马光对火葬的批判被列入朱熹的《家礼》，从十三世纪初开始得到广泛传播。[⑥]《家礼》之后被录入1415年出版由政府编纂的道学汇编《性理大全书》，该书在应试考生中被广泛阅读。据此推断，到了明代，受过良好教育的人肯定已熟知火葬的恶

---

① 在汉人居住区，90%以上的火葬墓的年代是十到十四世纪（据与徐萍芳的私人通信）。非汉人居住区或汉人非汉人杂居区，火化在之后又持续了几个世纪。

② 吴宽（1436-1504）曾抱怨，由于苏州人口密度太高，城中"小民"对父母实行火葬。1497年，苏州知府禁止了这种做法，并于三年后建立了一个漏泽园，以帮助那些因此而无法土葬家中死者的人。尽管如此，明末另一位学者注意到，在同一个城市，虽然士人家庭采用符合丧仪的葬法，但商人、衙役之家皆行火葬。《吴县志》（《中国方志丛书》1933年重印本），卷41，第28页。张萱（1558-1641）引用了浙江温州知府邓进常发布的一份公告称，尽管明太祖禁止火葬，但火葬仍在穷人中盛行。他坚持认为，贫穷并非采用火葬的借口，因为本地已有一个漏泽园。他并宣布，如有人继续实行火葬，将依法受到惩罚。《西园闻见录》（《中华文史丛书》重印本），卷4，第39-40页。清初浙江桐乡人张履祥（1611-1674）抱怨，在他家乡火化仍然盛行。而相较之下，火化在福建更是普遍。《丧祭杂说》（《读礼丛抄》本），第5页。王复礼提到杭州的一个穷人花费50钱火葬他的母亲。引自王复礼：《家礼辨定》（1707年本），卷7，第52页。顾炎武（1615-1682）提到从宋代开始，火葬即在江南盛行，并全文引用两篇宋代反对火葬的奏议，但没有提供有关宋之后的材料。一个多世纪后，黄汝成（1799-1837）在注《日知录》时提到，杭州（但显然不包括整个地区）依然有人实行火葬。《日知录》（世界书局本），卷15，第366-368页。

③ 《丧祭杂说》，第5页。类似记载又见引自王复礼：《家礼辨定》，卷7，第53页。

④ 卢公明：《中国人的社会生活》（*Social Life of the Chinese*），两卷本（成文重印1865年本），第2卷，第257页。

⑤ 高延：《中国的宗教体系》，第3卷，第1415页。有关十九世纪末二十世纪初佛教僧尼采用火化的记述，见叶兹（W. Percival Yetts）：《中国佛教僧尼尸体处理研究》（Notes on the Disposal of Buddhist Dead in China），《皇家亚洲学会杂志》（*Journal of the Royal Asiatic Society*），新系列，第43辑（1911），第699-725页。

⑥ 有关《家礼》，参见伊沛霞：《寓教于礼：宋代家礼的形成》。

名,尽管这些人不得不继续应对死于异乡的亲人和家中的仆从或他人的死亡,儒学大家们对火葬的谴责仍可能影响他们对殡葬方式的选择。而知识阶层的行为可能又反过来影响社会的下层,尤其是那些渴望获得文人地位之人的行为。儒家的反火化宣传最大的影响当在于人们如何处理父母的遗体,因为父母的葬事不仅是高度公开的,也通常是衡量某人行为得体与否的标准。

然而,时人对理学家反对火葬立场认知的增强并不足以完全解释火葬的衰落。司马光、程颐和朱熹同样强烈地反对佛教为死者提供的法事及久而不葬的现象,但大量证据表明,明清士大夫及官员仍然延请佛教僧人主持这些仪式,而拖延葬事仍普遍存在。

更严苛的禁火葬令及更强的执法力度无疑起到了阻止火葬的作用,这既是朱元璋接受理学的结果,也是与他视火葬与元朝异族统治有关而心存强烈厌恶之感分不开的。人们长期以来视火葬为外来或野蛮习俗的看法,是明初人们愿意放弃火葬的最好解释。而其他的佛教习俗很快就失去了"外来性"。无论是在宋代还是明代,没人认为在向祖先祈祷时焚香是一种外来习俗,也没人对旨在确保更好来生的各种佛教礼仪持有异议。但火葬却一直被看作是外来习俗。无可否认,处理尸体比祈祷能激起人们更强烈的情绪。更重要的是,同一时期,居住在汉族聚居区附近的非汉人继续实行火葬。宋元法典强调火葬的外来特征,并允许外国人实行火葬。明初,随着人们对与蒙古人有关的一切事物大加否定,火葬不再是由佛教徒引入的一种低下但便利的处理尸体的方法,而是一种在蒙古人治下盛行的外来习俗。

火葬的异域色彩可能对普通人的影响不亚于本身即出身农民的朱元璋。没有证据表明火葬是通过强制手段、大规模地惩罚犯禁之人或摧毁火葬场而被压制下去的。许多对蒙古人不满的穷人显然自己认识到并决定,即使他们的祖父母是被火化的,他们也不会再火化自己的父母,因为以"野蛮人"的方式处理父母的尸体这一想法让他们感到厌恶,而这种厌恶远远超出谋求一时方便的考虑。由于火葬本身从未被广泛视为一个终极目标,人们因此能够比较轻易地放弃这种做法。

作为结论,我想比较一下火葬的流行及随后的衰落这两种变化中涉及的历史进程。在每一种情况下，源自不同背景的观念使人们改变对尸体的态度。促进火葬流行的一些思想有些来自佛教教义，比如再生的概念，有的来自民间佛教，比如舍利子崇拜，还有一些来自与佛教最多只有微弱联系的本土文化，比如有关骸骨和坟墓的观念。火葬的衰落受到了排外情绪的影响，而排外大大增强了儒家有关中国自古处理死者遗体的方式才是道德正确的做法的信念。

在上述火葬流行及衰退的过程中，新思想的引入和行为的改变之间经历了几个世纪。直到新观念催生了新的制度，动乱迫使人们脱离常规，民间习俗才有所改变。支持火葬的最重要的制度方面的发展是佛教寺庙进入殡葬行业，提供殡葬服务、存放棺材，最重要的是经营向公众开放的火葬场。最重要的动荡是发生于九世纪末十世纪的叛乱、外族入侵、王朝之间的战争和移民。在火葬衰退方面，国家的禁火葬令和有组织的社会福利措施提供了最重要的体制框架。有助于习俗转变的重大的动乱事件则是明代汉人王朝的重建及其对蒙元的普遍否定。

导致接受火葬和摒弃火葬的过程并不完全相同。其中最重要的一点区别在于，在火葬的流行过程中胁迫或威胁没有起到任何作用。没有人命令不信佛教的俗人火化尸体，也没有人警告他们如果不实行火化会给他们自己或死去的亲人带来什么可怕的后果。非佛教信众自己选择了火葬，在模仿僧人的同时发现火葬不失为一种方便、经济，在某些情况下，或许在情感上甚至令人满足的对待死亡的方式。火葬的衰落当然也可以被看作是自愿之下发生的。人们因多种原因对火葬失去了兴趣，包括从厌恶火葬到有意模仿儒家规范。但精英和政府在这一过程中所起的强制作用却是不可否认的：理学家们给火葬父母之人贴上不孝的标签；而国家则把这些人看作罪犯，并建立了惩治机制来处罚他们。

（张　聪　译）

妇女、金钱与阶级：
司马光及宋代理学的妇女观

    治中国史的学者都很熟悉这样的论调：宋代的儒学复兴导致妇女的地位开始衰落。主要的论点不外乎：道学的发展强化了将妇女幽闭在家的传统，也造就了缠足的习俗和节妇信仰。学者们大都同意，这些对妇女的限制虽然在明清时期变得更加严峻，却都是从宋代开始的。[①]程颐（1033-1107）的"饿死事小，失节事大"一语，被认为是宋以后妇女悲惨处境的祸首。

    以上论调的证据有几种：陈东原在1928年撰写的《中国妇女生活史》中主张，在程颐和朱熹（1130-1200）推崇"妇女应重贞节的观念"之后，妇女的生活便开始恶化，因此"宋代实在是妇女生活的转变时代"。[②]较新的研究中，朱瑞熙检视了大量宋代关于妇女和婚姻观的史料，包括离婚和再婚，得到的结论是这些观念在宋代日益根深蒂固：

    尤其到了宋理宗（1225-1264在位）后，由于理学在思想领域定于一尊，妇女的离婚权几乎完全被剥夺，妇女在丈夫死后的再婚权亦日益

---

① 二十世纪初已有学者认定妇女地位在清代跌至谷底（鲁迅《我之节烈观》，收录于杨宪益、戴乃迭英译《鲁迅作品选》[*Lu Hsun: Selected Works*]，北京：外文出版社，1957年，第19-20页）。更多较新的研究，参见伊懋可（Mark Elvin）《中国的妇德和国家》（Female Virtue and the State in China），《古今》（*Past and Present*）第104卷11期（1984年），第1-52页；曼素恩（Susan Mann）《清代亲属、阶级和社群结构中的妇女》（Women in the Kinship, Class, and Community Structures of Qing Dynasty China），《亚洲研究学刊》（*Journal of Asian Studies*），第46期（1987年），第37-56页。
② 陈东原：《中国妇女生活史》（台北：商务印书馆，1928［1980］），第139页。

减少。[①]

通俗作家和积极参与妇权论战的学者们很快便认定道学对妇女幽闭、缠足甚至溺杀女婴的影响。林语堂的《吾国与吾民》和李维（Howard Levy）的《中国的缠足》(*Chinese Footbinding*)都指出，朱熹认为缠足使妇女较难行动，故有助男女之别和妇女守节，因此他在任漳州知府时曾致力推广缠足。[②]女性主义学者接收了这些对宋代道学家的责难。克罗尔（Elisabeth Croll）写道："宋代的道学家重新强调男女隔离和妇女幽闭，并开启了缠足的习俗，使得妇女的德行规范更加严密。"[③]姚李恕信（Esther S. Lee Yao）也说："杀婴在宋代极为流行——主要受到道学思想的影响，否定了女性的基本人权，包括活着的权利。"[④]教科书编纂者也将这些说法放进课本。李（Dun J. Li）为美国学生编的教科书《不老的中国人：一段历史》(*Ageless Chinese: A History*)认为，宋以降日趋严密的性别隔离是社会接受了道学的结果：

> 例如朱熹，他不仅推行严密的性别隔离，也崇尚妇女守寡；他认为鼓励寡妇及早随她们的亡夫而去是对社会的一大贡献。由于他的思想主导

---

① 朱瑞熙：《宋代社会研究》（台北：弘文馆1986年翻印中州书画社1983年原版），第139页。即使是试图将朱熹妇女观描述得较正面的柏清韵（Bettine Birge），也说程朱学派将禁止寡妇再婚提升到了新高度（柏清韵：《朱熹和妇女的教育》(*Chu Hsi and Women's Education*)，收录于狄培理（Wm. Theodore de Bary）、贾志扬（John W. Chaffee）编《理学教育：形成阶段》(*Neo-Confucian Education: The Formative Stage*)（伯克利：加利福尼亚大学出版社，1989年），第338页。

② 林语堂：《吾国与吾民》(*My Country and My People*)（伦敦：Heinemann，1939年），第165页；李维（Howard Levy）：《中国的缠足：一个奇异而情色的习俗之历史》(*Chinese Footbinding: The History of a Curious Erotic Custom*)（纽约：Bell Publishing Co.，1967年），第44页。林语堂没有引用任何资料。李维引了两则材料：一则是贾伸《中华妇女缠足考》（北京：香山慈幼院，1925年），第8页，引述厦门耆老的口述传统。另一则是姚灵犀《采菲录续编》（天津：时代公司，1936年），第351页，引述《绿云轩笔记》——《绿云轩笔记》的作者和时代不明，也不见于任何古今图书目录。

③ 克罗尔（Elisabeth Croll）：《中国的女性主义和社会主义》（纽约：Schocken Books，1980年），第14页。更具公信力的说法参见盖茨（Hill Gates）《中国妇女的商品化》，《标示：文化和社会中的女性期刊》(*Signs: Journal of Women in Culture and Society*)第14卷4期（1989年），第799–832页，特别是第821–823页。

④ 姚李恕信（Esther S. Lee Yao），《古今中国妇女》(*Chinese Women: Past and Present*)（Mesquite，德州：Ide House，1983年），第364页。

了往后七百年的知识和道德图景，他那严峻而清教徒式的想法，在士绅家庭眼中成为崇高的典范。随着朱熹思想的普及，妇女的地位日益衰落。[①]

对一个历史学家来说，这些对道学的指控在几个层面上是有问题的。[②]首先，程颐认为寡妇再嫁于道德有亏，朱熹也同意程颐的观点，这确实有充分的史料依据。但某些论者由此指控程朱试图以其他方式限制、控制妇女，就完全缺乏宋代的证据。背后的逻辑似乎是：反对年轻寡妇再嫁就是歧视妇女，歧视妇女的人必然在其他议题上也是对妇女不利的。其次，作出这些指控的人以为男性学者的思想对社会有着莫大的影响力。难道社会和经济结构对妇女在社会上的地位毫无影响吗？大众的心态完全是被思想家形塑的吗？妇女对自己身处的社会文化体系毫无贡献？第三，用宋代来解释明清的现象是历史的谬误。现在已经没有人认为明清儒学只不过是宋代思想的延续了。宋代儒学内容广大多元，为何明清时人特别挑出某些宋人言论加以强调，必然与明清社会文化中的某些变化有关。

另一方面，较宽泛地说，这些对道学的指控也并非全无道理。自春秋战国到汉代以降的儒学，都为父系、父权、从夫居的家庭体系提供了一个宇宙观和社会秩序的理论基础。儒家强调事奉父系祖宗、崇尚孝道，造就了以家庭为个人身份核心的道德秩序，以及阶级化的家庭组织。在这样的结构之下，男性和长辈对于女性和晚辈便有相当大的支配权。佛教和道教都不曾像儒家这般、将家庭放在如此中心的地位，虽然实际上佛道中人也并没有挑战儒家的家庭伦理。所以从较宽泛的层面来说，宋代的儒学复兴及其所展现的形式，是可能强化父系和父权意识形态、巩固家庭体系而对妇女不利的。[③]

---

① 李（Dun J. Li）：《不老的中国人：一段历史》（*Ageless Chinese: A History*），第二版（纽约：斯克里布纳斯［Scribners］出版社，1971年），第364页。

② 其他历史学家也注意到了这些指控的弱点。参见田汝康（T'ien Ju-k'ang）：《男性的焦虑和女性的贞节：明清伦理价值比较研究》（Male Anxiety and Female Chastity: A Comparative Study of Chinese Ethical Values in the Ming-Qing Times），《通报》第十四专著（莱顿：博睿［Brill］学术出版社，1988年），第1页。

③ 关于汉代儒学和宋代道学对家庭伦理看法的连贯性，参见刘广京（Liu Kwang-Ching）：《定为正统的社会伦理：一个观点》（Socioethics as Orthodoxy: A Perspective），收于氏编《明清的正统》（*Orthodoxy in Late Imperial China*）（伯克利：加利福尼亚大学出版社，1990年）。

本文无暇讨论对道学最极端的指控的明显谬误。宋代道学家其实视寡妇守节为德行极高之人的理想目标，而非普罗大众的一般标准，他们也从未提倡杀女婴或缠足——这方面的史料证据本文不赘述。[①]本文将聚焦于检验一个看似较可信的说法，即：宋代的儒学复兴微妙地转变了前代对妇女和家庭制度的理解，因而强化了对妇女的限制。

我的主要论点如下：焦点其实不该放在程颐身上。朱熹在他的著作如《小学》和《家礼》中所阐述的所谓"正统"程朱对家庭和妇女的观点，其实更多来自于司马光（1019-1086）。相较而言，程颐现存的著作中鲜少论及妇女，因此那少数几句话便脱离了原始脉络，成了名言。反之，司马光的著作则包含了长篇幅的家规、家训、家礼，更能清楚检视他的特定观点及其历史脉络。[②]从这个脉络来看，寡妇再嫁的问题焦点似乎不该只放在性行为上。男性和其他家族成员对寡妇再嫁有所顾虑，并非只为控制妇女的性身体，还有其他的问题：例如寡妇和夫家之间脆弱的关系；寡妇的财产权对夫家的潜在威胁；妾和超过一位母亲的存在模糊了一个家的凝聚力和权威；同时，妇女的危机在许多方面也反映了整个士大夫阶级的危机。

我将进而论证，司马光对妇女和家庭问题所采取的立场是对当时社会、政治和经济变迁的回应，这些变化突显了各种既模糊又危险的关系，包括妇女和金钱、金钱和性、金钱和人际关系以及金钱和社会地位。当然宋以前也有妓和妾、嫁妆和女继承人，但妇女和金钱的关系问题在十一世纪中变得前所未有的严重。毫无疑问的，准备一份像样的嫁妆所需的费用变高了。商业化的经济和士绅阶层结构的变化似乎都和嫁妆的高涨有关，透过女儿的嫁妆，两个家庭交易为数可观的家产。姻亲可以成为政治前途的重要资产，

① 关于缠足史料的简短讨论，参见伊沛霞（Patricia Buckley Ebrey）：《中国历史中的妇女、婚姻和家庭》，收录于 Paul Ropp 编：《中国的遗产》（*The Heritage of China*）（伯克利：加利福尼亚大学出版社，1990年）；亦见伊沛霞：《内闱：宋代妇女的婚姻和生活》（*The Inner Quarters: Marriage and the Lvies of Chinese Women in the Sung Period*）（伯克利：加利福尼亚大学出版社，1993年），第37-43页。

② 事实上，程颐自己侄子（程颢的儿子）的寡妇就留下一子而改嫁了。程颐并未认可其改嫁之举，但他让这位前侄媳回来探望自己的儿子，且和她的父亲和新任丈夫保持联系（程颢、程颐：《二程集》（北京：中华书局，1981年）外书，卷11，第413页）。这就是学者们尚不尽了解程颐论及妇女之言的历史脉络的证据。

财力雄厚的人也想用钱换到有用的人际网络。①同时，金流的增加、商人的崛起以及士大夫阶层的扩大，似乎都导致了对奢侈品需求的上升——妓、妾和婢女这类可以买到的女人，也是一种奢侈品。无论这样的女人最终是进入士大夫家庭，抑或留在交际场所，她们的存在，都对士大夫阶层和他们妻女的生活造成冲击。当婢、妾进入家庭，她们和该家庭成员的关系无疑是建立在商业交易上的，且随着家庭财务状况的改变，这份关系也可能改变。士大夫家庭的世界和妓的世界不是泾渭分明的，至少当某些士大夫将妓买回家作妾，用来招待宾客，这些妓就进入了另一个世界。这样的流动有可能缓慢但持续地推进了缠足的流行。同时对端庄妇德的要求也更严格，因为现在妇女必须在更多场合将自己的身体遮蔽好，才会被认为是良家妇女，不像交际场所的女子那样抛头露面、取悦男性。

在这样的体制中，妇女并不仅是被动地任人摆布。许多妇女积极地参与维系这个体制的运作。母亲们训练自己的女儿扮演称职的角色：上层阶级的妻子就要端庄，妓就要有魅力，婢就要顺从。多半的婢女和妾都是由家中的女性安排购买的。妻子若对丈夫所纳的妾不满，想加以惩治，是可以对丈夫的行为产生一定程度的约束力的。而作为妾、婢或妓的妇女当然也是能行动的主体。有些妇女宁可选择作经济生活稳定的妾，也不愿作贫困的糟糠妻。即使是违反自己的意愿而被买为婢妾的人也并非毫无筹码。一旦有机会改善自己的处境，婢妾们也能借由争取男主人或女主人的宠信在体制中立足，由此她们也成为维护体制的一员。

本章的篇幅不足以细述所有相关的史料证据，不及赘述宋代经济的商业化、交易妇女的市场成长和妇女对此社会体系的肯定和贡献等等。本章的焦点将放在朱熹之妇女观在北宋的滥觞。首先我将揭示，在十一世纪中叶，阶级、金钱、性和人际关系的关联，对士人阶层来说是一个核心的难题。其次，司马光针对这些难题所采取的保守态度，背后动机不仅是为了维系父系家庭，也是为了保护家族中的女儿。最后，朱熹虽采纳了许多司马光的构

---

① 参见伊沛霞：《六至十三世纪婚姻财务的变迁》(Shifts in Marriage Finance, from the Sixth to Thirteenth Centuries)，收录于华如璧 (Rubie S. Watson)、伊沛霞编：《中国社会中的婚姻与不平等》(*Marriage and Inequality in Chinese Society*)（伯克利：加利福尼亚大学出版社，1991 年）。

想，却应用在不尽相同的脉络之中。

市场对妇女生活的侵扰

十一世纪中的士大夫对当时社会现实的认知、情感上的反应和理智的判断是相当复杂的。首先我简单叙述几则在当时士大夫之间流传的故事，就可以显示其复杂性。我选择的事件都和司马光的人际网络有关，包括其兄司马旦（1006-1087）、杜衍（978-1057）、陈执中（991-1059）、张方平（1007-1091）及其子张恕、苏轼（1036-1101）和其弟苏辙（1039-1112）、与苏轼兄弟没有血缘关系的苏舜钦（1008-1048）和苏颂（1020-1101）、王安石（1021-1086）和其弟王安国（1028-1074）。

这些故事之所以被记载下来，是因为宋代的士大夫认为它们展现了人物的性格和洞见。用自己的钱来为一个死去的士人的孤女置办嫁妆，是慷慨之人。用公款请妓的人有失操守。管不好自己的妾的人也管不好其他的事。寻回被自己父亲逐出的妾母、对其尽孝，是了不起的事，比那些假装自己的生母不存在的人值得钦佩得多。虽然司马光和其他宋代士大夫没有明白地说，但这些故事都表明了他们心中共同的忧虑，那就是妇女、金钱和阶级的连锁关系所产生的种种问题。

士人的妻女被卖为妾

头三个事件的记录很简略，我们所知有限。司马光之兄司马旦曾经拿出自己一部分薪水来资助一个被革职、生活困窘的士人。该士人无以为报，便提议将自己的女儿嫁给司马旦为妾。司马旦相当惊讶，断然拒绝，并立刻由自己妻子的嫁妆中筹钱为这名女儿安排婚事。^①据说王安石也有类似的经历。他的妻子为他买了一个妾，一问之下，王安石发现她原本是一位军官

---

① 脱脱：《宋史》（北京：中华书局，1977年），卷298，第9906页。司马旦的妻子可能对这位女孩很是同情。司马光记载司马旦的妻子曾与嫂嫂随嫁带来的婢女甚为友好，这名婢女七岁时在父亲不知情的情况下被继母卖掉了。司马光：《司马文正公传家集》（《国学基本丛书》本），卷77，第883-884页。

的妻子，该军官辖内的一艘运税米之船弄丢了，于是家产被充公以弥补损失。卖妻为妾能得九十万钱。王安石于是召见这位军官，将他的妻子还给他，且让他留下那九十万钱。[1]张方平为傅求所写的墓志铭中也有同样的主题。傅求注意到自己刚买回的妾举止不凡，询问之下，发现她其实是一名旧识士人的女儿，且曾嫁给另一位士人。傅求又发现她的母亲业已再嫁。于是傅求不再将她留做自己的妾，而是为她治办一切所需，另外安排合适的婚事。[2]

士人一方面愿意买妾，一方面又难以接受同出于士人家庭的女子沦落为妾，因为在他们眼中，妾的命运是十分悲惨的。见到士族女子由云端坠落到谷底，令他们相当不忍。王安国的诗句和刘斧（约1040–1113以后）记录的一则传说生动地传达了此一情感面向：王琼奴本是士人之女，家境优渥，会刺绣、能作诗。十三岁时，其父曾为淮南宪，为官严酷，因而在嘉祐初年被罢职。罢官归家途中，他和琼奴的母亲相继过世。琼奴的兄嫂带着家产离开。她幼年许嫁的对象见她贫困，也不愿再娶她。于是琼奴的生活日益困窘。邻里的妇人想为她说媒，但琼奴不肯嫁给"工商贱伎"之流。最后，在琼奴十八岁时，已穷至断炊，一个佣人老妇说服她嫁给一名有钱的官员赵奉常做妾，"虽非嫁亦嫁也"，琼奴答应了。隔天，她就披上华丽的妆扮，被带到了她的新家。赵奉常对她一见倾心，其他的妾却因此嫉妒她，对主妇进谗言，于是主妇也厌恶她，加以打骂。琼奴不堪打骂，向赵求助，赵却无力保护她。琼奴只能每日忍受主妇的屈辱凌虐，想自尽却又没有勇气。有一次琼奴陪伴赵奉常赴官他处，在旅途中，将自己凄苦的身世和心境都写在一个旅店的墙上。王安国看到了她的故事，感慨地做了一首诗，诗中谴责了所有愧对琼奴之人，特别是赵奉常，因为"奉常家法妻凌夫"，"傥知琼奴出宦族，忍使无故受鞭扑？"仿佛透过这首诗，王安国要赎回被卖为妾的琼奴。[3]

在这些故事里，士人并不反对纳妾，但在看到同为士人阶层的妇女

---

[1] 邵伯温：《邵氏闻见录》（北京：中华书局，1983年），卷11，第121页。

[2] 张方平：《乐全集》（《四库全书》本），卷36，第41页。关于一位知县的女儿竟成为婢女、甚至不是妾，参见魏泰，《东轩笔录》（《丛书集成》本），卷12，第90页。

[3] 刘斧：《青琐高议》（上海：上海古籍出版社，1983年），卷3，第35–38页（引文见第38页）。

沦为人妾时，却感到极为不安。他们知道要将女儿嫁进同等的士人家庭需要准备一笔相应的嫁妆，也很清楚当士人家庭的财务崩溃时，女儿、甚至妻子都可能被卖为妾。这对士人们而言不仅是令人唏嘘的不幸之事，而是一个必须付诸行动来解决的大问题，且不惜付出相当程度的个人牺牲来弥补这个问题。这无疑也反映了士人阶层的不安。如果突然过世或一旦遭罢官，许多士人是无力维系自家的社会经济地位的。他们太需要钱来维系家族的生存。金钱捉摸不定，却能摧毁或彻底改变一切秩序的根基。

妇女财产所衍生的问题

杜衍比司马光年长一辈，是一位德高望重的朝官。欧阳修（1007—1072）为杜衍所写的墓志铭中，强调杜氏一门自唐代便是显官。根据欧阳修的记载，杜氏虽显贵，在分家产时，杜衍却将自己的一份让给较为贫困的哥哥们。① 张方平为杜衍的妻子所写的墓志铭中提到，当杜衍的父亲过世时，杜衍年纪尚小，他的母亲却径自回娘家，被留下的杜衍只能依靠少数亲戚的周济。② 司马光在《涑水记闻》中记载了杜衍的家族历史较不光彩的一面。根据司马光的描述，妇女财产权的纠葛使得杜衍的成长经历相当复杂。杜衍的父亲在他未出生时就死了，他是由祖父带大的。杜衍的两个同父异母的哥哥（其父前妻所生）并不尊敬他的母亲，因此他的母亲就离开杜家，改嫁他人。在杜衍十五六岁时，他的祖父也过世了，他的两个哥哥要求分得他母亲的"私财"，亦即她的嫁妆。杜衍拒绝，两个哥哥于是对他暴力相向，其中一人用剑伤了杜衍的头，血流不止。杜衍逃到姑姑家，才幸免一死。父家已无他容身之处，杜衍求母亲收留，但母亲的现任丈夫不愿留他。于是杜衍四处流浪，生活贫困，为人做书记勉以维生。（这就是他如何"无私地"将家产"让给"两个哥哥的经过！）在他四处流浪时，杜衍结识了一位姓"相里"的富人。相里赏识杜衍的才华，不仅将女儿嫁给他，且让他从此生活优渥。杜衍

---

① 欧阳修：《欧阳修全集》（台北：世界书局，1961年），卷31，第217—219页。
②《乐全集》，卷39，第54—57页。

因此得以应试科举，取得进士第四。① 另一则史料记载，后来杜衍位居高官，为了报答相里一家的恩情，以"荫"的方式帮助他妻子的弟弟取得官职。②

杜衍的故事透露了很多信息：像杜衍这样世家出身却缺乏资源的人，可以通过和有钱人家的女儿结婚，得到妻子的嫁妆，以建立自己的经济地位。但嫁妆这笔属于妇女的财产却也可能造成兄弟反目：就是因为杜衍的哥哥们想争得杜衍母亲的嫁妆，才对他刀剑相向，使他不得不离家出走，和父家关系决裂。同时，杜衍母亲的嫁妆却也无法保障她孀居无忧，她还是因为杜衍哥哥们的恶意而离开了杜家。

请妓和纳妾所带来的政治问题

在宋代，高官经常因为他们和女人的关系而遭受抨击。③ 苏舜钦在庆历三年（1043）的党争中被罢官。苏舜钦是杜衍的女婿，又曾受范仲淹（989-1052）的举荐，所以成了箭靶。但弹劾他的具体内容却是和女人有关：他被控使用政府卖废纸的经费来为同僚的宴会请来两名官妓。有人举报他动用了政府经费后，竟还要收每个客人十贯钱。客人酒酣之际，他请走了戏班，找来这两名官妓。据说某个没能进场的客人一气之下便在外宣扬苏舜钦的行为不端，结果所有参加宴会的人，包括那两位官妓都被惩处了。④ 金钱在这个事件中扮演关键的角色：为了使宾主尽欢，苏舜钦必须花钱延请高价的妓女。但他取得资金的方式（虽然士人们的资金大都来自政府），却使他的行为游走于道德的模糊地带。

---

① 司马光：《涑水记闻》（北京：中华书局，1989年），卷10，第184页。对同一事件略为不同的记载参见《邵氏闻见录》，卷8，第84页；叶梦得：《石林燕语》（北京：中华书局，1984年），卷10，第150页。

② 《邵氏闻见录》，卷8，第84页。

③ 当然并非所有批评都和妓妾有关。孙沔（996-1066）被控滥用职权诱奸、拐带妇女（《宋史》，卷288，第9689-9690页；李焘：《续资治通鉴长编》[北京：中华书局，1985年]，卷208，第5048页）。欧阳修被控与儿媳乱伦，见刘子健（James T. C. Liu）：《欧阳修：十一世纪的新儒学家》（*Ou-yang Hsiu: an Eleventh-Century Neo-Confucianist*）（斯坦福：斯坦福大学出版社，1967年），第80-82页。

④ 《续资治通鉴长编》，卷153，第3715-3716页；《东轩笔录》，卷4，第23-24页。苏舜钦此事在宋代众所周知（例如王辟之：《渑水燕谈录》[北京：中华书局，1981年]，第40-41页；朱熹：《朱子语类》[北京：中华书局，1986年]，卷129，第3088-3089页，卷130，第3119页）。

约莫此时，张方平到成都任官，结识了正要进京赶考的青年苏轼、苏辙兄弟。在这里他还遇到了一位令他倾心的官妓陈凤仪。也许是因为苏舜钦之事，张方平对自己和陈凤仪的关系格外忧虑。当他的一位姻亲王素（1007-1073）造访成都时，张方平便向他求助。王素去见陈凤仪，问她是否留有张方平写给她的信，陈拿出自己留着的信，王素把这些信都放进一个袋子里，一把火全烧了。王素告诉陈凤仪，张方平在朝中有许多政敌，不能让她用这些信来伤害张的名誉。张方平为此相当感激王素。①

十多年后，仁宗至和元年（1054），陈执中的宠妾把一个婢女给打死了，消息传出，朝廷认为陈治家不当，包括欧阳修在内的朝臣们纷纷弹劾，于是陈被罢黜。②这件事显然伤害了陈执中的名誉。韩维（1017-1098）在讨论陈的谥号时这么说："闺门之内，礼分不明。夫人正室疏薄自绌，庶妾贱人悍逸不制。其治家无足言者。"③原来还不只这一件事。宠妾杀婢数年之后，她竟然在自己儿子的默许之下，被儿媳妇和儿子的婢女们杀死了，于是陈执中的儿子和卷入事件的这些女人们全被处死。无论是直接或间接的，这名宠妾终使陈执中一家的处境雪上加霜。④像这样的故事都有一个共同的基调：士人们认为，那些被买来做妾、出身低贱的女人们往往心狠手辣；而男人受自己的情欲左右，也无法好好地管束她们。

又十多年后，李定（1028-1087）遇到了另一个和妾有关的问题。他的父亲曾蓄有一妾仇氏，是李定哥哥的生母，也是李定的乳母，甚或也是生母。⑤根据一则史料记载，后来仇氏离开了李家，改嫁入高家。⑥李定是王安石的学生，当仇氏过世时，他并没有为她辞官守丧，但他要求离职，照顾当时

---

① 张邦基：《墨庄漫录》（《丛书集成》本），卷1，第1页。

② 《续资治通鉴长编》，卷177，第4296-4297页。

③ 《宋史》，卷285，第9604页。

④ 《宋史》，卷285，第9605页。根据王偁《东都事略》（《宋史资料萃编》，台北：文海出版社，1967年）的记载，这名宠妾的儿子预谋杀害自己的母亲，以守丧之名避免去某地就职，让婢女们下毒，却没能成功，于是"夜持钉陷其脑骨"（卷66，第2页）。朱熹的版本稍有不同：这个想杀害母亲的儿子对婢女们说，如果他能为母守丧，会给婢女们奖赏——想出嫁的会安排好婚事，不想出嫁的就给钱（《朱子语类》，卷130，第3119页）。

⑤ 《续资治通鉴长编》，卷213，第5174页。

⑥ 陆游：《老学庵笔记》（《丛书集成》本），卷1，第4页。

八十九岁的年迈父亲。^①但李定没为妾母守丧一事被视为大不孝,在他回到朝廷后受到许多责难。熙宁三年(1070)起,官员接连弹劾,要求将他免职。即使朝廷最终认定李定无过,因为他的父亲并不承认该妾母的地位,官员们仍持续抗议。王安石为李定辩护,说他已经为这名妾母(作为哥哥的生母和自己的乳母)守了五等丧,实在无需比照生母、离职守丧,况且这名妾母究竟是不是他的生母也无法确认。^②有两位官员持续上奏了六七次要求罢黜李定,导致他们自己被贬谪出京。^③李定虽保住官位,但终究没能除去"不孝"的标签。^④

当士人和妓、妾这些买来的女人扯上关系,他们便容易受到政治攻击。以上每个事件都呈现了此一现实的不同面向。和妓、妾的关系往往带着道德模糊的色彩:不适当的享乐、不入流的残暴和不长久的关系。因此在党争之际,这些关系最容易落人口实。苏舜钦宴客请官妓,被说成轻挑、贪腐。陈执中无法管束自己宠妾的暴行,于是失去了同僚的尊敬。李定被认为是妾母所生、父亲却又不承认其妾母,于是陷入窘境。串起这所有事件的共同线索,是一群在市场上如商品般被买卖的女人,来来去去,衍生出种种暧昧不明的关系,对士人及其家庭带来危险。

妾所带来的法律问题

苏颂和苏辙都曾记录士人因为妾的关系而闹出法律问题。苏辙记载一名叫周高的官员,富有、傲慢、不守规矩,曾经带着数十名妓妾随行到杭州。^⑤其中一名妓妾"以妒害"投水自尽。她的父母告至官府,主事的知县家正巧有一婢曾在周高家服侍,她发现跟着周高上官府的妓妾群中有一人原本是周高父亲的妾,且曾为其生过一子。知县因此以乱伦罪判周高刺配海岛。^⑥

---

①《东都事略》,卷98,第4-5页。

②《续资治通鉴长编》,卷211,第5121页;卷213,第5173-5174页;卷217,第5272-5273页。

③《续资治通鉴长编》,卷219,第5325-5326页。

④《宋史》,卷329,第10603页;《邵氏闻见录》,卷12,第127页。

⑤ 这些妓妾究竟是什么身份并不清楚。或许她们原本是艺妓或高级倡女,周高将她们买回家,收为自己的妾,也令她们在宴会上招待客人、奏乐娱乐等等。

⑥ 苏辙:《龙川略志》(北京:中华书局,1982),卷4,第20页。苏辙并不认为这名知县的做法特别可取,因为他只是凑巧有婢女服侍过周家。周高之罪更接近逃税,而非谋杀;像这样的罪行在当时极为常见,而极少人因此被定罪。

　　苏颂所记载的事件则是关于一个士人和他父亲的婢妾之间的关系。这位士人进士及第后被分派官职，本想带着鳏居的父亲一起就职，但父亲不肯。这位士人就为父亲买了一个当地的妇女照顾起居，渐渐地他的父亲和这名妇女相处"如伉俪"。士人回家，觉察到父亲和这名婢女之间的关系，便待之以礼，且在写给父亲的信中称她为"娘"。一段时日以后，这位士人已转往他处就职，父亲也过世了。他回家时，发现这名婢女俨然以"真母"自居，对他的妻子咒骂责打，他忍不住回手，她便上告县官，诉其不孝。她拿出从前士人写给父亲的信作为证据，信中士人称她为"娘"，表示她具有母亲的身份。两方僵持甚久，直到一个机智的官员为他们找到解套。[①]

　　由此可见，买卖妇女产生的不明确的人际家庭关系，问题不仅止于令高官易受党争攻击。和儿子年龄相仿或更小的妾容易引来乱伦的指控；正妻过世后，妾可能以妻自居，要求主人的儿子将自己当作母亲一般尊敬。

妾与家庭的不稳定关系所带来的悲伤和难堪

　　士人们固然谴责李定对可能是自己生母的妾母态度不周，大家仍意识到李定确实面临一个难题。男性（特别是官员或商人）在外地工作时需要陪伴照顾，就可以纳妾，离开时可能就把这个妾给抛下。妾所生的孩子有可能完全失去和自己生母的联系。熙宁初年，士人们在责难李定的同时，对苏轼的朋友朱寿昌则大加赞扬。朱寿昌是他的父亲任京兆守时纳妾所生，寿昌两岁时，这位妾母被遣出，改嫁入一平民之家。[②]此后五十年，朱寿昌再也没能见到自己的生母。他在各地转职任官时，总是不忘寻找他的母亲。熙宁初年，他与家人辞诀，弃官入秦，说："不见母，吾不反矣。"最后他在同州找到生母，已经七十余岁、嫁党氏、有数子。朱寿昌于是将母亲的整家人带回来同住。钱明逸最先公开赞扬他的孝行，于是"自王安石、苏颂、苏轼以下，士

---

① 苏颂：《苏魏公文集》（北京：中华书局，1988），第1178—1179页。解套的方法是：官员发现这名父亲曾一度决定出家为僧，虽然他很快就改变主意，官员认定僧人不能合法娶妻。

② 《续资治通鉴长编》，卷212，第5143页；其他版本如《宋史》（卷456，第13405页）记载这位妾母被遣出时已有身孕。朱熹《小学》则说她被遣出时朱寿昌年七岁（张伯行：《小学集解》[《丛书集成》本]，卷6，第154页）。

大夫争为诗美之"。①李定认为苏轼赞扬朱寿昌的诗是间接地批评自己。数年以后，李定还拿出这首诗来攻击苏轼。②

妾和家庭的脆弱联结，不只令妾所生的孩子痛苦，也可能令她们的主人/丈夫难堪。据说苏轼知黄州时结识韩绛（1012—1088）的女婿徐得之，徐纳了数名妾，苏轼经常在宴会见到这些妾为大家奏乐助兴。徐死后，苏轼北上途中造访张方平的儿子张恕，在筵席上见到从前徐的一名宠妾，"不觉掩面号恸"，没想到那名妾竟然"顾其徒而大笑"。此后苏轼每每说及此事，"为蓄婢之戒"。③

苏轼对妾的轻易改嫁易主感到如此难堪，或许正预示了即将降临在他自己身上的命运。好几个他自己的妾在他过世之前就纷纷离开。苏轼在一则诗序中说，他在被贬谪的四五年间，所有的妾都离他而去，只有朝云一直跟着他。④

脆弱、无常、暧昧不明——这些都是负面的概念，却都较容易发生在女性身上。在这个父系、从夫居的中国社会中，女人总是要面对更多的断裂和分离。男人自始至终都留在自己的原生家庭；而最幸运的女人也必须在结婚时换一次家。较不幸者，可能被一再转卖，在不同人家为婢为妾。丈夫死后，寡妇可能被送走。若是离婚，也必须离开夫家。金钱也是这样来来去去。地产和官阶都相较持久；金钱却可以快速累积而又转眼成空。正如以上这些故事所印证的，当女人和金钱交会时，断裂的可能性又更加倍。

司马光对妇女和家庭的看法

司马光以严峻、正直闻名，在宋代名士中，大概是最不容易为女色所动

① 《宋史》，卷456，第13405页。亦参见王安石《王临川集》（台北：世界书局，1966年），卷31，第174页；《苏魏公文集》，卷3，第31页；苏轼：《苏轼文集》（北京：中华书局，1986年），卷22，第643—644页。
② 《东轩笔录》，卷10，第75页；《邵氏闻见录》，卷12，第148页。王铚《默记》（北京：中华书局，1981年）记载了另一个相似的寻找生母的故事：这个儿子等到自己的嫡母过世后，才开始寻找生母。找到时生母已是有钱人家的妾，正在筹划小女儿的婚事（卷2，第29—30页）。
③ 王明清：《挥麈录》（北京：中华书局，1961），后录卷7，第174—175页。
④ 释惠洪：《冷斋夜话》（《丛书集成》本）卷1，第3页，引《画墁录》。

摇的。所有他的事迹如果和女人有关，说的都是他对女人多么不感兴趣。据说因为他没有儿子，他的妻子和姊姊为他纳了一门妾，但他对这个妾毫不理会。于是他的姊姊便刻意安排他的妻子外出，让妾盛装打扮，给他奉茶。司马光却生气地责骂她说："这下人，今日院君不在宅，尔出来此作甚？"可见他并不把她视为自己的妾，而是他妻子的婢女。① 另一则传闻说，这个妾为了和司马光说上话，随手拿了一本书，问司马光这是什么书，司马光"拱手庄色"说"此是《尚书》"，妾便知趣而退。②

无论这些传闻的真实性有多高，司马光自己的作品中也充满了对行为合宜的关注，认为应避免男女杂沓。嘉祐七年（1062），仁宗在上元节到宣德门前召诸色艺人各进技艺，其中有"妇人相扑者"，仁宗也一并赏赍。当时司马光任职御史台，上书谏言，认为仁宗此举不当："今上有天子之尊，下有万民之众，后妃侍旁，命妇纵观，而使妇人赢戏于前，殆非所以隆礼法、示四方也。"他还要求仁宗下诏禁止妇人在街市聚众为戏。③

司马光也反对铺张的宴会，虽然他的同僚们似乎都习以为常。在他看来，当时的人办宴会总要持续数日之久，准备各种珍馐，才不会被说是小气。他没有特别提到这些奢华宴会中的妓，但提到了寇准（961-1023）作为镜诫。寇准的宴会以通宵达旦闻名，其中有妓跳舞奏乐，还有他的妾出场和宾客吟诗作对。④ 到了司马光的时代，寇准的后代陷入贫困，昔日光彩不再。司马光认为这就是铺张无度的结果。⑤

无论他个人的经验如何，司马光都认识我们以上所提到的人物，也知道关于他们的那些事迹和传闻。我想强调的是，司马光对妇女的教育和财产的看法、对妻子和夫家之间永固的道德基础的信念，都和当时人的遭遇和对这些问题的讨论直接相关。当然司马光会引经据典地说这些都是传统价值：无私的儿子、明智的母亲、恭敬的媳妇，还有其他类似的人格典范。但他

---

① 丁传靖：《宋人佚事汇编》（上海：商务印书馆，1935），卷11，第510页。
② 周辉：《清波别志》（《丛书集成》本），卷2，第160页。
③ 司马光：《司马文正公传家集》（《国学基本丛书》本），卷23，第332页。据说司马光也不同意自己的妻子在上元节赏灯。《宋人轶事汇编》，卷11，第514页，引《轩渠录》。
④ 《宋人轶事汇编》，卷5，第186-189页。
⑤ 《司马文正公传家集》，卷68，第840页。

呈现传统的方式其实反映了他自己的价值观和关注之事。^①表面上看来，他在《家范》中所陈述的那些模范士人妇女，和以上我们看到的那些遭遇各种难题的宋代士人妇女无一相似之处。但这正是他的用意，因为宋代的交易市场破坏了稳定的亲属关系，所以司马光希望排除市场的影响。他不仅希望士人们不要让自己陷入难堪的窘境，他也希望能保护士大夫的女儿不要成为市场的受害者。同时，他也要保护家庭本身，特别是拥有相当资产的妻子可能对家庭造成威胁。他想划出一片市场无法入侵、金钱无法动摇的领域。

司马光的家庭观和他对更广泛的社会政治体系的看法是一致的。^②他对阶级关系的想法相当严谨：所有的社会群体都应有明确的分工和清楚的主从关系。规范和礼教是用来维系这样的阶级之分。在上位者应顾全大局、维护尊严、指示明确、公正不阿、不受情绪左右。在下位者应培养恭敬、忠贞、勤勉、刚毅的品格。即使在上位者蛮不讲理，在下位者也应忍让、耐心、虔敬、慧黠地使上位者回心转意。^③以家庭而言，在上位者和在下位者需要共同经营的就是"家"这个整体。这样的"家"并不只是某个时间点上共同生活的一群人，还包括了先祖和后代、房产和家产、传统和荣誉——这些跨越时空、物质和非物质的元素。司马光心中理想的家庭和多数儒者一样，是一个累世不分家的大家庭，远房叔侄和堂兄堂弟们仍然同居共财。^④因为财产和家族的兴亡息息相关，司马光特别在意家产的管理，反对挥霍无度。

---

① 由于可类比的材料不多，我们很难判断司马光的家庭观究竟有多创新。较早的"家训"著作都远比司马光的《家范》简短，且重点通常都不在家庭本身。最有影响力的是颜之推的《颜氏家训》，司马光多次引用，但在具体问题上司马光往往采取不同的立场。司马光的想法和过去的圣贤传记类似，包括正史中的列传和班昭的《女诫》。他经常在其他作品中表达自己对家庭的看法和观察，因此我认为足以证明《家范》代表了他对传统价值的重新整合。

② 关于司马光对社会和政治秩序的看法，参见包弼德（Peter K. Bol）《斯文：唐宋思想的转型》（*This Culture of Ours: Intellectual Transitions in T'ang and Sung China*）（斯坦福：斯坦福大学出版社，1992年）。

③ 在司马光的《居家杂仪》（《司马氏书仪》，《丛书集成》本，卷4，第41–46页）、《家范》（《中国子学名著集成》本，卷1，第463–485页）和许多他写给儿子谈论简朴的书信（《司马文正公传家集》，卷67，第839–840页）中，可以明显看出他如何将社会政治秩序和阶级关系延伸到家庭的范畴。

④ 这确实是司马光自己的家庭背景。参见伊沛霞《宋代中国的家庭和财产：袁采的社会生活规诫》（*Family and Property in Sung China: Yüan Ts'ai's Precepts for Social Life*）（普林斯顿：普林斯顿大学出版社，1984年），第41–42页。

这样的家庭基本上是以父系亲属关系和共享财产的男性为主体，女性依附其中，作为他们的母亲、姐妹、女儿、妻子。司马光的《家范》清楚地说，这些女性可以是家族兴旺的助力，也可以是阻力，端看她们自身的行为及其对家中男性的影响。同时，男女之分是家中上下伦理的基本要素：家庭的组成不只是长幼尊卑，而是男性的长幼尊卑加上女性的长幼尊卑。

根据司马光提供的范例，似乎他最尊崇的妇女品德就是对夫家全然的奉献。以下这个记载在《家范》中的故事就是典型的一例：

> 韩觊妻于氏，父实，周大左辅。于氏年十四适于觊。虽生长膏腴，家门鼎贵，而动遵礼度，躬自俭约，宗党敬之。年十八，觊从军没，于氏哀毁骨立，恸感动路。每朝夕奠祭，皆手自捧持。及免丧，其父以其幼少无子，欲嫁之，誓不许。遂以夫孽子世隆为嗣，身自抚育，爱同己生，训导有方，卒能成立。自孀居以后，唯时或归宁。至于亲族之家，绝不往来。有尊亲就省谒者，送迎皆不出户庭。蔬食布衣，不听声乐，以此终身。隋文帝闻而嘉叹，下诏褒美，表其门间，长安中号为"节妇间"。[1]

这则故事充分道出了司马光心中的要务：对一个女人来说，她的夫家必须成为她最终的皈依和重心。她必须将自己娘家的富贵优渥抛诸脑后，克勤克俭。要从父系的立场来看待子嗣，无论是不是她亲生，都是她丈夫的孩子。她的仪容举止必须和妓划清界线：生活简朴、无需妆饰，责任是持家，而非交际娱乐。丈夫的过世不能动摇她对夫家的委身。妇女应期勉自己成为这样受世人尊崇的妻子。[2]

以下我从男女之别、妇女财产、妇德、教育和婚姻的本质各方面切入，深入分析司马光的观点。

---

[1]《家范》，卷8，第675—676页，根据魏征《隋书》（北京：中华书局，1973年），卷80，第1806页。

[2] 柏清韵在《朱熹和妇女的教育》中强调朱熹十分尊敬能干的妻子。曼素恩在《嫁女儿的准备：清中叶的新娘和妻子》（收录于华如璧、伊沛霞编《中国社会中的婚姻与不平等》）中也指出十八世纪的儒者如何推崇妻子的角色。同样的，司马光也非常尊崇贤妻的成就。

男女之别

司马光和自汉代以来的儒者一样，认为男女之别是一阴一阳的自然秩序，而不是人为的社会制度。《家范》这样解释男女的分别：

> 夫天也，妻地也；夫日也，妻月也；夫阳也，妻阴也。天尊而处上，地卑而处下。日无盈亏，月有圆缺。阳唱而生物，阴和而成物。故妇人专以柔顺为德，不以强辩为美也。[①]

阴和阳相辅相成，但并不平等。司马光理所当然地认为主动地"唱而生物"比被动地"和而成物"更尊贵。和其他以阴阳来解释男女关系的人一样，司马光认为社会秩序应当是男尊女卑、夫唱妇随。[②]

阴阳相辅相成的概念不代表阴和阳必须同时存在、一起现身。反之，阴阳思想通常和经书中的"男女之别"相提并论。所谓"男女之别"可以指空间上的分隔，也可以指角色上的区别。司马光则既要空间分隔，也要角色区别。男属外，女属内。"外"不仅是家门之外，也是整个外部社会、仕宦职场。司马光引述《礼记·内则》，强调男不论内事、女不言外务。但空间上的分隔对角色的区分是很有帮助的。《家范》直白地说："女子十年不出。"其下小字夹注："恒居内也。"[③] 他还说：女儿订婚后，父亲就不该再进她房间；姐妹出嫁归宁，也不应与兄弟同坐。[④] 在《居家杂仪》中，司马光根据《礼记·内则》敷衍出一套更为详尽的男女分隔规矩：

> 凡为宫室，必辨内外，深宫固门，内外不共井、不共浴堂、不共厕。男治外事，女治内事。男子昼无故不处私室，妇人无故不窥中门。有故

---

① 《家范》，卷8，第659–660页。

② 程颐在《程氏易传》中表达了相似的看法，他在许多卦象中看到了指导男女社会角色的讯息。例如"家人"卦象曰："女正位乎内，男正位乎外。"程颐注曰："阳居五在外也，阴居二处内也，男女各得其正位也。尊卑内外之道，正合天地阴阳之大义也。"《二程集·周易程氏传》，卷3，第884页。

③ 《家范》，卷1，第468页；卷6，第591页。

④ 《家范》，卷1，第464页。

出中门，必拥蔽其面（如盖头面帽之类）。男子夜行以烛，男仆非有缮修及有大故（大故谓水火盗贼之类），亦必以袖遮其面。女仆无故不出中门（盖小婢亦然），有故出中门，亦必拥蔽其面。铃下苍头但主通内外之言，传致内外之物，毋得辄升堂室、入庖厨。[①]

司马光多次提到受人尊重的妇女见到无亲属关系的男性时必须蒙面。[②]虽然相关史料不多，但妇女蒙面的习惯在这个时期似乎确有增长的趋势。[③]司马光无论是否对此趋势有所察觉，都认为这是一件好事。

男女空间的分隔当然有助于其角色的区分，但司马光同时也担心男女杂沓导致混乱的性关系。见面就容易彼此吸引，彼此吸引就容易引来各种不当的行为。司马光从未视女人为邪恶的诱惑者，他认为避免男女杂沓是男人的责任。司马光对不受规范的性关系着墨不多，我们无从得知他内心的判断，但我猜想他虽认为这种性关系轻率失当，却不至于罪大恶极。

妇女的财产

司马光和他同时代的人一样，认为一家之主当然应该为女儿们准备嫁妆。若亲戚中有女孩失怙，也应为她们准备。不过及时地为女儿们安排婚事，比嫁妆的分量更重要。[④]但司马光坚决反对女儿有财产权，也对视婚姻为交易的想法极为反感。他举了一个当时为争夺家产而导致的悲剧为例：某人累积了相当的家产，却忽略了子孙的家教，于是在他过世后，不仅他的儿子们彼此争产，连女儿都加入："其处女蒙首执牒，自讦于府庭，以争嫁资。"全家成了笑柄。[⑤]

司马光也发现大家越来越觊觎未来媳妇可能带来的嫁妆：

①《司马氏书仪》卷4，第43页。
②《家范》，卷1，第467页；《司马氏书仪》卷7，第82-83页。
③ 朱瑞熙：《宋代社会研究》，第145-148页。
④ 参见司马光在《家范》中对刘家的赞美（卷1，第479-480页）。
⑤《家范》，卷2，第488-489页。

> 今世俗之贪鄙者,将娶妇,先问资装之厚薄;将嫁女,先问聘财之多少。至于立契约云"某物若干,某物若干",以求售某女者,亦有既嫁而复欺绐负约者,是乃驵侩鬻奴卖婢之法,岂得谓之士大夫婚姻哉! ①

视婚姻为金钱交易对新娘和她的娘家都是不利的。新娘并不会因为她的财产而受保护,反而会因此而陷入险境,就像杜衍的母亲一样:

> 其舅姑既被欺绐,则残虐其妇以摅其怒。由是爱其女者务厚资装,以悦其舅姑;殊不知彼贪鄙之人,不可盈厌,资装既竭,则安用汝力哉! 于是质其女,以责货于女氏。货有尽而责无穷,故婚姻之家,往往终为仇雠矣。②

媳妇若恃其资产以求独立,也是夫家的隐忧:

> 妇者,家之所由盛衰也。苟慕一时之富贵而娶之,彼挟其富贵,鲜有不轻其夫而傲其舅姑。养成骄妒之性,异日为患,庸有极乎? 借使因妇财以致富,依妇势以取贵,苟有丈夫之志气者,能无愧乎? ③

司马光认为私产是对家族凝聚力最大的威胁,这个信念形塑了他对妇女财产的看法。在一个累世同居共财的大家庭中,如果媳妇可以保有自己的嫁妆,和整个家产分开,那么对此家庭的维系始终是一个威胁。④司马光引用《礼记》:为人妇应"无私货,无私畜,无私器",强调妻子不应持有私产。即使是别人送给她的东西,都应交给舅姑;她也不应私自送礼,拿别人送给她的东西转送也不行。⑤

---

① 《司马氏书仪》,卷3,第33页。
② 《司马氏书仪》,卷3,第33页。
③ 《司马氏书仪》,卷3,第29页。
④ 亦可参见伊沛霞《宋代中国的家庭和财产：袁采的社会生活规诫》,第101—120页。
⑤ 《司马氏书仪》,卷4,第42页;亦可参见理雅各(James Legge)译《礼记：东方的圣书》(*Li chi: Book of Rites*)(纽约：大学出版社[University Books],1967年重印[1885年初版]),第1章,第458页。

虽然儒家基本上一直反对妇女持有私产，宋代的情况（特别是嫁妆的高涨）大概更是加剧这样的态度。宋代法律文书中对妇女的财产权着墨甚多，也和嫁妆的高涨有关。[①]嫁妆既来自娘家的财产，娘家自然希望这些嫁妆对女儿和女儿的子嗣有所帮助。但嫁妆的高涨也引来像司马光这些人对妇女财产权的反感，他们认为妇女财产权对一家之主的权威构成威胁。

妇女的品德

一般来说，司马光对妇女的期待比他对男性的期待保守。居处家内，妇女需要的品德是柔顺、清洁、不妒、俭约、恭谨、勤劳。[②]他曾说不妒是妇女最重要的品德。儒家经书认可纳妾，因此与妾和睦共处便是妻子的责任。[③]勤俭显然和维护家产和防止分家有关。司马光记叙了一个勤俭妇人的典范：这位寡妇即使在儿子得到官位和薪饷之后，仍每天纺织到深夜。[④]司马光也赞扬自己的妻子，说她从不动怒，不与人争吵，也不积怨。她善待婢妾，从不妒忌。她自己日用简朴，但从不反对司马光周济亲戚。[⑤]

司马光在《家范》中记述了许多未拒绝再婚的寡妇，作为妇女的典范。他说："妻者，齐也。一与之齐，终身不改。故忠臣不事二主，贞女不事二夫。"[⑥]司马光并不认为女性比男性更应当牺牲自我，女性的牺牲并不比男性更令人感动或值得歌颂。他也没有记述任何寡妇自杀的例子。他笔下的寡妇典范是为了照顾舅姑和孩子、拒绝父母安排再婚。[⑦]其中有些寡妇会自毁容貌来吓阻求婚者，但并不会自杀。[⑧]道德崇高的男性和女性都可能牺牲自己的生命，但并不是为了守寡，而是为了保全父母，或是陷入无法化解的道

---

① 亦可参见伊沛霞《六至十三世纪婚姻财务的变迁》。

② 《家范》，卷8，第659—660页。清洁包括爱干净和贞洁。司马光没有为男性列出一组相应的品德，但男性的品德自然包含主要的儒家德行：仁义、忠贞、廉节、守信等等。

③ 《家范》，卷9，第679页。

④ 《家范》，卷3，第513—516页。

⑤ 《司马文正公传家集》，卷78，第968—969页。

⑥ 《家范》，卷8，页662。

⑦ 例如《家范》，卷8，第665—668页。另一个的例子是司马光自己的亲戚，参见《司马文正公传家集》，卷78，第980—981页。

⑧ 例如《家范》，卷8，第665—666、671—672、672—673、674—675、676—677页。

德两难之时。[①]有些女性会以生命保全自己的贞操，未嫁女、妻子、寡妇在面临强暴时都可能以死抵抗。[②]但再嫁和强暴是两回事。

从某个层面来说，司马光对男性和女性的道德要求标准是一致的：值得推崇的男性和女性都是无私而忠贞地为家庭奉献，家庭就是他们安身立命的崇高目标。一个通过重重考验、从一而终的寡妇，一个克服万难、保全家族延续六代、八代甚至十代不分家的男性，或是一个被继母虐待，却始终忍让、终于感化继母的孝子，都是道德典范。成为道德典范的人，总是将个人的利益放在对父母的孝行和对家庭的忠贞之后。

并且，女性一生所经历的试炼不只是守寡而已。婚前她们就应对自己的父家尽孝。司马光再次讲述这些女性典范的故事：有一家三姐妹没有兄弟，为了照顾祖父母，都不肯结婚，在为祖父母料理完丧事之后，她们就结庐在祖父母坟旁而居；还有一位女儿为了将父亲从狱中赎回，自愿入宫为婢；还有另外三姐妹为报父仇，杀了两个亲戚。[③]这些故事里的模范女性和模范孝子一样地受尊崇。[④]妻子也不需等到守寡才能展现对夫家的忠贞。司马光记述了许多贤妻的故事：有的以慧黠应对严酷的婆婆，有的将自己的孩子放在一旁而去救助丈夫兄弟的孩子，有的用父亲给的财产来帮助夫家，还有许许多多成功地相夫教子的例子。

司马光为许多同时代人的妻子和母亲写了墓志铭，歌颂这些女性的美德，和他在《家范》中所强调的美德是一致的。例如苏轼的母亲嫁入了比自己娘家寒微的苏家，却能将娘家的富贵抛诸脑后，全心全意地侍奉夫家的长

---

① 例如一位妇女因为丈夫杀了自己的哥哥而选择自尽（《家范》，卷7，第678—679页）；另一位妇女则因为父亲和丈夫之间的矛盾而自尽（《家范》，卷9，第698—699页）。

② 或许最极端的例子是一位寡妇自断手臂，只因为一个男人碰了她的手，让她感到自己被玷污了（《家范》，卷8，第676—677页）。

③ 《家范》，卷6，第599、601—602、602—603页。

④ 曼素恩发现宋代地方志同样给予勇敢的女儿相当的关注，见《宋代至清代妇女传记的历史变化：以清初江南（江苏、安徽）为例》(Historical Change in Female Biography from Song to Qing Times: The Case of Easrly Qing Jiangnan［Jiangsu and Anhui Provinces］)，收录于《日本东方学国际会议论文集》(Transactions of the International Conference of Orientalists in Japan)，第30期(1985年)，第65—77页，特别是第69—70页。

辈；司马光也赞美她能读书教子。[1]韩铎的母亲对丈夫的六个儿子一视同仁，连亲戚都无法分辨哪个儿子是同父异母所生。[2]司马光予以最崇高的赞美的是一名出身较寒微的女子，她展现了最高的自我牺牲精神：七岁时被继母偷偷卖掉，二十一年后偶然与生父重聚，她不但劝父亲原谅继母，甚至在父亲死后，为了照顾继母而延后出嫁，当继母年迈不良于行时，她甚至亲自背着继母行走。[3]

妇女的教育

已婚妇女平时在家，连自己的父兄都避免接触，她们需要的教育自然和她们的丈夫不同。但司马光还是认为女儿应读书识字。《家范》以班昭为例，强调能读书识字的妇女会是更好的妻子。[4]他下了这样的结论：

> 凡人，不学则不知礼义。不知礼义，则善恶是非之所在皆莫之识也……然则为人，皆不可以不学，岂男女之有异哉？[5]

在《居家杂仪》中，司马光为男子和女子的教育各拟了一份时程表，大体依据《礼记·内则》，但在女子的部分加入了读书。即使男女教育的时程不同，女子们一方面学习做妻子，一方面也要学读书。

> 六岁，教之数（谓一十百千万）与方名（谓东西南北）。男子始习书字，女子始习女工之小者。七岁，男女不同席、不共食。始诵《孝经》《论语》，虽女子亦宜诵之……八岁……始教之以谦让。男子诵《尚书》，女子不出中门。九岁，男子读《春秋》及诸史，始为之讲解，使晓义理。女子亦为之讲解《论语》《孝经》及《列女传》《女戒》之类，略晓

[1]《司马文正公传家集》，卷78，第967—968页。
[2]《司马文正公传家集》，卷78，第966页。
[3]《司马文正公传家集》，卷72，第883—884页。
[4]《家范》，卷6，第594—595页。亦可参见史旺（Nancy Lee Swann）《班昭：中国最重要的女学者》（*Pan Chao: Foremost Woman Scholar of China*）（纽约：Century，1932年），第84—85页。
[5]《家范》，卷6，第595页。

大意。①

（小注：古之贤女，无不观图史以自鉴，如曹大家之徒，皆精通经术，论议明正。今人或教女子以作歌诗、执俗乐，殊非所宜也。）②

司马光不鼓励女子学习音乐歌诗，大概因为那些才能是妓的专门。相反的，他认为女子应学"女工"。

十岁，男子出就外傅，居宿于外……女子则教以婉娩听从，及女工之大者。

（小注：女工谓蚕桑、织绩、裁缝，及为饮膳。不惟正是妇人之职，兼欲使之知衣食所来之艰难，不敢恣为奢丽。至于纂组华巧之物，亦不必习也。）③

司马光知道他同侪的妻子们多半都有婢女，可以帮忙烹饪、打扫、缝纫等家务。但他还是认为学会这些工作会让妇女更有责任感。④除家务外，司马光还希望妇女们参与家内礼仪。这些礼仪教导并延续家内的尊卑关系。他在《居家杂仪》中力劝读者效法他自家的榜样：

吾家同居宗族众多，冬正朔望宗族聚于堂上（此假设南面之堂，若宅舍异制，临时从宜）。丈夫处左西上，妇人处右东上（左右谓家长之左右），皆北向，共为一列，各以长幼为序（妇以夫之长幼为序，不以身之长幼），共拜家长。毕，长兄立于门之左，长姊立于门之右，皆南向。诸弟妹以次拜讫，各就列。丈夫西上，妇人东上，共受卑幼拜（以宗族多，若人人致拜，则不胜烦劳，故同列共受之）。受拜讫，先退。后辈立，受拜

---

① 《列女传》是汉代刘向所著，参见奥哈拉（Richard Albert O'Hara）《早期中国的女性地位》（The Position of Woman in Early China）（华盛顿特区：天主教大学，1945年）。班昭的《女戒》则是中国古代少数出自女性作者的书，亦可参见史旺《班昭：中国最重要的女学者》。
② 《司马氏书仪》卷4，第45页。
③ 《司马氏书仪》卷4，第45页。
④ 司马光曾抱怨士大夫妻子太懒惰，见《司马氏书仪》卷10，第114页。

于门东西，如前辈之仪。①

这些每月两次的拜礼能强化家庭中的长幼尊卑之分：男左女右，男先女后；妇女之间又分长幼尊卑，但妻子的长幼尊卑根据她们的丈夫长幼地位来决定。

《司马氏书仪》中提到更多妇女参与家内的其他礼仪。她们会参加所有重要的祭祖仪式，依据年龄和辈分排成一列。家长的妻子会站在家长对面，负责女性先祖的牌位，亲手呈上祭品。在棺椁两旁，男性和女性分别排成两列，一同为丧者而哭。②

婚姻的本质

司马光尊崇为丈夫和孩子牺牲自我的女性，但对他来说，婚姻的约束力并不完全是单方面的。男性也能以拒绝再婚展现对家庭的忠诚。对男性来说，问题在于继母对儿子的前途不利。司马光举后汉朱晖为例：朱晖五十岁丧妻，兄弟们想为他续弦，但朱晖有所保留，因为"时俗希不以后妻败家者"。司马光评论说："今之人年长而子孙具者，得不以先贤为鉴乎！"③

司马光也推崇那些对妻子的过世表达哀戚的男性：

> 昔庄周妻死，鼓盆而歌。汉山阳太守薛勤，丧妻不哭，临殡曰："幸不为夭，夫何恨！"太尉王龚妻亡，与诸子并杖行服，时人两讥之。晋太尉刘实丧妻，为庐杖之制，终丧不御肉，轻薄笑之，实不以为意。彼庄、薛弃义，而王、刘循礼，其得失岂不殊哉？何讥笑焉！④

司马光推崇忠诚的丈夫并不代表他认为婚姻对男性来说也是终生的承诺。他数次表示男性对父母和家庭有责任，必须逐出破坏家庭和谐的妻子。若

---

① 《司马氏书仪》，卷4，第43-44页。
② 《司马氏书仪》，随处。
③ 《家范》，卷3，第505页。
④ 《家范》，卷7，第655页。

妻子对母亲不敬，出妻是对家庭忠诚的表现。[1]司马光确实认为将没扮演好妻子角色的妻子逐出家门是丈夫的责任。[2]对于那些失职的妻子，司马光不仅敦促丈夫们离婚的必要性，也力劝妻家的父母正视女儿的过失、好好管教。他以一位母亲为例，这位母亲将女儿出嫁三次，却三次都被遣返娘家。母亲问女儿何故，女儿语带轻蔑地数落自己的丈夫。母亲将她杖责于地，教训她妻子应当顺服、不应乖僻。母亲将女儿留在家里三年，第四次出嫁后，女儿终于成为理想的妻子。而司马光对当时社会的观察和这个例子完全相反：多数的父母不会责怪自己的女儿，反倒会和女儿的夫家对簿公堂。[3]

对现代读者来说，这些道学家的言论充满了对女性的歧视和敌意。但我认为这主要是来自对婚姻制度认知的根本差异。在西方脉络中，婚姻是关于得到一个配偶，而男性和女性都会"结婚"。若离婚或其中一方死亡，婚姻关系就中止了。只要求妻子为亡夫守寡，丈夫却无需为亡妻守节，似乎是非常不公平的。对司马光和同时代的人来说，婚姻并不只是两个人的结合，更是两个家族借由收纳新成员而开展延续。男性在出生时，或被收养时，就已经成为家族成员，他对家族的忠诚会经过各种考验：容忍恶劣的继母、尊重仗势凌人的异母兄，或是对付一个离间兄弟、破坏家族和睦的妻子。家族的延续有赖于克服这些困难。女性要借由婚姻才能成为一个家族的正式成员，她对家族的忠诚也有重重考验：刁恶的婆婆、纳妾的丈夫、能生儿子的妾（特别是如果她自己没有儿子）、丈夫在孩子还未长成时就过世、丈夫过世后，丈夫的兄弟或继子让她在家里难以自处、或拿走她孩子的财产。通过这些测试的妻子们对家族的贡献一点也不亚于男性。因此改嫁对男性和女性的意义是完全不同的。一位失去妻子的男性如果没有孩子，或孩子尚小，为了家族的关系他应该再婚。但如果他的孩子已经不小，甚或长成，再婚就是一种对家庭有害的沉迷之举。对女性而言，再婚意味着离弃自己先前加入的家庭，这和养子抛弃自己的养父母是一样的，却和男性再娶不同。

司马光的著作中并没有直接讨论妾所衍生的各种灰色地带。但他很清

---

[1]《家范》，卷5，第575页。
[2]《家范》，卷7，第656–657页。
[3]《家范》，卷3，第525–526页。

楚妾所造成的问题。他在《家范》中说：

> 世之兄弟不睦者，多由异母或前后嫡庶更相憎嫉。母既殊情，子亦异党。①

但对于妾所生的儿子，或是由正妻所生、但有异母兄弟是由妾母所生的人该如何自处，司马光却没有多说。当妾受主夫或正妻亏待时，她们的儿子可能站在自己的母亲这一边；但司马光笔下的模范孝子并不包括这样对妾母尽忠的人。对于妾所衍生的问题，司马光唯一的办法就是更多的礼节和尊卑秩序。他认为正妻统管内闱，正如一家之主统管全家；正妻的管辖范围包括妾、妾子的妻妾和所有的婢女。②司马光曾提到一位值得作为典范的妾：这位妾有儿子，而正妻没有，她却在主夫死后多年仍然敬重正妻。③

简言之，司马光对妇女和婚姻的看法充满了对模糊不清、可讨价还价的人际关系的极度厌恶，而这无疑印证了这样的人际关系在当时是相当普遍的。虽然婚姻在实际运作上充满了暂时便利的考量，却不能被视为商业交易。当女性嫁入一个家庭，她和这个家庭的关系就如同在这个家庭出生的儿子一般。当然若能全盘改革整个社会是最好，但当买卖妇女的市场猖獗时，士人们必须保护自己的姐妹和女儿，将她们留在家里，受良好的教育，和妓女艺人之流分开，准备嫁妆好让她们受夫家尊重，在最坏的情况还有嫁妆可以帮她们渡过难关。同时，他们必须保护父系家族免于各种财务危机，包括有财产权的妻子和来争产的亲戚。面对妾所带来的模糊关系，他们必须坚持正妻在妾之上的绝对优势，强调妻妾之子地位平等，以及对嫡母和庶母恰如其分的尊敬。

司马光对朱熹和黄干的影响

朱熹十分尊崇司马光的操守以及他对家内德行、家礼和治家之道的看

---

① 《家范》，卷7，第643页。
② 《家范》，卷10，第713—714页。
③ 《家范》，卷10，第714—716页。

法。他以司马光的家庭为治家的典范；司马光个人则是模范贤弟，即使自己已年过六十，兄长八十，他仍然视兄如父、敬爱有加。①绍熙五年（1194），朱熹在沧州精舍立祠堂祭祀的"先贤"包括四名古代圣贤（孔子及其弟子）和七名宋代学者：周敦颐、程颐、程颢（1032-1085）、张载（1020-1077）、邵雍（1011-1077）、司马光和朱熹自己的老师李侗（1093-1163）。②朱熹曾请傅自得（1116-1183）将班昭《女诫》、司马光《居家杂仪》和管子《弟子职》三种道德短文合并出版，并将此书寄送给许多友人。③在朱熹的语录和书信中，他经常向友人和门徒们推荐《司马氏书仪》作为家礼的准则。④他也曾推荐使用《家范》来教导女儿。⑤

朱熹对司马光的尊崇更充分地表现在他自己的著作中：许多《朱子家礼》的内容都来自《司马氏书仪》，甚至逐字引述《居家杂仪》。⑥朱熹的《小学》（淳熙三年［1187］出版）也融入了相当多司马光《家范》关于父子和夫妻关系的意见。《小学》中提到的典范人物事迹似乎多半是从《家范》中间接引用，而非来自原始材料。⑦

至于男女之别、妇女教育、妇德、妇女对夫家的忠诚等议题，朱熹和司马

① 《小学集解》，卷6，第191-192、169页。
② 《朱子语类》，卷90，第2295-2296页；朱熹：《朱文公文集》（《四部丛刊》本），卷86，第13页。
③ 《朱文公文集》，卷25，第12页；卷33，第21页。
④ 例如《朱子语类》，卷89，第2271、2273页；卷90，第2313、2314、2317页。《朱文公文集》，卷43，第5页；卷63，第19-20页。
⑤ 《朱子语类》，卷7，第127页。
⑥ 关于《朱子家礼》，参见伊沛霞《〈朱子家礼〉：一部十二世纪中国的冠、婚、丧及祭礼手册》（Chu Hsi's Family Rituals: A Twelfth Century Chinese Manual for the Performance of Cappings, Weddings, Funerals, and Ancestral Rites）（普林斯顿：普林斯顿大学出版社，1991年）、《中华帝国的儒学和家礼：礼仪著述的社会史》（Confucianism and Family Rituals in Imperial China: A Social History of Writing About Rites）（普林斯顿：普林斯顿大学出版社，1991年）。
⑦ 例如跳下悬崖以避免被强盗强暴的窦氏姐妹的故事，朱熹《小学》（卷6，第164页）的版本和司马光《家范》（卷6，第600-601页）的版本接近，而与刘煦《旧唐书》（中华书局，1975年，卷193，第5147页）、欧阳修《新唐书》（中华书局，1975年，卷205，第5823-5824页）的版本都相当不同。凯乐（Theresa M. Kelleger）指出，朱熹和弟子刘清之（1130-1195）合编《小学》，且采用了许多刘清之《戒子通录》中的材料（《回到基础：朱熹的〈小学〉》，收录于狄培理、贾志扬《理学教育：形成阶段》）。凯乐所列《小学》外篇的材料其实低估了司马光的影响力，因为许多材料是从司马光的著作转引，而非直接引用原文，包括正史传记，还有王通（584-617）和《颜氏家训》，甚至内篇中引用的经书，都可能是从司马光著作转引。

光的意见似乎相当一致，即使朱熹并未直接引述司马光言论。[①]相较于司马光，朱熹的重点也许在性别上较不平衡——朱熹的范例中并没有为了照顾父母或祖父母而不肯结婚的女儿，也没有因为担心继母的不良影响而拒绝再婚的鳏夫——但朱熹和司马光的重点基本是一致的。

但朱熹将司马光对妇女财产、教育和德行的想法放在不同的脉络中，因而改变了这些想法的意义。我在其他的研究中已经提到，司马光的家庭是建立在同居共财、辈分最高的长兄为一家之主的基础之上。这样的家庭也许规模庞大、结构复杂，但其尊卑秩序和只有直系父母和子女的小家庭是一样的。相反的，张载和程颐力主恢复宗法制，区分不同父系的后嗣，以"宗法"决定尊卑顺序，其次才是年龄和辈分。张载和程颐希望经书中记载关于祭祀的顺序原则，应用在定义所有家族成员的关系上。根据这个原则，一个人如果是长子的长子的长子，在祖父和父亲都已过世的情况之下，即使只有二十岁，还是排在他三十岁的叔叔或五十岁的叔公之前。兄弟不能均分家产，而是由长子（嫡嗣）一人统管；家祭也是由嫡嗣负责延续。[②]朱熹不但接受了张载和程颐尊"宗"的原则，在《家礼》中更加广泛地应用宗法。[③]

因此即使朱熹在妇女德行和教育等议题上大都引述司马光，具体的意义其实是不尽相同的。司马光一方面谴责妇女将嫁妆视为私有财产的流弊，一方面又强调家庭的基础是同居共财，这两者之间是有矛盾的。如果财产对家族如此重要，家长当然会倾向嫁妆多的媳妇，嫁妆多的媳妇会比嫁妆少的更有优势。这是结构上的问题，而司马光只能诉诸道德教育，劝导公婆不要贪心、媳妇不要仗势。

恢复宗法制，是针对这个问题的结构性解方。程颐主张将重点由"家"

---

① 柏清韵《朱熹和妇女的教育》一文对朱熹妇女观的概论值得参考。陈荣捷（Wing-tsit Chan）《朱熹新论》（Chu Hsi: New Studies）（火奴鲁鲁：夏威夷大学出版社，1989年）亦有对朱熹妇女观的讨论（第548-558页）。

② 宗法提倡者认为和长兄分居的幼弟无需参与家礼，司马光明确地反对这一点。司马光认为每个家户都是一个政治、经济、礼仪的单位，家长应主持家内所有礼仪。参见伊沛霞《宋代的家庭概念》（Conceptions of the Family in the Song Dynasty），《亚洲研究学刊》（Journal of Asian Studies），第43卷2期（1984年），第219-245页。

③ 参见伊沛霞《寓教于礼：宋代家礼的形成》，收录于狄培理、贾志扬编《理学教育：形成阶段》；亦见于伊沛霞《中华帝国的儒学和家礼：礼仪著述的社会史》。

转移到"宗"。在宗法制度中，妇女扮演次要的角色。宗族需要妻子来延续后嗣、辅助家礼，但妻家和妻子带来的财产对宗族没有直接的影响。正如朱熹在《小学》中引述胡瑗（993-1059）所言，最好选择较自己寒微的妻家，这样妻子才更能适应恭顺的角色。[①]

关于妇女的财产，朱熹的看法并没有超出司马光太多。《朱子家礼》引述了几段司马光的意见，反对将婚姻视为交易，或让妻子因为拥有私财而妄自尊大。朱熹和许多同时代的人也都赞扬妻子将自己的嫁妆供夫家使用。朱熹为身为妻子的人所写的墓志铭中赞美这些妇女以夫家为重，慷慨地将自己的嫁妆付予家用——换作是司马光，也会这么说。[②]

然而，朱熹的弟子黄干（1152-1221）确实将宗系继承的意识和司马光对妇女私有嫁妆的恐惧结合起来，产生了更全面的意义。黄干是朱熹的重要弟子，朱熹的传记是由他执笔，他也是朱熹的女婿。在任官时，黄干曾写下两件诉讼判决，都是关于妇女对自己嫁妆的处置权应在丈夫和儿子之后。

第一件诉讼是关于一位嫁入徐家的寡妇陈氏。陈氏在丈夫死后回到娘家，将三女一子留在夫家，却带回了作为嫁妆的二百亩田地契。她的儿子曾兴讼想拿回她的田产，但官府判决子不可告母。再上诉时，黄干推翻了先前的判决，将此案件视为儿子和母亲的兄长之间的争讼。他说：

> 父给田而予之家，是为徐氏之田矣。夫置田而以装奁为名，是亦徐氏之田也，陈氏岂得而有之？使徐氏无子，则陈氏取其田以为己有可也，况有子四人，则自当以田分其诸子，岂得取其田而弃诸子乎？[③]

黄干承认无子的寡妇可以将自己嫁妆带回娘家，但他认定田产和一般的妆

---

① 《小学集解》，卷5，第117页。
② 例如《朱文公文集》，卷91，第14页。朱熹无法更深入地化解妇女财产和宗法制的矛盾，或许和他本身的经验有关。朱熹自己的妻子嫁入朱家时，很可能带来了大笔的嫁妆。朱熹父亲死后，朱熹的母亲带着朱熹和他的姐妹们向他们父亲的一位富裕友人求援，而这位友人后来成了朱熹的岳父。参加伊沛霞《中华帝国的儒学和家礼：礼仪著述的社会史》，第113页。
③ 黄干：《勉斋集》（《四库全书》本），卷33，第31页。

衾是不同的,而且已有孩子的寡妇便不能再随意处置自己的嫁妆。

黄干对另一个诉讼案件的处理对妇女的财产限制更多:这是关于一个男子与正妻生的一个儿子和与妾生的两个儿子。他本来家产的税赋是六贯钱,作为妻子嫁妆的田产税赋也是六贯钱,所以应该分量相当。男子和妻子死后,原本的家产分为三份,给三个儿子,但正妻之子保有母亲嫁妆的田产。当时两个弟弟并未争产。但六十年后哥哥过世,他们便提出诉讼,三次上告知录,两次上告制置使。多数的官员都认为妾子无权继承正妻的嫁妆,但两名官员认为应分三份,一名认为正妻之子应得一半,两个妾子各得四分之一。黄干则认为妻子的嫁妆就是丈夫的财产,因此应平分给三个儿子。[①]多数经手此案的官员都认为正妻当然会希望自己的嫁妆都留给自己的儿子,因此判决时基本依照他们认为正妻本人的意愿而行。黄干则彻底挑战了这个想法,认为妻子的田产就是丈夫的财产。黄干的逻辑在明代被赋予了法律基础。大明律规定寡妇和多数离婚的妇女若回娘家或改嫁,对先前的嫁妆就不再有支配权。[②]

黄干或许还没想到这么多,但对那些信奉道学家庭伦理的人来说,剥夺妻子对嫁妆的所有权还有两层好处:第一,可以抑制嫁妆的高涨,因为本来嫁妆也是为了帮助女儿,如果女儿无法使用,那或许也不用准备太多。嫁妆越少,一家之主对家庭财务的控制度就越高,同时婚姻也越不容易被视为商业交易。其次,寡妇若没了嫁妆,就更难改嫁。

结　论

本文着手探索社会史和思想史之间的关系,这只是一个开端。我认为司马光对妇女和家庭的看法必须放在更大的社会脉络中理解:他隐约意识到妇女和金钱的纠葛模糊了上下尊卑,动摇了亲族联结,使亲属关系变得暖

---

① 《勉斋集》,卷33,第34—37页。

② 参见洪格伦(Jennifer Holmgren)《美德的经济基础:古代和现代中国的寡妇改嫁》(The Economic Foundations of Virtue: Widow-Remarriage in Early and Modern China),《澳大利亚中国事务期刊》(*Australian Journal of Chinese Affairs*),第13期(1985年),第1—27页。

昧而脆弱。为了在浮动的世界里寻求稳定和安全感，司马光希望将所有人都放在关系明确的位置上。士大夫阶层的妇女不能被卷入买卖交易的世界，她们的性身体不能成为娱乐的工具、可买卖的商品。她们应该将自己全然交付给夫家，放弃所有经济和社会上的自主权，从而换来子孙的至忠纯孝。男性和女性同样需要付出道德的力量，以维护阶级尊卑和角色分工。朱熹大致认可司马光的观点，同时加入了他信奉的宗法制度。进而在黄干身上我们可以看到，司马光观点和宗法制度的结合如何侵蚀妇女的财产权、瓦解她们的自主性。接下来需要探讨的议题是具体的社会和文化情境，何以越来越多的士人和妇女都同意宋代道学家的妇女观，以及观念转换后的社会文化效应。这些议题本文尚不及讨论。但我希望再次强调，司马光和朱熹的观点在宋代并没有广泛的实践。直至宋末，特别是在杭州，文人士大夫们仍在充满妓妾的世界中周旋。[1]有需要时"租"一个妾，几年后租约期满将她归还，这在宋代士人之间是寻常之事。[2]或许有些人同意司马光的看法，以巩固尊卑关系来强化被妾模糊了的亲属关系。但也有人认为妾所带来的问题是无解的，袁采（活跃于1140-1195）就是其一。[3]即使在南宋后期，越来越多士人家庭开始让女儿们做一些在司马光的时代只有妓才会做的事，例如学诗、[4]缠足。[5]文人士大夫们不一定认为寡妇再嫁是可耻的。不仅是像袁采那样与程朱学派疏远的人认为再嫁是寻常之事，[6]许多和朱熹关系亲近的人也这样认为。朱熹最知名的弟子之一魏了翁（1178-1237）就有一个曾经再嫁的女儿。[7]从南宋后期的《名公书判清明集》中可以看出，黄干对妇女嫁妆所有权的态度在当时并不寻常。其他官员，包括和道学家有联系的翁甫和刘克庄（1187-1269），基本上都支持妻子和寡妇们对自己嫁妆的

① 例如周密《癸辛杂志》（中华书局，1988年），续集下，第167-168页。
② 参见伊沛霞《宋代的妾》（Concubines in Sung China），《家庭史杂志》（*Journal of Family History*），第11期（1986年），第1-24页，特别是第11-12、15-18页。
③ 伊沛霞：《宋代中国的家庭和财产：袁采的社会生活规诫》，第286-288页。
④ 例如刘宰《漫塘集》（《四库全书》本），卷30，第26页。
⑤ 车若水：《脚气集》（《百部丛书集成》本），卷1，第22页。
⑥ 伊沛霞：《宋代中国的家庭和财产：袁采的社会生活规诫》，第148-151页。
⑦《癸辛杂志》，别集上，第244页。这个女儿是在魏了翁过世之后方才再嫁。亦参见唐代剑《宋代的妇女再嫁》，《南充师院学报》，第3期（1986年），第80-84页。

处置权。[①]

　　对妇女、家庭和财产的态度的转变，或许和程朱理学在元代至明初被立为正统有关，但这段时期的社会、经济和政治变化必然也扮演了重要的角色。[②]

（程晓文　译）

---

① 《名公书判清明集》（北京：中华书局，1987年），卷5，第140页；卷9，第353-356页；卷10，第365-366页。

② 参见洪格伦在《早期蒙古和元代社会的婚姻和继承：以寡妇再嫁亡夫兄弟的习俗为中心的观察》一文的精彩见解：蒙元政权在放弃使寡妇再嫁亡夫兄弟的习俗之后，必须改变关于嫁妆的法律规定，以确保财产继续留在夫家。《亚洲史杂志》（*Journal of Asian History*），第20期（1986年），第127-192页。

宋代士人阶层的婚姻

哈吉诺（J. Hajnal）关于欧洲以外地区的婚姻型态研究相当有名，他注意到在前工业时期，除了西欧以外，世界各地的女性婚龄都比较低——几乎所有女性都会结婚，而婚龄都落在十七、十八岁之间。男性也多在二十三、二十四岁左右结婚。[①]武雅士（Auther P. Wolf）和韩利（Susan B. Hanley）针对东亚的情况做出了一些修正：近代中国确实倾向早婚，但日本则和西欧的模式较为接近。[②]

研究婚龄的原因之一是婚龄对生育力有直接的影响。若其他条件都相同，在青春期即结婚的妇女会比较晚婚的妇女有更多时间，可以生更多孩子。男性的婚龄对生育力也有影响：在平均寿命只有中年的社会中，丈夫若比妻子年长许多，妻子很可能在还有生育力时就已成为寡妇。

另一个原因是婚龄能看出家庭的结构和组织。在中国，因为从夫居的婚姻习惯，男性的婚龄在这方面特别有意义。若家中男子早婚，每代之间的差距则较小，代间差距小则更可能成为大家庭。如果父亲在十几岁时就结婚，孩子们便很可能在祖父母、叔伯、堂兄弟姊妹围绕的大家庭中长大。

二十世纪有几份关于中国男性和女性婚龄的调查。涵盖地域最广的是

---

① 哈吉诺（J. Hajnal）：《欧洲婚姻型态的正确理解》（European Marriage Patterns in Perspective），收录于葛雷斯（D. V. Glass）、艾佛斯理（D. E. C. Eversley）编《历史中的人口》（*Population in History*）（芝加哥：奥尔丁［Aldine］出版社，1965年），第101—143页。

② 武雅士（Auther P. Wolf）、韩利（Susan B. Hanley）：《导论》（Introduction），收录于氏编《东亚历史上的家庭和人口》（*Family and Population in East Asian History*）（斯坦福：斯坦福大学出版社，1985年），第1—12页。

巴克（John Lossing Buck）在1929至1933年间针对38256个农村家庭的调查。巴克来（George W. Barclay）分析巴克的资料，得出的结论是北方和南方差不多：男性平均婚龄北方21.3岁、南方21.4岁，女性平均婚龄北方17.2岁、南方17.8岁。[1]

当然，总数无法看出其中各种差异。但多数二十世纪初在特定地区的研究显示的婚龄都和巴克的数字接近，包括河北定县、江苏境内两处、云南境内一处、台湾境内两处以及台湾整体。[2]将这些数字统整起来，多数地区男性婚龄的中位数介于18.6到22.0之间，女性介于17.5到18.6之间。除了定县的男性婚龄较低（17.2），以及台湾的男性（23.2）和女性婚龄（19.9）较高。

目前关于十九世纪以前的中国婚龄研究很少。徐泓从一千三百零九则传记中整理出明代女性的婚龄资料，平均为16.3岁。[3]刘翠溶研究清代浙江的两个家族，估算出男性平均婚龄为21.3岁，女性16.1岁。[4]女性婚龄相对较低，但刘翠溶从一部地方志中得出16.8岁的数字，以支持16.1的可信度。[5]

---

① 本文所有的年龄都是指实岁，除非另外标注。巴克（John Lossing Buck）：《中国的土地利用》*(Land Utilization in China)*（南京：南京大学，1937年）。巴克来（George W. Barclay）、寇尔（Ansley J. Coale）、史陀铎（Michael A. Stoto）：《传统中国农村人口的新评估》(A Reassessment of the Demography of Traditional Rural China)，《人口指数》*(Population Index)*，第42卷4期（1976年），第606–635页，特别参见第609页。

② 陈达（Chen Ta）：《现代中国人口》(Population in Modern China)（芝加哥：芝加哥大学出版社，1946年），第42页；帕斯特纳（Burton Pasternak）：《龙的客人：中国某处的社会人口学，1895至1946年》*(Guests in the Dragon: Social Demography of a Chinese District, 1895–1946)*（纽约：哥伦比亚大学出版社，1983年），第60–62页；甘伯（Sydney D. Gamble）：《定县：一个华北的农村社群》*(Ting Hsien: A North China Rural Community)*（纽约：太平洋关系研究所，1954年；斯坦福：斯坦福大学出版社重印，1968年），第40–45页；武雅士、黄介山（Chieh-shan Huang）：《中国的婚姻和领养，1845至1945年》*(Marriage and Adoption in China, 1845–1945)*（斯坦福：斯坦福大学出版社，1980年），第133–142页。

③ 徐泓：《明代的婚姻制度》，《大陆杂志》第78卷1期（1989），第26–27页；第78卷2期，第68–82页；特别参见第73页。

④ 刘翠溶的估算是根据15至19岁之间，以及20至25岁之间男性未婚的比例，以决定"高数"和"低数"，再取平均值。高数为25.02岁，低数为17.58岁，平均为21.3岁。妻子平均比她们的丈夫年轻5.2岁，因此将男性平均数减去5.2则得出女性平均婚龄。

⑤ 刘翠溶（Ts'ui-jung Liu）：《浙江萧山两个家族的人口，1650–1850年》(The Demography of Two Chinese Clans in Hsiao-shan, Chekiang, 1650–1850)，收录于武雅士、韩利《东亚历史上的家庭和人口》，第13–61页，特别参见第23页。

郝瑞（Stevan Harrell）和普伦（Thomas W. Pullum）以长子出生的时间估算晚明至清代（1550—1850）两个家族的婚龄，得到的男性婚龄和刘翠溶接近（20.9和22.4），但女性婚龄较晚（17.6和19.1）。[①]

研究发现，财富的差距也对现代中国的婚龄影响甚巨。在同一地区，较富裕或地位较高的家庭，儿子结婚的年龄比其他人年轻许多，女儿则没有差别、或只年轻一点。最极端的例子是定县，拥有100亩以上的地的家庭儿子平均婚龄13.2岁，50—99亩的家庭平均15.6岁，50亩以下的家庭平均18.4岁。[②]萨（Sophie Sa）发现在1945年以前，台北市有类似的情况，虽然普遍婚龄较高：在她的样本中，大约一半的上层男性在二十岁前结婚，而只有三分之一的中层男性和四分之一的下层男性在二十岁前结婚。[③]郝瑞则发现在清代，家族中有较多官员的男性（可推测较为富裕）比其他人早婚数年。[④]

本文将检视一个较早的时期——宋代（960—1279）——关于婚姻的关键史料。西欧妇女在十七世纪晚期以后才开始晚婚，而男性则是现代比中古早婚的多。[⑤]在数个世纪前的中国，情况又是如何呢？夫妻年纪相近吗？婚龄和夫妻年龄差距如何影响子女人数？是否有相当的阶级和地区差异？这些信息如何帮助我们理解当时的家庭组织和治家策略？

很可惜，能回答这些问题的材料很少。和其他时代相较，我只有数十则而非数千则案例。因此我并不作统计分析，只概述我的材料。此外，我的论点同时建立在量性和质性的证据之上。

关于宋代婚龄，我的主要材料是墓志铭。宋代文集中留下了数千则墓

---

① 郝瑞（Stevan Harrell）、普伦（Thomas W. Pullum）：《三个萧山家族的婚姻、死亡率和发展周期》（Marriage, Mortality, and the Developmental Cycle in Three Xiaoshan Lineages），收录于郝瑞编《微观中国历史人口学》（Chinese Historical Microdemography）（伯克利：加利福尼亚大学出版社，1995年），第141—162页。

② 甘伯：《定县：一个华北的农村社群》，第41—43页。

③ 萨（Sophie Sa）：《1945年以前台北台湾人之间的婚姻》（Marriage among the Taiwanese of Pre-1945 Taipei），收录于武雅士、韩利《东亚历史上的家庭和人口》，第277—308页，特别参见第298页。

④ 郝瑞：《有钱得得子：三个浙江家族的分割、分层、和人口》（The Rich Get Children: Segmentation, Stratification, and Population in Three Chekiang Lineages），收录于武雅士、韩利《东亚历史上的家庭和人口》，第81—132页，特别参见第101—103页。

⑤ 哈吉诺：《欧洲婚姻型态的正确理解》；何利（David Herlihy）：《中古家户》（Medieval Households）（麻省剑桥：哈佛大学出版社，1985年），第103—111页。

志铭,许多可经由昌彼得的《宋人传记资料索引》找到。这些墓志铭记载的人遍布全国,但男性远多于女性。

墓志铭的资讯是由墓主的家人提供,有时墓主的家人自己撰写墓志,有时他们委托朋友或亲戚书写。惯例会包含以下这些内容:墓主父亲、祖父、甚至曾祖父的姓名和官衔,籍贯,死亡日期和年龄,下葬时间和地点,配偶姓名(有时包括配偶的先祖),儿子的姓名和官衔(早夭者不计),以及女婿的姓名和官衔。男性的墓志铭也会包含墓主的仕途履历。墓志铭总会以某些方式描述墓主的性格,至于这些描述有多大价值,就取决于作者和墓主的关系以及作者的文笔。若男性墓主在第一任妻子去世后再婚,墓志铭会列出两位妻子的名字,子女则列在各自的生母之下。有时会注明某些子女是由妾所生,特别是在正妻的墓志铭中。大约五分之二的女性墓志铭提及婚龄,男性墓志铭则几乎从不记载婚龄。因此,为了同时得到男性婚龄的数据,本研究根据这一项条件来筛选材料:是否夫妻都有墓志铭存世。使用夫妻双方的墓志还能区分首次婚姻和再婚,因为男性的墓志会以时间顺序列出每一任妻子,但女性的墓志则并不总是明言墓主是否为续弦之妻。①

我总共找到了189组宋代夫妻的墓志铭,其中166组包含夫妻双方的生日。作者超过九十人。在这166组包含夫妻双方出生年的墓志中,31组为男性和他们的第二、第三或第四任妻子,其他135组为首次婚姻。在这135组之中,65组标明其婚龄。②

---

① 一些女性墓志铭范例的英译,参见伊沛霞《刘克庄家族的女性》(The Women in Liu Kezhuang's Family),《近代中国》(*Modern China*),第10期(1984年),第415—440页。续弦妻的问题可能是柏清韵(Bettine Birge)和我计算出不同的宋代女性婚龄中位数的原因,虽然我们使用的材料都是墓志铭。她的数据显示,26岁是女性结婚的第二个高峰期,但25或26岁结婚的女性很可能是续弦妻,她们的婚龄拉高了平均值。柏清韵:《宋代女性婚龄的研究》(A Study of the Marriage Age of Women in Sung China, 960–1279),哥伦比亚大学硕士论文(1985年)。

② 所有墓志铭出处包括九十种以上文献,此处不烦具引。多数的文献出处已收录于伊沛霞《内闺:宋代妇女的婚姻和生活》(*The Inner Quarters: Marriage and the Lives of Chinese Women in the Sung Period*)(伯克利:加利福尼亚大学出版社,1993年)。墓志铭所记载的女性婚龄并非实际年龄,而是虚岁,亦不标明结婚的月份。因此举例而言,若一则墓志记载某位女性在十九"岁"时结婚,死于1102年、年七十一"岁",我们可以推算她出生于1032年,于1050年结婚。若她的丈夫死于1099年、年六十九"岁",那么丈夫的出生年则为1030,婚龄为二十"岁"。这对夫妻的实际年龄差距可能介于一天和两年少一天之间,但平均为一年。他们的实际婚龄则取决于(转下页)

存世墓志铭并非全面性的材料。只有士人阶层和他们的亲友拥有墓志铭。[1]有些人的墓志比其他人的墓志存世机会更高。例如知名的作者为他们亲友所写的墓志铭便较可能被保存下来。此外，活到老年的人比早夭的人得到墓志铭的机会高。但以上这些变因和婚龄并没有明显的关联，所以应该对婚龄的数据没有影响。[2]岁数长短当然会影响所生子女人数，但这是可以纳入考量的。地区差异则是较严重的限制：有墓志铭传世的作者并未遍及全宋各地，因此现存的宋代夫妻墓志的地区分布和人口分布不成比例。北宋现存的夫妻墓志较多的地区，由多至少分别是：长江下游、京城地区、长江中游、东北、四川、福建。南宋现存的墓志铭则绝大多数来自长江下游、中游和福建。[3]当然因为南宋对北方无实权，所以没有十二、十三世纪的宋人墓志来自北方。

婚　　龄

图1、图2标示这些墓志铭中的夫妻人数以及婚龄。表一标示该数据的百分比。

（接上页）各自的生日和婚礼的日期。所以假设他们的结婚日期刚好是两人的生日，如果他们在第六个月的第一天结婚，那么女方的婚龄是实岁18岁整，男方则是19岁整；如果在第三个月的第一天结婚，则女方婚龄17.75岁，男方18.75岁；若在第九个月的第一天结婚，则女方婚龄18.25岁，男方19.25岁；如此推算。本文为求平均值，我预设所有生日和婚礼都在一年的正中。

[1] 韩明士（Robert P. Hymes）：《官宦与绅士：两宋江西抚州的精英》(*Statesmen and Gentlemen: The Elite of Fu-chou, Chiang-his, in Northern and Southern Sung*)（剑桥：剑桥大学出版社，1986年）一书使我们对江西抚州墓志铭墓主的社会地位有相当程度的了解。

[2] 活到老年的人较可能得到墓志铭意味着墓主的年龄相对较高（六十或更高），较老的人也更可能记错年龄。妻子的年龄若误差一岁，随之计算的丈夫婚龄也会误差一年。但这些墓志铭所记载的族谱是一群高知识分子，且出生年份的记载往往精细至月日，因此我认为误记年龄或许不构成墓志铭的严重问题。

[3] 确切的数字如下：在135组首次结婚的夫妻墓志中，16组来自京畿和四周各路（14组在1100年以前出生，2组在1100年以后）；9组来自东北（河东路、河北东西路）；7组在1100年以前出生，2组在1100年以后）；没有来自西北（永兴军路、秦凤路）；48组来自长江下游（两浙东西路、淮南东西路、江南东路；19组在1100年以前出生，29组在1100年以后）；20组来自长江中游（江南西路、荆湖南北路；10组在1100年以前出生，10组在1100年以后）；23组来自福建（7组在1100年以前出生，16组在1100年以后）；6组来自四川（皆在1100年以前出生）；没有来自广南路；13组为皇室（11组在1100年以前出生，1组在1100年以后）。以上出生地和年份以丈夫为准。

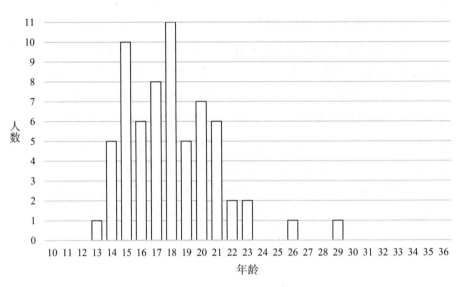

图1　女性婚龄分布，共65人

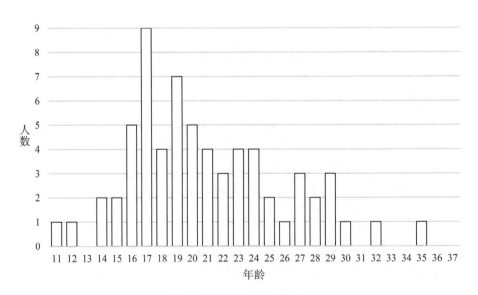

图2　男性婚龄分布，共65人

表一　男女婚龄分布

年龄	男		女	
	数量	百分比	数量	百分比
11	1	1.5	0	0.0
12	1	1.5	0	0.0
13	0	0.0	1	1.5
14	2	3.1	5	7.7
15	2	3.1	10	15.4
16	5	7.7	6	9.2
17	9	13.8	8	12.3
18	4	6.2	11	16.9
19	7	10.8	5	7.7
20	5	7.7	7	10.8
21	4	6.2	6	9.2
22	3	4.6	2	3.1
23	4	6.2	2	3.1
24	4	6.2	0	0.0
25	2	3.1	0	0.0
26	1	1.5	1	1.5
27	3	4.6	0	0.0
28	2	3.1	0	0.0
29	3	4.6	1	1.5

年龄	男		女	
	数量	百分比	数量	百分比
30	1	1.5	0	0.0
31	0	0.0	0	0.0
32	1	1.5	0	0.0
33	0	0.0	0	0.0
34	0	0.0	0	0.0
35	1	1.5	0	0.0
36	0	0.0	0	0.0
总人数	65	100.0	65	100.0
平均年龄	20.8		18.0	
年龄中位数	20		18	
标准差	4.95		2.99	

由图表可见，女性多在相当短的年龄段中结婚：54%的女性在十五至十八岁的四年之间结婚，89%在十四至二十一岁的八年之间结婚。意即，90%的女性在二十一岁以前结婚。所以女性的婚龄确实相当年轻（平均值和中位数都在18.0）。这个宋代士人阶层女性婚龄的数字和二十世纪初的调查资料非常接近，但比徐泓的明代数据和刘翠溶的清代数据都多一岁。

男性的结婚情况则相当不同。这些男性墓主的结婚时间分布在相当长的年龄段：52%在十六至二十一岁的六年之间结婚，而有92%在十四至二十九岁的十六年之间结婚。在这个士人阶层的取样中，超过半数的男性（54%）在二十岁以前结婚。平均值为20.8，中位数为20.0（虚岁21）。这个数据和上述二十世纪农村调查的数据也相当接近。但若和二十世纪的上层男性比较，这些宋代男性显然较晚婚。上述萨（Sophie Sa）和甘伯（Sydney D. Gamble）的研究都发现上层男性的婚龄较平均值早。

　　为何女性结婚的年龄区段比男性短呢？生理差异或许是一个主因。女儿的出嫁似乎都尽可能安排在青春期前后，但青春期对安排儿子的婚事来说并没有明确的关系，也并不急迫。当然生理差异也是文化的产物，理想的女性婚龄远低于男性：《礼记》中的女性适婚年龄为十五至二十（虚）岁，若因守丧而延迟，则最晚二十三岁；男性适婚年龄则为三十岁。[1]宋律仅规定最低婚龄：女性十三（虚）岁，男性十五。[2]宋代学者认为应在法律规定的最低婚龄和《礼记》规范的较长婚龄之间折衷。司马光（1019-1086）论家礼不鼓励早婚，即使是在法律许可范围内：

　　　　男子年十六至三十，女子十四至二十，身及主婚者无期以上丧，皆可成婚。

小字夹注：

　　　　古礼男三十而娶，女二十而嫁。按《家语》："孔子十九，娶于宋之亓官氏，一岁而生伯鱼。伯鱼年五十，先孔子卒。"然则古人之娶，未必皆三十也。《礼》盖言其极至者，谓男不过三十，女不过二十耳，过此则为失时矣。今令文"凡男年十五、女年十三以上，并听婚嫁。"盖以世俗早婚之弊不可猝革，又或孤弱无人可依，故顺人情立此制，使不丽于刑耳。[3]

如司马光所言，为父母、祖父母、叔伯或兄弟姐妹守丧都可能延迟男女婚龄，

---

① 理雅各（James Legge）译：《礼记》（*Li chi, Book of Rites*）（纽约：大学出版社［University Books］，1967年重印［1885年初版］），第1卷，第478-479页。
② 仁井田陞：《支那身分法史》（东京：座右宝刊行会，1937年），第548-551页。
③ 司马光：《司马氏书仪》（《丛书集成》本，1936年），卷3，第29页。

而宋代确实有不少这样的例子。①

　　司马光所谓"失时"，是一个在婚姻相关文书（例如订婚书信和契约）中常见的概念。特别是表达到了适婚年龄女孩需要即刻成婚时，经常以花或水果的成熟来比喻。婚姻文书中最常见的典故之一就是《诗经》的"摽有梅"。

　　武雅士和黄介山（Chieh-shan Huang）在1980年的研究认为，实质上所有人都希望自己的儿子尽早成婚，才能尽早抱孙子。②宋人有时使用"望见玄孙"一语表达这样的心情；"望见玄孙"出自《魏书·杨播传》，言杨椿在曾孙十五六岁时，就希望他早娶，为了能见到玄孙。③而且晚婚被认为是不幸之事：常见的典故是白居易感叹时代动荡，导致男女婚配失时，男性超过三十、女性超过二十，难以生子，子女长成时，父母已衰老。④

　　但宋代也有意见认为男性不应早婚。司马光以早婚为"世俗之弊"，表示他认为早婚是社会下层、教育程度较低的人的行为。另一则宋代史料呼应了这样的看法：李元弼的官箴书《作邑自箴》中批评"小人"的婚俗，反对老妻少夫。⑤或许对宋人来说，上层男性因为物质条件好所以可以早婚，是一个很陌生的观念。罗愿（1136-1184，安徽人）曾写道，男子皆应三十岁方成婚，除非像孔子一样是孤儿，必须结婚以接续祭礼。罗愿特别强调心智成熟的重要性："男至于三十则知虑周，可以率人。"⑥北宋重臣富弼（1004-1083，洛阳人）直到二十八（虚）岁、取得进士后才成婚，并交代父母先为弟妹安排婚事。富弼大力建议一位二十四岁的未婚访客稍晚成婚，因为晚婚使他能够养足气力专心读书。⑦

---

① 参见伊沛霞《刘克庄家族的女性》中的两个例子（第426、433页）。

② 武雅士、黄介山：《中国的婚姻和领养，1845至1945年》，第141—142页。

③ 魏收（506—572）：《魏书》（中华书局本，1974年），卷58，第1302页。

④ 白居易（772—846）：《白香山集》（《万有文库》本，1965年），卷2，第23页。

⑤ 李元弼（12世纪）：《作邑自箴》（《四部丛刊续编》本，1976年），卷9，第47页。

⑥ 罗愿：《罗鄂洲小集》，卷2。

⑦ 邵伯温（1057—1134）：《邵氏闻见录》（中华书局本，1983），卷18，第200页。

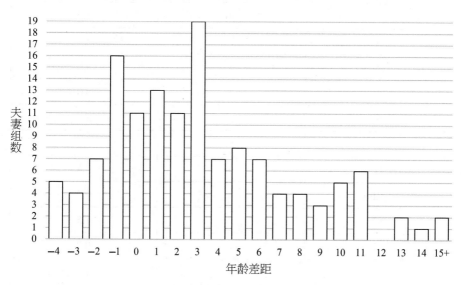

图3　夫妻年龄差距分布，共135组

表二　夫妻年龄差距分布（妻子年龄由丈夫年龄减去年龄差得出。
负数代表妻子比丈夫年长。）

年龄差距	夫妻组数	百分比
− 4	5	3.7
− 3	4	3.0
− 2	7	5.2
− 1	16	11.9
0	11	8.1
1	13	9.6
2	11	8.1
3	19	14.1
4	7	5.2

年龄差距	夫妻组数	百分比
5	8	5.9
6	7	5.2
7	4	3.0
8	4	3.0
9	3	2.2
10	5	3.7
11	6	4.4
12	0	0.0
13	2	1.5
14	1	0.7
15以上	2	1.5
总计	135	100.0

　　以上根据宋人墓志铭所推算出的士人阶层婚龄样本，夫妻的平均婚龄差距低于三岁（2.8岁），比宋代以后的差距小。但我的样本中，夫妻年龄差距的个别差异幅度意外地大。夫妻年龄差距的数字不需要知道婚龄，只需要知道双方出生年即可，因此可以使用那135组有记录双方出生年的墓志。（参见图3和表二。）

　　由图表可见，若以虚岁计算，将近四分之一（23.9%）的夫妻组合中，妻子比丈夫年长。若加入半数虚岁同年的夫妻，则超过四分之一（27.5%）。31%的丈夫比妻子年长五岁以上，12%丈夫比妻子年长十岁以上。图表两端的极端数字较宋以后的数字来得高。刘翠溶分析的清代家谱中，只有10%-12%的妻子虚岁比丈夫年长。[1]泰尔福德（Ted A. Telford）研究1520至1661

① 刘翠溶《浙江萧山两个家族的人口，1650-1850年》一文所提供的数字是18%（一个家族）和10%（另一个家族）。但这两个数字必须减少15%-20%才能和我的数据相比较，因为刘翠溶的数字算入了虚岁同年、但妻子比丈夫年长数日或数月的例子。见《东亚历史上的家庭和人口》，第23页。

年桐城的家族,发现只有5.1%的妻子比丈夫年长两岁以上。^①除了定县以外,农村中5%-12%的妻子较丈夫年长。和宋代墓志铭数字较接近的只有萨的1945年以前台北的上层都市居民(19%),和卡迪尔(Michel Cartier)的明代官员(22%)。^②

在宋代士人阶层的妇女中,较早结婚者(十三至十七岁)和较晚者(十九至二十一岁)同样可能比丈夫年长。但越早结婚的男性越可能比妻子年轻,越晚结婚的男性则越可能比妻子年长。换句话说,女性结婚的年纪较为一致,所以夫妻的年龄差距主要决定于丈夫结婚的年纪。

婚 姻 的 长 短

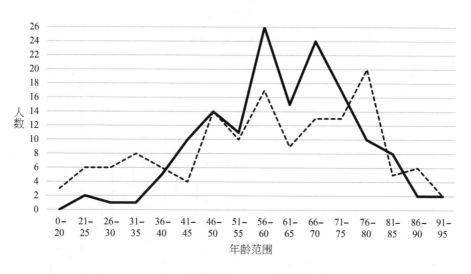

图4 死亡年龄分布

① 泰尔福德(Ted A. Telford):《桐城县家族的生育率和人口成长,1520-1661年》,收录于郝瑞编《微观中国历史人口学》,第48-93页。

② 萨:《1945年以前台北台湾人之间的婚姻》,第298页。和卡迪尔(Michel Cartier):《明代人口的新数据》(Nouvelles données sur la demographie Chinoise à l'époque des Ming),《年鉴:经济、社会、文明》(Annales: Écomonies, Sociétés, Civilisations),第28期(1974年),第1341-1359页,特别参见第1345页。

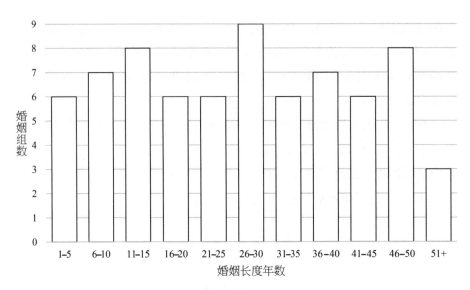

图5　婚姻长度分布

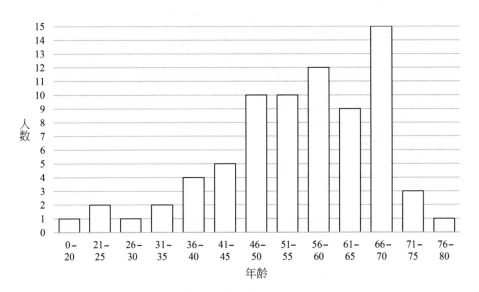

图6　女性丧夫年龄分布

表三　已婚男女死亡年龄分布

年龄	男			女		
	数量	百分比	累计百分比	数量	百分比	累计百分比
20以下	0	0.0	0.0	3	2.1	2.1
21—25	2	1.4	1.4	6	4.2	6.3
26—30	1	0.7	2.0	6	4.2	10.6
31—35	1	0.7	2.7	8	5.6	16.2
36—40	5	3.4	6.1	6	4.2	20.5
41—45	10	6.8	12.8	4	2.8	23.2
46—50	14	9.5	22.2	14	9.9	33.1
51—55	11	7.4	29.7	10	7.0	40.1
56—60	26	17.6	47.3	17	12.0	52.1
61—65	15	10.1	57.4	9	6.3	58.5
66—70	24	16.2	73.6	13	9.2	67.6
71—75	17	11.5	85.1	13	9.2	76.8
76—80	10	6.8	91.9	20	14.1	90.8
81—85	8	5.4	97.3	5	3.5	94.4
86—90	2	1.4	98.6	6	4.2	98.6
91—95	2	1.4	100.0	2	1.4	100.0
总数	148			142		

　　夫妻年龄的差距自然影响到婚姻的长短。因为当时婚姻的结束几乎都是因为其中一方身故，所以如果十八岁的女性嫁给同岁的男性，其婚姻很可能比十八岁的女性嫁给二十八岁的男性来得长。如果夫妻其中一方在妻子可生育的年龄结束前就过世，那么夫妻年龄差距也会影响子女的多寡。当四五十岁的死亡率偏高时，丈夫若比妻子年长许多，妻子在还能生育的年龄

就丧夫的可能性就更高——传统中国的情况即是如此。若社会不鼓励女性改嫁，那么丧夫对生育率的影响便最大——传统中国的情况亦是如此。

根据本文使用的墓志资料，女性平均寿命是58.5虚岁，男性为61.2虚岁。这份墓志资料不包含结婚前即死亡的人，因此可以说：活到二十岁的女性平均可以再活38.5岁，而活到二十岁的男性平均可以再活41.2岁。这与二十世纪所做的调查相去不远，[1]所以本文的墓志资料或许和实际的平均寿命相差不远。表三和图4显示的死亡年龄分布应该也和实际情况相近。

考量当时的死亡率，婚姻的长短自然变异相当大。由图5可见婚姻的中断非常规律，每十年都有接近20%的婚姻中止。换句话说，寿命长短的数据或许呈现钟形曲线，婚姻长短则不然。在头十五年中止的婚姻多半是因为妻子难产过世。十五年以后中止的婚姻则多半是由于丈夫的过世。

丧夫是否令许多女性无法生育呢？似乎不是。在我的墓志资料中，只有52%的妻子成为寡妇，其他都比丈夫晚过世。在成为寡妇的妻子中，只有5.2%在二十多岁时丧夫，7.8%在三十五岁以前，12.9%在四十岁以前，19.3%在四十五岁以前丧夫。（参见图6。）这些数字和刘翠溶的数字相比颇低。刘翠溶研究十八、十九世纪两个家族的家谱，显示丈夫平均比妻子年长5.2岁，以及超过25%的女性在二十至四十四岁时丧夫。[2]二十世纪的调查数据大致低于刘翠溶的数字。较低的寡妇比例显然反映了较高的再婚率和较低的丧夫率，夫妻的年龄差距也可能较小。[3]无论如何，这些宋代士人阶层妇女

---

[1] 陈达在《现代中国人口》一书的研究中发现，1940年代早期云南的二十岁女性平均可再活39.3年，二十岁男性平均可再活35.6年。李中清（James Lee）则发现1796-1840年间辽宁的十八至二十岁女性平均可再活34年，二十至二十五岁男性平均可再活34.5年。宋代士人阶层的物质条件（粮食的取得、医疗健康环境等等）很可能比以上这两个群体都更好一些，因此宋代士人阶层或许平均寿命相较更长一两年。参见李中清、坎贝尔（Cameron Campbell）、安东尼（Lawrence Anthony）：《辽宁农村1774-1873年间的死亡率》（A Century of Mortality in Rural Liaoning, 1774-1873），收录于收录于郝瑞编《微观中国历史人口学》，第163-182页。

[2] 刘翠溶：《浙江萧山两个家族的人口，1650-1850年》，收录于《东亚历史上的家庭和人口》，见第27-28页。

[3] 巴克来（George W. Barclay）发现2%-3%的女性在二十多岁时、6%-13%的女性在三十多岁时丧夫；1905年至1935年间比例下降。参见氏著，《台湾殖民发展和人口》（普林斯顿：普林斯顿大学出版社，1954年），第217页。巴克则发现2%-3%的女性在二十多岁时、6%的女性在三十多岁时丧夫。参见氏著，《中国的土地利用》，第378-379页。

丧夫的比例似乎和二十世纪农村的数字接近。[①]

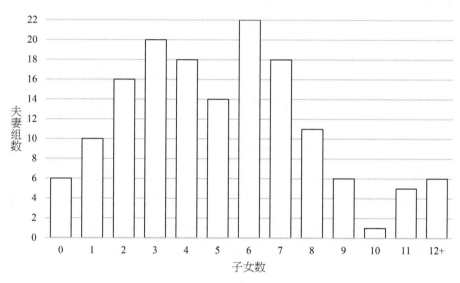

图 7　每对夫妻所生子女数分布

　　无论我们视宋代士人阶层为早婚（若与西方相较）或晚婚（若与近代中国上层社会相较），子女的人数都相当多。本文使用的墓志显示，每对夫妻平均有 5.41 个子女，绝大多数的女儿都能活到出嫁、儿子都能活到获得一个官衔。（如果只计算延续到妻子的生育年限以后的婚姻，以妻子四十五岁计，则每对夫妻平均有 6.13 个子女。）[②]当然每个家庭的子女数多寡不同。19% 的夫妻有八名以上的子女；而只有 3.9% 的夫妻没有子女（通常是因为其中

① 初次结婚的夫妻墓志铭无法提供足够的寡妇再婚资料。若再婚的寡妇留有墓志铭，墓志所记的丈夫会是她的第二任、而非第一任丈夫。而且由于再婚并不光彩，再婚的记录很可能比实际更少。我找到的十一组续弦妻的墓志显示她们的婚龄比初次结婚的妇女大六至七岁，可见许多续弦妻很可能是年轻的寡妇，虽然史料中鲜少明言。

② 在 105 组延续至完整生育年限的婚姻中，有 2 组肯定包含了妾所生的子女。其中一组列出三十五个子女、另一组列出二十五个子女的姓名和官衔。若摒除这两组不计，则每组延续至完整生育年限的婚姻平均有 5.77 个子女。

一方早逝）。（参见图7。）

墓志铭中所列的子女都有可能是妾所生（即使是在正妻的墓志铭中），因此不可能确知每个妻子所生的子女数，只能知道每个丈夫所生的子女数。但我们可以说如果一位妇女活到四十五岁未丧夫，她可能有六个子女长成，其中几个可能为妾所生。本文所用的墓志铭中看不出任何宋代士人阶层杀女婴的证据，每则墓志所记载的女儿人数都几乎和儿子一样多。①

中国经常被视为一个强调生子的社会，每家都致力于多子多孙。但大家如何知道怎样才能多子多孙呢？他们是否认为儿子在十八、二十或二十二岁娶妻，或新妇是十六岁或十九岁，与子孙数有关？文献资料看不出大家认为这些微的差异对子孙数有所影响。如果这135组夫妻墓志可以代表宋代士人阶层的概况，那么无法推断早婚和强调生子有关。在这135组墓志中，除非妻子大于二十三岁、丈夫大于二十四岁，否则晚婚和少子没有明显关联。或许因为妾的存在使婚龄和子女数的关系难以厘清，也或许十几岁的夫妻生子不多，很容易被较年长的夫妻赶上。

了解宋代士人阶层家庭结构的意义

本文所分析的墓志铭提供了了解宋代士人阶层家庭的可信样本。知识阶层在宋代快速地成长，②似乎和士人阶层家庭本身的成长有关——平均每家生养三个儿子到长成。即使他们不以子女数为考量提早婚龄（例如让更多子女在青春期后不久即成婚），他们采取了其他方法增加子孙：特别是让鳏夫续弦，以及纳妾。

这些墓志铭也显示多数的宋代士人阶层男性生活在大家庭中。儿子娶妻的年龄够早，所以许多孩子长大时祖父母仍健在；父亲越年轻，越可能和

---

① 所有墓志铭共计449个儿子、377个女儿，即平均每对夫妻有2.96个儿子、2.45个女儿，男女性别比为119。原因很可能是对儿子的关注更高。未活至出嫁的女儿几乎不会被列入，而某些注明为"早夭"的儿子可能未活至娶妻。此外，儿子的总数可能包括养子，女儿的总数则否。

② 贾志扬（John W. Chaffee）：《宋代科举》（*The Thorny Gates of Learning in Sung China*）（剑桥：剑桥大学出版社，1985年），第35—41页。

祖父母同住。长辈越年轻，就越不会让儿子们分家，所以子女也越可能和叔伯婶母、堂兄弟姐妹同住。独子并不常见（墓志记载的449个儿子中，只有27个是独子）①，所以多数人都有叔伯和堂兄弟姐妹。或者换一个角度来说，四分之三的夫妻有两个儿子以上，超过一半的夫妻有三个儿子以上。当然我们不能预设所有士人阶层大家庭都是如此，因为在父母过世后分家是宋代士人阶层的常态，且许多父母在子女结婚之前便已过世。然而，大约20%的妻子墓志铭提到妻子顺服最年长的小姑如同侍奉婆婆，②或她每日带领孩子向丈夫的长兄请安。③因此很有可能许多妇女甫结婚时是在这样的大家庭生活的。

无法预期的人口学因素型塑了个别家庭的结构：多少子女出生、多少子女存活、父母和祖父母能活多久等等。此外，代间长短是不固定的，因为同一位父亲和自己的长子的年龄差和幺子的年龄差不同。由宋代墓志铭可推知，父母为儿子娶妻的时间也增加了士人阶层家庭结构的变异，因为这些父母们对于儿子该在几岁结婚并没有既定认知（不像女儿们都在很接近的年龄段结婚）。

较早为儿子娶妻不仅使代间年龄差缩短，也强化了长辈的权威。人们经常说到治家策略和家庭决议，但每个家庭成员的利益并不一致，而像结婚和分家产这样的重大事件经常是各种冲突的来源。④儿子早婚或许给父母的好处多于儿子，因为父母更容易指导较年轻的儿子和媳妇。本文的墓志铭中半数男性在十几岁时结婚，可能加强了他们父母的权威。

夫妻的年龄还对家中另一层权力关系有所影响：妻子若年纪较大、或比丈夫年长，即使她结婚时只有十几岁，她可能较不受制于丈夫。若一个十七岁的女孩嫁给二十多岁甚至更老的丈夫，丈夫看她还像个孩子，她就比较难坚持己见。而值得再次注意的是夫妻年龄差的数字之分散。约四分之一的

---

① 这些独子可能包括养子。只有三组墓志明言该夫妻因无法生子，所以过继养子。可能还有更多的养子，只是没有特意标明。

② 余靖（1000–1064）：《武溪集》（《广东丛书》本），卷19，第22–23页。

③ 朱熹（1130–1200）：《朱文公文集》（《四部丛刊》本），卷19，第15页。

④ 孔迈隆（Myron Cohen）：《全家，分家：台湾的中国家庭制度》（House United, House Divided: The Chinese Family in Taiwan）（纽约：哥伦比亚大学出版社，1976年）。

妻子较年长，但12%的丈夫比妻子大十岁以上。墓志铭从来不会说妻子强势，也不会说丈夫受制于妻子，所以我们无从得知夫妻年龄差究竟对个别夫妻有什么具体影响。但似乎许多士人阶层家庭都认为男尊女卑的意识形态已足够规范夫妻关系，不需以年龄控制，因此并不排斥比儿子年长的媳妇。

士人阶层社会政治脉络下的婚姻决定

作为一个社会史家，我认为宋代士人阶层男性婚龄的分散比平均值更值得注意。相较于十八、十九世纪的西欧，宋代士人阶层男性平均早婚，但有些人十五岁就结婚，有些人二十七岁才结婚。

不同文化对理想婚龄的概念不足以解释人们的实际决定。父母即便希望儿子在二十二岁结婚，其他比年龄更重要的考量可能使他们让儿子更早或更晚结婚。毕竟儿子的婚事不仅和抱孙子有关，还有其他的功能。[①]对财产的掌控经常因聘礼和嫁妆而转手。由婚姻而缔结的姻亲能扩大一个家族的社经网络。在中国和其他社会中，婚姻经常被称为一种结盟。每一个婚姻都可能造成社经地位的提升或下降，都值得深思熟虑。一家之主可能为每一儿子选择配偶的策略不同：其中一个儿子可以找有用的姻亲，另一个儿子找大笔的嫁妆，再另一个儿子可以早婚。婚姻的选择可以与市场买卖的选择相提并论，买家卖家各方评估各种因素，包括待婚子女的年龄和适婚条件、可能配偶的人数多寡、对其他资源的需求等等。

与近世上层家庭相较，宋代士人阶层男性的"晚婚"相当令人吃惊（所谓的"晚婚"即二十四五六岁，相较于十四五六岁）。无法预期的情况（例如父母早亡）可能造成婚姻延迟。但除此之外，有一些明显的模式：东北和皇室家庭不常晚婚。[②]北宋东北地区的士人阶层普遍早婚（中位数十九岁），夫妻年龄差小（2.3岁），超过三分之一的妻子较丈夫年长。皇室男性则更早

---

① 伊沛霞：《六至十三世纪婚姻财务的变迁》(Shifts in Marriage Finance, From the Sixth to the Thirteenth Century)，收录于华如璧（Rubie S. Watson）、伊沛霞编《中国社会中的婚姻与不平等》(*Marriage and Inequality in Chinese Society*)（伯克利：加利福尼亚大学出版社，1991年）。

② 关于本文的地区定义，参见第91页注③。

婚(中位数十五岁),新娘也普遍年轻。[①]然而晚婚在长江下游相当普遍(中位数二十二岁),特别是北宋时期。长江下游妻子较丈夫年长的情况很少(只有5%),男性平均比他们的妻子大3.5岁。长江中游的男性则更晚婚(中位数二十四岁),夫妻年龄差更大(平均5.0岁),55%的丈夫比妻子大五岁以上。

　　这些地区差异是否带有任何历史意义呢？是否代表不同的政治策略？不同的文化价值？士人和地方社群之间不同的关系？[②]郝若贝(Robert Harwell)和韩明士(Robert P. Hymes)曾讨论北宋至南宋之间士人阶层婚姻策略的转变,不再强调跨州联姻。但这个转变无法解释北宋就已经显著存在的地区差异。跨州联姻似乎也与男性婚龄没有直接关联。东北地区资料除一对夫妻之外,都是跨州婚姻,都早婚。但长江中下游43%的跨州婚姻中,平均婚龄比本州婚姻更晚两岁。

　　是否可能长江流域的墓志铭来自较低的士人阶层、因此婚姻策略不同呢？我们可以比较墓志铭和族谱的资料。可上溯到宋代、记载了宋代男性和女性的出生年的族谱非常少见,除了长江中下游以外。这里我使用长江中下游地区的九份族谱。[③]这些族谱都在清代出版,但关于宋代先祖的记载

---

① 关于皇室婚姻,我的资料除了这里引用的六组墓志铭之外,还包括柏清韵的硕士论文《宋代女性婚龄的研究》发现五十九名嫁入皇室的女性平均婚龄为17.0虚岁,比其他女性婚龄小得多。

② 我只有六十五组可推知婚龄的墓志铭,若照地区区分,再将皇室分出,每个地区的例子并不多。泰尔福德《桐城县家族的生育率和人口成长,1520-1661年》一文显示,同一地区的婚龄差异可以很大。但也可能因为某些不同地区的士人阶层并不互相通婚,因此婚龄差异大。在四大主要地区中,73%—85%的男性和同地区的女性结婚。在东北也是如此,即使东北倾向跨州联姻。在观察婚龄模式时,我也注意到随着时间的变化:十一世纪的男性比十二世纪早婚许多,但这主要是因为资料的地区来源改变了。皇室、四川和东北的资料(早婚)几乎都在十一世纪。只有长江中下游的资料平均分布于整个宋代(以出生年1100以前做区隔)。在长江中下游的资料中,宋代前半的婚龄(24.0岁)大于宋代后半(21.0岁),和整体数字相反。

③ 根据泰尔福德、佘契尔(Melvin P. Thatcher)、杨培奈(Basil P. N. Yang)的《美国家谱学会中国族谱目录》(*Chinese Genealogies at the Genealogical Society of Utah: An Annotated Bibliography*)(台北:成文出版社,1983年),现存超过一百份先祖生于宋代或宋代以前的族谱。我只挑选其中记载超过十对宋代夫妻且记录精确可信者。判断是否精确可信的依据包括:不仅记载出生年,还记载了出生月日,部分家族成员的资料从缺(表示编纂者在没有足够证据的情况下宁可从缺),以及在序跋中提到宋代编纂的早期版本。一般来说有以上三个条件中的两个就足以证明可信。

是根据宋代的资料，虽然可能经过多次重印、重修。表四列出这些族谱所记载的家族，共有189对宋代夫妻。

表四　本文所使用记载夫妻出生年份的族谱之家族

姓氏	（今）省份	（宋）路	夫妻组数	社会地位
汪	江苏	两浙西	12	仕宦起家
孙	江苏	两浙西	10	仕宦
黄	江苏	淮南东	15	仕宦
宋	江苏	两浙东	24	仕宦起家
詹	安徽	江南东	24	非仕宦
章	浙江	两浙西	23	非仕宦
李	江西	江南西	24	后代方仕宦
魏	江西	江南西	38	仕宦
龚	江西	江南西	22	仕宦

注："仕宦起家"意指先祖中曾有人出仕，但后代则无出仕记录。

相较于墓志铭，族谱的好处是包含了更广大的社会阶层。族谱的编纂在宋代远不如清代普遍，或许只有在后代出现高知识分子男性时才会开始编族谱。[①]但仍有一些族谱中并没有后代出仕；即使是有多人出仕的家族，也有许多男性成员没有任何近亲出仕。

族谱最大的缺点是没有结婚年份的记载。但根据长子的出生时间可以大致推算婚龄。若长子出生时父母年龄低于二十岁，那必然代表父母是在十几岁时结婚。表五根据所在地区，列出这九个家族中夫妻资料的基本统计数字。

---

① 伊沛霞：《亲属集团发展的早期阶段》(The Early Stages in the Development of Descent Group Organization)，收录于伊沛霞、华琛(James L. Watson)编《帝制中国后期的亲属组织，1000–1940年》(伯克利：加利福尼亚大学出版社，1986年)，第16–61页，特别参见第35–37、44–50页。

由表五的总数和图8可见，男性晚婚并非长江中下游的普遍习俗。[1]和同地区的墓志铭资料相比，族谱中的夫妻年龄差较小，妻子虚岁长于丈夫的比例更高，丈夫长于妻子五岁以上的比例较低。男性早婚肯定相当常见，因为超过30%的男性在十九岁时就生了长子（夭折的儿子不计）。这些男性平均应在约六年前就成婚，因为半数的长子还有姐姐（长女），而且夭折的长子往往不会被记录下来。[2]相较之下，长江中下游的墓志铭显示只有3.3%的男性在十五岁前结婚。族谱中有相当程度的社会地位差异，显示长江中下游的上层家庭儿子成婚较晚。[3]

表五　族谱中夫妻年龄差距

地区	夫妻组数	平均年龄差（虚岁）	妻长于夫百分比	夫长于妻五岁以上百分比	夫19.0岁（虚岁20）时生长子百分比
长江下游仕宦	61	2.10	16.4	11.5	23.9
长江下游非仕宦	47	0.54	38.3	10.6	42.9
长江中游	81	0.84	35.8	8.6	29.6
平均		1.2	30.2	10.3	31.3
总数	189				

[1] 另一个需要考虑的可能性是族谱编纂时的偏见。明清族谱编纂者是否会因为社会观感而窜改资料？但若根据刘翠溶《浙江萧山两个家族的人口，1650-1850年》一文，这个地区编纂族谱的两个家族，妻子的年龄并不特别高（见第23页）。所以清代族谱编纂者似乎并没有理由刻意增加妻子的年龄。若要窜改，也应该是减少妻子年龄才对。宋代墓志铭的作者是否可能低报妻子的年龄，以至于妻子年龄小于丈夫的比例比实际上多呢？不太可能。因为丈夫的墓志铭和妻子的墓志铭并不是一起写的，通常间隔了数年，墓志铭的作者不太可能知道墓主的年龄比她的丈夫年长或年轻。提供妻子墓志铭资料的家属也几乎不可能故意低报年龄，因为年纪越长越受人尊敬。族谱的资料是否充满不规律的错误，以致表列数据用途不大呢？如果我们只用一家的族谱，那么也许可以用不规律的错误来解释。但如果九个族谱中的五个都显示超过30%的妻子比丈夫年长，超过四分之一的男性相当早婚，那么这显示的应当是社会实况的常态。

[2] 关于第一个孩子出生时的平均年龄和所有孩子出生时的平均年龄，这两者的间隔，参见郝瑞、普伦：《三个萧山家族的婚姻、死亡率和发展周期》；雷伟立（William R. Lavely）：《农村中国生育率的转变：四川什邡县调查报告》（The Rural Chinese Fertility Transition），《人口学研究》（Population Studies），第38卷3期，第365-384页，特别参见第377页。

[3] 四个江苏的家族都有成员出仕，平均夫妻年龄差距最大，为19.0岁。这四个家族男性在19.0岁以前生子的比例最低，丈夫比妻子年轻的比例也最低。

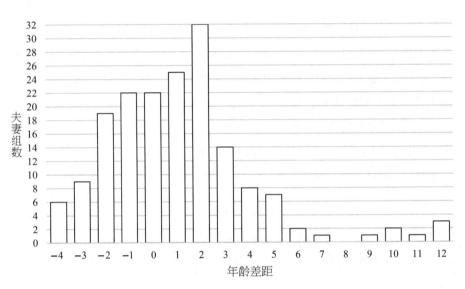

图8　所以族谱中的夫妻年龄差距分布

　　为何与东北相较长江中下游的上层家庭倾向让儿子晚婚呢？男性晚婚显然不是长江中下游的一般习俗。但还有不少其他可能的解释：不同地区对夫妻年龄差距的不同期待；夫妻社会地位的差异；鳏夫和同阶层、初次结婚的女性再婚是否合宜。如果这些差异和考量让适合做妻子的人数减少了，那么男性可能必须花更久的时间寻找合适的妻子。

　　长江中下游上层男性的晚婚也可能是受到了科举文化的影响：当地期待应试科举的成功，以及不同地区的竞争激烈程度。墓志铭资料显示有时婚姻会因科举而延迟，希望等到取得功名再结婚。墓志铭资料显示，在二十五岁以后结婚的男性，超过一半是与更富裕更有人脉的家族的女儿结婚，婚前往往已取得进士，或至少进入太学。例如江褒（1069-1117），浙江信安人，下层官员之子，束发之前就已入太学，虚岁二十五或二十六时中进士，于是当时的显官曾布（1036-1107）给他三十万钱聘礼，要把女儿嫁给他。（这个女儿是曾布的妾所生。）江褒辞不受聘礼，但接受了曾布的女儿为妻。① 又例如胡铨（1102-1180），江西庐陵人，父亲曾应举但未中第。胡

①　程俱（1078-1144）：《北山小集》（《四部丛刊》本），卷31，第3-6、13-15页。

铨在1127年虚岁二十六时进入太学并进士及第。胡铨家乡的地方官刘敏才（其父也曾为官）当时正好在物色女婿，因为胡铨科举中第的名声，就选了他。[①]另一个例子是许景衡（1072-1128），浙江瑞安人。他的墓志铭并未注明任何近亲曾出仕，但他在1094年虚岁二十三时高中进士。二十五岁时他娶了一位浙江越州的女性为妻，这名女性的父亲曾经做官，且带来的嫁妆足够支付许景衡的弟弟在太学备考的费用。[②]类似的例子还有张维（1112-1181），福建南剑州人，祖上无人出仕，父亲在他年幼时即过世。1138年虚岁二十七时中进士，次年迎娶同为南剑州的女子，用她的嫁妆帮助张维的妹妹成亲。[③]

从这些例子可以看出，若等高中进士后再娶妻，不止能吸引官宦世家为姻亲，还可能得到大笔的嫁妆。在宋代的确有不少人批评新科进士招揽有钱有势的亲家的方式。宋代史料中经常提到以田产作为嫁妆，特别是在妇女的墓志铭和财产继承的诉讼案件中。[④]或许东北和长江中下游士人阶层的差异在于：前者是已长时间立足于士人阶层的家族；后者则是新进家族，开放度更高，在规划婚姻的时间和选择时，财富扮演更重要的角色。

上层家庭策略的时代变化

墓志铭和族谱资料显示，宋代士人阶层男性有时会以延迟结婚时间作为仕途晋身、得到有力姻亲的策略；在某些地区，有成员出仕的家庭较其他家庭安排儿子结婚的时间较迟。这个现象与刘翠溶和郝瑞发现的清代情况不同，也与萨和甘伯发现的二十世纪情况不同。这是材料造成的差异，还是情况真的改变了？如果上层家庭的婚姻行为改变了，改变的时间和原因为何？为了回答这些问题，我收集了可以与我的宋代夫妻墓志铭相对照的

---

① 周必大（1126-1204）：《周文忠公集》（《四库全书珍本》），卷30，第10-21页；王庭珪（1079-1171）：《卢溪文集》（《四库全书珍本》），卷42，第8-10页。

② 胡寅（1098-1156）：《斐然集》（《四库全书珍本》），卷26，第1-7页；许景衡（1072-1128）：《横塘集》（《四库全书珍本》），卷20，第8-10页。

③ 朱熹：《朱文公文集》，卷90，第15页；卷93，第13-20页。

④ 伊沛霞：《六至十三世纪婚姻财务的变迁》。

明代夫妻墓志铭。[①]和宋代一样，明代的墓志铭几乎都来自仕宦家庭，也足够代表地区差异。但明代墓志铭中的男性和女性婚龄都比宋代年轻大约一岁，和其他明清研究的数据接近。(参见表六。)

表六　明代夫妻墓志铭婚龄分布

年龄	男		女	
	数量	百分比	数量	百分比
10	1	1.5	0	0.0
11	0	0.0	0	0.0
12	0	0.0	0	0.0
13	2	3.0	3	4.5
14	2	3.0	7	10.6
15	4	6.1	10	15.2
16	8	12.1	14	21.2
17	7	10.6	8	12.1
18	9	13.6	9	13.6
19	13	19.7	5	7.6
20	3	4.5	4	6.1
21	2	3.0	3	4.5
22	6	9.1	3	4.5
23	3	4.5	0	0.0

① 收集明代墓志铭比宋代难得多，部分原因是明代传记资料索引文献不够完整，另一部分原因是妇女墓志铭中注明婚龄的比例少得多（只有20%，相较于宋代的40%）。本文使用的明代夫妻墓志铭多是从明人文集中找出，特别是收录于《四库全书珍本》中的文集。感谢谢保华（Bau Hwa Shieh）帮助收集明代墓志铭。

续　表

年龄	男		女	
	数量	百分比	数量	百分比
24	0	0.0	0	0.0
25	3	4.5	1	1.5
26	1	1.5	0	0.0
27	2	3.0	0	0.0
28+	1	1.5	0	0.0
总人数	67	100.0	67	100.0
平均年龄	19.05		16.99	
年龄中位数	18.5		16.5	
标准差	4.22		2.49	

　　从明代墓志铭中得出的数据和明清传记、族谱的数据较接近，而和宋代墓志铭差异较大。从宋到明有哪些变化？首先当然是科举制度。在宋代，半数以上的政府官员并非经由科举入仕，相较于明清，宋代官员的亲属在科举中拥有独特的优势。[1]因此对宋代仕宦家庭而言，若本来就想让子孙靠荫补为官，那么可以让儿子及早结婚；若想让儿子们先试图以科举入官（若能取得进士，就能与更有钱有势的家庭结为亲家），就可以延迟几年再结婚，就算没能中第，也还能靠荫补为官。到了明代，已经无法使用同样的策略，因为荫补的机会大为限缩，科举中第的机会更是难以预期，不能冒险。

　　另一个由宋至明的转变是嫁妆。宋以后法律对妻子嫁妆财产权的限制使得人们难以透过女儿转移财产。[2]对明清的人来说，要等科举中第后再结

---

[1]　贾志扬：《宋代科举》，第27、95—115页。伊沛霞：《宋代精英阶层取得优势的动因》(The Dynamics of Elite Domination in Sung China)，《哈佛亚洲研究学刊》(Harvard Journal of Asiatic Studies)，第48卷2期(1988年)，第493—519页。

[2]　参见洪格伦(J. Holmgren)：《早期蒙古和元代社会的婚姻和继承：以寡妇再嫁亡夫兄弟的习俗为中心的观察》(Observations on Marriage and Inheritance Practices in Early Mongol and Yuan Society, with Particular Reference to the Levirate)，《亚洲史杂志》(Journal of Asian History)，第20期(1986年)，第127—192页。

婚风险太大，且得到的嫁妆也没有宋代那么多。

嫁妆重要性的降低也能解释为何宋代以后上层妇女的婚龄降低。有些家庭为了得到更多嫁妆，延迟儿子的婚事；有些家庭则急于得到嫁妆（即使不是特别多的嫁妆），早早为儿子娶妇。对需要嫁女儿的人家来说，无论财务状况如何，都需要时间准备合宜的嫁妆。宋代地方官时而感叹贫穷人家难以嫁女儿，因为大家对嫁妆的要求越来越高。[①]而有钱人家也被期待准备更丰厚的嫁妆，同样感到时间的压力。袁采主张父母应该女儿一出生就开始准备嫁妆，才不会让女儿错失结婚的最好时机。[②]二十世纪的男性可能因为准备聘礼而晚婚，同样的，宋代的女性也因需要嫁妆而延迟成婚。[③]

结　论

本文有三个目的。第一，为中国历史较早的时期提供和婚龄相关的证据，以便评估时代变化。本文所提供的证据显示十至十二世纪之间的变化相对小。墓志铭中的士人阶层女性和男性平均婚龄分别为十八和二十岁，和二十世纪的农村相近，而比二十世纪的上层家庭稍老。

本文的第二个目的是借由墓志铭中的人口资料以增进我们对宋代上层家庭生活的了解。我在其他文章中讨论了主导宋代家庭组织和婚姻的想法、理念和成规。[④]本文以量化的数据一窥宋人的家庭习俗，并展现因婚姻长度和子女数量的差异而形成的多样家庭形式。

---

① 程颐（1033-1107）：《二程集》（新华书局本），第504页。

② 伊沛霞：《宋代中国的家庭和财产：袁采的社会生活规诫》（*Family and Property in Sung China: Yüan Ts'ai's Precepts for Social Life*）（普林斯顿：普林斯顿大学出版社，1984年），第266页。

③ 关于文艺复兴时期佛罗伦萨的婚龄和嫁妆的关系，参见柯旭纳（Julius Kirshner）、墨尔何（Anthony Molho）：《十五世纪初佛罗伦萨的嫁妆资金和婚姻市场》（The Dowry Fund and the Marrriage Market in Early *Quattrocento* Florence），《现代史杂志》（*Journal of Modern History*），第50期，第403-438页。

④ 伊沛霞：《宋代的家庭概念》（Conceptions of the Family in the Sung Dynasty），《亚洲研究学刊》（*Journal of Asian Studies*），第43卷2期（1984年），第219-45页；《宋代中国的家庭和财产：袁采的社会生活规诫》；《刘克庄家族的女性》；《六至十三世纪婚姻财务的变迁》；《内闱：宋代妇女的婚姻和生活》。

第三个目的则是将父母们决定何时为儿子娶妻一事放在士人阶层社会生活的脉络来理解。由于学术的分科，人口史学家倾向以对人口有影响的变因来解释。儿子越早婚，寡妇就越少、孙子越多、代间间隔越短、大家庭更能开枝散叶等等——人口史家对婚龄的解释多依据此逻辑。本文提出嫁妆和仕途考量也是两个重要的因素。某些家庭延迟儿子婚事，是为了取得更好的嫁妆，以及对仕途更有用的姻亲。

（程晓文　译）

姓氏与汉族身份标识

尽管在地理上天南海北，在语言上往往因方言不同而彼此难以沟通，但在今天的中国，有超过十亿人认为自己是汉族人。汉民族的身份认同可以说是世界历史上的一大奇迹。西欧和美洲加起来有几乎同样多的人，但他们将自己划分为几十个国家，并细分成更多的民族。是什么让中国与众不同？是什么因素使得这样一个巨大的群体能认为他们共同拥有着某些重要的东西，这些东西使得他们认为在一个国家内共同生活不仅是一种可能，而且还令人向往？不可否认，汉族人有多重身份，他们也往往有很多余地和途径去选择以何种身份作为自己的标识。但一直以来，汉人的身份认同在社会和政治生活中都很重要。在本文中，我将考察中国姓氏与汉族身份之间的联系。①我认为，中国人对民族认同的理解在很大程度上不同于其他基于语言、种族或地域的社会，他们的这种独特性有助于解释为什么汉族的人数如此巨大。

学者们普遍认为，汉族人的身份认同和凝聚力的秘诀是儒家文化主义或儒家普遍主义，他们的这个认同基础与以民族主义、种族主义和排外主义为基础的种族认同有着根本的不同。毫无疑问，文化主义是儒家思想的一个重要组成部分。长期以来，孔子及其追随者认为中国文化优于任何其他文化；而且，外族人也能够领悟和接受这种文化。对他们来说，中国的国家

---

① 本文通篇使用现代意义上的"汉人身份标识"（Han identity）。在前现代时期，用来指称现代意义上的汉族的名词非常复杂，在许多时期里，其他一些名称（尤其是"华""夏"）更为常见，而在许多情况下，又根本不需要这类词汇。有关"汉族"作为一个民族学术语的历史演变的详细讨论，请参见陈述《汉儿汉子说》，《社会科学战线》1986年第1期，第90—97页。

形态和家庭是完美的社会组织形式，因为它们基于真正的道德准则，如忠诚和孝道等的普遍原则；坚守这些形式和准则造就了中国人的中国，并使中国优于其他地方。因此，儒家传统几乎没有理由来阻碍对外来者的吸收，事实上，他们认为，通过改造或同化外人来扩张中国是再自然不过的事了。此外，儒家普遍主义的这种开放性甚至还适用于统治者。如果美德和治理能力是天子统治的条件，那么，从理论上来说，一个母语不是汉语、祖先不是汉族的人完全可以占据中国社会和文化的象征性中心——皇位，只要他坚守儒家政治原则即可。因此，在19世纪末，中国传统的身份认同思维方式与充斥于欧洲的民族主义激情有着根本的不同，而近代中国改革者和革命家也因此而致力于召唤能使中国在国际上更具竞争力的新观念。①

　　这种对儒家文化主义的一向关注使得我们忽视或低估了中国人对标志为"夏""华""汉"的庞大的"我族"（we-group）概念中的民族成分；这一成分与祖先和太古关联；它是传承下来的，而不是后天获得的。中国人身份认同中的这个民族成分植根于一种父系体系中的最大"我族"的思考方式，也就是说，它将华、夏或汉族想象为一个通过族（姓）外通婚而组成的巨大的父系血缘群体。如果共同身份标识的标准只是共同的习俗或共有的国家史的话，那么，关注共同的祖先就没有必要。事实上，如果人们真的想要庆贺原本非我族裔的人的成功汉化的话，那么他们最应该强调的是那些人与汉族人原本没什么亲属关系。但在中国历史上，亲属关系和姓氏之类的词汇屡见不鲜，可见，兼容并蓄的"我族"观念，显然是建立在将父系血缘关系及其与身份标识和凝聚力联系起来的思考方式上的，或者至少受到这个熟悉的思考方式的影响。

---

① 有关近年来对儒家文化主义的批判性讨论，请参见，包弼德（Peter K. Bol）《求同：女真统治下的汉族文人》（Seeking Common Ground: Han Literati Under Jurchen Rule），《哈佛亚洲研究学刊》（Harvard Journal of Asiatic Studies）第47卷第2期（1987年），第461-538页；蓝德璋（John D. Langlois, Jr.）《中国文化主义和元代的类比：17世纪的视角》（Chinese Culturalism and the Yuan Analogy: Seventeenth-Century Perspectives），《哈佛亚洲研究学刊》第40卷第2期（1980年），第355-398页；柯娇燕（Pamela Kyle Crossley）《早期现代中国的族群性之思考》（Thinking About Ethnicity in Early Modern China），《帝制晚期中国》（Late Imperial China）第11卷第1期（1990年），第1-35页；以及杜赞奇（Prasenjit Duara）《解构中国国家》（Deconstructing the Chinese Nation），《澳中事务学报》（The Australian Journal of Chinese Affairs）第30卷（1993年），第1-28页。

中国人的姓氏体系在世界历史上是不同寻常的。父系制在世界史中到处可见，但几乎没有一个那么早就将它与姓氏紧密相连的社会。中国的文字系统使得姓名的书写形式持久不变，中国的官僚政府致力于注册每一个臣民，这些都无疑与这一独特的姓氏制度的历史发展有很大关系。但是，更为重要的是，随着时间的推移，姓氏对个人和群体身份标识来说都愈趋举足轻重。一个人的姓氏比他或她的个人名字重要得多，这种情况在其他社会并不常见。此外，姓氏是定义祖先和婚姻的关键：祖先有一个共同的姓氏，而婚姻对偶一定是异姓。到了汉代，中国人已经习惯于把那些有着共同祖先的人视为一个自然的休戚相关的群体。到了唐朝，他们甚至认为与自己同姓的人（因此可能共同拥有一个几千年前的祖先）共享着一些重要的东西。随着时间的推移，常见姓氏的数量逐渐减少。一项基于历史记录的研究发现中国历史上有三千多个姓氏，但一项基于1982年中国人口普查的研究只记录了729个汉族姓氏。此外，令人惊讶的是，少数几个姓氏在人口中占很大比例。32%的中国人姓王、陈、李、张和刘，14个最常见的姓占人口总数的一半。[1]虽然从词源学上来说，中国姓氏通常起源于地名，但随着时间的推移，所有常见姓氏与地名的联系都已减弱。[2]知道某人是姓李或姓王并不能告诉你此人来自哪个省，甚至不能告诉你他或她是北方人还是南方人。而且，这些姓根本不能反映出它们代表了何种文化。因此，姓氏提供的是一种系谱联系，而不是基于地点、方言或地方文化的联系。

中国社会是如何将姓氏与汉族身份之间的联系概念化的？我的考察将集中在唐朝（618-906）至元朝（1215-1368），因为，在这个时期，汉族人的身份标志亟需一个象征性的支撑。外族入侵、外族统治、政治分裂、国土分裂，大规模的人口流动，所有这些都显然会让人们意识到"中国"或"汉族人"不可能是单纯的、自然的地理产物。唐朝建立时，其统治者可能选择回到汉

---

① 中国社会科学院语言文字应用研究所汉字整理研究室编《姓氏人名用字分析统计》，北京：语文出版社，1990年，第1册，第43页。此外，25个姓占60%，114个姓占90%，365个姓占99%。除了常用姓氏数量减少外，复姓的比例也有更为明显的下降。

② 参见中国社会科学院《姓氏人名用字分析统计》所示姓氏差异分布（第43-67页）。每个地区都有最常见的姓，但某个常见姓的人口比例可能会有很大差异。

族,但他们没有掩藏自己与隋朝、北周和北魏的非汉族或半汉半夷的统治集团的关联。这提醒所有人,中国既不是永久处于统一状态,也不是一以贯之地由汉族人统治的。也许最重要的是,谁是汉族人或是什么让一个人成为汉族人很难定论。同样的情况在不久之后再次出现。从唐朝灭亡到明初的五个世纪里,中国北方和南方遭受了截然不同的命运。北宋时期,北方只有大约一个半世纪的时间是处于和平状态并属于汉族人统治的大一统中国的一部分(即使在那时,北边的一条狭长地带仍在契丹人的控制之下)。北方和南方沿着不同的路径发展,以至于蒙古统治者将北方的中国人和南方的中国人划分为不同的民族类别,对他们区别管理。然而,在这几个世纪的动荡中,想象中的"中国"和"汉人"都幸存了下来。①

儒家文化主义是这个生存故事的一部分,但并不是它的全部。有充分的证据表明,许多人没有完全接受儒家文化主义的主要假设——任何人都可以被彻头彻尾地汉化。也许体现这种怀疑的最有力证据是,从宋朝起,编纂家谱风行一时。在这些家谱中,几乎没有人声称自己是中国南方众多非汉族人的后裔。历史资料显示,许多地方官员通过设立学校或其他方式向当地人(往往明确申明是非汉族)传播儒家文化。②但如果传世的家谱是可信的话,这些皈依者中并没有留下多少后代,或者至少没有一个是飞黄腾达的。当然,一些在宋、明、清时期成功以后编撰家谱的人中一定有非汉族血统的人。但是,绝大多数南方人想讲述的是汉人如何移民南方的故事,有的在汉代,但大多数在唐朝、宋朝或元朝。③他们并不声称自己是通过儒家方

① 集中探讨唐至元时期也使我得以避开中国的姓氏体系的起源和后裔传承范式这些课题,而专注于已经成熟的姓氏形态。关于姓氏的使用,我的讨论很少会延伸到汉代之前。事物和习俗的起源当然是非常有趣的课题,但它对证明后世的实践帮助不大,所以此文不涉及起源问题。

② 宫川尚志:《南方中国的儒家化》(The Confucianization of South China),收于芮沃寿(Arthur F. Wright)编《儒家信念》(The Confucian Persuasion),斯坦福:斯坦福大学出版社1960年,第21-46页;薛爱华(Edward H.Schafer):《朱雀:唐代的南方意象》(The Vermilion Bird: T'ang Images of the South),伯克利:加利福尼亚大学出版社,1967年,第33-61页。

③ 艾伯华(Wolfram Eberhard):《传统中国的社会流动》(Social Mobility in Traditional China),莱顿:博睿[Brill]学术出版社,1962年,第199页;科大卫(David Faure):《宗族作为一种文化的创造:以珠江三角洲为例》(The Lineage as Cultural Invention: The Case of the Pearl River Delta),《近代中国》(Modern China),第15卷第1期(1989年),第4-36页。

式——接受汉文化而成为汉族人的，相反地，他们更愿意说，自己的家族向来就是汉族血统。如果汉族身份真的可以通过学习获得，为什么没人愿意承认他们已经学会了呢？①很显然，这种犹豫不是出于地位上的顾虑。许多人很愿意说他们的祖先是农民或商人；他们并不都声称是官员的后裔。我们可以推测，这些人声称自己是汉人南移的原因很可能是他们希望自己也相信这一点（他们自己看不起非汉族人），或是因为这样做对自己有利（为了地方政治、社会声望或其他原因）。

至少从《通典》和《通志》的记载来看，唐宋时期的文人作家已经观察到南方土著民族在命名方式上与汉族的巨大差异。郑樵（1104-1162）曾评论说，古代中国很可能像他所处的时代的南蛮一样，地位高的人有姓，普通人则只有名。②另一方面，正如更早史家记载的那样，郑樵提到，当地的一些群体有几个姓，听起来很像部落的名字。因此，据称四川巴地有五姓：巴、樊、晖、相、郑。据说"东谢蛮"部族的名称得自世袭的谢姓首领；同样地，"西赵蛮"部族的名称也传说与赵姓首领有关；据说"松外诸蛮"分为几十组，有几十个姓，其中赵、杨、李、董是贵族。③在我找到的所有案例中，这些部落名称都被转录成单音节的汉字，因此很容易与中国姓氏融为一体。④

在南方，要证明或反驳自己是汉族移民的后裔可能很难。随着时间的推移，种族间关系的动态发展可能使这些群体在交往中逐渐被认可为汉人。⑤而在北方，被视为敌人或征服者的民族则不同。只要他们是有权有势的征服者，拥有独特的名字对他们是有利的，而一旦他们被击败或被驱逐，如果他们已被同化，这些独特的名字会将他们标记为外族、非汉族人，甚至

---

① 有关壮族的个案研究，见拉姆齐（Robert S. Ramsey）《中国的语言》（*The Languages of China*），普林斯顿：普林斯顿大学出版社，1987年，第234-235页。

② 郑樵：《通志》，京都：中文出版社，1978年重印版，卷25，439a页。

③《通志》卷197，3158a-b页，3161c页，3162a页，3162b页。

④ 有关中国南方少数民族语言的研究，参见拉姆齐，1987年，第230-291页。

⑤ 例如，范成大（1120-1193）区分了"真正"的蛮人（不纳税，给地方官员带来麻烦）和那些定居下来的守法的蛮人（《桂海虞衡志》"蛮子"条3a，收于《说郛三种》，上海：上海古籍出版社，1988年）。而杜佑（735-812）则不接受蛮是汉人移民的后裔的说法（《通典》，北京：中华书局，1988年，卷187，第1003页）。

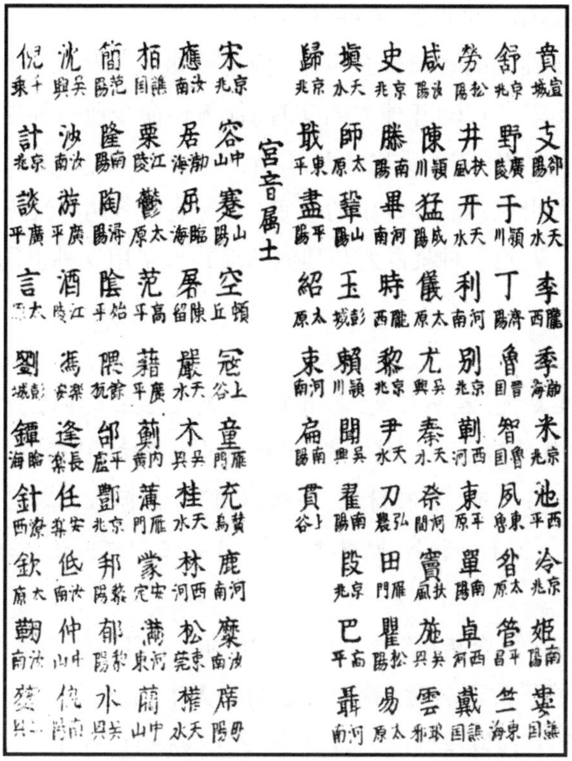

图1　晚宋类书中所列姓氏及其族望（陈元靓编《事林广记》）

是可恨的非汉族人。而且，北方入侵民族的语言是多音节的，他们的名字也通常被转录成多字符的名字。至少在受教育程度较高的人群中，人们不会很快忘记尔朱、宇文和独孤是北朝征服者的姓。对于那些有多个汉字姓氏的人来说，采用一个汉字姓氏，最好是一个看起来像中国姓氏的姓氏，是向望同化的有力标志。496年，北魏的鲜卑统治者命令鲜卑人使用中国姓氏；几十年后，这一命令不仅被废除，而且，西魏和北周王朝还赐予许多汉人鲜卑族姓。[1] 在此后的入侵族统治的辽、金、元时期，这种双向更名的现象也时

---

① 丁爱博（Albert E. Dien）：《西魏-北周统治下的赐姓：一个反同化的案例》（The Bestowal of Surnames Under the Western Wei-Northern Chou: A Case of Counter Acculturation），《通报》（T'oung Pao），第63卷第2-3期（1977年），第137-177页。

有发生,有些是朝廷许可的,有些并不如此。①

尽管改变姓氏的现象经常发生,但对许多人来说,改变姓氏似乎是错误的。当朱元璋在1368年建立明朝时,他下诏命令所有姓胡姓的人不得继续使用其姓。此诏一出,反响极大,以至许多姓司马、司徒、公孙、叔孙等完全是汉姓的人也立意放弃姓中的一字,因为他们将两个汉字的名字与非汉族联系起来。朱元璋对蒙古人和其他非汉族人采用汉姓也同样不满。1370年,他下诏曰:

> 天生斯民,族属姓氏,各有本源,古之圣王尤重之,所以别婚姻、重本始,以厚民俗也。朕起布衣,定群雄为天下主,已尝诏告天下"蒙古诸色人等皆吾赤子,果有材能,一体擢用"。比闻入仕之后,或多更姓名,朕虑岁久,其子孙相传,昧其本源,诚非先王致谨氏族之道。②

朱元璋在另一个场合指出,给人起不常用的中文名字并不是什么坏事,但当人们采用或给予常用名时,就太容易与华人混淆了。他提到,一位官员在抱怨蒙古人和其他取汉姓的人时引用《左传》中的一句话:"非我族类,其心必异。"③

中国人之所以对他人可以转化的想法感到不妥,可能是因为儒家文化主义的这种假设是与同样强烈的祖先观念以及祖先与身份标识紧密关联的观念相悖的。那些被"同化"的外族人希望自己被视为汉人(或发现这对自己很有用),而那些真正具有汉族血统的中国人既不相信中国文化可以而且能够改造外人,也不愿意看到被同化的外族后代否认或隐瞒他们自己的真

---

① 魏复古(Karl A.Wittfogel)、冯家升(Chia-sheng Feng):《辽代中国社会史》(*History of Chinese Society: Liao, 907–1125*),费城:美国哲学学会,1949年,第8、220、471页,第607页注;陶晋生(Jing-Shen Tao):《十二世纪中国的女真人》(*The Jurchen in Twelfth-Century China*),西雅图:华盛顿大学出版社,1976年,第98页;恩迪科特·韦斯特(Elizabeth Endicott-West):《蒙古统治下的中国——元代的地方管理》(*Mongolian Rule in China: Local Administration in the Yuan Dynasty*),哈佛大学东亚研究委员会(Council on East Asian Studies),1989年,第81–84页。

② 姚广孝:《明实录》,台湾"中研院"历史语言研究所,卷51,5a–b页(总999–1000页)。

③ 顾炎武:《日知录》,《丛书集成》版,第413卷,第16–17页。此句出于《左传·成公四年》。

正祖先。采用异族姓氏让很多人感到不安，毫不奇怪，异族同化也一样。①

到目前为止，我一直在讨论姓氏与汉族和非汉族身份之间的关系。这一点很重要，因为至少在某种程度上，汉族身份是一个大杂烩，由所有非蛮夷组成。我的观点另一个重要部分是，世系和亲属关系为这个庞大而又模糊的汉族范畴提供了一个框架，使人们得以提纲挈领地把握汉族这个整体概念。

我想要强调的是，自从汉代的司马迁起，中国人热衷于将自己祖先追溯到遥远的神话时代，以至所有中国人都是神话中的五帝（比如黄帝）的后裔。这种观念在唐宋时期仍然非常盛行，我们可以在许多书籍中找到有关理论，例如杜佑的《通典》（801 年）和郑樵的《通志》（1149 年）。这一理论认为，中国人是神农（又称炎帝）或其继承人黄帝的后裔。黄帝有二十五个儿子，他以十二个姓氏命名其中的十四个儿子。在这些姓氏以外应当还有其他的姓氏；比如，在神农之前，就有伏羲，他的母亲有一个族名。不过，大多数姓氏都经常被追溯到神农或黄帝时代（尽管这些姓氏在五帝之后至周末经常被改动）。

现代学者似乎认为中国自称炎黄子孙的想法源于二十世纪国粹派的主张。这些复古之士确实以一种新的方式运用了这个概念，其目的在于提高中国人的情感认同。但炎黄子孙这个概念在很久以前就已经存在了。我可以很容易地举出数百个唐宋资料中提到黄帝以及相同等级的远祖的例子。在唐初，他们经常被写入家族的世系。在毛汉光《唐代墓志铭汇编附考》第一册中，我们可以很容易地找到几十个例子。例如，617 年的《韦匡伯墓志》一开始就称他是高阳（黄帝的孙子）的后裔。627 年的《关道爱墓志》称他是禹的后代。632 年的《张濬墓志》中称，张的祖先是少昊（黄帝之子）。642 年的《刘氏墓志》中提到她的祖先可以追溯道遥远的帝喾（黄帝的曾孙）和稍后的尧。②其他一些墓志没有追溯到三皇五帝，但会提到周朝时被封姓氏

---

① 有关导致对采用异族姓氏感到不安的观念，请参见王安（Ann Waltner）《烟火接续：明清的收继与亲族关系》(Getting an Heir: Adoption and the Construction of Kinship in Late Imperial China)，火奴鲁鲁：夏威夷大学出版社，1990 年，第 13—81 页。

② 毛汉光：《唐代墓志铭汇编附考》，台湾 "中研院" 历史语言研究所，1984 年，第 25、57、163、351 页。

的事迹。另一些墓志提到祖先是汉朝人，但不提远祖并不一定意味着他们不能追溯到更早的祖先。例如，为刘姓死者撰写墓志，作者可能只是说明哪个汉朝皇帝是他们的祖先。[①]他显然可以设想读者一定知道刘邦是尧的后裔。[②]

在此，更重要的是，远古祖先被用来建立一种群体标识。在整个唐宋时期，如果讨论的话题涉及姓氏或同姓，一定会提到远祖。换句话说，仅仅列出最早的祖先是不完整的；这个祖先一定要能追溯到得姓受氏之始。这类追述可见于杜佑的《通典》（801年）、林宝的《元和姓纂》（约810年）、欧阳修和宋祁的《新唐书》中的世系表（1060年）、邓名世的《古今姓氏书辨证》（约1140年）、郑樵的《通志》（约1149年）、王应麟的《姓氏急就篇》（约1280年）、马端临的《文献通考》（1224年）、程尚宽的《新安名族志》（1551）中的徽州家谱。在这些著作中，每个姓氏后面通常都有一个关于其起源的陈述，通常追溯最为遥远的祖先。

以下两个例子可能足以说明问题。《新唐书》中关于窦姓世系描述如下：

> 窦氏出自姒姓，夏后氏帝相失国，其妃有仍氏女方娠，逃出自窦，奔归有仍氏，生子曰少康。少康二子：曰杼，曰龙，留居有仍，遂为窦氏。龙六十九世孙鸣犊，为晋大夫，葬常山。及六卿分晋，窦氏遂居平阳。鸣犊生仲，仲生临，临生亶，亶生阳，阳生庚，庚生诵，二子：世、扈。世生婴，汉丞相魏其侯也。[③]

也就是说，窦是夏朝诸王的后裔，"窦"姓取其意。更常见的是起源于地名的姓，比如陈姓：

① 毛汉光：《唐代墓志铭汇编附考》，台湾"中研院"历史语言研究所，1984年，第65、355页。
② 这种对远祖的提及在晚唐或宋朝墓葬铭文中不那么常见，但它们也没有完全消失。有关事例可见苏颂《苏魏公文集》，北京：中华书局，1988年。
③ 《新唐书》，北京：中华书局，1975年，卷71下，第2288页。

> 陈氏出自妫姓,虞帝舜之后。夏禹封舜子商均于虞城,三十二世孙
> 遏父为周陶正,武王妻以元女大姬,生满,封之于陈,赐姓妫,以奉舜祀,
> 是为胡公。九世孙厉公他生敬仲完,奔齐,以国为姓。既而食邑于田,
> 又为田氏。十五世孙齐王建为秦所灭。三子:升、桓、轸。桓称王氏。
> 轸,楚相,封颍川侯,因徙颍川,称陈氏。生婴,秦东阳令史。[①]

这里有三个姓(陈、田和王)是舜的后裔(因此也是黄帝的后裔)。其中陈和田因封地而得姓,王因头衔得姓。这些姓似乎可以替换,一些陈姓人成为田姓人,一些田姓人又回归姓陈,其他一些人随王姓。但是,这种改姓的现象大致随着周代的灭亡而结束。周以后很少有受姓改姓的记载。

不过,容我把问题再进一步复杂化。我们已经注意到,姓被用作种族标记。奉黄帝为始祖为各种利己的操纵提供了可能性,也为订立包括或排除某些群体的盟约提供了可能性。理清异族与汉族间的世系上的关联的做法在西汉时已被采用——司马迁列出一份简单的匈奴世系表,此后的编年史家屡屡重复使用。司马迁将匈奴列为大禹(夏朝始祖)的后裔。[②]在司马迁的时代,匈奴与汉互为仇敌,因此罗列匈奴世系的目的不可能是称兄道弟,但它却将匈奴列入可以与之通婚和订立和约的范围。之后的几个世纪,当汉人遭到其他北方民族侵扰时,他们试图将这些民族与匈奴同等看待。完成于唐初的《晋书》的作者在他们对十六国立国始祖的记述中是这样描写的:建立燕国的慕容族是有熊氏(黄帝)的后裔;建立后秦的姚苌的父亲姚弋仲是后来成为羌族首领的有虞氏(即舜,黄帝后裔)小儿子的后裔;在甘肃建立后凉的氐人吕光,是公元前二世纪一位流亡汉人的后裔。550年,魏收在讲述鲜卑建立的北魏历史时写道:

---

①《新唐书》,北京:中华书局,1975年,卷71下,第2288页。

②《晋书》,北京:中华书局,1974年,卷108,第2803页;卷116,第2959页;卷122,第3053页。但也有例外:前秦开国皇帝苻健的祖先据说是《尚书》中提到的与夏代第二个帝王为敌的有扈氏的后代(《晋书》卷112,2867页);而成汉国的建立者李特的世系似乎清楚地反映了巴人自己关于其起源的神话,而没有将他与中国古代的历史联系起来(《晋书》卷120,第3021页)。

昔黄帝有子二十五人，或内列诸华，或外分荒服，昌意少子，受封北土，国有大鲜卑山，因以为号。①

类似的北方异族谱系在唐宋时期仍然很常见。②不过，为南方异族建立世系却很少见。③

以这种方式来描写这些异族的谱系是否能在某种程度上减低异类感，从而使那些外族人更容易被接受？能够与之相安为邻，甚至成为通婚对象？值得注意的是，在宋元时期，似乎没有人致力于为契丹、女真或蒙古人建立这样的谱系。将那些处于敌对地位的民族排除在共同血统群体之外似乎完全没问题。④此外，还有一些民族因过于异类而无法同化。没有姓氏或实行族内婚的民族很难被纳入奉行同姓不婚的汉族群体。⑤而有些彻头彻尾的异族姓名完全可以清楚地标记为异族名字，不必费心将其与中国血统联系起来。例如，邓名世就将一些名字直接标注为日本人、波斯人或中亚人。⑥

所有这一切的重要性何在？汉人的谱系是为那些被认可为汉人的群体所发掘、创立、捏造或以其他巧妙手段制作的；从这一点我们可以得出结

---

① 《魏书》，北京：中华书局，1974年，卷1，第1页。现代学者基本上不认可这些系谱。参见姚薇元《北朝胡姓考》，北京：中华书局，1962年。

② 至宋代，对这类系谱的质疑时有出现。在《新唐书》的谱系表中，宇文姓氏的起源有两个版本，该谱系表是在宋朝编撰的，但可能基于唐朝的资料。第一，他们是南匈奴单于的后裔，在匈奴语中，宇文的意思是"天子"。第二种说法更往前推了，说是黄帝摧毁神农家族时，他的子孙遁居北方，因为神农有尝草之功，而草在鲜卑语中被称为宇文（《新唐书》卷71下，第2403页）。同样地，郑樵有时也会提到，世系的说法不止一种。尽管如此，他关于北方民族（北国）的章节一开始就宣称他们的祖先都是黄帝的后裔。他们生活在荒凉的北方地区，因此坚韧好斗，与中国世为仇敌（《通志》卷199，第3179a页）。

③ 有关高辛（黄帝曾孙）之女的后裔的记载，见《后汉书》，北京：中华书局，1963年，卷86，第2829页；樊绰编撰、向达注《蛮书校注》，北京：中华书局，1962年。

④ 所记载许多南蛮的姓基本上是族名或部落名，未必被认可为通婚对象。参见《通典》，中华书局版，卷187，第1003页。

⑤ 邓名世：《古今姓氏书辩证》，《四库全书》版，第12种，卷56，第7a、9a页。

⑥ 例如，邓名世在详细描述了肖姓之后，在末尾添加了著名的契丹肖氏家族，明确表示他们与汉人肖姓没有任何关系，也没有试图将他们与黄帝或其他古人联系起来（《古今姓氏书辩证》，卷10，第1a–4b页）。

论：正如儒家文化主义所预设的，最终的、最关键的是礼仪和习俗，即，行为举止要像汉人。我想说的是，一、对中国人来说，将那些谱系合理化的逻辑确实很重要；二、中国人以父系亲属关系为群体纽带的想法与其他关于群体纽带的想象（比如体质、语言或同属一个国家）有着非常有趣的不同。

中国人的思维方式与我们所知的其他人有何不同？让我从一个最容易辨别的差异说起：它与我们以姓氏作为民族标记不同。在今天的美国，我们经常这样使用姓氏：我们会随意地问别人，他们的名字是希腊人、波兰人还是意大利人的名字？对方很清楚我们在假设姓氏和民族血统之间的联系，因此会给予补充信息，比如说，尽管他们名字是希腊人的名字，但他们的母亲或祖母是意大利人。换句话说，因为我们不认为种族一定是或主要是父系的，所以我们知道它并不与姓名完全吻合。

另一种在中国文化中看不到但在西方人中很常见的现象，是将民族身份与语言联系起来的思考方式。在描述非汉族群体的唐宋资料中，语言偶尔会被提及，但它仅被视为许多文化特征之一，未必比发型或是否左衽更重要。我们应该提醒自己，语系分支及其与族群间遗传联系的关系的理论对我们的影响甚大。我们倾向于认为说斯拉夫语的人一定有共同的起源。相比之下，中国人可以把鲜卑人说成是皇帝后裔，而不必顾虑他们所说的语言或其与汉语的联系。换句话说，在中国文化中，不存在类似印欧语系的概念，也没有语言和方言之间的联系反映了不同文化或民族之间始初的联系的推想。

那么文字是不是身份标识的基准呢？关于群体身份标识这一大主题，最有影响力的书之一是安德森（Benedict Anderson）的《想象的群体》（*Imagined Communities*）。在这本书中，他将传统中国、中世纪基督教和中世纪伊斯兰教定义为一种先于现代民族主义的合一的文化。他认为这三者都是非地域性文化实体，它们建立在一个神圣的中心和一种神圣的语言上，让熟谙这种语言的人有掌握真理的特权，因为真理是这种语言所固有的。[①]这

---

① 安德森（Benedict Anderson）：《想象的共同体：民族主义的起源与散布》（*Imagined Communities: Reflections on the Origin and Spread of Nationalism*），纽约：维索图书（VersoBooks），1991年修订版。

些观察很有见地，但不完整。它们没有解释中国历史上领土、政体与身份之间的相互交叉重叠。安德森的模式也没能解释为什么汉人的种族认同从未扩展到包括韩国人和日本人，他们至少在中世纪时使用着同一种神圣的语言。

我并不是故意想淡化书面语言的重要性。毕竟，真正的中国姓氏是一个字符，而不是一个单词（音和意融合）。只有未被同化的异族才会在汉化他们的姓名上绞尽脑汁，尝试各种同声的汉字。没有人认为，在广东，发音为"王"姓的人（用黄字表示）与北方的王姓人要比北方的黄姓人更为亲近。就像他们影响了中国文化的其他方面一样，汉字的非凡力量影响了中国人的亲属关系观念。

值得注意的是，像中国这样以亲属为基础的民族凝聚隐喻并没有给他们带来种族分类上的方便。父系传承虽然是生理性的，但它与基因遗传没有任何密切关系。在异族通婚的情况下，当一名汉族男子与当地女子结婚时，孩子们当然从父母双方获得基因，甚至可能学到了双方的观念和文化习俗，但他的身份标识却基本锁定在他的姓上。即使我们仅仅追溯五代人，每个人都有三十二个祖先，他们各自贡献了自己的基因，但这三十二个祖先中只有一个是提供姓氏的祖先。如果追溯到中国人的计算中很常见的十代，这些祖先的平均基因遗传的比例降低到一千零二十四分之一。几个世纪以来，中国人将父系遗传视为生物遗传，但他们并不是以现代遗传学的角度去思考的。但他们的心理框架使他们难以将身份认同与身体特征联系起来，比如身材、面部特征、卷发的程度或肤色，这些特征是从许多祖先那里继承来的。中国人可以通过姓氏而不是身体外表来识别。中国人在二十世纪初开始对这一时期的西方种族理论有兴趣，这标志着他们的看法发生了重大转变。①

---

① 见冯客（Frank Dikötter）《近代中国的种族观》（*The Discourse of Race in Modern China*），斯坦福：斯坦福大学出版社，1992年。冯客指出，前现代的中国人认为外来者与他们在生理上不同，他们在毁誉外敌时经常用动物来比喻，将外敌与禽兽作比较，从而暗示中国人与野蛮人之间的生理差异。但是，我们不应该过多拘泥于这一点，因为如果人们对中国人感到愤怒的话，也会把他们比作禽兽，例如对不孝行为的描述。因此，动物所代表的是那些有感觉和欲望但不受道德原则约束的生灵，这种比较显然带有文化主义的基调。

作为结论，让我总结一下汉族人从父系的角度来定义自己的特点，并提出一些有助于我们理解这一巨大的汉人"我族"的方法。

首先，和其他人的种族观念一样，它给人一种自然的感觉：它是原始的，与共享祖先联系在一起。

第二，它为一个大杂烩般的群体提供了一个框架，一种让人人都可以加入的模式。安德森强调，印刷品（尤其是报纸）的作用是让人们想象他们与从未见过或从未期待见过的人有共同之处。然而，长期以来，中国人一直认为同姓的人有共同之处，而这种形式较弱的共同纽带，也让所有与汉族父系通婚的族姓及可能与之通婚族姓的人都能感受到这一点，这是一个从已知扩展到未知的群体，最终包括传统上所谓的"百姓"。

第三，将民族认同视为一种血缘关系，使得超越地域的联系成为可能。尽管活跃的亲属群体扎根于当地，人们也一直给家庭和血统贴上地望标签，但即使在亲属搬走几个世纪后，人们仍然认可他们的亲属关系。同样地，姓氏与一个地方或地区的联系并没有妨碍其与分布广泛的地区建立联系。陈姓最初是河南一个地方的名字，在现代，陈姓比例最高的地区是福建，[①]但陈姓的传承仍然可以通过家谱和移民将陕西、广西、河北以及中国境外的陈姓人联系起来。[②]

第四，父系亲属制得以使各家族通过通婚而快速扩张。中国人从来没有被克里奥尔人或混血儿这类概念所困扰。在当时的汉朝、唐朝或宋朝，一名汉族移民足以让数千或数万后裔声称拥有中国血统，从而拥有中国身份（当然，除非他们吸收了一些中国文化，否则他们没有理由想要拥有这样的血统）。

第五，从谱系的角度去看身份标识和联系具有灵活性；它为编造神话提供了空间，以适应实际情况。

---

① 中国社会科学院《姓氏人名用字分析统计》，第1册，第43页。

② 这种思维方式的影响一个很好的例证是李济的《中国民族的形成》（*The Formation of the Chinese People*，麻省剑桥：哈佛大学出版社，1928年）。李济试图从史料所见之姓氏的地理分布的变化来分析当代中国不同地区因人口流动而带来的体质差异。显然，这位受过良好教育的学者从未想过，有那些最早出现在北方的姓的南方人可能与早期的北方人没有什么体质上的遗传关系，更不用说他们的姓可能并不来自于世系继承。

最后，父系民族观念与儒家文化主义并存共荣。其关键是起源，而不是纯度；其重点不是把别人拒之门外，而是要知道你是谁以及你与他人的关系。那些留下文字记录的人通常相信两件事，从逻辑上讲，其中一件事就已经足够了：(1) 成为汉人的关键是举止行为像汉人；(2) 让人成为汉人的是汉族祖先。但是，这两种信念各自为对方提供了背景，并影响了对方所拥有的效应。如果我们只注意到其中的一种，我们就看不到一个完整的故事。

（姚　平　译）

宋代宫廷祭祖仪式中的神御

    1082年11月的第四天,宰相和其他高级官员在黎明后一小时左右聚集在宫殿里。他们和卫兵、乐人以及僧人、道士一起,参加了一场皇室祖先神御的游行。游行队伍从天章阁馆开始,他们最近从许多不同的地方聚集在那里,并在重要朝会、殿试场所集英殿结束。[①]作为一种尊重的姿态,神宗(1067-1085年在位)一路步行来到右承天门迎接神御。当时担任低级朝官的庞元英参加了仪式,并记载,当神宗走到三年前去世的祖母高太后的神御前时,他的眼睛里流出了泪水。"于时日景晏温,皆以谓恭孝所感"。[②]据另一位历史学家说,当神宗看到他父亲英宗的形象时,他也哭了。他哭得如此激动,以至于没有一个聚在那里的官员能抬起头来。宰臣请求皇帝回宫,但他拒绝,伴着每一尊运往集英殿的神御行走。[③]

    第二天黎明时分,大约四千名随从,包括亲王和宗室,以及鼓乐演奏者,护送这些神御离开宫殿,来到其南部最近扩建的景灵宫(见地图1)。皇帝再次拒绝了那些催促他回去的人,亲自伴着每一尊神御走到宫殿南端的宣德

这篇文章的早期版本已在1995年巴黎东亚国家和仪式会议上发表,我要感谢与会者提出了许多有用的建议。我还要感谢鲍菊隐(Judith Boltz)和贾志扬(John W. Chaffee)阅读修订版,并为澄清和改进提供更正和建议。

[①] 关于宫殿中各种建筑的位置,参见周城《宋东京考》(北京:中华书局,1988年)以及伊原弘《中国开封的生活与岁时》(中國開封の生活と歲時)中复制的元代地图(东京:山川,1991年),第83页。

[②] 庞元英:《文昌杂录》(《丛书集成》版),卷2,第14页。

[③] 李焘:《续资治通鉴长编》(北京:中华书局,1985年),卷331,第7969页。

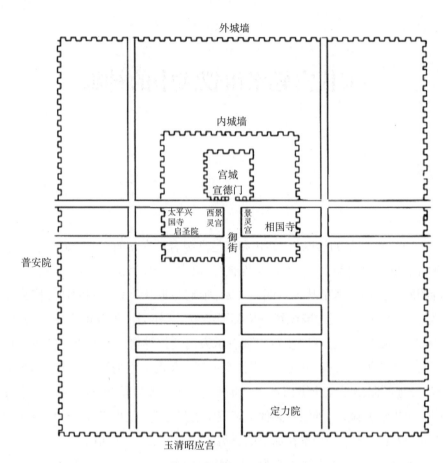

地图 1　开封安放宋代皇帝神御的主要寺庙的位置

门,在那里他向他们敬香和鞠躬告别。①

　　一天后,即 6 日,神宗乘坐皇家马车前往景灵宫。这是一处巨大的建筑群,包括三十多座大殿、亭台楼阁和其他建筑。②在他的高级官员陪同下,他首先参观安放圣祖神御的大殿,圣祖是黄帝的化身,被视为宋朝帝室的始祖。皇帝随后在供奉近祖神御的十一座殿堂中祭拜,前排六座供奉男性祖

①《长编》,卷 331,第 7969 页;《文昌杂录》,卷 2,第 14 页;脱脱:《宋史》(北京:中华书局,1977 年),卷 109,第 2621–2622 页。
② 关于它的布局,参见马端临:《文献通考》(十通本),卷 94,第 849 页。

先,后排五座供奉女性祖先。每个大殿都有一个名字,这是皇帝十天前亲自选定的。在神御安装后的第一次造访中,当神宗来到供奉祖母肖像的大殿时,他的悲痛尤为明显,他把这座大殿命名为继仁殿。据庞元英记载,在这次访问期间,人们发现供奉着宋太祖之父玄祖的肖像的天元殿的柱子上长出灵芝。①

两天后,即8日,朝廷官员奉上奏议,祝贺皇帝成功完成这些仪式。一名礼部官员的奏议使人们注意到作为祥瑞的灵芝。至于皇帝的部分,他颁布大赦。他还特别授予每位文官或武官的一个儿子或孙子入仕的职位,这些官员的形象被绘在安置神御的一个大殿的墙上。五天后,皇帝为他的官员们举办了一场盛宴,并向他们赠送丝绸,从而使庆祝活动达到高潮。②

皇帝、朝廷官员和宗室是最直接参与这些仪式的人,但更广泛的公众对发生的事情有所了解。邵伯温(1057-1134)记载,当游行队伍将神御从宫殿运送到景灵宫时,观众挤满了道路两侧。"教坊使丁仙现舞,望仁宗御像,引袖障面,若挥泪者,都人父老皆泣下"。③多年后的1100年,曾纡(1073-1135)指出,人们不仅对寺庙的壮丽感到惊讶,而且对其修建的速度也感到惊讶。他写道,文人和官员对为这些殿堂选择的名称的恰当性印象特别深刻,每一处的名称都体现了所供奉的男性或女性祖先的独特美德。④

在这十天的仪式活动中,一个核心要素,即帝室男女祖先神御的供奉,在学术上吸引的关注相对较少。⑤造成这种忽视的一个原因是,对帝王仪式感兴趣的学者们把精力集中在使帝王成为帝王的仪式上,即只有他们才有资格举行的仪式,比如外交性朝会和祭天,而不是类似于普通人所举行的祭

---

① 庞元英:《文昌杂录》(《丛书集成》版),卷2,第14页。

② 《长编》,卷331,第7969页;《宋大诏令集》(北京:中华书局,1962年),卷143,第519页;《文昌杂录》,卷2,第14页。

③ 邵伯温:《邵氏闻见录》(北京:中华书局,《唐宋史料笔记丛刊》,1983年),前集卷2,第17页。

④ 李攸:《宋朝事实》(《丛书集成》本),卷6,第100页。

⑤ 我能找到的唯一一篇直接探讨它的论文是山内弘一《北宋时代的神御殿和景灵宫》(北宋时代の神禦殿と景靈宮),《东方学》1980年第70期,第46—60页。该文仅讨论北宋,较少关注神御,更多关注寺观。

祖仪式和其他家礼上。^①另一个原因可能是，这种信仰在它的时代并没有特别引起争议。儒家学者对它的特点提出了各种各样的反对意见，但他们并不认为它是对儒家原则的特别严重的违反。^②

尽管如此，如果宋朝（960-1276）制造的80多尊帝王神御中有一尊或多尊幸存下来，历史学家和艺术史学家无疑会调查它们被整合进入帝王祖先崇拜的历史。因为这是不正常的：直到宋朝，皇帝的肖像在祭祖仪式中很少被用作祭祀对象，也就是说，作为后代或其他朝拜者供奉酒、食物和香的物品。^③

在某种程度上，皇帝的神御会被放置在寺庙中并被献祭，这并不奇怪。到了宋代，地方宗教中的许多神祇都是曾经活生生的人类的魂灵。如果镇压强盗或缓解饥荒的县官可以制成神御，而心存感激的臣民可以在他们面前献祭，那么为什么权力更大的皇帝就不能这样做呢？^④宋朝，皇帝经常

---

① 参见魏侯玮（Howard J. Wechsler）《玉帛之奠：唐朝正当化中的仪式和象征（*Offerings of Jade and Silk: Ritual and Symbol in the Legitimation of the T'ang Dynasty*）》（纽黑文：耶鲁大学出版社，1985年）；刘子健（James T. C. Liu）《宋朝皇帝与明堂（The Sung Emperors and the Ming-t'ang or Hall of Enlightenment）》，收入《白乐日纪念论文集（*Etudes In Memoriam Etienne Balazs*）》第二辑，鄂法兰（Francoise Aubin）编（巴黎：莫顿，1973年）；司徒安（Angela Zito）《牺牲的再现：文本的宇宙论和编辑》（Representing Sacrifice: Cosmology and the Editing of Text），《清史问题》1984年第5卷第2期，第47至78页；何伟亚（James L. Hevia）《怀柔远人：马嘎尔尼使华的中英礼仪冲突（*Cherishing Men from Afar: Qing Guest Ritual and the Macartney Embassy of 1793*）》（达勒姆：杜克大学出版社，1995年）。

② 例如，对儒家学者来说，英宗拒绝遵循他们对养子礼仪义务的解释，更是岌岌可危。见费克光（Carney Fisher）《宋英宗的仪式之争（The Ritual Dispute of Sung Ying-tsung）》，《远东历史论文集》（*Papers in Far Eastern History*）1987年第36期，第109至138页。

③ 尊崇统治者之间的相似性相对稀少，使中国在欧亚大陆早期文明中脱颖而出。参见詹姆斯·布雷肯里奇（James D. Breckenridge）《相似性：古代肖像的概念史（*Likeness: A Conceptual History of Ancient Portraiture*）》（埃文斯顿：西北大学出版社，1968年）。到公元前一世纪，中国人知道，在遥远的西方，一些国家把国王的脸刻在他们的硬币上，但没有一个中国统治者决定复制这种做法，显然认为传播关于他们的脸或他们祖先的脸的知识没有任何好处。事实上，在明代，制作或拥有统治者或前统治者的肖像是违法的，显然是因为担心它会被用于反王朝的目的。历代统治者的肖像以及天文图、黄金或玉符或印章等物品均被宣布为非法，这表明这些物品的危险之处在于，它们可能被那些希望获得新的天命或声称是前朝合法继承人的叛乱分子所使用。《明律集解附例》（台北：成文出版社，影印1898年版），卷12，第5a至6b页。

④ 关于将人类神化为宋朝民间宗教的主要神祇，参见韩森（Valerie Hansen）《变迁之神：南宋时期的民间信仰》（*Changing Gods in Medieval China, 1127-1276*）（普林斯顿：普林斯顿大学出版社，1990年），特别是第9页。

被称为"圣"，而宋朝供奉圣人孔子的孔庙也经常摆放他以及他的弟子的塑像。[1]

　　帝王祖先没有像民间宗教那样经常被当作神化的人对待的主要原因是，儒家礼仪专家通常被赋予设计和指导帝王祖先礼仪的责任，他们将这些仪式建立在文本传统的基础上，该传统没有提供在仪式中使用图像来代表祖先的理由。在儒家传统中，帝王的祭祖仪式在太庙中进行，其中刻有祖先名字的牌位是他们在仪式中被召唤时灵魂的容器。儒家礼仪专家认为，正确地祭祖是皇帝制度的一个重要方面，当以他们指定的方式祭祖时，帝王会与王朝的开国皇帝联系在一起，表达他的孝道，表明他致力于遵守根植于经典的传统，并表现出他崇高的地位。宫廷历史学家仔细记录了太庙建造和改造的每一步，每一块刻有祖先姓名的牌位的安装，以及围绕争议问题的辩论。这些争论本身具有某种程度的仪式化，因为官府聘请的儒家礼仪专家在每个朝代都重新讨论了一些问题，如太庙建筑应如何布局，哪些祖先应被标记为始祖，应在太庙供奉多少祖先，哪个皇后应与皇帝配对，完成使命的牌位应该转移到哪里，等等。这些争论可能会激起人们的热情，最重要的是因为祭祖仪式被解释为孝道的表达，皇帝和礼仪专家通常更重视充分表达孝道，而不是遵守受人尊敬的文本中的规定。[2]

　　这些关于正确执行祭祖仪式的传统并没有阻碍肖像画的发展，因为肖像画除了在仪式中代表灵魂外，还可以用于许多其他目的。早期王朝的皇

---

[1] 参见司马黛兰（Deborah A. Sommers）《明朝帝国仪式的象征》（Icons of Imperial Ritual in the Ming dynasty），1995 年在巴黎东亚国家和礼仪会议（the Conference on State and Ritual in East Asia）上发表的论文。

[2] 儒家关于帝王仪式的更普遍的争论，参见麦大维（David McMullen）《官僚与宇宙学：唐朝的礼法》，收入戴维·康纳汀（David Cannadin）和西蒙·普赖斯（Simon Price）主编《皇室仪式：传统社会中的权力与礼仪》（Rituals of Royalty: Power and Ceremonial in Traditional Societies）（剑桥：剑桥大学出版社，1987 年）。关于皇室背景之外的祭祖仪式的争论，请参见伊沛霞《中华帝国的儒学和家礼：礼仪著述的社会史》（Confucianism and Family Rituals in Imperial China: A Social History of Writing About Rites）（普林斯顿：普林斯顿大学出版社，1991 年），特别是第 45 至 67 页。关于宋朝太庙的辩论，参见山内弘一《北宋时代的太庙》（北宋時代の太廟），《上智史学》1990 年第 35 期，第 91 至 119 页。

帝经常使用肖像画家。①例如，在唐代（618-906），唐玄宗（712-716年在位）使用画家描绘过去和现在的他的各种姿势以及亲王、宫女、之前的皇帝和其他名人，更不用说马和其他动物了。②但是没有证据表明唐朝皇帝将祭品放

---

① 关于中国肖像画的文献很多。文以诚（Richard Vinograd）《自我的边界：中国肖像，1600-1900》（*Boundaries of the Self: Chinese Portraits, 1600-1900*）（剑桥：剑桥大学出版社，1992年）的开篇"导论：中国肖像画中的肖像、象征物和事件"（Introduction: Effigy, Emblem, and Event in Chinese Portraiture）引人深思，第1-27页。其他关于中国肖像画的研究包括埃里·兰曼（Eli Lancman）《中国肖像画》（*Chinese Portraiture*）（东京：塔特尔，1966年）；史美德（Mette Siggstedt）《命运的形式：正式肖像尤其是祖先肖像与相术之间关系的研究》（Forms of Fate: an Investigation of the Relationship between Formal Portraiture, Especially Ancestral Portraits, and Physiognomy（xiangshu）in China），1991年中国艺术史国际学术讨论会（International Colloquium on Chinese Art History）《会议记录、绘画和书法》第2部分（台北："故宫博物院"，1992年），第713至748页；何惠鉴（Wai-kam Ho）《从人物的面部取向看中国肖像画的发展》（Developments of Chinese Portrait Painting as Seen from the Face-Orientation of the Subjects），《肖像画》（*Portraiture*）（国际艺术史研究研讨会，第6期（京都：国际艺术史研究交流协会，1990年），第131至136页；柯思纳（Ladislav Kesner, Jr.）《中国祖先肖像中的记忆、相似性和身份》（Memory, Likeness and Identity in Chinese Ancestor Portraits），《布拉格国家画廊公报》（*Bulletin of the National Gallerw in Prague*）1993年第94卷第3-4期，第4至14页；雷德侯（Dietrich Seckel）《肖像画在中国艺术中的崛起》（The Rise of Portraiture in Chinese Art），《亚洲艺术》（*Artibus Asiae*）1993年第53卷第1-2期，第7至26页。关于皇帝的肖像画，另见方闻（Wen C. Fong）《宋、元、明时期的皇家肖像》（Imperial Portraiture in the Song, Yuan, and Ming Periods），《东方艺术》（*Arts Orientalis*）1995年第25期，第47至60页；何慕文（Maxwell K. Hearn）《清朝皇家肖像画》（Qing Imperial Portraiture），《肖像画》（*Portraiture*）（第六届国际艺术史研究研讨会，京都：国际艺术史研究交流协会，1990年），第108至128页；洪安全《中国历代帝王的相貌》，《故宫文物月刊》1983年第1卷第2期，第122至130页；李霖灿《"故宫博物院"的图像画》，《故宫集刊》1970年第5卷第1期，第51至61页；蒋复聪《"故宫博物院"藏清南薰殿图像考》，《故宫集刊》1974年第8卷第3期，第1至16页。关于中日罗汉的肖像，包括绘画和雕刻，见格里弗斯·福克（T. Griffith Foulk）和夏富（Robert H. Sharf）《论中国中世纪禅宗肖像的仪式用途》（On the Ritual Use of Ch'an Portraiture in Medieval China），《远东亚洲丛刊》（*Cahiers d'Extreme-Asie*）1993至1994年第7期，第149至219页。另一种显然更罕见的塑像被放置在坟墓里。有两个例子，见石岩主编《中国美术全集·雕塑编》，（北京：人民美术出版社，1988年），第15、159页。在纪念仪式中，塑像的其他用途很少见，但并非完全没有。十八世纪赵翼记载，尽管他的时代没人在祭祖仪式中使用肖像，但在唐宋时代有时会出现这种情况，并引用宋、明各一例。《陔余丛考》，卷32，第21a页。基思·史蒂文斯（Keith G. Stevens）《中国祭坛上的肖像和祖先图像》（Portrait and Ancestral Images on Chinese Altars），《亚洲艺术》（*Arts of Asia*）1987年第9卷第1期，第135至145页，在湖南和台湾的祭坛上发现了小的（约一英尺高）祖先塑像，但也发现台湾的大多数中国人从未听说过这种做法。

② 参见薛爱华（Edward H. Schafer）《唐帝国的象征》，《中国文化学志》（*Sinologzca*）1963年第7卷第3期，第156-160页；《宣和画谱》（《丛书集成》版），卷5，第154至159、160至162页。

置在他们祖先的画像前面。①

　　作为礼拜中心对象的神御也需要与呈现侍从或供奉者的塑像区分开来。很多神御都是玄宗的造像,安装在寺庙里,但不是作为主要形象。744年,玄宗命令各州铸造佛像、元始天尊和他本人的铜像,并将其安放在738年被指定为开元寺的佛寺道观中。玄宗的神御作为追随者或供奉者被放置在主像(佛像或元始天尊像,取决于是佛寺还是道观)的侧面。②一位赞助人把自己描绘成神像旁边的供奉者,这被认为是一种虔诚的行为,通常与祖先崇拜无关。③

　　像宋朝这样的中国王朝如何建立起如此陌生的祭祖仪式的形式? 在本文中,我将试图通过追溯宋代帝王祭祖仪式中神御的使用历史来回答这个问题。这一实践在宋朝如何扩展、转化和重建,在很大程度上可以告诉我们宋朝皇帝可以使用的各种仪式、可能导致形塑和修改国家祭祀甚至宋朝宗教想象中祖先的生命力的政治动力。它表明,即使在国家仪式中,皇帝以王朝的名义执行的仪式也有协商、迁就、重新贴上标签甚至转变的空间。文本并不是无关紧要的,但它们很难使局势保持稳定,因为皇帝、道士、儒礼学家甚至负责建设项目的太监都有机会影响所发生的事情。④

---

① 可能有的皇帝把先人的画像交给佛寺,令僧人供养,但证据很少。参见薛爱华,如上。

② 参见彬士礼(Charles Benn)《玄宗道教思想的宗教层面》(Religious Aspects of Emperor Hsiuantsung's Taoist Ideology),收入夏普德(David W. Chappell)编《中世纪中国社会的佛道实践》(Buddhist and Taoist Practice in Medieval Chinese Society)(火奴鲁鲁:夏威夷大学出版社,1987年),第137至138页;熊存瑞(Victor Xiong),《唐玄宗的礼法创新与道教》(Ritual Innovations and Taoism under Tang Xuanzong),《通报》(T'oung Pao)1996年第83期,第258至316页。

③ 侍从和从属的神灵之间的界限当然不是一成不变、很快可以划下的。(站在坐佛两侧的菩萨是他的侍从还是从属的神灵?)因此,塑像的含义可能会随着时间的推移而改变,或因崇拜者而异。以唐玄宗为例,在唐代,即使在他死后,当地庙宇中的他的塑像也不被视为皇家祖先祭祀的组成部分,唐代记载的皇家祖先祭祀仅涵盖在太庙和建在皇陵中的祠庙的祭祀仪式。参见《唐会要》(《丛书集成》版),卷12至20;杜佑《通典》(北京:中华书局,1988年),卷47至50。在《册府元龟》中我能发现的唯一一个明确为祖先祭祀使用皇帝形象的案例在晚唐或五代,涉及唐宋之间短暂的突厥统治的朝代之一。949年,后汉第二位皇帝将其父故居改建为庙宇,庙宇中安置他的泥塑像,岁时祭祀。《册府元龟》(台北:中华书局影印明版),卷31,第341页。

④ 关于宋代宗教景观的流动性,参见伊沛霞和格里高利(Peter Gregory)编《唐宋中国的宗教与社会》(Religion and Society in T'ang and Sung China)(火奴鲁鲁:夏威夷大学出版社,1993年)各章。

皇帝祖先的肖像

　　宋朝的创始人太祖（960—975年在位）似乎没有为父母制作任何神御，但他确实把他们的画像放在开封城南建于968年的一座佛寺即奉先资福院中。①（有皇室肖像的寺庙清单见附录）。他还让宫廷画家王霭为定力院绘制他父母的肖像。②太祖把父母的肖像放在佛寺，可能是遵循唐朝皇帝的先例，也可能是遵循当时流行的习俗。太祖的弟弟和继任者太宗（976—997年在位）似乎没有让人绘制任何太祖肖像。然而，宋太宗的儿子真宗（997—1022年在位）在许多寺庙中放置他前辈的肖像。999年，他任命僧人元霭为开封新建成的启圣院绘制一幅太宗画像，此后多年他经常光顾该寺。③毫无疑问，因为太宗的皇后（明德皇后）还活着，所以此时只有太宗的肖像被安置在启圣院。然而，真宗不是她的儿子，而是一位死于977年的妃子的儿子，她在死后被尊为元德皇后。此后，这座寺庙里还放置一幅真宗母亲的画像。④

　　真宗不满足于只有一座寺庙拥有他父母的肖像。1000年，他在陕西凤翔建立上清太平宫，以容纳太宗的另一尊塑像。⑤此外，他还在都城外的普

---

① 王明清：《挥麈后录》（《丛书集成》版），卷1，第27页；《宋会要辑稿》，礼13之1b至2a。多年后，玄祖夫妇的画像将被替换，因为他们被描绘着穿着不再被认为与他们的崇高地位相称的衣服。撤下的肖像被放回宫殿。《长编》，卷191，第4611页。为便于读者通过译名区分佛寺与道观，此处将佛教常用术语院、寺译作cloister，将道教常用术语宫、观译作temple。

② 刘道醇：《宋朝名画评》。关于此寺，参见《宋东京考》，第282至283页；《宋会要》，礼13之5a-b。

③ 《宋会要》，礼13之2b；《长编》，卷45，第962页，卷46，第990页，卷51，第1107页，卷58，第1300页，卷70，第1563页，卷75，第1707页，卷75，第1718页，卷82，第1866页，卷89，第2038页，卷94，第2174页，卷95，第2191页，卷97，第2240页。关于元霭，参见《图画见闻志》，卷3，第140至141页。关于太宗始建并持续十年在建的启圣院，参见黄启江（Huang Chi-chiang）《北宋初期的帝王统治术与佛教》（Imperial Rulership and Buddhism in the Early Northern Sung），收入白保罗（Frederick P. Brandauer）和黄俊杰（Chun-chieh Huang）编《传统中国的帝王统治术与文化变迁》（*Imperial Rulership and Cultural Change in Traditional China*）（西雅图：华盛顿大学出版社，1994年），第159至160页。

④ 《宋会要》，礼13之2b。关于真宗的母亲，参见《宋史》，卷242，第8610至8611页。

⑤ 《宋会要》，礼13之2b。太宗在位初期就建造了这座寺庙，参见徐铉碑记，《全宋文》卷31，第518-20页。

安院放置一幅母亲(元德皇后)的肖像。[①]真宗花了几年时间才开始为纪念他的伯父,即王朝的创始人,大兴土木。1007年,他下令在他的出生地洛阳城外约10里处为太祖修建宫殿,将之命名为应天禅院,这是对天命的暗示。[②]尚不清楚上述三座寺庙中最早的肖像是否是绘画;此后真宗开展大规模的道教宫观建设,有些似乎已经有塑像。[③]

道 教 关 联

1010年以前,除了一座道观外,所有接收皇室祖先肖像的宗教场所都是佛寺。崇奉祖先是儒家传统的组成部分,但到宋初,佛教场所在帮助人们履行对祖先的义务方面发挥了重要作用。直到真宗统治中期,道教机构才发挥了很大作用。那时,真宗已经深陷道教预言,宫观建设项目极大地扩大皇家神御的使用。

1008年,真宗收到(或编造)天书,命令全国各地建立天庆观,以纪念这一吉兆。四年后,即1012年,真宗宣称他看到道教上仙黄帝的化身。这个化身告诉他,他在一个世纪前降世,化身为真宗的祖先,赵氏家族的创始人。真宗称这一化身为圣祖,并命令将他的肖像放置在每座天庆观特定的圣祖殿中。[④]在宣称和庆祝自己是道家

---

① 《长编》,卷64,第1437页,卷75,第1707页;《宋会要》,礼13之2b。太宗皇后(明德皇后)的画像也最终安放在普安院。

② 《宋会要》,礼13之1a;《三山志》(《宋元方志丛刊》版),卷8,第7695页;《宋大诏令集》,卷143,第517页。1011年仍然在建,《长编》,卷75,第1716页。

③ 文献并不总是清楚肖像是绘画(通常在丝绸上)还是雕塑(通常用黏土,但有时也用其他介质)。皇帝的彩绘和雕刻肖像通常都用专门用于皇家肖像的术语来指代,主要是"御容"和"神御",但也可以用广泛用于佛寺、道观、祠庙中神像的"圣容"和"圣像"。放置皇帝像的殿堂统称为神御殿,但均有名字,而且经常被称作他们令人眼花缭乱的名字(本文仅提到的其中一小部分)。只有当肖像被称为塑像或被描述为铸造或雕刻时,我们才能确定它是塑像。大约作于十二世纪三十年代,李攸声称,除了启圣院元霭所绘太宗像和玉清昭应宫的金属塑像之外,其余肖像都是泥塑,他特别提到奉先资福院和凤翔上清太平宫,暗示至少在他活跃在京师的十二世纪初,这些寺观都有塑像。《宋朝事实》,卷6,第98页。1030年,启圣院太宗像被加上两位太监的塑像,暗示他的肖像也是一尊塑像。《宋会要》,礼13之2b。

④ 《长编》,卷79,第1797至1798页;《宋会要》,礼5之18a-20b;瑞异1之29a-34b。另见柯素芝(Suzanne E. Cahill)《宋朝宫廷道教:1008年的天书事件》(Taoism at the Song (转下页)

上仙的后裔时，真宗效仿唐朝(618-907)的先例，唐朝的皇帝声称自己是老子的后裔。事实上，在唐代，"圣祖"一词被用来指被神化的老子。[1]

与圣祖有关的最大工程是在开封修建玉清昭应宫。这是一处巨大的宫观建筑群，有2 610区，占地310乘413步。它的两座大殿供奉着玉帝和圣祖，但也有许多供奉其他道教神灵的殿堂。此外，它还有一座供奉真宗的两位前辈太祖和太宗造像的殿堂，称为二圣殿。[2]玉帝、圣祖、太祖和太宗等四尊神御为贴金铜铸。玉帝的塑像无疑是最大的，高25英尺。这些中心人物被安置在他们的大殿时，身边都有随从，其中大部分是泥塑。真宗仿效唐玄宗的先例，在玉帝和圣祖的神御旁放置一尊自己的玉制神御作为陪侍。[3]

太祖、太宗和两位道教神仙的四尊铜像是在远离京师、靠近现代扬州的地方铸造的。把四尊铜像送到开封的游行很隆重。在通往开封的路上，无论载着神御的船只经过哪里，官员们都会在僧道和乐师的陪同下，走出10里去迎接他们。当他们最终抵达时，欢迎仪式包括皇帝、宗室、全体官员、2 500名士兵组成的仪仗队和300名乐师。在游行经过的所有地点，死刑犯都被宣布赦免。当首次安置在各自的大殿时，士庶被允许参观三天。这一特权延续至后来的几次场合，最终决定每年元月允许游客

（接上页）Court: the Heavenly Text Affair of 1008)，《宋元研究通报》(*Bulletin of Sung-Yuan Studies*) 1980年第16期，第23至44页；孙克宽《宋元道教之法展》(台北：东海大学，1965年)，第71至92页；蓝克利(Christian Lamouroux)《仪式、空间和财政：11世纪中国的君权重构》(Rites, espaces et finances: la recomposition de la souverainete dans la Chine du 11e siecle)，《年鉴：历史、社会科学》(*Annales: Histoire, Sciences Sociales*)，1996年第2期，第275至305页。

[1] 关于前代帝王借鉴道教并利用道士的方式，见彬士礼《玄宗道教思想的宗教层面》，第127至45页；傅飞岚(Franciscus Verellen)《宗教仪式与君权：道教仪式在蜀国(907-925)建立中的作用》(Liturgy and Sovereignty: The Role of Taoist Ritual in the Foundation of the Shu Kingdom [907-925])，《泰东》(*Asia Major*)1989年第2卷第1期，第59至78页。

[2] 徐松辑，陈智超点校：《宋会要辑稿补编》(北京：中华书局，1988年)，第24-26页；洪迈：《容斋随笔》(上海：上海古籍出版社，1978年)，三编，卷11，第544页。自从真宗参拜玉清昭应宫，他开始分别祈祷三清、玉帝、圣祖、玄武、天书、太祖、太宗。《全宋文》，卷266，第219至221页。

[3]《宋会要辑稿补编》，第25页。

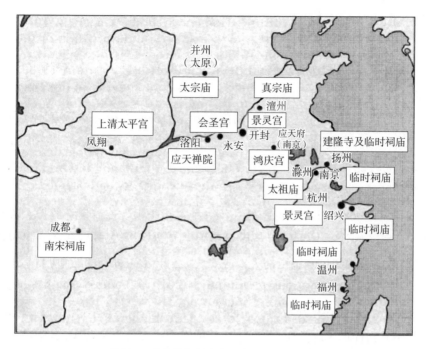

地图2　宋帝神御所在主要寺观的地理分布

参观。①

　　真宗还将祖先的神御安放在京师以外他修建的大型寺观中。1014年，当他参观河南应天府天庆观的圣祖殿时，他将这座宫观改名为鸿庆宫，并授予它太祖和太宗的神御，作为侍从放置在圣祖神御的两侧。他还将该府改名为南京（见地图2）。②建立这座宫观的诏书开篇称："在昔圣王，通追先烈。或偻修原庙，或模写睟容，所以伸继孝之心。"③从那时起，人们经常提到原庙，将供奉帝王形象的做法与上古联系起来。原庙一词最早见于汉代，指开国皇帝高祖之子为其修建的两座祠庙，一座在京城外，另一座在他的家乡，注释称它复制太庙的功能。尽管没有证据表明这些祠庙里有高祖的肖像，

①《宋会要》，礼13之3b；《长编》，卷80，第1821、1825至1826页；《宋会要辑稿补编》，第24至26页。

②《宋会要》，礼5之1a；《宋史》，卷104，第2538页；王栐：《燕翼诒谋录》（北京：中华书局，1981年），卷2，第18页；《长编》，卷82，第1864页，卷100，第2316页。

③《宋大诏令集》，卷143，第517页。

在宋代原庙一词还是被广泛用于指称安放皇室神御的殿堂。①

太祖与太宗神御安置在鸿庆宫后不久，真宗在洛阳附近的应天禅院安放一尊太祖神御，这座寺院已在建十年，当时共有991区。②这尊神御在开封制作，当准备运送它时，举行了一个包括乐师、僧道以及各级官员的盛大游行。皇帝供奉神御，然后从宫城南门离开。当神御被抬进西郊琼林苑的大门时，官员们离开。此后，每月月初和月中以及新年和冬至，洛阳知府都要去这个大殿烧香。更完整的仪式在元月选定的日期和太祖忌日举行。③

真宗于1022年去世后，他的继任者仁宗（1022-1063年在位）还是个男孩，刘太后（968-1032）统治朝廷十年。她对帝王祖先神御崇拜的扩大甚至超过真宗。她让曾是真宗崇道政策核心的道教预言文书与真宗一起被埋葬，但她没有关闭供奉圣祖的大殿或安放太祖和太宗神御的殿堂，而是迅速在大多数殿堂中设置真宗的神御，包括南京鸿庆宫、洛阳城外的应天禅院、陕西的上清太平宫和开封的玉清昭应宫。④除了在已经有太祖和太宗造像的寺观中放置真宗造像外，太后还在其他寺观中安放真宗造像，其中最重要的是景灵宫（本文开头提到）。真宗于1014年至1016年在宫城南面修建这座主要供奉圣祖的宫观。它没有玉清昭应宫那么大、那么宏伟，但它仍然令人印象深刻，刚建成时有726区。它和皇家赵氏有着特殊的联系。因为1015年，它仍在建造中，真宗委托在道藏中搜寻拥有皇族姓氏赵姓的神仙，然后

① 汉文参考文献参见司马迁《史记》（北京：中华书局，1969年），卷99，第2725至2726页；班固《汉书》（北京：中华书局，1962年），卷22，第1045页。另见鲁惟一（Michael Loewe）《汉代的占卜、神话和君主制》（*Divination, Mythology and Monarchy in Han China*）（剑桥：剑桥大学出版社，1994年），第281-284页；巫鸿（Wu Hung）《武梁祠：中国早期绘画艺术的意识形态》（*The Wu Liang Shrine: The Ideology of Early Chinese Pictorial Art*）（斯坦福：斯坦福大学出版社，1989年），第210至212页。巫鸿认为原庙的墙壁上应该有皇帝的画像，但证据很少。关于宋代早期对汉代实践的理解，参见王钦若等编纂，《册府元龟》，卷28，第3b、7a、10a-b页。

② 《长编》，卷89，第2062页。

③ 《宋史》卷7，第132至133页，卷109，第2625页；《宋会要》，礼13之1a-b；《长编》卷89，第2061页。关于洛阳以外寺观的位置，见欧阳修《欧阳修全集》（台北：世界书局，1961年），诗话，第1035页；李心传《建炎以来系年要录》（北京：中华书局，1956年），卷9，第283至284页；叶梦得《石林燕语》（北京：中华书局，《唐宋史料笔记丛刊》版，1984年），卷1，第4页。

④ 《宋史》卷9，第177至184页；《宋会要》，礼13之1b-3a；《长编》，卷100，第2316、2318页，卷102，第2351、2353、2364、2367页，卷104，第2425页，卷105，第2451页；《全宋文》，卷942，第408页。

在走廊的墙上发现这四十人的肖像画。[①]那里举行类似玉清昭应宫的仪式，其中最重要的是道教仪式日历中重要的下元节。[②]1023年，真宗神御被安设在景灵宫奉真殿后不久，该殿被定为真宗忌日官员必须行香的地方。[③]另一项创新是新任宰相的参拜。1023年，王钦若（962-1025）前往位于景灵宫的真宗殿，对被任命为宰相表示感谢，并花费500贯举办道教斋醮。此后，每当一位官员被任命为宰相，他都会去景灵宫表达对皇室祖先的感激之情，证明他对王朝的忠诚，而不仅仅是对现任皇帝的忠诚。[④]

尽管许多已建寺观中都有真宗的御容，但太后还是支持修建更多很大程度上用于祭祀真宗和安置其神御的寺观，包括1026年的慈孝寺和1030年的洪福院。[⑤]

1029年，闪电击中玉清昭应宫，它几乎被彻底摧毁。起初，刘太后希望重建，但最终她被反对重建的儒家建言者说服，理由是上天对之前的兴修寺观工程表示不满。在决定不重建后，她将两座幸存的建筑更名为万寿观。[⑥]她一度在这座道观里安置一尊由5 000两黄金制成的真宗神御。[⑦]

---

① 关于北宋宫殿建筑的壁画，见张珠玉（Scarlett Jang）《仙境：北宋玉堂的装饰画》（Realm of the Immortals: Paintings Decorating the Jade Hall of the Northern Song），《东方艺术》1992年第22期，第81至96页。景灵宫有两处，一处在开封，一处在山东兖州。《宋会要》和《文献通考》等基本史料的编撰者似乎并不总是区分这两处宫观，因此赵姓神仙像可能绘制在山东景灵宫的墙壁上。

② 《长编》，卷79，第1807页，卷85，第1940页，卷87，第1990至1991页，卷88，第2021页，卷96，第2219页。《宋大诏令集》卷136，第479页，卷148，第549页；欧阳修：《太常因革礼》（《丛书集成》版），卷74，第348页；孟元老：《东京梦华录外四种》（上海：古典文学出版社，1956年），卷3，第20页。

③ 《宋会要》，礼42之6a-b。唐代，这些仪式都在皇家开元寺举行。参见彬士礼（Charles Benn）《作为唐玄宗统治时期（712-755）意识形态的道教》（Taoism as Ideology in the Reign of Emperor Hsuan-tsung (712-755)），密歇根大学博士论文，1977年，第98至102页。宋朝建立之年，太祖宣布他四代祖先的死期，并命官员在这些日期到寺庙烧香，《宋会要》，礼42之1a。在京师，以此为目的参拜的主要寺观是佛教重要寺院相国寺。但此后每位皇家男性或女性祖先都被指定不同的寺观，总有一所安放他或她的御容。参见《宋会要》，礼42之1a-17b。

④ 江少虞：《宋朝事实类苑》（上海：上海古籍出版社，1981年），卷28，第350页。1086年，当皇帝免除其参拜义务时，司马光坚持其正当性。司马光：《司马文正公传家记》（台北：《国学基本丛书简编》），卷49，第629至630页；《长编》，卷338，第8138页。

⑤ 《宋会要》，礼13之3a；《长编》，卷102，第2369页；黄启江：《北宋初期的帝王统治术与佛教》，第163页。

⑥ 《长编》，卷108，第2515、2519页；佚名：《儒林公议》（《丛书集成》版），卷1，第7页。

⑦ 《建炎以来系年要录》，卷53，第941页；《宋会要》，礼13之3a；《燕翼诒谋录》，卷2，第20至21页。

也许因为她节俭地决定不重建玉清昭应宫，太后在1030年建造了两座新的殿堂来崇奉皇室祖先的神御。其一是开先殿，用于安放原本安放在宫城附近太平兴国寺中的太祖的一个或多个神御。在将神御从皇宫运到开先殿的大游行的第二天，太后亲自去奉上更多供品。[①]这座寺庙当时被指定为太祖忌日官员应该参拜的地方。[②]

同样在1030年，永安县山上的会圣宫开始修建，该县也是皇陵所在的县（见地图2）。太祖、太宗和真宗的神御从京师运送并安放在这座宫观。完工五天后，它一直开放，以便士庶参观。[③]时任洛阳知府的欧阳修（1007-1072）为它的落成上奏一篇冗长的颂歌，赞美先前三位皇帝的成就和仁宗的孝道。[④]此后，每位继任皇帝的神御都被安置在这座宫观的正殿里。

刘太后去世后，仁宗开始亲政，他没有必要在寺观中安放任何皇帝的神御，但他确实在佛寺或道观的大殿中安放几位皇后的御容。例如，1033年，皇帝在刘太后用自己的嫁妆在洛阳修建的崇福寺中安放一尊她的神御。他在慈孝寺（被指定为举办她忌日仪式的寺院）安放另一尊刘太后的神御。大约在同一时期，仁宗得知他的生母是李姓宫女，在太后去世几个月前去世。于是他安排让她重葬，并在景灵宫（指定为举办她忌日仪式的寺观）为她建造了一座神御殿。事实上，太后和仁宗生母的神御在同一天安放在不同的寺观。[⑤]仅仅几年后，1037年，宗室资金（房屋、土地和1 000多两黄金）被用于修建万寿观（玉清昭应宫所在地）广爱殿，以安放最近去世的杨太后的神御，杨太后是主要养育仁宗的皇妃。[⑥]尽管已有许多宫殿供奉他父亲真宗的神御，1049年，仁宗又在宫城内的一座道观中修建一座新的。落成后，他邀

---

① 《宋会要》，礼13之2a。65年后，这座寺院的另一个大殿广圣院将40幅太祖神御（可能是画作）、1幅太宗神御、1幅他们的父亲玄祖的神御送到宫中。皇帝邀请他的侍从官烧香，然后上殿观看这些神御。《宋会要》，礼13之5a-b。

② 《宋会要》，礼42之7a。

③ 《宋会要》，礼5之1b-2a，13之1b；《长编》，卷109，第2536页，卷110，第2555页；《全宋文》，卷277，第425页。

④ 《欧阳修全集》，居士外集，卷8，第408至410页。

⑤ 《宋朝事实》，卷3，第47页；《长编》，卷113，第2640页；《宋史》，卷242，第8617页；《宋会要》，礼42之7b。

⑥ 《长编》，卷120，第2823页；《宋会要》，礼13之3b；《宋史》，卷242，第8617至8618页。

请宗室和官员前来参拜。①

皇帝和居住在京城的官员定期参拜安放历代帝后神御的寺观。皇帝每年参拜它们四次,作为岁时祭祀的一部分,从一处旅行到另一处。官员们在这些场合陪同他,但在其他不陪同他的场合,尤其是在皇室祖先的忌日,官员们也去参拜。1052年,诏令规定在这些场合官员应在何处下马。据称,当他们在国忌日前往相国寺、启圣院和慈孝寺行香时,宗族和官员都会在门外下马,但在兴国寺没有固定的规则,有些人在进入庭院后才下马。②1070年颁布一份时间表,以确定寺观举行国忌的适当支出规模。在包括所有前任皇帝的十五个最重要的日子里,2.5万钱用于寺观饭僧,并供应两斤香料;在四个较小的周年忌日(针对王朝建立之前的祖先和女性祖先)中,2万钱将用于盛宴,并供应10两香。③

维护所有这些神御殿还需要支付其他费用,因为每处均有定期补贴。④维修和翻新也很昂贵。1040年,方偕反对重建被烧毁的供奉神御的鸿庆宫宫殿。皇帝同意该建议,将神御埋在宫中地下。然而,几年后的1047年,应张方平(1007-1091)的请求,寺观得到修复,再次安放神御。⑤1057年,朝廷出资,拆除并修复普安院中被洪水毁坏的三位皇后的神御。⑥

仁宗朝皇家神御之前举行的仪式类型还有其他零星的记录。例如,1059年12月,欧阳修撰写两篇祝文,向太祖和太宗的父母报告他们的神御被送到不同的地方;两篇为真宗忌辰景灵宫真宗像而作,分别关于念佛经和道经;两篇出于同样的目的为仁宗母亲(谥号章懿太后)而作。⑦

---

① 《长编》,卷167,第4013页;王应麟:《玉海》(上海:上海书店,1987年),卷158,第16a-b页。

② 《宋会要》,礼42之8b-9a。

③ 《宋会要》,礼42之10b。

④ 《长编》,卷160,第3871页。

⑤ 《宋会要》,礼5之1a-b;《长编》,卷127,第3018页,卷159,第3855页;张方平:《乐全集》(《四库全书》版),卷25,第2a-4a页。史料未说明这些是同一御容还是新御容。

⑥ 《长编》,卷186,第4497页。

⑦ 《欧阳修全集》,内制,卷7,第667页。王珪(1019-1085)的文集里还有更多的祝文,可惜没有注明日期。参见《全宋文》,第1163至1170页。

地方寺观中的皇帝神御

帝王祖先的形象被安放在都城外和都城内的寺观中。其中最精美的寺观由中央政府在洛阳、永安和南京创建，前文已经讨论。然而，除此之外，还有一些案例是地方创建发挥主要作用。有时，有进取心的寺观住持寻求中央政府的许可和帮助，有时他们在不通知官府的情况下安放神御。这些寺观有的供奉绘画，有的供奉塑像。

如果一位皇帝曾居住在某个地方或在那里领导过军事行动，那就被认为是为他建立寺观的充分理由。太祖不仅在扬州度日，而且还建立建隆寺。1005年，该寺住持请求一幅太祖画像，朝廷批准。然后，32年后的1037年，僧人请求允许用塑像替换这幅画。朝廷不仅同意，还制作并运送塑像。①

1053年，仁宗批准在与太祖、太宗和真宗的军事成就有关的省份的三个地方（安徽滁州为太祖，山西并州为太宗，河北澶州为真宗）供奉他们的神御（见地图2）。这些神御被放置在寺观新建的大殿中。太祖殿建在当地的天庆观，另外两座建在佛寺。芳林园的工匠奉命绘制三位皇帝的御容（很可能是彩绘泥塑）。他们完工后，组织了一场大游行为它们送行。4月22日，太宗的肖像被送到并州时，仁宗告诉他的官员："朕阅《平晋记》，所载'太平兴国四年，亲征至太原城下'，亦此日也。事之相去七十有五年，而日月符合如此，何其异也！"不足为奇，他的官员声称这种巧合说明他的孝道的力量。②

虽然不是每个州都能声称与皇帝有某种特殊的联系，但每州都在天庆观设有圣祖殿，它们有时除了放置圣祖神御外，还有太祖、太宗或真宗的

---

① 《长编》，卷120，第2832页。提出请求的人的理由是这幅画粗俗，而且风水先生声称东南有王气。关于该寺历史，参见王禹偁《小畜记》（《四库全书》本），卷17，第1b-4a页；黄启江《北宋初期的帝王统治术与佛教》，第158页。

② 《宋史》，卷109，第2625页；《长编》，卷174，第4197、4203页；《宋朝事实》，卷6，第98页。

神御。①1111年，凤翔天庆观圣祖殿内的圣祖像、太祖像和太宗像完成修复。②1115年，一名官员奏称，除了大名的寺观之外，河北的所有寺庙都没有在太祖、太宗和真宗的神御前悬挂帘幕。次年，他奏称，大名的太祖和太宗神御被错误地摆放为圣祖的侍从，因此他们没有收到自己的祭品。③

有时，其他寺庙在未经皇帝批准的情况下摆放皇帝御容。陕西丹州宜川县的一座山庙有任何人都可以观看的太祖、太宗和真宗的御容。④十世纪八十年代，僧道辉在四川新樊县一座寺院药师佛殿墙上绘制太祖御容。当地传统认为，这样做是出于对太祖征服四川时相对较少流血事件的感激。这幅壁画对该寺的任何游客都是可见的，因此，1073年，成都知府赵抃（1008-1084）试图为其修建一座独立的建筑。这一请求遭到拒绝，但他被命令支起栏杆和帘幕掩盖御容，以对它更尊重。1084年，成都府官员再次请愿，并获准翻修这栋建筑，以便用一扇锁着的门来保护御容。地方官被令定期前往献祭。⑤

儒 士 的 反 对

毫不奇怪，儒士从来不是在任何帝王祭祖仪式中使用帝王神御作为中心对象的强烈支持者，有时他们反对这种做法的成本或其他方面。例如，1009年，王曾（978-1038）抗议花太多钱在洛阳为太宗修建一座神御殿；1030年，范仲淹（989-1052）抗议兴修寺观的项目花费；1055年，欧阳修抗议朝廷花费17 500贯钱在替换开先殿的13根柱子的材料上，当时只有两根柱

① 这里的证据尤其不完整。翻阅现存宋元方志可以发现许多关于天庆观的记载，但它们没有提及其中的神御，甚至没有提及圣祖像。蒙古征服几十年后的1293年，蒙古统治者下令摧毁南方道观中的圣祖殿，暗示他们将其视为宋皇室祠庙，而非黄帝祠。于是1295年下令销毁天庆观中的宋太祖神主，此后更名。我没有看到任何提及这些寺庙中的神主的记载，怀疑有些史家可能误写"神御"。参见《元史》（北京：中华书局，1976年），卷17，第372页，卷18，第396页。
②《宋会要》，礼13之7a。
③《宋会要》，礼13之7a-b。
④《宋会要》，礼13之7a。
⑤《建炎以来系年要录》，卷169，第2757页，卷177，第2929页；《宋会要》，礼13之4b。其他两处分别有太祖、真宗御容的地方寺观的例子，一处佛寺和一处道观，见《宋会要》，礼13之12a。

子受损；同年，范镇（1008-1089）反对重建毁于火灾的并州御容殿。① 这些士人经常争辩说，上天通过烧毁这些寺庙来表示对它们的不满。士人有时还敦促皇帝怀疑那些提出建设项目的人的动机。欧阳修的策略是，希望从项目中获利的宫廷太监支持在景灵宫为仁宗废黜的郭皇后创建一座宫殿的提议。② 同样地，吕公著（1018-1089）敦促皇帝怀疑寿星观道士的动机，因为他们报告他们发现自己的神像与真宗一模一样，请求为他建造御容殿。③ 明确拒绝在祭祖仪式中使用御容的观点并不常见。1043年，监察御史蔡禀（1002-1045）指责，对御容殿的关注导致对太庙的忽视。他告诉仁宗："周制四时祫亲之礼有九，今寺观则车驾一岁再临，未尝荐献，非奉先教民之意。"④ 几十年后，孙洙（1031-1079）也提出类似的指责："国家每岁四孟及季冬凡五享，三年一祫，五年一禘。皆有司侍祠，天子未尝亲事。惟三岁亲郊一行告庙之礼，而五神御殿酌献一岁遍焉。是失礼经之意，循近世之失也。"⑤

1062年，司马光（1019-1086）提出了同样的根本反对意见，他认为祖先的灵魂与太庙的木版神主有着独特的联系。因此，他批判在御容前进行供奉的整个观念。"自古帝王之孝者，莫若虞舜、商之高宗、周之文武，未闻宗庙之外，更广为象设。"对司马光来说，将这样一座大殿标记为原庙并没有改变这种做法并非源于经典的事实。⑥

景灵宫的改造

无论儒士对供奉帝王祖先御容的反对是否产生很大影响，神宗朝

---

① 《长编》，卷71，第1614页，卷109，第2538页，卷180，第4360至4362、4365页；《宋史》，卷109，第2625至2626页；《宋朝事实》，卷6，第100页。

② 《长编》，卷188，第4532至4533页，卷190，第4382至4383页；《欧阳修全集》，奏议，卷15，第877页。

③ 《长编》，卷195，第4730页。

④ 《长编》，卷142，第3423页。皇帝认为这是对他的孝道的挑战，他告诉在场的辅臣，他不能像以前那样经常去太庙，因为他每三年祭祀一次郊庙，必须向每个人赠送礼物。他强烈否认他没有更频繁地访问是不孝证据的暗示。他对他们说："朕朝夕奉三圣御容于禁中，未尝敢怠也。"对他来说，在御容前供养就像在太庙的神主前供养一样，是孝道的良好证明。

⑤ 《玉海》，卷97，第46a-b页。

⑥ 《长编》，卷197，第4780至4781页。

（1067-1085年在位）末期，都城景灵宫从一座以道教神仙与圣祖为中心兼有几座供奉既往帝后的偏殿的场所，变为一座布置更像严格的儒家太庙、庆祝皇帝与其高级文武官员交往的寺观。这并不是通过劝说皇帝缩小规模或把所有御容放在某个偏僻的大殿里，而是通过劝说他在重铸寺庙的同时，大幅扩建寺庙建筑群并改造它来实现的。与太庙有关的祖先崇拜形式，包括在祭祀主要人物时"配飨"次要人物的做法，被用来改变这座寺庙建筑群中祭拜的意义和功能。

几年前，在这些寺观里庆祝皇帝和他们的辅臣之间的联系已经成为这种崇拜的一部分。1064年，景灵宫修建一座大殿以容纳仁宗御容，应张泰（1013-1082）的请求，墙上绘有曾在他手下服务的七十二位文武大臣的肖像。[1] 使者被派往官员家中获取肖像，结果是这些画作制作非常熟练，可以分辨出这些面孔，"观者莫不叹其盛美"。重臣被邀请参观各种御容并行香。几天后，太后亲自带着公主和命妇来参拜。[2]

1078年，对所有朝廷礼仪的文本基础的全面调查开始。在接下来的两年里，当委员会每隔一段时间进行报告时，许多对景灵宫的礼仪形式的小修改被提议并接受。例如，一个变化是皇帝站在台阶上而不是底部献祭，另一个变化是关于他何时手持玉圭。[3] 于是1080年下令进行彻底重组。为了加强当时分散在都城各地的寺观、在帝后御容前的行香，决定在景灵宫中增加11座大殿，按照穆（交替世代）顺序排列它们，并为它们重新命名。该场地不得不扩建，因此拨出12万贯钱来补偿那些房屋被没收的人。[4]

当这一重大建设项目完成时，景灵宫已成为一座庆祝宋朝及其历史的

---

[1] 孔庙经常装饰着七十二名弟子的绘画，所以选择这个数字可能是为了将仁宗比作圣人。参见孟久丽（Julia Murray）《杭州孔子与72位弟子的升仙图：为政治服务的艺术》（The Hangzhou Portraits of Confucius and 72 Disciples［Shengxian tu］: Art in the Service of Politics），《艺术公报》1992年第74期，第7至18页。

[2]《长编》，卷200，第4852页；《宋会要》，礼13之3b；郭若虚《图画见闻志》（《艺术丛编·宋人画学论著》，台北：世界书局，1962年），卷6，第245至246页。

[3]《长编》，卷288，第7042页，卷293，第7152页，卷306，第7442、7448页。

[4]《长编》，卷304，第11b页，卷308，第11a页；《挥麈前录》，卷1，第29至30页。有关较早位置的列表，参见《宋会要》，礼13之3a–b。

宫观。走廊和走道的墙壁上画着文武大臣的肖像。[①]1082年11月，本文开篇描述的盛大仪式开始了。

随着这些图像被重组为一个复杂的寺庙建筑群，在它们之前举行的仪式被重新设计为更儒家的模式。参拜被视为类似参拜太庙并在类似场合举行，譬如在郊祀或祭祀明堂等重大仪式之前。此外，根据儒家经典，每个季节的首月举行一次季节性献祭。人们继续用素食祭品供奉圣祖（如同相应的道教神仙），但其他人则得到正常的肉食祭品。[②]这些和其他规则无疑包括在1080年礼学家发布的四本著作中：《景灵宫四孟朝献仪》二卷附《看详》十三卷、《大礼前天兴殿仪》一卷附详解十八卷。[③]

景灵宫中神御的巩固带来的另一个后果是国忌庆祝方式的改变。此后，所有仪式都在相国寺和景灵宫举行。[④]

通过考察1085年3月神宗去世后所采取的步骤，可以说明儒、道甚至佛教元素在帝王神御崇拜中的混合。当时，新帝哲宗是一个十岁的孩子，朝廷的首要人物是他的祖母高太后（1032-1093）。10月，神宗下葬，11月，他的神主被安放在太庙。[⑤]次月，刘挚（1030-1097）奏请如何在景灵宫中安放神宗神御。他辩称，宫观已经很拥挤，扩建将扰乱附近居民的生计。刘挚认为，最好不要为每位帝后建造单独的建筑，而是将帝后配对，这样神宗的神御就可以放在现有的大殿里。太后不同意，但她没有扩建场地，而是下令在英宗之殿后面的空间内新修一座殿堂。1086年1月颁布的德音

---

① 到1086年，每个皇帝的御容可能还出现了指定配飨的官员的泥塑。《长编》（卷378，第9190页）提供了这些被塑像者的名单，但没有明确说明它们是为景灵宫而作（例如，它们可能是为会圣宫或应天禅院塑造，尽管我没有证据表明这些地方都安放这样的塑像）。由于没有指定官员配飨神宗（因为指定王安石有争议），两个通用塑像被使用。

② 《宋史》，卷109，第2622页。

③ 《长编》，卷330，第4a-b页。天兴殿是景灵宫供奉圣祖的殿堂。这些著述没有保存下来，但我怀疑它们为1113年编纂的《政和五礼新仪》中的这些仪式的规范提供依据。它包括皇帝在景灵宫举行的岁时祭祀以及为郊祀做准备的完整仪式。郑居中《政和五礼新仪》（《四库全书》版），卷113、114。

④ 参见《文昌杂录》，卷1，第4页；《政和五礼新仪》，卷207，第3b至6a页。对于一些用于忌日的祈祷，参见苏颂《苏魏公文集》（北京：中华书局，1988年），卷36，第540至548页，可能可追溯到1089年。

⑤ 《宋史》，卷17，第320页。

中,太后表示,"原庙之立,所从来久矣",并指出需要继承神宗建立的先例。[①]建造该殿显然花费一年多的时间,因为直到1087年3月才安放神宗神御。苏轼(1036-1101)当时是翰林学士知制诰,为此撰写数篇祝文,其中一篇是为太后的参拜而作。[②]次月,那里举行道教斋醮,苏轼再次撰写祝文。[③]

景灵宫神宗殿在建之时,会圣宫、应天禅院的神御殿也开始建造。1086年11月,工部奏称它被指派制作这些神宗神御的任务。[④]九个月后,神御准备就绪,吕大防(1027-1097)被委托监督两座寺观的安置工作。[⑤]8月和9月,苏轼为这一仪式的各个阶段撰写数篇祝文,包括告知神宗神御准备搬出宫廷的祝文,以及告知早前皇帝神宗神御即将到达的祝文。[⑥]

徽　宗

十八岁时,徽宗(1100-1125年在位)继位死后无子的兄长哲宗。徽宗首先采取行动的事情之一就是纠正他认为他父亲神宗在景灵宫中不完备的供奉(见地图1)。如前所述,以经济的名义,安放神宗神御的宫殿修建在英宗殿后面,因为宫内没有足够的空间来延续1082年大肆重建时的格局。徽宗决定的解决方案是在原宫殿群外的主干道另一侧修建第二座宫殿群,将其命名为景灵西宫。神宗是这个宫殿群的始祖,哲宗被定位为他的首位后代。[⑦]当这项工程完成时,东、西宫共有9座皇帝之殿和8座皇后之殿,但除此之外,还有各种各样的附属建筑,如一座钟楼、四座碑楼、一座经阁、三座

[①]《长编》,卷363,第7a-b页、卷364,第27b-28a页;《宋大诏令集》,卷143,第519页。

[②]《苏轼文集》(北京:中华书局,1986年),第1274、1281、1285、1286页。

[③]《苏轼文集》,第1275、1281页。

[④]《宋会要》,礼13之4b。

[⑤]《长编》,卷404,第6a至b页。

[⑥]《苏轼文集》,第1289至1293页。

[⑦] 将景灵宫规模扩大近一倍的决定并未受到全体官员的欢迎,部分原因可能是党争。因为蔡京(1047-1126)建议建造附属建筑,他的对手如陈瓘(1057-1124)反对。参见《续资治通鉴长编拾补》,卷16,第60页;《宋史》,卷101,第2623页。

斋殿、一间神厨和一座道院，因此总共有2 320区。[1]和以前一样，在这个建筑群的墙上绘有神宗和哲宗的数位大臣的肖像。但是，因为党争，1103年墙上的8幅肖像画被铲除，包括反对变法的名臣司马光、吕公著、吕大防、范纯仁、刘挚。[2]

在位后期，徽宗开始专注于道教，并开启与他高祖父真宗一样雄心勃勃的项目。[3]他支持一个新披露的与至高无上的天国神霄有关的道教流派。掌管这片天域的是玉帝的长子，被称为长生大帝君。神霄派的发起人林灵素（1076-1120）认为徽宗是该神的化身。1116年，皇帝命令各州建立神霄宫，安放长生大帝君和他的弟弟青华帝君的造像，他还将他们的神御安放在他在都城建造的宫观里。[4]有时没有合适的道观可转用于此目的，佛寺就被改为神霄宫。与真宗一个世纪前下令建立的天庆观不同，这些宫观没有多少经久不衰，南宋方志提到天庆观比神霄宫多得多。

徽宗的道教政策对将皇家御容作为崇奉对象的使用几乎没有明显的影响。推广神霄教至少暗地降低拥有圣祖殿的天庆观的等级，因为圣祖（和黄帝）不再在天界等级中占据至高的地位。尽管如此，徽宗并没有阻止人们对圣祖或早前皇帝御容的崇拜。1106年，他命令都城以外的御容殿检查设备（器皿、帘幕等），并根据需要进行维修或翻新。1119年，他颁布了在各路寺观供奉的皇帝御容之前举行仪式的规定。[5]徽宗改革最重

---

[1]《宋史》，卷109，第2623至2624页。

[2]《宋史》，卷19，第367页。

[3] 参见司马虚（Michel Strickmann）《最长的道教经书》（The Longest Taoist Scripture），《宗教史》（History of Religions）1978年第17期，第331至354页。

[4]《佛祖统纪》（《大正藏》第49册），第420B页。一些学者暗示这些造像是徽宗御容。司马虚反问："也许现存的某些徽宗御容原本就具有这种仪式功能？"（第346页，注43）。韩明士（Robert P. Hymes）指出，"每座宫观的焦点是成为徽宗本人作为神的形象"，《官僚与士绅：北宋和南宋江西抚州的精英》（Statesmen and Gentlemen: The Elite of Fu-chou, Chiang-hsi, in Northern and Southern Song）（剑桥：剑桥大学出版社，1986年），第193页。我对证据的解读是，这些塑像被认为是神像，而非某个特定的化身，也没有仿照徽宗外貌而造。我做这个推断是因为我在南宋文献中没有找到道观有徽宗像的记载（但它们提到唐玄宗和肃宗像），参见王象之《舆地广胜》（台北：文海出版社，1962年再版），卷26，第13b页，卷30，第7b页，卷56，第5b页，卷71，第4b页，等等。

[5]《宋会要》，礼13之6b，7b-8b。知州必须每月初一参拜他们一次，行香，详细的礼仪规定他们要执行的仪式的每一步。另见《宋史》，卷109，第2625至2627页。

要的成果或许是将一些藏有神御的佛寺重新指定为道观。1117年,洛阳附近供奉太祖的应天禅院被改名为应天启运宫,这个名字在南宋被继续使用。①

南宋崇奉的重建

随着1126至1127年女真人的入侵,对皇家神御的崇奉几乎被摧毁。宋朝失去了都城开封,以及大部分供奉帝王祖先神御的地方。宋徽宗和他的儿子钦宗(1125年徽宗退位时继承皇位)被俘,宋朝军队不得不进一步向南集结,让另一个儿子登上皇位(高宗,1127至1262年在位,死于1187年)。因为在经典中,一个王朝的生存通常等同于对其祖先祭坛的保护,高宗和他的大臣齐心协力,恢复对太庙的纯粹儒家信仰和更为驳杂的对御容的崇奉,均将它们视为皇室制度不可分割的一部分。

在统治初年,高宗和他的朝廷一直在迁移,很少在一个城市停留超过一年,因为他们试图躲避女真,争取对他们事业的支持。在这些年里,地方指挥官经常冒着相当大的风险,从女真人手中夺回皇家神御和祖先神主。②1126年,太原被围困260天后陷落,主管官员王禀出于对宋朝的忠诚,"负原庙太宗御容"投汾河自溺而死。③1127年的最后一个月,洛阳的统帅看到这座城市即将陷落,就派他的将军从应天禅院取来皇帝的神御,并将它们送到高宗的临时朝廷,当时在扬州。④同样地,1129年8月,滁州沦陷前,自1053年起供奉在那里的太祖御容被送到建康。⑤大约在同一时间,尽管吕勔未能完成保护皇陵的任务,但他还是设法从附近会圣宫中取走神御,乘船

---

① 《三山志》,卷8,第7695页。
② 关于神主的收复,参见《宋史》,卷24,第447、449页;《建炎以来系年要录》,卷7,第186页,卷9,第216页;徐梦莘《三朝北盟会编》(上海:上海古籍出版社,1987年),卷112,第2a页,卷113,第11a页;李心传《建炎以来朝野杂记》(《丛书集成》本),甲,卷2,第35页。
③ 洪迈《夷坚志》(北京:中华书局,1981年),丙,第1804至1805页。太原,又名并州,是1053年设立原庙的地方之一。
④ 《建炎以来系年要录》,卷11,第249页,卷17,第355页;《建炎以来朝野杂记》,卷1,第40页;《宋会要》,礼13之8b。
⑤ 《建炎以来系年要录》,卷26,第525页。

南下。但当他到达濠州时，知州关上城门，不让他进去。最后，他来到绍兴，这些神御被临时安置在天庆观。①

1129至1130年，女真人深入长江以南，试图捕获高宗。他们突袭杭州和明州，高宗不得不乘船逃往大海。与此同时，景灵宫的神御被海运到海边的温州，安置在天庆观中。②当时在扬州的洛阳应天禅院的神御被送往福州开元寺（见地图2）。与此同时，辈分最高的皇后（哲宗的皇后之一）向西将御容带到江西。③当时情况非常糟糕，一位朝廷官员甚至建议将所有祖宗神主和神御继续南迁到湖南和广州。④

尽管宋人担心，女真人似乎没有做出任何努力来夺取或摧毁神御，但他们在占领开封后确实从皇宫取走礼器和器具。⑤这一点可以从以下事实看出：1132年，与女真人合作的宋人刘豫（1073-1143）将都城迁至开封后，他摧毁宫中一座陈列彩绘御容的大殿，但将御容搬到开封启圣院，这使得宋朝在1139年短暂收复开封时得以取回它们。⑥

渐渐地，更多神御被带到杭州。1132年，真宗的金像被从温州带到杭州。据史料记载，高宗对无法进行岁时祭祀表示不安，因为神御在海边。他还指出，放任金像无人看守是对小偷的邀请。⑦此后，1133年，皇帝还得知河南的一位官员获得一尊太祖神御，下令将其运到杭州。⑧然而，到1139年，朝

---

① 《三朝北盟会编》，卷132，第10b-11a页；《建炎以来系年要录》，卷15，第311页，卷28，第559页，卷29，第574页。

② 《建炎以来系年要录》，卷31，第611页，卷36，第695页。为补偿照顾皇家祖先祭祀的麻烦，温州的寺观得到10顷地和两名沙弥。1131年，皇帝批准一项计划，由僧道在每位供奉的男女祖先的忌日前三天举行祭祀，当地知州在忌日当天前来行香。皇帝还批准知府保护神御的请求，将分散在四个地方的所有神像搬迁到开元寺的两个殿堂。温州知府后来计算，在那里举行仪式的费用每年达57 000贯钱。《宋会要》，礼13之8b。

③ 《宋会要》，礼13之9a；《三山志》，卷8，第7695页；《建炎以来系年要录》，卷36，第695页，卷53，第941页。

④ 《宋会要》，礼13之8b-9a。

⑤ 《宋史》，卷23，第436页。

⑥ 《建炎以来系年要录》，卷128，第2075页。

⑦ 《建炎以来系年要录》，卷53，第941页；《宋史》，卷109，第2627至2628页；《宋会要》，礼13之9b提到真宗和他的皇后的神御。

⑧ 《宋会要》，礼13之1b。

廷出于对欺诈的警惕,拒收一幅真宗御容。①

随着杭州的生活变得更加稳定,朝廷逐渐开始建造新的皇宫。礼节要求太庙是最早建造的建筑之一,于1135年完成。在修建过程中,一项命令被颁布,从大臣后代那里收集他们的肖像画,预计届时将修建一座景灵宫,将他们的肖像画在墙上。②随着1141年与女真签订和约,高宗的母亲和父亲徽宗的棺椁于次年送回,修建的步伐可能被加快。因此,1143年初,大臣认为谈论建造一座新的景灵宫并非不恰当。提出这一建议的人提醒朝廷,景灵宫在十一世纪八十年代重建后多么壮观。③与杭州行在相对的另一侧被选中,在年底之前,大殿已经准备就绪(见地图3)。他们像在开封一样布局,圣祖御容所在宫殿在前,历代皇帝的神御所在宫殿在其后,后面是21位皇后的宫殿。④当它们准备完毕,发送到温州的神御被送到杭州,安放在其中。五年后,增设一座道院,东西走廊的墙壁上都绘有功臣像,就像他们在开封时一样。1151年,宫观扩建,得以增设神厨和斋堂等辅助性建筑。⑤

1147年,从北方取回的复本神御,即来自皇陵附近会圣宫和洛阳附近的应天禅院的神御,拥有永久的家。被选中的寺观是万寿观,不仅是行在最著名的道观之一,还离景灵宫非常近,使得皇帝可以在那里岁时祭祀(见地图3)。这些神御被大量安置在有12楹的22个房间里,这使得它可以与景灵宫相提并论。此时景灵宫的规模大约是万寿观的两倍,包括皇后和皇帝的大殿。之后的南宋时期,每当皇帝去世,都会造三座神御,一座为景灵宫,另两座分别是会圣宫、应天禅院。与之形成鲜明对比的是,景灵宫里只有一尊皇

---

① 熊克:《中兴小纪》(福州:福建人民出版社,1985年),卷26,第311页。

②《宋会要》,礼11之8a。

③《建炎以来系年要录》,卷148,第2383页。

④ 一些资料暗示似乎只有三座宫殿,一座为圣祖,一座为皇帝们,一座为皇后们,但也有每位皇帝和皇后宫殿的名称列表(见附录)。可能一开始只有三座宫殿,其他宫殿为后建;或者此时"殿"一词被松散地用来指代被供奉的神御占据的建筑物部分。见《梦粱录》,卷8,第195页;《咸淳临安志.》(《宋元方志丛刊》版),卷3,第8a-9b页;《宋会要》,礼13.12a至24b页。

⑤《建炎以来系年要录》,卷150,第2415、2419页;《玉海》,卷93,第24b页;《宋史》,卷109,第2624页;《建炎以来朝野杂记》,甲,卷2,第35至36、40页;《梦粱录》,卷8,第195页;《宋会要》,礼11之8a。

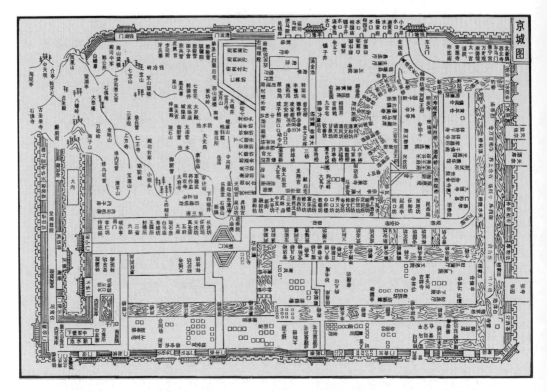

地图3　南宋杭州地图，标有景灵宫和万寿观（右上）。转载自周峰《南宋京城杭州》（杭州：浙江人民出版社，1984年）。

后神御。①

　　有的官员反对修建太庙和景灵宫，理由是投资于它们会鼓励敌人和普通民众认为朝廷已经放弃收复北方。②反映这一思路，1144年，洪皓（1088-1155）从15年被金人俘虏的生涯中归来，他指出景灵宫和太庙的壮丽似乎暗示着朝廷并不打算夺回北方。③相比之下，似乎很少或根本没有人以与道

①《临安志》，卷13，第4a至16a页；《宋会要》，礼5之22a—23a；《梦粱录》，卷8，第196页；《建炎以来系年要录》，卷156，第2529页。
② 一条当时的史料对这个项目表示怀疑，将其与秦桧通过重建所有帝国统治的陷阱让皇帝考虑在南方"中兴"，从而减少试图将女真人赶出北方的动机的努力相连。参见《建炎以来系年要录》所载《吕氏大事记》的段落，卷148，第2383页。
③《宋史》，卷373，第11561页。

教有关联或者儒经中没有提到类似的东西反对这种崇奉。据称,宰相赵鼎(1085-1147)建议将圣祖像留在温州,其他神御移到景灵宫,但他的建议没有被采纳。就连他似乎也不反对真正皇帝的神御。①南宋甚至反对崇奉费用的抗议也很少见。②此外,建筑和修缮一直持续到宋末,咸淳时期(1265-1274年)有最后一项重大工程。③

并不是所有被保护的神御都被带到了杭州。在某些情况下,寺观记载,他们保存自己的神御之举会因他们的努力而得到奖励,且允许保留他们的神御。④1131年,陕西上清太平观的一位道士将太宗和真宗的御容交给将军张浚(1086-1154),安放在成都府佛寺太祖壁画的两侧。三年后,1134年,另一名将领同样送来仁宗、英宗和神宗的御容,可能来自陕西的同一座寺庙,它们被放在同一座宫殿里。⑤地方官多次试图获得许可,建造一座更有价值的宫殿来存放这些神御。最后,淳熙年间(1174-1189年),这些神御被重新安放在州治一座宏伟大殿中。官员们在道士的协助下定期举行祭祀,道士吟诵祝文,试图重现陕西原庙的做法。⑥

---

① 《建炎以来朝野杂记》,甲,卷2,第35页。

② 一个例外,参见《宋会要》,礼13之13b。

③ 《梦粱录》,卷8,第195页。

④ 《宋会要》,礼13之12a。

⑤ 《建炎以来系年要录》,卷169,第2757至2758页,卷177,第2929页。

⑥ 《建炎以来朝野杂记》,甲,卷2,第40页;《宋会要》,礼13之12b-13a。杭州沦陷于蒙古后,宋帝神御的命运尚不清楚。1276年3月,巴彦进入杭州的第一件事就是派官员列出太庙和景灵宫的礼器清单。《元史》,卷9,第180页。可以想象,所有金器或玉器都被蒙古人掠夺至北方,就像女真人占领开封后将珍贵的礼器带去北方一样。建筑可能要么被蒙古军队占领,要么被改建为佛寺,这是许多宋代宫廷建筑的命运。这一时期,许多道观被忽必烈宠信的吐蕃或西夏僧人杨连真嘉改建为佛寺。参见傅海波(Herbert Franke)《元代的藏人》(Tibetans in Yuan China),收入蓝德彰(John D. Langlois, Jr.)编《蒙古统治下的中国》(China Under Mongol Rule)(普林斯顿:普林斯顿大学出版社,1981年),第318至323页。因为这位僧人毫不犹豫地掠夺宋皇陵,他似乎不太可能让他们的神御继续被供奉,但我没有发现他或任何其他蒙古当局摧毁它们的记录。当地供奉圣祖的道观、天庆观通常作为寺庙幸存下来,但在1295年,它们被命更名。参见《至顺镇江志》(《宋元方志丛刊》本),卷10,第2b至3a页。许多唐玄宗的御容在道观中幸存到宋代,但我没有发现太祖、真宗或其他宋代皇帝的神御在元朝地方寺观中幸存的证据。

景 象 和 声 音

　　给人的印象是，对同时代人的神御崇奉，南宋的记载比北宋更好。我们对神御的样子、寺观的布局以及仪式期间发生的事情了解得更多。

　　杭州景灵宫遗址似乎比开封的同名建筑更像园林，因为开封位于市中心，没有太多扩张空间。杭州景灵宫由除了御容殿之外的许多建筑组成，包括在仪式结束后可以举行宴会的亭子，以及可以欣赏鲜花、竹子和池塘的回廊。7名太监、10名道士、276名卫兵和其他胥吏被派去照料场地和服务，每年有240只羊用于祭祀。①

　　这座寺庙建筑群中的神御也有南宋的描述。《宋会要》所收文献中有几篇奏议，其间负责制造这些神御的官员曾就他们计划描绘帝后的方式寻求批准。②景灵宫的徽宗神御被描述为彩绘泥塑，描绘他戴着相对非正式的幞头，穿着宽袖淡黄袍、销金领袖塑出红，戴一条素玉带，穿黑靴尖白底，手隐藏在袖子里。另一条史料称，这些神御描绘坐在椅子上的人物。③宫中会圣宫徽宗的神御显示他穿着不同的衣服。他穿着皇帝参加仪式所穿的正式礼服，即通天冠、绛纱袍、方心曲领、环佩、朱履，④执玉圭，坐龙椅。景灵宫的皇后神御也被描述为彩绘泥塑，戴首饰，并用假珠子结圈。长袍上有蓝色和红色的鸟，穿布鞋，戴皮带。

　　从现存的15位宋朝皇帝和11位皇后的画像可以看出这些神御大概是什么样子。⑤大多数画中的皇帝坐龙椅，穿着相对非正式的袍子，戴幞头，通

---

① 《梦粱录》，卷8，第195页；《临安志》，卷3，第8b-10b页；《建炎以来朝野杂记》，卷2，第35至36页。

② 《宋会要》，礼13之13b-14a、17a。

③ 岳珂：《愧郯录》（《丛书集成》版），卷9，第72页。

④ 关于各种宋朝皇室服装，参见《宋史》，卷151，第3517至3531页。插图收录于宋代著述聂崇义《三礼图》（《四库全书》版），卷1，第4a至19a页；明代著述王圻、王思义主编《三才图会》（上海：上海古籍出版社，1988年），衣服，卷1，第3a-11b页。

⑤ 这些画作列于江《南薰图像考》，第11至12页。其中一些的复制品被收录在广为流传的《"国立故宫博物院"中国肖像画杰作》(*Masterpieces of Chinese Portrait Painting in the National Palace Museum*)中（台北，1971年）。其他的包括在赵氏宗亲会出版的不太广为人知的《赵氏大宋皇帝皇后像纪》（台北：《琴鹤堂丛书》，1971年）中。这些画很可能用于天章阁或钦先孝思殿（转下页）

袖，不现手（参见图1、图2）。然
而他们长袍的颜色是白色或红
色，而非淡黄色镶红色。但是，有
一幅画与为会圣宫制作的神御非
常相似。它描绘的是玄祖（太祖
和太宗之父）执圭，戴通天冠，穿
绛纱袍和方心曲领（见图3）。此
外，对皇后神御的描述在很大程
度上与宋朝皇后的绘画相一致，
其中大多数描绘的是他们戴着镶
有珍珠的精致头饰，蓝色长袍上
有蓝色和红色的鸟，衣边显然用
交织的金线装饰，坐龙椅（见图

图1　太祖像，台北"故宫博物馆"

4）。鉴于被画和被塑肖像之间的相似性，这些塑像似乎与绘画一样都是真实
的肖像，因为人们努力捕捉相似之处，使每一尊神御都与它所代表的皇帝或
皇后相对应，这样一来，那些认识这个人的人就会有一种认识的感觉。①

　　景灵宫每年举行的盛大仪式在撰于宋末的两本内容丰富的杭州生活
记录中有相当详细的描述，一本是吴自牧《梦粱录》，另一本是周密（1232-
1308）《武林旧事》。《武林旧事》描述御辇离开宫廷前往景灵宫进行岁时祭
祀的过程。此前，居民必须得到警告，不允许他们爬上高处观看风景，大门
必须关闭，必须在全城部署6 000多名士兵以维持秩序。在计划的当天黎明
时分，设备和参与者必须按正确的顺序排列。《武林旧事》列出98类需要排

　　（接上页）中较为非正式的祭祖仪式。关于这些画作，参见伊沛霞《宋代皇家肖像画的仪式背景》
　　（The Ritual Context of Sung Imperial Portraiture），普林斯顿大学宋元艺术研讨会，1996年5月14日。
① 关于中国肖像画的相似性问题，请参阅第136页注①中引用的各种文章。作为肖像，这些神御
　　与现存的彩塑道教神像有所不同，尽管它们在其他方面可能相似。参见1087年太原晋祠圣母
　　像与1189年东华帝君及其妃子像，《中国美术全集》，雕塑篇，第5、85、180、181页。也有可能神
　　御，或其中一些，是用实际的衣服和帽子装饰的。1162年，高宗对万寿寺徽宗像的帽子质量提出
　　异议，进行更换。《宋会要》，礼13之13a。地方祠庙中的神像有时会穿上真正的衣服，韩森《变
　　迁之神》，第154页。一些幸存的日本罗汉像显然原本穿着长袍。参见毛利久《日本肖像雕塑》
　　（Japanese Portrait Sculpture）（东京：讲谈社，1977年），第42-43页。

图2　仁宗像,台北"故宫博物馆"

图3　玄祖像,台北"故宫博物馆"

图4　仁宗皇后像,台北"故宫博物院"

列的人和物，譬如包括御座马两行10匹，阁门提点两行，击鞭两行7人，执烛笼亲从两行74人。接近游行队伍尾部有包括宰相在内的高官。①《梦粱录》用不再全懂的语言记载皇帝随从的独特服装；例如有几种不同类型的幞头，包括双卷脚、双曲脚、两脚屈曲和御龙直幞头，更不用说其他几种头饰了。②

在景灵宫举行的一些仪式上使用的礼拜仪式和乐谱甚至得到了保存。1143年，景灵宫竣工，15首祭祀歌曲的附注乐谱得以保存，1179年的一场演出中的24首也得以保存。按照当时流行音乐的标准，这种仪式音乐是古典的，使用不同的音调、节奏、重复等，并使用古老乐器如石磬等。③用于安放神御的4次礼拜仪式被保存下来，2次为太后（1133年和1202年），一次为皇帝和他的皇后（1189年），一次为皇后幸存的皇帝（1196年）。这些仪式的第一阶段包括请求神御乘车前往宫廷另一地点之前，神御被奉上酒、食、茶、香火，前往神御所在之地的各级官员和宗族等待神御、向其鞠躬、敬香。在这一点上，现任皇帝也发挥作用，各种仪式官员指导他的行动。例如，在某一刻，太常寺官员指引皇帝举行告退仪式，他离开挂着帷幄的区域，走到神御前的香案，另一位官员指示他鞠躬。鞠躬两次后，官员告诉他要敬香三次，然后再鞠躬，在另一尊神御前重复仪式。④乐师和僧道也参与这些仪式，尤其是在神御运送途中。

官员们并不一定期待参加这些仪式。1182年，张大景上奏，指责许多官员在皇帝忌日以生病为借口请假，以逃避所有仪式中的鞠躬和跪拜。⑤从马廷鸾（1222-1289）的记述中可以看出参加这些仪式的一些感受。1260年，马廷鸾被赋予在景灵宫、太庙和明堂连续三天举行仪式期间负责执玉圭的职责。在仪式的不同时刻，他必须下跪并将其中一块玉圭交给皇帝，或者从他

① 周密：《武林旧事》，收入《东京梦华录外四种》，第334页。
②《梦粱录》，卷1，第142页。
③ 参见林萃青（Joseph S. C. Lam）《音乐文物与文化表现形式：南宋朝廷祭歌》（Musical Relics and Cultural Expressions: State Sacrificial Songs from the Southern Sung Court），《宋辽金元》（Journal of Sung-Yuan Studies）1995年第25期，第1至27页。
④《宋会要》，礼13之15b。
⑤《宋会要》，礼42之15b。

手中接回，同时担心它可能会从他汗湿的手中滑落。①

这些可以追溯到南宋的记载提供关于北宋晚期神御、寺观和仪式大概是什么样子的线索。我们有充分的理由认为，人们努力使徽宗和高宗的神御在风格上与从北方收复并已安放在杭州的神御保持一致。另一方面，在南宋都城生活中，仪式的游行方面肯定比北宋发挥更大的作用，因为景灵宫位于宫城的另一边，而不是恰在其外，因此游行要跨越整个城市。

作为崇奉对象的神御

1202年，李心传（1167-1244）概述宋朝如何进行皇家祭祖仪式。祖先的神主保存在太庙。皇帝本人与那里举行的仪式几乎无关；通常情况下，一位亲王主持五次年度祭祀活动，太常寺官员在每月的祭祀活动中充当皇帝的代理人。与这些仪式在古典文献中的基础相适应，古老的器皿和食物被使用。在正式性的等级中，其次是在景灵宫诸殿神御之前举行的仪式。皇帝每年有四次亲自到那里进行季节性祭祀。此外，在皇帝和皇后忌日，这里也举行重要仪式，忌日的清单随着时间的推移自然会增加。在这些日子里，宰相带领官员们上香，僧道提供服务。次日，皇后带领宫女举行补充仪式。宫中两个地方举行更居家的祭祖仪式。天章阁内有皇帝和皇后的画像。在每月初一、十五的岁时祭祀以及忌日，侍从在神御前摆放日常食物，使用人们在家中使用的食物、器皿和仪式类型。其他神御被安置在钦先孝思殿。皇帝每天都在那里的神御前进香。皇室也有自己的墓葬仪式：在陵墓旁的祠堂里安放着皇帝和皇后的神御。这些祠堂的日常祭品由侍从处理，但在春秋两季的扫墓仪式中，宗室也参与其中。②

李的叙述表明，对神御的崇奉既不是最亲密的祖先崇拜形式，不同于在安放彩绘神御的殿堂举行的仪式，也不是最正式的祭祖形式，不同于太庙中的仪式。崇拜神御需要什么？这种崇奉为何如此盛行？为什么在宋朝历史

①《文献通考》，卷99，第904b至c页。
②《建炎以来朝野杂记》，甲，卷2，第30至31页。

中,不同性格的皇帝,受到持有不同政治、知识和宗教信仰的顾问的影响,均对它进行扩展和改造? 为什么大多数皇帝参拜景灵宫的次数多于太庙?

如果用儒家和道家的术语重新表述,这些问题可能更容易回答。人们可能会想,儒家学者会想知道,为什么皇帝如此不辞辛劳地维护一个与太庙崇拜平行的祖先崇拜。儒士认为,已经有了一种完全令人满意的方式来服务皇室祖先并与其交流,他们自然会怀疑额外仪式的效用,并认为在这些仪式上的支出是一种浪费。

像林灵素这样的道教宫廷顾问也可能认为这些仪式效率相对较低。皇室是黄帝化身的后代,后来徽宗是玉帝之子的化身,这些启示难道不足以让皇帝有机会进行令人印象深刻的仪式,从而提高皇位的威望吗? 换句话说,既然人们可以把注意力转移到徽宗的天界地位上,为什么还要把注意力转移到他的人类父亲身上呢?

对假设的儒家挑战的回应是,与太庙有关的信仰并不在所有方面令人满意。太庙信仰的许多特征与神御崇奉相似,包括一年四次重大祭祀的时间表、饮食的供奉、使用古老的音乐,以及大量宫廷官员和宗室的参与。显然,太庙的这些特征是完全足够的。然而,这两种信仰之间的分歧显而易见。前者使用视觉呈现而不是语言形式来表示祖先的灵魂,亦即肖像而非书面姓名。正如在本文开篇描述的1082年的仪式中所看到的,视觉图像有可能在某种程度上打动人们的情感,而书面文字不能。①

帝王祖先的视觉形象的部分力量似乎依赖于大多数时间将其隐藏起来。宋朝皇帝的神御不公开展示,但大多数佛教或道教神像公开展示。② 只有在特殊场合,高级官员才被给予允许观看神御的荣耀,安放神御的地方寺

---

① 关于视觉呈现打动人的力量,见汉斯·贝尔廷(Hans Belting)《相似性与在场:艺术时代之前的图像史》(*Likeness and Presence: A History of the Image before the Era of Art*)(芝加哥:芝加哥大学出版社,1994年)和戴维·弗里德伯格(David Freedberg)《图像的力量:反应的历史和理论研究》(*The Power of Images: Studies in the History and Theory of Response*)(芝加哥:芝加哥大学出版社,1989年)。

② 真宗甚至有一次将人逮捕,审问他,因为在经过他家时,发现那里挂着一幅太宗像。由于发现屋主曾是太宗手下的宫廷肖像画家,他被免罪,实际上被带回朝廷。《图画见闻志》,卷3,第138至139页。

观须努力确保在其周围挂上帘幕。普通民众看到它们的唯一时间是从制造它们的地方（通常在宫中）运送到安放它们的地方。①

正是由于文本传统（经典和对它们的层累式解释），太庙保留象征祖先的刻字的神主。遵从受人尊敬的文本的价值观在其他方面也限制与神主相关的崇拜。根据文字传统，任何特定的祖先只能有一块神主。相比之下，可以为每一位祖先制作许多肖像，这使得神祠的数量激增。在北宋晚期和整个南宋，每一位皇帝至少有五幅肖像、三尊塑像和两幅画作，而在北宋早期，通常制作更多神御，特别是前三位皇帝。

文字传统还要求，当太庙满员（通常在7处或9处都有已故皇帝或他们在王朝之前祖先的神主之后），就有退位的神主。因此，没有永久性安放；太庙不是一座永久供奉宋朝历代皇帝的纪念碑，而是一座以选定皇帝的神主为特色的结构，选择随着时间的推移而变化。神御有时需要移动，但它们永远不必退位。1101年，当安放哲宗神御的时候，三座主要寺观中的每一座都必须重新配置。如前所述，景灵宫扩建到街对面。应天禅院当时有之前六位皇帝的神御被安排在前后两座宫殿中，三位在前殿，三位在后殿。后殿被决定重新摆放，以容纳四尊神御。在会圣宫中，所有六尊神御都在一座宫殿里，东、西各一尊，中间四尊。为了增加哲宗，他们重新安排，东西两侧各两尊，中间三尊。②相比之下，当太庙摆放哲宗神主时，太祖和太宗之父玄祖的神主必须移除。③

景灵宫的特殊发展方式也允许它以呈现性别等级的方式与太庙区别开来。在古典传统中，有一种强烈将每位男性祖先与一位女性祖先配对的偏好。当每位男人都仅有一位妻子时，这很简单。但当他的首任妻子去世，他迎娶继任妻子，或者他拥有妾生子时，问题就更复杂了。由于许多皇帝不是前皇后的儿子，而是其他皇妃的儿子，因此皇帝和皇后的配对造成许多问题。新登基的皇帝可以提高母亲的头衔，即使是在死后，但他们不能否认父

---

① 1102年，朝廷确认在从都城运往洛阳的过程中，遵照惯例，让沿路的人看到哲宗神御是恰当的。《宋会要》，礼13之5b-6a。
②《宋会要》，礼13之5b。
③ 山内弘一：《北宋时代的神御殿和景灵宫》，第99页。

亲的皇后的地位，她是他们的"合法"母亲。儒礼学家提供各种变通。北宋前期采用的方法是将"多余"皇后的神主放在不同的寺观中。每当一位皇后去世，都会有一场关于如何处理她的神主的辩论。许多官员强烈主张配对原则，其他官员则更能迎合在世皇帝的意愿。最后，在十一世纪八十年代，配对规则被废除，所有被升上皇后尊位的人都被纳入太庙。于是，一位皇帝（如真宗）的神主旁边就可以安排四位皇后的神主，打破对称性。[①]

对图像的崇拜从未被强迫进入这种模式。直到十一世纪八十年代，皇帝和皇后的形象几乎完全分开处理。大多数皇后像被送到佛寺，由当地僧侣照料。皇帝会在城里四处游历，参拜各寺观中祖先的神御。当所有的图像被收集在一起时，没有人试图将皇帝和皇后的神御并排放置。但有的大殿相反，性别成为主要的分界线，皇帝们的殿堂依次排列在前面，皇后们的殿堂同样排列在后面。尽管一名官员反对这种违反结对原则的安排，但对大多数牵扯其中的人来说，这种安排显然提供了象征性的优势。夫妻配对意味着一个女人与丈夫的关系是她身份的来源，而在实际的社会实践中，她与儿子的关系往往为她的社会意义提供基础，需要正式的、仪式性的认可。

另一方面，在这种崇奉中，性别关系的另一种呈现形式也发生了改变，那就是将女性纳入监礼人的行列。1024年，真宗的遗孀刘太后前往景灵宫供奉他的神御。1030年，她为同一使命前往太平兴国寺开先殿。从1082年开始，在宰相带领男人们国忌日参拜神御的次日，太后或皇后带领宫廷内外从公主以下的所有命妇参拜神御。她们和男人分开做，在男人之后做，但他们仍然参与。

因此，对假设的儒家反对意见的答案是，对太庙的崇拜不能提供肖像崇拜所能提供的一切：它不能在同样程度上激发情感；它同样不能提供整个王朝的象征性呈现；它也不能赋予女性作为祖先或监礼人的角色。

假设的道家反对可以更简单地处理。当一个皇帝可以进行道教仪式证明皇室和道教上仙之间的联系时，他为什么要费心于提醒人们他的人类祖先的仪式呢？这里我怀疑原因是皇帝意识到，也许只是潜意识里，他们有两

---

① 山内弘一：《北宋时代的神御殿和景灵宫》，第104至108页。

个角色。一方面，他们是"天子"，是人类和天界之间的独特中介，在一个永恒不变的原则领域中运作。但皇帝也是继承人，他们深陷于历史之中，需要表明他们与本朝历代皇帝甚至与历代王朝的关系。由于景灵宫的祭仪出色地颂扬王朝的概念，它将帝王统治的一个关键层面赋予礼仪形式。

附录　宋帝后神御所在寺观表①

寺观名称	地　点	殿　名	创建年代	供奉帝后
奉天资福院	河南	庆基殿	968	宣祖,昭宪皇后
定力院	开封			宣祖
启圣院	开封	永隆殿	999	太宗,元德皇后
上清太平宫	凤翔		1000	全部
普安院	开封	隆福殿	1004？	元德皇后
		重徽殿		明德、章穆皇后
建隆寺	扬州	彰武殿	1005	太祖
应天禅院	洛阳	兴先殿	1007	太祖
		继明殿		
		昭孝殿		真宗
		帝华殿		太宗
		会真殿		
		天德殿		
玉清昭应宫	开封	二圣殿	1012	太祖,太宗
		安圣殿	1023	真宗（1029年之后改称万寿观,延圣殿）
		广爱殿	1037	章惠皇后

① 主要基于《宋会要》礼一三;《文献通考》,卷九四,第849至850页;《挥麈后录》,卷一,第27至30页。

寺观名称	地　点	殿　名	创建年代	供奉帝后
		宁华殿	1054	温成皇后
鸿庆宫	南京	敦宗院	1016	太祖,太宗,真宗
景灵宫	开封	天兴殿	1016	圣祖
		奉真殿	1023	真宗
		广孝殿	1033	章懿皇后
		孝严殿	1064	仁宗
		英德殿	1068	英宗
		天元殿	1082	宣祖
		太始殿	1082	昭宪皇后
		皇武殿	1082	太祖
		俪极殿	1082	太宗
		大定殿	1082	孝明皇后
		辉德殿	1082	懿德皇后
		熙文殿	1082	真宗
		衍庆殿	1082	孝穆皇后,章献明肃皇后,章懿皇后
		美成殿	1082	仁宗
		继仁殿	1082	慈圣光献皇后
		治隆殿	1082	英宗
		徽音殿	1086	宣仁圣烈皇后
		大明殿	1100	神宗
		坤元殿	1100	钦圣宪肃皇后,钦成皇后,钦慈皇后
		重光殿	1100	哲宗

寺观名称	地 点	殿 名	创建年代	供奉帝后
	杭州	柔仪殿	1114	昭怀皇后,昭慈献烈皇后
		承元殿	1137	徽宗
		顺承殿	1137	显恭皇后,显肃皇后,显仁皇后
		瑞庆殿	1161	钦宗
		缵德殿	1199	仁怀皇后
		皇德殿	1188	高宗
		章顺殿	1188	宪节皇后
		系隆殿	1195	孝宗
		嗣徽殿		成穆皇后,成恭皇后,成肃皇后
		美明殿	1202	光宗
		光顺殿	1202	慈懿皇后
		垂光殿		宁宗
		体德殿		恭淑皇后,恭圣仁烈皇后
		章熙殿		理宗
天庆观	凤翔	圣祖殿		太祖,太宗
天庆观	大名	圣祖殿		太祖,太宗
慈孝寺	开封	崇真殿	1026	真宗
		彰德殿		章献明肃皇后
洪福院			1030	真宗
太平兴国寺	开封	开先殿	1030	太祖,孝明皇后
		广圣院		
		广严院		

寺观名称	地 点	殿 名	创建年代	供奉帝后
会圣宫	永安	降真殿	1030	全部
崇先观（资圣禅院）	开封	永崇殿	1061	真宗，章献明肃皇后
崇福宫	洛阳	保祥殿	1033	真宗，章献明肃皇后
崇圣寺	并州	统平殿	1053	太宗
开福院	澶州	信武殿	1053	真宗
大庆寺	滁州	端命殿	1053	太祖
云台观	华州	集真殿	1054	真宗
福德禅院	荆州			太祖
山寺	儋州			太祖，太宗，真宗
万寿观	杭州	会圣宫	1147	全部
		应天启运宫		全部
圣寿寺	成都			太祖至神宗

（易素梅 译）

性别与汉学：十四到十九世纪西方对缠足的诠释

　　妇女史家常常从游记里寻找材料，因为在本国作家眼里看来平凡无奇的两性关系的特征也许会引起外国人注目。就中国来说，截至十九世纪末，外国人关于中国的记述，以欧洲和（稍后的）美国作者——这些离中国最遥远地方的人——为最多。①从十六世纪到十八世纪，来到中国的欧洲人对中国妇女居住空间及活动场合与男性相区隔、定亲结亲时男女方家庭财力的考量、妇女衣裳的剪裁、女性在脸上化妆的装扮方式等有详尽的描述。到了十九世纪，这些西方访客（其中有些在中国已经住了许多年）提到更多的议题，包括妇女受教育的机会、养育儿女的方式、日常生活（如用餐）中男女之别的程度、缠足和妇女就业在不同区域和阶级之间的差别等等。

　　欧洲文化史家可以通过这些游记来分析欧洲人对遥远的非基督教国度、特别是中国的态度的变化，如何反映了他们对西方社会、政治、宗教关注的变化。毕竟旅人的记载一半揭露他们描述的人和事，另一半也反映他们自身。另一方面，透过仔细分析西方对中国妇女的记载，对西方中国史的思想基础感兴趣的中国史家也会有所收获。当这些游记的作者在西方引发了对中国妇女这个主题的兴趣时，也会将注意力集中在某些方面而忽略或排

---

① 从韩国、日本、越南和波斯来的访客自然更多，但是他们并不觉得有对妇女和男女关系详细记录、评论的必要。这种差别可见于十五世纪朝鲜人和波斯人日记与十三、十四世纪欧洲人游记的对比中。关于朝鲜和波斯人的日记，分别见麦斯基尔1965和麦特拉1970。关于西方访客的纪录，见约尔1915，克里斯、道森1955，欧雪基1960。

除中国妇女这个主题的另一些方面。即使今天，当西方的中国妇女史著作越来越依靠解读中文文献而非西方人用欧洲语文写的游记，这些前辈们所建立的词汇和概念仍然继续为人所使用。

　　我在这篇文章中仔细考察西方人怎样写缠足这个引发人强烈情绪的主题，希望能借此追索西方对中国妇女的知识生产中的一些要素。无论对观察者或受观察者来说，聚焦缠足能让我去强调性别角色和性议题是如何成为人们的问题和作出怎样的解答。因为我感兴趣的是知识的生产，所以我关注的是西方对中国的记载中最有权威的，而不是那些最无知、最种族中心或是最让人生气的。也就是说，那些声誉卓著的作家运用手边最好的信息，在他们各自的时代赢得中国权威的名声，进而影响到英语世界中受过中上教育的读者大众。①

　　最先让我对缠足这个主题感兴趣的是关于马可·波罗（Marco Polo）对缠足不置一词的持续争议。1871年，在详细注释的《马可·波罗游记》英译本的导论里，约尔上校（Henry Yule, 1820-1889）把马可·波罗对缠足的沉默列入他"重要的省略"之一。从那以后，有关马可·波罗的记载都会提到他对缠足的沉默。②最近伍德（Frances Wood）还把马可·波罗书中的这些

① 我用来标定权威的主要方式是看引用的资料。比方说，德庇时（John Francis Davis）在1836年出版的《中国人：中华帝国及其居民概述》中引用了1793-1794年参与马戛尔尼（Macartney）使节团的随行人员（特别是巴罗［John Barrow］和斯当东［George Staunton］），吸收、浓缩了十七、十八世纪耶稣会士作品的法文作品（尤其是杜赫德［Du Halde］1736年的《全志》和钱德明（Joseph Marie Amiot）1776-1814年多册本的《回忆》），以及跟他同时、他也许在广州认识的传教士的作品，包括马礼逊（Morrison）、郭实腊（Gutzlaff），最后还有近时发行的期刊《中国丛报》上面的文章。几十年之后，约尔（Henry Yule），这位马可·波罗作品的学术性翻译的译者，引用的不只包括德庇时和他的资料来源，还有更早的权威（如门多萨［Gonzalez de Mondoza］1583年以西班牙和葡萄牙访客的纪录为基础写出的对中国的综合描绘，以及尼奥霍夫［John Nieuhoff］1669年对一个荷兰派赴北京使节团的记录）和晚于德庇时出版的主要作品，包括法国传教士古伯察（Evariste-Regis Huc 1855）和英国植物学家福琼（Robert Fortune 1857）的作品。他们两位都曾在中国待过许多年。

② 约尔1993 I: 110-111。这本书的第一版出版于1871年。亦见约尔1915 II: 256。这部作品的第一版发行于1866年。最近，雷蒙·道森（Raymond Dawson）记录说（1967: 11），"当我们注意到他［马可·波罗］没能观察到、或至少没能告知中国文明中许多新奇迷人之处——包括缠足——的时候"，马可·波罗作为中世纪最伟大观察家的名声受损了。卡梅伦说（1970: 88）"在［马可·波罗］对中国妇女的赞词中，并无一词提及所有中国美女必备的特征——缠足。"其他注意到马可·波罗沉默的学者还有罗萨比（1988: 148）和马克拉斯（1989: 19）。

省略视为他不曾亲身到过中国、仅仅拾取他人的中国知识的证据。[1]在我看来，我们应该先研究马可·波罗描写中国妇女的目的，然后比较他关注的和后来提到缠足的作者们关注的有何异同。不先研究比较就怪罪他没提到缠足根本不对。等到我沉浸在之后作者对中国的记载时，我发现他们对缠足的记载和看法比马可·波罗的沉默有意思得多。

在这篇文章里，我对西方的缠足话语考察的下限是1890年。因为到十九世纪的最后十年，天足（反缠足）运动已经在中国发展起来，同时迅速影响缠足的习惯，而且也改变了中国和西方讨论这个议题的方式。我感兴趣的不是中国人对西方缠足话语的摄取和改造（虽然这个主题本身也很有趣），[2]而是经由考察西方的缠足话语，进而更深入地了解西方汉学。

历史变迁中的同一组问题

即使西方作者描写中国妇女的方式在这几百年中起了相当大的变化，我们仍然可以发现某些持续不变的关注。在十三世纪末马可·波罗的笔下，对中国妇女的评价一般来说是正面的。例如，他觉得福州的妇女"非常

---

[1] 伍德1995，特别是72—75页。马可·波罗并未造访他所描述的所有地方，这个说法广为人所接受，虽然如此，但对于他旅程的可能范围，学者的看法相当分歧。海格（1978）认为，马可·波罗也许从来不曾离开北京太远去旅行，仅仅在停留北京的那些年里逐渐得知更南方的消息。

[2] 西方关于缠足的作品对中国的反缠足运动的确造成冲击，然而分析西方人写了什么和中国人从中汲取了什么之间的关联是一个相当复杂的课题。殖民地社会的知识分子从未曾仅仅被动接受西方对其文化的认知。对于西方的观念，他们往往或是抵抗、或取为己用、或改造、或倒转来适应自身的目标，在这个过程中创造出适合自身目的的现代性。换句话说，虽然我们可以从他们修改的法律、创设的学校中看见受西方影响的清楚痕迹，我们不必将他们视为西方崛起所产生冲击的牺牲品，而可以将他们看成在做任何社会里精英所从事的工作，很有创意地改造观念和制度以应对新的挑战。就缠足来说，西方人用来书写缠足的贬抑笔调，当然在激起中国改革精英起而采取行动反对缠足这件事上扮演重要的角色。其中相当程度上是因为他们痛恨中国成为嘲笑的对象。与此同时，中国的改革者，像康有为和梁启超，他们在批评缠足的时候常常微妙地改变了西方既有的对缠足的几种建构。举例来说，虽然康、梁也使用畸形这组词汇视缠足为使中国妇女残障的凶手，他们却将其放置于一个全然民族主义的语境中：中国人之所以要废除缠足这个习俗，是因为我们必须让中华民族的体格更强健。关于十九世纪末和二十世纪初的反缠足运动，见周1966，李豪伟1967，杜拉克1991，鲍1994，高1995，洪1997。

白皙美丽"，而杭州的妇女则是"非常纤细、有如天使一般"。① 此外，还有一些汉人和蒙古人两性关系中的现象引他注目。包括其他欧洲访客也会讨论到的婚姻习俗，这些多半跟婚姻方面的法律规定有关，此外也包括一些他认为能给欧洲读者特殊信息的方面。② 他对汉人和蒙古人两性关系的评语，有许多可以看作他对欧洲方式的间接批评。有时候他听起来像个充满挫折的父亲，希望自己的女儿更像端庄节制的中国女孩一样，待在房间里做该做的工作，"很少在父兄或家中长辈面前出现，也不会把注意力放在追求者身上"，不会犯跳上跳下、跳舞或望着窗外这样的毛病。③ 在另一些地方，马可·波罗让中国看起来像是个比在欧洲当丈夫更舒服的地方。这不单由于中国妇女"在各个方面都相当不错"，还由于中国男人可以"有足够多的太太，因为他们的宗教或习惯并不妨碍他们这么做"。反观"我们，一个男人只能有一个太太，如果她不孕，丈夫还是得和她终身厮守、无后以终，因此，我们的人口没有他们的那么多"。④

在中国，你的欲望能得到满足，这一点也许在马可·波罗对声色场所的描述中表现得最清楚。就像二十世纪许多造访亚洲的男性游客一样，马可·波罗对那里有着无数满足男人各项需求的妓女留下了很深的印象。他说，在杭州，不可胜数的歌伎和妓女不只出现在某一个区域，而是全城各处都找得到。"她们过着奢侈的生活，使用高贵的香水，有众多女仆服侍，住在装饰华美的屋子里。这些女人非常聪明，娴熟于奉承和用言语讨人欢心，什么人都能伺候；因此，曾与她们一度春宵的外国人会沉醉于销魂状态，为她们的甜美魅力所心醉神迷而永难忘怀。"⑤

不管马可·波罗是否亲眼见过缠足，显然他认为没有提及的必要。欧

---

① 牟尔与伯希和1938: 346, 330。
② 在马可·波罗之前派赴蒙古大汗营帐的两位欧洲天主教教士纪录过蒙古妇女和婚姻习俗。一位是意大利托钵修士卡皮尼（John de Plano Carpini，死于1252年），1245-1247年间受罗马教皇派遣。另一位是法兰德斯托钵修士鲁伯克威廉（William of Rubruck），1253-1254年间受法王路易九世派遣。关于他们的著作，见约尔1915、克里斯道森1955、彼德杰克森1990、欧雪基1960。
③ 牟尔与伯希和1938: 304。
④ 牟尔与伯希和1938: 180-181, 244。
⑤ 牟尔与伯希和1938: 329。

洲人（也许是外国人）里面第一个提到缠足的是十四世纪二十年代造访中国的方济会（Franciscan）托钵修士欧多立克（Odoric of Pordenonne，死于1331年）。在他后来口述的中国游记中，他说他曾经过一个大富人的宅第，这位富人有五十个"少女、处女在旁边服侍"，用餐时在一旁唱歌。对这位富人的回忆显然让欧多立克想起了在中国听闻到的其他奇闻逸事。他说，对中国男人来说，"高贵的标志"是留长长的拇指甲。"对女人来说，美丽的极致是拥有小脚；因此，当女孩出生之后，母亲习惯把她们的脚紧紧裹住，让脚根本无法生长。"[1]欧多立克并没说他亲眼看过长长的指甲或裹着的小脚。有可能他只是听过这样的事，也许是从导游或翻译人员那里听来的。无论他是怎么知道的，他似乎对他学来的东西有些误解。缠足并不是从刚出生的婴儿就开始。[2]有些小女孩也许从四岁开始缠足，然而更常见的是再大一点儿才开始。

　　欧多立克很随兴地描述缠足，似乎它是奇异世界中的一项奇特的习俗。他的语言显示的既非心醉神迷，亦非严词谴责。他将缠足跟长指甲相提并论，把注意力放在缠足跟肢体的关系，及它的性别象征意义上。他似乎想表达，在中国，两性区别的方式不只在服饰与发型，还在于肢体的长短。男人想把手臂的末端变长，而女人则想把腿的末端缩短。假如他没注意到这两种习俗的不对称，他或许两样都不会提起。他将这两项习俗描写为高贵的标志，暗示或许只有人口中非常小的一部分遵行。紧接在描述拥有众多少女的富人之后提到缠足，他赋予这两项习俗一种颓废的气氛，一种对名贵和美丽的追求达到极致的气氛。

　　在西方的作品中，缠足与长指甲相提并论了好几个世纪，这看起来是受了欧多立克那个有五十个少女服侍的男人的故事影响。因为这个故事和他对缠足和长指甲的意见都被曼德维尔（John de Mandeville）所抄袭。虽然曼德维尔从未到过中国，可是他靠想象写出来的中国游记却流传甚广。曼德维尔在1366年的《游记》（*Travels*）中详细描写唱歌的少女，然后接着说："那

---

① 约尔1915 II: 254—256。关于欧多立克，亦见牟尔1930: 241—248、卡梅伦1970: 107—120。

② 我怀疑裹着婴儿的双脚会妨碍他们学习走路，这或许可以解释为什么没有人绑那么小的小孩的双足。

里名门望族的妇女都有一双小脚；因此，她们一出生，就把脚紧紧裹住，让脚不能长到自然的大小。"[1]在欧多立克和曼德维尔让缠足成为一件关于中国值得注意的事项之后，欧洲作者中写中国的很少不提到这个议题，到中国的访客也会期待看到它。

在曼德维尔之后的几个世纪，欧洲人造访中国越来越频繁。西方关于中国的著作则反映了这两个地方之间关系的不断变迁，犹如拉许（Donald Lach）和史景迁（Jonathan Spence）这些作者所充分说明的一样。[2]十六世纪是西班牙和葡萄牙的水手和传教士，之后是十七、十八世纪的意大利和法国的耶稣会士（Jesuits），然后是十八世纪晚期以后的英国使节、商人、传教士。最具影响力的作品多半是传教士的，然而他们对如何接近、了解中国很少意见一致。即使在新教徒尝试对中国人宣教之前的几个世纪里，耶稣会士和道明会教士（Dominicans）的作品就常常不一致。最迟到十九世纪，到中国的不只有来自各国天主教和基督教各个教派的传教士，还有不少关于中国的书是因商业、外交、科学目的而来的各种人士所撰写的。

下文我将会分析从十四世纪到十九世纪关于缠足的几个最重要的观念。为了彰显这段时间里观念变化幅度之大，我拿一位十九世纪的作者来跟欧多立克相比。

德庇时（John Francis Davis, 1795-1890，或译戴维斯、爹核士）是在中国的早期外国人社群中的一员，1836年发表了《中国人》（The Chinese）一书。他父亲，从1810年到1819年去世前为止，担任英国东印度公司驻广州的董事。1813年，德庇时十八岁时加入东印度公司。由于具有语言天分，1816年被选为阿美士德勋爵（Lord Amherst）赴北京使节团的一员，虽然结果未能觐见嘉庆皇帝；十九世纪二十年代，出版了两本中国文学的译作。[3]因此，他既是个名副其实的汉学家，又深深地介入大英帝国扩张在中国利益的计划中。在《中国人》一书中，他先讨论中国男性和女性的体型特征，然后提及缠足

---

① 雷兹1953: 220。在这则和其他引自十九世纪之前作品的引文，我已经将拼字和标点符号现代化了，但是字词的使用还是原作者的。关于曼德维尔，亦见坎贝尔1988: 122-161。

② 拉许1965和史景迁1998。亦见卡梅伦1970、雷蒙·道森1967、马克拉斯1989。

③ 关于德庇时，见施蒂芬和李1917: 543-544。

这个议题。他说，欧洲人的刻板印象完全是向壁虚造，比如，"那些不需要在野外抛头露面、栉风沐雨的人，肤色脸色完全跟西班牙人和葡萄牙人一样漂亮"，还说人们二十岁以前长得通常蛮好看的，直到"完满的青春日渐消逝"为止。他接着指出"男女两性为人所称许的体型特征完全相反。女人外表应该非常纤细、柔弱；而一个男人则应该非常粗壮——不是指我们认为该有肌肉的部位肌肉强健，或是我们所称的健康状态——而是肥胖、有肉、像个市议员一样。"[①] 在提及男人"让指甲长到毫无节制的长度，直到外表看起来像三趾树懒的爪子一样"的习俗之后，他开始讨论缠足这个话题：

> 但是，品味之中最难以说明的是对女性双足的割截，在这点上中国人的确引人注目。关于这项习俗的起源，找不到非常清楚的记载。有的只是大概始于唐代末期，或公元九世纪、十世纪之交。鞑靼人很有见识地不采纳这项人为的畸形，他们的妇女穿着和男人类似的鞋，唯一的不同是附加一层厚厚的白色鞋底。在幼童时对脚的束缚、压迫所产生的令人震惊的残害，这几乎不可能指涉无论如何武断界定的、形体美的概念；这也许可以部分归因于与留长指甲同样的时尚原则。在长指甲和缠足后面的想法是不必劳动。而且，如同小脚让女人成为跛子，我们可以合理的总结，缠足所传达的高贵的观念出自类似的联想。外表的无助是由他们极端崇拜的割截肢体所造成的，尽管这通常伴随着病态；可怜的妇女摇摇晃晃的步伐，当她们用脚后跟跟跟跄跄前进的时候。他们将无助的外表和蹒跚的步伐比为柳树在微风轻拂下上下波动。我们可以进一步补充，就缠足对那些必须为生存而劳动的人们所造成的残障效应来说，这个令人嫌恶可憎的习俗在社会阶层上之往下延伸远远比预期来得厉害。如果缠足这个习俗一开始是由暴虐的男性所加诸女人身上，女性则在魅力的减少与在家庭里用处的降低上报复了男人。[②]

---

① 德庇时 1836：254。
② 德庇时 1836：255–256。

他接着拿中国来跟欧洲、马来、南太平洋和爱斯基摩等文化里面的风俗习惯比较，发现中国人"偏离自然的标准的方式，甚至在畸形里寻求名声的方式之幼稚愚昧"。

德庇时对缠足的立场跟欧多立克的立场完全是两个极端。欧多立克冷漠客观，德庇时热情投入。欧多立克充满好奇心，德庇时则拒绝、排斥，使用如"令人嫌恶的""割截""畸形""跛脚"这些负面的词汇。跟欧多立克一样，德庇时也把缠足跟品味的专断和展示高社会地位的欲望相提并论。但是他同时带入了其他的议题，如缠足的起源、实行的范围，还有它跟"男性的暴政"的联系。他清楚表示，他一点也不觉得缠着的小脚有什么吸引人的。为了让读者自己下结论，他还在书中收录两张缠足的素描，一张赤脚的，一张穿着鞋的。

单单从文化帝国主义或殖民主义的话语来解释欧多立克到德庇时的转变确实易如反掌。怎样再现异文化代表了怎样对异文化施加权力；西方人怎样书写亚洲也牵连、缠绕进更大的掌控亚洲、从中得利的帝国主义事业中。从1979年萨伊德（Edward Said）的《东方主义》(Orientalism)出版以来，很少人还能假装对这两点完全无知。[1] 当然，当西方和中国的权力关系倒转以后，西方人对中国文化里不合他们品味的特点的书写也随之改变。虽然像两百年前的耶稣会士一样，德庇时也是个研究中国语言文学的认真学者。可是他并不回避去指出中国文化中亟待改革的特点。另外，从他引用的资料来看，他所读的书的作者与期待能读他书的读者都是那些日益增加的、一心想改变中国的传教士。从十六世纪开始，西方人，特别是传教士，往往会认为异教徒国家里妇女的地位永远也比不上基督教国家。在他们笔下的非基督教形式的婚姻，尤其是其中的一夫多妻制和纳妾制度，是对女性的贬抑。在十九世纪，传教士作者（从1840年到1890年，他们写的关于中国的书占了英语书相当的比例）几乎总是主张说，要是基督教能普及全中国，妇女的地位就一定会改善。[2]

---

[1] 萨伊德1979。有个对萨伊德有趣的解读，见克利福德1988。
[2] 见德贞1869: 131、郭实腊1834: 175、雅裨理1834: 129—130、卫三畏1849 II: 54。

　　跟这些宗教观点并存的，还有根植于启蒙运动的历史进步的观念。中国被视为比较不先进的文明形式的一个例子，最好称作"东方专制体制"。巴罗（John Barrow）是十八世纪九十年代马戛尔尼（Macartney）使节团的一员，德庇时常常引用他的著作。在《中国行纪》（Travels in China）中，巴罗主张一个地方的妇女地位可以告诉我们关于那个社会的重要信息。"在任何国家，社会里妇女的地位都可以当作该国所达到文明程度的一个可以让人接受的公正判准。这也许可以说是不变的定理。"① 巴罗认为，"在亚洲国家的专制统治下"，妇女"在对主人的用处之外，个人的成就只不过被用来剥夺妇女的自由，剥夺周遭朋友的社交圈，使她成为卑下的牺牲者，有益于暴虐男性的嫉妒、善变和感官的愉悦。"② 在德庇时写作的十九世纪三十年代，这些关于社会、政治进步的观念在英国和美国已经相当普遍。

　　我相信，这篇文章的多数读者，不需要我来指出这些十九世纪西方著作里文化优越感在政治上的基础。然而，我不会同样地假设读者看得出两性关系在其中的作用。巴罗的观点不仅建立在国家与国家、文明与文明间不同的假设上，而且还建立在男女两性关系的假设之上。直到十九世纪末期，西方的著作几乎完全基于男人对他们身为男人所见所闻的反应而产生出来的观察与研究。而十八世纪结束之前，大部分的著作是为了大多数是男性的读者而写的。因此，他们认为在中国什么值得注意以及赋予什么样的意义，都受限于他们自身文化的性别体制。同时，中国的性别体制也限制了这些西方男性对他们感兴趣的问题能够追索多远。大多数中国妇女不希望受到陌生男子的注视，更别说交谈了，而即使是愿意和外国男性交谈的中国男性，也会认为许多关于妇女的议题并不适合谈论。

　　当然，性别和性的假设并不是存在于文化的真空中。这些假设也可能

---

① 巴罗 1806: 138。

② 巴罗 1806: 139。由斯当东主笔的马戛尔尼使节团的官方记录，就其将中国妇女描绘为屈从于男性这点来说，只会比巴罗的更加黯淡无光。"妇女，特别是下层阶级的，受养育成长时几乎只有一项原则——对父亲或丈夫无条件的服从。"即使农村妇女在家中辛勤工作，从事所有田间的纺织，她们也未被善待："无视妇人这些帮手给丈夫带来的所有好处。后者僭夺对她们的特殊管辖权，同时跟她们保持距离，比如不一定让她们坐上餐桌。在她们不能坐上餐桌时，在桌子后方像女仆一样地服侍人们用餐。"（斯当东 1798 II: 109）。

和政治关系有着千丝万缕的联系。比方说，想一想中国妇女长得多么吸引人这个男性本位的问题为什么持续出现在这些著作中。几乎所有我在本文中引用的作者，从马可·波罗到十九世纪末期的传教士，不是说中国妇女很漂亮，就是对他们的外貌提供一个有所保留的评价。讨论中国男性的时候，感兴趣的是关于他们行业、技艺、作战方式、运输交通、政府等的许多细节；可是关于妇女的第一个问题通常是她们的长相。就某个程度来说，聚焦在女性的美貌也许只反映了一个事实：这些男性作者为男性读者而写作，假定读者也想透过阅读分享观赏美丽女性的乐趣。但是很明显地这无法完全解释这个现象，因为在赞许中国妇女外貌和赞许中国的文化与制度之间有着有趣的相关性。那些称颂中国居多的人，如马可·波罗和耶稣会士，往往将中国女性描述为面貌姣好。那些对中国持中性态度的人，对女性外貌往往也做中性的描述。那些认为中国文化和制度中的许多方面需要改革的人，往往发现中国妇女如果改掉挽面和宽袍大袖这些习俗会吸引人得多。那些讨厌中国的人，往往把中国妇女说得很丑。

　　几个例子应该就足以说明这种相关性。在主张改革中国文化和制度中的一些特征、同时认为只要中国妇女用不太一样的方式装扮自己就会漂亮一点的人里面，唐宁（C. Toogood Downing）医生可以算是个典型。在十九世纪三十年代待在广州和澳门外国人社区的那一年，他对中国妇女的长相抱持正面的看法，说她们的脸色"像西班牙少女一样"，写她们"乌黑头发编成的美丽的辫子"。但是，他也承认，"在脸上涂得又红又白，常常涂在那些不需要化妆的脸上，这种作法"，令他退避三舍。[①]

　　最能代表讨厌所有中国事物的是英国律师瑟尔（Henry Charles Sirr）。在他1849年出版的《中国和中国人》（*China and the Chinese*）中，他并未掩饰他对许多中国东西的厌恶。提及中国妇女时，他将她们的脸描述为"完全缺乏表情或智慧"[②]；她们的身材"无肉"，而且"没有我们英国人认为女性美中必要的优美曲线"。尤有甚者，她们"脸孔黄黄的、脏兮兮的，涂抹了过多的

---

① 唐宁 1838 II: 189–190。
② 瑟尔 1849: 314–317。

白色胭脂,颧骨高高的,眼睛小小的,像猪一样,眉笔画的眉毛在鼻子上方交会,额头低低的,耳朵椭圆形,粗粗的黑头发,涂擦猪油脂肪,直到头发末端竖起来为止"。①

　　事情很可能是,某些访客如果对中国很讨厌,他们会发现自己也讨厌中国妇女。但是,政治形势的转变也给了这些作者一个抛弃身为守礼客人的机会。当西方国家的政府不再认为他们需要有礼貌地对待中国政府的时候,西方的作者常常也不再认为他们有必要像个受到盛情招待的客人一样只说他们的主人(以及主人的妻子和女儿)的好话。

形构缠足的几种主要方式

　　谈论中国妇女的头发、衣服和装扮对西方作者来说都很自然,也很容易,可是缠足却是个棘手的主题。几个世纪以来,西方作者想尽方法去呈现、解释缠足,与此同时,也明显地转变了关于缠足的话语。虽然诠释缠足的新说法每隔一段时间就会出现,然而旧说法很少会被完全抛弃。像前面讨论过的德庇时一样,许多作者提供了关于缠足起源和功能的好几种解释。有的不下判断,让读者自行评估各种不同的论证。

　　虽然如此,我们还是可以将六种形构缠足最具影响力的方式按年代先后大致排列如下:时尚(流行)、隔离、性倒错、畸形、虐待儿童、文化的停滞。这六种方式的第一种稍微负面,第二种稍微正面,其他四种都是明显地负面。西方对缠足的诠释,可以视为这六种方式竞争、组合的结果。诠释方式的不同,大致上可以解释为赋予这六种方式比重的不同。

一、时尚(流行)

　　在本文讨论的十四到十九世纪里,一般西方读者熟知的时尚观念指的是富人为了优雅或美而追求的毫无意义的恣态。因为欧多立克把缠足称为高贵的标志,说人们将缠足视为非常美丽,所以从一开始缠足就被诠释为这

---

① 瑟尔 1849 I: 61—62。

样的一种时尚。1556年造访广州的葡萄牙道明会托钵修士克鲁兹（Gaspar da Cruz）在这个观念的基础上略加发挥：

> 除了那些住在海边或山上的以外，妇女通常非常白皙。高贵人家的妇女，有的五官长得很匀称。从小的时候开始，她们就把双足用布缠裹、挤压，让双脚一直小小的、不长大。她们之所以这么做是因为中国人认为鼻子小、脚小的富贵人家妇女比较精致、优越。而且，这是富贵人家的习俗，社会的底层是不会这么做的。①

将近两个世纪以后的1736年，杜赫德（Jean-Baptiste Du Halde）编写了一部四大册包括中国历史、文化、社会风俗等方面的资料总集《中华帝国全志》。在书中，他记录说美的标准取决于品味，而中国人穿宽袍大袖，不觉得展示人的体型有什么魅力。他稍后观察到三寸金莲踩出的步子对中国人很有吸引力，可是对欧洲人却缺乏吸引力：

> 在性的魅力中，三寸金莲并非最微不足道的。当女婴出生时，保姆小心翼翼地紧紧裹住他们的双脚，生怕他们的脚长得太大。中国的淑女一生受限于此，受限于这个婴儿时期就习惯了的限制。在外国人眼中，她们的步伐缓慢、不稳，让人觉得很不舒服。②

杜赫德声称，中国妇女不只心甘情愿经受着缠足的不方便，而且还"变本加厉，增加这种不方便，努力让双脚尽可能地小，认为这种不方便有其独特的魅力。她们走路时总是显得一副楚楚可怜、令人同情的模样"。③认为中国妇女很喜欢炫耀他们的小脚是另一个错误的观念，这无疑跟像杜赫德

---

① 博克舍1953: 149。对肤色和面部化妆的关注在这个时期可谓典型，在之后的几个世纪里仍然相当常见。例子可见尼奥霍夫1669: 208，阿奈亚斯1795: 107-108。关于肤色和面部化妆，亦见高彦颐1997a，拉许165: 827; 834。就像拉许指出的，伊比利人倾向于将世界的人种分为黑人、棕人和白人，中国人被归为白人，他们认为白人是比较优越的人种。

② 杜赫德1736: 139。

③ 杜赫德1736: 139。亦见钱德明1776-1814 II: 405-407。

一样的男性作者用时尚在西方的作用来推论有着不可分的关系。隐含在这种时尚诠释里的想法是女性积极追求三寸金莲这个目标，完全没有来自他人的压力。十八世纪八十年代，格鲁贤神父（Abbe Grosier）记录说，对中国妇女来说，小脚显得是"如此珍贵的美丽，珍贵到她们从来不曾想过为了这种优越已经付出太高的代价"。①

马戛尔尼勋爵（Lord George Macartney）在1793-1794年到中国的使节团时所记的日记里，对缠足的时尚诠释是相对主义的，将缠足跟作者自身社会中过度的、不堪言状的时尚相提并论，而没有对缠足给出自己的判断。他对关于缠足的讨论持这样的看法，他先表达他不愿意"仅仅因为其他国家在如习俗或服饰这些小节上与我们不同而鄙视或嘲笑他们，因为我们很有可能在我们自己的愚昧和荒谬上跟他们不相上下"。毕竟，没有哪个国家能独占"对我们天生形体的不满"，"穿耳洞、在脸上涂脂抹粉、在头发上撒粉末和涂抹油脂在伦敦和大溪地（Otaheite）同样流行"，在自己社会里穿着很紧的鞋的淑女跟缠足的妇女几乎同样愚蠢。②

支持这种时尚诠释的方法之一是引用那些描述中国的人在回答缠足起源之问时说的故事。那些描述者说以前的皇帝赞赏宫廷女官的小脚，其他妇女为了让自己具有同样的吸引力，从而掀起了一阵模仿的热潮。习惯于宫廷对贵族时尚影响的欧洲人，会假定这个故事颇有可能。1710年到1723年住在北京的意大利教士马国贤（Matteo Ripa, 1682-1745）写到，古时候有位皇帝"有意地暗示，就一个女性来说，没有什么比拥有一双最小的脚更美的了。皇帝的意见传遍全中国，每个作丈夫的都希望自己的妻子能赶上这股风潮，而母亲们则设法让女儿能达到这想象中的美丽，后来发现可以经由技艺而努力取得"。③另一位同样在那段时间里造访北京的苏格兰医生贝尔（John Bell）也把缠足的出现说成是源自宫廷。虽然他说的是另一个故事：宫里有位既美丽又贤淑的公主，她的脚长得像小鸟一样，因此她把双脚用布包起来。宫廷里的嫔妃、公主、宫女们也跟着把脚包了起来，之后很快就传遍了全国。

---

① 格鲁贤 1788 II: 299–300。
② 克莱门宾 1962: 229。
③ 马国贤 1846: 70。

　　我所读过的作者里，没有一位停下来去思考中国与欧洲宫廷生活的差别，或思考中国高官家的妇女如何可能得知后宫嫔妃与公主所追求的时尚。因为即使能上朝的官员通常也见不到嫔妃与公主，更何况是官员家的妇女。相反地，这些作者彼此辩论的是哪一位皇帝或嫔妃掀起缠足的狂热，他们提到的时代远从商朝、到隋朝、再到五代。杜赫德提出的理论说，是商朝最后一位王后（大约公元前一千年）采取缠足这个时尚来掩饰自己的畸形足（或内外足），之后却为其他妇女所仿效。[①]十九世纪英国的医疗宣教士雒魏林（William Lockhart）引"一位明智的中国人"为权威，将缠足这项习俗说成是，隋朝最后一个皇帝（大约公元六百年）命令他的妃子捆绑双脚，在走过的地板上留下莲花状的脚印。[②]英国的传教士马礼逊（Robert Morrison）在他1817年出版的《看中国》（View of China）一书中提到另一种在中国相当常见的说法。这种说法将缠足这种习俗说成是，十世纪五代十国时南唐李后主"令宫嫔窅娘以帛束足，令足纤小屈上作新月状。由是，妇女皆效之"。[③]

　　相对主义的诠释避免道德判断，某些作者采取的就是这种立场。法国传教士古伯察（Evariste-Regis Huc, 1813–1860）在1855年的书中主张欧洲人没有权力在缠足这点上对中国人疾言厉色，因为相形之下，欧洲人自己的习俗也可能被批评：

> 　　想一想中国妇女会怎么回应，如果有人告诉他们美不在很小的脚，而在很细的腰，或虽然像山羊一样的脚不可取，可是像白人女性那样的身材却可取？谁知道中国和欧洲的妇女最后会不会在两方面让步而同时接受这两种时尚？[④]

若干年之后，美国传教士卢公明（Justus Doolittle, 1824–1880）也提出一个类似的相对主义的论证：

---

① 杜赫德1736: 139。亦见卢公明1865: 197，德贞1869: 93。

② 雒魏林1861: 339。

③ 马礼逊1817: 28。

④ 古伯察1855 II: 405。

外国妇女也许会对中国妇女为什么那么不自然地挤压他们女儿的脚而感到讶异，也许还会对他们对于这个残酷而无用时尚的狂热心生怜悯。然而，后者却疑惑于为什么前者要穿宽宽大大的撑裙。而且，在偶尔看了一眼之后，中国妇女能够用外国妇女在裙子底下穿着鸡笼子来解释如何产生撑裙这种撑大了的效果的疑问。因为他们发现有着环型撑架的裙子跟关着鸡鸭的笼子两者之间有类似之处。①

本文讨论的作者里，多数强烈暗示妇女天性特别容易受到时尚的吸引，容易到仅仅只要别人告诉他一个体型比较漂亮就可能毁损自己身体的地步。因此，这些作者给人的印象并非严厉批评中国，实际上，可以将他们的意见诠释为对中国男人表示同情、同意，因为中国男人只能忍受他们的妇女，就像欧美妇女一样愚蠢的妇女。传教士倪维思（John Nevius）表示，缠足"大概起于妇女对谁的脚最小的竞争，慈爱的母亲开始在女儿长大以前裹他们的脚，之后逐渐越来越小就开始缠足"。②

某些传教士因为功利主义的理由对缠足采取相对主义的立场。倪维思的夫人海伦（Helen Nevius）主张，如果不容许缠足，传教士就没办法将富贵人家的女儿招收进教会学校。他说他们在宁波的学校招收缠足的女学生，因为当地所有富贵人家的女孩都缠足，而且少数天足女孩会在街上受人羞辱。再说，要替这些天足的女学生找到门当户对的夫婿也几乎不可能，即使是教会学校的男学生也未必接受。③最后，中国人也会用相对主义的论证，比方说，认为用束腰或紧身胸衣挤压腰部对内脏的损害比缠足还大。中国人使用这种论证也使得采取相对主义立场正当合理。④

①　卢公明 1865 II: 203。
②　倪维斯 1882: 243；参考侯顿 1877: 116。阅读跟我读的类似的一组材料。高彦颐 1997a对时尚提出一个不同的论证，她认为，西方人觉得时尚是好的，因为时尚带来变化，变化导致进步，所以西方人将时尚在中国的不受重视视为落后的象征。我所读的资料中似乎多半采取相反的立场。当他们评论中国的服装款式相对比较经久时，他们批评的似乎是西方，而不是中国。
③　倪海伦 1868: 114–116。十九世纪七十年代，一位俄罗斯旅人记录说，他在汉口遇到的意大利修女裹她们收容所里女孩的脚，说道："并不勇于革除这项古老而野蛮的习俗。"（皮亚塞斯基 1884: 192）
④　倪海伦 1868: 116–117。

前所介绍的作者均将缠足与追求各种各样的美的定义连接起来，一部分作者暗示，在他们眼中缠足并未真的让妇女更美；另一些作者则明白表示这样的意见。雒魏林承认缠足妇女行走时"一跛一跛、摇摇晃晃的步伐"让外国人不忍卒睹，相当程度上是因为这些妇女无法走远或走快却不显出痛苦。[①]旅人鲍尔（W. Tyrone Power）将"常对中国妇女所下的评论，如病态的样子、拉扯的脸孔、神经紧张容易生气"，归罪于缠足所造成的痛楚。[②]在中国待了12年的英国商人斯卡思（John Scarth）旅行时喜欢素描。他说乡村妇女是素描的绝佳对象，然而同时记载"鲜少事物"像城市妇女的小脚一样"让人如此难受"，这些小脚"包在一条脏兮兮的裹脚布里，直到小脚显得比天足还大的地步"，好像她们睡在里面一样。[③]十九世纪八十年代的一位女性旅人戈康明（Constance F. Gordon-Cumming）花相当的篇幅描述他所造访民宅中的妇女。她描述说"无论这些淑女尝试走路时摇摇晃晃的步伐在我们眼中有多么不优雅，也肯定不会比此地高雅淑女的最佳移动方式来得不优雅"，接着继续描述所指为何，即这些淑女靠大脚仆人背在背上而移动。[④]

二、隔离

像古伯察和卢公明这样在十八、十九世纪把缠足诠释为追求时尚的作者，常常必须面对另外一种几乎同样根深蒂固的解释，也就是将缠足说成是设计来让妇女待在家中的工具主义式的观点。[⑤]早在十六世纪，就有人提出缠足和隔离妇女的关联，这种说法在十七、十八世纪仍然相当流行。1586年，门多萨（Juan Gonzalez de Mendoza）在根据西班牙和葡萄牙到中国的访客的叙述而写的关于中国的书里写道，"妇女跛着的双脚"有助于让她们待在家中守贞，还说男人之所以发明缠足正是为了这个目的。"中国妇女说，是男人劝诱他们缠足的。由于把脚缠得很厉害，几乎变形，成了半瘸，以至于

[①] 雒魏林 1861: 336。

[②] 鲍尔 1853: 298。

[③] 司卡斯 1860: 41。

[④] 戈康明 1888: 48-49。

[⑤] 例如，古伯察 1855 II: 402-403。

行动非常困难，也相当痛苦，这正是为什么妇女很少出门、也很少离开他们手边工作的原因。而缠足之所以发明也正就是为了达成这个目的。"①之后不久，著名的耶稣会士利玛窦（Matteo Ricci, 死于1610年）在简略地提及妇女的"缠足"之后，也评论说"或许中国的某个圣人灵机一动，想出这个主意来让妇女待在家里"。②

非常类似的诠释也出现在1635年初版的一部英文作品中，即布迪耶（Michael Baudier）的《中国王朝史》（History of the Court and the King of China）。隔离妇女在书中被视为中国的长处之一。他指出男人拥有贩卖妻子的权利，可是他们几乎不会这么做，因为"中国的妇女受过教育，具有种种美德，所以男人珍惜他们都来不及，更别说是把他们逐出家门了"。③中国妇女之所以具有美德和贞节，是因为他们"永远都待在家里，而且一直忙着手边的工作。这么做的结果是，懒惰——所有罪恶的温床——不会软化他们的心智，也不会促使他们为非作歹"。④布迪耶将上述所有情况归因于一位明智的国王，这位国王明白懒惰的妇女为害极大，因此下令妇女必须忙于织布或针线工作。他也将缠足视为统治者一项有用的发明：

> 喜爱妇女贞洁的中国国王们的另一项发明则在限制妇女的游荡和无谓的闲逛上发挥相当的作用。他们立法要求母亲应该努力去拉直在襁褓中女儿的双脚，让双脚不再生长。他们说服轻易相信的妇女们，女性的美在于拥有一双小脚。结果妇女接受了这个想法，在幼小的年纪激烈地挤压双脚，因此行动相当不便，可以说是某个意义上的跛脚。这也是为什么妇女愿意待在家中的另一个原因。⑤

---

① 门多萨1853［1583］: 31-32。在其他段落里，门多萨对于中国妇女的隔离之崇拜表现得很清楚，他记录说："任何时候，在窗边或门口，你都看不到妇女。如果一位妇人的丈夫请人吃晚饭，她也从不露面或同桌进食，除非客人是亲戚或好友。当妇女出门造访父母或亲人时，她们坐在一项四人抬的密闭小轿里，四周的窗格用金丝银线制成，悬着丝绸帘子，因此尽管她们看得见街上的人群，人们却看不见她们。"（门多萨1853［1583］: 31-32）
② 加拉罕1953: 77。
③ 布迪耶1682: 19。
④ 布迪耶1682: 20-21。
⑤ 布迪耶1682: 21-22。

西班牙道明会托钵修士闵明我（Domingo Navarrete, 1610？-1686）1659年抵达中国。虽然他反对耶稣会士菁英主义的、适应中国本土的宣教策略，却并未在缠足一事上表示异议。相反地，他走向另一个极端，以至于建议其他国家也可以考虑采纳缠足："对于让女性待在家里来说，裹妇女的脚这个习俗可说非常有用。如果不只在中国，而是在其他地方也广为实行，对于妇女和他们的男人来说，这样做收益不小。"[1]等到杜赫德开始写中国的十八世纪三十年代，这种工具主义式的看法已经确立下来了。杜赫德记录，大多数的中国人表示他们不清楚缠足是怎么兴起的，但是"绝大多数认为缠足是项政治设计，为了让妇女一直处在依赖的状态。可以确定的是，妇女很少踏出她们在家中的活动区域，通常是宅院内最里面的区域，除了女仆、婢女之外不跟其他人接触"。[2]

到了十八世纪八十年代，法国作者对于让妇女待在家里的习俗采取比较批判性的看法。在记录下有人说缠足是让妇女处于依赖状态的政治权宜之计之后，格鲁贤神父说："简而言之，一个中国妇人几乎永远被囚禁在自己的闺房，除了自己的丈夫和几个女仆之外，见不到任何人。"[3]

缠足之所以发明是为了让妇女在家中守贞这个诠释，是唯一一个为后世作者强烈摒斥的。这些作者认为缠足并不是由上而下加诸妇女之身的，也不愿意把缠足跟贞节相提并论。就像某位作者指出的，小脚跟贞节几乎毫不相干，因为小脚的极致完美出现在娼妓中。[4]

三、畸形

当欧洲对男女绝对隔离的尊崇慢慢减少时，缠足日益被视为一种人力加诸的畸形。作者在文字中表示缠足使女人残缺、跛脚，使他们的脚变形。在十七世纪荷兰旅人尼奥霍夫（Nieuhof）和十八世纪的马国贤神父与杜赫德的著作中已经可以发现类似的遣词用字。到了十九世纪，缠足已经

---

[1] 闵明我 1960 I: 162。
[2] 杜赫德 1736: 139。
[3] 格鲁贤 1788 II: 300。
[4] 古伯 1871: 47-48。

常常被用这些高度贬抑性的语词谈论到，这当然也反映了越来越多人关注中国妇女是否受到压迫这个问题。十九世纪三十年代，郭实腊牧师（Charles Gutzlaff）仍然认为缠足始于婴儿期，而且是靠着一个铁制的箍架而形成的，他评论说："用我这个外行人的眼睛来看，缠着的脚最明显的特征就是一个不正常的外型。"①

随着医学这门科学日益受人尊重，详细说明缠足是一种残障变得越来越容易。1835年刊载于《中国丛报》（Chinese Repository）上一篇论缠足的文章花了大半的篇幅介绍一篇1829年刊登在《伦敦皇家学会会刊》（Transactions of the Royal Society of London）上由古伯医生（Dr. Branshy Blake Cooper）撰写的文章。他对溺死在广州附近一具女尸的一只脚进行了解剖。古伯医师使用不带感情、相对中立的科学语言书写和陈述："这只脚上侧一面明显凸起，然而这种凸起却是不规则与不自然的，在脚踝外部的前方呈现出突兀而明显的突出物。在它之下，是个横越整个脚掌深深的裂缝，该裂缝的外形相当极端。"大段引用古伯医师的威廉斯（Williams），在他的书中收录了一张小脚的骨骼外形图。另一位医师德贞（Dudgeon），不单描述了小脚的外形是怎样的不同，还包括了这种畸形对腿和走路的影响，他记录说，小脚妇女的小腿肚都没有发育完全，而且走路时，膝盖和脚踝都不弯曲，身体从来都不是直的。②

在这些将缠足描绘为畸形的作者里，许多人似乎是以直觉的方式来回应一个令他们很不舒服的景象。他们之所以使用外科医师不带感情的语言，以解剖学的词汇描述缠足，原因之一是为了应对他们自己这种原始得让人不舒服的感受。

四、性倒错

马戛尔尼在日记中提到，有人跟他提议说缠足可能起于"东方的嫉妒，这种嫉妒总是有许多精巧的方法使男人能掌控他所拥有的女人，而让妇女

---

① 郭实腊1838: 480。
② 德贞1869: 96。

在外面闲逛时很麻烦也很痛苦是让妇女待在家中的好办法"。[①] 当讨论中出现像"东方的嫉妒"这样的词汇时，缠足开始进入性倒错的领域。长久以来，西方人将性堕落归因于东方。[②] 确实，许多书写中国的作者醉心于基督教禁止他们做的事，特别是其中的纳妾制度和合法的娼妓。当马可·波罗提到这些话题时，他听起来与其说是受到震撼，还不如说是羡慕。然而，至迟到十八世纪结束之前，在讨论纳妾时使用性堕落的语言就已经很平常了。这样的语言有时候也会出现在关于缠足的讨论中。例如，意大利教士马国贤神父1720年对缠足的强烈谴责就是这么总结的。他说："特别是在这件事情上，他们（中国人）的品味堕落到如此极端的程度。我认识一个医生，他和跟他同住的一个女子的关系就只是欣赏、抚弄她的脚。"[③] 马戛尔尼也写过类似的话："一位在北京的天主教传教士告诉我，在情爱关系上，对中国人来说，看一眼梦幻中的小脚是最强而有力的催情剂。"[④]

1869年在中国的两位医学传教士在《教务杂志》（Chinese Recorder），一份传教士的刊物，上争论缠足的情色含义。一位主张，因为情色，所以教士不应该提及缠足；另一位主张，正因为如此，所以传教士应该站稳反对的立场。德贞，一位北京协和医院的医师，明显地憎恶缠足。然而他主张传教士的应对之方应是容忍缠足，而非坚持基督徒让女儿放足或维持天足。为了让他的主张更有说服力，他强调缠足的情色联想正是使传教士不适合提及它的理由。他说，因为缠足跟情色的关系，"所以，在图片里，小脚总是裹着、不让人看的；缠足这个话题无法进入高尚优雅的社交对话；注视或试图检查小脚是不礼貌、不道德的；要是注视或检查了小脚，你就应该上天主教会去跟神父忏悔"。德贞接着拐弯抹角地提到，"一两位近代法国作家"指控缠足的污名，认为"某些器官的某些不寻常的发展"是"这种做法（缠足）的原因和结果"，但是他又强调他"并不相信对足部的压迫会导致任何这样的

---

① 克莱门宾 1962: 228。

② 见马伯乐 1991。

③ 马国贤 1846: 70。缠足有情色的弦外之音也受到中国文学惯例所支持。虽然中国的色情小说通常包含一些小脚扮演某种角色的调情场面，可是在那些不那么色情的著作里，像是关于当红名妓的叙述里，缠足很少被提及。见马克梦 1995: 127-133，高彦颐 1997b: 96-99。

④ 克莱门宾 1962: 228。

结果"。①

另一位医疗宣教士，在广州的科尔（J. G. Kerr），也承认缠足有情色这一面，但是他主张，正就是因为如此，所以传教士应该站稳立场反对缠足。因为缠足源于色欲，所以在道德上必然错误，也不应该允许基督教教会学校的基督徒或学生缠足。②

讨论缠足的情色方面时，我们很难忽视十九世纪传教士所感受到的不舒服。在西方著作里，缠足已经讨论了好几百年了，所以无法简单地住口不谈，而即使对那些没看到缠足的情色面向的人，缠足也是个压迫妇女的有力象征。对于那些认为西方人应该重新思考缠足习俗的情色面的作家来说，他们发现很难直截了当地说出他们的意见。

五、加诸儿童身上的痛苦

一种既可以攻击缠足又避免触及其情色面向的方法，就是聚焦在女孩而非妇女身上。到十八世纪为止，西方的作者都没有提到女孩一开始裹小脚时的疼痛。随着十九世纪历史的进展，一种认为缠足是虐待儿童的看法逐渐为人所接受。十九世纪初期，巴罗强调"女孩一定经受着持续疼痛和难受"。③1835年，《中国丛报》上一篇佚名文章说："这个过程是极端痛苦的。小女孩常常把裹脚布松开，让双足从压迫中放松；然而，据说暂时松开裹脚布却会让血液急剧向足部回流，对双脚造成极大的痛苦。"④十九世纪五十年代在中国停留五年的美国医疗传教士泰勒（Charles Taylor）描述缠足的过程"极端痛苦"，同时宣称这个过程"引发红肿、发炎、化脓，形成一种宿疾和畸形"。为了让这个过程显得更生动，他说了一个故事：

　　有一天，当 T 太太和我走过比较贫困区的一户住宅时，我们听到全

---

① 德贞 1869: 93-94。德贞隐晦地述及的理论，无疑就是李豪伟（1967: 34）相当直接描述的理论。就是说缠足改变了一个女子性器官的形状和生理构造，使得跟她性交的男子可以享受到更高的愉悦。
② 科尔 1869: 169-170。
③ 巴罗 1806: 72-73。
④ 佚名 1835: 538。

世界最悽惨的哀求着的叫声。从开着的门口往里看，我们看到一位母亲正在替他坐在高脚凳上幼小的女儿裹脚。我们很少在这样一张年轻姣好的脸孔上看过如此痛苦的表情，也很少在一位母亲的脸上看到面对着儿女受折磨却残忍而无动于衷的表情。我们又抗议、又恳求，仍旧徒劳无功。[1]

让人难以置信的是，另外一位访客宣称："每天清晨，当旅客在中国的城市散步时，他几乎从每家每户都听到女孩们经历每天痛苦煎熬时的叫喊声。"[2]

等到美国传教士卢公明写他那本1865年出版的《中国人的社会生活》(*Social Life of the Chinese*)时，分给女孩们经受着的痛苦的篇幅，跟分给鞋的外观或缠足对妇女走路姿势的影响的篇幅几乎一样。他说：

缠足的过程必然极端痛苦。将脚趾弯曲向下缠的过程中，脚皮或肉常常会破裂开。除非小心照顾，否则脚上很容易出现伤口而且很难痊愈；因为在缠足的过程中，脚的各个部分最好时常处在紧紧包裹的状态下。如果为了让脚更快变小而将脚包得比适当状态更紧，感受到的痛苦也将等比例地增加。[3]

强调小女孩的痛苦和牺牲毫无疑问地来自欧洲人对不幸的弱势者态度的转变，尤其是英国人态度的转变。在解放奴隶、监狱和贫民住宅改革、改善工业化的后果这些运动背后的那种情绪，也使得访客们用不同的眼光看待中国社会。我猜想其中另一个重要的因素是在中国的西方妇女人数日增。1860年以后，随着宣教活动在中国内地的拓展，越来越多的传教士太太和女传教士投入"妇女工作"，对中国妇女进行教育和传教工作。即使西方妇女当时还没写出将来具有权威性的书籍，他们的观念开始慢慢渗透到整

[1] 泰勒 1860: 110–111。
[2] 侯顿 1877: 120。
[3] 卢公明 1865 II: 199–200。

个传教士的社群。[1]

菲尔德（Adele Fielde）是第一个对缠足进行长篇描述的女传教士。她1887年的书《佛塔之影》（*Pagoda Shadows*），包括了对女孩缠足过程最详尽的叙述。她先写到，在缠足的头几个阶段，女孩的脚怎么缠，每个月换裹脚布时的浸泡和摩擦。然后她详细地描述女孩如何处理缠足所带来的痛苦：

> 每隔一个月或是更短，双脚和裹脚布一起放入一个热水桶中浸泡。然后将裹脚布移除，死皮会脱落，脚慢慢被缠得接近最后的形状，明矾粉敷撒在脚上，然后很快地用新的裹脚布将脚裹好。如果裹脚布卸除的时间太久，血液会流入双脚，裹新的裹脚布时会相当痛苦。双脚一直缠着，紧紧地缠到因为裹脚布的压力而麻痹的程度，这样是最不痛苦的。

> 在缠足的过程中，脚掌上的肉腐烂乃至于部分脱落并非极端稀有。有时候甚至一只或更多只脚趾脱落，这会带来好几个月的苦楚，结果是产生其他方式都办不到的特别的小脚，从而得到人们认为的优雅。痛的感觉通常持续大约一年，之后逐渐减轻，到第二年结束时双脚实际上已经没有感觉，自然也不会感受痛楚。

> 在这一两年的时间里，时尚的牺牲品（指这些缠足的女孩）只能用背躺在床上仰着睡，将双足垂在床边，让床架的边缘压迫他们膝盖下方的神经藉以或多或少减轻痛苦。她可以一边摇晃小腿一边呻吟。而且就算是在最冷的日子里她也不能把整个人裹在被窝里，因为温暖的四肢会增加痛苦。痛的感觉据说如关节经受针刺那么痛。

> 小脚逐渐成形也意味着双脚失去作用。双脚的主人得将膝盖放在两张小矮凳上，让双脚不会碰触地面，轮流将重量放在一个膝盖上，用手移动另一个矮凳，如此轮流交替才能在房间里移动。[2]

---

[1] 关于到中国的西方女传教士，见海岳 1976，杭特 1984，克罗尔 1989。
[2] 菲尔德 1887: 27–29。

随着从虐待儿童的角度看待缠足，我们向着怜悯靠近；因为对牺牲者展现同理心，怜悯当然处于一个居高临下的地位。这样的角度，至少隐然不将中国文化视为一组观念和实践组成的一块大铁板，而视它为一个复杂的社会。在这个社会里，男人、妇女、大人、小孩获取的利益是不平等的。对社会中的弱者和不幸的人表示同理心，隐然是对该社会权力结构的一种批判。

六、文化停滞

十九世纪下半叶，某些西方观察家对缠足在时尚、阶级、解剖学等方面写下了一些篇幅可观的作品，字里行间带着一股失望的语调和感叹，认为虽然缠足这种做法毫无疑问地应该废除，然而使人们放弃缠足的阻碍却几乎无法克服。这主要是因为家长认为女儿必须要裹小脚才嫁得出去。1865年，卢公明记下某些中国人谴责缠足这种习俗对女性所造成的不必要痛苦，[①] 然而"对那些承认缠足对小脚妇女带来痛苦的人来说，他们觉得之于他们自己的女儿，还是必须遵从中国社会的这项习俗"，因为，"女儿裹小脚的家庭，为儿子娶的媳妇也是出自缠足的家庭"。而且，即使贫民也无法免除这种对缠足的必要感。"许多贫穷的家庭为了能让女儿嫁入较高的阶层，取得有利的支持，宁可过着贫困的日子，也要让女儿缠足，而不愿意让女儿维持天足、负重、做粗重的工作。在城市与乡村，都有一股很强的趋势使天足的阶级变为缠足的阶级。城市居民里，很少或几乎没有从后者转变为前者的情形。"[②]

将缠足诠释为一种长久以来影响深远的习俗，在许多方面跟将它视为一种疯狂的时尚完全相反，因为时尚的变动不拘是如此恶名昭彰。再说，西方人通常认为时尚是最疯狂的，如男人在头发上擦粉，女人把腰束得紧到几乎无法呼吸。这种疯狂的行为多半局限于上层社会，甚至只在宫廷圈内。为了强调缠足不是这种西方式的时尚，许多十九世纪的作者谈到缠足的实行范围时指出，虽然存在地域差异，缠足这项习俗在中国实行的地域广及各

---

① 甚至更早，一位麦高温先生，在一份给医疗传教士社团的报告中，已经重述袁枚对缠足的批判了。见雒魏林1861: 341–342。关于袁枚的批评，见罗溥洛1976: 13–14，李豪伟1967: 199。
② 卢公明1865 II: 201–202。

地。1835年《中国丛报》一篇文章的佚名作者写道，缠足这种实践在清帝国每个角落的汉人社区（满人则否）里都能发现，在城市和大的集镇里，在"这个国家最时尚的区域里，大部分的妇女都缠足"。虽然缠足的比率每个地方不同，从百分之四五十到百分之七八十都有。[①]十九世纪五十年代，植物学家福琼（Robert Fortune）写道："在华中和华东各省，几乎无处不见。无论是坐在轿子里的优雅淑女，还是从早到晚在田里辛勤劳动的贫苦阶层，他们都让脚以同样的方式畸形。至于如福建、广东这些华南地区，这个习俗不是那么普遍；渔民和农家的妇女通常会维持天足。"[②]

顺着这条论证的线索还可以举出更多的例子，但再举一个最明显的例子就足以说明。菲尔德写道："缠足的过程、她们穿的鞋的款式、这些缠足女孩的社会条件在不同的地区有很大的差异。富人家的女孩六到八岁开始缠足，穷人家的女孩则十三四岁开始。"然而她强调缠足并不限于富贵人家："缠足不是一张可以兑换身份地位的礼券，因为最卑贱的下等人通常也缠足。缠足也不是富有的象征，因为在缠足盛行的区域，即使最贫穷的人也裹脚。姨太太通常是裹着脚的，除了那些原来是婢女的之外。"[③]

读了这类叙述的读者会很自然地推论，终结缠足的唯一方法是对中国文化与社会进行全盘的改造。除非像婚姻与阶级这些根深蒂固的社会制度得以改变，希望人们放弃缠他们女儿的小脚几乎毫无可能。

何以缠足这个主题如此难以处理

明显地，西方的中国权威对缠足这个主题很感兴趣，可是对缠足实际情况的了解却进展缓慢。即使是能取得相关信息、一心想增进知识的著名作者，仍然重复犯着一些老错误。如只有富贵人家的女儿才缠足、一出生就开始缠足、妇女会展示小脚来吸引男人、男性发明缠足是为了让妇女无法在外游荡等等。

---

① 佚名 1835: 538。
② 福琼 1857: 248–249。
③ 菲尔德 1887: 31。

　　男女两性之间的礼仪大概是对缠足了解得更精确的最大障碍。就我所知，至少到十九世纪中叶为止，大多数作者咨询的都是其他男性。他们读的书的作者、征询的住在中国其他地方的英美侨民，以及咨询的中国人，都是男性。实际上，没有一个男性作家说过他们曾跟中国妇女谈过缠足，甚至还从未请他们的妻子去问中国妇女。就某个程度来说，这反映了他们视中国男性为关于中国的权威，即使是在有关中国妇女的知识方面。然而，无疑地在这底下还有中国和西方男女两性的礼仪。中国妇女大概不会想跟父兄或儿子谈缠足这件事，更不用说是跟外国男子谈了。某些西方人确实发现一些中国人愿意回答他们的问题，但是这些人往往是像译员一类因为工作而必须和他们交谈的人，可能会告诉他们他认为他们想听的话。我怀疑，另一些西方人提问的对象则是在中国停留比他们久的外国人。

　　如果跟中国妇女交谈是如此困难，那么一个外国男子想见到一双解开了裹脚布的小脚自然更是难上加难。一位医师表示，医师"绝对不可能"亲眼目视检查一双小脚。[①]摄影师汤森（John Thomson）说，中国男士告诉他，他绝对没办法让一位中国女性解开裹脚布来让他拍照。的确，即使他以金钱报酬劝诱，很长的时间里都没成功。直到最后，在厦门，他找到一位老婆婆愿意接受一笔可观的金钱报酬让她手下的一位女性拍她的小脚。[②]1873、1874年侯顿（Ross Houghton）牧师在亚洲旅行时，他说在九江一位教会女子学校女教师的帮助下，花了一个星期高明的外交手腕，"我成功说服一位大约十五岁的女学生允许我在她解开华丽的裹脚布时在旁观看"。之后，在上海，他使一位老婆婆接受报酬除去裹脚布。[③]

　　对缠足更精确理解的第二个障碍是汉学的专门知识在这儿几乎不管用。本文之所以没怎么引用十九世纪著名汉学家的作品，是因为博学于中国典籍的学者几乎不提缠足。再者，他们总的来说往往对于缠足与对妇女的压迫轻描淡写。就拿卫三畏（S. Wells Williams, 1812–1884）来说，这位十九世纪中叶传教士作者中相当博学的一位。在他1848年出版的《中国总

---

① 德贞 1869: 94。
② 汤森 1982［1873–1874］, Vol II, Plate XIV, no. 39。
③ 侯顿 1877: 116–117。

论》(*The Middle Kingdom*)的序言里，他表示这本书的目标之一是"将提到中国人民和文明时普遍联想到的、那种奇特而难以界定的讥讽的印象从他们身上除去。""中国及其居民的外形"的几乎每个部分，包括服饰、时尚、社会习俗甚至面部表情都成为西方人嘲笑的对象。当他谈到缠足时，他把缠足描述为"与其说是危险的还不如说是个令人麻烦不方便的习俗"，同时主张缠足不会让女孩痛苦超过六个星期，因为在街上可以看见裹着小脚的女孩在玩耍。[1]

另外一个很好的例子是翟理斯（Herbert Giles, 1845-1935），他是他那代汉学家中相当杰出的一位。从十九世纪七十年代初期，他开始写关于中国的事物，然而在早期作品中几乎很少提到女性。在1902年出版的《中国与中国人》(*China and the Chinese*)书中，他强调西方人对中国妇女处境的看法过于负面。对他来说，妇女没戴面纱、可以出门访友、受教育、像丈夫或儿子一样接受官诰和谥号，这些都值得重视。他把缠足称为一个可怕的习俗，"这个习俗，如果没有时尚在挡路，许多明智的中国人将会非常乐意将它革除"。但是，之后他很快接着讨论下一个对他来说更有意思的题目，中国丈夫的斗鸡，这个主题花了他之后好几页的篇幅。[2]

就卫三畏和翟理斯这两个例子来说，我怀疑对获取缠足的深入知识上，沉浸于中文书籍中与其说是一种帮助，还不如说是一种障碍。在教授外国学者基础汉语时，缠足不会是中国读书人强调的一个话题，也不会被视为对中国的道德、哲学或文化价值有任何重要性。如果被直接问到这个主题，老师们也许多半宁愿承认他们并不了解。那些花费数年研读文学经典的汉学家比较容易认同统治精英，因此他们也倾向于对缠足轻描淡写。汉学家擅长的是在文化的创造与再生产上以书本文字扮演重要的角色，但是，在对缠足的认识和习俗的累积上，文字书本无足轻重。在裹小女孩的脚之前，母亲不需要先读一本缠足的入门操作手册。

在美这件事情上，我们今天多半主张相对主义，相信没有什么超越时空

---

① 卫三畏 1849 II: 40。
② 翟理斯 1902: 196–205（引文引自202页）。

的普遍标准。但是，从知识进展的角度来看，对缠足采取相对主义的立场有其缺点。某些作者想要淡化任何使中国看起来特异的东西，他们几乎不探讨如小脚怎么缠、缠足的地域和阶级差异这些问题。相反地，他们往往修剪知识做出勉强却令人安慰的比较。反过来说，另一些作者不认为视中国的某些风俗习惯讨厌可鄙有什么不对，他们会强调缠足的性倒错、畸形或痛楚而淡化相对主义式的时尚建构这一面。即使那些强调负面的作者，今日看起来种族中心主义、骄傲自大到冒犯无礼的地步，可是他们却值得奖励，因为他们调查出缠足方式的地域和阶级差异，介绍了认为别无选择的母亲和承受痛苦的女儿两者的观点，进而增进有关缠足的知识，也让我们对缠足的分析更复杂细腻。

这篇文章里讨论的这些助成缠足的方式现在仍然流行，虽然有些新方式出现，而某些旧方式则以倒立的方式存在。虽然中国和西方对缠足的观点今日仍然相距甚远，但是不像以前那样大相径庭，而且二者之间的差别也与以前不同。中国的反缠足运动家接受了缠足是专断的时尚、是人为的畸形、是将妇女限制在家中的方式这些观点。[1]拒绝缠足、回归天足那一代妇女将这个过程视为一个解放的过程，而且这种观点在中国仍然占据主导地位。[2]与此同时，西方对缠足的诠释则往不同的方向发展。二十世纪六十年代，李豪伟（Howard Levy）写了一本关于缠足的书。他把马国贤、德贞和其他人讨论缠足的情色面向的相关证据用在和这些原作者原意非常不同的方向。对李豪伟来说，缠足的情色倾向并未让它变成性倒错，而是使它令人着迷，是一个人类在愉悦艺术上展现发明创造力的例子。李豪伟书写男人在缠足中所享受的愉悦的笔触带有一种羡慕的弦外之音，让人联想起马可·波罗。[3]近来在女性主义的影响下，一些学者尝试用修正主义的观点比较正面地看待缠足，探究缠足对女性也许带来某些正面作用，如让女性拥有

① 见第172页注②中的资料。
② 例如，高1995。亦见洪1997，引文原文是英文。
③ 李豪伟1967。

自己身体的主导权与对自身美丽感到骄傲等方面。[①]很显然，解释缠足没有一种正确的方式。但是，却经历了一段历史让我们走到今天用这几种方式来看待缠足。

参考书目

雅裨理（David Abeel）：《1829年到1832年在中国与邻近国家寓居的日志》（*Journal of a Residence in China and the Neighboring Countries from 1829 to 1832*），纽约：列维-罗德（Levitt, Lord, and Co）公司，1834年。

钱德明（Joseph Marie Amiot）：《北京传教士的回忆：关于中国人的历史、学术、技艺、和风俗习惯》（*Mémoires concernant l'histoire, les sciences, les arts, les moeurs, les usages, etc. des Chinois, par les Missionnaries de Pékin*），十七册，巴黎，1776–1814年。

阿奈亚斯（Aeneas Anderson）：《1792、93、94年英使来华记》（*A Narrative of the British Embassy to China in the Years 1792, 1793, and 1794*），伦敦：德布雷特（J. Debrett）出版社，1975年。

佚名（Anon）：《中国妇女的小脚：缠足起源的纪录；这项习俗的范围和影响；一只小脚的解剖学分析》（Small feet of the Chinese females: remarks on the origin of the custom of compressing the feet; the extent and effects of the practice; with an anatomical description of a small foot.），《中国丛报》（*Chinese Repository*）第3卷（1835年），第537–542页。

巴罗（John Barrow）：《中国行记》（*Travels in China.*）第二版，伦敦：凯德-戴维斯（Cadell and Davies）出版社，1806年。

布迪耶（Michael Baudier）：《中国王朝史》（*The History of the Court of the King of China*），伦敦，1682［1635］年。

贝尔（John Bell）：《1719到22年从圣彼得堡到北京的游记》（*A Journey from St Petersburg to Pekin, 1719–1722*），施蒂文孙（J. L.Stevenson）编辑，纽约：邦恩诺伯（Barnes and Noble）出版社，1966［1763］年。

---

① 布雷克1994；高彦颐1994：147–151；比佛利杰克森1997。

布雷克(C. Fred Blake)：《中国新儒学时代的缠足与对女性劳动力的掠夺》（Foot-binding in Neo-Confucian China and the appropriation of Female Labor），《符号》(Signs)第19卷（1994年）第3期，第676–712页。

博克舍(C. R. Boxer)编辑：《佩拉亚、克鲁兹、和拉达笔下十六世纪的华南（1550–1575）》(South China in the Sixteenth Century, Being the narratives of Galeote Pereira, Fr. Gaspar da Cruz, O.P., Fr. Martin de Rada, O. E. S. A. (1550–1575))，伦敦：哈克陆特会(Hakluyt Society)系列二，第106册，1953年。［中译本：《十六世纪中国南部纪行》（1990，何高济，中华）］

卡梅伦(Nigel Cameron)：《外夷与京官：一千三百年间来到中国的西方访客》(Barbarians and Mandarins: Thirteen Centuries of Western Travelers in China)，纽约：威摄海尔(Weatherhill)出版社，1970年。

坎贝尔(Mary B. Campbell)：《见证人与另一个世界：五到十六世纪欧洲人的奇特游记》(The Witness and the Other World: Exotic European Travel Writing, 400–1600)，伊萨卡：康乃尔大学出版社，1988年。

周，弗吉尼亚(Virginia Chui-tin Chau)：《1850到1912年中国的反缠足运动》(The Anti-footbinding Movement in China［1850–1912］)，哥伦比亚大学政治科学系硕士论文，1966年。

克利福德(James Clifford)：《文化的困境：二十世纪的民族学、文学与艺术》(The Predicament of Culture: Twentieth-Century Ethnography, Literature, and Art)，麻省剑桥：哈佛大学出版社，1988年。

古伯(T. T. Cooper)：《一个商业先驱的游记》(Travels of a Pioneer of Commerce)，伦敦：穆瑞(John Murray)出版社，1871年。

克莱门宾(J. L. Cranmer-Byng)编：《出使中国记》(An Embassy to China: Being the Journal Kept by Lord Macartney during his Embassy to the Emperor Ch'ien-lung 1793–1794)，伦敦：朗文格林(Longmans and Green Co.)出版社，1962年。

克罗尔(Elisabeth Croll)：《从外地来的贤明女儿：欧洲女性作者写中国》(Wise Daughters from Foreign Lands: European Women Writers in China)，伦敦：潘朵拉(Pandora)出版社，1989年。

德庇时（John Francis Davis）：《中国人：中华帝国及其居民概述》（*The Chinese: A General Description of the Empire of China and its Inhabitants*），纽约：哈泼兄弟（Harper and Brothers）出版社，1836年。

道森（Christopher Dawson）：《蒙古使节团：十三、十四世纪到蒙古和中国的方济会使节之叙事和信件》（*The Mongol Mission: Narratives and Letters of the Franciscan Missionaries in Mongolia and China in the Thirteenth and Fourteenth Centuries*），伦敦：希德-华德（Sheed and Ward）出版社，1955年。

道森（Raymond Dawson）：《中国的变色龙：欧洲人对中国文明的构想之分析》（*The Chinese Chameleon: An Analysis of European Conceptions of Chinese Civilization*），牛津：牛津大学出版社，1967。

卢公明（Justus Doolittle）：《中国人的社会生活》（*Social Life of the Chinese: with Some Account of Their Religious, Governmental, Educational, and Business Customs and Opinions, with Special but not Exclusive Reference to Fuhchau*），纽约：哈泼兄弟出版社，1865年。

唐宁（C. Toogood Downing）：《1836到37年中国的番鬼》（*The Fan-Qui in China in 1836–1837*），都柏林：爱尔兰大学出版社1972年重印。

杜拉克（Allison Drucker）：《1840年到1911年西方妇女对反缠足运动的影响》（The Influence of Western Women on the Anti-footbinding Movement 1840–1911），收于约翰内森（Stanley Johannesen）、桂时雨（Richard W. Guisso）编，《中国妇女：历史研究的新动态》（*Women in China: Current Directions in Historical Scholarship*），杨斯汤（Youngstown）：费罗（Philo）出版社，1981年。

杜赫德（Jean-Baptiste Du Halde）：《中华帝国全志》（*The General History of China*），伦敦：瓦兹（Watts）出版社，1736年。

德贞（J. Dudgeon）：《中国妇女的小脚》（The Small Feet of Chinese Women），《教务杂志》（*The Chinese Recorder and Missionary Journal*）第2卷（1869年）第4期，第93–96页；第5期，第130–133页。

伊沛霞（Patricia Buckley Ebrey）：《内闱：宋代妇女的婚姻和生活》（*The Inner

Quarters: Marriage and the Lives of Chinese Women in the Sung Period），伯克利：加利福尼亚大学出版社，1993年。

菲尔德（Adele M. Fielde）:《佛塔之影：中国生活的研究》*(Pagoda Shadows: Studies from Life in China)*，伦敦：史密斯（T.Ogilvie Smith）出版社，1887年。

福琼（Robert Fortune）:《中国人中的居民》*(A Residence Among the Chinese: Inland, on the Coast, and at Sea. Being a Narrative of Scenes and Adventures During a Third Visit to China, from 1853 to 1856)*，伦敦：穆瑞出版社，1857年。

加拉罕（Louis J. Gallagher）译：《十六世纪的中国：1583年到1610年利玛窦日记》*(China in the Sixteenth Century: The Journals of Matthew Ricci: 1583–1610)*，纽约：兰登书屋（Random House），1953年。

高洪兴（Gao Hongxing）:《缠足史》，上海：上海文艺出版社，1995年。

翟理斯（Herbert Giles）:《中国和中国人》*(China and the Chinese)*，纽约：哥伦比亚大学出版社，1902年。

戈康明（D. F. Gordon-Cumming）:《中国漫游》*(Wanderings in China)*，爱丁堡与伦敦：布莱克伍德父子（William Blackwood and Sons）出版社，1888年。

格鲁贤神父（Abbé Grosier）:《中国概述》*(A General Description of China)*，两册，伦敦：罗宾孙（G. G. J.and J. Robinson）出版社，1788年。

郭实腊（Charles Gutzlaff）:《1831、1832、1833年沿着中国海岸线的三次航行记》(Journal of Three Voyages along the Coast of China, in 1831, 1832, and 1833)，伦敦：魏斯理-戴维斯（Frederick Westley and A. H. Davis）出版社，1834年。

——，《开放了的中国：中华帝国历史，风俗习惯，工商业，艺文，宗教，法律的展示》*(China Opened: or, A display of the topography, history, customs, manners, arts, manufactures, commerce, literature, religion, jurisprudence, etc, of the Chinese Empire)*，伦敦：大史密斯公司（Smith, Elder and Co.），1838年。

海格（John W. Haeger）：《马可·波罗到过中国吗？关于内在证据的问题》
（Marco Polo in China? Problems with Internal Evidence），《宋元学报》
（*Bulletin of Sung and Yüan Studies*）第14卷（1978年），第22-30页。

洪凡（音译）（Fan Hong）：《缠足、女性主义、和自由：现代中国妇女身体之
解放》（*Footbinding, Feminism and Freedom: The Liberation of Women's
Bodies in Modern China*），伦敦：凯斯（Frank Cass）出版社，1997年。

候顿（Ross C. Houghton）：《东方女子：日本、中国、印度、埃及、叙利亚、和土
耳其的宗教、思想、和社会情况》（Women of the Orient: An Account of
the Religious, Intellectual, and Social Condition of Women in Japan, China,
India, Egypt, Syria, and Turkey），辛辛纳提：华登-史多夫（Walden and
Stowe）出版社，1877年。

古伯察（Évariste-Régis Huc）：《中华帝国纪行》（*The Chinese Empire*），第二
版，伦敦：朗文-布朗-格林（Longman, Brown, Green, and Longmans），
1855年。

杭特（Jane Hunter）：《高贵的福音：十九、二十世纪之交在中国的美国女传教
士》（The Gospel of Gentility: American Women Missionaries in Turn-of-
the-Century China），纽黑文：耶鲁大学出版社，1984年。

海岳（Irwin T. Hyatt, Jr.）：《圣使荣哀录：十九世纪山东东部的三个美国传
教士》（*Our Ordered Lives Confess: Three Nineteenth-Century American
Missionaries in East Shantung*），麻省剑桥：哈佛大学出版社，1976年。

杰克森（Beverly Jackson）：《华丽的拖鞋：一千年的情色传统》（*Splendid
Slippers: A Thousand Years of an Erotic Tradition*），伯克利：十倍速出版
社（Ten Speed Press），1997年。

杰克森（Peter Jackson）翻译：《托钵修士和德理的使节团：1253到55年造访
大汗蒙哥的游记》（*The Mission of Friar William of Rubruck: His Journey
to the court of the Great Khan Mönke 1253-1255*），伦敦：哈克陆特会
（The Hakluyt Society）系列二，第173册，1990年。

科尔（J. G. Kerr）：《小脚》（Small Feet），《教务杂志》（*The Chinese Recorder
and Missionary Journal*）第2卷（1869年），第169-170页。

——，《小脚》(Small Feet)，《教务杂志》第 3 卷（1870 年），第 22-23 页。

高彦颐（Dorothy Ko）：《闺塾师——明末清初江南的才女文化》(*Teachers of the Inner Chambers: Women and Culture in Seventeenth-Century China*)，斯坦福：斯坦福大学出版社，1994 年。

——，《历史上的束缚：缠足与时尚理论》(Bondage in Time: Footbinding and Fashion Theory)，《时尚理论：服装、身体、与文化的期刊》(*Fashion Theory: The Journal of Dress, Body and Culture*)，第 1 卷（1997 年）第 1 期，第 3-28 页。

——，《写下的文字与裹着的脚：歌伎氛围的历史》(The Written Word and the Bound Foot: A History of the Courtesan's Aura)，收于魏爱莲和孙康宜编，《帝制晚期中国的书写妇女》(*Writing Women in Late Imperial China*)，斯坦福：斯坦福大学出版社，1997 年。

拉许（Donald F. Lach）：《欧洲形成过程中的亚洲：第一册，发现的世纪》(*Asia in the Making of Europe. Vol.1 The Century of Discovery*)，全两册，芝加哥：芝加哥大学出版社，1965 年。

雷兹（Malcolm Letts）：《曼德维尔的旅行》(*Mandeville's Travels*)，伦敦：哈克陆特会系列二，第 101 册，1953 年。

李豪伟（Howard S. Levy）：《金莲》(*Chinese Footbinding: The History of a Curious Erotic Custom*)，纽约：贝尔（Bell）出版公司，1967 年。

林德理（Augustus F. Lindley）：《太平天国：太平革命史》(*Ti-Ping tien-kwoh: The History of the Ti-Ping Revolution*)，伦敦：戴与子（Day and Son）出版社，1866 年。

马伯罗（Judy Mabro）：《中国的医疗使节：二十年的经验》(*The Medical Missionary in China: a Narrative of Twenty Years Experience*)，伦敦：赫斯-特布莱奇（Hurst and Blackett）出版社，1861 年。

雒魏林（William Lockhart）：《遮蔽了的半边真象：西方旅客对中东妇女的印象》(*Veiled Half Truths: Western Travellers' Perceptions of Middle Eastern Women*)，纽约：陶理斯（I. B. Tauris）出版社，1991 年。

马克拉斯（Colin Mackerras）：《西方的中国形象》(*Western Images of China*)，

牛津：牛津大学出版社，1989年。

麦特拉（K. M. Maitra）译：《波斯派至中国的使节团》(*A Persian Embassy to China*)，纽约：派拉岗（Paragon）出版社1970年重印拉合尔（Lahore）出版社1934年版。

马克梦（Keith McMahon）：《吝啬鬼、泼妇、一夫多妻者：十八世纪中国小说中的性与男女关系》(*Misers, Shrews, and Polygamists: Sexuality and Male-Female Relations in Eighteenth-Century Chinese Fiction*)，达勒姆：杜克大学出版社，1995年。

门多萨（Juan Gonzalez de Mendoza）：《大中国志》(*The History of the Great and Mighty Kingdom of China*)，伦敦：哈克陆特会，第5、14、15册，1858年。

麦斯基尔（John Meskill）译：《崔浦的日记：漂海录》(*Ch'oe Pu's Diary: A Record of Drifting Across the Sea*)，图森：亚利桑那大学出版社，1965年。

马礼逊（Robert Morrison）：《看中国》(View of China for Philological Purposes; Containing a Sketch of Chinese Chronology, Geography, Government, Religion, and Customs)，澳门：汤斯（P. P. Thoms）出版社，1817年。

牟尔（A. C. Moule）：《1550年以前中国的基督教徒》(*Christians in China before the Year 1550*)，伦敦：普及基督教知识会（Society for Promoting Christian Knowledge），1930年。

牟尔与伯希和（Pelliot Paul）：《马可·波罗东方见闻录》(*Marco Polo: The Description of the World*)，伦敦：罗特莱杰（Routledge and Sons）出版社，1938年。

闵明我（Friar Domingo Navarette）：《托钵修士闵明我的旅行和争议》(*The Travels and Controversies of Friar Domingo Navarrete*)，两册，康明斯（J. S. Cummings）编译，伦敦：哈克陆特会系列二，第118册，1962年。

倪海伦（Helen S. C. Nevius）：《我们在中国的生活》(*Our Life in China*)，纽约：卡特兄弟（Carter and Brothers）出版社，1868年。

倪维斯（John L. Nevius）：《中国与中国人》(*China and the Chinese: A General Description of the Country and its Inhabitants; its Civilization and Form* of Government; its Religious and Social Institutions; its Intercourse with other Nations; and its Present Condition and Prospects），费城：长老教会出版部（Presbyterian Board of Publication），1882年。

尼奥霍夫（John Nieuhoff）：《从联合省东印度公司到中国大汗皇帝的使节团》(An Embassy from the East-India Company of the United Provinces to the Grand Tartar Cham Emperor of China)，伦敦：马科克（John Macock）出版社，1669年。

欧雪基（Leonardo Olschki）：《马可·波罗的亚洲：东方见闻录导论》(Marco Polo's Asia: An Introduction to his "Description of the World" Called "Il Milione")，史考特（John A. Scott）译，伯克利：加利福尼亚大学出版社，1960年。

皮亚塞斯基（P. Piassetsky）：《在蒙古和中国的俄罗斯旅客》(Russian Travelers in Mongolia and China)，伦敦：查普曼－赫尔（Chapman and Hall）出版社，1884年。

鲍尔（W. Tyrone Power）：《在中国三年的回忆》(Recollections of a Three Years' Residence in China)，伦敦：班特利（Richard Bentley）出版社，1853年。

马国贤（Mateo Ripa）：《马国贤神父回忆录：清廷十三年》(Memoirs of Father Ripa during Thirteen Years' Residence at the Court of Peking in the Service of the Emperor of China)，纽约：魏礼－普曼（Wiley and Putnam）出版社，1846年。

罗溥洛（Paul S. Ropp）：《变革的种子：对清代初期和中期妇女情况的反思》(Seeds of Change: Reflections on the Conditions of Women in Early and Mid Ch'ing)，《符号》(Sign)第2卷（1976年）第1期，第5–23页。

罗萨比（Morris Rossabi）：《忽必烈汗的生平和时代》(Khubilai Khan: His Life and Times)，伯克利：加利福尼亚大学出版社，1988年。

萨伊德（Edward W Said）：《东方主义》(Orientalism)，纽约：古典书局（Vintage Books），1979年。

司卡斯（John Scarth）：《在中国的十二年：人民、反贼、和官员》(Twelve Years

in China: The People, the Rebels, and the Mandarins），爱丁堡：康斯特伯（Thomas Constable）出版社，1860年。

瑟 尔（Henry Charles Sirr）:《中 国 和 中 国 人：宗 教、性 格、习 俗、与 制 品》(China and the Chinese: Their Religion, Character, Customs, and Manufactures），伦敦：欧尔公司（Orr and Co.），1849年。

史景迁（Jonathan D. Spence）:《大汗之国：西方人眼中的中国》(The Chan's Great Continent: China in Western Minds），纽约：诺顿（W. W. Norton）出版社，1998年。

斯当东（George Staunton）:《大英国王派赴中国皇帝使节团的真实记录》(An Authentic Account of an Embassy from the King of Great Britain to the Emperor of China），第二版，伦敦：布默（W. Bulmer）出版社，1798年。

施 蒂 芬（Leslie Stephen）和 李（Sidney Lee）编:《全 国 传 记 词 典：补 编》(Dictionary of National Biography: Supplement），牛津：牛津大学出版社，1917年。

鲍家麟:《晚清中国的反缠足运动：本土的发展与西方的影响》,《近代中国妇女史研究》第二册,台北："中研院" 近代史研究所,1994年。

泰勒（Charles Taylor）:《在中国的五年》(Five Years in China），纽约：德比-杰克森（Derby and Jackson）出版社，1860年。

汤森（John Thomson）:《早期照片中的中国与中国人》(China and Its People in Early Photographs），纽约：多佛（Dover）出版社重印《中国和中国人图集》(Illustration of China and its People），1982年。

卫三畏（S. Wells Williams）:《中国总论》(The Middle Kingdom: a Survey of the Geography, Government, Education, Social, Life, Arts, Religion, &tc. of the Chinese Empire and its Inhabitants.），第二版，伦敦：瓦许波（Henry Washbourne）出版社，1849年。

伍德（Frances Wood）:《马可·波罗到过中国吗？》(Did Marco Polo Go to China），牛津：牛津大学出版社，1995年。

约 尔（Henry Yule）编 译:《东 域 纪 程 录 丛》(Cathay and the Way Thither:

Being a Collection of Medieval Notices of China），修订版，科蒂尔（Henri Cordier）编辑，伦敦：哈克陆特会，1915年。

约尔译：《威尼斯人马可·波罗游记》（*The Book of Ser Marco Polo the Venetian Concerning the Kingdoms and Marvels to the East*），第三版，科蒂尔编辑，纽约：多佛出版社1993年重印。

（郭中翰　译）

君位的传承：中国的案例

　　杰克·古迪（Jack Goody，1966年）在其《高位的传承》的长篇导论中分析了不同社会传承最高权位（通常是王位）的模式。他的许多例子来自非洲社会，但他也引用了古罗马和奥斯曼帝国以及欧洲历史和文学中的大量例子，包括李尔王和哈尔王子的例子。从表面上看，这些继位制度截然不同。在奥斯曼苏丹国早期的几个世纪里，为了防止继位斗争，一旦一个儿子继承了王位，他的所有兄弟都被杀，这确保苏丹家族永远不会壮大。在另一个极端，尼日利亚北部的扎里亚·豪萨（Zaria Hausa），君权从皇室的一个分支转移到另一个分支。通过列举在规模、复杂程度、家庭制度和宗教方面存在巨大差异的社会的例子，古迪强调他的论点，即在相对较小的尚未发明文字的社会中，使继位酋长复杂化的问题在结构上类似于传统社会晚期和现代社会的继位问题。

　　古迪研究的继位制度中的主要变量是时机、选择继位者的权威所在以及在位者与继位者之间的关系。君主是在有生之年将全部或部分权力移交给他的继位者，还是等到他死后才传位？谁有权选择君主的继位者？如果是君主本人，如果他在指定继位人之前去世怎么办？君权是父传子、兄传弟，还是在皇室的不同分支之间流传？继位者之间的亲属关系如何影响他们之间的关系？古迪寻找不同类型系统之间的系统性差异。例如，他表明，在支持兄弟继位的制度中，统治者更有可能是成年男子，但他们的统治时间平均比子承父时的时间要短。古迪还展示了每种体系如何解决某些问题并产生自己特有的困境。死前继位解决了君主不再年富力强的问题，但前任君主在自己的位置上很少感到舒适，从而导致不稳定。"当亨利二世（1154-1159）将王国的一部分传递给他的儿子时，结果是对他的叛变和继位者之间的战争。"（古迪，1966年，页3）皇室一夫多妻制减少了君主没有继位人的可能性，但"使选择过程复杂化，因为可选的人越多，他们就越难处理。"（古迪，1966年，页30）因此，在大多数社会中，都存在一些"王朝断代"的现象。古迪强调，现代欧洲的固定继位顺序制度是一种相对罕见的继位形式，大多数君主制都采用了某种程度的选择，至少是在君主所有儿子中进行选择。在继位过程中存在一些不确定性时，皇室或王朝的整体团结会得到更好的维护，因为这样王位可以被视为属于王朝，而不是君主。另一方面，不确定性越大，就越有可能出现不稳定的过渡期和继位之战。

在这篇文章中，我想在古迪考虑的社会中加入中国的例子。古迪的分析将所有社会视为同等重要的案例。探讨这一问题的另一种方式是认识到继位制度的成功程度各不相同，而且更成功的制度具有特殊的吸引力。我认为，允许朝代延续更长时间、缩短无君时期以及最大限度地减少继位战争可能性的制度是更成功的继位制度。基于所有这些理由，中国的个案值得仔细考察。在公元前202年至公元1911年之间的2113年中，74%的时间里，中国只由五个朝代统治，每个朝代均持续了不少于250年（见下表）。①由于中国个案在这么多个世纪里都有很好的记录，这也增加了古迪没有考虑的时间维度。旧朝处理继位问题的方式是否与新朝不同？新朝能否从前朝的错误中吸取教训，完善继位制度？在他后来的许多作品中，比如《东方、古典时期、原始时期》（1990年）和《花卉文化》（1993年），杰克·古迪都很好地使用了中国的例子。在这里，我也将尝试展示中国案例如何有助于我们理解

---

① 五个关键朝代之间穿插着十几个或更多的小朝代，它们要么持续时间较短，要么未能统一中原。例如，从220到265年中国分为三个国家，从317到581年中国南方由6个王朝相继统治，北方也有不少王朝。北方分裂王朝中不少由非汉族统治，包括从399年到534年控制华北的北魏（鲜卑），从916年到1122年控制东北和华北部分地区的辽（契丹），从1126年到1234年控制华北和东北的金（女真），以及从1215年控制华北、1276年到1368年控制全中国的元（蒙古）。在关键朝代中，只有最后一个清朝拥有非汉族（即满族）皇室。大多数非汉族朝代都采用中国继位实践的元素，但对其进行调整以适应他们自己的传统。这些改造本身就很有趣，已引起了几位学者的注意。参见艾安迪，1991年，1995年；傅礼初，1986年；何葛任，1986年，1987年，1991年；罗友枝，1998年。

五个中国关键朝代

汉	公元前202年–公元220年
唐	618–906
宋	960–1276
明	1368–1644
清	1644–1911

继任制度。

按照古迪的分类，中国君位的继承主要是从父亲到儿子的死后继位，可以在儿子之间进行一些选择，但优先选择皇后的长子。姐妹和女儿们从不继位，当有多个儿子时，王朝也不会分裂。死前继位（被认为是自愿或被迫的退位）是可能的，但并不常见。每个皇帝都有选择继位人的充分权力，并通过公开指定继位人的方式鼓励他们尽早这样做。如果他没有儿子，他可以收养一个子侄辈的族人，并指定他为他的继位人。如果皇帝在儿子出生或被收养之前去世，年长的太后将成为制造君主之人并选择继位者。当继任的皇帝还是个孩子时，这位妇女也会摄政。弟弟们有时被选为继位者，尤其是当前一个皇帝还是个孩子的时候。皇帝很少被罢免；对于生病或不称职的皇帝，解决办法通常是让其他人（母、妻、宰执）接管大部分行政责任。

关键朝代持续了这么久，并不是因为王朝的延续从未受到重大威胁，而是因为威胁得到了克服或遏制。所有这些朝代都在有权继位的权势集团的干预下幸存下来，如宫廷太监、后妃家族和宰执。这些非法的君主制定者挑选他们可以操纵的候选人，但通常只限于符合条件的皇室成员，以保持王朝的连续性。[①]姻亲两次成为皇帝，但都没有成功地将王位传给第二代；取而代之的是恢复原来的王朝。[②]战争也可能危及王朝的延续。宋朝和明朝都有一位皇帝被北方的侵略军俘虏，但两个朝代的官员和宗室都联合起来，推

---

① 两宗明目张胆的皇子篡位事例，一是唐太宗杀兄逼父退位，二是明成祖起兵从侄子（还是孩童的明太祖之孙）手中夺取皇位。这类政治史最好的英文资料是多卷本《剑桥中国史》。关于这两个事件，参见魏侯玮，1979年，和陈学霖，1988年。关于中国在五个关键朝代和其他几个朝代继位的基本事实，参见浦薛凤，1970年，中的表格。

② 汉朝延续两个世纪后，一位太后的男性亲戚王莽篡夺了小皇帝的皇位。经过几年战争，汉朝才重新建立。参见毕汉思，1986年。在唐朝，七世纪后期，太后武则天不满足于通过儿子皇帝进行统治，称帝并建立新的王朝。直到她八十多岁病重时，她的儿子才重新建立唐朝，然后孙子继位。参见桂时雨，1979年。

举另一位宗室成员，王朝得以延续。[1]

为了了解中国继位在实践中是如何运作的，更仔细地研究一个王朝是有用的。在这里，我将总结宋朝（960-1276）的十五次继位。[2] 尽管该王朝也有一些没有儿子的皇帝，这些皇帝的基本能力受到质疑，并且对谁真正选择了继位人表示怀疑，但在任何情况下，皇位竞争都不会导致宗室成员之间的战争。因此，宋朝为探索中国王朝的持久性提供了一个特别好的案例。

十六位宋朝皇帝的基本情况如下：[3]

1. 太祖（927-976），960-976 年在位，王朝创始人

2. 太宗（939-997），太祖的弟弟，976-997 年在位

3. 真宗（968-1022），太宗在世的第二个儿子，995 年立为太子，997-1022 年在位

4. 仁宗（1010-1063），真宗唯一在世的儿子，1018 年立为太子，1022-1063 年在位

5. 英宗（1032-1067），从太宗三子的后裔那里领养，1063-1067 年在位

6. 神宗（1048-1085），英宗的长子，1066 年立为太子，1067-1085 年在位

7. 哲宗（1077-1100），神宗的长子，1085 年立为太子，1085-1100 年在位

8. 徽宗（1082-1135），哲宗的二弟，1100-1125 年在位

9. 钦宗（1100-1161），徽宗的长子，1115 年立为太子，1125-1127 在位

10. 高宗（1107-1187），钦宗在世的第六个弟弟，1127-1162 年在位

11. 孝宗（1127-1194），领养自太祖后裔，1162 年立为太子，1163-

---

[1] 宋朝的案例见后文，明朝的案例见杜希德、葛林，1988 年。

[2] 有关唐朝继位同样完整的说明，参见杜希德，1994 年。

[3] 随着时间的推移，中国皇帝以一系列名字而闻名。这些名字中最著名的是他们死后的庙号。为了使叙述尽可能简洁，这里甚至在他们登基之前就使用这个名字。另一个简化涉及中国的年龄，已通过加一转换为近似西方的年龄。

1188年在位①

12. 光宗（1147-1200），孝宗在世的第二个儿子，1171年立为太子，1189-1194年在位

13. 宁宗（1168-1224），光宗次子，1192-1224年在位

14. 理宗（1205-1264），出自太祖后裔，1224-1264年在位

15. 度宗（1240-1274），从宁宗的后裔收养，1260年立为太子，1264-1274年在位

16. 恭帝（1271-1323），度宗长子，1274-1276年在位

资料来源：脱脱等人，1977年：卷1至5。

像所有其他中国朝代一样，宋朝是由一位将军创建的，他在马背上赢得了王国。他的兄弟和儿子们积极参与了导致王朝建立和巩固的军事行动。976年太祖突然去世时，皇后召见她的长子以让他登基，但被派去接这位皇子的太监却去了太祖的弟弟太宗那里，说太祖计划令其继位。太宗登基后，太祖的遗孀和他的儿子都没有反抗。官方对这种异常继位的解释是，961年，太祖和太宗的母亲临终时让太祖承诺将皇位传给他的兄弟。然而，从那时起，许多人怀疑太宗操纵继位之事。

太宗意识到自己继任的不规范性让他很脆弱，于是迅速压制了潜在的竞争对手，比如太祖的儿子们和自己的弟弟，后者可以依照太宗创立的新例而继位。在979年的一次针对契丹人的战役中，太宗在敌人可能包围他们时秘密离开了营地。心怀不满的军队在发现太宗失踪后，谈到要让太祖的长子当皇帝。后来，军队回到首都后，这位宗王问军队什么时候会得到奖励，太宗愤怒地告诉他，只要他自己登上皇位，他就可以按照自己的方式来做。宗王看到叔叔怀疑他对皇位怀有野心，就没有试图争取盟友或举兵，而是回到自己的住处割断了自己的喉咙（张肿，1968年）。

不到两年后，太祖的小儿子突然去世，享年22岁，引起了进一步的怀疑。然后在982年，太宗自己的弟弟被指控与一群军官一起策划叛乱，并被流放

---

① 译者注：原文误作1127-1162年在位。

到遥远的南方，北方人在那里经常死于疾病。按照太宗开创的新例，他可能会继位他的王位。果然，宗王于984年病逝（张眸，1968年）。正如这些例子所表明的那样，并非潜在皇位继位人之间从未发生摩擦，也不是所有此类冲突都得到了友好解决。太宗确保不满的官员或将军不会聚集在潜在的皇位继位人周围。

太宗本人等了很久才明确表示，他的继位者不是太祖的后裔，而是他自己的一个儿子。他的长子患有阵发性精神病，曾因放火被降职为平民。他的第二个儿子于992年去世。然而，直到995年，太宗57岁，苦于腿上一处旧伤，他才选择他的第三个儿子真宗作为继位人。即使在那时，宣布继位人也让他感到不安，尤其是当他听说人们对任命感到满意时。继而在他去世之后，太子的存在没能避免他的遗孀与他的宰执之间的斗争。他的遗孀和她的盟友试图让他们的候选人——长子——登上皇位，但宰相吕端力争遵从太宗的意愿，这自然使他与新帝真宗相处时处于有利地位（张眸，1968年）。

真宗直到1018年才确立继位人，当时他51岁，在位20年。当时，他的六个儿子中只有一个还活着。由于一些我们可能永远无法知道的原因，宋皇室饱受身心健康问题的困扰，而皇宫里出生的儿子的存活率非常低。但大概不仅是由于儿子们的病态才导致真宗推迟这么久指定继位人。他显然害怕被逼迫退位。事实上，当他在1020年生病时，他的宰相和高级太监请求他退位并将皇位传给他的继位人。他不仅拒绝，还处死了那个大胆的太监，贬谪宰相（冀小斌，1998年，第118页）。

为什么太宗和真宗都不愿说出他们的继位人？高级朝官不断敦促他们指定一位继位人，认为此举可以带来有秩序的继位。尽管两位皇帝可能对自己终有一天会死去的事实感到不安，但他们的不情愿不能简单地归结为提及死亡的迷信恐惧。相反，他们知道，指定太子将改变朝廷的政治动态。那些对权力分配不满的人可以聚集在继位人周围，为他们掌权的那一天做计划。[1]

真宗的继位者仁宗幼年继位，统治时间足够长到有成年子女，但他的三个儿子中没有一个幸存下来（他的十三个女儿中只有四个长大成人）。1056

---

[1] 唐朝皇帝也经常不指定继承人，见杜希德，1994年。

年，他47岁，在位35年，病重。十多天来，他连人都认不出来了，而且精神错乱；就连他的皇后也开始害怕他（冀小斌，1998年，页108—110）。仁宗康复后，台谏官范镇接连提交17份奏议，敦促仁宗选择继位人，其他官员也加入了进来。最后，仁宗决定让一位堂兄的儿子（英宗）作继位人，仁宗和他的皇后熟悉他，因为他在童年时曾在皇宫里待过几年（冀小斌，1998年，第119至128页）。

事实证明，这种收养并不是没有问题的。正如费克光（Carney Fisher，1987年）详细展示的那样，英宗希望以一种他的官员认为不恰当的程度来纪念自己已故的父亲，因为他现在是仁宗的继嗣。人们期望皇帝能体现儒家神圣的美德孝道，但如果他们被收养，那么被认可的孝道关系就是与前任皇帝的关系。对官员来说，英宗应该能够抛开他对已逝父亲基本上属于隐私的情绪，以加强与前任在位置上的王朝联系，但英宗没有动摇。[1]

英宗登基时有三个儿子，从9岁到17岁不等，都是他妻子生的。他很快患上了精神和身体疾病，在位仅四年就去世了。在他去世时，他的长子神宗当时19岁，继位为皇帝。虽然这一继位是合乎逻辑的，但宰相韩琦认为，让英宗在清醒的时刻写出神宗的名字，会让事情变得更顺利（冀小斌，1998年，第196至204页）。

虽然神宗年轻时精力旺盛，但也在中年因病早早去世。直到神宗病入膏肓，他的长子哲宗才被指定为太子（脱脱，1977年，卷16，第313页）。

哲宗登基时只有9岁，在接下来的九年里，祖母一直垂帘听政。1099年，当他23岁时，一个儿子出生，但婴儿只活了几个月。因此，第二年，当一场持续的咳嗽被证明对哲宗来说是致命的时候，宋朝面临着它的第一个悬而未决的继位，它第一次需要征询一位指定皇帝的人。不仅没有指定太子，而且刚刚去世的皇帝也没有儿子或侄子可供选择。继位要么归死后收养的宗室成员，要么归哲宗的五个弟弟中的一个。

为使继位尽快成为可能而采取的步骤，在宰执成员曾布（1035—1107）的日记中有详细记录。这个故事值得详细复述。

当时的宰执有四名成员：曾布、章惇、蔡卞和许将。1011年1月12日上

---

[1] 明朝相似的案例见费克光，1990年。

午，曾布和其他宰执前往内东门等待传唤。他们知道哲宗病重，希望在那天的部分时间里在皇宫和京师的佛寺道观组织祈祷仪式（曾布，1998年，卷8，页1；卷9，页5）。然而，当他们到达大门时，太监都知梁从政告诉他们不能进入那里。然后，他们去了哲宗的主要居所福宁殿，在那里，他们发现已经垂帘，以便年长的向太后接见宰执。（她是神宗皇后、哲宗嫡母；哲宗的生母朱妃没有参加。）向后告知宰执，哲宗已经去世，由于他没有儿子，需要决定怎么办。曾布写到（1998年）：

> 众未及对，章惇厉声云："依礼典律令，简王乃母弟之亲，当立。"余愕然未及对，太后云："申王以下俱神宗之子，莫难更分别。申王病眼，次当立端王（徽宗）。"（卷9，第3页）

曾布插话说，章惇没有和其他宰执商量此事，并表示赞同向太后的选择。蔡和许同意，并强调应该由她做决定。章惇找不到支持者，没再说什么。因此，太后觉得有必要咨询宰执，但四位宰执中的三位满意于让她做出决定。唯一的异见者在寡不敌众时不得不让步。

　　曾布认为，重要的是有人见证这些讨论。他提到："是时，都知、押班、御药以下百余人罗立帘外，莫不闻此语。"曾布还认识到召集卫兵和所有可能的皇位继承人的重要性：

> 余呼从政，令召管军及五王。从政云："五王至，当先召端王入，即位讫，乃宣诸王。"（卷9，第3页）

从曾布的见证来看，向太后非常明确地表示她希望徽宗继哲宗之位。在其他引用的对话中，她反复提到他有多聪明，在其中一次对话中，她明确表示，其他宗王都无法与他相比。[①]很可能，她既喜欢徽宗，又认为他是神宗在世

---

① 曾布，1998年，卷9，第10页。在另一场合，她将他描述为天性仁慈，据说是因为在调查与孟皇后有关的指控时，他听到一名宫女死亡时哭了。

的儿子中最有能力的。此外，他只比申王小三个月，所以年龄差异只具有象征意义。如果长子患有眼疾，甚至只是视力不好，他将成为一个糟糕的皇帝候选人，因为皇帝必须阅读成堆的奏议和其他文件。曾布与许将、蔡卞讨论徽宗的入选时，他们一致认为徽宗是明显的选择，而章惇提出立简王是出于私人目的。也有可能是宫中的其他人，比如重要的太监，向太后称赞徽宗。曾布记载后来与向后的一次谈话，她说，当她问太监梁从政如何处理继位问题时，梁从政让她听从章惇的意见，可能知道章惇偏爱简王（曾布，1998年，卷9，第40页）。[①] 不难想象，另一位宦官也提出了类似的论据，支持徽宗。[②]

重要的是，朝廷中没有人提议将哲宗的兄弟们放在一边，寻找代际合适的族人作为哲宗的继位人。神宗的孙子还没有出生，英宗的曾孙可能也没有。然而，肯定有代际正确的太宗的后代（包括英宗生父的曾孙[③]），也有许多代际正确的太祖的后代。[④] 因此，如果太后坚持选择合乎礼的代际，她可以选择不同年龄的成年人或她可以控制的孩子。然而，她选择的路线可能是最人性化的。让神宗的一个儿子登上皇位意味着皇位将由她丈夫的一个后代继承，而这个人是她自己帮助抚养的。此外，太宗继太祖之位提供了一个正当的兄终弟及的继位先例。

回到1100年的继位。在等待徽宗到来的时候，曾布告诉太监们，宰执需要看看哲宗的遗体。太后同意了，梁从政领他们进去。他们看到遗体盖着衣衾，他们揭开衣衾，以便确认那是哲宗。曾布还指示都知，当徽宗到达时，应立即将他带上皇位，因此必须为他准备好帽子和御衣。梁从政告诉他，这一步已经准备好了。

等待徽宗到来的时候，宰执起草哲宗的临终遗言。他们中间没有一个人对虚构哲宗临终前选择徽宗的故事而感到丝毫内疚。最终徽宗到来了，宰执跟随他来到大殿：

---

① 曾布，1998年，卷9，第40页。另一个资料来源（陈均，1936年，卷25，页11）断言梁从政在提供此信息之前试图确保简王的继位权。
② 张邦炜提出可能是太监郝随（2002年）。
③ 一个例子是赵不侮（1074-1119），参见昌彼得，1977年，第4册，第3402至3403页。
④ 事实上，有几个人有足够的才能通过进士考试。例如，参见赵子昼（1089-1142）、赵子崧（1106年进士）和赵子栎（1091年进士，死于1137年）条，昌彼得，1977年，第4册，第3381、3386页。

> 皇太后坐帘下，谕端王云："皇帝已弃天下，无子，端王当立。"王踧踖固辞，云："申王居长，不敢当。"太后云："申王病眼，次当立，不须辞。"余等亦云："宗社大计，无可辞者。"都知以下卷帘，引端王至帘中，犹固辞，太后宣谕："不可。"余等亦隔帘奏言："国计不可辞。"闻帘中都知以下传声索帽子，遂退立廷下。少选，卷帘，上顶帽被黄背子即御坐。二府、都知以下各班草贺讫。（曾布，1998年，卷9，第3至4页）

宰执撤退，准备以哲宗的名义发表临终遗言。在临终遗言宣布之前，徽宗召唤他们：

> 上御坐，宣名奏万福讫，升殿。上密谕章惇，语声低，同列皆不闻。余云："臣等皆未闻圣语。"惇云："请皇太后权同处分事。"上亦回顾余等云："适再三告娘娘，乞同听政。"余云："陛下圣德谦挹，乃欲如此，然长君无此故事，不知皇太后圣意如何？"上云："皇太后已许，适已谢了，乃敢指挥。兼遣制未降，可添入。"（曾布，1998年，卷9，第4页）

徽宗希望让他的嫡母和他一起统治，这让宰执感到困惑，因为在中国人眼里，18岁已经是成年人了。直到几个月后，曾布才意识到徽宗在政治上做出了精明的举动。未中选的兄弟们不能反对由嫡母正式批准的决定，否则他们将面临不孝的指控；这将限制他们有意识或无意识地试图阻挠新朝的机会。

正式继位仪式的一个关键因素是向聚集在一起的朝廷官员宣读草拟的哲宗遗书。曾布描述如下场景：

> 遂呼班，班入恸哭，福宁几筵内道场之类皆已具。班定，引宰臣升殿受遗制，西向宣读讫，降阶再拜讫，宰臣烧香、奠茶酒讫，又再拜，方宣遗制，时止哭，然上下内外恸哭声不可遏。移班诣东序，贺皇帝即位，又奉慰讫，宰臣、亲王、嗣王、执政皆升殿恸哭，上亦掩面号泣。（曾布，1998年，卷9，第4页）

较年长的前任帝王的遗孀是君主的缔造者这一事实对结果有什么影响吗？在这个案例中有。如果宰臣有这种责任，或者如果把它交给掌管宗室的最高官员，那么更有可能选出代际正确的宗族成员。此外，哲宗去世时，哪位女性排名最高也会产生影响。例如，如果向太后死于1099年（而不是1101年，她的真实死期），哲宗会将他的生母朱妃立为太后，她会在1100年成为制造皇帝的人。她很可能会让她的小儿子登上皇位，尽管他有两个哥哥。如果太后和太妃都去世了，哲宗的皇后就是资深皇后。收养一个比哲宗年轻一代、她可以抚养的族人将为她提供摄政的机会和皇帝对她尽忠尽孝的未来愿景。

徽宗最终统治了将近25年。他的第一个儿子钦宗在他登基几个月后出生，到他统治结束时，他已经有大约由12个女人生育的29个儿子。1115年，他立钦宗为太子，几年后，钦宗生了一个儿子，使徽宗成为宋朝第一位在位时有孙子的皇帝。因此，在1120年，人们最不可能预料到的是另一场继位危机。

使接下来的两次继位复杂化的是战争。女真人在1125年伐宋，当他们的军队接近首都时，徽宗意识到需要采取绝望的措施。在几位官员的建议下，他先是将一切错误归咎于自己，然后退位支持他的继位人，希望这能安抚女真人（女真人声称他们入侵是因为宋朝违背早期的盟约）。在启动让位之前，徽宗和几位官员决定了他退位后将住在哪里，以及将使用什么头衔来称呼他。徽宗不顾官员的建议，决定假装中风，为自己退位提供借口。当他们实施计划时，钦宗很不愿意扮演他的角色：

> 皇太子至榻前，恸哭不受命，童贯及李邦彦以御衣衣太子举体，自扑不敢受。上皇又左书曰："汝不受，则不孝矣！"太子曰："臣若受之，则不孝矣！"上皇又书令召皇后。皇后至，谕太子曰："官家老矣，吾夫妇欲以身托汝也。"太子犹力辞。上皇乃命内侍扶拥，就福宁殿即位。太子固不肯行，内侍扶拥其力，太子与力争，几至气绝。既苏，又前拥至福宁西庑门，宰执迎贺，遂拥至福宁殿。太子犹未肯即位。时召百官班垂拱殿已集，日薄晚，时众议不候上即位，先出宣诏。时中请任此事。遂出宣诏："群臣愿见新天子！"（杨仲良，1967，卷146，第9页）

流传着这样一个故事：一群太监知道钦宗不同意他们的行为，就试图让可能是徽宗最宠爱的儿子郓王楷代替钦宗登上皇位。退位当晚，数十人把郓王带到了皇宫。当他们到达那里时，当时统领皇宫守卫的殿帅何瓘拒绝其进入。（王明清，1961，《挥麈后录余话》，卷1，第281页）

　　徽宗突然下定决心退位，可能还没有考虑到对自己或与他有关的人的所有后果。他选择以道教头衔称呼自己，并住在一座已改为道观的宫殿里，这表明他正在进入一个他的生命中宗教信仰将对他的身份更为重要并占据更多时间的阶段。他可能认为，一旦其他人处理好了危机，他就会在一个优雅的道观园林里过上平静而舒适的生活，那里有大量的书籍、道士和其他陪伴，让生活变得愉快。

　　他没有这样的运气。退位大约两周后，徽宗和一小部分随行人员逃离首都，向南跨过长江。女真人最终没有围攻这座城市；相反，他们向宋朝勒索一大笔金银以退兵。宋朝最终筹集到足够的金钱让他们离开后，钦宗的官员开始向他施压，要求他让父亲返回京城，担心徽宗可能会试图在南方建立一个对立的朝廷，混淆权力界限。徽宗最终同意了，但回到开封后，他成了儿子朝廷的俘虏。官员们被派往他的宫殿，并被要求每天汇报他的活动。有一次，他们接到命令，要询问每一位拜访徽宗的人，没收他送给他们的任何礼物（《靖康要录》，第93页；徐梦莘，1939年，卷甲，第445页）。徽宗的最高官员一个接一个地被处决，并被认为是这场灾难的罪魁祸首。钦宗很少去拜见徽宗，徽宗显然只有一次被邀请到皇宫（徐梦莘，1939年，卷甲，第470页）。钦宗不得不在徽宗十月生日那天去拜访他，但那一次并不顺利。不久前，徽宗曾表示女真一定会回来，并建议他去洛阳组织军队，但一名官员说服钦宗拒绝了这个想法。生日宴会上，有人揭穿钦宗的错处，钦宗拒绝了徽宗敬他的酒。此外，在这次会面之后，钦宗在徽宗的宫殿外张榜，奖励举报传播有关这两座宫殿的谣言的人。我们被告知，从现在起，这两座宫殿之间就没有真正的交流（徐梦莘，1939年，卷甲，第564页）。

　　不到两个月后，也就是1126年底，女真人回来了，这一次，宋朝决定战斗。经过几周的疯狂战斗，女真人控制了城墙。此时，他们提出谈判，宋朝现在急于安抚他们。女真首先提出的要求之一是钦宗将其父亲作为人质移交。钦宗以孝道为由拒绝了，送去一个弟弟和一个叔叔。最终钦宗被劝说出城，进入女真军营，在那里他陷入了困境，不得不欺骗徽宗，让他离开相对安全的宫殿，与自己在女真军营汇合。两人都没有重获自由。他们和 14 000多名宫人、宗室和城市居民一起被迁往北方。徽宗和钦宗都在囚禁中去世，8年后徽宗去世，34年后钦宗去世。

人们可能会认为宋朝将在这一点上结束，因为超过一半的宗室被俘虏，包括几乎所有与最后三位皇帝关系密切的人。此外，在女真人把俘虏和战利品带到北方之前，他们要求钦宗的高级官员从另一个家族中挑选一位新皇帝，并正式任命他为新王朝的皇帝。然而，一旦女真人带着他们的人力和物力战利品撤退，这个新王朝很快就解体了。相反，宋朝军队和民众聚集在躲过被俘命运的钦宗之弟高宗身边。

留在开封的官员本可以敦促高宗担任摄政王，直到钦宗获救或被赎回。相反，他们知道处于弱势地位的中国需要一个尽可能强大的统治者，于是推动他称帝。尽管如此，即使在这种紧急情况下，他们还是觉得需要有人来扮演制造皇帝的年长的前任遗孀的角色。他们在27年前被哲宗罢黜的皇后身上找到一位令人满意的候选人。她被送到一个道观，女真人不知道她与皇室的关系，将她留下。高级官员把她过去的荣誉还给了她，并要求她既接受傀儡皇帝的退位，又将皇位授予高宗。总的来说，尽管局势混乱，首都与高宗的阵营相距遥远，但无君时期持续不到一个月。

高宗就这样开始了他的统治，他的父母被敌人俘虏，他的前任还活着，从未正式退位。高宗最终得以赎回他的母亲，但那时他的父亲已经去世。显然，他甚至从未试图赎回哥哥钦宗（陶晋生，1989年）。

高宗的一个儿子在婴儿期去世，当时高宗只有22岁，他决定收养一个儿子，而不是希望生更多的儿子。他公开宣布，他将从太祖一脉挑选一个人，以重建太祖的尚武精神。十个7岁以下的男孩被带进宫里，由宫女抚养，并逐渐缩小范围。例如，当高宗看到其中一位踢一只猫时，他就被淘汰了。很长一段时间后，只有两名被收养人留下来，然后1153年其中一人被立为太子，即后来的孝宗。

1162年，在位36年后，高宗禅位给孝宗。高宗退位后没有遭受徽宗的命运。相反，他受到了极大的尊重，在大多数事情上都能得心应手，因为孝宗对他是孝子的榜样。高宗以退休皇帝的身份养尊处优，活到八十岁。因此，孝宗在他27年的皇帝生涯中，在养父的阴影下统治了25年。

孝宗刚悼念完高宗，就在62岁时退位了。也许他嫉妒高宗退休后被溺爱的时间。他可能还认为自己应该给自己的太子光宗一个机会，光宗自己也快40岁了，从1180年起就是太子。

光宗并不像他父亲那样尽孝，1194年孝宗生病时，光宗甚至不去看望他。他的官员聚集在他的宫殿外，恳求他履行孝道。几个月后，当孝宗去世时，很明显，光宗并没有完全掌握自己的心智，因为他不会或不能举行葬礼，后者是儒家仪式的核心。（贾志扬，1999年，页191）

这场危机导致了宋朝唯一一宗废黜皇帝的案件。起初，两名宰执（其中一人是宗室成员）要求太后（高宗的遗孀，光宗的嫡祖母）担任摄政王，垂帘听政。在她拒绝之后，他们开始计划强制退位，但首先他们需要一个继位人。他们选择被认为是光宗最喜欢的儿子（宁宗），而非长子。接下来，必须说服所有与皇帝关系密切或有能力决定事情的人合作，包括太后、宫卫首领、太监首领等等。这些达成之后，宰执以光宗的名义发布诏书，表达退位的愿望。新近被立的太子承接服丧的义务，但他抗议，声称继位不孝。其中一位宰执反驳道："天子当以安社稷、定国家为孝。今中外人人忧乱，万一变生，置太上皇何地？"（贾志扬，1999年，第192至193页）

宁宗在其漫长统治期间有过9个儿子，但每位都在婴儿时期去世。1197年长子去世后，他又从太祖后代中收养了一个5岁的宗室成员。这名男孩被立为太子，封为沂王，并接受未来皇帝角色的训练，甚至每天都接受宰执来访，向他解释当前的政治问题。然而，沂王于1220年去世，享年29岁，宁宗不得不重新开始。这次他寻找一个至少14岁的男孩，因为那时他自己已经60多岁了。这位被选中的年轻人已经被当作沂王的潜在继位人养在宫中。权势显赫的大议员史弥远不赞成这一选择，据说是因为这位年轻人告诉其他人，一旦他成为皇帝，他将把史弥远流放到遥远的南方。然后，史弥远开始培养另一位宗室成员作为潜在的继位人。1224年8月，宁宗病倒。六天后，史弥远的候选人被立为新的继位人，但没有通知前任继位人。许多人自然怀疑宁宗病得太重，无法表达自己的意图，而这一变化反映了史弥远的愿望，而不是宁宗的愿望。五天后宁宗去世。

为了确保继位按他希望的方式进行，史弥远让他的候选人先进入登基之地，登上皇位，就像太宗和徽宗被事先安置在位以防止反对的方式一样。前继位人随后在没有护卫或随从的情况下被带进来。他被告知要站在惯常的位置去听遗诏的宣读。当一位远亲被提名代替他时，他试图抗议，但被迫像其他人一样跪下，以认可这位新登基的皇帝（贾，1999年，页202-203）。贾志扬（John W. Chaffee）认为："这个故事中不争的事实是［史弥远］及其支持者册立一位不是太子的人为皇帝，其正当性取决于一道可能代表或可能不代表宁宗意愿的诏书。"（第203页）

理宗入主后，前太子沂王被送到附近的一个州，在那里他可以过着闲暇奢侈的生活。大约六个月后，一群平民起来反抗，说他们将推举沂王为帝。尽管沂王最初拒绝，但他还是被说服穿上皇袍，接受当地官员的叩拜。然而，叛军几乎得不到支持，当他们被王朝军队轻易镇压时，沂王因其在这一事件中的大部分非自愿行为而被处决。即使在一次非常不规则的皇室继位（导致一个孩子登上皇位）之后，不满的力量也没有团结在刚刚被废黜的王储周围。（贾志扬，1999年，第204至205页）

事实证明，理宗在拥有子嗣方面并不比他的前任更成功。直到38岁他才拥有一个儿子，两个月内就去世。此后不久，另一个儿子也去世了。因此，理宗迫于压力，要收养一个或多个宗室成员，以准备挑选一个作为他的继位人。然而，和他的许多前任一样，他一直在拖延。最后，在1253年，他收养了他兄弟的一个儿子作为继位人，这个男孩出生于1240年，最终继位成为度宗。

与他之前的许多宋朝皇帝一样，度宗去世时相对年轻，享年34岁。他的长子还是个蹒跚学步的孩子（恭帝，生于1271年），两位太后（理宗遗孀和度宗遗孀）垂帘听政。这是一个军情紧急的时期，因为蒙古军队已经深入宋朝领土。恭帝和两位太后在向蒙古人投降后被俘，但效忠宋朝者又用恭帝的弟弟作为宋朝延续的象征，试图保存宋朝三年。（贾志扬，1999年，第244至246页）

正如这些继位案例所揭示的那样，假定是正常的继位，即皇帝很可能在去世之前选择他的一个儿子（通常是长子）作为太子。显然，为其未来的角色, 这位王子被精心准备, 事实上, 在他父亲去世后继承皇位的情况比例外情况要少见。在十五次宋朝继位案例中, 只有四次(真宗、仁宗、钦宗、光宗)完全符合这一模式(另外两次, 神宗和哲宗, 在他们的父亲明显身患重病时被任命为继位人)。最常见的例外是皇帝没有儿子, 这通过收养一个族人来弥补, 有时是近亲, 但不时是远亲。但其他各种例外也出现了, 从退位到兄终弟及, 再到废黜皇帝。在两起案例中, 人们怀疑已故皇帝是否确实选择继位人, 但在绝大多数案例中, 根据公认的规则和程序, 继位被视为正当。

中国案例的许多特点与古迪的分析一致。例如, 在中国, 继位者的不确定性足够大, 允许某种程度的继位者选择, 但不会大到导致漫长的无君时期。在中国, 生前继位可能会导致太上皇和现任君主之间的紧张关系, 这与古迪描述的其他社会类似。中国废黜皇帝的方式证实了古迪的观察, 即那些有权选择君主的人是唯一可以废黜他的人(亦见于华立克, 1987年)。中国册立太子的做法显然符合古迪有关先发继位的观念, 这是一种平稳过渡的策略。与此同时, 中国皇帝不愿册立太子, 这与古迪的观察一致, 他认为"现任与继位人关系的模糊性可能会减少父母和孩子之间的紧张关系, 而非兄弟之间的紧张关系。"

更有趣的是在很多方面古迪的分析与中国案例之间的差异。首先, 古迪没有提到女性是君主制造者, 而中国人认为在世的前任君主遗孀是此类案例的自然仲裁者。女性在普通家庭中也扮演着类似的角色。当家长死后无嗣, 家庭中的年长女性, 通常是他的寡妻, 但有时是他的寡母, 将有权选择继承人, 他的兄弟和叔伯不允许干涉。没人否认中国家庭制度是父系、父权的, 娶进门的女人被视为外人, 但生子并比丈夫长寿的女人在他的血脉延续中获取最大利益。换言之, 她比他的兄弟更有可能去做他想做的事情。在这一点上, 法律认可她的特权。古迪(1966年, 第1至2页)淡化高位继承与家庭继承之间的相似性, 但在中国的案例中, 它们太普遍, 不可忽视。在中国, 家庭继承不仅涉及(可分割的)财产继承, 还涉及祖先祭祀的继承, 每个活到婚龄的男人都应该有一个儿子继承, 儿子会向他献祭, 并有自己的儿子, 以便在他死后继续祭祀。从这种仪式的至关重要性来看, 人们对儿子而不是弟弟继承的强烈偏好是可以理解的。

第二，与古迪研究的社会不同，宋朝没有努力减少合格的皇位候选人。譬如，宋朝没有像古迪的一些例子那样，剔除距离君主两代以上的人，而是允许候选人池向外扩张，这削弱了所有非前任君主之子的人的继位主张。①在中国，一夫多妻制有时是紧张的来源，因为它可能会让统治者的妃子们在努力确保儿子的继位权时相互对立，就像古迪所描述的那样。②然而，它也是中国关键朝代稳定的主要来源之一，即庞大的宗室规模。就宋朝而言，到了第三代，这个家族出生了200多个男孩，到了第四代，这个家族出生了1 000多个男孩（贾，1999年，页31）。的确，维持宗室的财政负担沉重。1067年，该家族的费用几乎是整个首都官僚机构的两倍，几乎是首都军队的三分之二（贾，1999年，页68）。但它确实保证了王朝不会因为缺少男性问题而失败。

第三，在中国，文化期望似乎在稳定继位制度方面发挥了比古迪所认可的更大的作用。这并不是说与生俱来的权利意识在中国很强大。恰恰相反。尽管中国没有尝试世袭君主制以外的政府形式，但出身从未被奉为招人担任重要职位的最佳方式。古老的天命观认为，上天会确保一个邪恶或无能的统治者被推翻，并确保一个更好、更有德的统治者建立一个新的王朝。人们总是说，统治者的儿子之所以能成功，是因为他们的才能和美德，而不是他们的出生顺序。长子继位的唯一理由是，强调这个儿子继续祭祖仪式的重要性。

然而，至少到宋朝，中国有一种那些未被选中的人接受结果的政治文化。在成熟的民主国家，那些在选举中失利的人不会发动政变夺取政权，但在不成熟的民主国家，政变太过常见。通过类比，古迪研究的许多社会可以被视为不成熟的君主制，其中许多未被选中的皇位候选人通过武力对这一

---

① 宋之前，在服丧义务的限定上划了一条线，定义了那些获得宗族成员物质利益的人（譬如皇帝四世孙之外无此权益）。但宗族关系仍然被承认。对于唐代继位来说，诉诸收养的情况要少得多（杜希德，1994年），因此无法得知唐代五服之外的族人是否会被像在宋代一样视为合适的收养人。

② 帝制时期之前尤其如此，这是贯穿早期编年史的主题。汉唐时期也有很多案例。

决定提出异议，而中国的案例则是一个成熟的君主制，即选择下一任君主的程序被认为是适当和自然的。

当然，我们也应该认识到，使后来的中国成为一个成熟、稳定的政治制度的部分原因是，皇位拥有如此众多的资源，以至于一旦他登上皇位，就很难被赶下台。在宋朝，一旦太宗在太祖的儿子之前到达皇宫并穿上皇袍，太祖之子几乎无能为力。太监、宫卫、宫女都受训听命于皇位占有者，这使得没有这些资源的人很难参与竞争。

尽管这些资源很重要，但我认为，同样重要的是，竞争对手接受了选择继位者程序的正当性。这里的一个要素是，皇室的决策方式与普通家庭的类似决策方式是一致的。中国官员对让太后在继位案例中拥有最终发言权并不感到不安，因为在普通家庭中，已婚男子死而无嗣的程序与此大致相同。另一个因素当然是累积的书面记录，它为人们提供了过去继位的类别、规则和故事。在后来的著作中，古迪（1986年，1987年）强调了伴随写作而来的社会和政治过程中普遍存在的差异。在第一个帝制王朝之前，中国人识字的历史至少有一千年，对文本传统的解释对于理解继位规则以及分析具体行动方案可能产生的结果至关重要。儒家经典及其注疏传统使统治者对天和皇室祖先的礼仪职责成为其角色的核心。同时，历史为王朝的不幸、阴谋和冲突提供了一个故事的宝库。那些熟悉这些故事的人不能纯粹出于自身利益行事：他们对自身利益的理解是通过这些故事来实现的。徽宗退位后，钦宗的官员向他施压，要求他约束自己的父亲，他们一再向他保证，人们不会把他和唐肃宗划等号。唐肃宗在三个多世纪前的军事危机中继位，而他的父亲却没有真正退位。

第四，中国的案例表明对时间维度进行更复杂考虑的需求。古迪提到了技术的变化，比如枪炮的引入，但在枪炮使用之前，时间的推移对继位实践产生了影响。在中国，继位的动力几乎总是伴随王朝进程发生变化。在王朝早期，继位权的主要威胁来自皇帝的男性近亲。一位试图在竞争对手面前取得优势的军事领导人会任命他的兄弟、儿子和侄子担任所有有用的职务，包括让他们领导军队。这将使皇位在一两代人的时间里具有企业性质，因为这些人会理所当然地感到，他们都为赢得皇位做出了贡献。即便在家族首领登上皇位后，也很难将这些近亲送走或剥夺他们的所有权力，使他们丧失争夺继位权的资源。一、二代之后的亲王或其他男性宗室成员在巨富中成长，更容易被与政治权力隔绝。这样做的一个方法是把没有继位权的儿子送出都城；另一个方法正好相反，把他们限制在都城，让他们受到监视。皇朝后期可能会出现其他困难，无疑有皇帝英年早逝或无继位人的可能性，但兄弟、叔叔或儿子使用武力夺取皇位的可能性较小。

除了每个朝代的发展周期，在中国的情况下，后来的朝代往往从前朝的困境中学到东西。因此，对于干预汉代继位的后妃家族，后世大多数朝代进行了更好的控制，而且册立小皇帝来维持摄政的情形比较罕见。宋朝意识到宫廷宦官对汉和晚唐继位的干预，并采取措施限制其影响。

总之，中国的案例扩大了古迪对高位继承的分析。为了解释中国的案例，我们必须区分成熟与不那么成熟的继位制度。对于前者，所有主要参与者赞同关于继位的规则与程序；对于后者，基本制度尚未巩固。中国显示，不仅在君主丧失大部分权力的现代欧洲，而且在君主拥有大量权力与资源的国家，君主制均可以稳定存在。继位基本规则被接受的文化过程不必在各地相同。但是，中国的案例暗示熟悉有关前朝继位的书面记录以及家国同构的习惯可能有重要意义。中国的案例还暗示，扩大拥有继位权的子嗣池与缩小一样，是控制或减少皇位竞争的好方法。与奥斯曼帝国杀死所有新君的兄弟的做法形成鲜明对比的是，宋朝与明朝允许宗室快速增长，减少每个宗室成员的继位权。中国的案例还暗示区分周期性变化与长时段世俗变化的有效性。中国不太可能是唯一一个在王朝的周期中改变了继位的政治动力，或改革有时成功地弥补过去继位制度中的缺陷的地方。最后，中国的案例应该引发对女性在继承中的角色的重新思考。尽管同一宗族的女性（姐妹和女儿）从未继承皇位，但作为皇后嫁入的其他家庭的女性如果丧偶，则可以扮演皇帝制造者和摄政者的重要角色。熟悉中国的人早就认识到，女性一旦丧偶就可以拥有重要的权力。作为家庭成员的母亲，她们不再被视为外人。她们的无性状态减少了对女性社交互动的一些限制。即使她们的儿子长大成人，孝道的要求也保证她们拥有可观的发言权。但在其他父系社会中，大部分情况不应该也是如此吗？难道上一辈遗孀的角色被低估了？

参考书目

毕汉思（Hans Bielenstein）：《王莽》（Wang Mang, the Restoration of the Han Dynasty, and Later Han），收入杜希德（Denis Twitchett）、鲁惟一（Michael Loewe）编《剑桥中国秦汉史》（The Cambridge History of China Vol.1, The Ch'in and Han Empires B.C.221–A.D.220），剑桥：剑桥大学出版社，1986年，第223至290页。

贾志扬（John W. Chaffee）：《天潢贵胄：宋朝宗室史》（Branches of Heaven: A History of the Imperial Clan of Sung China），1999年，麻省剑桥：哈佛大学亚洲中心（Harvard University Asia Center）。

陈学霖（Hok-lam Chan）：《建文、永乐、洪熙、宣德：1399至1435年》（The Chien-wen, Yung-lo, Hung-hsi, and Hsuan-te Reigns, 1399–1435），《剑桥中国明代史》上卷（the Cambridge History of China, Vol.7, The Ming Dynasty, 1368–1644），牟复礼（Frederick W. Mote）、杜希德（Denis Twitchett）编，剑桥：剑桥大学出版社，1988年。

昌彼得等：《宋人传记资料索引（修订版）》，台北：鼎文书局，1977年。

张肿（Curtis Chung Chang）：《宋初两朝的继位问题》（Inheritance Problems in the First Two Reigns of the Sung Dynasty），《中国文化》（Chinese Culture）1968年第9卷第4期第10至44页。

陈均（大约生活在1165至1236年间）：《皇朝编年备要》，东京：静嘉堂宋本，1936年。

钟婧（Priscilla Ching Chung）：《北宋宫廷女性》（Palace Women in the Northern Sung），《通报》（T'oung Pao）1981年第12种专著，莱顿：博睿（Brill）学术出版社。

艾安迪（Andrew Eisenberg）："Retired Emperorship in Medieval China: the Northern Wei"，《通报》1991年第77期第49至87页。

艾安迪：《唐代的宗族、权力与玄武门政变》（Kingship, Power and the Hsuan-wu Men Incident of the T'ang）：《通报》1994年第80期第223至259页。

费克光（Carney Fisher）：《宋英宗的礼仪之争》（The Ritual Dispute of Sung

Ying-Tsung），《远东历史论文集》(*Papers on Far Eastern History*) 1987 年第 36 期第 109 至 138 页。

费克光：《中选之人：明世宗朝的继位与收养》(*The Chosen One: Succession and Adoption in the Court of Ming Shizong*)，悉尼与波士顿：艾伦与昂温出版社（Allen and Unwin），1990 年。

傅礼初（Joseph Fletcher）：《蒙古：生态与社会的视角》(The Mongols: Ecological and Social Perspectives)，《哈佛亚洲研究学刊》(*Harvard Journal of Asiatic Studies*) 1986 年第 46 期第 236 至 251 页。

杰克·古迪（Jack Goody）：《导论》，收入杰克·古迪编《君位的继承》(*Succession to High Office*)，剑桥：剑桥大学出版社，1966 年，第 1 至 56 页。

杰克·古迪：《书写逻辑与社会组织》(*The Logic of Writing and the Organization of Society*)，剑桥：剑桥大学出版社，1986 年。

杰克·古迪：《书面和口头之间的界面》(*The Interface Between the Written and the Oral*)，剑桥：剑桥大学出版社，1987 年。

杰克·古迪：《东方、古典时代和原始时代》(*The Oriental, the Ancient, and the Primitive*)，剑桥：剑桥大学出版社，1990 年。

杰克·古迪：《花卉文化》(*The Culture of Flowers*)，剑桥：剑桥大学出版社，1993 年。

桂时雨（Richard W. Guisso）：《武后、中宗、睿宗朝，684 至 712 年》(The Reigns of the Empress Wu, Chung-tsung and Rui-tsung (684–712))，收入杜希德编《剑桥中国隋唐史》上卷 (*The Cambridge History of China Vol.3, Sui and T'ang China, 589–906*)，剑桥：剑桥大学出版社，1979 年，第 290 至 332 页。

何葛任（Jennifer Holmgren）：《辽朝契丹统治者的婚姻、宗族与继位：907 年至 1125 年》(Marriage, Kinship and Succession under the Ch'i-tan Rulers of the Liao Dynasty (907–1125))，《通报》1986 年第 72 期第 44 至 91 页。

何葛任：《非汉国家的政治组织：魏、辽、元亲王的角色》(Political Organization of the Non-Han State: The Role of Imperial Princes in Wei, Liao and Yuan)，《远东历史论文集》1987 年第 34 期第 37 至 81 页。

何葛任：《汉至明汉人与非汉国家的皇家婚姻》(Imperial Marriage in the Native Chinese and Non-Han State, Han to Ming)，收入华如璧(Rubie S. Watson)、伊沛霞编《中国社会中的婚姻与不平等》，伯克利：加利福尼亚大学出版社，1991年，第58至96页。

冀小斌(Xiao-bin Ji)：《北宋保守派与宫廷政治：司马光的思想与生涯》(Conservatism and Court Politics in Northern Sung China: The Thought and Career of Ssu-ma Kuang)，普林斯顿大学博士论文，1998年。

柳立言(Nap-yin Lau)：《宋孝宗的专制统治：1163年至1189年》(The Absolutist Reign of Sung Hsiao-tsung (r. 1163-1189))，普林斯顿大学博士论文，1986年。

浦薛凤(Xuefeng Poe)：《皇位继承与危机祸乱——由五因素着眼之分析统计与归纳》(Imperial Successions and Attendant Crises in Dynastic China)，《清华学报》(Tsing Hua Journal of Chinese Studies)，1970年第8卷第1、2分第84至153页。

罗友枝(Evelyn S. Rawski)：《最后的皇族：清代宫廷社会史》(The Last Emperors: A Social History of Qing Imperial Institutions)，伯克利：加利福尼亚大学出版社，1998年。

陶晋生(Jing-shen Tao)：《宋高宗(1127年至1162年在位)的人格》(The Personality of Sung Kao-tsung [r. 1127-1162])，衣川强(Kinugawa Tsuyoshi)编《刘子健博士颂寿纪念宋史研究论集》(Liu Tzu-chien hakushi shoshū kinen Sōshi kenkyū ronshū)，1989年，京都：同朋舍。

陶天翼(Tao Tien-yi)：《西汉(公元前206年至公元9年)皇位继承制度》(The System of Imperial Succession during China's Former Han Dynasty [B.C.206-A.D.9])，《远东史论文集》1978年第18期第171至191页。

脱脱(1313-1355)等：《宋史》，北京：中华书局，1977年。

杜希德(Denis Twitchett)：《唐朝宗室》(The T'ang Imperial Family)，《泰东》(Asia Major)，1994年第三系列第7卷第2分第1至61页。

杜希德、葛林(T. Grimm)：《成宗、景泰、天顺朝：1436至1464年》(The Cheng-t'ung, Ching-t'ai, and Tien-shun reigns, 1436-1464)，牟复礼、杜希德

编《剑桥中国明代史》上卷(*The Cambridge History of China Vol.7, The Ming Dynasty, 1368–1644*)，剑桥：剑桥大学出版社，1988年，第305至342页。

华立克(Benjamin E. Wallacker)：《早期中华帝国的皇帝废黜及其正当程序》(Dethronement and Due Process in Early Imperial China)，《亚洲史杂志》(*Journal of Asian History*)1987年第21卷第1分第48至67页。

魏侯玮(Howard J. Wechsler)：《唐朝的建立：高祖朝(618年至626年在位)》(The Founding of the T'ang Dynasty: Kao-tsu (reign 618–626))，收入杜希德编《剑桥中国隋唐史》，剑桥：剑桥大学出版社，1979年。

魏侯玮：《玉帛之奠：唐王朝正统化过程中的礼仪与象征》(*Offerings of Jade and Silk: Ritual and Symbol in the Legitimation of the T'ang Dynasty*)，纽黑文：耶鲁大学出版社，1985年。

徐梦莘(1126–1207)：《三朝北盟会编》，上海：史学研究社，1939年。

杨仲良(大约活跃在1170至1230年之间)：《通鉴长编纪事本末》，《宋史资料粹编》本，台北：文海出版社，1967年。

曾布(1035–1107)：《曾布遗录》，缪荃孙编《藕香零拾》本，北京：中华书局，1998年。

张邦炜：《宋徽宗角色错位的来由》，2002年3月30日见于http://go5.163.com/songdynasty/index.html。

（易素梅　译）

唐宋间人口翻番的历史与史学史

英语世界的学者近年在研究中国人口问题时常常把唐代中期至宋代中期人口翻番作为唐宋变革的一个具体例证。中国的人口总和在长期低于6 000万后，于公元750年至1100年间大幅增长，总人口数至少达到1亿。[①]

---

① 这类说法自二十世纪六十年代末以来尤其普遍。有些学者具体提到了人口翻番，有些只提到宋代人口达到一亿。以下按时间顺序列出使用翻番一词的中国史著作：杜希德（Denis Twitchett）：《世界人口之半：中国和日本的历史与文化》(*Half the World: The History and Culture of China and Japan*)，纽约：霍尔特·莱茵哈特·温斯顿（Holt, Rinehart & Winston.）出版社，1973年，第69页；贺凯（Charles O. Hucker）：《帝制时代的中国》(*China's Imperial Past*)，斯坦福：斯坦福大学出版社，1975年，第330页；谢和耐（Jacques Gernet）：《中华文明史》(*A History of Chinese Civilization*)，剑桥：剑桥大学出版社，1982年，第319页；威托德·罗德金斯基（Witold Rodzinski）：《墙内的帝国》(*The Walled Kingdom*)，纽约：自由出版社（Free Press），1984年，第119-120页；鲁惟一（Michael Loewe）：《中国之傲》(*The Pride that was China*)，伦敦：西德威克和杰克逊（Sidgwick and Jackson）出版社，1990年，第9-10页；费正清（John K. Fairbank）：《中国：一部新的历史》(*China: A New History*)，麻省剑桥：哈佛大学贝尔纳普出版社，1992年，第89页；伊沛霞：《剑桥插图中国史》(*The Cambridge Illustrated History of China*)，剑桥：剑桥大学出版社，1996年，第141页；韩森（Valerie Hansen）：《开放的帝国》(*The Open Empire*)，跋，纽约：诺顿（Norton）出版社，2000年；赖大卫（David Curtis Wright）：《中国历史》(*The History of China*)，康涅狄格州威斯波特：格林伍德出版社（Greenwood Press），2001年，第83页；哈罗德·坦纳（Harold M. Tanner）：《中国：一部历史》(*China: A History*)，印第安纳波利斯：哈克特出版公司（Hackett Publishing Company），2009年，第220页；马立博（Robert B. Marks）：《中国：环境与历史》(*China: Its Environment and History*)，兰姆：罗曼和莱特菲尔德（Rowman and Littlefield）出版社，2012年，第135页；万志英（Richard von Glahn）：《中国经济史：从上古到十九世纪》(*The Economic History of China: From Antiquity to the Nineteenth Century*)，剑桥：剑桥大学出版社，2016年，第209页。有些学者的著作只提到宋代人口已达一亿，但没有明确提到唐宋人口翻番问题。费正清、赖世和（Edwin O. Reischauer）：《东亚：传统与变革》(*East Asia: Tradition and Transformation*)，波士顿：霍顿米夫林公司（Houghton Mifflin），1973年，第132页；梅古（Franz Michael）：《中国通史》(*China Through the Ages*)，博尔德：韦斯特尤出版社（转下页）

与这一发展相关的因素有两个：一是经济增长；二是人口向南方农业产量更高、因而可能养活更多人口的地区流动。

中国人口到宋代中叶翻番这一历史进程并未引起传统学者的注意。宋、明、清时期的历史学家从未把人口增长看作是唐、宋历史发展的一个重要特征。宋代学者也没有人强调过，虽然宋廷没有控制唐朝的全部版图，但它的臣民却远超前代，并由此证明宋代国策的高明之处。十八世纪之前，量化人口增长在世界各地都不常见，因此宋明学者在分析史料时很少考虑到这一问题也并不足为奇。

学者们开始爬梳史料，以估算人口规模及其在历史上的变化始于十九世纪初。本文重点关注学者们有关唐宋时期（公元600至1300年）的成果。其目的有二：一是有助于加深我们对这一时期人口在何时、何地，以及为何

（接上页）（Westview Press），1986年，第140-141页；J. A. G. 罗伯兹（J. A. G. Roberts）：《中国简史》（A Concise History of China），麻省剑桥：哈佛大学出版社，1999年，第111页；谢康伦（Conrad Schirokauer）：《中华文明简史》（A Brief History of Chinese Civilization），圣地亚哥：哈科特·布雷斯·耶凡诺维奇（Harcourt Brace Jovanovich）出版社，1991年，第147页；罗溥洛（Paul S. Ropp）：《世界史上的中国》（China in World History），牛津：牛津大学出版社，2010年，第78页。世界史学家也开始注意到了宋代人口增长问题。威廉·麦克尼尔（William H. McNeill）：《追求权力》（The Pursuit of Power），纽约：兰登书屋（Random House），1976年，第24页；杰妮·阿布-路格霍德（Janet L. Abu-Lughod）：《欧洲霸权之前的世界秩序，1250-1350》（Before European Hegemony: The World System A.D. 1250-1350），牛津：牛津大学出版社，1989年，第316页；菲利普·费尔南德斯-阿麦斯托（Felipe Fernandez-Armesto）：《世界通史》（The World: A History），上鞍河：皮尔森·普伦第斯·霍尔（Pearson Prentice Hall）出版社，2007，第397页；简·布尔班克（Jane Burbank）、弗里德里克·库伯（Frederick Cooper）：《世界历史上的帝国》（Empires in World History），普林斯顿：普林斯顿大学出版社，2010年，第97页；杰瑞·本特利（Jerry H. Bentley）、赫伯特·齐格勒（Herbert F. Ziegler）：《传统与交锋：全球视野下的历史》（Traditions and Encounters: A Global Perspective on the Past），第五版，纽约：麦格罗-希尔（McGraw-Hill）出版社，2011年，第289页。宋史专家有时在专著中介绍宋代时也会提到宋代人口翻番或已达到一亿之多。韩明士（Robert P. Hymes）：《官僚与士绅：宋代江西抚州的精英》（Statesmen and Gentlemen: The Elite of Fu-chou, Chiang-hsi, in Northern and Southern Sung），剑桥：剑桥大学出版社，1986年，第1页；伊沛霞：《内闱：宋代妇女的婚姻与生活》（The Inner Quarters: Marriage and the Lives of Chinese Women in the Sung Period），伯克利：加利福尼亚大学出版社，1993年，第2页；何复平（Mark Halperin）：《宋代文人的精神生活》（Out of the Cloister: Literati Perspectives on Buddhism in Sung China, 960-1279），哈佛大学东亚中心，2006年，第5-6页；贾志扬（John W. Chaffee）：《前言：有关宋代的思考》（Introduction: Reflections on the Song），见贾志扬、杜希德编《剑桥中国宋代史》上卷（The Cambridge History of China, Vol. 5, Part 1, the Sung Dynasty and its Precursors, 907-1279），第二册，剑桥：剑桥大学出版社，2015年，第4页。

增减的了解；二是可以考察有关唐宋人口研究的史学史。后者的发展具有国际性。西方、日本和中国学者对此都做出了重大贡献，但他们的研究是在不同的时代、不同的思想和政治背景下进行的。

在展开讨论之前应该指出的是，与明清史家相比，研究唐宋的学者们无法根据现存史料对唐宋有关生育、婚姻和死亡率等问题进行深入细致的分析。在欧洲史家们证明了教区登记簿中有关出生、死亡和婚龄方面信息的用途之后，明清学者也开始寻找包含类似信息的材料，例如族谱和户籍登记，以进行类似的分析。[①] 相比之下，研究唐宋的学者则只能参考正史、类书、文献集和地方志等资料。这其中尤其可资利用的是那些列举了某些特定年份人口总数及各州府"户""口""丁"数的数据。这些材料使我们能够分析人口总数变化及其地理分布，但要解释这些变化的原因，学者们不得不求助于有关耕地面积、新建州府情况的量化信息以及有关移民、饥荒和战争的定性材料。

因为最先研究人口问题的是中国以外的学者，本文最先讨论他们的成果。

西方与日本学者的研究

自西方人与中国接触之初，中国的人口规模就一直是令他们着迷的一个问题。十八世纪的传教士们，如钱德明（Joseph Marie Amiot, 1718-1793），撰写了大量关于清朝户籍登记的文章。到十九世纪初，一些熟知中国史料的西方学者已经试图研究清代以前的人口问题。1836年，与儒莲

---

① 善于利用族谱研究明清时期人口的学者有刘翠溶和泰尔福德（Ted A. Telford）。他们的研究见于韩利（Susan B. Hanley）、武雅士（Arthur P. Wolf）编：《东亚历史上的家庭和人口》（*Family and Population in East Asian History*），斯坦福：斯坦福大学出版社，1985年；赫瑞（Stevan Harrell）编：《微观中国历史人口学》（*Chinese Historical Microdemography*），伯克利：加利福尼亚大学出版社，1995年；及本文后面引用的他们早期的著作。有关使用户口登记的研究，见李中清（James Lee）、王丰（Wang Feng）：《人类四分之一的人口：马尔萨斯神话及中国的现实》（*One Quarter of Humanity: Malthusian Mythology and Chinese Realities, 1700-2000*），麻省剑桥：哈佛大学出版社，1999年，及本文下面所引他们早期的著作。

(Stanislas Julien, 1797—1873)同在法兰西学院学习汉语的法国人爱德华·毕欧(Edouard Biot, 1803—1850)在《亚洲杂志》上发表了一篇长达50页的有关中国历史人口的文章，文中在讨论有关中国人口历史的可用数据时，特别引用了《文献通考》。《文献通考》不仅借鉴了正史，并引用了《通典》《宋会要》提供的大量数据，有些数据甚至精确到州府一级。[①]毕欧不仅引用了《文献通考》中的许多数字，而且常常将它们整齐列表。在仔细分析这些数据时，毕欧还经常计算出人口增长率以及户均人口，并尝试列举诸多与人口升降有关的原因。下表是他列举的数据中极小一部分样本：

年　代	登记户数	登记人口	估算人口
606	8 907 536	46 019 956	
755	8 919 309	52 919 390	63 000 000
760	1 933 134	16 990 386	
1029	10 162 689	26 051 038	50 813 445
1102	20 019 050	43 820 769	100 095 250
1193	12 302 873	27 845 085	61 514 365[②]

毕欧不同意公元760年的人口急剧下降是时代动荡的标志，但并未提供他自己的估算。但他根据755年某些未予记录的分类数据提高了对该年人口总数的估计。在考察宋代人口时，毕欧注意到了户均人口的反常现象。唐代的户均人口在5到6人之间，属于合理范围，但宋代的户均人口，却只有1.43到2.57人，显然不太正常。这表明，宋代的人口数据并没有囊括所有家庭成员，而只是统计了某些群体，例如男性或成年男性。毕欧提出，要合理估计宋代不同时期的人口总量，可以使用家庭总数乘以五人。由此，他估计

---

① 马端临：《文献通考》，卷10至11，台北：新兴书局，1963年，第109—118页。
② 毕欧(Edouard Biot)：《公元前2400年至公元13世纪中国人口及其变迁》(Mémoire sur la population de la Chine et ses variations, depuis l'an 2400 avant J. C. l, jusqu'an XIIIe siècle de notre ère)，《亚洲杂志》(Journal Asiatique)，第三系列，第一期(1936年)，第449、454、461页。

宋代人口在1102年超过了1亿。[①]

大约十五年后，俄国外交官伊万·伊里奇·扎哈罗夫（Ivan Ilyich Zakharov, 1817-1885）发表了一篇与毕欧的研究在长度和研究范围方面都很相似的文章。此文很快被译成德语和英语，作者姓名也遵从英语习惯改为萨哈罗夫（Sacharoff），文章的标题定为《过去四千年中国人口的数量关系，或中国历史上的人口兴衰》。[②]萨哈罗夫显然熟悉毕欧的研究，并在他自己论文的表格中引用了许多相同的数字。萨哈罗夫认为，史料中记载的众多人口急剧下降的情况大部分是准确的，是历史上动乱频仍的反映。与毕欧不同的是，尽管萨哈罗夫注意到了宋代户均人口异乎寻常之低，却认为这些数字是可靠的，因为它们与之前唐代和之后明代的人口数更加相符。萨哈罗夫推测，宋代户均人口过低是因为腐败的地方官为了让自己所辖州县的人口数字更好看，而把当地人口分割成更多的户数。据此，他认为宋代人口即使在鼎盛时期也没有超过唐朝的水平。相反，宋代是一个人口下降的时期。

毕欧和萨哈罗夫的研究为后来的西方学者广泛阅读引用。威尔斯·威廉姆斯（S. Wells Williams, 1812-1884）在他著名的《中央之国：地理、政府、文学、社会生活、艺术和历史概览，或中华帝国及其居民》（*The Middle Kingdom: A Survey of The Geography, Government, Literature, Social Life, Arts, and History*）的1883年修订版中，添加了一段讨论，明确引用毕欧的数据，视毕欧为证明宋代人口可能已达到1亿的第一人。[③]也许因为威廉姆斯的影响，十九世纪末和二十世纪初的其他几位史家也接受宋代人口已达到1亿。[④]

---

① 毕欧：《公元前2400年到公元13世纪中国人口及变迁》，第454、460、467、470页。

② 该书最早于1852年以俄文出版，1858年被译成德文，1864年出版英文版。

③ 威廉姆斯（S. Wells Williams）：《中央之国：地理、政府、文学、社会生活、艺术和历史概览，或中华帝国及其居民》（*The Middle Kingdom: A Survey of the Geography, Government, Literature, Social Life, Arts, and History, or The Chinese Empire and Its Inhabitants*），第1卷，纽约：斯克里布纳斯（Scribners）出版社，1883年，第262页。作者引用了萨哈罗夫，所以应该熟悉萨哈罗夫的著作，但没有明确反驳萨氏。

④ 德米特里斯·博尔格（Demetrius C. Boulger）：《中国简史：为普通读者而作的一个古老帝国和人民的历史》（*A Short History of China: an Account for the General Reader of an Ancient Empire and People*），伦敦：艾伦（Allen）出版社，1893年，第38页；麦高温（J. MacGowan）：《中国通史》（*A History of China from the Earliest Days down to the Present*），伦敦：保罗、特里希、特吕布纳出版公司（K. Paul, Treach, Trübner and Co.），1897年，第605-607页；博尔格：《中国史》（The （转下页）

这一情况也有例外。翟林奈（Lionel Giles）在1915年发表于《通报》的有关一份敦煌人口登记的文章中引用了萨哈罗夫的文章，但没有提及毕欧。翟林奈注意到了宋代户均人口的问题，但认为这些数字过低是因为没有包括妇女，他因此直接把每户的人口加倍，因此得出宋代人口的最高点为8 600万，平均每户4人的结论。① 也有不了解已有研究成果的西方学者直接引用正史中记载的"口"数。② 至迟至1929年，卫礼贤（Richard Wilhelm）不仅接受正史中所载北宋"口"为2 900万指的是总人口，而且用它来推断宋代"人头税对人口的过度增长起到了强大的遏制作用"。③

到1930年，西方有关中国人口史的研究已经足够支持哈佛大学的经济史家艾博特·佩森·厄舍（Abbott Payson Usher, 1883-1965）在他撰写的《欧亚人口与定居史》一文中根据萨哈罗夫、翟林奈和洛克希尔的研究提供了有关中国人口的数据。厄舍将宋的人口总数在"口"的基础上增加了一倍，理由是正史中的数据只包括男性。他并对正史中提到的在登记人口过程中的遗漏进行调整，在正史记录的数目基础上增加了20%。宋代人口总数最高点因此达到7 900万。厄舍认为，中国的总人口直到1661年才超过1亿。④

二十世纪三十年代，日本学者对宋代人口进行了更深入的分析，中国人口研究因此进入了一个新阶段。这一发展可能受到了内藤湖南（1866-

---

（接上页）*History of China*），第1卷，伦敦：W·塔克出版公司（W. Thacker & Co.），1998年，第257页；威廉姆斯：《中国简史》，第184页；肯尼斯·拉托雷特（Kenneth Scott Latourette）：《中国人》（*The Chinese*），第2卷，纽约：麦克米伦（Macmillan）出版公司，1934年，第8页。

① 翟林奈（Lionel Giles）：《敦煌人口登记》（A Census of Tun-huang.），《通报》（*T'oung Pao*），第2系列，第16卷，第4期（1915年），第468-488页。另一位在引用萨哈罗夫和毕欧后支持萨哈罗夫观点的是柔克义（William Woodville Rockhill）：《对中国人口的考察》（*Inquiry into the Population of China*），华盛顿：史密森尼学会（Washington: Smithsonian Institution），1905年。

② 苏慧廉（W. E. Soothill）：《中国史》（*A History of China*），伦敦：本（Benn）出版社，1927年，第54页。

③ 卫礼贤（Richard Wilhelm）：《中华文明简史》（*A Short History of Chinese Civilization*），纽约：维京出版社（Viking Press），1929年，第238页。

④ 艾伯特·佩森·厄舍（Abbott Payson Usher）：《欧亚人口与定居史》（The History of Population and Settlement in Eurasia），《地理评论》（*Geographical Review*），第20卷第1期（1930年），第122-127页。

1934）"唐宋变革论"的影响。1930年,经济史学家加藤繁（1880-1946）撰写了一篇关于宋代家庭和人口统计的文章。加藤首先介绍了所有与该研究相关的重要资料,这其中包括为西方学者忽视的地方志和文集。在列举了之前萨哈罗夫和翟林奈等西方学者的研究,并对户籍登记制度进行广泛讨论后,加藤的结论是正史的数据中是包括了女性人口的,而宋代家庭规模偏小的症结,正是萨哈罗夫指出的虚假分家及其他欺诈行为。尽管如此,加藤并没有像萨哈罗夫一样使用那些户均人口数据。相反,同毕欧一样,加藤认为,如果将1110年的户数乘以更合理的户均人口5人,那么宋代的总人口就达到了100 441 290人。他认为这个数字可能更接近实际人口的数量。这一数字远高于他得出的唐朝人口最高纪录为52 880 488人的结论。加藤并引用了一些宋代史料证明,宋初和平年代,人口是呈迅速增加之势的。①

之后的几年,四位日本学者,宫崎市定（1901-1995）、青山定雄（1903-1983）、曾我部静雄（1901-1991）和日野开三郎（1908-1989）不仅使用了更多的史料,也提出了一些新观点。②宫崎市定认为,宋朝政府的数据中没有包括妇女,是户均人口如此之低的主要原因。1940年,加藤繁对这些学者的研究做出了回应,接受了一些他们的观点,但仍不同意宫崎市定关于官方数字中不包括女性的推断。③与早期的西方学者相比,这些日本史家都引用了更多的原始材料,并列举了更多地区的人口数字。通过反复讨论这个问题,

① 加藤繁:《支那经济史考证》,第2卷,东京东洋文库,1953年,第262页。该书中文版以《中国经济史考证》为题于1959和1962年由商务印书馆出版。

② 青山定雄:《隋唐宋三代户数地域的考察》,《历史学研究》,第6卷,第5期（1936年）,第529-554页;宫崎市定:《读史札记》,《史林》,第31卷,第1期（1936年）,第152-158页;日野开三郎:《宋代诡户的户口问题》(宋代の詭戶を論じて戶口問題に及ぶ),《史学杂志》,第47卷,第1期（1938年）,第83-105页;曾我部静雄:《宋代的身丁钱与户口问题》(宋代の身丁錢と戶口數問題),《社会经济史学》,第8卷,第5期（1938年）,后收于曾我部静雄:《宋代财政史》,东京:大安株式会社,1941年,第393-434页。有关人口登记的日文著作,见苏基朗(So Kee-long):《宋代人户登记制度的制度分析》(The System for Registration of Households and Population in the Sung Dynasty - An Institutional Analysis),第1-6页,《远东历史论文》(Papers on Far Eastern History)第25卷（1982）,第1-30页。

③ 加藤繁:《中国经济史考证》,第2卷,第297-322页;青山定雄:《隋唐宋三代于户数地域的考察》,第529-554页。

他们同时证明了研究人口问题的重要性。[①]

　　1947年，毕汉思（Hans Bielenstein, 1920–2015）发表了一篇长文，涵盖了从汉代中期到唐代中期的人口数据，该文并用点图显示不同历史时期的人口分布。这一成果标志着西方研究中国人口史的新阶段。毕汉思详细讨论了正史数据存在的问题，并对毕欧、萨哈罗夫、柔克义、白乐日（Étienne Balazs）和其他人之前有关这些数据是仅包括纳税人还是全部人口的许多论点提出了质疑。毕汉思的结论是，现有材料中公元2年、140年、464年、609年和742年的数字记录的是总人口，而280年、六世纪中期以及634至643年的数据则只包括纳税人。毕汉思在计算这些数据中的户均人口数时，将其与移民、人口流失地区家庭规模较大、而移民接纳地的家庭规模较小联系起来。在考察了之前学者们的统计，并寻找遗漏数字后，毕汉思对一些数据进行了更正。例如，考虑到某些地区户均人口过低，他将609年的4 600万人调整为5 400万人；他还根据有些地方的人口被排除在总数之外或只记录了总户数，将《新唐书》和《旧唐书》中742年的4 890万人调整为5 150万人。[②]

　　毕汉思的分析中一个有争议之处是他对户均人口规模的估计。这一数字在只有户数的记载、需要估计总人口时至关重要。蒲立本（Edwin G. Pulleyblank, 1922–2013）强烈反对毕汉思使用6.3人来计算隋代长江以南所有地区的家庭规模，以及毕氏有关移民较多的地区家庭规模会较小的论点。[③]杜希德（Denis Twitchett）在这个问题上基本同意蒲立本的

---

① 唐代的人口数据在二十世纪三十年代也受到两位欧洲学者同样的关注。见白乐日（Stefan Étienne Balazs）：《唐代经济史研究》（Beiträge zur Wirtschaftsgeschichte der T'ang-Zeit [618–906]），《柏林东方语言研究会会刊》（Mittheilungen des Seminars für Orientalische Sprachen zu Berlin），第34卷（1931年），第1–92页，第35卷（1932），第1–73页，第36卷（1933），第1–62页；费子智（C. P. Fitzgerald）：《对618年唐代人口的新估算》（A New Estimate of the Chinese Population Under the T'ang Dynasty in 618 A.D），《中国杂志》（The China Journal），第16卷（1932年），第5–14、62–72页；费子智：《中国人口增长的史料》（Historical Evidence for the Growth of the Chinese Population）．《社会学评论》（The Sociological Review）第28卷，第2期（1936），第133–148页。

② 毕汉思（Hans Bielenstein）：《公元2至742年中国人口普查》（The Census of China during the Period 2–742 A. D），《远东文物博物馆馆刊》（Bulletin of the Museum of Far Eastern Antiquities），第19卷（1947年），第160–161页。

③ 蒲立本（Edwin G. Pulleyblank）：《安史之乱的历史背景》（Background to the Rebellion of An Lushan），牛津：牛津大学出版社，1955年，第172–177页。

观点。①

毕汉思的研究集中在隋唐，不涉及宋代。二十世纪五十年代，柯睿格（Edward Kracke）对宫崎市定和日野开三郎有关北宋人口增长的研究有所了解，但对这一结论持否定态度。在柯睿格看来，997年至1063年间，宋代登记人口增加两倍之多给本已负担沉重的农民增加了额外的压力。②沃纳·艾克霍恩（Werner Eichhorn, 1899-1990）几年之后的一篇文章也同样强调农民生活的艰辛。艾克霍恩持与萨哈罗夫相近的观点，提议将人口总数提高25%，从而把宋代最高人口总数定在5 800万。③

到二十世纪五十年代末，有关中国人口的丰富研究成果，使一位非中国人口学家可以对已有成果进行综合评估。约翰·杜兰德（John Durand, 1907-1995）反对毕汉思有关移民导致南方家庭规模较小的观点。杜兰德认为，如果移民持续较长一段时间，移民中的年轻人就会开始生育后代，当地家庭规模因此很快就会达到正常范围。此外，杜兰德认为年轻人大量外移也不太可能造成北方家庭规模较大的现象。④几年之后，中国史学者厄尔·普里查德（Earl Pritchard, 1907-1995）对毕汉思的研究进行了另一种修正，把740和750年代的唐代人口提高到7 500万。这一调整显然是因为他受到了杜佑（735-812）的影响，认为唐代的人口不可能少于汉代。⑤但杜兰德和普里查德基本上都同意毕汉思的观点，认为正史中有些年份过低的人

---

① 杜希德：《八世纪初的唐代政府》(The Government of T'ang in the Early Eighth Century)，《亚非学院学报》(Bulletin of the School of Oriental and African Studies)，第18卷（1956年），第2期，第325-327页。

② 柯睿格（Edward Kracke）：《宋代的科举，960-1067》(Civil Service in Sung China, 960-1067)，麻省剑桥：哈佛大学出版社，1953年，第15页。

③ 艾克霍恩（Werner Eichhorn）：《宋代总人口》(Gesamtbevölkerungziffern des Sung-Reiches)，《远东杂志》(Oriens extremus)，第4卷，第1期（1957年），第63页注69。艾克霍恩引用了翟林奈和毕汉思、白乐日等几位研究唐代的学者的著作，但似乎不熟悉毕欧或萨哈罗夫的研究。他也引用了宫崎骏的文章，但没有解释为什么他不同意宫崎的观点。

④ 杜兰德（John Durand）：《中国的人口数据，2-1953年》(The Population Statistics of China, A.D. 2-1953)，《人口研究》(Population Studies)，第13卷，第3期（1960年），第209页。

⑤ 普里查德（Earl Pritcard）：《有关中国人口历史发展的几点想法》(Thoughts on the Historical Development of the Population of China)，第17页，《亚洲研究杂志》(The Journal of Asian Studies)，第23卷，第1期（1963），第3-20页。有关杜佑的评论，见《通典》（五卷本），卷7，北京：中华书局，1988年，第153页。

口数字是政府行政能力缺失的后果，并不意味着实际人口的急剧下降。[1] 杜兰德接受毕汉思对隋唐人口的调整，并以户均6人计算出宋代人口在十二世纪初达到了1.2亿。他对这一增长的解释是持久的和平和灌溉农业在南方的发展。杜兰德并认为，之后南宋和金的人口总和继续保持在这个水平。[2]

二十世纪六十年代末，农业史学家德怀特·珀金斯（1934- ）从另一个角度对人口急剧下降的可能性进行了评估。珀金斯关注的焦点是明初的人口是否真如史料所暗示的如此之低。在一份关于宋代人口总数的附录中，他按省份列出了唐、宋、宋金、元和1393年人口总数的最高点，以显示哪些省份的人口有所增加，哪些省份有较大幅度的下降。华北地区人口在宋元之际显然下降幅度最大。十三世纪末至1393年间，中原地区也遭受了重大损失。珀金斯认为战争，尤其是蒙古入侵和元末战争，是导致这些变化的主要原因。概括言之，"蒙古征服中国对这项研究的重大意义在于，首先，这一征服具有令人难以置信的破坏性，其次，这种破坏具有选择性，毁掉了某些省份，但对另外的省份影响很小"。珀金斯并提出流行病也很有可能导致人口下降。[3]

何炳棣（1917-2012）在他1970年发表的有关宋金人口的文章中对宋代人口问题进行了重新审视。其实早在1956年一篇有关早熟稻的文章中，何

---

[1] 例如，普里查德在《有关中国历史人口的几点想法》第11页写道："这种突然的人口大幅下降几乎可以肯定与行政控制的崩溃、登记机制的不当运作、领土的丧失、计数基础的改变或诸如此类的因素有关，而不是巨大人员损失的结果。"

[2] 杜兰德：《中国的人口数据，2-1953年》，《人口研究》(Population Studies) 第13卷第3期（1960年），第227-228页。杜兰德在1974年另一个研究中提出了一个略微不同的估算。杜兰德：《对世界人口的历史估算：一个评估》(Historical Estimates of world Population: An Evaluation)，宾夕法尼亚大学人口研究中心，1974年，第15页。在随后的几年里，非中国问题专家们经常借鉴这些中国研究学者们的著作，以便将中国纳入他们的研究视野，但似乎没有人对此问题的分析超越杜兰德。见柯林·克拉克(Colin Clark)：《人口增长与土地使用》(Population Growth and Land Use)，第二版，伦敦：麦克米伦(MacMillan)出版公司，1977年，第64-75页；柯林·麦克艾维迪(Colin McEvedy)、理查德·琼斯(Richard Jones)：《世界人口史地图集》(Atlas of World Population History)，纽约：档案出版社(Facts on File)，1978年，第170-174页；安古斯·麦迪逊(Angus Maddison)：《中国长期经济表现》(Chinese Economic Performance in the Long Run)，巴黎：国际经合组织(OECD)，1998年。

[3] 德怀特·珀金斯(Dwight H. Perkins)：《中国农业发展，1368-1968》(Agricultural Development in China, 1368-1968)，芝加哥：阿尔戴恩出版公司(Aldine Pub. Co.)，1969年，第196-198页。

炳棣即支持加藤的观点，认为应在总户数基础上，假设平均家庭规模为5人，这样北宋末年的人口应是1亿左右。[1]他在1959年出版的《中国人口研究，1368-1953》一书中重复了这一数字。[2]在另一篇同样发表于1970年的论文中，何炳棣极大地肯定了三位日本历史学家加藤繁、宫崎市定和曾我部静雄的贡献。与这些日本学者一样，何炳棣使用总户数计算出北宋末年人口约为1亿，十三世纪初南宋和金的人口之和约为1.1亿。何炳棣的重要创新在于他从研究十二世纪末金代的数据着手。相较其他数据，这些数据的不同之处在于它们包括了北方的全部人口。将这些数字与北宋末年同一地区的数字进行比较，让何炳棣以一种全新的方式证实宋代每户至少有5人这一推断的价值。[3]

　　二十世纪八十年代有三位西方学者的研究值得一提。1982年，郝若贝（Robert Hartwell, 1932-1996）发表了长达77页的《中国历史上的人口、政治和社会变革，750-1550》一文。[4]尽管文中的表格显示了609、742、1080和1200年的户口记录，他的主要关注点并非这几个世纪总人口的变化，而是七个宏观区域的升降。这些区域的发展并不同步，每个区域的核心及边缘地带都经历了各自不同的边地移民定居、快速发展、系统性衰退和均势的过程。郝若贝因此提供了一幅更为复杂的人口变化图。不过他似乎更感兴趣的是将人口升降作为经济变化的指标，而人口变化本身并非他的真正兴趣

[1] 何炳棣：《中国历史上的早熟稻》(Early-Ripening Rice in Chinese History)，《经济史评论》(Economic History Review)，第9卷，第2期（1956年），第212页。

[2] 何炳棣：《中国人口研究，1368-1953》(Studies on the Population of China, 1368-1953)，剑桥：剑桥大学出版社，1959年，第264-265页。该书于1989年由葛剑雄翻译，上海古籍出版社出版。

[3] 何炳棣：《宋金时代中国人口总数的估计》(An Estimate of the Total Population of Sung-Chin China)，《宋代研究 白乐日纪念专辑》(Études Song in Memoriam Étienne Balaz)第1卷，第1期（1970年），第3-53页。该文后译成中文发表于《中国史研究动态》，1980年第5期，第20-28页。米切尔·卡蒂埃(Michel Cartier)、魏丕信(Pierre-Étienne Will)两年后于1971年发表的《中国的人口和制度：对帝制时期人口普查的分析，2-1750》(Démographie et institution en Chine: contribution à l'analyse des recensements de l'époque impériale [2 -1750])在分析宋代数据时基本遵循何炳棣的观点。《历史人口年鉴》(Annales de démographie historique)，巴黎：历史人口学会(Société de Démographie Historique)，1971年。毕汉思对该书的书评见《通报》(T'oung Pao)，第61卷，第1-3合集（1974年），第181-185页。

[4] 该文发表于《哈佛亚洲研究学刊》(Harvard Journal of Asiatic Studies)，第42卷（1982年），第2期，第365-442页。

所在。

在郝若贝的文章发表之后四年，经济史学家赵冈（1929-　）出版了《中国历史上的人与地：一份经济分析》。赵冈强调，历史上的战争具有极大的破坏性，人口增长多发生于长治久安的时期。因此，他认为许多显示急剧下降的人口数据是合理的，并肯定中国人口在宋初曾低至3 200万，但到北宋末上升到1.21亿的可能性。赵冈根据每户平均5.8人的家庭规模得出1109年的宋代人口达到了1.21亿。假设人口年增长率为0.9%，他用1109年的人口总数向前推算，得出961年的人口应为3 200万。① 郝若贝在他的书评中对赵冈的研究给予了高度评价，但指出，他自己对1391年人口的估计（9 440万）远高于赵冈的估计（6 050万）。郝若贝写道："我倾向于使用更保守的户均5.6人，而非5.8人，将1200至1400年间的人口下降归因于某些地区人口密度过高导致的流行病的肆虐，并推断这些人口危机始于蒙古入侵南方之前。"②

时隔四十年后，毕汉思于1987年重新把注意力集中到中国人口上。这一次他的焦点一直延伸到二十世纪，所以与之前的研究相比，涵盖了宋元。与赵冈不同的是，毕汉思认为历史上的过低人口总数是政府控制不力或税收记录不完整，而非户籍登记记录的问题。毕汉思同样不接受普里查德提出的很高的唐代人口数字，但同意北宋人口接近1亿的观点，认为宋代人口

① 赵冈：《中国历史上的人与地：一份经济分析》(Man and Land in Chinese History: An Economic Analysis)，斯坦福：斯坦福大学出版社，1986年，第26—42页，特别是第35页。

② 郝若贝（Robert Hartwell）：《评赵冈的〈中国历史上人与地的经济分析〉》，《亚洲研究学刊》(Journal of Asian Studies)，第47卷，第2期（1988年），第335—356页。郝若贝在该书评中引用了他自己的一篇题为《社会组织与人口变化：传统中国的灾难、农业技术和区域间人口趋势》(Societal Organization and Demographic Change: Catastrophe, Agrarian Technology, and Interregional Population Trends in Traditional China) 的文章，称该文收于1988年出版的《1800年之前的世界人口》(Le peuplement du monde avant 1800) 一书中。雷伟立（William R. Lavely）、李中清、王丰的《中国人口学研究现状》(Chinese Demography: The State of the Field) 把这篇文章的出版日期列为1990年（《亚洲研究学刊》，第49卷，第4期［1990年］，第807—834页）。但该书可能从未正式出版。我甚至在法国国家图书馆都没有找到原书。我也没有找到史乐民（Paul Jakov Smith）在他与万志英所编《中国历史上的宋元明更替》(The Song-Yuan-Ming Transition in Chinese History)（哈佛亚洲中心，2003年）的《引言：作为问题的宋元明更替》（第1—34页）中提到的郝氏该文的一份1987年的草稿。

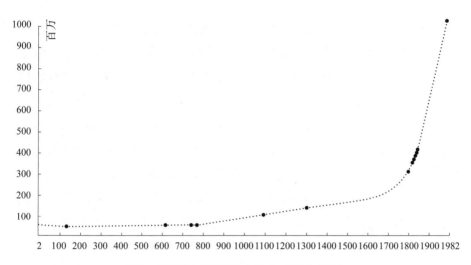

图1　毕汉思《中国历史人口，2-1982》，图19

数据的部分问题在于它只包括了乡村人口。与其他几位学者不同的是，他不认为蒙古入侵造成了急剧的人口下降，并估计1300年的人口为1.25亿，而从742年到1578年中国人口是相对稳定增长的。[①]从毕汉思绘制的近两千年人口增长图（图1）中可以看出，他倾向于让人口数字增长曲线看起来比较平滑。[②]这张图表显示，尽管毕汉思并没有对九世纪的人口总数进行估计，却假设人口在唐代后半期已呈增长趋势。

中国学者加入人口研究的行列

迄今为止，关于中国人口史最多、最详尽的研究是中文的成果，其中最重要的著作是出版于2000至2002年，由葛剑雄（1945-　）主编的六卷本《中国人口史》。这项工作主要完成于二十世纪八十至九十年代。其时，独

[①] 毕汉思：《中国历史人口，2-1982》（Chinese Historical Demography, A.D. 2-1982），第72、85、154-156页。《远东文物博物馆馆刊》（*Bulletin of the Museum of Far Eastern Antiquities*），第59卷（1987年）。
[②] 毕汉思的图表可与安古斯·麦迪逊在《中国长期经济表现》第26页的图表进行比较，后者显示更多的起伏并使用了数幂分布。

生子女政策已经出台,中国人口史的研究开始受到官方鼓励。[①]

从1950年到1976年,中国有关唐宋人口的研究极少,这可能是由于历史学家们顾虑此类研究无法纳入马克思主义的历史框架,具有政治敏感性使然。[②]对一些学者而言,马克思主义的历史框架可能会质疑宋代人口大大高于汉、唐人口的可能性,毕竟主要的生产方式直到晚明资本主义萌芽才发生变化。[③]一些二战前在国外接受过社会学或人口学训练的社会科学家在归国后获得了重要的研究职位,但历史人口学并不是他们的主要兴趣。以陈达(1892-1975)为例,他于1923年在哥伦比亚大学获得博士学位后,回国任清华大学教授。在1946年出版的关于中国现代人口的专著中,陈达结合朝代兴衰周期和马尔萨斯理论简要讨论了中国历史人口数据。简言之,新朝代建立之初带来的和平与秩序会促进人口增长,但由于农业技术并没有大幅改善,人口会达到一个饱和点,之后发生的瘟疫、饥荒、战争会缓解人口压力,使人口总数降至新低。陈达好像对日本或西方学者指出的有关宋朝人口数据中家庭规模过小这一问题一无所知,因此认为宋的人口总数最高时只有4 300万,远低于唐朝5 290万的最高点。[④]

有意思的是,在政治上得到官方认可的历史学家范文澜(1893-1969)好像对宋代人口有所了解。他在撰写于二十世纪四十年代并在五六十年代广为流行的《中国通史简编》中提到,宋代不登记女性人口,而有人会逃避户

---

① 有关1980年后中国人口学的繁荣发展,见雷伟立、李中清、王丰:《中国人口学研究现状》,第807-834页。

② 1950至1980年间,甚至包括台湾和香港这方面的研究也很少见。有关1980年后在两地出版的论文,见苏基朗:《唐宋法制史研究》,香港大学出版社,1996年,第123-148页。

③ 袁祖亮:《宋代人口之我见》,《中国史研究》,1987年第3期,第113-122页。另一些学者成功地把宋代人口增长放入马克思主义史学框架。漆侠:《宋代经济史》,上海:上海人民出版社,1987-1988年。

④ 陈达:《中国现代史上的人口》(Population in Modern China),芝加哥:芝加哥大学出版社,1946年,第4-5页。另一位在国外接受教育的学者刘南溟(1902-1976),在他1935年完成的题为《中国人口学研究》(Contribution à l'étude de la population chinoise)的法文博士毕业论文中,对宋代人口同样使用了较低数据。日内瓦:出版联盟(Imprimerie et Éditions Union),1935年。刘之后于中国大陆及台湾任教职,但研究领域为统计,而非人口史。

籍登记。如果按一户四、五口人计算，宋代总人口应接近1亿。[①]1976年前有关唐宋人口研究为数极少。仅有的文章之一的作者袁震，除了范文澜的著作，几乎没有引用任何之前的学术文献，而他引用范文澜的目的则是反驳范的观点。基于人们为了减少赋税劳役而分家的假设，袁震坚持认为规模较小的家庭可能更接近实际情况。[②]

在《中国人口史》的序言中，葛剑雄追溯了他开始研究人口史的始末。1980年，他在写作有关汉代人口史的硕士论文时，发现有关中国人口史的研究极少，而仅有的研究所依据的资料也很有限。之后不久，葛剑雄参加了著名历史地理学家谭其骧（1911-1992）主导，有充裕资金支持的中国古代人口史项目。这个项目使葛剑雄有机会于1985至1986年到哈佛大学访学。除了利用哈佛的资源，他还去芝加哥拜访了何炳棣。当时，葛剑雄应该已经读过何炳棣关于宋金人口的文章，因为该文已于1980年被译成中文。[③]何炳棣与葛剑雄共会面五次，并同意葛剑雄将《中国人口研究》翻译成中文。[④]葛剑雄对这次美国之行中遇到的西方学者印象平平。他提到参加过一次由费正清研究中心举办的、一位来自纽约的B教授（显然是毕汉思）有关中国人口历史及其分布的讲座。葛剑雄了解毕汉思早期的研究，但认为毕汉思在这次讲座中有重大失误。更令葛剑雄不安的是，毕汉思当时非常明确地表示，他的研究没有参考任何中国学者的成果。[⑤]这件事让葛剑雄下定决心，中国学者在这一领域必须投入更多精力。

《中国人口史》第三卷《辽宋金元时期》的作者吴松弟（1954-　）认为

---

① 范文澜：《中国通史简编》，上海：新知书店，1947年，第374-375页。范去世后一个委员会对他的书稿进行了修正，剔除了宋代人口到达1亿的论断。

② 袁震：《宋代户口》，《历史研究》，1957年第3期，第14页。

③ 何炳棣：《宋金时代中国人口总数的估计》，《中国史研究动态》，1980年第5期，第20-28页。加藤的文章在1962年被翻译成中文，比何炳棣的研究更早。这无疑更多是因为他有关土地租佃制度、税收、客户而非人口数据的研究，但他与人口相关的研究也收录在北京商务印书馆于1959和1962年出版的两卷本《中国经济史考证》中。

④ 何炳棣：《中国人口研究，1368-1953》中文版由葛剑雄翻译，于1989年由上海古籍出版社出版。

⑤ 这完全有可能。毕汉思在一篇发表于1987年的文章中曾说他决定不再继续"与大量中国、日本和西方学者论战"。毕汉思：《中国历史人口，2-1982》，1-185。

何炳棣《中国人口研究》中文版的出版是一个重大的转折点。^①不久之后，穆朝庆（1954- ）和何忠礼（1938- ）等学者接受了何炳棣有关应该使用正史中所列户数来计算人口的观点，但他们在宋廷是登记了所有男性还是只登记了男丁这一问题上仍存在分歧。^②

葛剑雄本人很快撰写了两部中国人口通史，其中较短的一部于1989年面世，更详尽的一部于两年后出版。在1991年版的《中国人口发展史》一书中，葛剑雄对不同时间点的中国人口进行了诸多估算，认为755年鼎盛时期的唐朝人口为8 000至9 000万，宋代人口为1亿。葛剑雄并尝试了其他学者避免涉及的人口低点。他提出，隋唐易代时的人口曾低至2 500万，唐末的低点约为5 000万至6 000万，宋初的低点为3 000万。^③据此，葛剑雄认为初唐与北宋一样，都是人口增长期。^④

对辽宋金元人口研究最全面深入的是吴松弟长达717页的《中国人口史·宋元卷》。该书完全支持何炳棣的论点，估算这一时期家庭规模为5.4人左右，回顾了所有与人口登记有关的论点，并提供了大量按地点细分的图

---

① 吴松弟：《中国人口史》第3卷，辽宋金元时期，上海：复旦大学出版社，2000年，第620-621页。有意思的是，何炳棣在他本人的回忆录中淡化了他在1964年夏天所作的关于宋金人口的文章，指出该文只是因为他应邀为纪念白乐日的文集贡献一篇有关宋代的文章。何炳棣：《读史阅世六十年》，台北：允晨文化出版公司，2004年，第366-368页。

② 穆朝庆：《两宋户籍制度问题》，《历史研究》，1982年第1期，第47-57页；《两宋户籍制度与人口再探讨》，《中州学刊》，1988年第6期，第103-107页；何忠礼：《宋代户部人口问题的再探讨》，收于《宋史论集》，郑州：中州书画社，1983年；《宋代户部人口统计考察》，《历史研究》，1999年第4期。又见何忠礼题为《揭开宋代户部人口统计中户多口少之谜》的研究综述，载《国际社会科学杂志》，2014年第2期，第17-36页。有些学者，例如李德清在《宋代女口考辨》（《历史研究》1983年第5期，第115-124页）中仍坚持使用正史中记载的数据。何忠礼与李德清都没有引用何炳棣的研究。赵文林和谢淑君根据户数以每户4.1人计算得出的结论是宋代人口最高时低于8 800万。赵文林、谢淑君：《中国人口史》，北京：人民出版社，1988年，第235-244页。又见苏基朗：《唐宋法制史研究》（香港：香港中文大学出版社，1996年）第123-148页清楚介绍了八位大陆学者在二十世纪八十年代的研究情况以及如何对数据得出的不同解释。

③ 葛剑雄：《中国人口发展史》，福州：福建人民出版社，1991年，第159、160、162-163、192页。

④ 葛剑雄发表于1993年的《宋代人口新证》（《历史研究》1993年第6期）提到了溺婴及其他问题。有关宋代的溺婴问题，又见艾克霍恩：《宋代人口控制的几点想法》(Some Notes on Population Control during the Sung Dynasty)，收于《中国历史和文学研究：普实克(Jaroslav Prusek)教授荣休集》(Etudes d'Histoire et de Litterature Chinoises offertes au Professeur Jaroslav Prusek)，巴黎中国高等研究所图书馆(Bibliotheque de l'Institut des Hautes Etudes Chinoises)，1976年，第85-95页；刘静贞：《不举子——宋人的生育问题》，台北：稻香出版社，1998年。

表。在书的结尾，吴松弟给出了他自己对中国历史人口的估计：中国的总人口在公元2年为6 000万，在755年为7 000万，在980年为3 500万，北宋末年（1120年）为1.26亿，而宋、辽、夏、和大理的人口总和为1.4亿。到十二世纪三十年代，整个地区的总人口则降至略高于9 000万，不过到十三世纪头十年即快速反弹至1.45亿，而蒙古入侵后的1290年，人口又降至约7 500万人。① 吴松弟有关唐代人口的数字接近冻国栋（1957- ）在《中国人口史·隋唐卷》中提出的唐代人口最高达到了7 000至8 000万的估算。② 应该指出的一点是，《中国人口史》因各卷以朝代划分，视唐宋与朝代更替中的其他时期无异，所以对唐宋变革少有关注。在这一点上，该书与陈达有关中国人口在朝代初始从一个低点上升，渐达高峰，之后随国家权力削弱而减损的假设相差不大。

上述著作问世后，大多数用中文写作的学者都接受了宋代人口已超1亿这一观点。③ 这一估算特别得到了时任北京大学人口研究所的著名人口学家游允中（1935-2011）的支持。游允中在他的论著中指出中国人口在宋代首次突破1亿门槛，肯定了中国人口在唐宋几个世纪可能翻番的论断具有说服力，并驳斥了那些坚持认为当时户均人口为两人的史料的可信性。游文并指出，如果宋代的死亡率如此之高或生育率如此之低，以至于家庭规模如此之小，那全国总户数就不可能继续增加。④

二十一世纪初，留给学者们继续探讨的课题与之前相比已然不多，至少肯定不再需要从正史中连篇累牍地引述数据，但一些人仍然继续就唐宋时期人口问题发表意见。这其中包括估算作为人口总数基础的户均规模。程民生（1956- ）借鉴墓志、笔记等史料，提出北方家庭规模（每户9人）大于南方家庭（每户6人），如把南北户均人口平均，则每户为7人左右。南方家庭规模较小这种现象可能与当地家庭占有土地较少，导致分家更早有关。⑤

① 吴松弟：《中国人口史》第3卷，第162、621页。
② 冻国栋：《中国人口史》第2卷，隋唐五代时期，上海：复旦大学出版社，2002年，第521页。
③ 蒋涛：《人口与历史》，北京：人民出版社，1988年。
④ 游允中：《中国人口第一次增长到一亿人的前后》，《市场与人口分析》第8卷第6期（2002年），第64-75页。
⑤ 程民生：《宋代家庭人口数量初探》，《浙江学刊》，2000年，第135-141页。

方健（1947—　）提出每户六人当是宋人最佳家庭规模。[①]而吴松弟的《南宋人口史》则特别关注地区差异。[②]

自2000年以来，随着学术研究越来越国际化，中外学者之间的交流互动更加频繁。越来越多中国学者在国外工作并用英语写作，同时很多中英文学术著作被翻译成另一种语言出版。以三位学者的经历与观点为例。刘光临（William Guanglin Liu, 1969—　）在《中国的市场经济，1000-1500》（2015）有关宋代人口数据的附录中明确肯定正史中户数记载的可靠性，并基本同意吴松弟、珀金斯和赵冈有关蒙古入侵导致人口大幅下降的观点（因此与毕汉思和郝若贝的意见相左）。[③]经济史家邓钢（Kent Gang Deng）的观点则截然相反。在2004年的一篇文章中，邓钢引用了大量的中英文研究，批评学者们太过轻易地修正正史中保存下来的数据，在此基础上提出各自"粗略的估计或无端的猜测"，并只选择为数不多的几个时间点，其结果是预测出比实际情况更平稳的人口增长过程。邓钢提议使用户均5.77人为宋代的家庭规模。虽然邓钢坚持官方户数数据的可用性，但他对于十世纪末的户数，却只接受比官方数据低得多的数字，认为在一个世纪多一点的时间内，以人口增长率为1.34%计算，宋代总人口从2 639万增长到1亿2千零49万并非不可能。邓钢引用食品价格上涨作为与人口增长一致的根据。[④]他的图（图2）与毕汉思的图表形成了很好的对比。

邓钢于十年后专门撰文讨论了北宋人口，把北宋人口增长归因于政府行为的结果，这其中包括政府维持和平的能力以及对价格、货币和税收的管理。邓钢视北宋为一个创造需求和刺激经济的财政国家。文中引用了一些他人的观点，称北宋为历史上一个寒冷期，由此限制了粮食生产，因此无法

---

① 方健：《南宋农业史》，北京：人民出版社，2010年，第242页。

② 吴松弟：《南宋人口史》，北京：人民出版社，2008年。

③ 刘光临：《中国的市场经济，1000-1500》（*The Chinese Market Economy 1000-1500*），阿尔巴尼：纽约州立大学出版社，2015年。关于与蒙古入侵有关的人口下降，又见史乐民：《引言：作为问题的宋元明更替》，第8-10页。

④ 邓钢：《利用官方数字揭示中国前现代时期的真实人口数据》（Unveiling China's True Population Statistics for the Pre-Modern Era with Official Census Data），第43、46页，《人口评论》（*Population Review*），第43卷（2004）第2期，第32-69页。

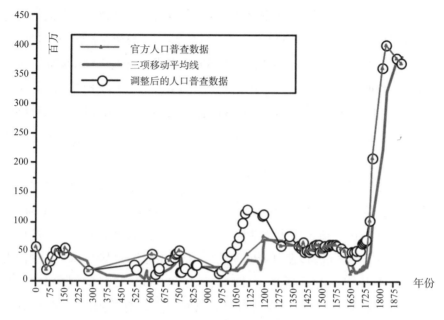

图2　邓钢，"官方人口数据、标定数据与调整后数据，"图6（人口以百万计）

解释人口增长。与何炳棣相反，邓钢认为不应过多强调气候变化和早熟稻等新作物的重要性，而应该更重视有效的政府对人口增长的影响。[①]

　　在最近出版的《剑桥中国经济史》一书中，《中国人口史·明清卷》的作者曹树基（1956-　）对宋代人口的叙述较为中和。曹开篇首先肯定了何炳棣的贡献，但在观点上却与何炳棣大相径庭。曹树基强调国家在战争杀戮和饥荒赈济方面对人口升降所起的"决定性作用"。[②]他声称学界在有关正史中宋代人口的数据是男性人口方面已有共识，而这里的男性"不仅包括

① 邓钢、露西·郑（Lucy Zheng）：《经济重组与人口增长：揭秘北宋的增长与发展，960-1127》（Economic Restructuring and Demographic Growth: Demystifying Growth and Development in Northern Song China, 960-1127），《经济史评论》（The Economic History Review），第68卷第4期（2015年），第1107-1131页。有关强调国家在人口增长方面作用的早期研究，见周立红（Zhou Lihong）：《帝制中国政府干预人口增长的效果》（Effects of Government Intervention on Population Growth in Imperial China），《家庭史杂志》（Journal of Family History），第18卷，第3期（1993年），第213-230页。

② 曹树基：《人口变化》（Population Change），马德斌、万志英编：《剑桥中国经济史》（The Cambridge Economic History of China），第1卷（第300-339页），剑桥：剑桥大学出版社，2022年，第300-301页。

服徭役的男丁，也包括未成年和老年男性"。但由于这些数据存在低估的情况，学者们一般采用"户均5口来估算人口总数"。[1]曹树基提出，早自汉代，在正常情况下，年人口增长率保持在1.25%可以视为合理。曹树基还引入了马尔萨斯的观点，即贫困限制了中国的人口增长，并由此得出结论，"如果我们把战争、饥荒和瘟疫的本质归结为贫困，那么马尔萨斯的理论可以最好地诠释中国人口周期性波动现象"。但曹树基同时承认国家对造成上述这些贫困也起到了很大作用。[2]

为了方便起见，表一总结了上面讨论过的1960年以来学者们对唐宋人口的估算。这些估算并不完全具有可比性，例如六卷本《中国人口史》的作者们的估算不仅包括了唐宋所辖地区的人口，而且还包括了周边一些后来为明政府控制的区域，以使其跨时间的比较更加准确。尽管如此，在中国人口在唐宋两代于何时达到高点（即742-755和1100-1120）的问题上，学者们已基本达成共识。不过，在人口最高点时的人口总数到底几何（唐朝为5 000万至9 000万，宋朝为1亿至1.26亿），他们之间仍有分歧。而对于人口最低点时到底有多低，或有关最低人口的数据可靠性如何，学者们之间的共识则要少得多。

表一　各派学者有关人口总数的估计（以百万计，四舍五入至整数）

作者	隋或唐初	盛唐	晚唐	宋初	宋鼎盛期	南宋	金	元
正史	609 46	755 53	820 16	1006 16	1110 47	1223 28	1195 49	1291 50
普里查德 1963	54	74		60–70	100–110			
何炳棣 1970					100	60	54	
杜兰德 1974	53	52		55	123	1200 73	48	86

---

[1] 曹树基：《人口变化》，第307页。
[2] 曹树基：《人口变化》，第310–311页。

续　表

作者	隋或唐初	盛唐	晚唐	宋初	宋鼎盛期	南宋	金	元
胡焕庸张善余1984		80	850 60	960 40	100			85
赵冈1986				32	121	1193 71	50	
毕汉思1987	46	53			1086 98			1300 125
葛剑雄1991	23	85	55	960 30	100	1235 61	60	85
吴松弟2000		70		980 36	126	80	1207 56	1290 75
冻国栋2002		75						
邓钢2004				996 26	120			
曹树基2022	609 60	70		980 35	99			1290 75
伊沛霞	50	70	900 55	980 60	120	1200 75	1200 50	80

资料来源：

官方数据：梁方仲：《中国历代户口、田地、田赋统计》，上海：上海人民出版社，1980年，第6-8页。

普里查德：《有关中国人口历史发展的几点想法》，第16-18页。

杜兰德：《对世界人口的历史估算：一个评估》，第15页。

何炳棣：《宋金时代中国人口总数的估计》，第43、50-51页。

赵冈：《中国历史上人与地的经济分析》，第35-37页。

毕汉思：《中国历史人口，2-1982》，第19、21、72、85页。

胡焕庸、张善余：《中国人口地理》，第33、36、39、43、46页，上海：华东师范大学出版社，1984年。

葛剑雄：《中国人口发展史》，福州：福建人民出版社，1991年，第155-163、174-175、191-199、201、222页。

吴松弟：《中国人口史》，第3卷，辽宋金元时期，第621页。

邓钢：《利用官方数字揭示中国前现代时期的真实人口数据》，第43-44页。

曹树基：《人口变化》，第309页。

伊沛霞：见本文下文的讨论。

下面我把本节讨论的内容总结为一个学术史的过程。其核心是，如何解释公元600至1300年间正史中有关户数和人口的数据，这看似不是大问题，但不止一个学术共同体参与其中，提出的观点也有差异，且相关的学者大多倾向于阅读以其母语发表的研究成果。在将近一个世纪（1836-1930）的时间里，欧洲学者在这个问题上成果最多。他们认识到中国的人口规模是一个重要问题，并试图确认这一现象到底可以追溯到何时。[①] 毕欧首先注意到了宋代人口数据的怪异之处，并对这个题目进行了相当深入的研究，其关注点涉及数据的收集和人口增长率的计算问题，并提出了一种用五口作为户均规模来估算人口总数的方法。下一位被广泛引用的作者是俄国人萨哈罗夫。萨哈罗夫采用了另一种方法，认为在计算人口时应使用与"口"相关的数据，因为唐宋总"口"数契合前代及之后的数据，而地方政府为政绩需要有伪造户数的动机。自萨哈罗夫起，西方学者分为两个阵营：一个阵营是直接或间接受到毕欧影响的学者，他们认为宋朝的人口达到了1亿；另一个阵营是接受正史中"口"数的学者。这些人要么受到萨哈罗夫的影响，要么从相关文献中得出了与萨哈罗夫类似的结论，因此不接受宋代人口有大幅增长的看法。

二十世纪三十年代，熟悉宋代史料和一些西方研究的日本学者开始集中讨论宋代人口数据。他们互相阅读对方的论著，明确解释他们对某些段落的理解，并对各自的观点予以回应。二十世纪三十至六十年代的中国学者并不了解这些研究，或由于其他原因不愿意使用这些成果。在中国境外执教并接受过欧洲经济史训练的何炳棣则熟悉日本学者的著述，并在他自己的研究中提出宋代人口已达1亿的主张。之后，何炳棣逐渐被视为中国与他同时代人中最伟大的史学家之一，他的研究也因此成为奠基之作。在决定中国学术界研究方向方面，政府人口政策的转变及其对人口研究的投资起到了同样重要的作用。尽管中国学者仍在争论最接近实际的户均家庭规模（大多数学者的估算在5到6人之间），但已不再有人认为宋代人口仍保持在唐代的水平，甚至低于唐代。

---

① 经常有学者指出，洪亮吉（1746-1809）于十八世纪即已注意到中国人口以极快的速度增长，但洪并没有试图追溯人口的规模。

应该提到的是，尽管中国学者现在同意宋代人口至少已达1亿，与用西方语言写作的学者相比，他们在讨论宋史或唐宋变革时，通常不会视人口变化为这一变迁的重要部分。[1]

宋代人口研究对理解唐宋变革的意义

对唐宋变革感兴趣的学者从对唐宋人口的累积研究中得到什么启示呢？我认为，一方面，我们应该在提出有关唐宋变革的观点时更加谨慎；另一方面，我们也应该重新审视一些与其相关的基本假设。

首要的问题是，已经习惯认为中国人口从唐代中期到宋代中期实现了翻番的学者需要意识到，很多人，包括所有中国和很多中国以外的史家，已不再把唐代人口的最高点估算为5 000万左右。毕汉思仍持此说，但其他人大多已改变看法。就宋代而言，我们仍然可以说，宋代的人口至少达到了1亿，但很多专家认为宋代人口更接近1亿2千万。所以如果我们接受6 000万作为唐代人口的最高点，那么我们仍然可以说宋代人口较唐代翻了一番。但是，如果我们接受唐代总人口最高曾达到7 500万或更多，那么成倍增长一说就不成立了。如果我们接受宋初人口总数很低，只是介于2 500万至5 000万之间的话，那么更合适的说法应该是，仅在北宋的100多年，而非从唐中期到宋中期的350年中，中国的人口就增长了一倍甚至两倍。不想就这一时期人口总数最佳估算明确表态的学者可以效仿经济史家万志英（Richard von Glahn）、周绍明（Joseph P. McDermott）和斯波义信最近的做法。他们在各自的研究中都引用了关于唐宋人口的最新研究，但同时引用了早些学者的估算数字，称那些数字指的是"登记人口"而非"人口"。这种做法使他们回避了是否明确支持较新的估算数字这一棘手问题。[2]

---

[1] 有关近期中国学者对唐宋变革的分析，见李华瑞：《"唐宋变革"论的由来与发展》，天津：天津古籍出版社，2010年。有几部最新的宋代通史在开篇的几页即提到人口增长。游彪：《宋史：文治昌盛与武功弱势》，台北：三民出版社，2009年，第3页。

[2] 万志英：《中国经济史：自上古到十九世纪》，第206、225页；周绍明（Joseph P. McDermot）、斯波义信：《宋代中国的经济变迁》（Economic Change in China, 960–1279），第326–327页，贾志扬、杜希德编：《剑桥中国宋代史》下卷，第321–436页。

那么，最新的估算数据中哪一个最具说服力呢？我觉得应该具体问题区别对待。对北宋人口的估计，即将正史记载的户数乘以比较合理的户均5至6人得出的数据，似乎比较容易令人接受。而在比较模糊的基础上把盛唐人口总数拔高则属另一种情况。即使有人以杜佑也认为官方数字太低，而且有些类别的户口可能被整个漏掉作为论据，也于事无补。难道742至755年的官方数据真的比汉、隋或宋漏掉了更多的人口吗？由此把数据拔高50%甚至更多，我觉得无法令人信服。

在使用显示人口急剧下降的数据时也需慎重。珀金斯有关十三世纪人口急剧下降的论点是根据分省数据得出的。不巧的是，在755年至1078年期间，只有806至820年和980年的各州人口数据存世，而且这两组数据似乎远不够完整。因此，我们掌握的材料多涉及唐末黄巢之乱及之后的五代十国时期最具破坏性的地区。尽管黄巢之乱在许多地区无疑造成了毁灭性的破坏，可能导致全国高达10%的人口死亡，但很难想象全国人口死亡率会远高于这个数字。[1] 十世纪的战乱无疑也造成了大量生命损失，但同样并没有涉及所有地区。我同意诸如杜希德、毕汉思、普里查德和杜兰德这些早期学者的观点，他们倾向于认为各个朝代伊始和晚期过低的人口数据为政府登记不力的结果，因而不太可信。

尝试评估人口相对快速增长或下降的一个比较合理的方法是考虑隐含的人口增长率。如果我们假设从750年至1120年人口稳定增长，其年增长率仅为0.19%左右。对于一个前现代社会来说，这一数据没有任何不同寻常之处。如果我们接受九世纪和十世纪人口曾急剧下降，我们就必须预期北宋时期人口增长要快得多。赵冈和杜兰德视北宋人口年增长率达到0.9%或0.8%为合理，这一数据是上述0.19%增长率的四倍。邓钢则认为更高的增长率也有可能。但这一时期的人口增长率也可能低于0.8%或0.9%。如果从汉代中期到唐代的人口年增长率一直徘徊在0左右，那么之后保持在0.5%左右也有可能。何炳棣就计算出1822-1850年和1865-1953年的人口

---

[1] 有关唐末战乱的定性分析，见谭凯（Nicolas Tackett）：《中古中国门阀大族的消亡》（*The Destruction of the Medieval Chinese Aristocracy*），哈佛大学亚洲中心，2014年，第187-234页。

年增长率均为0.5%。[①] 我在表一中使用了0.5%来反推从1120年到980年的增长，得出了980年人口低点为6 000万，而非3 000万的结论。[②]

学者们一直关注人口增长问题，但我认为要理解这一时期的中国历史，一个同样需要考虑的重要问题是为什么在某个时段人口没有增长，某些时段人口甚至有所减少。

让我们来考虑一下经济增长和人口增长之间的联系。尽管内藤湖南最初提出唐宋变革假说时，其关注点并非这一时期的经济，但唐宋变革时期的经济在之后一直占据该讨论的中心地位。[③] 如上所述，郝若贝将人口数字作为经济指标，假设二者之间存在相当直接的关系。但我们已经习惯于认为中国经济在唐朝后半期开始大幅增长。杜希德在二十世纪六十年代发表的一系列文章中提出了这一想法；伊懋可也表达了类似的观点，将"中世纪经济革命"追溯至八世纪；最近，万志英将755年作为他有关唐宋变革时期经济转型章节的起始日期。[④] 那么，贸易的增长是否会导致生活水平的提高，但却不会引起人口增长呢？[⑤] 或者是否有可能中国人口从750到850之间持续增长了一个世纪，但这一增长却为随后的战乱所抵消甚至达到更低点？现有数据无法提供明确的答案。

与贸易相比，农业与人口增长的关系大不相同。何炳棣与他之前的许多学者都将人口增长与新作物和其他扩大粮食供应的方式相联系。这些学者普遍认为，人口南移是扩大粮食供应的关键，南方更温暖的气候，更长的

[①] 何炳棣：《中国人口研究》，第64、270页；又见普里查德：《有关中国人口历史发展的几点想法》，第11页注35。

[②] 我使用的是 http://www.endmemo.com/algebra/populationgrowth.php 的人口增长计算器。

[③] 万志英：《中古经济史上的唐宋变革》（The Tang-Song Transition in Chinese Economic History），马德斌、万志英编：《剑桥中国经济史》（The Cambridge Economic History of China），第1卷，第243-255页。

[④] 杜希德：《唐代的市场体系》（The T'ang Market System），《泰东》（Asia Major），新系列，第12卷第2期（1966年），第202-248页；《唐代末年的商人、贸易与政府》（Merchants, Trade and Government in Late T'ang），《泰东》新系列，第14卷第1期（1968年），第63-95页；伊懋可（Mark Elvin）：《中国的历史之路》（The Pattern of the Chinese Past），斯坦福：斯坦福大学出版社，1973年，第113页；万志英：《中国经济史》第208-254页。

[⑤] 安古斯·麦迪逊注意到宋代既有较高生活水平又可支持人口增长的史料，但没有对唐代进行相应研究。麦迪逊：《中国长期经济表现》，第24-25页。

生长期，及充足的水源使水稻种植得以成功。这一观点的问题在于，在公元2年和140年的汉代人口登记中，就可看到大规模人口南迁的趋势，向南移民在随后的几个世纪一直稳定持续地进行，并于四世纪出现一个高峰。然而，没有学者认为在唐代之前，中国人口已开始大幅增长。农业技术随着时间的推移确实有所改善，但南北气候条件和生长期之间的差别却自古已然。

在这方面，我认为我们没有对威廉·麦克尼尔（William H. McNeill）几十年前在《瘟疫与人》中提出的论点给予应有的重视。麦克尼尔指出，就中国人口南迁问题而言，南方众多种类的寄生虫无法像在北方一样被漫长的严冬杀死，对北方移民是一个重大困扰。因此，习惯于北方疾病条件的人群在适应南部明显不同的寄生虫模式方面面临着巨大的挑战。麦克尼尔特别提到了疟疾和血吸虫病，可能还有登革热的流行，以及史料中常常提及北方人去南方旅行如何致命的说法。麦克尼尔在书中对比了欧洲人与中国人的迁徙方向，前者通常从地中海向北部更健康的地区迁徙，而后者通常从黄河流域向南方不太健康的地区迁徙。[①]但他也指出，麻疹和天花可能在公元后最初的两三个世纪已传入中国，并给南北方人口稠密的地区造成了重大的人口损失，这也很可能是导致唐代以前人口停滞的一个因素。[②]

研究地方病在南方造成的死亡人数并非易事。与之相关的死亡率不像流行病一样容易引起政府的关注。医书会提到儿童疾病和其他可能致命的常见疾病，但极少提到有多少人死于这些疾病，以及每年的伤亡数目是否相对稳定。[③]宋代及之前的文献常常提到疟疾、瘴疾，但当代史家通常不愿称之为疟疾，而更喜欢使用中文原文来称呼这些地方病。[④]尽管如此，这些导

_____

① 威廉·麦克尼尔：《瘟疫与人》（*Plagues and Peoples*），纽约：锚出版公司（Anchor Press），1976年，第99-106页。

② 威廉·麦克尼尔：《瘟疫与人》，第147-152页。

③ 杜希德：《唐代人口与瘟疫》（Population and Pestilence in T'ang China），载于《中蒙研究：傅海波（Herbert Franke）荣休纪念文集》（*Studia Sino-Mongolica: Festschrift fur Herbert Franke*），弗兰茨·史坦纳（Franz Steiner）出版社，1979年。该文笼统地提到了南方移民需要面临热带疾病，但没有尝试估计它们对总人口的影响。

④ 艾媞捷（T. J. Hinrichs）：《宋代有关地方治理和南方风俗的医学演变，960-1279》（The Medical Transformation of Governance and Southern Customs in Song Dynasty China, 960-1279）哈佛大学博士论文，2003年；张聪：《生死之间：宋代旅行文学有关岭南瘴疾的书写》（转下页）

致包括北方军人在内的北方人南下时死亡的疾病,显然具有类似疟疾的症状,很可能是这种疾病的一种形式。[①]

我认为,从黄河到长江流域及更南地区的大规模迁徙很可能至少在一两个世纪内无法导致那些地区的人口增长,因为在这段时间内,新移民仍有相当大的疾病变化曲线需要克服。南方水稻种植区移民家庭的婴儿死亡率似乎更高,因为儿童在断奶后会接触到更多的腹泻类疾病。移民的肠道最终会对当地的细菌产生抗体,但刚断奶的孩子更像来自远方的游客,容易受到当地动植物的影响。湿热的气候,较高的地下水位,耕种曾被洪水淹没过的田地,再加上使用粪便作为肥料,无疑会造成比在北方更大的问题。在当今的欠发达国家,许多儿童仍死于与不纯净的水源有关的腹泻疾病。直到最近几十年前,这一直也是中国人面临的一个问题。在讲述二十世纪六七十年代粤西一个村子的故事的《陈村》一书中,有人告诉作者们,在二十世纪六十年代末他们村子的水井安装了电动泵后,人们惊奇地发现,在接下来的几年里,村里没有婴儿死亡。[②]也许大多数移民需一两个世纪的时间才能学会应对策略或产生抵抗力。十二世纪,一位周游全国的宋代学者观察到,北方人和南方人在饮用水方面做法大为不同。在北方,喝生水不会造成伤害,但在东南部,"即使是家境贫寒的普通人,在旅行时也只喝开水。"[③]知道煮沸的水饮用起来会更安全这类知识会减少腹泻疾病发生的频

(接上页)(Between Life and Death: Song Travel Writings about *Zhang*［Miasma］in Lingnan),《宋元研究》(*The Journal of Sung-Yuan Studies*),第41卷(2011年),第193-227页;杨彬:《中国南方边疆的瘴疾:疾病结构、环境变化与帝国殖民》(The *Zhang* on Chinese Southern Frontiers: Disease Constructions, Environmental Changes, and Imperial Colonization),《医学史通报》(*Bulletin of the History of Medicine*),第84卷第2期(2010年),第163-192页。

① 范家伟在他的研究中提到二者的联系。范家伟:《六朝时期人口迁移与岭南地区瘴气病》,《汉学研究》第16卷第1期(1998年),第27-58页。有关二十世纪三四十年代各种疟疾及其地理分布,见叶嘉炽(Ka-che Yip):《疾病、殖民主义与国家:现代东亚史上的疟疾》(*Disease, Colonialism, and the State: Malaria in Modern East Asian History*),香港:香港大学出版社,2009年,第104页。

② 陈佩华(Anita Chan)、赵文词(Richard Madsen)、安戈(Jonathan Unger):《陈村:毛泽东时代一个农村的历史》(*Chen Village: The Recent History of a Peasant Community in Mao's China*),伯克利:加利福尼亚大学出版社,1984年,第116、214-216页。

③ 庄绰:《鸡肋编》,卷上,北京:中华书局,1997年,第10页。又见席文(Nathan Sivin):《中国科技史·医学卷》(*Science and Civilization in China, Medicine*),第6卷,剑桥:剑桥大学出版社,第81页,2000年。

率。饮茶的普及肯定也有所助益。东晋的葛洪（约284-363）就曾警告世人，在南方炎热地区更常见的变质食物，可能会导致腹泻疾病。随着时间的推移，他的观察可能会逐步变成常识。[1]当然，人都有生物适应性。接触过疟疾的人群也会对疟疾产生抵抗力，至少在童年得过疟疾而幸存下来的人通常后来不会死于同样的疾病。因此，缺乏童年患病经历的新移民在南方的死亡率会更高。

尽管人口南迁已经有几个世纪的历史，学会与南方特有的疾病共存所需的时间可以用来解释为什么人口需要几个世纪才开始总体增长。如此看来，毕汉思有关北方家庭规模大于南方这一发现，可能反映了南方儿童死亡率更高，甚至总体人口死亡率更高这一事实。由于无论在北方还是南方，婴儿死亡并不罕见，而且并非所有家庭都会失去相同数量的婴幼儿，因此，如果南方未活到两三岁的婴儿比例略高于北部，一般不容易引起任何人的注意。而即使是微小的差异，经长达几个世纪的时间跨度，也会影响人口增长率。

另一个我们知之甚少的问题是气候变化对人口的影响。几位学者在他们对人口发展趋势的分析中提到了气候变化，但气候变化是一个快速发展的领域，有关温暖期和寒冷期的具体年代已几经修改。1979年，杜希德提到了竺可桢（1890-1974）有关唐代气温比北宋更高的观察。[2]如上所述，邓钢也利用了这些较早的研究，提出气候无法解释宋代人口增长的论点。然而，最近的研究将宋代置于整个北半球大致从900至1400年的"中世纪气候异常期"。如果南北朝正值一个特别寒冷的时期，而宋代则明显变暖，这无疑有助于解释不同的人口增长率。把气候变化引入这一讨论强化了较早的假设，即粮食供应的增加导致了人口的增长。

我们应如何看待最近特别是在中国学者中流行的，强调国家在人口波

---

[1] 席文：《中国科技史·医学卷》，第83页。

[2] 竺可桢：《中国历史上的气候脉动》(Climatic Pulsations During Historic Time in China)，《地理评论》(Geographical Review)，第16卷第21期（1926年），第274-282页；《中国近五千年来气候变迁的初步研究》，《考古学报》，1972年第1期，第15-38页。有关竺可桢的研究，又见谢觉民(Hsieh Chiao-min)：《竺可桢与中国气候变化》(Chu K'o-chen and China's Climatic Changes)，《地理杂志》(The Geographical Journal)，第142卷第2期（1976年），第248-256页。

动过程中所起的关键作用这一新趋势？内藤湖南最初的唐宋变革假说旨在摆脱以朝代划分历史的主要方式。强调国家的作用把我们又带回了朝代中心论及朝代更替周期的框架中。有时我甚至觉得，这一观点的流行可能有一点"朝代沙文主义"的味道。是否有这样一种可能，即有些认为"他们的"唐代比宋代更辉煌的唐史专家先入为主地假设唐代人口增长必然至少可与宋代媲美，而这一想法进而鼓励他们拔高唐代人口数字。

（张　聪　译）

朱熹在手书上的题跋

在宋代，文人拿出手写的东西——书信、诗歌、文章、书法和其他类型的文字——给主人或客人看，是很常见的。这些纸上或者丝绢上的帖或者墨迹，可以被宽泛地称为"书法"。但并非所有这些文件都主要因其艺术性而受到重视。有些作品更多的是被看作历史文献，其他的则被看作已故朋友和亲戚的留念，还有一些是因为作为名人的笔迹而出名。这些作品首先是因为相关的人而受到珍视，但同时也是刺激视觉的物质文化，欣赏这些墨迹是当时文人的视觉和物质文化中的一个重要组成部分。

在展示了一份墨迹后，主人经常邀请观赏者写下评论，表明他们已经看过作品，并留下一些心得。这些评论通常被称为"跋"或"题"，英文中被称为colophon。当主人将这些墨宝装裱成手卷时，题跋通常会附在作品的后面。对于重要的作品，几个世纪以来不断添加的题跋，为今天提供了研究该物品的重要历史证据。

艺术史学家们主要通过题跋来讨论艺术评论标准以及与收藏有关的社会活动。他们主要关注的是重要的批评家、收藏家和艺术家的题跋。[1]这些

---

① 我要感谢艾朗诺（Ronald Egan）、卢慧纹和黄士珊对本章的仔细阅读和改进建议。关于使用题跋探索艺术理论和批评的一些研究，参见雷德侯（Lothar Ledderose）：《米芾和中国书法的古典传统》（*Mi Fu and the Classical Tradition of Chinese Calligraphy*），普林斯顿：普林斯顿大学出版社，1979年；艾朗诺：《欧阳修和苏轼的书法》（*Ou-Yang Hsiu and Su Shih*），《哈佛亚洲研究学刊》（*Harvard Journal of Asiatic Studies*），第49卷第2期（1989年），第365–419页；艾朗诺：《苏轼的文字、意象和功业》（*Word, Image, and Deed in the Life of Su Shi*），麻省剑桥：哈佛大学东亚研究协会，1994年；艾朗诺：《美的焦虑：北宋士大夫的审美思想与追求》（*The Problem of* （转下页））

题跋有的记录在书中，有些则题在现存艺术品上。不论是在哪里，这些题跋的写作都是为了吸引更多的文人的注意。

在北宋时期，写题跋已经成为一种常见的做法。欧阳修（1007–1072）在他收集的许多碑文拓片上写下跋语，其中有四百多篇独立于拓片本身而流传。①欧阳修的同时代人苏轼（1037–1101）和黄庭坚（1045–1105）的题跋也大量流传了下来，但并不都是专门为碑文拓片而写。苏轼的文集收录了他给书信、书籍、诗歌、绘画、青铜器、乐器和砚台等写的各种题跋。②不少南宋学者的作品集都收录了几十份甚至上百份题跋。③随着题跋传统的确立，文人精英们不仅可以互相欣赏对方的珍品，还可以阅读历史上文人对它们的评论，这种做法会影响他们的品鉴体验。

这篇文章中考察的题跋主要是朱熹所写的，都收录在已出版的标点

（接上页）*Beauty: Aesthetic Thought and Pursuits in Northern Song Dynasty China*），麻省剑桥：哈佛大学亚洲中心，2006年；石慢（Peter Sturman）：《米芾：风格与北宋的书法艺术》（*Mi Fu: Style and the Art of Calligraphy in Northern Song China*），纽黑文：耶鲁大学出版社，1997年；倪雅梅（Amy McNair）：《中正之笔：颜真卿书法与宋代文人政治》（*The Upright Brush: Yan Zhenqing's Calligraphy and Song Literati Politics*），火奴鲁鲁：夏威夷大学出版社，1998年。还有卢慧纹：《一份赝品和对王羲之真迹的追寻》（*A Forgery and the Pursuit of the Authentic Wang Xizhi*），见伊沛霞和韩士珊《中古中国的视觉和物质文化》，第193–225页。关于使用题跋追溯作品沿革的例子，参见韩文彬（Harrist, Robert E. Jr.）：《王羲之的信与中国书法文化》（*A Letter from Wang Hsi-chih and the Culture of Chinese Calligraphy*），见韩文彬和方闻编《体象：约翰-B-艾略特收藏的中国书法作品》（*The Embodied Image: Chinese Calligraphy from the John B. Elliott Collection*），普林斯顿：普林斯顿大学出版社，1999年，第240–259页；王耀庭：《传顾恺之〈女史箴图〉画外的几个问题》（Beyond the *Admonitions* Scroll: A Study of its Mounting, Seals and Inscriptions），见马啸鸿（Shane McCausland）《顾恺之和女史箴图》（*Gu Kaizhi and the Admonitions Scroll*），伦敦：大英博物馆出版社，2003年，第192–218页；史蒂文（Stephen Little）：《〈女史箴图〉从十六、十七至十八世纪初之流传考》（A "Cultural Biography" of the *Admonitions* Scroll: The Sixteenth, Seventeenth and Early Eighteenth Centuries），见马啸鸿：《顾恺之和女史箴图》，第219–48页；伊沛霞：《积淀文化：宋徽宗的收藏》（*Accumulating Culture: The Collections of Emperor Huizong*），西雅图：华盛顿大学出版社，2008年；李德宁（De-nin Deanna Lee）：《夜宴图：一幅中国画的变迁》（*The Night Banquet: A Chinese Scroll Through Time*），西雅图：华盛顿大学出版社，2010年。

① 欧阳修：《集古录跋尾》。另参见艾朗诺《美的焦虑》。

② 参见《苏轼文集》，第66–71卷，在现代标点版中有234页之多。关于苏轼的题跋，参见贺巧治（George Hatch）《东坡题跋》（Tung-p'o t'i-pa），见吴德明（Yves Hervouet）编《宋代书录》（*A Sung Bibliography*），香港：香港中文大学出版社，1978年，第264–268页。

③ 毛晋在他的《津逮秘书》第12和第13部分中收集了二十位宋代作者的题跋。这二十位作者涵盖了欧阳修（1007–1072）、苏颂（1020–1101）、魏了翁（1178–1237）和刘克庄（1187–1269）。参见上海图书馆编《中国丛书综录》（三卷），上海：上海古籍出版社，1986年，第1卷，第56页。

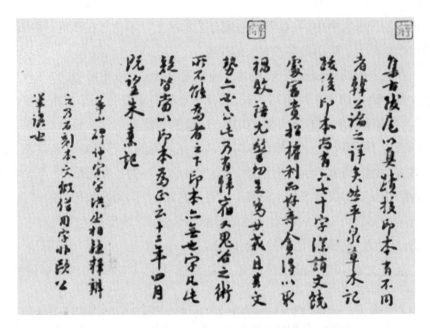

图1　朱熹《跋欧阳修〈集古录跋〉》,台北"故宫博物院"藏

本文集中。^①题跋在文集中占了四章,一共200多页。据粗略统计,一共有301份题跋,包括一份印章的跋,十份绘画的题跋,五十份是题书的(其中似乎只有少数被印刷了出来),52份写给诗的,32份给信件的跋,以及40份可能应该被认为是书法的作品。文集中其余的103篇包括从纪念性和为葬礼准备的题记,到为文章和其他各种零星作品的题跋。朱熹手书的题跋现存不多,但他为欧阳修的一小套古籍拓片写的题跋保存到了今天(参见图1)。^②

① 朱熹的文集从他生前就开始被整理,一直到他去世后由他的长子完成。早在宋代就有两个版本,一个是闽(福建)版,一个是浙(浙江)版,两者的差异相对较小。现在的百衲本可以追溯到十三世纪二十年代,在接下来的25年里,又增加了两个补充版本(一个《续集》和一个《别集》)。在这里,我引用的所有题跋中,除了两个是来自《别集》和《续集》之外,其余都来自文集正文部分。关于朱熹作品集的历史,见朱熹《朱熹集》,成都:四川教育出版社,1996年,"序言",第7-12页。
② 这部作品当时可能被王厚之收藏(关于他的介绍见下文)。这封书信被收录在《朱熹集》中(第82卷,第4223页)。关于这份作品的题跋,以及对它的讨论,参见林柏亭《大观:北宋书画特展》,台北:"故宫博物院",2006年,第298-305页。中国嘉德拍卖行在2009年以很高的价格拍出了另一个包括朱熹题跋的卷轴。见中国嘉德《百期嘉品1994-2015:中国嘉德通讯》,北京:中国嘉德公司,第12-13页。

　　由于本文的目标是探讨更广泛意义上的文人阶层的视觉文化,而不是对艺术最感兴趣的少数人的视觉文化,所以朱熹作为研究对象就具有其独特的优势:他并非以艺术家或艺术品收藏家而闻名。[①]此外,朱熹通常会提到写题跋的场合,比如谁给他看了一件作品,这一点在其他多产的宋代题跋作者中并不常见。这无疑很有研究价值,因为人们拿出来给朱熹欣赏的手卷和朱熹最终写的东西一样,都是视觉文化的一部分。

　　当然,朱熹的题跋本身就是手写的文件,随着他的名气越来越大,同时代的人也会把这些题跋作为墨宝的一种形式来收藏,并将此作为他们与名人有联系的具体证据。朱熹还受邀写过其他类型的书法,首先是书院或者学校的匾额,或是给个人的书斋题名。这些作品通常是应邀为某个建筑物命名,并在匾额上铭刻成大字。[②]那些提出这些请求的人很可能会以金钱作为酬谢。我们并不清楚是否有人在索要题跋时也赠送了礼物。虽然不排除这种可能性,但我没有发现任何明确的证据提到朱熹写题跋时有期待或接受过报酬。朱熹的大量书法作品仍然保存在今天的台北和北京的故宫博物院。[③]然而,本文主要关注的不是作为书法家的朱熹,而是朱熹作为观看、讨论和书写题跋这一文化的参与者。

　　为了让读者了解朱熹的题跋是什么样的,我们选取了一些例子进行了翻译。这十篇是他较短的题跋,选取这些是为了涵盖不同的艺术品鉴赏的场合,以及在这些场合留下的不同类型的题跋,还为了呈现这些题记所表达的多种情感和观点。这些题跋是按照在作品集中出现的顺序排列的,这样我们能够看到不同时间和地点的作品出现的主题上的转变。这十份题跋的很多特点都在其他许多题跋中得到了呼应,所以与其逐一讨论,不如在之后按照主题进行系统的讨论。

---

① 关于朱熹对苏轼的艺术兴趣的不赞同,参见艾朗诺《美的焦虑》,第357-363页。

② 清代学者朱玉列举了朱熹所写的20篇二字铭文,29个三字铭文,31个四字铭文,主要是为匾额所做。它们都被收录在陈荣捷《朱子新探索》,台北:学生书局,1982,第689-692页。

③ 陈荣捷认定朱熹的书法中,有33件纸质墨宝保存至今,还有103件石刻或者拓片,参见陈荣捷《朱子新探索》,第692-696页。

十 例 题 跋

1. 跋欧阳国瑞母氏锡诰　淳熙己亥春二月，熹以卧病铅山崇寿精舍，邑士欧阳国瑞来见，且出其母太孺人锡号训辞，及诸名胜跋语，俾熹亦题其后。熹观国瑞器识开爽，陈义甚高，其必有进乎古人为己之学，而使国人愿称焉，曰："幸哉！有子如此矣夫。"岂独以其得乎外者为亲荣哉？因窃不辞而敬书其后如此。国瑞勉旃，无忽其言之陋也。①

2. 跋徐诚叟赠杨伯起诗　熹年十八九时，得拜徐公先生于清湖之上，便蒙告以"克己归仁，知言养气"之说。②时盖未达其言，久而后知其为不易之论也。来南康，得杨君伯起于众人中，意其渊源有自也。一日出此卷示熹，三复恍然，思复见先生而不可得，掩卷太息久之。③

3. 跋伊川与方道辅帖　右伊川先生与莆田方君元寀道辅帖。后一帖乃嘉祐二年语，时先生之年才二十有五尔。真迹今藏道辅曾孙友陵家，后百二十四年，后学朱熹得曹建模本，刻石于白鹿洞书院。④

4. 跋陈简斋帖　简斋陈公手写所为诗一卷，以遗宝文刘公。刘公嗣子观文公爱之，属广汉张敬夫为题其签。予尝借得之，欲摹而刻之江东道院，竟以不能得善工而罢。间独展玩，不能去手，盖叹其词翰之绝伦，又叹刘公父子与敬夫之不可复见也。俯仰太息，因书其末以归之刘氏云。⑤

5. 跋苏聘君庠帖　予来南康，闻苏聘君尝居郡西门外，暇日访其遗迹，无复存者。永怀高风，不胜慨叹。南上人出示此轴，三复之馀，益深遐想。⑥

6. 再跋　淳熙辛丑，浙东水旱民饥，予以使事被召入奏，道过三衢，得观此帖于玉山汪氏，以为仁人之言不可以不广也。明年乃刻石常平司之西斋。

---

① 《朱熹集》，第81卷，第4188页。
② 前半句出自论语，后半句化用于《孟子》。
③ 《朱熹集》，第81卷，第4196页。
④ 《朱熹集》，第81卷，第4188页。朱熹语录里提到他把这封信给他的学生们看，并评论了程颐在试图说服方改变立场时的耐心。朱熹《朱子语录》，第95卷，第2445页。
⑤ 《朱熹集》，第81卷，第4202页。
⑥ 《朱熹集》，第81卷，第4202—4203页。

新安朱熹书。①

7. 题荆公帖　先君子自少好学荆公书,家藏遗墨数纸,其伪作者率能辨之。先友邓公志宏尝论之,以其学道于河雒,学文于元祐,而学书于荆舒为不可晓者。今观此帖,笔势翩翩,大抵与家藏者不异,恨不使先君见之。因感咽而书于后。朱熹书。②

8. 跋陈了翁责沉　陈忠肃公刚方正直之操,得之天姿,而其烛理之益精,陈义之益切,则学问之功,有不可诬者。观于此帖,其克己尊贤、虚心服善之意尚可识也。墨迹今藏所赠兄孙宗正之子筠家,而建业、桂林、延平皆有石本,顾字画不能无小失真,独沙县乃为版刻,尤不足以传远。今县丞黄东始复就摹墨迹,砻石刻之县学祠堂,以为此邑之人百世之下,犹当复有闻风而兴起者,其志远矣。至于心画之妙,刊勒尤精,其凛然不可犯之色,尚足以为激贪立懦之助。而桂林本有张敬夫题字,以为于公之意有发明者,因并刻之。③

9. 跋蔡端明献寿仪　蔡忠惠公书迹遍天下,而此帖独未布。今岁南来,始得见于其来孙谊之家,乃知昔之君子所以事其亲者如此,其爱且敬也。孤露馀生,无所为孝,捧玩摧咽,不能仰视,遂请其真,摹而刻之,以视世之为人子者,庶以广蔡公永锡尔类之志,非独以其字画之精而已。然又偶得善工,且属诸生黄榦临视唯谨,知书者亦以为不失其用笔之微意云。绍熙庚戌腊月既望,丹阳朱熹书于漳浦郡斋。④

---

① 《朱熹集》,第82卷,第4210—4211页。有关于将苏轼的文章刻于书院的另一个例子,参见《朱熹集》,第83卷,第4295页。

② 《朱熹集》,第82卷,第4214—4215页。朱熹在这里转述了邓肃对朱熹父亲之前为王安石的书法作品写的题跋的评价。邓的这份题跋被收录在他的作品集中,参见《栟榈集》(《四库全书》版),第19卷,第6页上下;或参见《全宋文》,第183册,第4016卷,第156页。邓的题跋是这样说的:"自荆舒祖桑弘羊以竭山海之利,故世无饱食之农;师秦商鞅以推不可行之法,故祖宗无恶之典;尊扬雄以赞美新之书,故学者甘为异姓之臣。予读其书不能终篇,况学其字乎!朱乔年学道于西洛,学文于元祐,而能喜荆舒之文与其书如此!殆所谓恶而知其善者欤。"最后这句话是对《礼记·曲礼》中一句话的化用,这句话说:"爱而知其恶,憎而知其善。"《礼记》,《十三经注疏》,台北:艺文印书馆,第1卷,第6页上下;英文翻译参见理雅各(James Legge)译《礼记》(*Li Chi, Book of Rites*),纽约:纽约大学出版社,1967年。邓在题跋中省略了原话的后半部分。

③ 《朱熹集》,第82卷,第4238—4239页。

④ 《朱熹集》,第82卷,第4256页。

10. 跋黄壶隐所藏师说　盱江黄柟达材以其先君子壶隐居士手抄此册见示,乃熹昔年所受《师说》。手书居前,记录在后,伏读愀然,如复得侍坐左右而闻其绪言也。顾恨慵惰,不能拳拳服膺以报万一,而荒浅昧陋,趣录之际,又不能无失其深微之意。三复以还,不胜悚愧。然观壶隐好学自强,乐善不倦,乃至于此,熹虽不及识面,而于此亦足以窥其所存矣。因窃记其后而归之。达材昆弟其亦宝藏敬守,精究而勉学焉,以无忘前人之训。①

下面,我们将从朱熹所处的场景、表达的思想和情感,以及采取的行动等方面,对这十份题跋与朱的其他题跋进行讨论。

处境、做法和期望

在朱熹的时代,向他人展示手书并在上面批注的做法可能还不到两个世纪,但已经有了一些约定俗成的规矩。朱熹自己也发现了这种做法的价值。在他的晚年,他要求他的儿孙保留他的老师刘子翚(1101-1147)几十年前的手书,并告诉他们要把这些手书展现给志同道合的人,让大家得以欣赏。②

朱熹的许多题跋似乎都是在社交场合写的,手书的主人也在场,很可能还有其他客人。朱熹经常和学生一起旅行,他们中的一些人可能也在场。主人的其他家庭成员或其他客人也可能在一旁观看。这就给题跋赋予了表演性的层面,因为它经常是在一群观众面前完成的。

朱熹提到了他写题跋的几种不同的情况。其中一个常见的场景是他在旅途中拜访某人。有时是在熟人的家中,有时是首次见面。在上面的第六个题跋中,朱熹提到他在1181年路过三衢时,在王家看到了苏轼的一幅书法作品,这份作品很可能是王家所有的。朱熹在第九个题跋中提到,他在南行时曾到过蔡襄的孙子家,在那里看到了蔡襄的作品,朱熹提出借用。对借来的作品写的题记一般都是在朱熹归还作品时就写好的,所以估计是他在独处的时候完成的。

①《朱熹集》,第84卷,第4352页。
②《朱熹集》,第84卷,第4340-4341页。朱熹留给子孙的其他手稿,见《朱熹集》,第84卷,第4342-4343页。

　　朱熹还提到了有人带着作品来给他看。这些人也许是在他的家里、官衙、书院或客栈中拜访他。在第一个题跋中，朱熹住在一座寺庙里，一位他不认识的当地文人带着作品给他看，希望让他写一篇题记。在题跋二中，朱熹提到他在南康（1179年至1181年在那里任职）时，一位他认识的人带了一些手书给他看。题记十则提到他的一位老师的儿子带来了他父亲写的作品。

　　在少数情况下，我们得知朱熹同时看了不止一份作品。朱熹的作品集中有他为王厚之（1131-1204）收藏的一系列作品写的题记。王厚之是当时的大收藏家，他拥有欧阳修手稿，朱熹曾在上面题记，如图1所示。[①]朱熹在拜访他以前老师的儿子刘玶（1138-1185）时也看到了很多作品。[②]1195年，他回忆起1167年在长沙拜访张栻时，两人一起去拜访刘玶，花了一整天的时间，"阅其先世所藏法书古刻及近世诸公往来书帖"。[③]然而，朱熹的大部分题跋都没有提到当天看的其他东西。只提到一件作品，这就让主人可以选择将这份题跋附在所回应的这一份作品后面。这种在单一物品上题记的做法似乎在北宋时期就已经形成了，所以朱熹和那些给他看作品的人可能认为这是题跋本身约定俗成的一部分。

　　那些向朱熹展示手书的人无疑是通过多种方式获得这些作品的，但朱熹最常提到的方式是通过他们的家人。上面的题跋一提到手书和展示人的母亲有关。第十份题跋提到黄达材带来了他父亲的一份手抄本给朱熹看。[④]类似的例子还有很多。[⑤]1179年，周敦颐（1017-1073）的曾孙拜访了朱熹，并赠送了周敦颐《爱莲说》的原稿。[⑥]朱熹的一个高徒蔡元定（1135-1198）向朱熹展示了他已故父亲的手稿。[⑦]1191年，高登的后人向朱熹展示了高登（卒于1148年）与当时其他知名人士的通信。[⑧]同样的，方士龙给朱熹展示了

① 《朱熹集》，第82卷，第4214-4216页。
② 朱熹多次在不同场合访问了刘玶，还与他通过信。参见陈荣捷《朱子门人》，台北：学生书局，1982年，第307页。
③ 《朱熹集》，第84卷，第4359页。
④ 译者注：原本做"题跋八"，应为题跋十。
⑤ 《朱熹集》，第81卷，第4176页。
⑥ 《朱熹集》，第81卷，第4192页。
⑦ 《朱熹集》，第83卷，第4269-4270页。
⑧ 《朱熹集》，第82卷，第4257页。

他父亲和同时代的其他五个人的书信。朱熹评论说："不唯足以见德顺之为人，而中兴人物之盛、谋猷之伟，于此亦可概见。"①1192年，殷先生把他父亲抄写的欧阳修（1007-1072）的三篇文章拿给朱熹看。②1194年，朱熹为赵抃（1008-1084）的手稿写了一个题记，这份手稿是赵的兄弟或堂兄的后代赵遵拿给他看的。③同年，朱熹拜访了张栻的孙子，得以看到一份张栻写的奏折，朱熹也为这份奏折写了题跋。④

有时人们展示先人收藏的作品而非手书。例如，1190年，方道辅的曾孙邀请朱熹对程颐写给方道辅的信件写题跋。⑤在另一个场合，谢克家（卒于1134年）的孙子给朱熹看了他祖父收到的高官张浚（1097-1164）的信。在评论了张浚的谦逊和向学后，朱熹写道："三复之馀，叹仰不足。谨录一通，藏之巾箧，而敬书其后以归之。"⑥

为什么人们会展示与自己亲人有关的作品？可能在许多情况下，这些作品是他们所有的唯一的手书。此外，我认为他们期待自己的行为会被视为孝道的表现。人们也许会觉得把自己写的诗拿出来太尴尬，但不会觉得把已故的父亲或祖父的诗拿出来有什么不对。对于名人的后代而言，他们作为先人手书的守护者，这会使自己变得更加重要。

有一次，朱熹自己也扮演了孝子的角色，在自己父亲的书法上题跋："先君吏部三诗，以宣和辛丑留题政和延福院壁，至今绍熙庚戌，适七十年矣。孤熹来自崇安，裴回其下，流涕仰观，虑其益久而或圮也。里人谢君东卿、陈君克请为模刻，以传永久。"⑦

朱熹有时会看到一些他不太推崇的知名书法家的作品。他偶尔会批评苏轼、黄庭坚和米芾（1051-1107）的书法，这几位都是北宋最有名的书法家。朱熹在一份书信中提到黄庭坚和米芾，认为他们的风格或者失于谄媚，或者

---

① 《朱熹集》，第82卷，第4241页。
② 《朱熹集》，第83卷，第4268页。
③ 《朱熹集》，第83卷，第4290页。
④ 《朱熹集》，第83卷，第4290页。
⑤ 《朱熹集》，第82卷，第4244-4245页。
⑥ 《朱熹集》，第83卷，第4308页。
⑦ 《朱熹集》，第82卷，第4242页。

过分热烈。①朱熹的学生记录了他对苏轼和黄庭坚书法的批评,同时赞扬了蔡襄书法所展现出来的法度。②

不管他的真实想法如何,朱熹都能在必要的场合对苏轼、黄庭坚和米芾的作品说些客气话。在为黄庭坚的草书《千字文》所写的后记中,朱熹详细评论了黄庭坚在1090年前后的朋党斗争中令人钦佩的行为,但拒绝评论他的书法,只是说:"若其书法,则世之有鉴赏者,自能言之,故不复及。"③在题注某人父亲和苏轼的两封通信时,朱熹指出,从信中可以看出两人之间的友谊,而且苏轼虽然曾经身陷囹圄但并没有降低他的威望。④在另一个场合,当看到苏轼的作品时,朱熹指出,有很多苏轼的作品在流传,但很难分辨真假。他还承认,他家有两件苏轼的作品,都有生动的"笔势飞动",但有些看过的人怀疑其真实性。⑤

当被邀请对纯粹的书法作品题跋时,朱熹偶尔会表示不感兴趣。他在一篇文章中写道:"西台(李建中,945-1013)书在当时为有法要,不可与唐中叶以前笔迹同日而语也。细观此帖,亦未见如延之(尤袤,1127-1194)所云也。"⑥可能这幅作品已经有了尤袤对其赞扬的题记。在另一个场合,当朱熹看到三国书法家钟繇(151-230)的作品的近世摹本时,他写道"然字小目昏,殆不能窥其妙处。"⑦1182年,朱熹应邀为著名的《兰亭序》写题跋,他讨论了流传的不同版本,然后认可了这份版本的所有者对此藏品的高度评价:"陈舍人至浙东,极论书法,携此本观之。看来后世书者刻者,不能及矣。"⑧

---

① 《朱熹集》,第82卷,第4220页。

② 朱熹《朱子语类》,北京:中华书局,1986年,第140卷,第3336页。

③ 《朱熹集》,第84卷,第4348页。关于他对于黄庭坚的另外一个评论,参见《朱熹集》,第84卷,第4336页。

④ 《朱熹集》,第83卷,第4269页。

⑤ 《朱熹集》,第84卷,第4354页。另外的例子参见《朱熹集》,第84卷,第4323页,第4337-4338页。

⑥ 《朱熹集》,第82卷,第4214页。

⑦ 《朱熹集》,第82卷,第4215页。

⑧ 《朱熹集》,《遗集》第3卷,第5685页。关于这幅名作的宋代摹本,见卢慧纹《一份赝品和对王羲之真迹的追寻》。朱熹还评论了王厚之的收藏品中那些翻刻的王羲之等著名书法家的作品(《朱熹集》,第82卷,第4216页)。关于王厚之的藏书规模,见洪迈(1123-1202)《容斋随笔》,上海:上海古籍出版社,1978年,第16卷,第605页。朱熹对书法艺术态度矛盾的另一个表现是,他以不重视书法艺术为由,对书法作品的主人进行了赞扬。他在1176年的题跋中说,(转下页)

朱熹的题跋被收录在他的作品集中，这也证实了另一种做法：有人抄写了题跋，并让这些题跋能够独立于手书本身流传出去。也许是朱熹自己抄写的，或者是他一个随行的学生所做。由于朱熹和他同时代的人都知道苏轼和黄庭坚的作品集收录有大量的题跋，他们就可能像对待书信一样对待题跋，并试图保留一份抄本。与作品集中的书信一样，题跋无疑也是不完整的，因为并不是每一篇都会被收录。十三世纪二十年代添加到朱熹文集的两份补集中，就增加了几十篇题跋和几百封书信，这些最早并没有被收录在朱熹长子编纂的第一部遗著中。①

看法和感受

在他的题跋中，朱熹表达了对手捧和观看手书的各种反应。特别是强调作品的实体性和他与作品的接触。也就是说，朱熹经常强调把书法作品拿在手里或至少在他面前的案几上翻看。例如，在上面的题跋二中，对于他老师的诗，他写道："一日出此卷示熹，三复恍然，思复见先生而不可得，掩卷太息久之。"有时，朱熹说他发现自己很难放下一件作品，如上面的题跋四："间独展玩，不能去手。"他经常强调，他不是只看一遍，而是反复观看，如题跋五，他说："三复之馀，益深遐想。"在题跋九中，他说："捧玩摧咽，不能仰视。"在题跋十中，他则说："三复以还，不胜悚愧。"尽管他没有使用相同的语句，但朱熹在所有这些情况下强调了和实物的情感联系。

除了已经翻译过的题跋，还有许多其他的题跋都用了类似的语言。仅举一例，1199年，朱熹写道，有位收藏家给他看了张孝祥（1132-1170）的一幅书法作品。他写道："展玩恍然如接谈笑。"②

朱熹还多次提及另一种情感反应：看到一个人的笔迹就会激起对作

（接上页）赵烨（1138-1185）重视一位尹先生的作品，不是因为书法技巧，也不是为了让鉴赏家们高兴，而是因为他从作品的内容中学到了什么（《朱熹集》，第81卷，第4172页）。苏轼也曾经对过分迷恋艺术品表示过不安。见艾朗诺《美的焦虑》，第162-188页。

①《朱熹集》（译者注：原文作《朱子集》），《别集》，第7卷，第5515-5524页。

②《朱熹集》，第84卷，第4335-4336页。

者的回忆。当然，这只有在朱熹认识书法作品的作者时才会发生。上面提到的第二条题跋是为朱熹的老师之一徐诚叟写的一首或几首诗所题。在看到吕祖谦（1137-1181）生病时写的日记时，朱熹评论说吕祖谦的观察力很强，然后又说："此来不得复见伯恭父，固为深恨。然于此得窥其学力之所至以自警省，则吾伯恭之不亡者，其诲我亦谆谆矣。"①在其他场合下，他看到了刘清之（1134-1190）、张栻和吕祖谦的书信，这些人都与他有过很深的交往，但都比他先过世。②有意思的是，朱熹似乎很少看到还活着的人——即使是他很久未见的人——的书法（或者很少给这样的作品写题跋）。

有时一件作品以间接的方式让朱熹想起了某个人。一个最好的例子是上面的题跋七，为王安石的作品所写。据朱熹说，这幅作品勾起了他对自己父亲朱松的回忆，因为父亲喜欢王安石的书法。朱熹引用了他父亲的一位同时代人对父亲书法品味的质疑，不是出于审美原因，而是出于政治原因，评论说朱松怎么会同时喜欢苏轼和王安石的作品，因为这两个人在政治上是对立的。但朱熹并没有纠缠于这个问题，因为看着这些书法——他所说的"笔势翩翩"——让他想起了他父亲收藏的作品，他深深感到他父亲会喜欢看到这件作品。

朱熹的记忆有时因作品上的另一个人的题跋所生。例如，在朱熹60多岁的时候，有人给他看了一篇关于石鼓的文章，李处权（1155年）曾在上面写过题记。朱熹所加的题跋没有提到石鼓，而是集中在他十几岁时与李处权的交往上："今观此卷，恍然若将复见其人。而追数岁月，忽已四十寒暑矣。不惟前辈零落殆尽，而及见之者亦无几人，可为太息。"③

大部分朱熹题跋的作品的作者在朱熹出生前就已过世，所以他对他们没有个人记忆。朱熹对于道学运动的先驱的作品有很高的评价，这些人包

①《朱熹集》，第82卷，第4212页。伯恭是吕祖谦的字。
②《朱熹集》，第82卷，第4252页，第83卷，第4290页，《续集》第3卷，第5685页。有关于朱熹和张栻还有吕祖谦的交往，参见田浩（Hoyt Tillman）《儒学话语与朱子说的主流化》（*Confucian Discourse and Chu His's Ascendancy*），火奴鲁鲁：夏威夷大学出版社，1992年。
③《朱熹集》，《别集》第7卷，第5516页。

括程颐、胡安国（1074-1138）、邵雍（1011-1077）、周敦颐、司马光、陈瓘等前辈。前文引用的给程颐的信的题跋三就是一个很好的例子。同样，司马光《资治通鉴》的文稿的一个片段也引起了朱熹的注意："呜呼，公之愿忠君父、陈古纳诲之心，可谓切矣。窃观遗迹，三复敬叹。"①

有些情况要复杂得多。例如，在1173年，朱熹拜访了刘玶的家，在那里他看到了胡安国的三封信。朱熹在题跋中抄录了这些信，然后提供了书信的背景。他解释说，前两封信是胡安国口述给他儿子的，他儿子抄写下了这两封信。这两封信是写给刘玶的叔叔临川县长的，并提到了他的两个兄弟，一个是官员，另一个不是。朱熹解释说，第二封信提到了胡安国的儿子，即通江县长，以及他的侄子，当时是一名教师。这前两封信一直在刘家内流传。第三封信是刘玶买的。这封信是胡安国写给他的亲戚的，这位亲戚和刘的母家有亲戚关系。朱熹断言这封信是胡安国亲笔。朱熹显然认为，了解写信人、收信人和信中提到的任何人之间的关系都很重要。这些信在朱熹看来是值得保存的："胡公正大方，严动有法。教读此者视其所褒可以知劝，视其所戒可以知惧。平甫能葆藏之，其志亦可知矣。"②

在程颐和胡安国的信件中，书信内容并不是这些手书被保存下来的主要原因。在其他情况下，手书的主题也具有一定的重要性。朱熹在1194年的一篇序言中提到，他曾安排将刘清之摹写邵雍的《戒子孙》刻在白鹿洞书院的石头上。但现在，他在向家的收藏中发现了一个更好的摹本。朱熹深为所感，借出数月，非常喜欢，以至于"不释手"。他把这个版本也刻在了白鹿洞书院，同时刻的还有邵雍的两首诗。③

陈瓘的一篇文章（题跋八）的内容也是吸引朱熹注意其手书的部分原因。朱熹没有详细讨论陈瓘的文章内容，事实上，他用了更多的篇幅，根据对每篇文章的书法的分析，对相对应的拓片进行了区分。也许他认为这篇

①《朱熹集》，第83卷，第4291页。其他人也和朱熹一样，对早期道学思想家的书法感兴趣。朱熹的一个题记是为一个坚持收集程氏兄弟和周敦颐信件的人写的（《朱熹集》，第84卷，第4318-4319页）。

②《朱熹集》，第81卷，第4167页。

③《朱熹集》，第83卷，第4285页。

文章的内容太有名了，不需要讨论。①在关于蔡襄书法的第九份题跋中，朱熹知道蔡襄是最著名的书法家，但他强调，在他眼中，这幅作品所传达的孝道才是最宝贵的。这是另一个令人钦佩的人和令人钦佩的话题相结合的例子。我们在第六份题跋中也看到类似的内容，这是一份苏轼关于救济水旱灾害的奏折。朱熹对苏轼所写的内容表示了赞同，并盛赞苏是一个仁者。

　　尽管朱熹似乎很喜欢观赏书法，但他有时也会对人们加在书法作品上的艺术价值表达矛盾的态度。②这可能要追溯到他早期的书法练习，当时他发现自己很难按照个人意愿去临摹范本。有一次，朱熹在观赏一幅古老的书法作品时，评论道："予旧尝好法书，然引笔行墨，辄不能有毫发象似，因遂懒废。"③还有一次，朱熹写道，他二十岁左右时喜欢读曾巩（1019-1083）的作品，并试图模仿他的风格，但由于天赋和努力不足，他无法达到他想要的效果，"今五十年乃得见其遗墨，简严静重，盖亦如其为文也。"④朱熹也反思了自己在临摹对象方面的问题。对于一件曹操（155-220）的作品，朱熹写道：

> 余少时，曾学此表。时刘共父（1122-1178）方学颜（颜真卿，709-785）书《鹿脯帖》。余以字画古今诮之，共父谓予："我所学者，唐之忠臣。公所学者，汉之篡贼耳。"时予默然亡以应。⑤

朱熹在题跋七中提到，他父亲的一个朋友对他能喜欢王安石的书法表示怀疑。朱熹承认喜欢一个他并不完全赞同的人的书法的窘境，但他对家藏的王安石手书则并没有表现出尴尬，事实上他多次提到了王安石的作品。⑥

---

① 该文参见吕祖谦（1137-1181）《宋文鉴》，台北：《国学基本丛书》，第127卷，第1689-1690页。在1164年的另一个场合，朱熹在看到陈瓘和他哥哥之间的信件后，对他的性格表示非常钦佩（《朱熹集》，第81卷，第4161页）。
② 有关于欧阳修的这种矛盾态度，参见艾朗诺《美的焦虑》，第7-59页。
③《朱熹集》，第82卷，第4217页。
④《朱熹集》，第84卷，第4338页。
⑤《朱熹集》，第82卷，第4217页。
⑥ 见《朱熹集》，第83卷，第4265页，第83卷，第4293页。朱熹在另一封书信中提到他父亲摹写的王安石书法。朱熹还在一封信中提到他父亲收藏的王安石书法。参见《朱熹集》，第38卷，第1707-1708页。

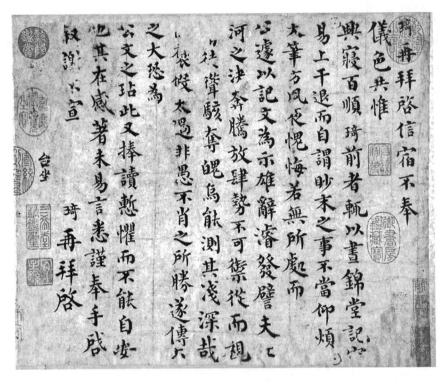

图2　韩琦《信宿帖》,贵州省博物馆藏

朱熹欣赏书法,首先是欣赏它的作者,但有时也欣赏书法本身所传递的作者的性格,比如一个人的法度。这一点在他为韩琦(1008-1075)写给欧阳修的信所做的题跋中可以看出。朱熹在落款中引用了张栻的一句话,说王安石的所有书法似乎都是在匆忙中完成的。相比之下,韩琦则不同。朱熹说:"书迹虽与亲戚卑幼,亦皆端严谨重。"而且"未尝一笔作行草势"。因为他是一个沉着冷静的人,从不急于求成,也不会被小事所激怒。[①]王安石和韩琦的书法对比,见图2和图3。

朱熹最赞赏的书法家是蔡襄。在上面的题跋九中,朱熹不仅称赞了蔡襄作品的内容,还称赞了蔡襄的书法,并记录了自己为了摹写蔡襄作品所做的努力。朱熹对蔡襄书法的偏爱在他为另外两件蔡襄的作品的题跋中也表

①《朱熹集》,第84卷,第4328-4329页。

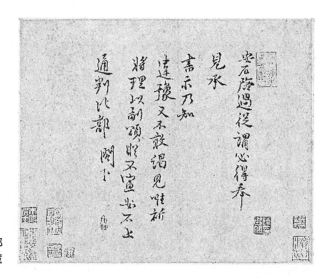

图3　王安石《致通判比部尺牍》，台北"故宫博物院"藏

现得很明显。[1]

石 刻 和 版 刻

朱熹在他的题跋中不仅讨论了他在观看手书时的想法和感受，而且还讨论了他决定采取的行动——通常是为作品进行描红和刻印。朱熹和文人圈子里的其他人一样，经常在私人场合观看书法和其他手抄本。这种私人场合决定了观众人数不多，也意味着那些交游广泛的人（这些人往往能收到很多邀请）就会具有一定的优势。朱熹和同时代志同道合的人认为，文字作品应该有更多的观众，或者是因为文字本身的优雅，或者是因为它们所传达的情感。如果仅仅是文字本身，最简单的让作品能被更多的人看到的办法就是印刷了，比如和其他鼓舞人心的文字一起印在书中。如果想让更多的人看到作品的笔迹，最简单的方法是摹写在石头或木头上，这样就可以进行拓印了。这些石头不需要是独立的石碑；它们可以是镶嵌在墙上的石头。此外，如果只是为了制作拓片，就没有必要把碑文刻在石头上——把文字刻在木头上，成本会低很多。在宋代早些时候，政府将宫廷收藏中有价值的书

---

[1]《朱熹集》，第84卷，第4252-4253页，第84卷，第4337页。

法作品做成了拓片，然后制成小册子。在宋代后期，更多类似的拓本被制作了出来，因为这些拓本可以作为练习书法的范本。[①]因此，版刻是展现作品书法风格的一种特有的方式。[②]在题跋八中，朱熹评论说石刻对观看的人可能产生的影响，"以为此邑之人百世之下，犹当复有闻风而兴起者，其志远矣。"他还说："至于心画之妙，刊勒尤精，其凛然不可犯之色，尚足以为激贪立懦之助。"

上面翻译的其他几个题跋都提到了雕刻书法。给程颐的书信写的题跋中提到了这些书信被刻在白鹿洞书院的石头上；第四个《跋陈简斋帖》则提到朱熹希望将其刻在另一个书院里，但是很难找到能工巧匠。第六个给苏轼文章的跋提到这份文字被刻在官衙中；第八个关于陈瓘文章的跋说它被刻在公学里；有关蔡襄书信的跋（第九份）说刻印作品是为了让它能广泛流传。在所有这些情况下，朱熹本人都是委托人，但他并不是独自承担这项任务的。他经常赞扬其他人在其中出力。他提到说，汪逵（卒于1206年）正在将朱敦儒（1081-1159）的《道德经》抄本刻在石头上，"以与好事者共之"。[③]

朱熹似乎认为，不管是官办学校还是私办学校，都应把先师的重要著作摹刻在石头上。关于陈瓘的文章的较长的题跋（第八份）提到，这篇文章是刻在一所县立学校的石头上的。正如朱熹所指出的，这篇文章广受欢迎，被刻在了好几个其他地方。朱熹在南康任职期间，将周敦颐的《爱莲说》刻在官学孔子祠堂的墙上。[④]

除了希望激励学生外，朱熹有时还试图用石刻来激励文武官员。1180年，朱熹将一对父子的诗词刻在南康的军庙里，供文武百官观看，因为"使人

① 有关这些抄本，参见倪雅梅（Amy McNair）：《宋代的法帖》（The Engraved Model-Letters Compendia of the Song Dynasty），《美国东方学会杂志》（*Journal of the American Oriental Society*），第114卷第2期（1994年），第209-225页；倪雅梅《中国的刻帖：复制和流传》（Engraved Calligraphy in China: Recension and Reception），《艺术通报》（*Art Bulletin*），第77卷第1期（1995年），第106-114页。

② 然而，有时提到版刻指的是雕版印刷，这种版刻通常并不试图复制作者的书法，而是以增大可读性为目标。

③《朱熹集》，第84卷，第4329页。

④《朱熹集》，第81卷，第4192页。

奋然有擒灭仇寇扫清中原之意"[1]。第二年,如上面的题跋六所示,他将苏轼关于赈灾的文章刻在常平司里。

小　结

与文人作品集中的书信一样,题跋可以帮助我们重建文人的文化生活和社会网络。[2]题跋和书信一样,通常是写给朋友和熟人的。但书信通常是写给远方的人,而题跋通常是写给在场的人。就像信件一样,要想确定题跋中提到的所有人物可能很困难,但就题跋而言,至少主题通常是明确的。作为史料的题跋和信件之间的差异也值得注意。面对面的互动在很大程度上消除了对信件的需求,但对题跋来说并非如此。撰写题跋的目的是希望被作者不认识的人看到,比如那些日后被邀请观看同一作品的人,而书信则不一定如此。

吸引我研究题跋的原因并不主要是因为它们反映了社会关系,而是他们可以向我们展示宋代文人圈子里的视觉文化。正如本书导言中所强调的,在中世纪的中国,并不存在单一的视觉文化,而是有各种相互重叠的视觉文化,它们都会随着时间的推移而发生变化,并受到其他群体的视觉文化、新的知识理念、不断演变的权力结构、新的社会机构(如书院)和新技术等的影响。

在朱熹所处的圈子里,我们认为是艺术品的手书和我们认为是历史文件的手书,似乎并没有被区别对待。拿出并展示任何一种手书都是一种社会和文化行为。它表明主人是一个有洞察力的人,能够识别他人会感兴趣

---

[1]《朱熹集》,第84卷,第4358页。

[2] 近来学者颇为关注如何通过书信探究社会网络。在中古时期的会议上,有几篇关于书信的优秀论文。如徐力恒(Lik Hang Tsui)《宋代中国的书信写作习惯的官僚影响》(Bureaucratic Influences on Letter Writing Conventions in Song China)和柏文莉(Beverly Bossler)《南宋晚期的赞助和原则:姚勉写给朝廷官员的信》(Patronage and Principle in Late Southern Song: Yao Mian's Letters to Court Officials)。对宋代之后的研究,也有利用书信来重建艺术家的社会关系的尝试。例如,参见白谦慎《作为日常生活交流的书法:以傅山(1607-1684)为例》(Calligraphy for Negotiating Everyday Life: The Case of Fu Shan (1607-1684)),《泰东》(Asia Major),第12卷第1期(1999年),第67-126页。

的作品。如果是家族收藏了几十年的作品，则表明主人来自一个有传统的文人家庭。选择展示的作品可以被理解为一种政治声明，正如那些质疑朱熹对王安石书法感兴趣的人所认为的那样。在文化方面，与他人一起看书法作品，可以加强详读笔墨的视觉习惯，以及解读这些笔墨所传达的意义和情感的行为。这也让主人了解到其他人对作品的反应，也许会让他改变自己的看法。想法和观点会在这些社交活动中形成。

宋代受教育的精英阶层的成员都有很多机会来收集他们同时代人的手书，首先是他们收到的书信。人们需要一定的时间和才华才能够辨别哪些作品值得被保存，但不需要很多金钱。当然，如果一个人的家庭几代人都在不断收集保存有趣的作品，就像朱熹拜访过的许多人那样，那就更有助益了。不过，一个人不一定要拥有最珍贵的书法作品——比如两王或其他著名的早期书法家的作品——在本卷中卢慧纹对这些作品进行了讨论。[①]还有像朱熹这样的文人，对最有名的书法作品的审美价值并没有那么看重。当观众看到一份手书的时候，他们会不自觉地阅读这些文字，即使他们觉得手书的视觉方面并不突出，他们也会发现一些值得论及和笔录的东西。

朱熹圈子里观看书法和手稿的视觉文化有其更公开和更私密的一面。朱熹所看到的对象是私人保存的墨迹，只有被邀请的客人能在案几前观看。然而，朱熹和当时其他志同道合的人认为，其中一些作品非常具有示范性，应该通过石刻和版刻的形式让更多的人看到。新儒家的书院很快就成了石刻集中的地方，这些石刻不仅传达了人们的想法，而且还公开了人们的笔迹。书法的摹本在本质上与原作不同。石刻书法不再是转瞬即逝或昙花一现的，而是有了一种持久性和稳固性。人们可以站着观看这块石头，能够一眼看到整个作品。一旦拓片制作完成并流传开来，全国各地的许多人都可以看到它，可能是坐着观看的，或和他人一起，或是独自一人。

通过把视觉文化的概念引入我们对南宋文人的社会和文化生活的分析，我们作为研究者能得到什么？在最近出版的《剑桥中国宋代史》中，有几章是关于文人精英的，但没有提到他们所参与的视觉或物质文化，甚至没

---

① 译者注：同一本论文集中的另外一章，详见第260页注①。

有提到他们对古物或艺术品或书籍的兴趣。[①]正如本文试图展现的，物质的东西包括视觉上吸引人的东西，这在文人的生活中起着举足轻重的作用。朱熹的题跋有助于我们理解这个社会。在这个世界里，受过教育的人通过向他人展示自己精心保存的手书，发现了意义和乐趣。但有时也不全是乐趣。比如当客人写下冷冰冰的题跋时，主人也一定会感到失望。同样地，那些被要求写题跋的人有时也会感到受挫，因为他们被迫要想出一些合适的语句。宋代印刷书籍的普及甚至可能增加了人们对手书的兴趣。[②]朱熹通常强调的是这些作品的内容，但观众也会看到纸上墨迹的视觉性和物质性，或是通过石刻或拓片的形式受到影响。书院在文人生活中的存在感变得越来越强，这也有助于进一步扩大手书和摹本的观众。

（段晓琳　译）

---

① 贾志扬（John W. Chaffee）、杜希德（Denis Twitchett）编：《剑桥中国宋代史》下卷（*Cambridge History of China*, Vol.5, Part 2, *Sung China, 960–1279*），剑桥：剑桥大学出版社，2015年。

② 艾朗诺在《宋代书籍和学习观念的转变》一文中对宋代对于手稿的重视做了详细的讨论：参见艾朗诺《入海算沙：宋代书籍和学习观念的转变》（To Count Grains of Sand on the Ocean Floor: Changing Perceptions of Books and Learning in the Song Dynasty），见贾晋珠（Lucille Chia）和魏希德（Hilde de Weerdt）编《中国印刷时代的知识与文本生产，900–1400》（*Knowledge and Text Production in an Age of Print: China, 900–1400*），莱顿：博睿（Brill）学术出版社，2011年，第31–62页。

榜而告之：宋代与民众的交流

宋高宗（1127-1162）是在危机中即位的。当时金人占领了北方中国，并试图南下。政府迫切需要更多的税收来维持适当的防御，而成千上万的难民流向南方，使得一切都变得更加困难。高宗没有太多的选择，但他有一个办法，就是印制和张贴告示，以寻求民众的合作。1134年，他发布了一份诏书："今后诸路有颁降诏令，并仰监司关报州县，真书文字，镂版印给于民间。"[①]同年晚些时候，他解释了自己对告示的偏好："朕常出使河朔，见宣和间茶盐条法粉壁列屋长廊，徒为文具，适以害民，不如多出文榜。"[②]《宋会要》中共有120多处提到高宗要求大范围张贴告示。

道学家朱熹（1130-1200）比高宗年轻一些，他向来鼓励他的弟子门人在地方事务上采取主动态度，而不是依赖中央政府。[③]与高宗一样，他发现张贴告示是一种行之有效的行政工具。现存的朱熹的115份告示包括提供一般性道德指导类的告示，也有许多是关于农业、税收、犯罪、危机管理和处理类似的行政任务的。在这些公告中，他表现出对其所处州县范围内的人民

致谢：本文的早期版本曾在"中世纪世界的政治交流"研讨会（罗马，2015年5月）、宋史学会年会（广州，2016年8月），以及中国人民大学、北京大学、浙江大学和华盛顿大学的研讨会上发表。在这些场合中，我得到的反馈都促使我寻找新的讨论角度或新的史料。我还受益于史乐民（Paul Smith）、蔡涵墨（Charles Hartman）和两位匿名审稿人的纠正和建议。

① 徐松：《宋会要辑稿·刑法二》，北京：中华书局，1957年，第7卷，第166册，第148页上。
②《宋会要·刑法二》，第7卷，第166册，第148页上。
③ 包弼德（Peter K. Bol）：《历史上的新儒家》（*Neo-Confucianism in History*），麻省剑桥：哈佛大学亚洲中心，2008年，第138-144页。

利益的深切关注。[1]

官员为何、何时以及如何与公众沟通不仅提供了研究宋朝治理的一个角度，更为宋朝历史上的一些主要议题提供了一个新的视角。这些议题包括中央和地方政府的互动，限制官员和文官腐败的困难，印刷如何成为宋朝政治文化的一部分，各级官员对普通人的评价和预期，以及信息如何在政府之外流通，等等。对宋代国家社会关系的研究经常集中在政府与地方精英之间的关系上，对平民的关注往往很少。[2]学者最近开始研究信息传播的渠道，但也多集中在文人之间或文人与政府之间。[3]然而，我们有史料可供更深入的探讨，中国的一些学者已经开始着手分析。[4]比起和文人的沟通，政府与普罗大众的沟通无疑会更加片面。这是因为沟通主要是从政府自上而下的，另一个方向的交流相对来说就比较少。不过，如果和大众的频繁沟通

---

[1] 郭齐、尹波编注：《朱熹文集编年评注》(译者注：下文简写为《朱熹集》)(100卷，《别集》6卷，共10册)，成都：四川教育出版社，1996年，第8册，第99-100卷；第9册，《别集》第9-10卷。朱熹的公告在这本文集中占了超过一百页。115条告示的数字来自朱荣贵(Ron-Guey Chu)《朱熹与公共教育》(Chu Hsi and Public Instruction)，见狄培理(Wm. Theodore de Bary)和贾志扬(John W. Chaffee)编《理学教育：形成阶段》(Neo-Confucian Education: The Formative Stage)，伯克利：加利福尼亚大学出版社，1989年。朱熹肯定保留了许多类似告示的底稿，但也有很多告示似乎是由他的门人在编辑他的作品集时提供的。

[2] 关于宋代国家与社会关系的最新讨论，参见李苏姬(Sukhee Lee)《协商的权力：十二至十四世纪中国的国家、精英和地方治理》(Negotiated Power: The State, Elites, and Local Governance in Twelfth- to Fourteenth- Century China)，麻省剑桥：哈佛大学亚洲中心，2014年，第1-18页。另外参见一部较早的但仍很有价值的论文集：韩明士(Robert P. Hymes)和谢康伦(Conrad Schirokauer)《世界的秩序：宋代中国的治国治世方法》(Ordering the World: Approaches to State and Society in Sung Dynasty China)，伯克利：加利福尼亚大学出版社，第59-82页。

[3] 参见魏希德(Hilde De Weerdt)《宋帝国的危机与维系：信息、领土与人际网络》(Information, Territory, and Networks: The Crisis and Maintenance of Empire in Song China)，麻省剑桥：哈佛大学亚洲中心，2016年；徐力恒(Lik Hang Tsui)《中世纪中国的官僚主义对文学的影响：来自手稿信件和文人话语的观察》(Bureaucratic Influence on Letters in Middle Period China: Observations from Manuscript Letters and Literati Discourse)，见李安琪(Antje Richter)编《中国的书信和尺牍文化》(A History of Chinese Letters and Epistolary Culture)，莱顿：博睿(Brill)学术出版社，2015年，第363-397页；邓小南、曹家齐、平田茂树编《文书-政令-信息沟通：以唐宋时期为主体》，北京：北京大学出版社，2012年；林珊《利用关系网：南宋的个人通信与地方治理，1127-1279》(Navigating Networks: Personal Correspondence and Local Governance in Southern Song China, 1127-1279)，《中国历史学刊》(Journal of Chinese History)，第3卷第1期(2019年)，第59-82页。

[4] 做过最多研究的两位学者是杨军和高柯立。例如，参见杨军《宋代榜文与政治信息传播：基于政治传播学视角的分析》，《思想战线》，第41卷第3期(2015年)，第146-152页；和高柯立《宋代州县官府的榜谕》，《国学研究》，第17期(2006年)，第77-108页。

能有助于政府将强制化措施控制在最低的限度,那也是值得努力的。①

在这篇文章中,我使用了多种史料,从不同的角度分析了政府与公众的沟通。我从中央政府积极坚持让地方和区县政府发布告示入手,仔细探讨了政府如何利用告示作为一种反腐斗争的武器。接下来,我转而从地方的角度来看待这一情况。在讨论了地方官员主动张贴告示的常规原因后,我特别关注了朱熹对告示的使用,以及他对如何与不识字民众沟通的看法。最后,我研究了在城市的背景下,告示如何被用于危机管理。从这些不同的角度分析政府如何利用告示和社会进行的沟通,有助于我们更清楚地看到普通人是如何融入宋朝的国家、社会和文化的。比如,官员们很少认为口头交流是必要的。他们认为大多数普通人都能接触到当地社区中识字的长者,这些长者可以向普通人解释告示,这意味着农村的识字水平相当高。官员们还相信普通大众具有相当的经济常识,并普遍认为完成许多事情的最佳方式是提供金钱奖励,这表明了市场力量对于地方政府和民众关系的渗透。

中央政府指令

《宋会要》是研究中央政府要求地方官员张贴面向大众的告示的最好的史料。在《宋会要》中,有些记录是以一份要求张贴告示的官方文书开篇的,然后是一个简短的评语"从之",这意味着它得到了皇帝的认可。其他的记录开头是一份要求张贴公告的诏书,有时会提及为何需要广而告之的原因,有时则不然。《宋会要》的编纂者通常会对奏折和诏书进行缩写,因此很可能有些关于发布告示的内容被省略了,因为这些内容太过平常,不值得花时间记录。但那些被保留下来的记录确实显示了很多地方官员会经常被要求通过告示和大众进行沟通。

《宋会要》中谈及告示的词汇值得简单的解释。朝廷经常指示各州县张

① 关于沟通和强制管理之间的联系,见陈立强(Charles Sanft)《中华帝国早期的交流与合作：秦朝的宣传》(*Communication and Cooperation in Early Imperial China: Publicizing the Qin Dynasty*),阿尔巴尼：纽约州立大学出版社,2014年。

贴告示（"榜"或者"牓"），以提醒居民某种机会、截止日期、修订的规则，或是可能到来的危险。虽然"placard"这个词抓住了"榜"作为木制告示的原型，在本文中我把这个词翻译成"notice"或者"announcement"。这是因为大部分告示并不是写在木头上，而是用纸质印刷品的形式。①有时，地方官员被明确告知，要将指令传达到乡镇一级，在那里用粉壁作为公告牌，将公告写在上面，如果是纸质的，就把告示贴在那里。②1159年，一份有关土地法的较为详细的告示中说："仍令州县，分明大字，多出文榜，州县要闹，及乡村坐落去处，晓谕民户通知。"③同样的指示也可以用较短的形式发出，如1148年关于检查水坝的通知："分明大字，出榜乡村，晓谕民户通知。"④还有更简短的形式，比如"仍令榜谕"。⑤除了张贴在墙上的通知外，一些官员还将告示印成传单或小广告分发。一则史料建议印制足够多的告示，这样"遇有耆宿到县，给与令广也"。⑥有时候会要求他们回家之后张贴这个传单，但这个指示并不总是被提及。

以下是《宋会要》中的四个记录，都可以被看作发布告示的例子。它们来自不同的时间段，涉及各种不同的问题，但都要求通过书面形式通知

---

① 但也有例外，有时"榜"确实指的是一个更永久的木制招牌，列出税率或类似的东西，通常称为"板榜"。

② 有时，这两个词，即"榜"和"粉壁"，可以互换使用，也许是因为随着时间的推移，更多的告示是一张贴在墙上的手写或印刷的纸。见高柯立"宋代粉壁考述：以官府诏令传布为中心"，《文史》，第66期（2004年），第127-28页。关于这些术语的区别，见朱传誉《宋代新闻史》，台北：商务印书馆，1967年，第135页。有时史料会提到"榜壁"（或者意为"在墙上贴告示"），参见《宋会要·食货一》，第5卷，第121册，第17页上；第6卷，第132册，第35页下；第7卷，第155册，第170页下。另见《宋会要·职官五七》，第4卷，第93册，第18页上。

③《宋会要·职官四三》，第4卷，第84册，第35页上。除了"出"告示通知，还可以"揭"，"立"或者"散"。

④《宋会要·食货一》，第5卷，第121册，第9页下。

⑤《宋会要·兵一五》，第8卷，第179册，第15页下。

⑥ 李元弼（十二世纪）《作邑自箴》（十卷，《四部丛刊续编》第310卷），上海：商务印书馆，1934年，第6卷，第29页上。还有"小榜"或"手榜"：《朱熹集》，第2册，第17卷，第673页；第3册，第29卷，第1260页；第8册，第95卷上，第4813页；第8册，第95卷下，第4851页；胡太初（进士1238）《昼帘绪论》（一卷，收于《丛书集成初编》第932册），长沙：商务印书馆，1939年，第15页；周应合（1213-1280）编《景定建康志》（50卷），台北：国泰文化事业，1980，第40卷，第20页上到28页下；曾枣庄等编《全宋文》（8345册），上海：上海辞书出版社，2006年，第323册，第7427卷，第294页。

公众。

乾德二年正月二十八日（964年3月14日）

太祖乾德二年正月二十八日，诏曰："设官分职，委任责成，俾郡县以决刑，见朝廷之致理，若从越诉，是紊旧章。自今应有论诉人等，所在晓谕，不得蓦越陈状。违者先科越诉之罪，却送本属州县依理区分。如已经州县论理，不为施行，及情涉阿曲，当职官吏并当深罪。仍令于要路粉壁揭诏书示人。"①

宣和六年二月四日（1124年2月20日）

二月四日，臣僚言："比者纷然传出一种邪说，或曰《五公符》，或曰《五符经》，言辞诡诞不经，甚大可畏。臣窃意以谓其书不可留在人间。"奉圣旨，令刑部遍下诸路州军，多出文榜，分明晓谕。应有《五公符》，自今降指挥到，限一季于所在官司首纳，当时即时焚毁，特与免罪。如限满不首，并依条断罪施行。仍仰州县官严切觉察。诏："限一季首纳，限满不首，依谶书法断罪，许人告，赏钱一百贯。馀依已降指挥。"②

绍兴二十一年六月二十五日（1151年8月9日）

六月二十五日，大理评事莫濛言："场务收税，各有定则，而比年诸州郡守辄于额外令监官重加征取，又以民间日用油布、席纸细微等物置场榷卖，展转增利。缘此物价翔踊，所得之息，止资公库无名妄用。望令监司常切检察，仍揭榜示民间，许令陈诉。如有违戾，按劾闻奏，重寘典宪。"从之。③

---

① 《宋会要·刑法三》，第7卷，第167册，第10页上。
② 《宋会要·刑法二》，第7卷，第166册，第89页上到89页下。
③ 《宋会要·食货一七》，第6卷，第129册，第40页下。

淳熙九年五月十一日（1182年6月13日）

五月十一日，诏："诸路帅、漕、提举常平司疾速行下所部州县多出文榜，劝谕人户趁时广种二麦。如无麦种之家，即将常平麦日下支给。若无见管，以钱折支，毋令种布失时，先具知禀以闻。"①

《宋会要》中的这些记载集中在政府急需处理的问题，里面提及书写或分发告示，似乎只是一个小细节。但这是政府行动中的一个主要部分，因为政府认识到，如果人们不了解官府要他们做什么，其努力可能会失败。

可以想见，财政问题是发出告示的最主要原因之一（见表一中的例子）。人们被告知什么税款不会被征收、税收截止日期延长，以及政府将会提供的援助。出于对土地税收的关注，政府利用告示来给民众更新农业方面的进展，包括介绍更抗旱或更早成熟的新稻种。同时，因为意识到普通人很容易受骗，政府还让官员张贴告示，警告人们要警惕假药、假币和伪造的授职证书。②

正如上述964年和1124年的例子所展现的，法律本身也是一个常见的告示主题。公告被用来提醒一些不为人熟知的非法行为，比如与使节一起出国（1007年公告）和在黄河上架设浮桥（1095年公告）。③在需要广泛使用告示的情况中，最突出的一种是需要人们的迁移，比如逃离洪水、干旱、蝗虫、流行病或战争。流民所到的地方的政府需要防止他们挨饿，但也希望尽量减少他们造成的混乱，并尽快将他们送回家乡。因此，人们贴出告示，敦促那些逃离灾难的人返回家园，并经常提供援助，比如让他们带回食物或种子（见表一）。④

金钱奖励经常是这些告示的一个关键部分。政府不是简单地命令一群

---

① 《宋会要·食货六三》，第7卷，第154册，第224页上。
② 参加《宋会要·刑法二》，第7卷，第166册，第153页下。《宋会要·食货七○》，第7卷，第163册，第48页上。《宋会要·职官一三》，第3卷，第67册，第37页上到第38页下，第39页上下。
③ 《宋会要·兵二七》，第8卷，第185册，第10页上。《宋会要·方域一三》，第8卷，第192册，第23页下。
④ 《宋会要·兵一五》，第8卷，第179册，第5页上，第6页上。《宋会要·食货六○》，第6卷，第150册，第14页上；《食货六三》，第7卷，第155册，第223页下。

农民或商人提供所需的服务，而是公布政府所提供的金钱奖励，以此招募志
愿者。政府为愿意将粮食运往短缺地区的粮商提供了有吸引力的补偿，并在
有酿酒的许可证和可供租借的国有土地时发布公告。军队的需求也通过这
种方式得到了部分实现。例如，在1096年（见表一）和1122年，公告通知说政
府将为马匹支付可观的价格，1170年，政府张榜承诺赦免愿意参军的罪犯。①

金钱奖励也常常被用来抓捕罪犯。在上述1124年的告示中，政府悬赏
100钱，以希望获得私藏禁书的人的信息。其他告示则承诺对举报各种违法
行为的人给予奖励，包括1020年希望民众举报纵火和盗窃，1031年的告示希
望人们举报违反盐法的行为（见表一），以及1196年的告示涉及非法改水渠
或通过堤坝开辟新土地。②

寻求告密者需要一定的成本；但和增加警察类的职能人员相比，政府可
以对非法活动的举报进行零散支付。对志愿者和告密者的寻求反映了市场
在宋朝经济和政府中的渗透程度。宋朝政府越是求助于市场机制，告示就
越有助于传播信息，从而促进某种程度的市场竞争。

表一　《宋会要》中有关财政问题的告示

年代	告　示	出　处
968	不应强迫当地人运送税品作为劳务。	《食货四二》第6卷，第142册，第1页上
982	经历蝗灾的人将获得减免税收，但那些拒不返乡的人将失去土地。	《食货一》第5卷，第121册，第16页上
1012	由于三个地区发生了旱灾，政府正在分发抗旱水稻，并说明如何种植。	《食货六三》第7卷，第155册，第164页下到第165页上
1014	鼓励种植早熟的水稻。	《食货一》第5卷，第121册，第17页下到第18页上
1031	对指控违反盐法的人给予奖励。	《食货二三》第6卷，第132册，第35页下

① 《宋会要·兵一三》第7卷，第178册，第27页上下；《兵二一》第8卷，第182册，第29页上；《兵二二》第8卷，第183册，第17页上下。
② 《宋会要·兵三》第7卷，第173册，第2页下到第3页上。《宋会要·食货二三》第6卷，第132册，第35页下。《食货六一》第6卷，第152册，第138页下到第139页上。

年代	告 示	出 处
1079	鼓励逃离北部边境地区的农民返回。	《兵二八》第8卷，第186册，第20页下到第21页上
1096	对愿意养马的人提供补偿。	《兵二一》第8卷，第182册，第28页下到第29页下
1119	让豆类作物歉收的农民用大米代替缴税。	《食货七》第5卷，第124册，第25页下到第26页上
1133	以优惠条件向来自东北的流民提供未开垦的土地。	《食货一》第5卷，第121册，第36页上
1143	在矿区寻找愿意出售铜的家庭。	《食货三四》第6卷，第138册，第27页下到第28页上
1143	延长出售或抵押土地的纳税期限，并对举报者给予奖励。悬赏举报未按期缴纳的人。	《食货三五》第6卷，第138册，第7页下到第8页上
1156	提供优惠条件，鼓励农民耕种缺少劳力的公有土地。	《食货一》第5卷，第121册，第38页下
1164	为愿意将粮食运往短缺地区的粮商提供了金钱奖励。	《食货五八》第6卷，第149册，第2页下到第3页上
1165	担心太多饥民来到城市后会导致流行病，政府决定如果饥民同意返乡，他们会拿到粮食和其他的救济。	《食货六〇》第6卷，第150册，第14页上
1165	预告将要关闭难民、病人和乞丐使用的粥房。	《食货六〇》第6卷，第150册，第14页下
1171	找人承接有执照的酒厂。	《食货二一》第6卷，第131册，第9页下
1181	不允许在民众缴纳税绢的时候对其挑挑拣拣。	《食货六八》第7卷，第159册，第12页下
1181	在遭受旱灾的地区，没有足够种粮的农民可以向政府求助，以保证不会错过种植季节。	《食货六三》第7卷，第155册，第223页下
1199	告知商人，出售大米和木柴不需要纳税。	《食货八》第5卷，第125册，第21页下
1210	房屋被烧毁的家庭将得到帮助。	《食货六〇》第6卷，第150册，第14页下
1221	流民返乡途中时，不要对他们的家畜收税。	《刑法二》第7卷，第166册，第144页上

宋朝中央政府很少指示地方官员向居民口头传达通知的内容。如果有的话，地方官也没有被告知要动员村级官员召集居民，听他们大声朗读或总结公告。这是因为书面交流被认为更好吗？书面和口头沟通都有各自的局限性。口头通知时不在场的人可能只得到一个歪曲的道听途说的版本，甚至根本就没听说过这个消息。有了文字，受众不需要在某个固定的地点和时间聚集在一起来听公告。文字告示的主要缺点是，那些不识字的人要靠别人来转达消息。不过，如果有人宣读解释，那么比起从邻居那里听说一个几天前宣告的通知，应该会更可靠，所有的关键信息都不会丢失。因此，书面交流未必不是一个好的选择。

无论出于何种原因，随着时间的推移，中国政府似乎已经减少在传达信息的过程中对面对面交流的依赖。汉代和之前的记载经常提到要召集当地居民，由指定的人来口头通知新的或修订的法律。①到了宋代，这种做法基本上已经不再流行，但大赦令是一个重要的例外。大赦令是向聚集在一起的听众大声宣读的，以示对皇家的尊重。②有时也会因为其他目的召集民众，如防治蝗虫、进行水利工程，核查地图的准确性，或参加庆祝农业的仪式等等。但不会是为了听取地方官员关于税收截止日期或如何注册政府土地的公告。尽管《宋会要》是关于张贴公告的唯一史料，我们仍然可以推断，宋朝政府认识到了需要和不识字的普罗大众进行沟通，并将书面公告视为实现这一目标的有效途径——即使这一途径并不完美。

---

① 《商君书》和《周礼》中都有提到官员的段落，他们的工作包括向普通人解释新法律。在汉代，我们也有刻在木板上的法律文件，被分发到相对偏远的地区。见陈立强《秦代和西汉的法律与交流》(Law and Communication in Qin and Western Han China)，《东方经济社会史期刊》(*Journal of the Economic and Social History of the Orient*)，第53卷第5期(2010年)，第690-701页；陈立强《元始五年〈诏书四时月令五十条〉：敦煌悬泉置出土壁书试译与简介》(Edict of Monthly Ordinances for the Four Seasons in Fifty Articles from 5 C.E.: Introduction to the Wall Inscription Discovered at Xuanquanzhi, with Annotated Translation)，《早期中国》(*Early China*)，第32期(2008-2009年)，第125-208页，以及陈立强《中华帝国早期的交流与合作》，第143-145页。

② 李焘：《资治通鉴长编》(520卷)，北京：中华书局，1985年，第379卷，第9207页。关于赦书，见久保田和男《关于宋朝地方赦书的传达——以出迎和宣读为中心》，《文书、政令、信息沟通》，第585-601页。

打击政府渎职行为

为了防止下级官员和职能部门欺压平民，上级官员会张贴告示，告知公众规则，并告诉他们在违反规则时如何上诉。这种告示鼓励"越陈""越诉"或者"越告"，就是跳过直接的管理人员，向更高级别的官员提出诉告。这使上级官员更容易发现他们下属官吏和职员的错误行为。因此，这种类型的告示是在试图建立双向的沟通：政府明确要求普通民众检举政府人员。

我们已经看到1151年的一个例子，是由高宗发布的，内容涉及商业税站对日常用品的非法征税。在他的执政期间，高宗多次下令张榜，提醒人们注意政府人员的渎职行为。这些告示各不相同，但往往涉及非法收费或其他财政欺诈行为。1132年，民众投诉政府扣押船只，得到了如下的回应：

> "官司舟船须管支给雇钱，不得以和雇为名，擅行夺占。如违，许船户越诉。"以臣僚言："军兴以来，所在官司往往以和雇为名，直房百姓船只，以便一时急用。……缘此民间更不敢造船，既坏者不肯补修，船数日少，弊端日生。乞立法行下州县，严行止绝。"故有是命。①

就像这份公告的作者一样，宋朝的官员们对市场机制有足够的了解，认识到从长远来看，扣押船只是有害的。次月，告示中所提到的立法就颁布了，其中特别要求："散出晓谕。如奉行不虔，许监司觉察闻奏，重行黜责，仍令工部遍牒行下。"②公告只是这个事件中政令的一部分，但却是很重要的一部分，因为制止这种做法需要说服船主，如果他们愿意站出来提出诉求，上级官员会下令赔偿或归还船只。

对船主而言，比失去船只更糟糕的事情就是自己也被关押。1134年，高宗颁布诏书，禁止关押平民以充实军队：

---

① 《宋会要·食货五〇》第6卷，第145册，第12页上。
② 《宋会要·食货五〇》第6卷，第145册，第12页下。

今后使臣、效用军兵并权住招收，令张俊、杨沂中根究，将日近强刺人数并给公据，放令逐便。及约束诸军，今后不得擅便招人。若更有违犯，其本头项统制、统领、将佐等，一例重作停降。所遣街市强招人军兵、使臣，并行军法。仍立赏钱三百贯，许诸色人告捉。枢密院给黄榜晓谕。①

在这里，公告通过使用黄色的纸张来表明这份通知来自皇帝本人，从而使其更受注意。为了鼓励人们提出指控，这份告示承诺了300贯钱的巨额悬赏，这是金钱激励的另一个例子。这些告示对于传播悬赏的消息至关重要。

到十二世纪五十年代末，高宗意识到腐败官员有办法绕过张贴告示的命令。1156年，一位县令报告说，各县和县政府在税单上加收附加费用，使人民生活苦不堪言，他建议高宗授权巡回县和郡的官员，"镂板大字，晓示诸村乡镇市，凡有科配，许民越诉，有司许受其词，不许系其人，差官体问得寔，申明朝廷"。②高宗评论说："科敷不均，最为民害，出晓之说，朝廷累有指挥，惟是官吏为奸，恐民间尽知数目，不得而欺隐，所以不肯出晓耳。"在这里，高宗承认张榜的做法有一个缺陷：告示所希望监控的官员很可能就是负责张贴公告的人。

腐败可能涉及当地有权势的家族贿赂官员，以在政府事务中获利。这种情况可能可以解释1159年的一份公告。这份告示列举了官员可能操纵政府出售土地投标的不同方式。高宗得知，"常平司并州县人吏多受情嘱，邀阻乞觅，及不将前后措置多出文榜晓示。虽出文榜，随即隐藏，不令人户通知"。③这份奏折继续解释说，为了帮助政府官员所偏好的投标人，这类告示往往不详细说明地点和土地价值，以此希望内定的投标人以最低价格中标。这份报告的作者对如何防止这种串通行为没有提出什么见解，但确实明确

---

① 《宋会要·刑法七》第7卷，第171册，第36页上下。
② 《宋会要·食货七〇》第7卷，第162册，第45页下。同时也出现在《宋会要·食货一〇》第5卷，第126册，第4页下到第5页上。两处语言上有些微差异。
③ 《宋会要·职官四三》第4卷，第84册，第34页下到第35页上。《宋会要·食货五》第5卷，第123册，第31页上下。

指出，藏匿告示是非法的："仍令州县分明大字多出文榜州县要闹及乡村坐落去处，晓谕民户通知，无令藏匿。"

告示在反腐斗争中的效果如何？没有人认为贴出告示就能解决政府人员不公平对待民众的所有问题。但是，上级部门认为这是一个有用的甚至是必要的第一步。他们不仅对经常发生的欺压行为表明了明确的立场，而且还采取了措施来制止这种行为。

从许多要求人们站出来指控的呼吁中，我们可以推断出，普通人往往因为害怕报复而不敢对滥用职权的政府人员提出指控。南宋的《名公书判清明集》则展现了一个不同的面向。这本司法集中有几十份司法判决都提到了已经或需要张贴的告示。[①]蔡抗（1193-1259）报告说，当他就任一个地方官职的时候，他发现有数千件针对官吏的指控。经调查，他发现许多职员实际上是触犯刑法被流放到该地区的犯人。可能是因为他们能读会写，所以被委以文职。在将他们拘押并进行审讯后，蔡将责任归咎于允许这些人被任命并从中获利的地方官员。这些官员与罪犯勾结，掠取民众的财产和金钱，而已经被登记在册的罪犯完全没有受到任何约束。蔡坚持要求他管辖范围内的地方官员立即撤销这些罪犯的文职，并每十天检查一次，确保这些人不会被重新雇用。这项任务被分配给每个州的都吏和各县的典押；同时为了确保他的指令被理解，他要求张榜广而告之。[②]此类案件表明，在某些情况下，人们对政府官员非常不满，以至于不顾被官员发现并报复的风险，而对他们提出指控。

贴出鼓励指控的告示有助于政府宣传他们正在努力纠正渎职行为。它还为政府提供了更多的证据。而且，通过公布政府工作人员的行为准则，政府的透明度也得到了提高。

[①] 许多学者利用了这一重要资料对南宋的法律运作进行了研究。马伯良（Brian E. McKnight）和刘子健（James T. C. Liu）译《清明集：宋代史料》（*The Enlightened Judgments: Ch'ing-ming Chi: The Sung Dynasty Collection*），阿尔巴尼：纽约州立大学出版社，1999年。这本书部分翻译并且简要介绍了这一资料。

[②]《名公书判清明集》（14卷，2册），北京：中华书局，1987年，第2册，第11卷，第414、405页。关于在清理腐败的下属时使用告示的其他例子，见《名公书判清明集》，第113-115，400-402，404-405，412-413，415-416页。

地方官员的日常工作

北宋末年李元弼的《作邑自箴》从地方政府的视角提供了有关告示的丰富资料。[①]该书写于1117年，1179年被重印，该书的目的是为县令提供实用建议，内容包括诉讼、收税、监督文员、保存记录、管理劳役等。该书几乎有三分之一的篇幅是关于告示的样本，从此可以看出作者对这一政治工具的重视程度。

《作邑自箴》鼓励地方官把张贴告示作为一项重要政务："才礼上，便出榜十数要闹处井镇市，晓谕无亲戚、门客、秀才、医术、道僧、人力之类。"[②]在其后的行文中，作者提供了这样一份公告的样本，其中用了大致相同的语句，只是加上"如有妄作上件名目之人，起动人户并寺观行铺公人等，仰诸色人收捉赴官，以凭尽理根勘施行，各令知委"。[③]在这些情况下，告示的作用是保护地方官不被指控有腐败行为，同时提醒居民对声称与地方官有关系的人保持警惕。通过书面警告，地方官试图消除对其自身廉洁性的任何怀疑。

财政问题在《作邑自箴》中不少的公告样本中都有提及。作为向农民收税的常规程序的一部分，地方官需要向每个村庄发送关于缴纳夏秋两季税款的最后期限的通知。[④]地方官还被建议要张榜告知那些长途贸易的商人需要登记和确认担保人。[⑤]例如，客栈老板被告知，他们应该告诉这些商人场务的位置，以及在出售货物之前需要先取得印税。客栈老板还被要求

---

① 马伯良：《中国南宋的乡村和官僚机构》(*Village and Bureaucracy in Southern Sung China*)，芝加哥：芝加哥大学出版社，1971。这本著作中经常引用这本书（例如，第54—55、62—63、68—71页）。关于该书的研究，见佐竹靖彦《〈作邑自箴〉的研究：其基础的再构成》，《文津阁文人学报》，第238期（1993年），第1—36页；郭丽冰《宋代官箴文献〈作邑自箴〉述略》，《古籍整理研究学刊》，第3期（2013年），第13—16页。
②《作邑自箴》，第1卷，第4页上。
③《作邑自箴》，第7卷，第38页下。
④《作邑自箴》，第1卷，第11页上下。
⑤《作邑自箴》，第1卷，第11页上。

秘密报告任何"颇涉疑虑及非理使钱不着次第"的商人。[①]

通知是实物，必须制作、传递、张贴、保护，并最终丢弃或清除。《作邑自箴》将维护粉墙的责任交给了村级官员。[②]行政法中有一条规则，即巡检和县尉要对这些告示负责。"或令人代书粉壁，印历及代之者，各徒一年。"[③]不难想象，那些被要求手写告示的人会很高兴拿到印刷好的通知，这样他们可以很方便地贴到墙上。

为了方便人们注意到一个新的公告，粉墙上预留有专门的空间给新贴的告示。其他人也可以张贴公告，但不能在政府的专用粉壁张贴。[④]一位法官将普通人擅用政府粉壁空间张贴公告的行为比作伪造政府文件的行为。[⑤]有关告示的讨论很少提及何时应将其取下或用新的加以覆盖。在一个案例中，公告被不寻常地提前拿下，作为官员抵制他们不支持的政策的一种方式。例如，姜潜（1070）不赞成王安石（1021-1086）新法。他虽然按照指示贴出了青苗贷款的告示，但三天后就把告示撤了下来，声称没有人要求贷款，说明这些贷款是不必要的。[⑥]更多的时候，似乎是公告被损坏到无法辨认。徽宗时期，一位官员抱怨说"未越旬时，字画漫灭不可复考"。[⑦]

为了让更多的人能够读懂告示，官员们被要求以完整的形式写下公告，不能用草书，而一定要"用大字楷书"，正如《作邑自箴》所说的那样。[⑧]在

---

① 《作邑自箴》，第7卷，第37页下到第38页上。

② 《作邑自箴》，第7卷，第36页上。

③ 谢深甫：《庆元条法事类》（80卷），哈尔滨：黑龙江人民出版社，2002年，第7卷，第133页。巡检是负责管理抓捕罪犯的士兵的军事官员；马伯良：《宋代中国的法律与秩序》（Law and Order in Sung China），剑桥：剑桥大学出版社，1992年，第198-218页。

④ 《宋会要·刑法二》，第7卷，第165册，第87页下到第88页上。

⑤ 《名公书判清明集》，第2册，第12卷，第456页。

⑥ 脱脱等编：《宋史》（496卷），北京：中华书局，1977年，第458卷，第13445页。其他的例子，参见朱传誉《宋代新闻史》，第136-137页。关于反对青苗法和其他新政内容的研究，见史乐民《神宗的统治和王安石的新政，1067-1085年》（Shen-tsung's Reign and the New Policies of Wang An-Shih, 1067-1085），见杜希德（Denis Twitchet）和史乐民编《剑桥中国宋代史》上卷（The Cambridge History of China, Vol.5, The Sung Dynasty and Its Precursors, 907-1279），剑桥：剑桥大学出版社，2009年，第347-483页。

⑦ 杨士奇：《历代名臣奏议》（350卷，《影印文渊阁四库全书》第433-442册），台北：台湾商务印书馆，1983-1986年，第436册，第120卷，第27页上。参见高柯立《宋代粉壁考述》，第134页。

⑧ 《作邑自箴》，第1卷，第5页上。

语言方面，告示一般都是用相对直白而简明的官方书面文字。因此，仅仅听到朗读告示是不够的，必须有人用当地的方言来转述它。告示也可以用来帮助官员履行他们的责任，促进良好的行为。像父母亲一样，地方官员应该鼓励德行、谨慎的态度和努力工作，以便人们能够尽可能地照顾自己、家庭和邻居，而不需要麻烦政府。在宋代，告示被广泛用于地方政府的这种更为家长式的一面。

《作邑自箴》完全赞同这种做法。李元壁提供了两份一般性告示的样本，一份是给新任县长的，一份是给觉得有必要提醒人民各种注意事项的现任县长的。这两份公告样本都可以被理解为一个有经验的官员对普通人为何会官司缠身的思考，其中还给民众提供了如何能采取不同的方式来避免法律官司的建议。表二粗略地总结了第一份公告样本中包括的内容。这种大杂烩式的禁令反映了地方官员如何一面处理仁治时会面临的一些挑战，一面又能减少诉讼数量并保证民众及时缴税。李元壁认为阅读告示的民众是在努力避免麻烦并愿意接受劝诫的。但他有时也会把他们描绘成容易受骗或被误导的人，这种观点在第13项中得到了体现：

> 民间多作社会，俗谓之保田蚕，人口求福禳灾而已，或更率敛钱物造作器用之类，献送寺庙，动是月十日有妨经营，其间贫下人户，多是典剥取债，方可应副，又以畏惧神明，不敢违众，或是争气强滇入会，愚民无知求福者，未必得福，禳灾者未必无灾，汝辈但孝顺和睦，省事长法，不作社会献送，自然天神祐助家道吉昌，汝若不孝不睦，非理作事，虽日日求神祷佛，亦不免灾祸也。①

表二　给普罗大众的公告样本

1	长者应该教导年轻人基本的道德规范，包括不喝酒、不赌博和不做其他坏事。
2	父母在选择职业时应考虑孩子的能力，鼓励他们与优秀的人交往。
3	农民、工匠和商人如果勤奋和节俭，就能养活自己。

---

① 《作邑自箴》，第6卷，第31页上下。

4	年轻人和老年人应该相互尊重。
5	在为儿子择偶时,不要重视嫁妆的多少超过配偶的年龄或家庭的和谐。
6	要警惕那些习武和收集武器的崇尚暴力之人,因为他们终会伏法。
7	不要以为你的谎言可以瞒天过海。
8	对那些怂恿你上诉的人要保持警惕。
9	记住,你的邻居能听到你的声音。
10	无论何种罪犯都将受到严厉的判罚。
11	那些为过去的罪行忏悔的人将获得第二次机会。
12	不受欢迎的游民和类似的人将被赶出该县。
13	被那些热衷于捐香火钱以期获得福报的穷人应该知道,他们是否捐功德对他们的运气没有太大影响。运气好坏主要还是取决于他们自己的德行。
14	为了避免麻烦,请事先准备好你需要支付的税款。
15	为了避免诉讼,对牲口所造成的损害要负责任。
16	当听到火灾或匪患的警报时,应立即做出反应。
17	当可疑的人在市场上出售未纳税的酒或其他违禁品时,请告知邻保,他们会私下通知政府。
18	商人不应出售委托给他们修理的物品或类似物品。
19	土地所有者必须检查其所有土地的边界是否有明确的标记。
20	佃农只要勤奋劳作,与地主相处融洽,就能养活自己。
21	放贷人应考虑到债务人的情况,不要对他们施加太大压力。
22	商人应避免欺诈行为,如销售假货或使用欺骗性的砝码和措施。
23	诉告的案件已经由前任地方法官审理过的,就不应利用官员换届的机会来再次提请审理。
24	法律裁决必须亲自交给耆长,这些长者必须为其签署收据。
25	为县级政府填写文件的人必须在门边挂上木牌,准备好公章,并仔细询问人们的身份。有能力自己填写的人要用楷书,并加上"系某亲书"。

(《作邑自箴》第6卷,第29页上到第34页上。)

《作邑自箴》表明，在北宋末年之前，使用告示来宣扬道德行为已经得到了人们的认可。然而，北宋士大夫的作品集中并没有包括他们必须发布的告示，即使是欧阳修（1007-1072）、王安石和苏轼（1036-1101）这些人的相当长的作品集中也没有。在担任地方官时，他们是否让手下的职员根据一套样本来准备公告？或者他们只是觉得自己写的告示太老套了，不值得收入文集？无论何种解释，直到南宋，我们才发现官员们开始保留他们写的告示。这些现存的南宋告示值得我们仔细研究。它们不只是通报政府的法律或决定，它们还传达了官员如何理解自己的职位和他所需要面对的公众。朱熹的告示为分析这些议题提供了极好的材料。

朱 熹 的 案 例

在引起人们对告示使用的关注上，没有哪个宋代学者比朱熹发挥了更大的作用。朱熹作品集中的一百多份告示涉及了广泛的主题：地方防务、土地调查、丧葬礼仪、家庭财产的不当分割、穷人的苦难、政府学校、政府下属、诉讼等等。上文已经讨论的公告的特点也出现在朱熹的告示中，包括经济悬赏、鼓励诉告、指示藏匿告示，以及努力遏制下属人员的腐败。[①]朱熹在地方上采取的措施是中央政府经常敦促地方官员采取的措施。朱荣贵（Ron-Guey Chu）对朱熹为指导民众而张贴的告示进行了研究，他的研究意在显示朱熹的哲学立场与他如何对待平民之间的联系。朱荣贵强调朱熹不仅仅是在单纯地告诉人们应该怎么做，还解释了他的告诫背后的原因，比如人性和对父母的责任感之间的联系。[②]朱特别注意到朱熹建议老百姓牢记《孝经》，并每天背诵。这样一来，他们就"不须更念佛号佛经，无益于身，枉费力也"。这一论点与朱熹一直以来对佛教的拒绝态度十分吻合。[③]

在下文的讨论中，我则从另外的角度来看待朱熹的告示：我的兴趣在于

---

① 例子参见《朱熹集》第8册，第99卷，第5072、5073、5089页，第100卷，第5112页；第9册，《别集》第9卷，第5544、5558-5559页，第10卷，第5607、5111页。
② 朱荣贵：《朱熹与公共教育》，第265，270-273页。
③《朱熹集》第8册，第99卷，第5058页。朱荣贵：《朱熹与公共教育》，第263-264页。

朱熹作为地方官的身份，而非哲学家。也就是说，我选择他并不是因为他作为思想家的名声，而是因为他保存了如此多的告示。在我的解读中，即使是朱熹比较常规的或行政性的告示，也能告诉我们很多关于南宋地方官所面临的挑战，以及他们如何努力应对这些挑战。

朱熹的资料也能让我们进一步探究口头和书面交流的问题。尽管他大量使用了书面告示，他并不认为口头教育是和大众交流的过时的手段。在与他的弟子交谈时，他敦促弟子向当地的老百姓宣读鼓舞人心的文章，说这种行为比政府张贴的告示作用更大。[①] 在一份公告中，朱熹说他曾指示手下的地方官亲自去劝说农民播种，以便尽早开始农耕季。[②] 在修订《吕氏乡约》时，朱熹提议由一名官员在每月的会议上大声朗读。[③] 在一份关于提供救济的奏折中，朱熹提到保正要仔细检查一份文件，召集长者和穷人向他们宣读，反复解释，并让大家检查，直到所有人都满意为止。[④] 不过有时候，朱熹认为要求乡官参与是一种不必要的浪费。在给赵汝愚（1140-1196）的信中，朱熹怀疑张贴告示提醒孕妇有大米补贴是否有用。他认为，要减少杀婴行为，仅仅呼吁道德原则是不够的。但是，派出官员会给孕妇的邻居带来负担。负责供给的官员"委官散榜，编排甲户，置立粉壁，处处纷然，而实无一文一粒及于生子之家"。[⑤]

在其职业生涯的后期，朱熹经常需要找到长者来向不识字的人解释公告的内容。在朱熹为一个偏远的不守规矩的县城写的一套常规性告诫中，他总结说："右今榜龙岩县管下，遍行晓谕，上户豪民，各仰知悉，其有细民不识文字，未能通晓，即请乡曲长上，详此曲折，常切训诲。"[⑥] 朱熹称，这种指导

---

① 朱熹：《朱子语类》（140卷，8册），北京：中华书局，1986年，第6册，第84卷，第2177-2178页。

②《朱熹集》，第8册，第100卷，第5588页。

③《朱熹集》，第7册，第74卷，第3912页；余蓓荷（Monika Ubelhor）：《宋代乡约和其教育意义》（The Community Compact（Hsiang-yueh）of the Sung and Its Educational Significance），见狄培理和贾志扬《理学教育》，第378-379页。

④《朱熹集》，第3册，第26卷，第1119-1121页。在一份通知中，朱熹提到使用保甲作为教导人们时的一个单位：《朱熹集》，第8册，第100卷，第5100-5102页。

⑤《朱熹集》，第3册，第27卷，第1137-1139页。

⑥《朱熹集》，第8册，第100卷，第5109页。另参见《朱熹集》，第8册，第99卷，第5052页，和《朱熹集》，第8册，第100卷，第5105-5108页。

将有助于移风易俗，能将该地变成礼仪之邦。

在许多通知中，朱熹对那些负担沉重的人表达了同情。他用较长的篇幅详述了那些来自较富裕家庭的人不得不出任保正的困境。在一个案例中，他提到说，这些家庭在建造和维修政府大楼、为被征召的劳工提供膳食或招待来访的官员方面的花费从未得到报销。[①]

朱熹写了几份直接针对农民的告示，用在每年的"劝农"仪式上。[②]在这个仪式上，地方官将向一群聚集在一起的农民大声宣读通知。以下是朱熹在南康任职期间（1179-1181年）发布的一份公告：

> 窃惟民生之本在食，足食之本在农，此自然之理也。若夫农之为务用力劝，趋事速者所得多，不用力不及时者所得少，此亦自然之理也。
>
> 本军田地硗确，土肉厚处不及三五寸。设使人户及时用力以治农事，犹恐所收不及他处。而土风习俗，大率懒惰，耕犁种莳，既不及时，耘耨培粪，又不尽力。陂塘灌溉之利废而不修，桑柘麻苎之功忽而不务，此所以营生足食之计，大抵疏略。是以田畴愈见瘦瘠，收拾转见稀少。
>
> 加以官物重大，别无资助之术。一有水旱，必至流移，下失祖考传付之业，上亏国家经常之赋。使民至此，则长民之吏，劝农之官，亦安得不任其责哉。
>
> 当职久在田园，习知农事。到官日久，目睹斯弊，恨以符印有守，不得朝夕出入阡陌，与诸父兄，率其子弟，从事于耘锄耒耜之间，使其妇子含哺鼓腹，无复饥冻流移之患。庶几有以上副圣天子爱养元元，夙夜焦劳恻怛之意。
>
> 昨去冬尝印榜劝谕管内人户，其于农亩桑蚕之业，孝弟忠信之方，

---

① 《朱熹集》，第8册，第99卷，第5084页。李苏姬《协商的权力》，第128-129页。

② 这个仪式在每年的二月十五日举行；在南宋，地方官员要到郊区视察，并与一些集会的农民交谈。见包伟民和吴铮强《形式的背后：宋代农业鼓励机制的历史分析》(Behind the Form: A Historical Analysis of the Agriculture Encouragement System in the Song Dynasty)，《中国史前沿》(Frontiers of History in China)，第1卷第3期（2006年），第427-448页。

详备悉至，谅已闻知。然近以春初出按外郊，道傍之田，犹有未破土者，是父兄子弟犹未体当职之意，而不能勤力以趋时也。

念以教训未明，未忍遽行笞责。今以中春举行旧典，奉宣圣天子德意，仍以旧榜并星子知县王文林种桑等法再行印给。

凡我父兄及汝子弟，其敬听之哉！试以其说随事推行于朝夕之间，必有功效。当职自今以往，更当时出郊野，巡行察视，有不如教罚，亦必行。先此劝谕，各宜知悉。①

在这份通知中，朱熹采取了相当严厉的语气，没有赞扬农民的辛勤工作，而是告诉他们，该地区农业不繁荣的原因是他们太懒了，没有在正确的时间进行耕作和播种，没有做到及时努力地除草。这篇文章将被大声朗读，而不是简单地张贴，但他并没有提及需要调整告示的内容或者语气。朱熹采用了《孝经》的立场，即供养父母是老百姓履行孝道的方式，他把勤劳耕作也看作一个道德问题。他确实承担了一些责任，承认他本可以成为一个更好的沟通者，但他也坚持认为他先前的劝告是有效的。

朱熹的其他几份劝农的告示，就像这篇一样，也提到了以前的告示，并对他之前的告诫未被遵循表示了失望。②朱熹对一个无效告示的反应往往是发布另一个告示，而不是寻找另一种方式来影响当地居民。在担任南康县长期间，朱熹不得不处理旱灾和随后的粮食短缺问题。在他准备的大量公告中，他敦促经济条件较好的人要有同情心，按旱灾前的价格出售他们的余粮。他还威胁说，如果他们不合作，后果将不堪设想。③无视他的权威的人被警告说，他可以把他们作为罪犯逮捕和惩罚，"绝无轻恕"。④

朱熹在1190年担任漳州（福建）知府时写下的关于尼姑还俗的告示

① 《朱熹集》，第8册，第99卷，第5062—5063页。
② 参见《朱熹集》，第9册，《别集》第9卷，第5538—5543页。
③ 参见万志英（Richard von Glahn）《社区和福利：理论和实践中的朱熹的社仓》（Community and Welfare: Chu His's Community Granary in Theory and Practice），见韩明士和谢康伦《世界的秩序》，第232—245页；以及韩明士《道德责任和自律的过程》（Moral Duty and Self-Regulating Process），见韩明士和谢康伦《世界的秩序》，第302—309页。
④ 《朱熹集》，第8册，第100卷，第5110页。朱荣贵《朱熹与公共教育》，第269页。

中^①，则用了一种不同的方式。

契勘本州日前官司失于觉察，民间多有违法私创庵舍，又多是女道住持。昨来当职到任之初，为见事有非，便即已坐条出榜禁止，今后不得私创庵舍居住。丁宁告戒，非不严切。近日因引词状，见得尚有女道住庵，又有被人论诉与人奸通者，显是不遵当职约束，故违国家条制，诬上行私，败乱风俗，须至再行劝谕者。

右今榜劝谕本州军民男女等。盖闻人之大伦，夫妇居一，三纲之首，理不可废。是以先王之世，男各有分，女各有归，有媒有娉，以相配偶。是以男正乎外，女正乎内，身修家齐，风俗严整，嗣续分明，人心和平，百物顺治。降及后世，礼教不明，佛法魔宗，乘间窃发，唱为邪说，惑乱人心，使人男大不婚，女长不嫁，谓之出家修道，妄希来生福报。

若使举世之人，尽从其说，则不过百年便无人种天地之间，莽为禽兽之区。而父子之亲，君臣之义，有国家者所以维持纲纪之具皆无所施矣。幸而从之者少，彝伦得不殄灭。其从之者，又皆庸下之流，虽惑其言，而不能通其意，虽悦其名，而不能践其实，血气既盛，情窦日开，中虽悔于出家，外又惭于还俗，于是不婚之男无不盗人之妻，不嫁之女无不肆为淫行。

官司纵而不问，则风俗日败，悉绳以法，则犯者已多。是虽其人不能自谋，轻信邪说以至于此，亦其父母不能为其儿女计虑久远之罪。究观本末，情实可哀，此当职前日之榜所以不惮于丁宁也。然昨来告戒未行，只缘区处未广。

今复详思，与其使之存女道之名以归父母兄弟之家，亦是未为了当，终久未免悔吝，岂若使其年齿尚少容貌未衰者，各归本家，听从尊长之命，公行媒娉，从便婚嫁，以复先王礼义之教，以遵人道性情之常，息魔佛之妖言，革淫乱之污俗，岂不美哉！

如云婚嫁必有聘定赍送之费，则修道亦有庵舍衣衣钵之资，为父母

---

①《朱熹集》，第8册，第99卷，第5097–5098页。

者，随家丰俭，移此为彼，亦何不可？岂可私忧过计，苟徇目前，而使其男女孤单愁苦，无所依托，以陷邪僻之行、鞭挞之刑哉？凡我长幼，悉听此言，反复深思，无贻后悔，故榜。

在这份通知中，朱熹提出了几个反对佛教独身主义做法的论点。他说，如果每个人都如此，那么人类将在一个世纪内走向灭亡，而且很少有人真正能够做到这一点。他推崇的是儒家的社会愿景，即男主外女主内，从而实现社会和谐。他承认有些家庭把孩子送去当和尚或尼姑是因为他们负担不起婚姻的费用，他认为这种想法是错误的。

朱熹发布告示可谓用心良苦，他对平民可能做出的决定以及如何说服他们做出更好的选择进行了仔细的思考。在这份通知中，他似乎试图根据他想面向的观众调整了使用的语言。他没有像在与弟子的谈话中那样引经据典。他很可能意识到了关于独身的讨论会特别吸引受教育程度较低的民众。他一方面承认自己是会犯错的普通人，之前没有想清楚所有的问题；另一方面，他对经济问题的讨论则显得有点草率。

总的来说，朱熹在试图吸引平民的注意力和在努力迎合民众的思维方式上，似乎与《作邑自箴》中的公告有共通之处。朱熹一般认为他的听众是可以以理喻之的，值得尝试去说服。当他发布一系列公告时，他经常尝试不同的方法和论据。他认为官员和普通民众之间的距离是理所当然的，但他试图不让这种距离妨碍他传达信息。他确实在努力进行沟通。

同时，考虑到要站在公告栏前阅读的话，这无疑是一份相当长的告示。朱熹是否认为把它写得长一点会使它更有趣，或者使它看起来更重要？他是否认为人们会更关注长的通知？还是朱熹随心所欲，更多的是为他的同行而不是为他所在地区的民众而写？如果有随心所欲的成分，朱熹在这方面也不是唯一一个，因为其他南宋学者的作品集中也不乏相对较长的告示。[1]

---

[1] 参见陈傅良《止斋集》(52卷，附录1卷，收于《四库全书》第1150册)，第44卷，第11页上到第13页下。黄干《勉斋集》(40卷，收于《四库全书》第1168册)，第34卷，第23页上到第28页上。朱熹的告示更长，参见《朱熹集》，第8册，第100卷，第5111—5124页。由于其中大部分内容涉及如何准备告示，这个公告很可能是被张贴在官衙的。

朱熹的告示有助于我们思考地方官所面临的情况，收集所需资源和确保每个人的合作是多么困难。在他非常重视的问题上——例如，在食物短缺时需要分享，或者独身生活的不正常——朱熹必须决定要坚持到什么程度。他自己的道德榜样是否足够？或者他是否应该尝试写一些有说服力的告示，并希望它们能被阅读？或者他是否需要给地方保甲施加额外的负担，要求保正挨家挨户地去传播消息？从这个角度来看，张榜既不是疏忽，也不是压迫，而是一种务实的妥协，而且是一种节省成本的妥协。此外，公告为所有参与其中的人提供了一些确认性。对朱熹本人来说，写公告是一种立场，表明了他的价值观和信仰，是为所谓的"教化"做出贡献的一种努力。对于那些能够阅读的农村人来说，张贴的告示使他们在群体中能获得一定的地位。当他们停下来阅读新的告示时，人们会聚集在他们周围。他们的行为使自己成为从皇帝到普通百姓的沟通渠道中的重要一环。也许，即使是文盲也能通过听别人解读告示受益。

人们常说，朱熹和其他南宋道学家对通过政府来实现他们的目标不太感兴趣，他们在如何通过地方自愿行动来解决问题上似乎更具创造力。这种说法可能是正确的，但这并不意味着当他们担任地方官时，这些学者会让当地士绅制定议程，或完全听从他们的意见。朱熹在每一个地方任职时都相当积极，并不怕对当地士绅施加压力。那些继承了朱熹传统的人也经常保存他们在地方任职时写的告示。真德秀（1178-1235）的告示几乎和朱熹的影响一样大，部分原因是它们被收录在他的《政经》一书中。[1] 和朱熹一样，真德秀强调社会上的知识分子应该用当地的方言向不识字的人解读告示，"其不识文义者，乡曲善士，当以俗说，为众开陈，使之通晓"。[2]

---

[1] 狄培理：《真德秀和治国》（Chen Te-hsiu and Statecraft），见韩明士和谢康伦《世界的秩序》，第349-379页；朱荣贵《真德秀和"治理的经典"：新儒家治国时代的到来》（Chen Te-hsiu and the "Classic on Governance"：The Coming of Age of Neo-Confucian Statecraft），加利福尼亚大学博士毕业论文，1988年。

[2] 真德秀：《西山文集》（55卷，收于《四库全书》第1174册），第40卷，第12页下。关于真德秀敦促长者向晚辈解释问题的其他例子，见朱荣贵《真德秀和"治理的经典"》，第304-305，313-314，349页。

危 机 管 理

在危机到来的情况下，如饥荒、流行病和战争，公告是一种特别有价值的信息发布媒介。例如，在饥荒中，食品价格的飙升迫使地方官员采取行动。司马光（1019-1086）报告说，赵抃（1008-1084）对两浙地区的严重干旱和蝗灾采取了不同寻常的做法。其他县在主干道上张贴告示，禁止提高米价，而赵抃则张贴告示说带米来该县的人可以随便提价，于是米商蜂拥而至，米价下降，结果没有人饿死，与附近的县形成鲜明对比。[①]

一些学者研究了黄震（1213-1281）在1271年的饥荒中使用告示的情况，那是在王朝的最后几年。[②]关于这次危机的最丰富的资料是黄震自己的著作，我们当然会从他的角度来看情况。他发布了一个又一个通知，向囤米的家庭施加压力，要求他们以不太高的价格出售大米。为了得到他想要的结果，他公开点名了那些不合作的家庭。当形势变得严峻，开始有人死去的时候，他公开威胁要用武力夺取那些有米家庭的大米，让他们除了将自己的商店出售外没有其他选择。这个案例揭示了张贴告示的胁迫性的一面，因为它们可以被用来给人们施加压力，迫使他们按照当地政府的要求行事。

在这里，我想关注的是另一种不同类型的危机：靖康元年（1126）年末开始的开封沦陷，以及随后金人在向城内居民索取巨额赎金时对城市的封锁。这场危机是一个明显的城市危机，宋朝政府对这一危机的反应依赖于城市的高人口密度（当时的开封大概有数百万或更多居民）。为了研究这一危机管理的细节，我参考了《靖康纪闻》，这是一个名叫丁特起（约活跃于1120年左右）的官学学生写的关于开封封锁时期的生活记录。这份记载的优点是，它不是来自于写告示的人，而是来自于读告示的人。在他的序言

---

① 司马光：《涑水记闻》（16卷），北京：中华书局，1989年，第14卷，第285页。
② 韩明士：《道德责任和自律的过程》；高柯立：《宋代州县官府的榜谕》；李苏姬：《成事：十三世纪中国地方官僚机构的抗击饥荒和政治交流》（Getting Things Done: Fighting Famine and Political Communication in the Local Bureaucracy in Thirteenth Century China），2015年5月29日罗马举行的"中世纪世界的政治交流"会议上发表的论文。

中，丁记录说他和其他学生试图了解所发生的事情，而他们的一个主要信息来源就是政府张贴的告示。这些告示通常是由开封府张贴的。

在丁的记录中，正月十一日的记录相对较短，也显示了《靖康纪闻》一书的风格：

> 十一日，百官僧道父老云集于南薰门，以俟大驾，又如昔时。午刻有榜云："王御带传到圣旨，大金元帅以金银表段少，驾未得回，事属紧切，仰在京士庶，各怀爱君之心，不问贵贱，有金银表段者，火急尽数赴开封府纳。许人告，给赏，犯人依军法。"及晚，又榜云："大金元帅只是为金银表段事未集，留驾未回。来日定回。"①

丁特起有时会题记是哪个政府部门张贴的告示，有时会说是广泛张贴的，有时会说是在什么时间出现的。在少数情况下，他引用了告示的全文，但更多的时候，他只是总结了其中的信息。大约有三分之一的记载中，丁还记录了那些阅读告示的人的反应，主要是那些站在他周围，与他同时阅读公告的人。从靖康元年年闰十一月底到次年正月底的两个月的时间里，丁一共提到了42份告示。下面的清单总结了他对这些告示的记载：②

靖康元年闰十一月二十八日（1127年1月12日）

开封府宣布，军民官员和文官应带领父老百姓前往金营，赠送金、丝、肉和酒，作为对士兵的奖赏。城里和郊区的乡绅和平民看到通知后都哭了起来，很快就带着要求的物品挤满了街道。

下午早一些时候，一份黄纸公告引用了钦宗（1126-1127在位）的话，呼吁大家保持平静。这让读者产生了怀疑。

在各个地方张贴的告示宣布，政府正在招募居民来抓捕盗贼。人们对告示的反应很迅速，许多盗贼被处决。

---

① 丁特起：《靖康纪闻》，第21—22页。
②《靖康纪闻》，第11—28页。这个表格并不完全，只包括了被认定为榜的文件。关于涵盖更长时间和更多来源的公告，见朱传誉《宋代新闻史》，第141—153页。

靖康元年闰十一月三十日（1127年1月14日）

黎明时分出现了宣布和平协议的告示。

钦宗的黄纸告示说，他还没有回来，但不用担心。乡绅和平民都回家了，但当晚却无法入睡。

靖康元年十二月五日（1127年1月19日）

开封府贴出告示，要求人们交出马匹，并对举报不服从命令的人给予奖励。结果，马匹从街道上消失了，官员们不得不步行、骑驴或乘坐轿子。

靖康元年十二月六日（1127年1月20日）

开封府发布命令，要求人们交出所有的武器，人们服从了这一命令。

靖康元年十二月七日（1127年1月21日）

开封府指示士兵返回他们的军营，在那里他们会得到报酬和食物。

靖康元年十二月十二日（1127年1月26日）

开封府报告说，有钱有势的人必须上缴金银，并对举报反抗者的人给予奖励。这一命令让人们陷入了混乱。

靖康元年十二月十九日（1127年2月2日）

来自开封以外的商人被命令交出金银。富有的商人被命令交出存放在他们那里的财富。被皇帝赐予金腰带的官员被命令上交腰带。

靖康元年十二月二十一日（1127年2月4日）

允许拆毁宫殿以获取木柴。

靖康元年十二月二十四日（1127年2月7日）

金人下令收集贵重物品。乡绅和平民看到通知后都很悲痛。

靖康元年十二月二十五日（1127年2月8日）

在居民区的告示通知说那些家庭成员被绑架的人可以尝试赎回他们。数以万计的人出现了，超过了当局的处理能力。

靖康元年十二月二十六日（1127年2月9日）

由于迫切需要收集金银，政府开始为官位和僧侣的称号明码标价。该公告被张贴了十天，但丁特起没有听说有人去购买。

靖康二年正月初八日（1127年2月20日）

尚书省报告说受到了来自金国的压力。

钦宗敦促大家配合金人。

靖康二年正月初十日（1127年2月22日）

钦宗在晚上张贴的告示中说，他很快就会回来，所以人们应该保持冷静。

靖康二年正月十一日（1127年2月23日）

中午的告示说由于金银数量不足，钦宗无法回来，所以所有忠君之人都应该把他们的东西交给开封府，对那些举报不配合者的人给予奖励。傍晚时分，一份告示说皇帝将在第二天返回。

靖康二年正月十二日（1127年2月24日）

一份告示援引钦宗的话说，金朝的将军声称，有这么多的人口，一定有更多的财富可以上缴，所以皇帝敦促尽快在当天完成金人的要求。这份告示导致了更多的搜查和大面积的恐慌。

靖康二年正月十三日（1127年2月25日）

一份告示说，钦宗已经三天没有吃饭了，官员必须挨家挨户搜查。从高官的家中查获了大量的食物。仆人们被要求举报他们的主人。甚至穷人的房子也被洗劫一空。每个人都变得焦躁不安。

傍晚时分,钦宗的一份告示出现了,敦促人们做出更多努力。

一则告示敦促要彻底解决问题。

开封府要求人们交出珠宝。为了确保每个人都听到这个消息,政府人员应该挨家挨户敲门通知。没有金银的人被允许上交铜钱。

靖康二年正月十四日(1127年2月26日)

一份告示警告了不交出贵重物品的后果。一些人利用这个机会举报和批判他们的对手或主家。

金国发布的告示警告说,如果有必要,他们将派士兵进行搜查。当乡绅和平民看到这些通知时,他们面面相觑,脸露恐惧。人们组成小组进行自卫,当晚无人入眠。

靖康二年正月十五日(1127年2月27日)

在黎明时分,很多告示被张贴以敦促士兵和平民冷静下来,返回各自的岗位。人们情绪低落,有些人写下了悲伤的诗句。

靖康二年正月十七日(1127年3月1日)

一份告示称,金人正在等待一个晴朗的日子来进行马球比赛,之后钦宗将被允许返回。

靖康二年正月二十日(1127年3月4日)

一份更新的告示称,他们仍在等待天空放晴。

靖康二年正月二十一日(1127年3月5日)

开封府宣布,当铺应重新开放,因为贫困的家庭需要典当。告示严禁人们与城墙上的金兵进行交易。

靖康二年正月二十二日(1127年3月6日)

告示声称金人仍在等待天气放晴和马球比赛的举行。

政府公告提到听说有人用木头制作武器，这是被严格禁止的。这一报告使人们更加不安。

靖康二年正月二十三日（1127年3月7日）

公告鼓励人们举报还未能重新营业的当铺，并会对举报者进行奖励。

靖康二年正月二十四日（1127年3月8日）

一份告示说，皇帝还没有回来，因为仍旧在阴天和下雨。

靖康二年正月二十六日（1127年3月10日）

尚书省张榜说，皇帝听说城里的人很焦虑，许多人死于饥饿或寒冷。他向他们保证，他将会回来，政府会降低食物和柴火的价格。还说人们不需要在城门口等待他的车驾。读到这封告示的人都哭了。

由于军人恃强扰乱米场秩序，士兵们被禁止在那里买卖，而老百姓则被允许隔天进入。

靖康二年正月二十七日（1127年3月11日）

一份告示说，皇帝很快就会回来，人们不应该聚集在一起，因为担心会发生意外。

靖康二年正月二十八日（1127年3月12日）

一份告示声称，在将物品运出城和帝驾返回时，已经派出士兵维持秩序。

靖康二年正月二十九日（1127年3月13日）

开封府的一则公告悬赏指控那些肢解冻死的人的尸体以吃其肉的人。

丁特起的叙述让我们看到了危机期间人们对告示的迫切需求。人们想知道政府正在做什么，政府想避免民众的恐慌。发布告示的人经常试图安抚百姓，即使他们可能知道无法保证甚至根本不会有一个好的结果。相反，当局考虑的是如何保持大家情绪的稳定，因为激怒人民是没有用的。他们还将公告作为打击盗窃和暴力的武器。在围城初期（靖康元年闰十一月二十八日），他们要求民众充当治安人员，抓捕小偷，这个呼吁非常成功。通过张贴告示，政府还向士兵承诺如果他们回到军营就会得到食物（靖康元年十二月七日），从而解决了士兵在街上游荡和恐吓人们的问题。频繁地发布告示使政府有办法管理一个不稳定的局势。

丁的叙述让我们能够从个人的角度来思考这些公告。城市居民迫切地想知道发生了什么，却经常不得不再等一天甚至更久才能看到下一条告示。我们还可以看到，丁的周围通常有其他人也在看这些告示，他对他们的反应很敏感，而且他也在试图判断人们遵守告示的情况。

当然，开封并不是一个普通的宋朝城市。在繁忙的城市街道上，观看告示的人自然比在农村的十字路口要多得多。此外，人们相互见到的次数越多，新闻传播的速度就越快。不过，开封府使用的许多策略在非危机情况下也经常使用。政府建立了一个奖励制度，鼓励人们做它需要的事情，包括上缴金银。在最初的两个星期里，政府在呼吁忠君和提供某种形式的补偿（如出售官职）之间摇摆不定。当忠君的呼吁不起作用的时候，政府还求助于告密者。后来在次年一月十三日，政府开始进行威胁：开封府官员说，他们将派人挨家挨户进屋搜查。第二天，政府再次发出稍有不同的警告，敦促民众遵守，理由是不应该给金人的军队提供借口，防止金人派兵抢劫。

宋朝政府为使公众了解情况而采取的积极措施是否保证了更大程度上的合作？我想答案是肯定的。首都的居民尽管不得不忍受一切，但仍然非常忠诚。尽管民众没有像他们被要求的那样，立即交出所有的贵重物品，但越来越多的财富被持续地交出。尽管伴随着许多哭泣和哀号，但当金人需要不同工匠的时候，政府也能够征召到他们。即使人们在饥饿和寒冷中死去，他们仍然非常有秩序地排队等待皇帝的归来。[①]

---

① 有关于开封围城的研究，参见伊沛霞《宋徽宗》(*Emperor Huizong*)，麻省剑桥：哈佛大学出版社，2014年，第450–471页。

小　结

在宋代，政府张贴告示的目的很多，比如消除恐惧、羞辱不法分子、宣传政策、鼓励对政府财产的竞标、营造地方官员的强硬形象、提醒居民缴税的最后期限，以及鼓励举报腐败官员。针对普通人的告示显示了他们的生活与国家交织的许多方面，从他们在灾难时对政府的依赖到他们容易受到地方官员的欺压。宋代政府似乎越来越多地使用告示来发布消息。从十一世纪到十二世纪，告示的印刷量也明显增加，这反过来又使人们对告示的依赖性增加，减少了负责分发的人的负担。

政府的指示和公告本身都强调必须确保每个人都得到消息。但是，官员们并没有把这一问题放在心上。在大多数情况下，官员们不是让人们聚集在一起听公告，而是张贴大多数居民都读不懂的公告。从地方官员对用文字来宣布政策的自信来看，我们可能会推断出，士大夫脱离了城外的乡村生活的现实。

然而，随着研究的推进，我却更倾向于另一种解释：和我们通常所认为的不同，也许乡下识字的人并不在少数。毕竟，如果识字的人不多，无法读懂通知，那么用大字楷体发布告示又有什么意义呢？同样，如果没有受过教育的村民无法找到识字的人，那么要求长者向不识字的人解释告示也没有任何意义。有一点很重要，识字的人并不局限于那些参加过科举考试的人。商人需要一定程度的文化水平，宋代中国有显著的"游商对农村的渗透"。[1]此外，大多数佛教和道教人员都能给民众解读告示。然后，全国各地遍布小城镇，离大部分的农民并不远。据一份统计显示，全国有1 840个集镇、20 606个收取盐税和酒税的地方。[2]和村庄相比，城镇显然会有更多识字的居民。

与韩明士最近的估计相吻合，即可能有十分之一的宋朝家庭有人具有

---

[1] 周绍明（Joseph P. McDermott）和斯波义信：《宋代中国的经济变迁》（Economic Change in China, 960-1279），见贾志扬和杜希德编《剑桥中国宋代史》下卷，第384页。

[2] 周绍明和斯波义信：《宋代中国的经济变迁》，第384页。

足够参加科举考试的教育程度，这就意味着更多的人能够阅读那些大字楷体书写的公告。^①韩明士指出，印刷术的发展带来了不小的影响，学校的数量在增加，而且需要识字的职业也越来越多，从算命的到大夫再到讼师，更不要说还有一直以来都存在的宗教和政府职员。在这种情况下，用告示与普通人交流的举动可以被看作支持韩明士研究的一个证据。

识字普及的证据仅仅是张贴告示对于宋朝社会和文化的一种反映。公告还给蔡涵墨的研究提供了证据，他将宋朝政府描述为具有"明显的书面化的官僚特征"。^②政府在各个层面的政务是通过纸质文件的生产、批准和传递来完成的，其中大部分被收录在《宋会要》中。考虑到学者们对宋代印刷业的发展所做的研究，印制告示也就不足为奇。^③使用告示来宣传某种政策也与最近强调的宋代的特点相吻合：宋朝政府更倾向于利用市场力量而非依靠其行政权力来指挥人民和调配资源。^④只有当人们意识到市场的存在并能及时获得相关信息时，市场力量才能正常运作。

朱熹和其他道学家在担任地方职务时使用告示的热情，证明了这种做法也很符合当时的社会和政治思想。不过，在这里，我们看到的是国家在地方上的行动，而不是地方精英以自发的方式进行行动。在北宋和南宋，政府在中央和地方两级都很积极地通过告示来传播信息。

通过文字进行交流的做法可能在南宋达到了一个高潮。在明初，似乎又出现了向口头交流的转变。明朝的开国皇帝朱元璋（1368-1398在位）显然不认为书面通知足以使人们行为端正，因此他建立了一个官员对民众演讲的制度，以教导他们基本的道德和社会价值观。他从小生长于贫穷的不

---

① 韩明士：《宋代社会和社会变迁》（Song Society and Social Change），见贾志扬和杜希德编《剑桥中国宋代史》下卷，第625-626页。

② 蔡涵墨：《宋代政府和政治》（Song Government and Politics），见贾志扬和杜希德编《剑桥中国宋代史》下卷，第43页。

③ 魏希德：《宋帝国的危机与维系：信息、领土与人际网络》，第64-70页。

④ 刘光临：《中国的市场经济，1000—1500》（*The Chinese Market Economy 1000-1500*），阿尔巴尼：纽约州立大学出版社，2015年，第31-34页。

识字的农民之中,很可能比任何宋朝官员都更了解底层的世界。[1]这其中可能还有其他原因,也许我们应该把朱元璋设立大诰的做法看作是明初对宋朝政府和经济依赖市场这一特点的一种纠正。[2]

(段晓琳 译)

---

[1] 陈学霖:《从顾起元的〈客座赘语〉看明太祖大诰的严厉规范和惩罚》(Ming Taizu's "Placards" on Harsh Regulations and Punishments Revealed in Gu Qiyun's *Kezuo zhuiyu*),《泰东》(*Asia Major*),第三系列,第22卷第1期(2009年),第13-39页。

[2] 刘光临:《中国的市场经济,1000—1500》,第7-8,31-33页。

殇之痛：唐代的悼亡子女墓志

姚 平

677年的一个春天，一位名叫王宝德的16岁男孩溺水自杀了。宝德出生于一个普通家庭，他的父亲未曾有过一官半职。但我们从《大唐殇子王烈墓志铭并序》①的描绘中得知，宝德酷爱诗书，仰慕古圣。从墓志的字里行间，我们似乎还能感觉到宝德有些许神经质。这篇墓志还告诉我们，"烈"是宝德的父母给他起的谥名，因为它最能代表他们的爱子的性格。痛彻之余，宝德父母为他筹措了一个精美的墓志，冀以"纪生前之气烈，垂殁后之芳名"。宝德的早夭让他们深感"三命之难违，百身无赎，落常华于首夏，霄孤秀于先秋"。

王烈的墓志铭是现存118篇唐人为死于20岁之前的未婚男女所作的墓志铭中的一篇，这些文献为历史学家提供了一个揭示中古中国童年和青少年生活经历的极好机会，也为本文考察唐朝亲子关系中一个很少被探讨的方面——悼亡夭逝者——提供了珍贵的史料。

自1960年法国历史学家阿利斯（Philippe Aries）的《儿童的世纪：旧制度下的儿童和家庭生活》（*L'enfant et la vie familiale sous l'ancien regime*）②出版后，亲子关系一直是儿童史研究中的一个重要组成部分。阿利斯旨在说

---

① 此志拓片见河南省洛阳地区文管处《千唐志斋藏志》，北京：文物出版社，1984年，第302页；录文见周绍良、赵超《唐代墓志汇编》仪凤007，上海：上海古籍出版社，1992年。

② 阿利斯（Philippe Aries）：《儿童的世纪：旧制度下的儿童和家庭生活》（*L'enfant et la vie familiale sous l'ancien regime*），巴黎：门槛出版社（Éditions du Seuil），1960年；英译版 *Centuries of Childhood: A Social History of Family Life*，纽约：诺普夫（Knopf）出版社，1962年。

图1 《大唐殇子王烈墓志铭并序》墨迹拓印（河南省洛阳地区文管处编《千唐志斋藏志》，北京：文物出版社，1984年，第302页）

服历史学家，儿童史是一个重要的历史研究领域，它可以揭示有关儿童的特定信仰和育儿实践是如何形成和如何演变的。之后，不少社会历史学家和文化历史学家发表了有关儿童和青年的各方面的研究，如法律、宗教和文学所见之儿童观、世界史中的儿童死亡率和杀婴等。[①]二十世纪九十年代起，

① 如，葛瑞文（Philip Greven）：《放过孩子：惩罚的宗教根源和身体虐待的心理影响》(Spare the Child: The Religious Roots of Punishment and the Psychological Impact of Physical Abuse)，纽约：诺普夫出版社，1991年；波洛克（Linda A. Pollock）：《被遗忘的孩子：1500年至1900年的亲子关系》(Forgotten Children: Parent-Child Relations from 1500 to 1900)，剑桥：剑桥大学出版社，1984年；卡塔拉诺（Amy J. Catalano）：《全球儿童死亡史：死亡率、埋葬和父母态度》(A Global History of Child Death: Mortality, Burial, and Parental Attitudes)，彼得·兰出版社（Peter Lang Publishing），2015年。

中国历史学者也逐渐涉足这一领域。1995年，司马安（Anne Behnke Kinney）编写了《中国儿童观》(*Chinese Views of Childhood*)，收入11篇有关汉代至今的儿童观及实践的文章，这是一部儿童史研究的开山之作。[①]除此之外，其他两本关于中国儿童史的专著也极大地扩展了我们对早期中国及明清时期的儿童观的理解——司马安的《早期中国关于童年和青少年的表述》(*Representations of Childhood and Youth in Early China*)探讨了"童年"成为哲学探讨的重要课题的历史文化背景以及汉代文献中对"早熟儿童"和"贵族儿童"的描述和观念。[②]熊秉真（Ping-Chen Hsiung）的《慈航：近世中国的儿童与童年》(*A Tender Voyage: Children and Childhood in Late Imperial China*)研究了王阳明学派全盛时期之后发展起来的关于童年的新视角和实践。[③]

有关唐朝的亲子关系的研究也有长足的进步，这要归功于丰富的史料，包括文学、艺术、书仪、说教文本、宗教文献、法制文献[④]以及大量的墓志铭和敦煌文献[⑤]。不过，关于这一主题的研究大多集中在如何定义、认知和实践孝

---

① 司马安（Anne Behnke Kinney）：《中国儿童观》(*Chinese Views of Childhood*)，火奴鲁鲁：夏威夷大学出版社，1995年。

② 司马安：《早期中国的儿童和青少年图像》(*Representations of Childhood and Youth in Early China*)，斯坦福：斯坦福大学出版社，2004年。

③ 熊秉真（Ping-Chen Hsiung）：《慈航：近世中国的儿童与童年》(*A Tender Voyage: Children and Childhood in Late Imperial China*)，斯坦福：斯坦福大学出版社，2006年。

④ 参见，阎莉颖：《唐诗中的儿童形象》(硕士论文)，辽宁师范大学，2013年；赵小华：《父亲的记录：唐诗中的儿童书写》，《贵州社会科学》2005年第6期，第85-90页；郑阳：《唐代儿童图像研究》(硕士论文)，中央美术学院，2010年；金滢坤：《唐代家训、家法、家风与童蒙教育考察》，《浙江师范大学学报》2020年第1期，第13-21页；王一平：《唐代儿童的教与养》(硕士论文)，台湾师范大学，2004年；李红：《从法律视角看唐代家庭中的父母子女关系》，《沧桑》2014年第6期，第40-43页；克莱因（Erin M. Cline）：《美德的家庭：儒家和西方对儿童发展的看法》(*Families of Virtue: Confucian and Western Views on Childhood Development*)，纽约：哥伦比亚大学出版社，2015年；寇爱伦（Alan Cole）：《中国佛教中的母与子》(*Mothers and Sons in Chinese Buddhism*)，斯坦福：斯坦福大学出版社，1998年。

⑤ 参见，廖宜方：《唐代的母子关系》，台北：稻香出版社，2009年；张国刚：《论唐代家庭中父母的角色及其与子女的关系》，《中华文史论丛》2007年第3期，第207-249页；买小英：《儒释伦理共同作用背景下的敦煌家庭关系研究——以八至十世纪为中心》(博士论文)，兰州大学，2017年，第49-77页；赵贞：《唐代黄口的著录与入籍——以敦煌吐鲁番文书为中心》，《西域研究》2017年第4期，第46-60页。

道，而且以关注成年子女与父母的关系为主。[①]有关唐代父母悼念早夭子女的最早的研究是吴百益在1995年发表的《童年回忆：中国历史上的亲子，800-1700》。[②]他在文中仔细分析了韩愈（768-824）为女儿撰写的祭文和圹志，并指出，中国文学中的儿童描写多于欧洲；而且从九世纪起，父母对早亡子女的哀悼，尤其是父亲对女儿的追念，超越了《礼记》的规定。

基于吴氏的研究，本文进一步考察现存唐朝夭亡者墓志，旨在考察唐朝父母如何回忆和讲述他们的子女的生活、探讨哀悼早逝子女愈趋彰显的原因。本文认为，虽然唐朝成人墓志中对逝者的描写大体上遵循了儒家的人生历程和男女性别角色的模式，但为生命短暂的孩子撰写墓志不可能如此地公式化，这为父母和家庭叙述轶事和表达情感提供了空间和自由。此外，本文还指出，佛教的盛行极大地影响了唐朝父母哀悼子女的方式。在唐代，随着佛教阴间和来世观念的传播，做七、写经、起塔等为任何年龄的死者追福的活动逐渐普遍起来。由此，唐朝父母也逐渐突破了《礼记》的限制，以墓志为媒介来表达他们深切的悲痛。

唐朝早亡人墓志

在中国历史上，礼书、律令、帝王诏敕等对童年和青少年都有明确的定义。例如，公元624年唐高祖颁诏：3岁以下为黄，4岁以上为小，16岁以上为中，21岁以上为丁。值得注意的是，唐朝廷曾两次改动成年男性的年龄：第一次是在705年，以22岁以上为丁；763年，改为23岁以上为丁。[③]《唐律疏议》则将未成年者分为三组：15岁以下为小，10岁以下为幼弱，7岁以下

---

① 参见，陈弱水：《试探唐代妇女与本家的关系》，《"中央研究院"历史语言研究所集刊》第六十八本第一分，1997年，第167-248页；郑雅如：《中古时期的母子关系—性别与汉唐之间的家庭史研究》，收于李贞德《中国史新论——性别史分册》，台北：联经出版社，2009年，第192-199页；丘慧芬（Josephine Chiu-Duke）：《唐代母亲与唐王朝的安康》（Mothers and the Well-being of the State In Tang China），《男女》（Nannü）第8卷第1期，2006年，第55-114页。

② 吴百益（Pei-yi Wu）：《童年回忆：中国历史上的亲子，800-1700》（Childhood Remembered: Parents and Children in China, 800 to 1700），收于司马安《中国儿童观》，第129-156页。

③ 王溥：《唐会要》卷85。

为悼。《仪礼》对早亡者及其服丧规格也有一系列规定。《仪礼·丧服传》将殇分为三组："年十九至十六为长殇；十五至十二为中殇；十一至八岁为下殇。"又曰："不满八岁以下为无服之殇。无服之殇以日易月，以日易月之殇，殇而无服，故子生三月，则父名之死则哭之，未名则不哭也。"①

本文讨论的对象是长殇及更为年幼的死者，其史料数据来自118篇唐代墓志。其中12篇来自《全唐文》，②7篇来自《大唐西市博物馆藏墓志》，③11篇来自《西安碑林博物馆新藏墓志汇编》和《西安碑林博物馆新藏墓志续编》，④一篇来自当代私人收藏家河北正定墨香阁主人刘秀峰，⑤其余出自《唐代墓志汇编》和《唐代墓志汇编续集》。⑥就年龄组而言，其中65人属于长殇（16—19岁），34人属于中殇（12—15岁），11人属于下殇（8—11岁），7人在4至7岁时夭折，还有一篇墓志未提及死者年龄，但从行文来看，应该是早夭。⑦就性别而言，55篇墓志铭（47%）是为女儿写的，63篇墓志铭（53%）是为儿子写的。唐代早亡人墓志的数量在唐代后期急剧增加。在118篇墓志中，只有18篇（15%）是七世纪的作品；八世纪的墓志数35篇（30%）；在九世纪，这个数字是65（55%）。这一趋势似乎与唐代墓志数量的总体分布不相吻合。从《全唐文》《唐代墓志汇编》及《续集》的墓志数据来看，七世纪与八世纪的墓志比例分别是36%和37%，而九世纪的墓志是唐代墓志总数的27%。更值得注意的是，九世纪早亡人墓志增加的原因是为女儿作志的比例大大增加，为儿子作志的数字反而没什么变化（七世纪15篇，八世纪22篇，九世纪19篇）。

---

① 《仪礼·丧服第十一》。

② 《全唐文》共收入925篇墓志和神道碑。

③ 胡戟、荣新江：《大唐西市博物馆藏墓志》，北京：北京大学出版社，2012年（以下简称《西市墓志》）。《西市墓志》共收入墓志500篇，其中457篇是唐代墓志。

④ 赵力光等：《西安碑林博物馆新藏墓志汇编》，北京：线装书局，2007年（以下简称《碑林墓志》）；《西安碑林博物馆新藏墓志续编》，西安：陕西师范大学出版社，2020年（以下简称《碑林墓志续集》）。《碑林墓志》收入墓志381篇，其中346篇是唐代墓志；《碑林墓志续集》收入墓志207篇，其中231篇是唐代墓志。

⑤ 《亡男庞玉墓志铭并序》。

⑥ 周绍良、赵超：《唐代墓志汇编》，上海：上海古籍出版社，1992年（以下简称《汇编》）；《唐代墓志汇编续集》，上海：上海古籍出版社，2001年（以下简称《续集》）。

⑦ 《西市墓志》452。

疾病显然是早亡的主要原因。在提及死因的79篇墓志铭中，有67篇提及死者因病而亡：或是"遇暴疾而夭"，[①]或是因疮痏"侵淫溃发"而终，[②]也有因"绵历"病痛而不治的。[③]在旅程中染病或发生不测是未成年人早亡的第二大原因（8例）。比如崔群（772-832）的妹妹崔杨在805年陪同崔群上任的途中得病死去，终年13岁。[④]韩愈的女儿韩挐在12岁时随韩愈流放潮州，在途中生病去世。[⑤]早亡人墓志还显示出，有些孩子生前曾长期抑郁不振。例如，一份816年的墓志铭记载道，志主的父亲因被贬汀州而把他托付给在长安的姑姑，导致他忧伤有加。[⑥]一份774年的墓志记载道，志主是一位18岁的姑娘，因"积忧成疾，以至殒身"。[⑦]也有一些墓志提到死者是被谋害的。比如，702年，16岁的杜并为他的父亲杜审言（645-708）报仇，在刺死陷害其父亲的官员后被杀。[⑧]757年，17岁的周晓在做人质期间被突厥谋害。[⑨]

虽然绝大多数唐朝墓志都提到了死者的童年和青春期，早亡人墓志的描写有两个独特之处。首先，这些墓志大多是由家庭成员或近亲写的：23篇墓志的作者是父亲，12篇作者是兄弟，9篇是叔叔，6篇是表亲，1篇是祖父，1篇是叔祖父，1篇是姐夫，7篇是亲戚或家庭朋友。其余的墓志铭或是没有列出作者姓名（36篇），或是没有列出作者与死者之间的关系（22篇），但大多数作者显然与死者家族关系密切。例如，虽然《王烈墓志》的作者没有署名或阐明他与王家的关系，但墓志的描述很清楚地反映出他对宝德知之甚详。由于作者和死者之间关系密切，所以早亡者墓志中对死者的童年和青少年时期的描述要比成人墓志铭中对死者的早年经历的描写生动得多。如果成

---

①《上殇高氏墓志铭》，《全唐文》卷216。高氏死于686年，终年17岁。

②《权氏殇子墓志铭并序》，《墓志汇编》元和102。死者是权德舆（759-818）的孙女，死于817年，终年9岁。

③《唐故柳氏长殇女墓志铭并序》，《墓志汇编》会昌42。柳氏女死于845年，终年16岁。

④《墓志汇编》元和001，盖失。其他记载在旅途中亡故的墓志是《墓志汇编》贞观080、大历036、贞元109、大中112、咸通002、咸通099、《全唐文》卷566。

⑤《女挐圹铭》，《全唐文》卷566。

⑥《唐故郑氏嫡长殇墓记》，《墓志汇编》元和090。

⑦《墓志汇编》大历038，无盖。

⑧《大周故京兆男子杜并墓志铭并序》，《墓志汇编》长安007。

⑨《唐故赞善大夫赠使持节都督原州诸军事原州刺史赐紫金鱼袋上柱国周府君墓志铭并序》，《续集》乾元005。

人墓志的作者是同事或朋友的话,对死者早年的陈述大多会一笔带过。

　　这些墓志铭的第二个独特之处是,其叙事模式与成人墓志铭截然不同。成人亡者经历了人生各个阶段,所以他们的墓志铭很自然地会按照儒家理想中的人生历程和性别角色来描绘死者:男性以"修身齐家、治国平天下"为准则;女性则效仿淳于意(公元前216-150)之孝顺、梁鸿(27-90)妻之举案齐眉以及孟母(公元前372-289)之睿智。比如,白居易为元稹(779-831)母亲郑氏所撰写的墓志在详细描述了郑氏作为女儿、妻子和母亲的美德和品行后称赞道:

> 噫!昔漆室、缇萦之徒,烈女也,及为妇则无闻;伯宗、梁鸿之妻,哲妇也,及为母则无闻;文伯、孟氏之亲,贤母也,为女为妇时亦无闻。今夫人女美如此,妇德又如此,母仪又如此,三者具美,可谓冠古今矣。①

这种对死者的公式化描述贯穿了整个唐代,虽然晚唐墓志会添加一些轶事来为描述死者品行增添色彩。与此相反,唐朝为早逝者所写的墓志往往生动地描述了亲子的互动,行文间充满了深切的悲伤。一位名叫崔岩的官员在851年为他13岁时去世的女儿撰写的《中殇女广娘子墓志铭》就是一个很好的例子。这篇墓志铭记述道,广娘子是全家的宠儿:她是崔岩的第一个孩子,也可能是他父母的第一个孙辈。她的祖母经常说:"自吾有是孙,慰悦于前,过其诸姑矣。"广娘子似乎时时刻刻都陪在祖母身边:"食饮动息,一出于膝下。"广娘子生来善解人意,"及能言,遇长者色稍异,或意攸属,转眸辄得之,故未尝有所忤……暨七八岁,恬婉静一若成人。……既出十岁,孝爱顺敬愈笃。"广娘子的母亲生病后,她殷勤省侍,"其迹如织"。然而,因为祖母时时召留,广娘子"虽暂承意,而凝眙郁抑不可解,因膳寐乖节,遂癯乏尪顿"。母亲去世后,她更是"戚与疾相乘,虽汤熨莫之应"。广娘子去世后,崔岩悲痛不已,自扪道:"呜呼!余何咎?失翼未几,又遘是!"墓志的铭文如下:

---

① 《唐河南元府君夫人荥阳郑氏墓志铭》,朱金城《白居易集笺校》,上海:上海古籍出版社,1988年,第5册,第2718页。

不綵不纾,和滋性府。不缺不忒,体凝外式。谓成而永,因戚以病。徇孝凋生,岂天素命。炳然其英,瞩然不还。祔归故原,玄埏孔安。旁房前户,窈而有矩。以妥以固,居之无忱。①

《亡男庞玉墓志铭并序》成文于808年,是窦庞玉的父亲窦易直撰写的,文中体现亲子之情以及丧子之痛与《中殇女广娘子墓志铭》十分接近。窦父写道:

吾年三十八方有汝,汝之始生即多病,五岁而后能行,十岁从师诵《孝经》《何论》《尚书》《礼记》至第六。性仁孝,寡言而静,加又小心敬慎,每微训示,即度日恐栗,行上无容。心谓汝必能成立,光大吾门。岂图劳此保养,暂遘微疾,以元和三年正月四日享年一十有五,奄然长往,哀何可极。时未通便,故以其年月三十日权宅于长安县居安乡郭杜村香积佛寺之西南,候岁月通便将归汝于咸阳大茔。衔悲为文,悲塞绝笔。铭曰:神道冥深,何促尔生,悲俟通年,归汝旧茔。②

同样地,以下这篇818年成文的李德孙墓志以非常温柔的口吻讲述了一个四岁女孩的短暂一生:

女生元和乙未岁七月廿日,亡戊戌岁七月十八日于同州内城官舍,来廿七日己酉,瘗京兆府万年县龙首乡因圣寺佛阁西门之南地。土接亡叔之墓,风接西茔之松,冀尔孩魂,不怕幽壤。铭云:姓李氏,生崔氏,聪明神光,骨发天祉。言语未正,自解亲亲,顾瞻溢彩,颜色沇人。走弄之间,呕吐生疾,气噎深喉,血流中质。玄风潜吹,元精不凝,柔闲在抱,呼哭莫应。既未及殇,讵可等彭,肝肠燋起,无奈此情!③

---

① 《西市墓志》422。
② 河北正定墨香阁主人刘秀峰藏志。
③ 《唐渤海王五代孙陈许澉蔡观察判官监察御史里行李仍叔四岁女德孙墓志铭并序》,《墓志汇编》元和120。

从以上三个例子中我们可以看出，尽管这些墓志也以孝顺和早慧来形容亡者，但总体而言，对他们的性格和经历的描述与成年男女墓志铭中对童年和青少年时期的公式化描述大不相同：早亡人墓志不仅有更为详细的事迹描写，而且还有孩子们独特经历的记录。比如，广娘子在取悦祖母和照顾母亲之间左右为难、窦庞玉直到五岁才开始走路、李德孙在亲人的怀抱中去世等。更为重要的是，这些墓志的关注点是亡者与家人的关系，尤其是他们与父母的互动。

从《王烈墓志》中，我们也可以观察到这种特殊的细腻和亲情。虽然这篇墓志没有署名，但很可能是由一位亲密的家庭朋友或亲戚执笔的。当然，我们也不能排除它是王烈（宝德）的父亲撰写的，因为大多数七世纪的墓志不列作者姓名及与死者的关系。从墓志中我们了解到，王宝德的父母非常赞赏他对诗文的酷爱和对古人（尤其是屈原）的崇拜：

> 生而岐嶷，幼履温恭，孝敬发自天机，友悌融乎本质。性不戏弄，对奇宝而不观；志在多闻，挟良书而玩读。至于风前月下，率尔成章，玉露银钩，何尝绝笔。年裁志学，追慕古人。

王宝德对诗文的痴迷导致他父母猜测他与屈原有精神交流：

> 状有精物，语涉神交，或有赋诗，或题永诀。凡所述作，密自藏之。

然而有一天，王宝德"忽尔私行"，父母"开函检得遗语诗书十余纸，每云赴水而去"。有了这条线索后，父母惊慌失措地去寻找他，最终发现他溺死于洛河。墓志的铭文部分大量引用了屈原作品中的词汇和典故，以强调了宝德对屈原的迷恋：

> 惜矣王生，素禀奇英。小年志学，弱冠轻生。义风多烈，雄心不平。观书殉古，遇宠逾惊。海若同志，冯夷叶灵。投兹贝阙，赴彼珠庭。殡骸邙岭，闷景佳城。峰云愤结，垅树悲声。齐椿菌之修短，混彭殇之□

龄。纪生前之气烈，垂殁后之芳名。

这些墓志铭是否具有代表性？唐代父母在多大程度上遵循了《礼记》传统？在现存的唐朝墓志中，《王烈墓志》是唯一记录子女谥名的墓志，因此这可能是一个特例。但是，称呼他们的儿女为"殇"却相当普遍，而且还可能是唐代出现的新现象。在我收集的30篇唐之前早亡人的墓志中，没有一篇称死者为"殇"。[①] 而在118篇唐代早亡人墓志铭中，有23篇称死者为"殇"，最早的一篇成文于686年。[②] "殇"的使用可能意味着，在唐代，墓志铭的功能在不断地扩大：墓志铭不仅是纪念死者的媒介，而且还是生者表达道德价值和理想的重要渠道。换句话说，"殇"凸显了亲子的关系。此外，732年唐朝廷颁布了《大唐开元礼》，它反映了朝廷对儒家礼仪文本的推崇，这也可能是"殇"的流行的背景原因。

事实上，唐朝父母在墓志中如何称呼他们的孩子既苦心孤诣，又充满情感。在将死者称为"殇"的墓志中，有些明确列出年龄等级：5个被列为"长殇"或"殇"，他们的年龄在16到19岁之间；[③] 两个"中殇"，年龄分别为13岁和15岁；[④] 两个下殇，10岁和11岁。[⑤] 有些简单地称死者为"殇子""殇女"。权德舆（759-818）在为他13岁去世的孙子撰写的墓志中称他"殇孙"。此外，一些墓志铭在标题中没有列出，但在正文中提到了年龄等级。例如，白居易为他九岁去世的哥哥写的墓志铭就以这样一句话开头："白氏下殇曰幼美。"

值得注意的是，虽然《礼记》不鼓励父母公开悼念八岁以下的孩子，并主张孩子越小，父母悼念他/她的时间越短，但不少唐朝墓志将他们年幼的孩子称为"殇"，有些甚至只有四五岁。一位名叫郑行者的孩子不幸在四岁时去

---

① 这30篇墓志出自赵万里《汉魏南北朝墓志集释》，台北：鼎文书局，1972年；赵超《汉魏南北朝墓志汇编》，天津：天津古籍出版社，2008年；于平《中国历代墓志选编》，天津古籍出版社，2000年；吴树平、吴宁欧《隋唐五代墓志汇编》，天津古籍出版社，1991年；罗新、叶炜《新出魏晋南北朝墓志疏证》，北京：中华书局，2005年。其中唯一一篇早亡女性墓志是成文于608年的《李静训墓志》。早期早亡人墓志不以"殇"称死也可能是因为作者不是父母。

② 《上殇高氏墓志铭》，《全唐文》卷216。

③ 《墓志汇编》天宝015、元和090、会昌042、咸通009，《全唐文》卷216。

④ 《西市墓志》422、455。

⑤ 《墓志汇编》天宝149，《全唐文》卷581。

世,父亲郑肃为之撰铭《唐殇子郑行者墓志》①,字里行间充满了悲伤之情:

> 殇子姓郑氏,行者其名,余之元子也。实有岐嶷之资、聪慧之性,奉
> 尊上曲尽其情,意备应对,每见其敏捷,大凡人事,尽得机要。所阙者未知
> 书耳。繇是乡党惊视,目为奇童,咸以为异时必能飞鸣惊人,一举千里。
> 岂期不实,四岁而夭,呜呼痛哉! 校书郎李戴工为文,尝录其行事为《异
> 童志》。呜呼! 尔夭于元和三年十月权窆于邙阜之别墅,逮今廿一年矣。
> 余罪衅不天,再集荼蓼,偃师县亳邑乡北原,吾先人之所宅,越翌日,合祔
> 上先府君之茔,是用归尔骨于大墓之侧,尔其有知,当为弄孙,代吾左右,
> 承颜泉隧,其乐如何。吾残骸哀瘵,临尔一恸,竟何言哉! 竟何言哉!

郑行者去世时只有四岁,按《礼记》的规定不应该被称为"殇",更不用
说在他去世21年之后还作志纪念了。更有意思的是,一些家长还把19岁以
上的孩子称为"殇"。例如,在《唐故弘农杨氏殇女墓铭并序》中,死者是一
位名叫杨慧的20岁的年轻女子。及笄之年,她失去了父亲。服丧完毕,她又
染病,从此再也没有机会结婚。正如标题所示,家人称呼她为"殇",可能是
为了强调失去女儿的痛苦。②

佛 教 的 影 响

巫鸿在其有关早期艺术中所见之儿童观的研究中指出,唐以前追念子
女的文字和艺术多以说教为主题,但父母的爱和悲伤也会在某些特殊的文
字体裁中出现。他的文章讨论了一个罕见的亲子关系的例子——一幅描绘
一位死于170年的儿童的浮雕边的悼词题记。③在魏晋南北朝,有关幼年子
女的写作逐渐增多,最著名的文学作品之一是江淹(444-505)的《伤爱子

---

① 《墓志汇编》大和016。
② 《墓志汇编》咸通103。
③ 巫鸿:《私爱与公义:早期中国艺术中的儿童形象》(Private Love and Public Duty: Images of Children in Early Chinese Art),司马安《中国儿童观》,1995年,第82页。

赋》。此外，早逝者的墓志数量也有所增加，不过，大多数墓志行文简约，撰写者往往是文人或家族外的官员。在唐代，关于悼念儿童的作品急剧增加。表达丧子之痛的诗作开始在八世纪出现，最著名的作品是杜甫（712–770）纪念他年幼的儿子饿死的诗。[1] 在九世纪，为子女撰写的悼亡诗开始流行。例如，元稹先后失去7个子女，他留下了两首悼念年幼女儿的诗和10首悼念独生子的诗。[2] 白居易也留下多首诗作悼念他的两岁时去世的女儿金銮子。除了诗作之外，许多文人还撰写祭文悼念子女。[3] 这可能也是唐代早亡人墓志越来越具有亲密感和表现力的原因。

悼亡子女的流行还可能与为儿童行丧的重要性日益增加有密切关系，这是由佛教关于来世和阴间观念的流行所导致的。学者们早已指出，唐人往往有意识地追求佛教意义上的生命终结，有的会在临终前求得法号，有的选择火葬。佛教对唐朝死亡观的影响还反映在炼狱概念的普及上。正如《佛说十王经》[4] 和《唐太宗入冥记》[5] 所反映的，在唐人的想象中，亡者过中阴时，会遇到地狱十王对死者的前世行为的判断。正因如此，每个人的死亡都是一件至关重要的大事。

父母关心夭亡子女的来世幸福的另一个证据是冥婚的盛行，这在唐代墓志铭、敦煌书仪以及唐代通俗小说中都有记载。[6] 例如，在唐朝的早亡人墓志铭中，有14篇记载了父母为死者安排了冥婚。从敦煌冥婚书中，我们了解到，父母选择冥婚的首要原因是心痛他们的孩子会"独寝幽泉"，无缘

---

[1] 杜甫：《自京赴奉先县咏怀五百字》，《全唐诗》卷216。

[2] 元稹：《哭子十首》，《全唐诗》卷404。

[3] 巫鸿：《私爱与公义》，司马安《中国儿童观》，1995年，第138–140页。

[4] 有关《佛说十王经》和《唐太宗入冥记》及佛教对唐人死亡观念的影响，参见太史文（Stephen F. Teiser）《死而复生——中世纪中国地狱观念》（Having Once Died and Returned to Life: Representations of Hell in Medieval China），《哈佛亚洲研究学刊》（Harvard Journal of Asiatic Studies）第48卷第2期，1988年，第433–464页。

[5] 斯2630。收于黄征、张涌泉《敦煌变文校注》，北京：中华书局，1997年，第319–332页。虽然这篇变文的年代是906年，这个故事在太宗649年去世后不久就已盛传。见高国藩《敦煌俗文化学》，上海：上海三联书店，1999年，第349–384页。

[6] 有关佛教死亡观念与冥婚盛行的关系，参见拙作《至死而合：唐代的冥婚》（Until Death Do Us Unite: Afterlife Marriages in Tang China, 618–906），《家庭史杂志》（Journal of Family History）第27卷第3期，2002年，第207–226页。

于男女之情。^①即使在安葬之后，父母仍然会以各种方式来确保他们的子女在往生西土的行程中受到保护。在敦煌文稿中，有一篇是母亲为已故的儿子抄写的《金光明经》，希望他能够"三涂八难，愿莫相过，花台莲宫，承因游喜。"^②在敦煌写经文献中，至少有8篇明确记载是父母为已故子女祈福的。^③此外，唐朝的父母还为夭亡的孩子造画、^④造像。^⑤

所有这些都表明，虽然《礼记》对父母悼念子女的方式有严格的规定，但佛教却并没有类似的限制。事实上，佛教鼓励人们哀悼所有死亡。^⑥此外，敦煌文献表明，佛教对唐朝儿童丧葬仪式和程序有极大的影响，这些仪式和程序要比《礼记》的规定详细和复杂得多。唐代僧人王梵志曾写过一首描述一个家庭与死去的孩子告别的诗，我们看到，这个告别的过程不仅不强调年龄等级，而且还为死者家庭提供了一个抒发悲情的渠道：

> 父母怜男女，保爱掌中珠。
>
> 一死手遮面，将衣即覆头。
>
> 鬼朴哭真鬼，连夜不知休。
>
> 天明奈何送，埋著棘蒿丘。
>
> 耶娘肠寸断，曾祖共悲愁。
>
> 独守丘荒界，不知春夏秋。^⑦

---

① 斯1727。

② 池田温：《中国古代写本识语集录》，东京大学东洋文化研究所，1990年，第438页。有关佛教对儿童丧葬的影响，参见蒋勤俭《敦煌文学中的产育民俗研究》（博士论文），云南大学，2015年，第187-204页。

③ 在这八篇写经题记中，两份可能是为成年子女祈福的（I.O.Ch.00267和斯1171），其余六篇都是为夭亡子女抄写的，分别是：斯592（母亲为女儿写经，688年）、上图026（父亲为儿子写经，707年）、伯3031（父亲为儿子写经，712年）、北洪字71（父亲为儿子写经，766年）、斯2924（父亲为儿子写经，八世纪）、斯2564（为女儿写经，八世纪）。

④ 例如，卢照邻（634-689）《益州长史胡树礼为亡女造画赞》，《全唐文》卷166。

⑤ 例如一份761年的造像记写道："清信女侯为亡男李胡子敬造观音菩萨一驱。"见陆增祥《八琼室金石补正》，北京：文物出版社，1985年，第206页。

⑥ 廖宜方：《唐代的母子关系》，第121页。

⑦ 伯3418、伯3724。收于项楚《王梵志诗校注》，上海：上海古籍出版社，2010年，第563页。

与这些习俗相关的是为死者提供的佛教仪式。从为夭亡子女祈福的敦煌愿文中我们可以看出，佛教丧葬仪式不分年龄，一个婴儿的死亡和一个青少年的死亡一样令人悲伤。一篇僧侣代表母亲在做七时诵念的愿文提到，死去的孩子刚开始"能行三步五步"。[1]另一篇亡文可能是在家做道场时诵念的范文，它显然是为一个蹒跚学步的孩子写的：

> 学步起坐未分，乍语乍言，尊卑未辨。将冀永抽林笋，常卧冰鱼；岂期翠枝芳而风折高柯，蟾月朗而云埋玉质。父母有断肠之痛，念子无再返之期。玄夜茫茫，魂兮何托？[2]

除了为幼儿祈祷的愿文之外，敦煌愿文中还为那些失去青少年子女的家庭提供诵念范文，这些样本所使用的语言基本相似，以强调父母的悲伤为主题。这些"亡女文"和"亡男文"的文字与唐朝早亡人墓志十分相似——两者都描述了儿子或女儿的性格品质和父母的哀痛。唯一的区别是，敦煌亡文中没有关于死者的家庭背景和丧葬安排的记录。例如，斯1441中的《亡女文》是一篇用于出九仪式的范文：

> 亡女乃芳年艳质，绮岁妖妍，脸夺红莲，颜分柳叶。始欲桂枝茂盛，皎皎于晨昏，瞻（蟾）影方辉，澄澄于水面。将谓夕流（久留）世尘，侍母恭尊，□（何）图业运奔临，奄归大夜。所以母思玉质，父忆花容，五内哀悲，肝肠寸绝……[3]

很可能的是，这种佛教丧葬悼念仪式中频频出现的对所有年龄段子女的悲伤表达，促使了唐朝父母在哀悼子女的表达上更为开放。在阅读唐朝早亡人墓志时，我们可以看出，志文中的用词和语气与敦煌亡文非常相似，这两

---

① 斯2832。黄征、吴伟：《敦煌愿文集》，长沙：岳麓书社，1995年，第102页。有关亡文的研究，参见郑志明《敦煌写卷"亡文"的生命教育》，《普门学报》第19卷第1期，2004年，第1—21页。
② 伯2044，《敦煌愿文集》，第161页。
③《敦煌愿文集》，第64—65页。

种文本体裁显然是互相影响的。

除了前面提到的几篇墓志铭外，一份801年为一位名叫独孤保生的女孩撰写的墓志也是一个很好的例子。此志记载道，保生有过人的容貌和品德，出人意料的是，"天与茂质，而不降永年"，保生在15岁时去世。保生的父亲独孤士衡哀叹道："呜呼！膝下之欢，依然如在；目前之慰，今则无期。况丧尔之时，吾从吏役；送汝之际，倍切常情。哀伤痛悼，心神失坠。"铭曰：

> 天道无亲，惟善是福。如何淑女，掩随风烛。昔慰我怀，今悲我心。抚棺恸哭，涕泪盈襟。原野萧条兮闾里凄凉，亲爱念结兮目断心伤。片玉将沉兮痛恨难忘，千秋万岁兮永播余芳。①

尽管这段铭本身并不一定凸显佛教死亡观，但它与上面提到的亡女文非常相似。深入分析这两种体裁的交叉点需要对两个大型数据库进行密切比较，这远远超出了本文的范围，但值得一提的是，无论是为十几岁的亡女祈福，还是为中殇和长殇的女儿作志，两者似乎都强调了豆蔻年华之际的女孩的美貌以及家人的深深的悲伤。此外，这两个文本与韩愈为女儿撰写的祭文和圹志也非常相像，尤其是在表达痛心疾首方面。韩愈是唐朝古文运动的主要代表，以反佛教闻名，他可能不会将悼亡女儿的普遍归功于佛教。事实上，韩愈在他的祭文中明确提到，他被流放到南方的原因是他对唐皇室重佛教的抨击。流放之始，韩挐已经病得很重，不久就死在旅途中。韩愈的祭文和圹志与亡女文相似这一事实表明，在九世纪，父亲悼念女儿并通过文学作品表达父母的爱非常普遍，以至不被认为是受了佛教的影响。

除了表达悲伤外，唐朝为早逝者所写的墓志还揭示了被学者忽视的亲子关系中的一些侧面现象。例如，独孤保生的墓志铭体现了一位因就职外州而无法与病危的女儿告别的父亲的悲伤和内疚。这种悲哀和自责也反映在其他一些早亡人墓志铭中。还有一些墓志铭显示，在父亲已不在世的情况下，叔叔和伯伯通常会负责安排丧葬、撰写墓志。比如，《殇子穆若愚墓

---

① 《西市墓志》331。

志》是若愚的叔叔穆员（约750-810）撰写的。若愚在7岁时去世，家人将他葬在他父亲的墓边。[1] 在其他情况下，负责家族合葬的父系成员最有可能为所有家庭人员（包括那些夭亡的孩子）写墓志铭。在《殇子韦八墓志》中，我们被告知，这个5岁的小男孩是一名将军的儿子。他于大历六年（771年）病逝。作者独孤及（725-777）是韦八的仲父。他在韦八去世一年半后安排了他的二次葬。[2] 契丹将军王承宗（死于820年）小女儿的墓志（829年）透露，她的丧葬是由王承宗的弟弟王承元（801-834）安排的。王承宗去世后，王承元将她抚养成人。她的小叔叔王承泰撰写了墓志的序，王承元撰写了铭。[3]《大唐故殇子襄武侯李愿墓志铭》（720年）记载道，李愿在7岁时失去了父亲，15岁时去世。他的丧葬是由他的父系"伯兮仲兮，聚族而谋"而定下来的。虽然墓志铭没有留下作者的名字，但很可能是他叔叔或伯伯撰写的。[4]

在某些情况下，外亲也会在早亡者丧葬中担任重要角色。《有唐李殇子墓志之铭》记载道，死者李洪钧是皇室的后裔。据称他是个神童，七个月大的时候就开始说话了。李洪钧5岁时生病，不久即在外祖父家过世。[5] 从早亡人墓志中我们还了解到，如果儿子在接近结婚年龄时去世的话，父母会为他找一个后嗣。成文于690年的《大唐申国公第三子高君墓志》是为唐朝开国元帅高士廉（575-647）的曾孙高续撰写的，它记载道：

> 君甫年十九，以文明元年五月三日，终于崇仁里之私第，其年权殡于白鹿原。以载初元年岁次庚寅壹月己卯朔廿八日景午，迁窆于先茔少陵原，礼也。兄子受益为嗣。[6]

从高士廉的另一位后代高璠的墓志铭中我们得知，庶出的孩子去世也会受到同样的丧葬待遇。不过，可能因为这篇墓志铭的作者崔坦是高氏正妻崔氏的

---

① 《全唐文》卷785。
② 《全唐文》卷391。
③ 《碑林墓志》263。
④ 《碑林墓志续集》81。
⑤ 《续集》天宝106。
⑥ 《西市墓志》120。

堂兄，而书法家又是崔氏的侄子崔元龟，所以这篇题为《唐故尚书祠部员外渤海高绰长男墓志铭并序》的墓志对崔氏大加赞誉，而对高璠的生母却只字不提：

> 高氏之先，起于渤海蓨公之裔也。祠部讳绰，有子二人，长曰璠，次曰瓒，皆出于侧室。太夫人博陵崔氏，第四房也。妇道母仪，世称罕比。抚育二子，过于己出。而何璠年才十六，遘疾半岁，以咸通六年七月八日，殁于京师，其年八月廿四日，葬于万年县义善乡大作村，祔先茔之礼也。呜呼！尔早岁好学，复善篇什，谢世之春，已擢孝廉科。祠部之先曰峯，湖州功曹参军。功曹之先曰训，岭南节度参谋，摄监察御史。祠部进士上第，累佐名藩，洎升台阁，雅望郁然。何福善之不永，复天及于令子，将来荣显，希在于瓒，而未可知也。余非留心于文字，以尔诸甥，直叙其事。纪陵谷之变，刻石为铭曰：山之高，水之深，何硕德之不永，空留白日之长。已矣高子，用此释之。①

从墓志题中我们可以清楚地看出，高璠的父亲在他之前去世，因此不能像大多数唐朝父亲那样为儿子撰写墓志铭。也许正因为如此，这篇865年成文的墓志铭缺乏其他九世纪早亡人墓志铭中所显现出的悲哀和伤痛。

从有些墓志中我们得知，在世的父亲也会因为过于悲伤而无法下笔，不得不依靠旁人来完成这项任务。成文于867年的《路心儿墓志》回忆道，心儿的父亲请了他最亲密的朋友郑岳来撰写这篇墓志，因为只有郑岳才能真正表达出他的"伤咽"，以使心儿的"秀惠""不泯于后者"。②在某些情况下，即使是临终孩子的请求，做父母的也会犹豫是否去请求名家为之撰志。柳宗元（773-819）在810年撰写的《马氏女雷五葬志》中讲到，远亲马雷五在笄年时去世，弥留之际，她提出这样一个要求："吾闻柳公尝巧我慧我，今不幸死矣，安得分之文志我于墓？"然而，马雷五的父母却不敢告诉这位著名的文人。在葬礼当天，刘宗元听到这个请求后，写下了志文，并将其刻在砖

---

① 《西市墓志》448。
② 《西市墓志》455。

上，"追而纳诸墓"。①

　　从早亡人墓志铭，尤其是九世纪的墓志铭中，我们可以很清楚地看到，唐朝父母很公开地表达对夭亡子女的哀悼，而且不强调年龄和性别，这说明，唐人逐渐接受了佛教的丧葬和哀悼的礼仪习俗。虽然唐朝父母以《礼记》的规定称呼自己的孩子（"殇"），但其着重点是悼念自己的子女，而不是表达年龄等级和规范。也许正因为如此，那些早亡人墓志在描绘和悼念男孩和女孩时并没有明显的差异；至少我们可以说，这些文本中的性别差异没有成年墓志铭中的性别差异那么显著。总而言之，早亡人墓志铭的流行，以及这些墓志铭所呈现出的方方面面，使我们得以探索唐朝亲子关系的一个重要层面——父母悼亡子女。

结　论

　　阅读唐朝早亡人墓志使我们了解到，在唐代，丧葬文字逐渐成为父母哀悼子女的一种媒介。与唐以前墓志相比，本文所讨论的墓志有几个独特的方面。首先，唐朝墓志经常使用《礼记》中定义的"殇"这个标志词。虽然这种变化反映了儒家礼仪的复兴，但它也表明，在唐代，丧葬文字的功能已经扩大到纪念死者和表达亲子纽带这两个方面。第二，由于大多数早亡人墓志是父亲或其他家庭成员撰写的，因此，他们对死者的童年和青少年时期的经历的叙述要比唐以前的墓志铭详细和生动得多，也比晚年去世的唐人墓志更不拘于公式化。更重要的是，早亡人墓志（尤其是九世纪为女儿所作的墓志）的盛行反映了佛教死亡观和佛教追悼仪式的强烈影响。由此，唐朝的父母无视《礼记》的规定和限制，不管孩子的性别和年龄大小，他们都会以非常显露的悲伤来哀悼子女。从这方面来看，我们似乎可以断言，佛教不仅在某种程度上改变了唐朝的丧葬习俗，它还改变了唐朝的亲子关系。

　　原载《中国历史学刊》特辑（special issue of *Journal of Chinese History* 6.2［2022］），第247-268页。

---

① 《全唐文》卷589。

文本、文体、女性道德：
宋代一位淮阴妇女的前世今生

张　聪

十一世纪中叶的某年某日，商人乙在行旅途中谋杀了他的商业伙伴甲。乙的犯罪动机源于其对甲之美妻李氏的迷恋。乙随后谎称甲在经商途中自然死亡，精心料理了甲的后事，并将甲的遗物归还其遗孀。李氏为乙的义行打动，后与之成婚。数年之后，这对夫妻生活和美，并已育有二子，乙于是对李氏供认了自己当年的谋杀之举。李氏把甲所遭横祸归咎于自己的美貌，立即向当局举报了乙的罪行，之后与她和乙所生之幼子共赴淮河自尽。

上述有关淮阴女子的传奇事迹最早见于两位北宋学者吕夏卿（1015-1068）和徐积（1028-1103）的著作。相关记载后来又出现在包括庄绰（约1070s-1140s）的《鸡肋编》、高文虎的《蓼花洲闲录》及洪迈（1123-1202）的《夷坚志》等三部南宋笔记中。[①]这一故事在帝制晚期其他文学体裁和地方志中得以保存，确保它得以在长达一千多年中广泛流传。尽管这些文本记

本文初稿曾在2019年12月20日至22日在台湾新竹清华大学举行的"宋代史料新视角：回顾过去、展望未来"国际学术会议上宣读。后发表于《清华学报》2021年第51卷，第1期，第199-249页。在此感谢诸位会议组织者相邀参与这一盛会。会上，上海师范大学李贵教授、加州大学戴维斯分校何复平（Mark Halperin）教授分别提供了《夷坚志》中及元明时期有关淮阴妇女的相关材料。两位匿名评议人对论文的修改提出了很多宝贵意见。在此一并致谢！感谢《清华学报》授权本文以中文面世！

① 柏文莉（Beverly Bossler）的近著《宋元社会变迁下的性别与贞节观》（麻省剑桥：哈佛大学亚洲中心，2016年）在151-158页对徐积和淮阴义妇有简短讨论。

述有诸多不同之处，但这些故事几乎都奉淮阴女子为道德典范，褒赞她为义妇、节妇、烈妇。为避免重复，本文对她以李氏、甲妻、淮阴女相称。

我们该怎样解释自宋以来对一名普通女性经久不衰的兴趣？如何从多位作者给她的各种"标签"来理解不同时代有关女性美德的观念和理想？现存的文本如何帮助我们了解宋代及之后的信息传播？本文试图回答上述及其他相关问题。文章的第一部分追溯从宋到清有关淮阴女叙述的演变过程，其重点并不在于评估其可靠与否，而是着眼于文学作品中的跨界现象及文本和口头传播的交叉性；第二部分对现存的几种宋代文本及叙事进行比较（原文见附录）。文章的最后一部分在作者意图和文体惯例的语境下探讨宋代对女性再婚和女性道德的不同看法。

《淮阴义妇》的文本

关于淮阴女的记载最早出现在两位北宋学者吕夏卿和徐积的著作中。吕夏卿是一位卓有成绩的史学家，参与了《新唐书》的写作。[1] 他有关淮阴女的记述以传记的形式出现，并被收录在他的文集中。但夏的文集在南宋初即已失传。[2] 徐积以道德家及孝子著称。他的诗作《淮阴义妇二首并序》存于其文集中。[3]

从吕氏和徐氏的叙述中可以基本肯定，文中无名的淮阴女（李氏、义妇或妇）是真实存在的历史人物。二人均对她的行为赞赏有加，因此作文纪念。徐积在他诗的序言中写道："故闻其风者，壮夫烈士为之凛然，至于扼腕泣下也，而奸臣逆党亦可以少自讪矣。"徐并将淮阴义妇与历史上的

---

① 脱脱：《宋史》，卷331，第10658—10659页，北京：中华书局，1977年。

② 吕夏卿的《吕舍人文集》由其子于1094年编成。该文集之后不久即亡佚，但苏颂（1020—1101）为之所作的序存世。苏颂：《吕舍人文集序》，《全宋文》（曾枣庄，刘琳编，上海：上海辞书出版社，合肥：安徽教育出版社，2006年），第61册，卷1337，第349—351页。有关笔记体传记写作，参见朱刚：《人物轶事与笔记体传记》，《清华学报》第48卷，第2期（2018），第225—242页。

③ 徐积的《节孝先生文集》只有部分存世，收集在《全宋文》第74册，卷1616—1618，第140—187页；北京大学古文献研究所编：《全宋诗》（北京：北京大学出版社，1998年），第11册，卷633—659，第7551—7723页。另参见王资深：《节孝先生行状》，《全宋文》，第120册，卷2594，第271—275页。

贤媛典范相比，进而指出，因李氏出身普通，"惜乎事不达于朝，节义不旌于里，哀哉！"①基于这些考虑，徐积主动担起了保存淮阴女义行和记忆的任务。

如果淮阴义妇并非虚构人物，她到底生于何时？根据吕夏卿和徐积的记述，李氏自赴淮水很可能发生在十一世纪四十年代。这种推测的依据是，吕夏卿在进士及第后不久任职江宁。这是他整个职业生涯中唯一一次在该地区任职。②大约在同时，也就是1043年，徐积和母亲返回家乡淮安。在父亲去世后，徐和母亲曾回到后者的家乡陕西生活了十多年。③这一时间段使吕和徐都有机会直接了解这位当地妇女的义行。

还有另外两种可能性来解释夏、徐二人不约而同地记录了淮阴女的事迹。第一种可能是，淮阴女生活在十一世纪初期，离世多年后，她在丈夫乙死后自尽这一事件仍广为流传。作为本地人的徐积和恰巧在不远处任职的吕夏卿在得知她的故事后行诸文字，便也不足为奇。吕和徐褒扬同一位普通妇女的另一种可能性是吕与徐二人相识。这个假设的主要依据是吕和徐在十一世纪中期都在开封居住多年。徐积的文集中有四首写给"吕秘校"的诗作。④虽然我们不能确定这位"吕秘校"就是吕夏卿，但也没有理由彻底否认这种可能性，因为吕确曾任职直秘阁。如果吕和徐确是朋友，其中一人很可能从另一人处得知了淮阴女的事迹。假使这个推断成立，不仅吕、徐两人对淮阴女的叙述不足为奇，同时还可以进一步证明口头传播在保存与此个案相关信息中的重要性。

抛开吕和徐是如何得知淮阴女的传奇经历不谈，需要强调的是，二人都发现了她人生经历的价值并将其付诸笔墨。我们无法从现存史料中精确定位吕和徐作品的成文时间。吕夏卿于1068年去世，这意味着他的淮阴女传记最迟作于当年。而徐积的诗序提到了"奸臣逆党"，因此很可能作于王安

---

① 《全宋诗》，第11册，卷635，《淮阴义妇二首并序》，第7572页。

② 脱脱：《宋史》卷331，《吕夏卿传》，第10658-10659页。

③ 王资深：《全宋文》，第120册，卷2594，《节孝先生行状》，第271页。

④ 《全宋诗》，第11册，卷646，第7643页；卷647，第7652页；卷651，第7675页；卷651，第7675-7576页。

石变法之后。^①据此，基本可以肯定吕的淮阴女传记应早于徐的诗作。

吕夏卿和徐积作品后来的命运迥然不同。吕的《文集》共五十卷，由其子于1094年，也就是他去世四分之一世纪后编纂成集。但不幸的是，据庄绰记载，该文集最迟在十二世纪三十年代就已散佚。这一损失应与北宋到南宋过渡时期对书籍文献的大规模破坏有关。^②庄绰在《鸡肋编》中特别提到："余家故书，有吕缙叔夏卿文集，载《淮阴节妇传》云。"庄并在文末特别补充道："此书吕氏既无，而余家者亦散于兵火。姓氏皆不能记，姑叙其大略而已。"^③

撇开庄绰承认自身记忆的不可靠，有可能导致吕氏《淮阴节妇传》中某些重要信息在他记录过程中造成缺损，庄绰仍然是淮阴女故事得以长期流传的关键一环。鉴于吕夏卿文集的散失，可以毫不夸张地说，是庄绰避免了吕这篇作品彻底消亡的命运。《鸡肋编》在十二世纪三十年代出版后，肯定流传相当广泛。这一推断的证据是比庄年轻一代的高文虎在他的《蓼花洲闲录》中收录了庄绰的《淮阴节妇传》。^④只是这一次，高不必为任何可能的遗漏或记忆错误而心怀不安，因为他不仅一字不差地复制了庄绰的原文，而且在文末附上了庄绰及其笔记的名字。有关淮阴女的记载通过这种方式经历了又一次文本间的传播，同时应该获得了更多的读者。

淮阴女的故事在南宋继续流传，最终在十二世纪下半叶被收入洪迈的《夷坚志》。值得一提的是，洪迈两次记录了同一个故事。该故事第一次出现在《淮阴张生妻》条。这一条包括两位淮阴妇女的故事。^⑤与淮阴义妇

① 有关北宋党争，参见李瑞（Ari Daniel Levine）《君子小人之争：北宋末年的党争》（*Divided by a Common Language: Factional Conflict in Late Northern Song China*），火奴鲁鲁：夏威夷大学出版社，2008年。

② 《全宋文》第60册卷1307中只存有吕夏卿的五篇文章，包括两篇表状、两篇墓志铭和《淮阴节妇传》（第150–160页）。

③ 庄绰：《鸡肋编》，卷下《淮阴节妇传》，第98–99页，北京：中华书局，1983年。庄绰没有解释为什么在吕氏的所有作品中，他选择在他的笔记中转述这一篇。最合理的解释是，庄试图从靖康之变导致的对官方及私人藏书的浩劫中挽救一些有价值的材料。

④ 上海师范大学古籍整理研究所编：《全宋笔记》第五编，第十册《淮阴节妇传》，第139–140页，郑州：大象出版社，2012年。脱脱：《宋史》卷394，《高文虎传》，第12032–12033页。

⑤ 洪迈：《夷坚志》支丁，卷9《淮阴张生妻》，第1038–1039页。何卓点校。北京：中华书局1981年。

有关的情节出现在该条的后半部分，且在篇幅上比有关张生妻的部分短小。洪迈在故事中特别提到有关淮阴义妇的情节来自徐积。但在卷末又声明《支丁 卷九》的所有材料都来自朱从龙的讲述。结果是，朱从龙成了徐积作品的口述传播者，而洪迈则记录了朱对徐作品的演绎。[①]

庄绰和洪迈将吕夏卿和徐积作品融合到自己作品中的现象，揭示了文本在笔记写作中的重要性。尽管宋代笔记作者常常把他们的作品归功于亲身经历或自己多年的"闻见"，高文虎、庄绰和洪迈显然都毫无顾忌地从存世的文本中复制或改写他们感兴趣的材料。[②]这些作者的行为同时也说明，尽管他们经常向读者保证其作品的可靠性，但这种可靠性却因人而异，差异很大。庄绰在写下"姓氏皆不能记，姑叙其大略而已"时，即已承认记忆偏差导致了他作品叙述的不完整性。[③]但庄的提示又同时暗示，他确实努力地忠实于吕的原作。如果在转述过程中遗漏了什么，并非出于故意，而且只涉及细节。

吕氏文集的散失使我们无法评估庄氏在文本保存方面的成败。但因为庄氏声称自己忠实原著，他的《淮阴节妇传》被《全宋文》编者视为吕夏卿的作品而列在吕的名下。[④]相比之下，由于徐积的原作存世，我们有机会将它与洪迈《夷坚志》中朱从龙"版本"的徐氏作品相比较，来考察淮阴女的故事从文本到口述再回到文本的情况，借以追溯它的演变过程。把两个文本稍作对比就可看出，徐积和洪迈的叙述存在几处差异。这些差异涉及口述者对其信息来源的随意态度、通过记忆还原细节的不确定性，以及文本和口头传播之间的模糊界限。

洪迈晚年在《夷坚志》补卷中记录了一个名为"张客浮沤"的故事。[⑤]鉴于《淮阴张生妻》和《张客浮沤》这两个版本之间存在巨大差异，很难想象它们来自同一信息源。洪迈没有提供第二个故事的来源线索。但我们不

---

① 洪迈：《夷坚志》支丁，卷9，第1042页。

② 张聪：《博于杂识：宋笔记研究》(To Be "Erudite in Miscellaneous Knowledge"：A Study of Song (960-1279) *Biji* Writing)，《泰东》(*Asia Major*)，第三系列，第25卷，第2期(2012)，第43-77页。

③ 庄绰：《鸡肋编》，卷下《淮阴节妇传》，第98-99页。

④ 吕夏卿：《全宋文》第60册，卷1307《淮阴节妇传》，第152页。

⑤ 洪迈：《夷坚志》补卷5《张客浮沤》，第1590页。

妨做一些猜测。洪迈与高文虎是同时代人，因此他本人可能读过庄绰或高文虎的作品，为其打动，并尝试用自己的方式予以复述。还有一种可能是洪迈有他人相助。在《夷坚志》的多篇序言中，洪迈曾不厌其烦地提到其密友、家人和熟人在他这部长篇巨著编纂过程中所做的贡献。[①]在《淮阴张生妻》等许多篇目后，他都列举了为他提供信息者的名字。《张客浮沤》虽没有列举相关信息人，但这并不排除该篇目是根据口头流传的故事改编而成。[②]做这一猜测的原因有二：其一，与其他宋代笔记作者相比，洪迈毫不掩饰他更加依赖口头传播的材料；其二，《张客浮沤》的情节与吕夏卿、徐积、庄绰的叙述，甚至《淮阴张生妻》的情节，都相距甚远。这两个版本的巨大差异再次证明，有关淮阴女的事迹可能已经经历了多个口耳相传的"周期"。其间，民间传说和经过改动的文本材料都曾影响了故事的发展。

从北宋到南宋，淮阴女的故事，经由吕夏卿的传，徐积的诗，到庄绰、高文虎和洪迈的笔记，几经变化。类似故事在帝制晚期得以继续传播，主角仍是一位嫁给了谋杀前夫的凶手并与之生子后为前夫报仇的女子。元代无名作者的《朱砂担滴水浮沤记》即取材于类似的宋代故事。[③]明代陆容(1436-1497)的《菽园杂记》中也有一个类似的记载。[④]下一节的讨论并会提及，把上述宋、元、明作品紧密联系起来的重要细节，就是在妻子为前夫复仇中起到核心作用的"浮沤"。

淮阴女的事迹通过另外一个途径继续流传了几个世纪，进一步塑造和延续了她的记忆。除了作为洪迈《夷坚志》故事的范本外，徐积的诗及序

---

① 英格斯(Alister Inglis)：《为洪迈〈夷坚志〉提供素材的人们》(Hong Mai's Informants for the *Yi jian zhi*)，《宋元研究》(*Journal of Sung-Yuan Studies*)，第32卷(2002)，第83-125页；《洪迈〈夷坚志〉的文本历史》(A Textual History of Hong Mai's *Yi jian zhi*)，《通报》(*T'oung Pao*)第93卷，第4-5期(2007)，第283-368页。

② 艾朗诺(Ronald Egan)在对《梦溪笔谈》的研究中发现沈括的很多"材料来自多年来的耳闻及闲谈"。之后，他通过与他的笔砚的'交谈'复述下那些内容"。艾朗诺：《沈括与他的笔砚的谈话》，第132页，收于陈威(Jack W. Chen)和史嘉柏(David Schaberg)编《闲谈：传统中国的流言与轶事》(*Idle Talk: Gossip and Anecdote in Traditional China*)，伯克利：加利福尼亚大学出版社，2013年。

③ 王学奇：《元曲选校注》卷1下，第1086-1121页，石家庄：河北教育出版社，1994年。另见李剑国编：《宋代志怪传奇叙录》，第114-116页，天津：南开大学出版社，1997年；石昌渝编：《中国古代小说总目·文言卷》，第149页，太原：山西教育出版社，2004年。

④ 陆容：《菽园杂记》卷3，第12-13页。《四库全书》本。

在明清时期被收入了几种淮安地方志中。李贤（1409-1467）的《大明一统志》把徐积收入在人物类。①同一部志书中收入了三位宋代妇女，但淮阴义妇并不在其中。徐积为之作诗并序的另一位妇女，《北神烈妇》，不仅位列其中，且其传记文字完全采自徐积的序言。②徐积对这两位女子的称颂会在下一节加以讨论。为了便于比较二者的异同，以下是徐积对"北神烈妇"的描述：

> 烈妇有美色。夫为小商，舟行上下，载以自随。至于北神，其夫病死，贫无以殓，同舟富商者假贷与之，丧费所需，一切皆具，是自恃有恩，顾其妻以为已物。烈妇既葬之三月，复墓以归，势且甚迫，遂取其婴儿缚置胸前，母子号呼赴淮而死。是其所以自度者，其势终不得免焉也，与其被污而生，不若洁己而死也。呜呼！其决烈如此，是岂可不谓之奇女子乎？③

《万历淮安府志》（1573年）把淮阴女及北神女收入在《贞节》一章。④但相比徐积的记载，该书做了两处细微改动：第一，在北神女子的条目中，其夫死于北辰而非北神。第二，淮阴女被指为大义乡人。徐的原著并没有提到这一信息。

徐积的诗及序继续为清代方志编纂者所关注。举例为证，1748年完成的《乾隆淮安府志》将淮阴女和北神女列入了烈女卷。⑤徐的序及两首诗都被完整引用。淮阴女在何树滋编纂的《嘉庆山阳县志》（1796年）中未被提及。考虑到该县有关宋和宋以前可供记录的材料不多，这一遗漏不免令人费解。成书于同治年间的《重修山阳县志》（1873年）收入了淮阴女及北神

---

① 李贤：《大明一统志》[天顺5年（1461）本]，卷13，第17页。
② 李贤：《大明一统志》[天顺5年（1461）本]，卷13，第1-20页。
③ 徐积：《全宋诗》第11册，卷635《淮阴义妇二首并序》，第7572-7573页。
④ 郭大纶、陈文烛：《万历淮安府志》（1573），《天一阁藏明代方志选刊续编》第八册，卷19，第二页。上海书店，1990。
⑤ 卫哲治：《乾隆淮安府志》[乾隆13年（1748）刻本]，卷23，第8页。

女，①有两处变动值得一提：第一，北神烈妇变成了北辰坊烈妇。援明方志例，淮阴义妇仍被列为大邑乡民。第二，北辰坊烈妇条引用了徐积的诗作，但《淮阴义妇》条却对徐的诗作只字未提。《光绪淮安府志》（1884年）的烈女卷只在山阳县下收入了这两位女性的名字，没有提供任何细节。②究其原因，很可能是因为新版中增加了数百名明清烈女的名字。因为人数众多，所以没有提到任何人的具体事迹。1920年版的《续纂山阳县志》再次在《重修山阳县志》的基础上添加了更多烈女的名字。③

本节重点说明，北宋一位普通妇女吸引了宋至清多位名家和地方精英的注意。撇开她事迹的戏剧性效果不谈，淮阴女的吸引力让我们不得不考虑运气和机遇在保存文本、杂识和历史记忆中所起的作用。庄绰对吕夏卿淮阴女传的"偶然"复制，使得吕的记述在他的文集散失后得以幸存。高文虎抄录庄绰的著述起到了同样重要的作用。高的笔记收录了二十几种宋代笔记中的材料。这些著述后有半数失传。如果《鸡肋编》是这些不幸散佚的作品之一，那么高所抄录的庄的淮阴女传可能就是《鸡肋编》仅存的条目了。

我们还可以从另一个角度来审视机遇对作品流传的影响。庄绰帮助保存了吕夏卿的作品，但尽管徐积也是当时的名家，且比吕更接近庄的时代，庄氏似乎对徐氏的作品却一无所知。对这一现象可能的解释是，庄绰的家族之所以拥有一本吕氏的文集，是因为吕氏和庄家都是泉州人，素有往来。庄与吕氏家族成员有联系的一个证据是，他知晓吕氏文集散佚的情况。从这方面看，个人和家庭关系在信息传递和保存方面同样起到了重要作用。

有关淮阴女在地方志中的收录情况与上述脉络不同。为什么《大明一统志》的编者收录了徐积的《北神烈妇诗并序》，而遗漏了徐氏的《淮阴义妇二首并序》？鉴于前者被完整复制，该书编者当时应有徐积的文集作为参考。那么，他们是如何决定用此弃彼的呢？也许篇幅长短是考虑的因素之一，因为

---

① 文彬、孙云：《重修山阳县志》（1873），收于《中国方志丛书》第414册，卷16，第2页，台北：成文书局，1983年。
② 孙云锦、吴昆田：《光绪淮安府志》，收于《中国地方志集成·江苏府县志辑》第54册，卷35，第1页，南京：江苏古籍出版社，1998年。
③ 周钧、段朝瑞：《续纂山阳县志》，收于《中国方志丛书》第415册，台北：成文书局，1983年。

有关北神烈妇的叙述比淮阴义妇要短小得多？又或者《大明一统志》的编者对徐把一位再婚妇女描绘成一个义妇心存异议？这一案例促使我们对地方志写作，特别是各种编纂决定的达成，进行一些思考。在材料不足或过多的情况下，编纂者们是如何行使其权限，决定收录或摈弃有关某些人物或事件信息的？相关问题还有，淮阴义妇是如何成为大邑乡人，而北神烈妇又是如何成为北辰坊烈妇和北辰坊居民的？既然没有任何宋代史料提到这方面细节，明代作者是如何"发现"这些信息并将其添加到两位女性的传记中去的？

淮阴女事迹历经几个世纪的演变和"再创作"给予我们最重要的启示是：各种信息会跨越不同文学体裁被广泛传播。这种跨体裁的互相借用最终体现在有关淮阴女的两首诗、一篇传记、五部宋明笔记条目、一部元杂剧，以及多部明清方志中。本文关注的焦点虽不在于其故事的真实性。但层层叠加的有关一位普通妇女的故事仍要求我们对不同史料的质量进行一些思考：收录于文集中的传记是否一定比笔记中的类似文本更加可靠？在徐积的诗及序和庄绰的传之间，哪个文本更加可信？我们该如何评估笔记作者对书面和口述材料的依赖？笔记作者反复强调"第一手材料"的价值这一倾向如何揭示了宋人对为学、写作、观察和记录信息之间关系的看法？[1]在《夷坚志》的两种叙述中，洪迈和朱从龙对徐积作品的引用如何有助于我们了解信息保存的多种途径？学者们一直在努力准确地定义笔记这一文学体裁，此处涉及的四种叙述是否对这一尝试有所帮助？

四种宋代文本的比较

本节对比现存的四种宋代文本在有关淮阴女的描述及保存与之相关记忆方面的异同。

首先可以肯定的是徐积、庄绰和洪迈的叙述中存在诸多共通之处。第一，每一种叙述都涉及一位商人和他美貌的妻子，商人死后，凶手与商人的

---

[1] 参见左娅（Ya Zuo）：《沈括的经验主义》（*Shen Gua's Empiricism*），麻省剑桥：哈佛大学亚洲中心，2018年。

未亡人成婚,之后,夫妻二人生活和美,并育有子女。第二,当妻子得知第一位丈夫被谋杀的真相时,并没有如其杀人犯丈夫所料,因珍惜二人眼前的幸福生活而选择原谅他并保持沉默,而是立即将丈夫报官,致其最终被处决。将这些故事联系在一起的第三条线索是:第二任丈夫因受到浮沤的触动,想起了犯罪现场,才对妻子承认了多年前犯下的罪行。

抛开这些叙述的相似度不谈,这四种文本之间存在很大的差异。下面的讨论集中比较徐积和庄绰、徐积和洪迈、庄绰和洪迈之间的异同。

徐积和庄绰

首先,徐文和庄文有很大的相似度。除了上述已经提及的内容外,两位作者都描述了凶手如何不遗余力地协助新寡的淮阴女处理其夫的后事。正是因为凶手表现出的善良和慷慨,才使淮阴女后来同意与他成婚。徐积写道:凶手"且尽归其财,无一毫之私焉。于是伺其除葬,谋为婚构。且自陈有义于其夫,义妇亦为之感泣,遂许而嫁之"。①

与徐文相比,庄绰提供了更多有关谋杀案之后的细节:甲乙二人既合作经商又是好友。两家人亦"通家往来"。以至于后来乙奉甲母如己亲,并有意娶淮阴女为妻这些行为都没有引人怀疑。乙的表现不仅成功地说服了李氏及甲母,并让全村人都相信了他是个慷慨、值得信赖之人。庄绰补充道,里人"亦喜其义也"。在赢得了两个女人的感激之情,以及甲母和村民的认可之后,他和李氏的婚姻也就水到渠成了。②

徐积和庄绰的叙事差异最大之处在于结尾部分。虽然在这两个故事中,淮阴女都觉得自己应为甲的的惨死负责,并最终选择自杀,但她对第二任丈夫和二人共同的孩子的态度却有很大差异。在徐的叙事中,义妇"夫仇既复,又自念以色累夫,以身事仇,二子,仇人之子也,义不可复生,即缚其子赴淮投之于水,已而自投焉。"③在庄氏笔下,淮阴女同样自责是自己的美貌导致了丈夫的横死。与徐积笔下的义妇不同的是,她没有视乙为仇人,而是

---

① 徐积:《全宋诗》第 11 册,卷 635《淮阴义妇二首并序》,第 7572—7573 页。
② 庄绰:《淮阴节妇传》,第 98—99 页。
③ 徐积:《淮阴义妇二首并序》,第 7573 页。

接受他是自己的第二任丈夫，进而明确指责自己"以吾之色而杀二夫，亦何以生为？遂赴淮而死。"①有关她对甲和乙的不同态度，下一节中将会在女性美德和义与节不同含义的框架下做进一步讨论。

对徐氏、庄氏淮阴女故事的简单比较让我们不禁有些好奇，吕夏卿与徐积的叙述有何异同。鉴于吕和徐是同时代人，并可能对这一事件有更直接的了解，他们二人的版本比徐和庄的版本有更多相似之处，自不足为奇。那么，吕夏卿故事中的淮阴女是如何看待她的第二次婚姻以及她与杀人凶手所生的孩子呢？换句话说，庄绰的《淮阴节妇传》对吕文的忠诚度到底如何？可惜对这一问题，我们可能永远无从得知答案了。

徐积与洪迈

庄绰声称自己的《淮阴节妇传》是以吕夏卿版本为原型的，洪迈则把他的《淮阴张生妻》归功于朱从龙对徐积作品的翻版。洪迈和徐积的版本确有许多相似之处。两个女人都是淮阴人。在第一任丈夫去世后，他们在不知情的情况下再嫁杀害前夫的真凶。婚后两人都婚姻美满并育有二子。当他们最终从第二任丈夫口中得知第一任丈夫死亡的真相时，两人都毫不犹豫地向官府举报了罪犯，导致他被绳之以法。两位女性都以最明确的方式表达了她们对第一任丈夫的忠贞。因为把两个儿子视为杀害他们"唯一"丈夫的凶手的孩子，她们都在赴水自尽前将两个男孩或"赴淮投之于水"（徐文）、或"掷诸洪波"（洪文）。

虽然洪文明确声称取材于徐的文集，它与原著却有两点不同之处。首先，在徐文中，杀害甲的是他的"同商者"乙。在洪迈笔下，淮阴女的丈夫则死于一个陌生人，一个盗贼之手。淮阴女的再婚因此并非凶手长期迷恋她美色的结果，而是一个偶然事件。第二，洪文中的淮阴女似乎比徐积笔下的义妇对第一任丈夫表现了更强烈的忠贞之情。在徐文中，李氏在了解谋杀案的真相后，并没有立即行动，而是等待时机报官。洪文中的淮阴女却未作片刻停留，"勃然走投保正"。另外，徐文中的李氏一直等到正义得到伸张才

---

① 庄绰：《淮阴节妇传》，第98—99页。

赴水自尽。在洪的叙述中,淮阴女把她的两个儿子立即"掷诸洪波"以表明她对凶手及其子女的仇恨。"俟盗伏辜,亦自沉而死"。

这个简短的比较引出了一个有趣的问题:如果徐积的诗及序不幸散佚,只有洪文存世,结果会如何呢?吕夏卿的文集灰飞烟灭之后,庄绰称自己根据记忆"拯救"了吕的淮阴女传记。洪迈(和朱从龙)也暗示了这一点。以此观之,徐文和洪文都有幸存留下来,为我们提供了一个具体的例子,来佐证文本和口传史料流通过程中的复杂性和不确定性。某位作者信心十足地标明自己作品的具体资料来源并不一定增加他作品的可靠性。这一结论适用于讲故事的朱从龙,也适用于"做记录"的洪迈。尽管朱和洪都非常肯定地将徐积列为他们的信息来源,他们讲述的故事却与徐积的叙述相去甚远。换言之,洪迈的淮阴女故事可能最初确实源于徐积的诗与序,但徐的原版故事在传播过程中已多次经历了被朱从龙之流人等的再创作。这其中的每一次加工都可能导致了故事情节的演变,使之更远离徐积原著的情节。

庄绰与洪迈

庄绰将自己的《淮阴节妇传》与吕夏卿的原文联系在一起,但没有任何直接证据可以将洪迈的《张客浮沤》与庄文联系起来。尽管如此,我们不难看出二者之间存在着一定的交叉。例如,二人对淮阴女夫妇婚姻和美以及她在得知第一任丈夫死亡真相时反应的描述有很大相似度。这两位女性都没有表现出震惊、恐惧或厌恶。相反,她们对第二任丈夫的惊人披露都表现得若无其事,但两人一有机会,马上就向官府报告了他们丈夫的罪行。将庄文和洪文联系在一起的另一个因素是官府在迅速判决此案中发挥的作用。通奸和谋杀是《夷坚志》中常见的主题。通常情况下,这些有罪之人会死于疾病或各种自然和超自然力量的干预。地方政府在伸张正义方面并非总是尽职有效。然而,庄文和洪文中的官府在调查案件、确认罪犯的不法行为并将其绳之以法方面则表现出了非凡的效率。

庄文和洪文最重要的相通之处,是"浮沤"以证人身份出现的情节。我们因此可以推测洪文与庄文(或高文虎的笔记)有着某种继承关系。与徐积相比,庄绰和洪迈都大大突出了浮沤在他们的故事中的作用。徐积写道:

> 乃一日，家有大水，水有浮沤，其夫辄顾而腥。义妇问之，未应。遂固问之，恃已生二子，不虞其妻之仇己也。即以实告之曰："前夫之溺，我之所为。已溺复出，势将自救，我以篙刺之，遂得沉去。所刺之处浮沤之状，正如今日所见。"①

在徐积的叙述中，被谋杀的丈夫甲并未注意到或提及任何有关浮沤之事。相反，是凶手自己联想到自家院子里雨水生成的水泡与谋杀现场的水泡之间的相似之处。在庄和洪的版本中，浮沤的重要性大大加强。庄绰写道：

> 会傍无人，即推其夫水中。夫指水泡曰："他日此当为证！"……一日大雨，里人者独坐檐下，视庭中积水窃笑。妇问其故，不肯告，愈疑之，叩之不已。里人以妇相欢，又有数子，待己必厚，故以诚语之曰："吾以爱汝之故，害汝前夫。其死时指水泡为证，今见水泡，竟何能为？此其所以笑也。"②

下面是洪迈的描述：

> （张）即闷仆，连呼乞命，视檐溜处，浮沤起灭，自料不可活，因言："我被仆害命，只靠你它时做主，为我伸冤。"李失笑，张遂死。……尝同食，值雨下，见水沤而笑，妻问之："何笑也？"曰："张公甚痴，被我打杀，却指浮沤作证，不亦可笑乎！"③

庄文和洪文都明确表示，受害人临死之前，都表达了指望浮沤将来为他作证，将凶手绳之以法的愿望。这一细节与徐积的叙事大相径庭。从另一个角度观察，也可看出浮沤在两个叙述中的重要性，并佐证庄文与洪文之间的联系。虽然庄、洪都强调死者希望浮沤能将他们的遭遇公之于众，但两个

① 徐积：《淮阴义妇二首并序》，第7573页。
② 庄绰：《淮阴节妇传》，第98—99页。
③ 洪迈：《张客浮沤》，第1590页。

杀人犯起初并没有相信这个预言的力量。庄绰写道，当罪犯看到院中的水泡，并想起死者临终前对他说的话时，他的反应是："今见水泡，竟何能为？"洪迈版本中的仆人李二也有同样的想法："张公甚痴，被我打杀，却指浮沤作证，不亦可笑乎！"然而，两个罪犯的自大最终被证明是错误的。尽管文中的两位妻子都与第二任丈夫相亲相爱，她们却没有犹豫，选择了报官，使罪犯被绳之以法。浮沤最终帮助两位妻子和地方官惩戒了凶手，证明了它们的用途。洪迈沿袭其一贯强调因果报应的口吻，补充说，仆人李二其实并没打算向妻子坦白认罪，而是因"鬼击我口，使自说出"。

上述分析说明，即使庄文与洪文的标题和某些内容不同，《张客浮沤》很可能源于庄绰（或高文虎）的叙述。考虑到两个版本相隔70余年，洪文中的很多信息可能并非直接来自庄文，而是一个漫长的从文本到口传再到文本的再创作的结果。这一过程使洪迈和为他提供信息之人有理由相信，他们是从最直接的途径听到这个故事的，而根本没有意识到这个故事源于某个文本，而且已经被口口相传了几十年。

支持上述假设的另一个原因是，《夷坚志》版本与庄绰的《淮阴节妇传》有很多不同之处：这两个故事分别发生在淮阴和鄂岳地区。被谋杀商人的家庭情况也各不相同。庄绰的故事强调婆媳之间的亲密关系，以及婆婆对儿媳再婚的认可。洪迈则强调女主与第一任丈夫之间的年龄差异以及她和仆人李二之间的私情。故事中两个男人之间的关系也有很大差异。在庄文中，他们是朋友兼商业伙伴，在洪文中则是主仆。两个故事中对谋杀的描写也有区别：一人是溺水身亡，另一人则是被重物击毙于丛祠。对谋杀现场的描述，庄只是简单地提到"会傍无人，即推其夫水中"。而洪版则更加详细生动，包括了对周围环境、凶器及张求救的描述。

> 主仆行商，过巴陵之西湖湾，壤地荒寂，旅邸绝少。正当旷野长冈，白昼急雨，望路左有丛祠，趋入少憩。李四顾无人，遽生凶念，持大砖击张首，即闷仆，连呼乞命。[①]

---

① 洪迈：《张客浮沤》，第1590页。

上述对四个宋代文本的比较表明，淮阴女子的故事经历了漫长的传播过程，从一个有关义妇的叙述演变为一个展示因果报应的故事。从笔记写作的角度来看，这个案例证明大量笔记中的很多逸事可能都有文本作为框架基础。尽管如此，一代又一代的口述传播者在笔记材料的长期保存方面仍然发挥了重要作用。笔记写作的原材料范围之广，及其文本和口传双管齐下的方式使其内容不仅多样化，而且也给予笔记编纂者极大的灵活性。

文体、作者意图、女性道德

造成淮阴女四个版本差异的还有另外两个因素，即不同文体的惯例和作者意图对作品的影响。诗歌、传记和地方志多倾向于褒扬男男女女的美德，少以谴责非法或不道德行为为目的。相比之下，笔记在描述不同境遇的人及其行为方面的灵活性最大。这些文体的惯例，加上作者的政治及文化道德立场，导致了徐积、庄绰和洪迈在对淮阴女子的刻画中的多样性，甚至是不可调和的矛盾冲突。下面集中讨论两个问题，即女性再婚及义妇、节妇和烈妇的含义。

女性再婚和私通

徐积、庄绰、洪迈三位作者都没有对淮阴女的再婚持反对态度，在描述其与第二任丈夫的婚姻时也毫无保留，称二人关系和谐忠诚。这一点与学术界目前的共识是一致的。尽管一些宋代学者思想家有提倡贞节、反对女性再婚的言论，但无论是精英人士还是普通家庭对再婚都持开放接受态度，对像淮阴女这样的年轻寡妇更是如此。[①] 在正常情况下，淮阴女再婚并与两位丈夫都相处融洽，根本不会引起任何人的质疑。她的案例之所以与众不

---

① 伊沛霞：《内闱：宋代妇女的婚姻和生活》(*The Inner Quarters: Marriage and the Lives of Chinese Women in the Sung Period*)，第204–216页，伯克利：加利福尼亚大学出版社，1993年；有关宋代孝妇，参见张聪《一家皆孝子：北宋庐州包氏》(*A Family of Filial Exemplars: The Baos of Luzhou*)，《中国文学与文化》(*Journal of Chinese Literature and Culture*) 第4卷第2期 (2017)，第360–382页。

同,是因为徐积和庄绰有意将她提升为道德楷模。为了让她获得这一资格并得到认可,两位作者都觉得有必要证明她再婚的正当性。从另一个角度来看,徐文和庄文也是最早将一位再婚的普通妇女提升为道德典范的尝试。

这两人中,徐积似乎对此事更加执着,并因此将淮阴女的再婚描述为她回报里人义行的方式。徐写道:"于是伺其除葬,谋为婚构。且自陈有义于其夫,义妇亦为之感泣,遂许而嫁之。"在这里,徐暗示李氏之所以同意再婚,是因为她真心地相信这个男人在她丈夫死前对他悉心照顾。徐接着写道:

> 或者以其生事二夫,不得谓之义,是大不然,是责于人者终无已也。东汉时,蔡文姬者丧夫之后,一为胡妇,一再嫁之,其传名为烈妇,考其心迹,与义妇不同远矣。嫁,盖其心出于感激,谓其人真有义于其夫也。既嫁之后,凡再生二子,闺房帷幄之好已固,于人情无毫发可以累其心者。[1]

很明显,徐积的长篇大论并不是针对他自己或社会对女性再婚的敌意,而是旨在驳斥任何有关再婚女性不再有资格被称为义妇的观点。徐辩称,人们不应过分苛求于人。既然蔡文姬能被接受为一个烈妇,那么为了显示对第一任丈夫的忠诚而牺牲了自己和第二任丈夫子女生命的淮阴女,当然可以被奉为义妇。[2]对徐积来说,正是义妇在得知丈夫之死真相后的行为,使她成为了一个道德非凡之人。她再婚与否因此变得无关紧要。

和徐积一样,庄绰也没有把淮阴女的再婚视为把她树立为道德典范的障碍。庄的叙述中包括了两个徐文中未见的元素:第一,淮阴女在丈夫死后考虑过再婚。她之所以犹豫不决是因为担心年迈的婆婆生活无着;其次,淮阴女的婆婆及同里之人理所当然地认为她会再婚,并视她与前夫的同商成婚为一个理想的选择。庄绰写道:

---

[1] 徐积:《淮阴义妇二首并序》,第7573页。
[2] 我没有找到其他有关宋代视蔡文姬为烈妇的史料。

（里人）日至其家，奉其母如己亲，若是者累年。妇以姑老，亦不忍去，皆感里人之恩，人亦喜其义也。姑以妇尚少，里人未娶，视之犹子，故以妇嫁之。①

上述文字详细描述了凶手为赢得新寡的淮阴女及其婆母和村民的认可而付出的努力。最后，所有相关方面都认识到，既然淮阴女迟早会再婚，那么她丈夫的同商无疑是最理想的选择。两人的结合将对两位女性的生活造成最小的干扰，使儿媳能够继续履行对婆母的孝道。最终，因为婆母决定把儿媳嫁给自己儿子的生前好友，淮阴女的再婚又平添了更多的合法性。对庄绰来说，这样的结局不应影响对这位年轻女子人格的评价。她的所作所为更加证明她是一个不同寻常的女人。

洪迈在《淮阴张生妻》中对徐文的演绎遵循了同样的逻辑。首先，淮阴女的再婚被描述为完全合乎礼法之举，是盗贼在"凭媒纳币"后完成的。他们婚后的夫妻关系也很稳定。正因为相信他的妻子不会告发他，丈夫在告诉妻子谋杀真相时甚至面带微笑。但是，当淮阴女得知真相后，她的表现却比徐文中的妻子更加决绝。洪迈通过这种表述说明，再婚丝毫没有妨碍该女子的道德行为能力。

洪迈的《张客浮沤》从两个方面背离了上述模式。首先，张客的妻子与家仆李二之间已经存在私通关系。其次，她似乎在丈夫死后不久即与李二成婚，因此既没有为丈夫守节也没有为他守孝。洪迈写道：

李归绐厥妻曰："使主病，死于村庙中，临终遗嘱，教你嫁我。"妻亦以遂己愿，从之。凡三年，生二子，伉俪之情甚笃。②

《张客浮沤》讲述的是一个老夫少妻的故事。一个美丽而放荡的女人和身边一个"健壮"家仆成为一段不正当关系的铺垫。③这两个因素不仅为故

---

① 庄绰：《淮阴节妇传》，第98—99页。
② 洪迈：《张客浮沤》，第1590页。
③《夷坚志》中不乏类似故事。参见支癸，卷4，第1403页；三志，辛，卷3，第1595页。

事发生转折提供了可能性，也成为张客妻子迅速再婚的基础。在徐和庄的叙述中，淮阴女是经过一段时间的考虑才决定与前夫的同商成婚的，而张客的妻子没有这样做。她本已与家仆私通，又有充足的理由——她已故丈夫的遗嘱——允准她嫁与李二。最终，洪迈在记录这次闪婚的过程中，忽略了这个女子的婚外私情以及主仆之间地位极不般配的婚姻。

我们该如何理解洪迈在这段叙事中缺乏"道德判断"的倾向呢？一种合乎逻辑的解释是，作为一种相对自由的文体，笔记给了作者更大的灵活性来记录他的所见所闻。因此，与其他作品相比，笔记故事中往往囊括更多不同的声音或观点。换句话说，洪迈笔记中传达的相对宽松的道德理念并不一定完全代表洪本人对妇女再婚的看法。他笔下记录的很可能是当时流行的观念。从不止一个方面看，《张客浮沤》可以说是一个典型的《夷坚志》故事：洪迈的笔记中涉及许多已婚或未婚女性与仆人、邻居、僧人及其他比他们丈夫年轻的男性之间的私情。[1]这其中包括一个寡妇因与一个屠夫私通造成的悲剧：寡妇之子深以母亲的行为为耻，并最终密谋杀害了屠夫及其子女。[2]另一个案例涉及一名已婚女子的婚外情，在与情人私奔时，她甚至遗弃了自己的儿子，而由此引起的一场官司，几乎致一名无辜男子于死地。[3]在另外一个故事中，一名男子因意识到自己是村里最后一个得知妻子与一名僧人有染这一事实而深感受辱。[4]

《张客浮沤》与上述故事又有不同之处。《夷坚志》极少描述通奸的男女结婚、生子、并且相亲相爱。而这种情况发生在一位寡妇和家仆之间更是前所未闻。此外，张的妻子同上面提到的"淫妇"一样，最终没有受到任何惩罚。与《夷坚志》中对嫉夫妒妇及不孝子女的描述相比，陷于私情的女性最终没有承受任何灾难性后果这一点显得更加突出。许多《夷坚志》故事详细描述了男女因嫉妒而遭受的惩罚。洪迈对不孝之人所受的天谴更是不吝

---

① 张聪：《宋代笔记中的私情》(Anecdotal Writing on Illicit Sex in Song China)，《性史杂志》第22卷，第2期(2013)，第255–282页。

② 洪迈：《夷坚志》支甲，卷8，第772–773页。

③ 洪迈：《夷坚志》丁，卷7，第598–599页。

④ 洪迈：《夷坚志》支景，卷10，第960–961页。

笔墨。悖逆的子女们总是难逃来自神灵的惩罚，难逃惨死。①相比之下，《张客浮沤》只字未提张对他的妻子曾经有过任何怀疑，在妻子与自己的仆人和杀害自己的凶手成婚后，张的鬼魂也没有肆意骚扰破坏。②故事的结尾甚至暗示，这个女人没有承担任何可怕的后果，她和她与李二所生的孩子们也没有受到道德上的谴责或神鬼的骚扰。

《张客浮沤》被收录在《夷坚志》中是口述材料被完整接受并录用的证明。这一过程同时表明了笔记作者在选材方面享有的自由度。到洪迈生活的时代，几代"说书人"已经把一个关于义妇的传奇演变成了一个包括四个截然不同但引人入胜情节的叙述：老夫少妻的不幸婚姻，一位不甘寂寞的美妇人与家仆之间的私情，仆人为占有情人而杀害主人，以及由浮沤为证而破解的一桩谋杀案。这些元素结合在一起，生成了一个引人入胜的好故事。对叙事人洪迈和他的读者来说，这个故事和最初那个义妇赴淮水自尽的故事一样有戏剧效果，并为大众喜闻乐见，广为传播。

《张客浮沤》同样是洪迈通过选择甄别来发扬《夷坚志》一个重要主题的结果。这个主题便是因果报应及超自然干预的必然性。以"浮沤"为标题更是清楚地表达了洪迈对水泡在这则轶事中重要性的认识。此外，在洪的叙述中，当张客寄希望于浮沤帮助他揭露真相时，仆人李二忍不住嘲笑了他的主人。事实证明了李二的错误：即便他没有打算向妻子坦白他的罪行，他最终竟因"鬼击我口"，无法控制自己的嘴巴而说出真相。这一反转代表了洪迈《夷坚志》的一个重要主题：所有的恶行都难逃惩戒。当地方官府未能有效执法时，神鬼们会在旁相帮，伸张正义。在许多《夷坚志》故事中，政府和超自然力量往往目标一致，同心协力。李二的案例证实了这两种力量合作的有效性。

从某种意义来说，因为把浮沤和复仇作为故事的主题，洪迈忽视了交代

① 张聪：《负面楷模：宋代笔记中的不孝故事》(Negative Role Models: Unfilial Stories in Song Miscellaneous Writing)，收于罗汉 (N. Harry Rothschild)、华莱士 (Leslie V. Wallace) 编：《中国帝制早期历史上的不端行为》(Behaving Badly in Early Imperial China)，第39—55页，火奴鲁鲁：夏威夷大学出版社，2017年。

② 有关宋代妒妇妒夫的研究，参见伊沛霞《内闱：宋代妇女的婚姻和生活》，第164—171页。

故事中女子的下场。另一个原因可能与他的出版日程有关。《夷坚志》是一个现象级的出版奇迹。洪迈在他生命的最后几年面临着越来越大的压力，来尽快地写出更多的章节。[1]这一现实可能使他有些疲于奔命，难免缺乏时间精力对他感兴趣的故事进行修改润色。过分注重数量同时有可能影响了他作品的整体质量及单个故事内部的连贯性。他对李二的刻画就是一个例子。洪迈一方面称李二"勤谨习事，且赋性忠朴"，同时又称他与主妇私通。考虑到前后文字如此矛盾，洪迈在故事结尾没有交代女主的结局便比较容易理解了。

这一小节表明，女性再婚在宋代是一种常见的社会习俗。再婚的妇女甚至有资格被誉为义妇、烈妇，这在之后的明清时期是无法想象的。[2]与不孝和嫉妇妒夫等其他"恶行"相比，社会对婚外私情的态度也相对开放。洪迈和为他提供信息之人既没有刻意隐瞒女主的婚外情，也没有试图把她的再婚描述得更加合乎礼法。他们甚至没有在故事结尾说明这名女子为她的行为付出的巨大代价。《夷坚志》中，寡妇与其家仆结婚，只此一例，这间接表明这种结合既罕见也不为地方社会接受。《张客浮沤》应该算是笔记作者为了忠实记录一个故事而完全放弃自己对作品"掌控权"的一个少有案例。

"制造"义妇、节妇、烈妇

为了塑造淮阴女的形象，徐积、庄绰和洪迈生动地表现了一位商人妇为夫报仇，保证凶手被绳之以法，并以最直接、最暴烈的方式斩断与第二任丈夫的关系来证明自己的道德品质。[3]这三位作者中，徐积对淮阴女的家庭背景叙述最多。《淮阴义妇》序哀叹，淮阴女因未出身名门望族而默默无名。

---

[1] 参见洪迈为《夷坚志》所作的多个序言。

[2] 有关明清时期女性贞节观问题，参见卢苇菁（Lu Weijing）《矢志不渝：明清时期的贞女现象》（*True to Her Word: The Faithful Maiden Cult in Late Imperial China*），斯坦福：斯坦福大学出版社，2008年；戴真兰（Janet Theiss）：《不节之事：十八世纪中国的贞节观》（*Disgraceful Matters: The Politics of Chastity in Eighteenth Century China*），伯克利：加利福尼亚大学出版社，2005年。

[3] 有关早期妇女和道德法律范围内允准的暴力行为，参见罗曼玲（Luo Manling）《性别、文体与话语：中世纪文学中的女性复仇者》（Gender, Genre, and Discourse: The Woman Avenger in Medieval Chinese Texts）《美国东方学会杂志》（*Journal of the American Oriental Society*）第134卷，第4期（2014），第579–599页。

徐积因此强烈希望记录下她短暂而不平凡的一生。他在《北神烈妇》序中更明确地表达了对非精英家庭女性的支持：

> 盖古之贤女，藉其家世，因性而习之，渊源渐渍，其所从来者远矣。此诗人所以赋庄姜与夫韩侯之妻也。至于负贩之家，见闻之陋，安知义之所在乎？乃一日猝然变生不幸，毅然不顾，如泰山之不可摇也。是知其义利之分，死生之轻重，故至于杀身而不悔也。①

徐积承认商人家庭出身的女性没有精英妇女博学有教养，但同时认为人生来便知道德是非。对历史写作长期忽略出身较低而德行高尚之女性的现象，徐氏深不以为然。因此在《北神烈妇》中，他感叹："惜哉亡其姓氏，且不知何许人也，以其死于北神，故号为北神烈妇。"对徐积来说，正因为这两位女性都未在官方记录中留名，他才有责任纪念她们。庄绰和洪迈似乎有同样的想法。

尽管徐、庄、洪三人在褒赞一位普通女子的美德方面看法一致，他们对淮阴女子最重要的品德的表述却存在差异，以至于她分别被誉为义妇、节妇、烈妇。在这三位作者中，洪迈虽称她有"志义"，但没有进一步阐述志和义的具体含义。相比之下，徐积和庄绰则较细致地阐述了他们对女性道德的看法。下面的讨论集中在徐文和庄文中"义""烈""节"的含义。

（1）义与义妇

"义"在徐积的《淮阴义妇二首并序》中一共出现十次，在《北神烈妇并序》中出现两次，在庄绰的《淮阴节妇传》中出现一次。根据它在不同语境的用法，可以得出如下三点结论。首先，"义"既可以用来形容男性，也可以用来形容女性美德，并非为某一性别专用。除了淮阴女子被贴上"义妇"标签外，徐积故事中的凶手也"自陈有义于其夫"。此外，庄绰还提到，里人"亦喜其义也"，并赞同新寡的淮阴女与之成婚。在二人的叙事中，淮阴女、

---

① 徐积：《全宋诗》，第11册，卷635，《北神烈妇并序》，第7574页。

其家庭成员及同里之人都认为商人乙在甲死后的所作所为是义行。

第二，在徐积看来，一个不"义"之人死有余辜。徐写道：

> 夫仇既复，又自念以色累夫，以身事仇，二子仇人之子也，义不可复生，即缚其子赴淮投之于水，已而自投焉。①

徐积叙述说，义妇得知第一任丈夫被谋杀的真相后，即断定自己的再婚是不义行为。他的第二位丈夫及二人的儿子便顺理成章地成了她和她唯一的丈夫的仇人。义妇的这种自我身份认同解释了她必死的决心。只有自尽并杀死自己和凶手的孩子，她才能得到救赎，并表达对丈夫的忠贞。

第三，也是最重要的一点，徐积在他的诗和序中用毫不含糊的语言来明确"义"的含义。徐氏的第一首诗表达了一位决绝的女子要洗清自己身体和人格上的污点的决心：

> 酷贼奸仇既已除，衔冤抱耻正号呼。
>
> 当时但痛君非命，今日方知妾累夫。
>
> 舍义取生真鄙事，杀身沉子乃良图。
>
> 几年污辱无由雪，长使清淮涤此躯。②

这首诗既表达了淮阴女对自己唯一的丈夫的忠诚，又证明了她救赎自己"不义"行为的决心。从这个角度来看，她与"第二任"丈夫共同度过的几年美好时光便成了耻辱的记忆，永远无法抹去，连他们共同的孩子也成了这个道德重负的一部分。而她所剩的唯一的选择便是她和孩子们自绝于世。更具体来说，淮阴女将"生"和"义"并列在一起，并像孟子提倡的那样，坚定地选择了舍生取义。③

---

① 徐积：《北神烈妇并序》，第7573页。

② 徐积：《北神烈妇并序》，第7573页。

③ "生，亦我所欲也；义，亦我所欲也。二者不可得兼，舍生而取义者也。生亦我所欲，所欲有甚于生者，故不为苟得也；死亦我所恶，所恶有甚于死者，故患有所不辟也。"出自《孟子·告子上》。

徐积相信所有妇女，包括商人家庭的女性，同男性一样，懂得"义"的含义，而且可以在"义"与"生"之间选择前者。之后，徐积接着解释他对义妇行为的理解：

> 故能复仇杀子，又自杀其身，雪沉冤于既往，豁幽愤之无穷，昭乎如白日之照九泉也。如此之义，是岂可不以为义乎！ ①

徐积对淮阴女高度道德化的描述与他的自身经历和他作为正统仪礼忠实践行者的形象是高度一致的。王资深（1050-1128）为徐积撰写的行状和徐的《宋史》传记都将他描述为一个孝顺、节义、慷慨之人、渊博的学者。他严格遵循家礼，对母亲尽孝。其孝义名声在他身后继续广为传播，并被授予"节孝先生"的称号（1116）。②

我们还可以从另外一个角度来理解徐积对淮阴义妇的褒扬。柏文莉（Beverly Bossler）研究表明，北宋后半期对女性贞节和孝道表现出"更高的兴趣"。但是文学和官方政策中对节妇的褒扬，其目的却是在新旧党派纷争之际为政府官员提供道德指引，使之作为男性政治忠诚的榜样。③我们因此可以从当代政治环境的角度来理解徐积对淮阴女的赞美。徐积在诗序中写道：

> 故闻其风者，壮夫烈士为之凛然，至于扼腕泣下也，而奸臣逆党亦可以少自讪矣。故君子谓刘歆为苟生，王俭、任昉、范云之辈为卖国，褚彦回之辈何足道哉！盖自魏晋而下，佐命之臣教人持兵以杀其君者多矣，使义妇视之以为何物耶？惜乎事不达于朝，节义不旌于里，哀哉！④

在上面一段中，徐积将义妇与古今不义的男性进行对比。在列举了一

---

① 徐积：《淮阴义妇二首并序》，第 7572-7573 页。
② 王资深：《节孝先生行状》，第 271-275 页。
③ 柏文莉：《宋元社会变迁下的性别与贞节观》，第 137-150 页。
④ 徐积：《淮阴义妇二首并序》，第 7573 页。

系列不忠不义之徒后,徐积问道:"使义妇视之以为何物耶?"徐毫不隐讳,作为道德典范,不仅蔡文姬在德行上不如淮阴义妇,即便是古今诸多的士大夫也无法与之相比。

(2) 烈、烈士、烈妇

除了给淮阴女义妇的称号,徐积又形容她为决烈之人。在他为淮阴女所作的第二首诗中,徐写道:

> 淮阴妇人何决烈,貌好如花心似铁。
> 杀身沉子须臾间,身虽已死名不灭。[1]

为了赞扬义妇的决心和果敢行为,徐积称她外表美丽温柔如花,内心却坚定忠烈如铁。当得知自己在丈夫之死中扮演的角色时,她毫不犹豫地决定为夫复仇。从这个意义上说,徐积把"义"与"烈"看作密不可分的品质。为了"义",淮阴女不惜采用最极端、决绝的手段,包括把自己和儿子们付之淮水。

在徐积看来,"烈"和"义"一样,并非男人的专利,而是男女都可以拥有的美德。在他的诗序中,徐称蔡文姬为广为人知的烈妇,并用"壮夫烈士"来对应"奸臣逆党"。除了肯定男女都具备行义的能力外,他用"烈夫"和"烈士"来肯定"烈"作为一个形容这些男女高尚之举的道德范畴。

在《北神烈妇》中,徐积表达了对该女子同样的崇敬之情:

> 海水犹可泛,君身不可犯。
> 淮水犹可潴,君名不可污。
> 鸾凤犹可驯,冰霜犹可亲。
> 不是云间月,即是月边云。[2]

---

[1] 徐积:《淮阴义妇二首并序》,第7573页。
[2] 徐积:《北神烈妇并序》,第7574页。

在这首诗中，徐积使用了多个明喻来强调北神女捍卫自己贞节的决心。如果淮阴女觉得她必须要纠正丈夫之死和她自己再婚的不义，那么北神女面临的是另一种挑战：通过阻止富商对自己的侵犯来表现她对丈夫的绝对忠诚。徐积在序言中写道："是其所以自度者，其势终不得免焉也，与其被污而生，不若洁己而死也。"对于北神烈妇来说，她面对的是一个生死攸关的境地，容不得任何妥协：或为"云间月"，或为"月边云"。徐积不由得感叹："其决烈如此，是岂可不谓之奇女子乎！"[①]

（3）节与节妇

徐积称淮阴女是"义妇"，庄绰称之为"节妇"，却没有具体解释"节"的含义。另外一处提到"节"的地方是徐积的诗序。徐写道："惜乎事不达于朝，节义不旌于里，哀哉！"徐的陈述表明，尽管他自己没有明确地将淮阴女称为节妇，他肯定会同意庄对她的定位。

仔细研究徐积和庄绰对淮阴女子的刻画可以帮助我们理解"义"和"节"的含义及其重要性。"义妇"与"节妇"最大的区别在于她们对自己与谋杀犯丈夫婚姻的看法。"义妇"完全排斥第二个丈夫和他们共同的孩子，而"节妇"则继续承认他们之间的关系。从另一个角度来看，在"义妇"的理解和徐积的演绎中，"义"和"不义"之间没有任何缓冲余地。一个重"义"之人宁愿放弃自己的生命来救赎自己的不义行为。相比之下，庄绰展现的节妇形象远没有徐积的义妇和烈妇决绝。庄氏提到，在第一任丈夫在世时，节妇尽职尽责地侍奉婆母，继续充当一个孝顺的儿媳。因此，节妇与丈夫同商的婚姻被描述为一个解决困境的完美方案。正因为这桩婚姻，节妇才能够继续侍奉婆婆。庄绰还强调，尽管节妇与第二任丈夫关系很好，她一旦得知真相，便立即向官府举报他的罪行。她做这件事时已经非常清楚，因为她在两个丈夫死亡中所扮演的角色，她将无法苟活。因为淮阴女处理家庭义务和生死挑战的方式，庄绰称她为一个"节妇"，一个有节操的女人。

我们应该如何解释徐积和庄绰对淮阴女的不同态度呢？徐积试图用义

---

① 徐积：《淮阴义妇二首并序》，第7573页。

妇的故事来传达强烈的道德和政治倾向，而庄（或许还可以加上吕夏卿）似乎更倾向于讲述一个比较完整的故事。庄绰没有用感情或道德色彩过分强烈的词汇或语调来描绘一位平民女性如何尽力在家庭生活中表现得体。考虑到她的遭遇，这本身并非轻而易举之事。徐和庄两个版本的差异也与他们作品体裁的惯例有关。庄的笔记故事允许他把各种各样的信息都包括进去。相比之下，徐的诗及序则要求他更加集中、更加戏剧性地表现淮阴女的杰出道德表现。

结　语

宋代笔记和传记体裁的繁荣大大有助于记录和传播各阶层男女日常生活，以及精英和非精英阶层感兴趣的各种轶事。本案例试图用一位平民女性事迹的几种不同文本来说明这一进程。有关淮阴女的传奇故事包含了多个可以激发作家灵感、吸引读者与听众注意力和想象力的因素：年轻美丽的妻子和她行商的丈夫，商人常年在外面对不确定情况引起的悬念，情和欲，背叛和谋杀，表面幸福却暗藏秘密的婚姻，复仇和报应，以及一个义薄云天的女性的德行。

淮阴女的人生传奇从北宋到南宋成为多种叙事的主题，表明了文本传播和保存的多样性，以及同一故事在以不同的文学形式呈现时着眼点的不同。吕夏卿的传记的散佚，徐积的诗序被辗转改编成一个笔记故事存世，庄绰的节妇传最终演变为洪迈的"浮沤逸事"的漫长过程，以及明清地方志作者对徐积作品的发现与引用，都表明了一个"好"故事的生存机会与轨迹，以及偶然或随机因素在文本信息保存中所起的作用。此外，这个案例还证明了各种文学体裁（诗歌、传记、笔记、戏剧和地方志）之间的流动性和跨界交流，并同时显示宋笔记作者如何平衡其创作意图和保存有价值的材料之间的关系。

上述因素，加上作者的思想倾向和政治立场，制约了他们对女性和女性美德的表现。这三位作者对女性作为节义之人的道德能力，以及妇女再婚及夫妻相亲相爱都持强烈支持态度。贞节对女性来说毫无疑问是一种值得高度赞扬的品质，但在三位作者的描述中并没有占据中心位置。对他们来说，淮阴女首先是一个节义之人，可以媲美任何道德高尚的文人士大夫，也可以作为所有男女的榜样。鉴于淮阴女来自一个商人家庭，这些作者们对她的赞扬就显得愈加重要。本案例研究的结论与柏文莉最近关于女性贞节观的研究一致：直到南宋和元代，女性贞节才受到更多关注。到了十四世纪，女性的道德楷模变成了"节妇"。在这个过程中，"节"从一个没有性别限制的理想道德操守转变为一种专指女性独有的美德。[①]有关淮阴女的几种文本为这一复杂的、长达数世纪的发展过程提供了仔细观察其方方面面的例证。

附 录

淮阴义妇二首并序 徐积

淮阴义妇，富商之妻李氏，有姿色。邑人有同商者见而说之，因道杀其夫，厚为棺殓，持其丧以归，绐云溺死，且尽归其财，无一毫之私焉。于是伺其除葬，谋为婚构。且自陈有义于其夫，义妇亦为之感泣，遂许而嫁之。

乃一日，家有大水，水有浮沤，其夫辄顾而腥。义妇问之，未应。遂固问之，恃已生二子，不虞其妻之仇己也，即以实告之曰："前夫之溺，我之所为。已溺复出，势将自救，我以篙刺之，遂得沉去。所刺之处浮沤之状，正如今日所见。"

义妇默然，始悟其计，而复仇之心生矣。即日俟其便，即以其事奔告有司，卒正其狱，弃其仇子。夫仇既复，又自念以色累夫，以身事仇，二子仇人之子也，义不可复生，即缚其子赴淮投之于水，已而自投焉。

盖以谓不义而生，不若义而死也，故谓之义妇。或者以其生事二夫，不得谓之义，是大不然，是责于人者终无已也。东汉时，蔡文姬者丧夫之后，一为胡妇，一再嫁之，其传名为"烈妇"，考其心迹，与义妇不同远矣。嫁，盖其心出于感激，谓其人真有义于其夫也。既嫁之后，凡再生二子，闺房帷幄之好已固，于人情无毫发可以累其心者。故能复仇杀子，又自杀其身，雪沉冤于既往，豁幽愤之无穷，昭乎如白日之照九泉也。如此之义，是岂可不以为义乎！

故闻其风者，壮夫烈士为之凛然，至于扼腕泣下也，而奸臣逆党亦可以少自讪矣。故君子谓刘歆为苟生，王俭、任昉、范云之辈为卖国，褚彦回之辈何足道哉！盖自魏晋而下，佐命之臣教人持兵以杀其君者多矣，使义妇视之以为何物耶？惜乎事不达于朝，节义不旌于里，哀哉！

酷贼奸仇既已除，衔冤抱耻正号呼。
当时但痛君非命，今日方知妾累夫。
舍义取生真鄙事，杀身沉子乃良图。
几年污辱无由雪，长使清淮涤此躯。

淮阴妇人何决烈，貌好如花心似铁。
杀身沉子须臾间，身虽已死名不灭。

北神烈妇并序　徐积

烈妇有美色。夫为小商，舟行上下载以自随。至于北神，其夫病死，贫无以殓，同舟富商者假贷与之，丧费所需，一切皆具，是自恃有恩，顾其妻以为己物。烈妇既葬之三月，复墓以归，势且甚迫，遂取其婴儿缚置胸前，母子号呼赴淮而死。是其所以自度者，其势终不得免焉也，与其被污而生，不若洁己而死也。呜呼！其决烈如此，是岂可不谓之奇女子乎？

盖古之贤女，藉其家世，因性而习之，渊源渐渍，其所从来者远矣。此诗人所以赋庄姜与夫韩侯之妻也。至于负贩之家，见闻之陋，安知义之所在乎？乃一日猝然变生不幸，毅然不顾，如泰山之不可摇也。是知其义利之分，死生之轻重，故至于杀身而不悔也。

惜哉亡其姓氏，且不知何许人也，以其死于北神，故号为北神烈妇。

海水犹可泛，君身不可犯。

淮水犹可潴，君名不可污。

鸾凤犹可驯，冰霜犹可亲。

不是云间月，即是月边云。

淮阴节妇传　庄绰

余家故书，有吕缙叔夏卿文集，载《淮阴节妇传》云：

妇年少，美色，事姑甚谨。夫为商，与里人共财出贩，深相亲好，至通家往来。其里人悦妇之美，因同江行，会傍无人，即推其夫水中。夫指水泡曰："他日此当为证！"

既溺，里人大呼求救，得其尸，已死，即号恸，为之制服如兄弟，厚为棺殓，送终之礼甚备。录其行橐，一毫不私。至所贩货得利，亦均分著籍。既归，尽举以付其母，为择地卜葬。日至其家，奉其母如已亲。若是者累年。妇以姑老，亦不忍去，皆感里人之恩，人亦喜其义也。姑以妇尚少，里人未娶，视之犹子，故以妇嫁之。夫妇尤欢睦，后有儿女数人。一日大雨，里人者独坐檐下，视庭中积水窃笑。妇问其故，不肯告，愈疑之，叩之不已。里人以妇相欢，又有数子，待已必厚，故以诚语之曰："吾以爱汝之故，害汝前夫。其死时指水泡为证，今见水泡，竟何能为？此其所以笑也。"妇亦笑而已。后伺里人之出，即诉于官，鞠实其罪，而行法焉。妇恸哭曰："以吾之色而杀二夫，亦何以生为？"遂赴淮而死。

此书吕氏既无，而余家者亦散于兵火。姓氏皆不能记，姑叙其大略而已。

淮阴张生妻　洪迈

……《徐中车集》载，淮阴一妇之夫陨命盗手，而妇弗知。其后盗凭媒纳币，聘为室，居三年，生二子矣。因乘舟过夫死处，盗以为相从久，又有子，必不恨我，乃笑而告故。妇勃然走投保正，擒盗赴官。大恸语人曰："妾少年嫁良人，为盗死，幸早闻之，定不与俱生。两雏皆贼种，不可留于人世。"俱掷诸洪波。俟盗伏辜，亦自沉而死。此二女志义相望于百年间云。

张客浮沤 洪迈

　　鄂岳之间居民张客，以步贩纱绢为业。其仆李二者，勤谨习事，且赋性忠朴。张年五十，而少妻不登其半，美而且荡，李健壮，每与私通。淳熙中，主仆行商，过巴陵之西湖湾，壤地荒寂，旅邸绝少。正当旷野长冈，白昼急雨，望路左有丛祠，趋入少憩。李四顾无人，遽生凶念，持大砖击张首，即闷仆，连呼乞命，视檐溜处，浮沤起灭，自料不可活，因言："我被仆害命，只靠你它时做主，为我伸冤。"李失笑，张遂死。李归绐厥妻曰："使主病，死于村庙中，临终遗嘱，教你嫁我。"妻亦以遂己愿，从之。凡三年，生二子，伉俪之情甚笃。尝同食，值雨下，见水沤而笑。妻问之："何笑也？"曰："张公甚痴，被我打杀，却指浮沤作证，不亦可笑乎！"妻闻愕然，阳若不介意，伺李出，奔告里保，捕赴官。访寻埋骸，验得实，不复敢拒。但云鬼摩我口，使自说出。竟伏重刑。

原载台湾《清华学报》(2021)第51卷，第1期。

不规矩的观者，性别化的观看：亵慢神像和宋代民间宗教中的视觉文化

程晓文

一、序　论

宋人观看宗教造像的方式和观看其他图像有何不同？女性的观看方式和男性是否不同，或是否应该不同？若观者对神像产生亵慢的幻想，神像居然回应了，会发生什么事？洪迈（1123—1202）的《夷坚志》中记载了这么一则传闻，标题为《永康倡女》：

> 永康军有倡女谒灵显王庙[①]，见门外马卒颀然而长，容状伟硕，两股文绣飞动，谛观慕之，眷恋不能去。至暮，家人强挽以归，如有所失，意忽忽不乐。过一夕，有客至求宿，其仪观与所慕丈夫等。倡喜不胜情，自以为得客晚。其人迟明即去，黄昏复来。留连数宿，忽泣曰："我实非人，乃庙中厩卒也。以尔悦我，故犯禁相就。屡不赴夜直，为主者所纠，得罪，明日当杖脊流配。至时，过尔家门，幸多买纸钱赠我。"倡亦泣许

---

① 灵显王原是在蜀地流行的信仰，主要神祇为李冰（战国时期秦国的水利家）和其次子。965年宋灭后蜀后，朝廷立即"诏增饰导江县应圣灵感王李冰庙"。北宋期间朝廷赐予李冰数个封号，并诏移除蜀地其他类似称号的神祇。永康军的这个灵显王庙奉祀的是李冰次子，而"灵显王"原是徽宗在1103年赐予的封号。1118年徽宗改封灵显王为"灵显真人"，赐"普德观"额。高宗绍兴元年（1131或1132年）又改回"灵显王"、改普德观为庙。参见徐松《宋会要辑稿》（北京：中华书局，1957年），礼20.24、礼20.141。

之。如期，此卒荷铁校，血流满体，刺面曰配某处，二健卒随之，过辞倡家。倡设奠焚钱，哭而送之。他日诣庙，偶人仆地矣。[1]

这则故事的来源虞允文（1110–1174）是南宋（1127–1279）的一位高官，在1153年中进士后，出任彭州知州，而永康军紧邻彭州以西。[2]当时的南宋社会，地方神祇信仰蓬勃、祠庙林立。同时，士人和庶民文化之间的隔阂逐渐模糊。[3]韩森（Valerie Hansen）指出，宋代民间信仰中的神祇要求民众供奉他们的神像，且神像必须和本尊相像。神像不仅能帮助民众辨识神明，也是神明的居所。韩森认为，《永康倡女》的故事表现出神明和凡人之间的界线

---

[1] 洪迈：《夷坚志》（北京：中华书局，2006年），甲志，卷17，第146页。《夷坚志》收集当代怪奇传闻，是在洪迈四十至八十岁时逐册编纂、出版，原有三十二册，一半以上今已佚。洪迈在《乙志》的序中强调他的材料都是来自六十年以内时人"耳目相接"的传闻，并非像前代"志怪"文类那样的"寓言"（第185页），且这些传闻的来源不仅是士人阶层，还包括"寒人、野僧、山客、道士、瞽巫、俚妇、下隶、走卒"（《丁志》序，第537页）。关于《夷坚志》的研究，参见英格斯（Alister D. Inglis）《洪迈的〈夷坚志〉及其宋代脉络》（*Hong Mai's Record of the Listener and Its Song Dynasty Context*）（阿尔巴尼：纽约州立大学出版社，2006年）；英格斯《洪迈〈夷坚志〉的文献历史》（A Textual History of Hong Mai's *Yijian zhi*），《通报》（*T'oung Pao*），第93卷（2007年），第283–368页；伊原弘、静永健编《不为人知的南宋畅销书夷坚志的世界》（南宋の隠れたベストセラー「夷坚志」の世界）（东京：勉诚出版，2015年）；张聪（Cong Ellen Zhang）译《〈夷坚志〉选译及导读》（*Record of the Listener: Selected Stories from Hong Mai's Yijian Zhi*）（印第安纳波利斯：哈克特出版公司［Hackett Publishing Company］，2018年）。

[2] 现存《夷坚志》中有八则故事来源为虞允文，其中七则都发生在1132年至1157年间的四川。很有可能是在虞允文结束四川官职、调往南宋京师临安时，将这些故事告诉了当时也在临安的洪迈。参见英格斯《洪迈〈夷坚志〉的文献历史》，第308页。

[3] 关于宋代地方神祇和民间信仰的研究，参见韩森（Valerie Hansen）《变迁之神：南宋时期的民间信仰》（*Changing Gods in Medieval China, 1127–1276*）（普林斯顿：普林斯顿大学出版社，1990）；戴维斯（Edward L. Davis）《宋代的社会与超自然》（*Society and the Supernatural in Song China*）（火奴鲁鲁：夏威夷大学出版社，2001年）；韩明士（Robert P. Hymes）《道与庶道：宋代以来的道教、民间信仰和神灵模式》（*Way and Byway: Taoism, Local Religion, and Models of Divinity in Sung and Modern China*）（伯克利：加利福尼亚大学出版社，2002年）；万志英（Richard von Glahn）《市镇和寺庙：1100–1400年间长江三角洲的都市成长和衰退》（Towns and Temples: Urban Growth and Decline in the Yangzi Delta, 1100–1400），收录于史乐民（Paul Jakov Smith）、万志英编《中国史中的宋元明变迁》（*The Song-Yuan-Ming Transition in Chinese History*）（麻省剑桥：哈佛大学亚洲中心，2003年），第176–211页；万志英《左道：中国宗教文化中的神与魔》（*The Sinister Way: The Divine and the Demonic in Chinese Religious Culture*）（伯克利：加利福尼亚大学出版社，2004年），第130–179页。

模糊了，神明也能化为凡人之躯、像凡人一般的思考和行动。[1]

神像活过来、与人互动，并非宋代民间信仰的专利。在东亚佛教史中，人们不断地讨论佛像是否能召唤佛陀的现在。[2] 中古基督教也充满了"图像和原型化为一体"的事件：在信徒的热切注视和虔诚祈祷之下，耶稣像和圣母像突然活过来，与信徒互动。[3] 在中国佛教和道教中，特别是自五、六世纪以后，图像扮演重要的角色：借由图像的帮助，敬虔的存思能召唤神灵的同在。[4] 然而，在宋代民间宗教的世界中，神明就住在神像中。往往并非信徒敬虔的存思，而是神像本身创造了神明的存在。

无论神灵大小、正邪，如果神像的本身就是神灵的存在，那么人与神的关系也就是人与神像的关系，牵涉了图像、造像之人和观者。在十一世纪以前的史料中，技术绝妙的画家和神力高超的术士往往只是一线之隔。和《永康倡女》不同的是，多数关于神像显灵的故事并不强调、甚至根本不提观看的动作。许多神像显灵的故事甚至强调见证人先前从未见过该神像。因此，宋代这些亵慢神像的故事提供了一个独特的视角，一窥民众对宗教造像的反应，特别是那些出格的、不照牌理出牌的反应，神明若回应了这种反应，便格外需要正当化和合理化。在这样的叙事中，观者的出格正可以用来解释神明的回应。其实，人和神（特别是小神）都可以是出格的观者：人看神像，神像回看人。主动的观者通常是男性，但《永康倡女》是一个值得注意的例外。十二至十四世纪间的传闻轶事和医书中可以看见越来越多对女性的情欲和性身体的关注，特别是关于女性作为自己欲望的主导者。

本文首先比较三个相关的传统，以见不同主体的强调：画论中"感神通灵"的传统、宗教故事中的神像显灵以及志怪传闻中人与神鬼妖魔的邂逅。

---

[1] 韩森：《变迁之神：南宋时期的民间信仰》，第52–57页。

[2] 威廉斯（Bruce C. Williams）：《大辨妄：中古中国佛教的忏悔、冥想和超脱的动态变化，500–650年》（*Mea Maxima Vikalpa*: Repentance, Meditation, and the Dynamics of Liberation in Medieval Chinese Buddhism, 500–650 CE）（加州大学伯克利分校博士论文，2002年），第95–97页。

[3] 弗瑞伯（David Freedberg）：《图像的力量：反应的历史和理论研究》（*The Power of Images: Studies in the History and Theory of Response*）（芝加哥：芝加哥大学出版社，1989年），第319–320页。

[4] 威廉斯：《大辨妄》，第95、99–100页；黄士珊（Susan Huang）：《图绘真形：传统中国的道教视觉文化》（*Picturing the True Form: Daoist Visual Culture in Traditional China*）（麻省剑桥：哈佛大学亚洲中心，2012年），第25页。

与这三个传统相较，亵慢宗教造像的故事往往强调观者的主动性。若神像有所回应，往往可看出寻求正当化、合理化的刻意叙事。本文接着借由宋代传闻轶事、分析宗教造像的物质性，并与非宗教图像和变为"精怪"的物品比较。最后，我将仔细分析《永康倡女》中对女性欲望的描绘，并与其他传闻轶事和医书对女性欲望的讨论相比较。

二、艺画与术画：画论中的感神通灵

"感神通灵"是中国画史上常见的概念：技巧高妙的画家笔下能赋予图像生命，甚至吸取被绘者的魂魄，或令天地之间有所感应。论画之人无论是否相信画能成真，都会用感神通灵的修辞来称赞卓越的画家和画作。石守谦指出，感神通灵的传统在八世纪中以后逐渐没落，以至于张彦远（约820-876）误解了杜甫（710-770）称赞韩干（八世纪）画马的诗。但在《历代名画记》中，张彦远仍然保留了前代感神通灵的故事。[1] 例如以佛教绘画闻名的梁代张僧繇（活跃于六世纪初），在金陵安乐寺绘四白龙，却不敢点睛，因为害怕点睛后龙就会飞走。"人以为妄诞，固请点之，须臾雷电破壁，两龙乘云腾去上天，二龙未点睛者现在。"[2] 另一则唐代的故事说道，一位僧人得罪了吴道子（约686-760），吴道子便在僧人房中墙上画了一头驴，当晚，壁上的画驴化为活驴，将僧人房中的家具踏破。[3] 当然不是所有的名画都会使图像变活，但高明的画家至少能让他们的画作栩栩如生。[4] 某些画作甚至能对

---

[1] 杜甫《丹青引，赠曹将军霸》一诗言："干惟画肉不画骨，忍使骅骝气凋丧。"意指韩干画工绝妙，若画出骅骝马的精髓（骨），那么骅骝马本身的魂魄便会被画吸取，因此他不忍使马之"气凋丧"，只画了马的外型（肉）。张彦远却说："杜甫岂知画者，徒以干马肥大，遂有画肉之诮。"显然误解了杜甫原诗之意。见石守谦《"干惟画肉不画骨"别解：兼论"感神通灵"观在中国画史上的没落》，收录于氏著《风格与世变：中国绘画史论集》（台北：允辰文化，1996年），第55-85页；张彦远：《历代名画记》（《画史丛书》本，台北：文史哲出版社，1974页），第1册，卷9，第115页。

[2] 《历代名画记》，卷7，第90页。

[3] 李昉（925-996）：《太平广记》（北京：中华书局，2008年），卷212，第1623页。卢锦堂《太平广记引书考》（台北：花木兰出版社，2006年，第206页）认为这则故事出自卢言（活跃于九世纪末）的《卢氏杂说》。

[4] 例如东汉刘褒"曾画《云汉图》，人见之觉热；又画《北风图》，人见之觉凉"。《历代名画记》卷4，第60页。北齐刘杀鬼"画斗雀于壁间，帝见之以为生，拂之方觉"。《历代名画记》卷8，第97页。

所画对象有所感应。传说顾恺之（约344-405）曾"悦一邻女，乃画女于壁，当心钉之，女患心痛，告于长康（顾恺之），拔去钉乃愈"。[①]高明画家笔下的人物画像可能产生自己的灵魂。《历代名画记》记载了另一个关于张僧繇的故事：

> 又画天竺二胡僧，因侯景乱，散坼为二，后一僧为唐右常侍陆坚所宝。坚疾笃，梦一胡僧告云："我有同侣，离坼多时，今在洛阳李家，若求合之，当以法力助君。"陆以钱帛果于其处购得，疾乃愈。[②]

画龙点睛、龙破壁飞天的故事，自然比只是栩栩如生更为动人。但张彦远并未对这两种故事做出区隔。至于那些更为古怪的、很可能是从志怪文献中收集来的故事，张彦远也并未提供更多说明，基本上都是画家高超技巧的表现。重点始终是画家——图像的制作者。图像化为有生命的实体，代表画家能够充分再现所绘对象的精神和形体。后代的画史，例如十二世纪初宋徽宗敕编的《宣和画谱》，仍然保留了这些早期的感神通灵故事。[③]

郭若虚（活跃于1071-1080）则打破了图像和实物的感应链，重新诠释什么才是真正的艺术，或什么不是真正的艺术。在《图画见闻志》的最末，郭若虚增加了一个新的类别："术画"，专门收录那些感神通灵的故事——画像活过来、画像吸引了其他生物、或画像产生奇特效果的故事。"术画"

---

① 《历代名画记》，卷5，第68页。《晋书》的记载是顾恺之借此对邻女表达关心，之后才将钉子拔去。房玄龄（578-648）等：《晋书》（台北：鼎文书局，1980年），卷92，第2405页。这样的伎俩和长孙无忌（卒于659）在《唐律疏议》（台北：弘文馆，1986年，卷18，第340页）中描述的"厌胜"很像："或图画形像，或刻作人身，刺心钉眼，系手缚足。"顾恺之的故事说明在当时人眼中，画工和术士或许没有太大差别。直到郭若虚的《图画见闻志》才将"艺画"和"术画"明确区分开来（见下）。长孙无忌并未注明操"厌胜"之术的人的性别，但若与顾恺之的故事齐观，七世纪中的作者并未特别将厌胜之术和女性联结在一起。然而，到了十一世纪，司马光（1019-1086）的《资治通鉴》（《四部丛刊》本，卷18，第6页；卷22，第5页）便强调在汉武帝末年操厌胜之术的都是"女巫"。有趣的是，司马光强调女巫，和郭若虚强调艺画和术画的不同，都在十一世纪。

② 《历代名画记》，卷7，第90页。陆坚为开元年间集贤学士。

③ 《宣和画谱》收录了张僧繇画龙点睛的故事，也提到了顾恺之的邻女和吴道子所画的驴（《四库全书》本，卷1，第5页）。关于《宣和画谱》的详细研究，以及"形似"的讨论，参见伊沛霞《文化的积累：宋徽宗的收藏》（西雅图：华盛顿大学出版社，2008年），第282-283页。

是为了将"方术"和"怪诞"之事与真正的艺术——"艺画"做出区隔。张僧繇和顾恺之的章节中则不再有画龙点睛和邻女心痛这类的故事。在"术画"一章，郭若虚记叙了一场在后蜀朝中名画家黄筌和一名"术士"的角力：

> 昔者孟蜀有一术士称善画，蜀主遂令于庭之东隅画野鹊一只，俄有众禽集而噪之。次令黄筌于庭之西隅画野鹊一只，则无有集禽之噪。蜀主以故问筌，对曰："臣所画者艺画也，彼所画者术画也，是乃有噪禽之异。"蜀主然之。

接着郭若虚提出另一组对照：道士陆希真和名画家边鸾、黄筌、徐熙、赵昌：

> 国初有道士陆希真者，每画花一枝张于壁间，则游蜂立至。向使边、黄、徐、赵辈措笔，定无来蜂之验。此抑非眩惑取功，沽名乱艺者乎？①

郭若虚认为艺画和术画的差别就如同忠臣和佞臣的差别，并将术画的故事和段成式《酉阳杂俎》中记载的"怪术"相提并论。但"怪术"中的故事多数和绘画无关。②

郭若虚代表着与"感神通灵"传统彻底决裂的画论。但无论能感神通灵的画是术画还是艺画，都有一个共通点：能使图像活过来的是图像制作者——画师或术士——而非观者，亦非背后的神灵。破壁而飞的龙、将家具踏坏的驴，是大家都能看到的效果，并非特定个人的神秘经验。然而，亵慢神像、与神像产生亲密互动的故事则几乎没有图像制作者的角色，重点都放在观者的行动和意图之上。这样的故事和宗教神像显灵的故事往往有类似

---

① 《图画见闻志》（《丛书集成》本），卷6，第93—94页。
② 《图画见闻志》，卷6，第93—94页；《酉阳杂俎》（北京：中华书局，1981年），卷5，第54、56页。

的背景，但观者在这两类故事中扮演非常不同的角色。

三、宗教故事中的神像显灵

张彦远以能使画作感神通灵的画家为大师，郭若虚以其为术士；宗教故事的作者则强调这是神灵的能力和供奉神像者的敬虔所致。在大乘佛教中，一方面有教义认为心中存思佛陀的形象比物质的佛像更接近佛陀的真实存在，同时也有许多人相信佛陀的精神存在于佛像之中。中国自六世纪起，佛像的制作和供奉急速增加。[1] 在中古中国佛教的灵验故事中，图像扮演着重要的角色，例如王琰在五世纪末编纂的《冥祥记》。康儒博（Robert Ford Campany）的研究认为，佛陀和菩萨的造像是信徒们的同伴，时常出现在梦境和异象之中；尊贵的佛菩萨造像被视为有生命、有灵感的存在。[2] 其中一个故事说到在一场大火中，佛经和佛像奇迹地毫发无损。[3] 另一则故事记述铸造一尊十四尺高的金属佛像如何帮助一位僧人免于被处决的命运。[4] 在《冥祥记》的序中，王琰也记述了自己和一尊金属观音像的关系，以及他从佛菩萨造像上看到、听到的灵异之象。王琰认为造像的品质和贵重程度表现了供奉者的敬虔之意，但并不会影响造像本身的灵力："不必克由容好，而能然也。"[5]

这类故事和想法在宋代仍然存在。但我们可以在《夷坚志》中看到，宋代民间宗教世界中的权力互动关系有所转变。人和神（以及神像）变得更互相依赖。神祇需要人的合作，才能制作、维护样貌正确的造像，而造像的品

---

① 威廉斯：《透过佛像：重建六世纪中国东北佛教的存思冥想》（Seeing through Images: Reconstructing Buddhist Meditative Visualization Practice in Sixth-Century Northeastern China），《太平洋世界：佛教研究所期刊》（*The Pacific World: Journal of the Institute of Buddhist Studies*），系列3，第7期（2005年），第35–37页。

② 康儒博（Robert Ford Campany）：《冥祥记：早期中古中国的佛教灵验故事》（*Signs from the Unseen Realm: Buddhist Miracle Tales from Early Medieval China*）（火奴鲁鲁：夏威夷大学出版社，2012年），第56–57页。

③ 康儒博：《冥祥记：早期中古中国的佛教灵验故事》，第207–208页。

④ 康儒博：《冥祥记：早期中古中国的佛教灵验故事》，第166页。

⑤ 康儒博：《冥祥记：早期中古中国的佛教灵验故事》，第56–58、63–67页。

质和正确度直接影响了神像的灵力。在《夷坚景（丙）志》中，洪迈记述了一则他的丈人在宣和年间（1119-1126）任宜都令时的经历：当时盛夏不雨，邑人往一"宋仙祠"祈祷而得应，于是相与出钱修庙，但"莫知仙之为男为女，考诸图志，问于父老，皆无所适从"。某日洪迈的丈人在睡梦中见到一女仙带着盛大的排场降临官廨，于是便命人将宋仙祠的神像塑为女仙像。①画论中也经常提到擅长画地狱图的画家曾有进入冥界的经验。但在《宜都宋仙》这则故事中，亲眼见到神祇的是县令，而非制作塑像的木工或泥工；而神祇亲自降临，以确保自己的塑像制作正确。

并非只有在上位者才能见到异象。另一则《夷坚志》故事《张婢神像》记述绍兴三十年（1160）一位名叫张寿彭的人家中有婢女自缢，家人遍祷里社丛祠，婢女奇迹般的醒过来，向大家述说入冥的经历："蒙蒙然似大梦中，见两个官员，各裹幞头，一人着紫公服，一人着绿公服，同语曰：'放去放去，他家既相祷，如何不周旋？'因遂得活。"隔日，张家人准备酒席祭典，酬谢诸神，但婢女见祭典上供奉的神像"并与所见不同"。而后大家发现在神堂旁边有一卷画轴，是当初一名妾嫁入张家时带来的，本来从没人打开看过，"漫展观之，一紫一绿相对，正伴昨夕示现者。见婢微觉笑容，盖其灵感也。"故事最后，洪迈说："乃信幽冥间无问尊卑小大，皆能随力自表以亨祭供，殊非偶然。"②

另一则故事描述神明借由自己塑像的制作展现灵力，且特别忽视工匠的角色：一名叫杨洵的人某日在半梦半醒间，见到自己刚过世他乡、尚未还葬的叔父杨纬，杨纬告诉他自己被封为"忠孝节义判官"。杨洵回家后告知家人，家人决定为杨纬立祠，"因呼工造像，工技素拙，及像成，与纬不少异，始知其神"。③韩森注意到在宋代民间祠庙中，造像本身和造像反映神明容貌的准确性，对神明来说是同等重要的。④但造像是否正确反映神明容貌并

---

① 《夷坚志》，丙志，卷14，第483页。

② 《夷坚志》，再补，第1813页。

③ 《夷坚志》，丙志，卷14，第485-486页。洪迈此则故事的来源是晁补之（1053-1110）为杨纬所写的墓志铭。

④ 韩森：《变迁之神：南宋时期的民间信仰》，第54-55页。

不只是工匠的责任，也是神明自己的责任。神明是否灵验，也表现在神像的塑造过程中。

如洪迈记载，《张婢神像》故事的叙述者强调这个婢女从未见过那两位神明的画像，因此必然是神明显灵，而非婢女自己的幻想。另一则《夷坚志》故事《观音医臂》也有类似的内容：湖州一位老妇手臂患疾，许久不愈，一日梦见一白衣女子对她说："我亦苦此。尔能医我臂，我亦医尔臂。"并告诉她自己住在崇宁寺西廊。老妇为此进城，到了崇宁寺，对寺僧讲述自己的梦境，寺僧说："必观音也。吾室有白衣像，因葺舍，误伤其臂。"于是老妇找工匠修复观音像的手臂，修复完全后，老妇自己的手臂问题也痊愈了。①《冥祥记》的佛菩萨像火烧不坏，崇宁寺的这座观音像却需要人雇来工匠帮忙修复损坏的手臂。但两种故事都不强调观看的举动，甚至刻意淡化。《观音医臂》中的老妇在梦到白衣女子前，从未见过崇宁寺观音像。这个故事里没有观者的角色。许多《夷坚志》故事中的神明能任意选择要向谁显灵，被选中的人经常是在经历神明显灵之后，才见到神像。②这和亵慢神像、与神像产生亲密接触的故事模式相反。

四、性别化的观看：后唐和宋初的两则故事

一则后唐和一则宋初的故事生动地描绘了一个男性（僧人）和一个女性（在室女）与宗教图像之间的纠葛。乍看之下，这两个故事的叙事模式与女鬼和狐妖的故事相似：男性主动、女性被动。③但这两个故事对"观看"的着墨特别多，并非其他女鬼或狐妖故事所常见。这两则叙事都试图规范观看

---

① 《夷坚志》，甲志，卷10，第88页。韩森指出，《观音医臂》的故事也出现在崇宁寺的碑文中（《变迁之神：南宋时期的民间信仰》，第22—23页），可见这个故事在当时受到崇宁寺僧人和供养民众的认可。

② 当然《夷坚志》中也有许多不同模式的故事，无法以一概全。

③ 韩瑞亚（Rania Huntington）：《明清叙事中的狐和性》(Foxes and Sex in Late Imperial Chinese Narrative)，《男女》(Nan Nü)，第2卷1期（2000年），第78—128页；蔡九迪（Judith T. Zeitlin）：《女鬼魅影：十七世纪中国文学中的鬼和性别》(The Phantom Heroine: Ghosts and Gender in Seventeenth-Century Chinese Literature)（火奴鲁鲁：夏威夷大学出版社，2007年），第14—15页；罗曼玲：《唐代小说中意识形态意义的"妖"》，《北京大学学报》第50卷6期（2013年），第97—105页。

的行动和欲望,以及观者和图像之间的不稳定关系。

第一个故事《蕴都师》,叙述一名叫行蕴的佛寺都僧打扫佛堂时,"见一佛前化生,姿容妖冶,手持莲花,向人似有意。师因戏谓所使家人曰:'世间女人,有似此者,我以为妇。'"当晚这位莲花娘子造访行蕴僧舍,行蕴又惊又喜,推就之间,让莲花娘子的侍婢为两人陈设寝处。寺中童子在行蕴门外侧耳潜听,不久,竟听到有人哀嚎,又听到"猰牙啮诟嚼骨之声""如胡人语音而大骂曰:'贼秃奴,遣尔辞家剃发,因何起妄想之心?假如我真女人,岂嫁与尔作妇耶?'"门窗却打不开,寺中众人一起破墙而视,见到两个夜叉[①],"锯牙植发,长比巨人,哮叫拏获,腾踔而出"。后来寺中其他僧人注意到佛像座壁上画的两个夜叉,长得和当晚见到的一模一样,"唇吻间犹有血痕焉"。[②]

这个故事的叙事角度显然对僧人相当不信任,同时也提醒读者佛寺中的图像不可亵慢,否则后果不堪设想。和女鬼或狐妖故事相似之处是:妖怪化为美女来引诱男性,如果男性禁不住诱惑,便或病或死。女鬼和狐妖故事的叙事风格通常对美女的外貌多所着墨,并强调这些"美女"们并非对那些男性真有好感,而是有其他意图。正如韩瑞亚(Rania Huntington)针对明清狐妖故事的研究指出,叙事者(基本都是男性)并不十分关心狐妖这些"非我族类"的情欲世界,他们只关心遇到诱惑的男性如何胜过或落入这些诱惑之中。[③]《蕴都师》同样对女性情欲本身兴趣缺缺——所谓的"莲花娘子"只是夜叉的化身,专程来惩罚行蕴的。但因为最初"诱惑"行蕴的并非女鬼、狐仙,而是庄严佛堂中的化生图像,那化生图像当然不是为了诱惑僧人而画,所以这个故事的叙事者必须在谴责行蕴的同时,维护佛堂和化生图像的圣严。这个故事的做法就是强调观看本身的问题。即,叙事者仍然鼓励人

① 夜叉(yakṣa)在佛教中原为邪恶、凶残、吞食人肉的妖魔。被佛菩萨降服的夜叉则被收为护法。参见苏慧廉(W. E. Soothill)、何乐益(Lewis Hodous):《中文佛教词汇字典:附梵文和英文词汇、梵文–巴利文索引》(*A Dictionary of Chinese Buddhist Terms: With Sanskrit and English Equivalents and a Sanskrit-Pali Index*)(德里:Motilal Banarsidass,1977 年),第 253 页。

②《蕴都师》收录于《太平广记》的"夜叉"类。中华书局本《太平广记》注明《蕴都师》原出《河东记》(《太平广记》卷357,第2828–2829页)。卢锦堂考证《河东记》著作时间为九世纪以后(《太平广记引书考》,第209页)。

③ 韩瑞亚:《非我族类:狐和明清叙事文学》(*Alien Kind: Foxes and Late Imperial Chinese Narrative*)(麻省剑桥:哈佛大学亚洲中心,2003 年),第 178–183 页。

们入佛寺参拜，观看图像，但必须保持敬虔，不可亵慢。

第二个故事《黄花寺壁》的叙事中包含了一段关于图像为何能成真的形上学的讨论。故事背景在北魏孝文帝年间（471-499），但写作时间可能在十世纪初。[①]故事说道，在邺（今河北邯郸）中，有位军官的女儿，年十四，"患妖病累年"，无人能治。家人听说"有魏城人元兆能以九天法禁绝妖怪"，便带女儿来见元兆。元兆一见便说："此疾非狐狸之魅，是妖画也。"根据家人描述的症状，元兆断言"是佛寺中壁画四天神部落中魅也"。[②]女孩的父亲说："某前于云门黄花寺中东壁画东方神下乞恩，常携此女到其下。"又说："女常惧此画之神，因夜惊魇，梦恶鬼来，持女而笑，由此得疾。"

元兆于是作法召来骚扰女孩的神灵，令其现形，家人确认这就是女儿平时见到的样子。于是元兆将热水泼在现身的神灵身上，神灵的身体渐渐消失，如一空囊，女孩当场痊愈。女孩和父亲回家后，到黄花寺寻找该神灵的画像，只见画像仿佛被水洗去了一般。寺僧听说了女孩的经历，便说元兆作法当天，突然风云雷起，在壁画处听见"擒捉之声"，又听见一人说："势力不加元大行，不如速去！"之后云散风清，"晚见此处一神如洗"。故事最末，叙事者补充说：元兆就是寇谦之的师父。

这个故事描绘一位道教法师制服了一个做错事的佛教神灵，自然表现出崇道抑佛的态度。但在元兆作法驱神之前，他和这神灵之间有一段有趣的对话，关乎图像究竟何以能化为神灵。这段对话超越了佛道之争的范畴：元兆责问："汝无形相，画之妍致耳。有何恃而魅生人也！"又说："尔本虚空，而画之所作耳。奈何有此妖形？"该神应曰："形本是画，画以象真，真之所示，即乃有神。况所画之上，精灵有凭可通。此臣所以有感，感之幻化。臣实有罪。"这段对话或者可以理解为相信和不相信图像能"感神通灵"的两

[①]《黄花寺壁》收录于《太平广记》，卷210，第1611-1612页，原注标明出处为林登《博物志》。林登年代不详，所著《博物志》亦已不存。根据卢锦棠考证，原著标题可能为《续博物志》（《太平广记引书考》，页293）。该叙事中有一处历史谬误：文称故事发生在北魏孝武帝年间，文末又称元兆为寇谦之（365-448）的师父，但寇谦之在北魏孝武帝即位前就已经过世数十年。

[②]"四天神"指的是东/春方大神、北/冬方大神、南/夏方大神、西/秋方大神。四大天神造像的例子可见敦煌莫高窟第100窟（十世纪），分别画在天花板的四个角落，周遭画了四天神的"部落"（部众）：夜叉、天女、化生和其他小神。

方之间的辩论。画论中"感神通灵"传统的式微意味着画史作者开始区分"艺画"和"术画"，但不代表人们不再相信图像具有感神通灵的能力。下一节将会阐述，许多宋人（包括士人阶层和平民）都相信描绘生动的图像能产生自己的生命，这样的想法在宋代民间文化和宗教中扮演重要的角色。

在《黄花寺壁》的叙事中，女孩观看的动作只能从她的反应来推测：她肯定是看了画，所以"常惧此画之神"。而她的反应都是透过父亲来和法师沟通。从叙事中我们还能推测此画之神必然也看见了女孩，而且这才是真正引发女孩"魅"病的原因。也就是说，这个故事翻转了观看的方向：画像观看观者。这样的翻转或许是为了符合传统叙事的性别角色：男性观看女性，女性被男性观看；也或许是为了避免归咎在女孩身上。这样的翻转也告诉我们，寺庙祠观中的图像之所以危险，不仅是因为他们吸引人们的注目，也是因为他们在注目着人们。①

男性和美女、女神的图像之间发生越轨行为的故事，在宋以前并不少见。例如戴孚（八世纪中、末叶时人）的《广异记》中就记载了三个这样的故事，都是关于男性在寺庙中见到美丽女子、女神的图像后的反应。其中两个故事提到法师被请来驱魔（或驱神），另一个故事中的男主角竟得以每年和女神约会六天。②

就像以上两个故事一般，男性在这些叙事中都是欲望的主体，叙事者对女性情欲本身不甚关心。当然这些叙事中也经常将男性的欲望投射在女性身上，例如幻想女性对男性的热情回应等等。但叙事者并不会讨论女性是否（像男性一样）可以且应该控制、调节、观察自己的欲望。叙事的焦点仍然

---

① 《夷坚志》中的一则故事描述一位少女在一庙中观看壁画，壁画中的某个神像化为人身，"立女旁，凝目注视"。《夷坚志》补，第1690页。

② 《太平广记》，卷300，第2384—2385页；卷334，第2655页；卷384，第3065页。亦参见杜德桥（Glen Dudbridge）《唐代的宗教经验和凡俗社会》（*Religious Experience and Lay Society in T'ang China*）（剑桥：剑桥大学出版社，1995），第156—160页。并非所有女神都会对男性的注视报以善意回应。张读《宣室志》（九世纪）记载一名卢嗣宗的士人与友人同游舜庙，在庙旁的娥皇女英祠中看见"颇尽巧丽"的两座土偶像，戏曰："吾愿为帝子之妻，可乎？"此后经常独自前往娥皇女英祠，"酹酒，多为亵渎语"。不久后，卢嗣宗突然得怪病而死，大家都认为他是被神明惩罚了（《太平广记》，卷310，第2456页）。关于唐传奇中的女神故事研究，参见薛爱华（Edward H. Schafer）《神女：唐代文学中的龙女与雨女》（伯克利：加利福尼亚大学出版社，1973），第138—139页。

放在男性对女性的注视和欲望。但到了宋代，开始出现不一样的叙事模式。

五、不规矩的观者和摸浔着的身体

《夷坚志》中的《土偶胎》生动地展现了宋代民间祠庙中，神像的物质性和不规矩的观者们：

> 仙井监（在今四川）超觉寺九子母堂在山巅。一行者姓黄，主给香火，顾土偶中乳婢乳垂于外，悦之，每至，必摩拊咨惜。一旦，偶人自动，遂起行，携手入屏后狎昵。自是日以为常，累月矣。积以卧病，犹自力登山不已。主僧阴伺之，至半山，即有妇人迎笑。明日，尾其后，妇人复至。以拄杖击之，铿然仆地。于碎土中得一儿胎，如数月孕者。令行者取归，暴为屑，和药以食，遂愈。[①]

"九子母"，或"鬼子母"（Hārītī），是佛教中与瘟疫和生育相关的神（或被降服的魔）。[②]中国的九子母造像通常包含她的九个儿子和一个乳母。现存的宋代九子母像，有一些就在四川。例如北山第122号石窟，九子母坐在神龛正中央，右侧坐着一个正在哺乳的乳母（见图1、图2）。又如石门山第9号龛，亦是九子母坐于正中，乳母在右上方，可清楚见到一婴儿在乳母怀中吃奶，九子母神像为161公分高、接近真人尺寸。[③]

---

① 《夷坚志》，甲志，卷17，第146页。此则故事和《永康倡女》收录在同一卷，来源也是虞允文。
② 关于九子母在中国的文字记录和造像发展，参见赵邦彦《九子母考》，《中央研究院历史语言研究所集刊》，第2卷3期（1931年），第261–274页；孟久丽（Julia K. Murray）：《中国绘画中的鬼子母与揭钵图》（Representations of Hārītī, the Mother of Demons, and the Theme of 'Raising the Alms-Bowl' in Chinese Painting），《亚洲艺术》（Artibus Asiae），第43卷，4 期（1981–1982年），第253–284页；李思沛（Emmanuelle Lesbre）：《鬼子母皈依佛陀：鬼子母造像的来源与中国图像的诠释》（La conversion de Hārītī au Buddha: l'origine du thème iconographique et interprétations picturales chinoises），《亚洲艺术》（Arts asiatiques），第55期（2000年），第98–119页；谢明良：《鬼子母在中国：从考古资料探索其图像的起源与变迁》，《台湾大学美术史研究集刊》，第27期（2009年），第107–232页。
③ 郭相颖、李书敏编：《大足石刻雕塑全集》（重庆：重庆出版社，2000年），第4卷，图版66。

图1　九子母（Hārītī）神龛。主座为九子母，右下方为一哺乳中的乳母。四川大足，北山第122窟。Megan Bryson摄影。

图2　哺乳中的乳母细节。四川大足，北山第122窟。Megan Bryson摄影。

　　史料中显示，某些神祇似乎比较容易令观者产生遐想，例如唐代的华岳第三女，以及五代至宋的九子母。[①]王仁裕（956年卒）的《玉堂闲话》中记载，某四川佛寺中有一尊九子母像"装塑甚奇"。一名少年在该佛寺中工作数年，经常在九子母堂过夜，神色逐渐委顿。某夜，寺僧见到一名妇人到九子母堂与少年一同过夜，于是将九子母神像击碎。此后妇人不再出现，少年气色逐渐恢复、皈依佛门。[②]

　　在以上两则故事中，毁坏神像都能使神灵消失或离开，有时伴随着仪式的辅助。但在宋代的故事中，无论使用什么方法驱走神灵，都必须处理神像本身；有时甚至只需毁坏神像，无需其他仪式或法师的辅助。[③]这和《黄花寺壁》相当不同：在《黄花寺壁》中，法师和神灵斗法、成功驱逐神灵后，壁画的图像才因而消失。更值得注意的是，《土偶胎》中的土偶乳婢并非借由梦境显现或化身为人，而是土偶直接变成活人，走下神龛与人发生关系。逾矩的观者不仅观看、还触碰了土偶的身体。史料中可见宋代社会对制作栩栩如生的塑像颇感兴趣，从造型到尺寸、轮廓和装饰，都有讲究。许多民间祠庙中的塑像为陶土所做，有些接近真人尺寸，使得这些塑像和真人十分相似。[④]同时，宋代社会对图像的执着也伴随着对图像的恐惧。真人尺寸的塑像也出现在祠庙以外的空间。

　　《陈媳妇》中的木刻像就是一个不在祠庙中、非宗教塑像的例子，可以作为比较：

---

① 关于华岳第三女的记载，见《太平广记》，卷300，第2384-2385页；卷384，第3065页；亦参见杜德桥《唐代的宗教经验和凡俗社会》，第156页。

②《太平广记》，卷368，第2931页。

③ 例如《潘秀才》叙述桃花庙壁上所画的仙女化为人形与潘秀才交好，潘秀才的同学们"以刀刮去"壁上的仙女图，"且碎其壁，怪遂不复至"（《夷坚志》，丁志，卷13，第646页）；《建昌王福》叙述天王祠中捧妆奁侍女塑像作怪，于是王福的父亲"击碎其像"（《夷坚志》，支甲志，卷7，第766页）。

④《夷坚志》记载一名绰号黄乌乔的人，少时曾入学，但读书不成，却以胆大闻名于乡里。一日聚会，里人开玩笑对黄说："君名有胆，今能持百钱诣庙，每偶人手中置一钱，然后归，当酿酒肉以犒君。"黄立刻起行。另两名年轻人尾随在后，先他一步潜入庙中，"杂在土偶间，窥其所为。"黄入庙后，逐一在每个偶人手上或肩上放钱，到了两个年轻人面前，黄没认出他们，这两个年轻人"突前执其臂，黄以为鬼也"。但黄也并不害怕，只是对着庙中主神大呼："大王不能钤勒部曲，吾来俵钱，而小鬼无礼如是。"（丙志，卷14，第488-489页。）

　　宣和四年，京师鬻果小民子，夜遇妇人，艳妆秀色，来与语，邀至一处，相与燕狎，颇得衣物之赠。自是夜夜见之，所获益多。民服饰骤鲜华，而容日羸悴，医巫不能愈。有禁卫典首刘某，持斋戒不食，但啖乳香饮水，能制鬼物，都人谓之吃香刘太保。民父母偕往恳祈。刘呼视其子曰：“此物乃为怪耶。吾久疑其必作孽，今果尔。”即共造产科医者陈媳妇家。陈之门刻木为妇人，饰以衣服冠珥，稍故暗则加采绘，而更新其衣，自父祖以来有之，不记岁月矣。刘揭其首幂，令民子视之，则宛然夜所见者。乃就其家设坛位，步剋作法，举火四十九炬焚之。怪遂绝。①

虽然这则故事没有主动的观者，我们仍能看到宋人对图像物质性的执着。叙事中并未注明木刻像的尺寸，但若能放在大门口、“饰以衣服冠珥”，应该是接近真人尺寸。刘太保的作法仪式以焚毁雕像作结。②

　　靠近人的物品会逐渐累积精气、成为精怪的居所，这是常见的信仰。《太平广记》“杂器用”下的“精怪”类收录了数则唐至五代的“偶像”化为活人的故事，以及其他变为精怪的物品如鞋子、枕头、扫帚等等。上述《玉堂闲话》中的九子母像故事也收录在此类。③神像和成为“精怪”的“杂器用”有一共通之处：两者都能产生自己的生命，或成为神灵的居所，特别是那些造型近似活物，或久近生人之侧者。但在宋代民间祠庙中的神像，特别是主神以外的部众，并不只是以图像表现神灵的存在，而是以图像制造神灵的存

---

① 《夷坚志》，丁志，卷9，第611页。

② 我在《夷坚志》中找到十三则男性或女性与化为活人的图像或塑像发生关系的故事。实际数字还可能更多。但在我找到的十三则中，十则主角为男性，三则为女性。十一则是宗教场所中的神像，两则为非宗教场所图像。八则故事主角在发生关系前已经见到神像并有所反应，五则则无。《夷坚志》，甲志，卷17，第146页（土偶胎）；甲志，卷17，第146页（永康倡女）；甲志，卷19，第166页（僧寺画像）；丙志，卷7，第426–427页（马先觉）；丁志，卷2，第547–548页（济南王生）；丁志，卷9，第611页（陈媳妇）；丁志，卷13，第646页（潘秀才）；支甲，卷5，第745页（唐四郎侍女）；支甲，卷7，第766页（建昌王福）；三己，卷4，第1329–1330页（萧县陶匠）；三辛，卷9，第1455页（高氏影堂）；补，卷10，第1637–1638页（崇仁吴四娘）；补，卷15，第1690–1692页（雍氏女）。

③ 《太平广记》，卷368，第2930–2932页。林富士根据先秦至六朝时期的史料解释“魑／螭魅”“鬼魅”和“精魅”的不同意义。所有的“魅”都是非人类、能迷惑人、对人有害的。“精魅”通常意指能变换不同形体的存在。参见林富士《释“魅”：以先秦至六朝时期的文献资料为主的考察》，收录于蒲慕州编，《鬼魅神魔：中国通俗文化侧写》（台北：麦田出版社，2005年），第109–134页。

在。为某个神明建造祠庙意味着为此神灵创造一个充满不同阶级、不同角色的神灵部众的神殿。①

神像和精怪的另一个差异是关于观看。在神像与人发生关系的故事中，亵慢、逾矩的观看动作是一种独特的叙事手段，以逾矩的观看来导致神灵的逾矩越界。宋代民间祠庙中的神像并非神灵的象征或帮助信徒与神灵沟通的视觉辅助，神像是神灵的居所，甚至就是神灵本身，且非为娱乐观者而设。许多宋代祠庙，特别是佛寺，还收纳了另一种图像：未婚女性亡者的画像。有些画像主人的棺椁还存放在寺中尚未下葬。这类画像和寺庙中的神像性质类似：是亡者神灵的居所，且非为取悦观者而画。②《夷坚志》中收录了几则关于男性对这类画像做出亵慢反应的故事，叙事模式和神像类似，都强调男性观者的欲望和注视。③

六、关于女性欲望的叙事

回到文章最初讨论的《永康倡女》，观者为女，被观者为男，翻转了常见的性别模式。许多女性被鬼神精怪魅惑的故事都会描述该女看似生病或被附身、神智不清，而家人则会找来巫者或法师作法驱邪。但《永康倡女》中完全没有这些成分，也没有任何关于该倡女的外貌的描述。叙事开始于倡女对庙口马卒塑像的注视，塑像为倡女所感，化而为人，造访倡女。马卒塑像本非为诱惑人而设，却在倡女的注视下同时成了被欲望的对象和欲望的

---

① 对亵慢的观者有所回应的通常是部众中的小神像，例如主神的侍女、随从等。即使小神像有所过失，该祠庙仍能维持其庄严的地位。这些小神和鬼、精怪相似。在部分故事中，与小神像发生关系的人会身体衰弱，就像和鬼怪发生关系的症状。但也有一些故事的对象是主神，例如上述的华岳第三女和鬼子母，还有龙女（《夷坚志》，丁志，卷2，第547—548页）。主神和观者的邂逅，与小神并无明显不同。只有一种情况之下，神像决不动摇，而亵慢的观者必受到惩罚：那就是神像是主神的妻妾。上述《宣室志》的《卢嗣宗》就是一例，《夷坚志》的《孙鬼脑》是另一例（丙志，卷4，第393页）。

② 从这个角度来看，祠庙中的神像和亡女画像较相似，和传统仕女画非常不同。根据白兰琪（Lara C. W. Blanchard）的研究，仕女画通常并非真实女性的肖像，且仕女画的目的是象征士人阶层男性的欲望（对女性或对政治地位的欲望）。也就是说，仕女画本来就是为了取悦观者而画，大家并不认为仕女画会成为神灵的居所或神灵的存在。参见白兰琪《宋代的欲望肖像：中国绘画和诗词中的性别和内在性》（莱顿［博睿［Brill］学术出版社，2018年）。

③ 例如《夷坚志》，甲志，卷19，第166页；三辛，卷9，第1455页。

主体。女性的欲望驱动了两者的关系，是整段叙事的核心。而故事最后，两者必须分开的悲伤结局，其叙事法着重在引起读者的同情而非警惕。这样的叙事该如何理解呢？

柯律格（Craig Clunas）指出在明代（1368-1644），许多士人阶层男性看不起有插图的书，认为女性较容易受图像影响。明代情色小说经常描绘男性给女性看"春画"、用图像来挑逗女性，这反映了"一种男性对女性的幻想……幻想女性对图像会有怎样的反应"。[①]但《永康倡女》的倡女并非较男性更容易受图像影响，而是和男性一样易受图像影响。《永康倡女》也不符合倡女在文学传统中的形象，并非士人男性对危险情欲的投射。根据韩瑞亚对明清文学的研究，狐狸精经常和娼妓相提并论，因为两者都被认为是积极主动的性对象；且"狐狸和娼妓作为一种类型，都被认为是邪恶的，虽然个别的狐狸和娼妓可能非常善良"。[②]

《永康倡女》的倡女却也没有被描述为特别善良或特别邪恶。而且她迷恋的对象根本不是一个"人"，而是一尊低阶马卒的塑像。没有任何宋代士人会对一马卒产生认同感。故事也没有对倡女的外形做任何描述。一个积极主动的倡女并不特别，但一个积极主动的女性，加上毫无女性外貌的描述，是非常少见的组合。或许这代表了一种不同的男性身体审美观：并非优雅的读书人，而是粗壮的武夫。但除了故事中的倡女以外，究竟是谁在看粗壮武夫的身体？这个故事是说给谁听的？[③]

两则元代的故事和两则十四世纪的医案可以提供一些理解《永康倡女》的背景，在这些故事中，妇女都被描述为主动的欲望主体。第一个故事是《湖海新闻夷坚续志》的《法诛土偶》，叙述周大一的妻子在某寺中"见土偶像美貌"，便自言自语地说："得一丈夫如此，足矣。"此后每天晚上这个土偶

---

① 柯律格（Craig Clunas）：《明代的图像与视觉性》（普林斯顿：普林斯顿大学出版社，1997年），第33、156-158页。

② 韩瑞亚：《非我族类：狐和明清叙事文学》，第96页。

③ 本文的其中一位匿名审查人建议考虑《永康倡女》作为男性对男性之欲望的可能性，即故事中的倡女是对男性有欲望的男性的替身。这是非常有趣的读法，不无可能。但我目前尚未见到能支持此一解读的旁证。但我找到了其他关于女性观看男性身体的故事，叙事焦点都放在女性的欲望、而非男性的身体上。参见下文的讨论。

都来找她，后来甚至白天也来。周大一找来一法师将此作祟的土偶驱走，于是土偶不再造访。一个多月后，土偶遇上郊天大赦，偷偷回来，隔墙和妇人相见。①第二个故事《庙神娶妇》也出自《湖海新闻夷坚续志》，记载：

> 浦城有护国庙大王极灵，神像雄美。邑人刘氏有两女，一日诣庙，长女有愿与王为偶之意。夜归，女梦神遣二直符赍金帛授刘氏，并箨从来迎，请归庙。梦觉，以告其父，方怪其事，女忽无病而卒。次早诣庙，见宫中王者本泥塑中坐，已移于左。厥父以女梦祈筊于神，遂塑其女于右作夫人。②

与《永康倡女》不同的是，以上两则故事的女性都不是娼妓，一是已婚妇女，一是在室女。但三个故事中的神像都对主动且热情的女性观者有所回应。如果《永康倡女》只是借由倡女的身份来叙述女性情欲，元代的两则故事似乎已不再需要如此。《湖海新闻夷坚续志》和《夷坚志》一样，旨在收集当时的怪奇传闻。但在这两则故事中，怪奇的部分并非女性欲望，而是之后衍生的事件。

"鬼交"或"梦与鬼交"是传统医书中的既有类别。十四世纪的医案融入了笔记传闻的叙事，"鬼交"的对象有时是庙中神像。吕复医案记载一在室女月事不来、腹大如娠，吕复诊脉后认为她若非有"异梦"，就是"鬼灵所凭"。这位少女悄悄告诉侍妪说："我去夏追凉庙庑下，薄暮过木神，心动，是夕梦一男子，如暮间所见者，即我寝亲狎，由是感病。"吕复于是开给她堕胎用的桃仁煎，少女服后"下血类豚肝者六七枚，俱有窍如鱼目"，而后痊愈。③滑寿（1304-1386）医案记载了几乎一模一样的案例：

> 滑伯仁治仁孝庙庙祝杨天成一女，薄暮游庙中，见黄衣神，觉心动。是夕梦与之交，腹渐大而若孕，邀伯诊治。诊之曰："此鬼胎也。"其母道

① 佚名：《湖海新闻夷坚续志》（北京：中华书局，1986年），后集，卷1，第164-165页。
②《湖海新闻夷坚续志》，后集，卷2，第223页。
③ 江瓘：《名医类案》（北京：人民卫生出版社，1957），卷11，第311-312页。

其由，与破血坠胎之药，下如蝌斗鱼目者二升许，遂安。①

两则医案中的少女都在黄昏时造访祠庙，且都借由家中年长的女性透露自己的经历。滑寿医案中的少女行动更为明确：她"见"黄衣神、"觉"心动。两名医者都开给病人破血堕胎之药，所下之物也非常相似。

在医书传统中，宋代以后才开始将妇女的"鬼交"和"鬼胎"与欲望联系在一起。②笔记中所记载的民间传闻比医书更早开始描述妇女作为欲望的主体；医书作者随后才将民间传闻的叙事纳入医案中。明代医者虞抟（1438—1517）在《医学正传》（1515年序）中讨论了上述滑寿的医案，驳斥以鬼神作为病因的理论：

> 岂有土木为形，能与人交而有精成胎之理？噫！非神之惑于女，乃女之惑于神耳。意度此女年长无夫，正所谓思想无穷，所愿不遂也。③

曾经上至士人官员、下至庶民百姓都认为神像是神灵的居所、神像能创造神灵的存在。现在对虞抟来说，神像只是土木之躯。但虞抟对滑寿医案的批评和《永康倡女》有一重要的相通之处：他也认为只有人的欲望才是驱动"鬼交"的真正原因。从南宋到明初的史料中，我们可以看到越来越多对女性作为欲望主体的叙事和讨论。女性能够支配、控制自己的欲望，也意味着她们有（道德）责任，应该（正当地）控制自己的欲望。

七、结　论

唐宋画史将图像感神通灵的能力归功（或归咎）于画者和工匠。宗教叙

---

① 虞抟：《医学正传》（北京：中医古籍出版社，1999年），卷1，第13页。
② 吴一立：《鬼胎、假孕和古典中医妇科中的不确定性因素》，《男女》（Nan Nü），第4卷2期（2002年）：第170—206页。陈秀芬：《在梦寐之间：中国古典医学对于"梦与鬼交"与女性情欲的构想》，《中央研究院历史语言研究所集刊》，第81卷4期（2010年），第701—736页。
③《医学正传》，卷1，第13页。

事中，神像的显灵表示神明本身的灵验，神明能介入、影响自己造像的制作。唯独在亵慢神像的故事中，才能见到观者所扮演的独特角色。当人们试着理解自己或他人与神像相遇的经验，他们对神像和神像世界的理解，变成为了万志英所谓"白话宗教文化"的一部分。①北宋画史作者郭若虚在《图画见闻志》中批评当时的画者为"取悦众目"而改变了画风，使得宗教殿堂中的妇人形象不如古时庄严：

> 历观古名士画金童玉女及神仙星官中有妇人形相者，貌虽端严，神必清古，自有威重俨然之色，使人见则肃恭，有归仰之心。今之画者，但贵其娇丽之容，是取悦于众目，不达画之理趣也。观者察之。②

这段评论反映了一种对宗教绘画受世俗风气影响的恐惧。郭若虚担心的不只是宗教绘画的格调，更是风格转变所象征的道德沉沦。他关心图像的制作，也关心观看的方式。他一方面批评"今之画者"，一方面提醒"观者察之"，也就是说，他认为观者是能够（且有责任）分辨风格的高下、抗拒低下的画风的。郭若虚却没有考虑到，即使是那些"貌虽端严，神必清古"的画像，也未必能"使人见则肃恭"。一幅图像会如何被观看，除了图像本身的风格和图像陈列的脉络之外，也取决于观者。观者认为图像所代表的意义、对图像的反应，不见得和图像应当代表的意义一致。就像郭若虚认为观者应"察之"、应对低下的画风有所批判，观者同样也能将高尚的画像低俗化。郭若虚只批评宗教绘画中的妇人形象，预设观者为男性。然而就如此文所讨论的几个故事和医案可见，特别是南宋以后，也有不少女性作为主动观者的叙事。女性作为主动观者的民间传闻，和医书中对女性欲望的关注几乎在

---

① 万志英用"白话"的概念来解释中国民间宗教，强调关注"此宗教文化在历史中实际发生的诸多型态"，而非决定一切的"结构"。"白话"即"人们实际上说话使用的语言"，而非文法结构。他以五通神为例，说明在白话的宗教文化中，极为世俗的取向如何与道德相冲突。参见万志英《左道：中国宗教文化中的神与魔》，第12–19页。和万志英的"白话宗教"概念一致，本则强调观者随心所欲的观看方式，而非"正当"的观看方式，以及这样随心所欲的观看方式和宋代宗教视觉文化的关系。
② 《图画见闻志》，卷1，第11页。

同时产生。很难判断究竟这个时期对女性欲望的关注从何而来，这些"民间传闻"只在文人的小圈子中流传、还是有更大的社会脉络。但较上层的医书作者确实将笔记中的"民间传闻"叙事风格融入了他们的医案之中。

在明清小说中，和神像发生关系成为一个文学主题。蒲松龄（1640-1715）的《聊斋志异》就有两个相关的故事：《画壁》和《土偶》。《画壁》描述一男子爱上佛寺壁画上的散花天女。相较于宋代的故事，《画壁》的叙事极为精致、复杂，充满转折。壁画上的天女没有走入男子的世界，反而是男子走入了壁画中的世界，壁画于是成了两个世界的交界处。故事中的老僧并非驱魔的法师，而是点人开悟的导师，帮助男子看透万物皆空的幻象。[①]《土偶》则描述一名年轻寡妇让塑工做了一尊自己丈夫的土偶像，每日供奉饮食，犹如丈夫还在世一般。某天晚上土偶突然走下神坛，变为真人，和丈夫一模一样，告诉寡妇说："冥司念尔苦节，故令我归，与汝生一子承祧绪。"在寡妇怀孕后，"丈夫"才离开。寡妇生下一子后，有人向邑令举报，最后证明孩子确实是亡夫之子的方式，是"刺儿指血傅土偶上，立入无痕；取他偶涂之，一拭便去"。[②]蔡九迪分析《画壁》的叙事，精辟点出其要旨："图像即便是幻象，却比抽象的佛法更强大。"[③]但在宋代民间祠庙的世界中，图像绝非幻象。比图像更强大的，是观者的欲望。蒲松龄挪用了这个主题，却将女性欲望驯化、放置在安全的夫妻关系之中。

原载《中国宗教杂志》（*Journal of Chinese Religions*），第 49 卷 1 期（2021年），第 21-47 页。

---

① 张友鹤：《聊斋志异会校会注会评本》（北京：中华书局，1962 年），卷 1，第 14-17 页。

②《聊斋志异会校会注会评本》，卷 5，第 661-662 页。

③ 蔡九迪：《异史氏：蒲松龄与中国文言小说》（斯坦福：斯坦福大学出版社，1993 年），第 192 页。

家事与庙事：
九至十四世纪二仙信仰中的女性活动

易素梅

关于世俗女性宗教生活的研究,有助于我们重思构成中国传统社会基础的"家"与"庙"之间的关系。赵世瑜认为,虽然明清文人往往对世俗女性参与宗教活动持批评态度,但这些活动对女性而言其实具有走出家门、进行交往的社会意义。[①]周轶群进而分析"家"的宗教内涵:一方面,男性文人为了捍卫儒家贞节观,强调家与庙的隔绝,将"家"塑造成相对于"外"的封闭的圣地;另一方面,实际上女性的宗教活动显示家与庙并非隔绝的空间,而是一个延续体。[②]可见,学者不仅注意到"家/庙"关系与"内/外"关系密不可分,而且关注二者在文本与实践层面的意义。然而文本与实践的分析容易顾此失彼,唐宋、宋元之际的社会文化转型使之更显扑朔迷离,因此在进行个案分析之前,我将以此为线索,反思前贤的研究成果。

一、文本与实践中的"家/庙"关系

目前对中国古代"家/庙"关系的探讨,一般强调话语霸权体系的复杂

本文为国家社会科学基金项目"宋元时期女性神灵的塑造研究"(14BZS023)成果之一。感谢匿名审稿专家的宝贵意见。

[①] 赵世瑜:《明清以来妇女的宗教活动、闲暇生活与女性亚文化》,《狂欢与日常:明清以来的庙会与民间社会》,北京:三联书店,2002年,第259-296页。

[②] Zhou Yiqun, "The Hearth and the Temple: Mapping Female Religiosity in Late Imperial China, 1550–1990," *Late Imperial China*, vol.24, no.2.(Dec.2003), pp.109–155.

多元性以及话语与实践的差异。多位学者以实证打破了女性在家谱类文本中不受重视的刻板印象，指出即便在主流话语体系中，女性于"家事"亦具不可或缺性。但是现有研究仍不时落入以一元性、普适性的父系制为特征的"中国宗族制"陷阱。① 姻亲（母、妻、媳的本家与出嫁女的夫家）是巩固与延续家族地位的重要助力，重视女性谱系是中古谱牒最重要的特征之一。② 唐宋之际，谱牒之学衰而复兴，旧士族之礼渐及新型士人、平民家族。重姻亲既具维系家族地位的现实意义，又是新、旧权贵家族地位的重要标识，姻亲仍然是谱牒类文本的核心内容。③ 学者已经注意到，宋代女性可任家长，宋人编纂族谱大多会著录男性族人的婚姻状况（母、妻的信息），对待女儿的信息则态度不一。但是，宋代理学家构筑的宗族制理念成为后世讨论家族制度的范本，学者往往误将个别理学家的宗族观、性别观等同于社会现实与实践，片面地根据理学家构筑的宗族制强调"夫权"的原则，断言宋代谱牒一般不书女性，或认为女性是宗族的附属物。④

　　有关"家事"的话语与实践之间的关系是研究者关注的另一领域，庙事、佛事等宗教实践则是这一领域的突破口。二十世纪九十年代，学者以女性丰富的宗教活动质疑以"家内"角色为主的传统女性形象。邓小南指出信佛对士人家族女性而言是一种排遣内心寂寞、宣泄个人情感、忘却尘世纷扰、寻求心境安宁与超脱的方式。⑤ 研究者固然试图将有关"家事"的话语与实践区分开来，但是对二者的认识仍然停留在"专心家事/逃离家事"的

① 以父系制为中国宗族制恒久不变特点的观点受到学者质疑，参见 Patricia Ebrey, *Confucianism and Family Rituals in Imperial China*, Princeton: Princeton University Press, 1991, pp.220–229；侯旭东：《汉魏六朝父系意识的成长与"宗族"》，《北朝村民的生活世界：朝廷、州县与村里》，北京：商务印书馆，2005年，第60–107页；包伟民：《唐宋家族制度嬗变原因试析》，《暨南史学》第1辑，广州：暨南大学出版社，2002年，第76–93页。

② 参见陈爽：《出土墓志所见中古谱牒探迹》，《中国史研究》2013年第4期。

③ 参见 Beverly Bossler, *Powerful Relations: Kinship, Status, & the State in Sung China (960–1279)*, Cambridge: Harvard University Press, 1998, pp.12–24；饭山知保：《金元时期北方社会演变与"先茔碑"的出现》，《中国史研究》2015年第4期。

④ 参见王善军：《宋代宗族和宗族制度研究》，石家庄：河北教育出版社，1999年，第41–43、160–161、281–284页。

⑤ 参见邓小南：《宋代士人家族中的妇女：以苏州为例》，《国学研究》第5卷，北京：北京大学出版社，1998年，第519–556页。

二元对立结构之内。

"专心家事／逃离家事"的对立意味着家事与庙事、话语与实践的对立，实则将庙事中的女性抽离出她们所处的家庭、社会环境，不去追究她们以及书写她们的男性化解家、庙之间张力的能动性，不去考察话语的协商性、策略性及其与实践之间的勾连。早期女性结社研究集中体现出这种困境。敦煌、吐鲁番出土文书中有珍贵的北朝至宋初世俗女性（间或夹杂女尼）结成"女人社"的资料传世，北朝造像记中也有世俗女性"邑母"与僧人组成乡村义邑并且担任"维那"（总理诸事者）的记载。邓小南、郝春文强调女性的经济地位、宗教信仰、志趣爱好、性别意识是形成女人社的重要因素；刘淑芬则强调作为邑母的北方女性在家内地位（特别是经济地位）比南方要高，而且北方城乡女性普遍有活跃的社会组织能力。[1] 姑不论南、北女性的经济地位、社会组织能力高下，结社女性可以无视她们的男性亲属、邻里乃至社会吗？为何众多男性书写者"无视"女主内的原则？家事与佛事边界的可协商性以及女性、男性书写者在其间的能动性被忽视。因此，即便出土材料显示女性在家外活跃的信仰活动，学者也无法解释女性在家内、外迥然不同的面相，遑论男性书写者对待"家／寺"关系飘忽不定的态度。

走出"家／寺""家／庙"对立困境的第一步是反思"对立"语境的形成。杜德桥（Glen Dudbridge）、高万桑（Vincent Goossaert）等人指出，明清笔记、小说、政令往往将女性拜庙等活动描述为充满色情诱惑与骗局的危机之旅，或是指斥女性的参与会亵渎圣地。[2] 何复平（Mark Halperin）则指出，宋代墓志铭作者往往接受、肯定女性墓主人在家吃斋念佛的行为，却较少记载她们参加公共慈善事业的活动，说明这类记载容易使她们受到质疑：对夫家不尽

---

① 参见邓小南：《六至八世纪的吐鲁番妇女：特别是她们在家庭以外的活动》，《敦煌吐鲁番研究》第4卷，上海：上海古籍出版社，1999年，第215–237页；郝春文：《再论北朝至隋唐五代宋初的女人结社》，《敦煌研究》2006年第6期；刘淑芬：《五至六世纪华北乡村的佛教信仰》，《中央研究院历史语言所集刊》第63本第3分，1992年，第497–544页。

② Vincent Goossaert, "Irrepressible Female Piety: Late Imperial Bans on Women Visiting Temples," *NanNü*, vol.10, no.2 (Sep.2008), pp.212–241; Glen Dudbridge, "Women Pilgrims to T'ai Shan: Some Pages from a Seventeenth-Century Novel," in Susan Naquin and Chun-fang Yu eds., *Pilgrims and Sacred Sites in China*, Berkeley: University of California Press, 1992, pp.39–64.

心、不够忠诚以及跨越内外的阈限。①上述研究显示文类以及书写者立场的差异深刻影响着文本所呈现的女性形象，造成文本中偏离实践的家与寺庙的对立。

家、庙"兼容"语境的形成应是学者研究的下一个目标。有关家事与佛事关系的研究可资借鉴。何复平揭示了宋代女居士墓志铭作者处理墓主家事与佛事之间张力的策略和动机：一方面，墓志铭书写采取变"佛事"为"家事"的策略，如女性念佛被描述为不仅不妨碍家事，还会使其更专注于家事；另一方面，北宋后期墓志铭出现女性弃家事而兴佛事的描写，是因为女居士恬淡自处的美德成为因党争而遭贬黜的士人自身道德理想的投射。②对男性书写策略与动机的考察逐步将"家/寺"关系嵌入历史情境，因而带动对政治文化等相关研究领域的再思考。对"家/庙"关系的考察也应如此。

对世俗女性宗教生活的研究虽有令人振奋的突破，但是对庙事主体、书写者阶级性与历史性的探讨尚未提上日程，对家、庙衔接方式的考察尚未真正落实到基层实践，有关"家/庙"对立的话语体系中的歧见尚未获得重视。对北朝佛教造像记的初步研究显示，母、妻、女的姓名频频出现在士族、平民个人或家庭的铭记之中，③说明时人赞同女性参与庙事；国家、士人一致抨击参与佛事、庙事的女性，是晚出现象。唐宋时期，一场以建立地方性"社/祠庙"体系为目标的运动拉开序幕，它以国家控制为表征，以世俗平民而不是世家大族或僧道为主力。④但是，学者在解释家族制度转型、基层宗教与社会组织变迁时，往往忽视这场组织形态难以被归纳的运动，遑论其中比比皆是的女性。造像记、祠庙题记等基层民众撰写的文本尚未与文人著述、官

---

① Mark Halperin, "Domesticity and the Dharma: Portraits of Buddhist Laywomen in Sung China," *T'oung Pao*, vol.92, no.1 (Aug.2006), pp.50–100.

② Mark Halperin, "Domesticity and the Dharma."

③ 参见石越婕：《北魏女性佛教造像记整理及研究》，硕士学位论文，中山大学哲学系，2016年，第15–17页；邵正坤：《造像记中所见的北朝家庭》，《西安欧亚学院学报》2012年第1期。

④ 参见雷闻：《郊庙之外：隋唐国家祭祀与宗教》，北京：三联书店，2009年，第250–276页；皮庆生：《论宋代的打击"淫祀"与文明的推广》，《清华大学学报》2008年第2期；孟宪实：《敦煌民间结社研究》，北京：北京大学出版社，2009年，第66–76页；郝春文：《东晋南北朝时期的佛教结社》，《历史研究》1992年第1期。

方政令对照来看，三者呈现女性形象之间的异同亦未得到合理解释：造成这些异同的原因究竟是历史的因素（女性的阶级、地域、族群等）还是历史书写的因素（文类、写作目的、预设读者群等）？即便家、庙衔接的现象在中国历史上持续存在，唐宋时期家族、宗教制度业已改变，联结家、庙的方式何以不变？

作为研究家事与庙事关系的个案，兴起于九世纪、流行于晋豫之交的乐氏姐妹二仙信仰题记具备显著优势。二仙庙现存九至十四世纪29种庙记、题名记（敕牒、题诗碑除外），其分布跨越晋东南、豫北16个村庄，[①]其性质比较多元。因阶级、性别偏见，村民、女性的题记一般较易散佚。但是，二仙庙题记书写者包括官员、文人、村民，庙事规模包括单个村社及跨州县村社联盟，参与女性的身份包括个体及家族、村社、女人社成员。在与该地区石刻材料、以往研究较为集中的士人书写进行对比之后，二仙庙有助于理解该地区女性宗教生活的历史变迁。

在具体考察家族、村社如何呈现家、庙之间的女性前，有必要对祠神形象与女性庙事活动的关联略作交代。二仙信仰的兴起与中央、地方官府的扶持有关，更与民众在战火等困境中的自助自救有关。唐末至北宋，晋豫之交是李克用集团对唐，后周对北汉，宋对北汉、辽、西夏用兵的军事要地，生平不详的二仙被塑造为能保境安民的女神，而二仙作为孝女的形象迟至金代才正式确立。[②]二仙因孝成仙的传说蕴含对权威的服从与抗争两股力量，

---

① 九至十四世纪二仙庙今存13处遗址：山西省长治市有古墟任村（今壶关县树掌镇森掌村）、某村（今壶关县树掌镇神南村）、隆德府壶关县某村（今壶关县树掌镇神郊村）、壶关县□阳乡归善□归善上庄（今壶关县五龙山乡归善村）4处，山西省晋城市有泽州高都县移风乡招贤管某村（今泽州县柳树镇东中村）、泽州招贤管崔家社（今泽州县金村镇东南村）、晋城县莒山乡司徒村/举义乡丁壁村（今高平市河西镇岭坡村）、某村（今高平市北诗镇南村）、高平县东秦赵二庄（今高平市南城街道办事处南赵庄）、泽州陵川县某村（今陵川县平城镇苏家湾村）、潞城乡某村（今陵川县附城镇小会岭村）、泽州陵川县鸡鸣乡鲁山村（今陵川县崇文镇岭常村）、某村（今陵川县礼义镇西头村）9处。另有3处二仙庙已知在高平县南张庄/李门之间（今山西省高平市境内）、河内县赵寨（今河南沁阳境内）、大名路浚州西阳涧村（今河南浚县境内），今不存。

② 参见罗丹妮：《唐宋以来高平寺庙系统与村社组织之变迁——以二仙信仰为例》，《历史人类学学刊》第8卷第1期，香港：香港中文大学出版社，2010年，第107-159页；易素梅：《战争、族群与区域社会：9至14世纪晋东南地区二仙信仰研究》，《中山大学学报》2013年第2期；宋燕鹏：《晋东南二仙信仰在唐宋时期的兴起：以碑刻资料为中心》，《社会科学战线》2014年第11期。

对男女、士庶均具吸引力。金大定五年（1165），前南京路兵马都总管判官、陵川人赵安时《重修真泽二仙庙碑》（《9–14世纪晋豫之交二仙庙题记表》15，以下直接注明编号）记载，二仙竭尽全力而未能完成继母无理、严苛的指令，于是孝感升仙。换言之，二仙以死抗争继母乃至沉默的父亲，"子孝"伴随"父慈"的缺失而终止。二仙形象的内部张力及其象征意义可为不同性别、阶层的信徒提供精神力量，但不能简单断言它对女性活动有无影响。

二、二仙庙题记的书写方式

祠庙立碑的传统至迟可以追溯至汉代。早期祠庙碑刻立于祠神墓前或庙中，显示它们与墓碑的密切关联，而立碑纪功原本是王侯将相的特权。现存早期地方性神灵碑刻的内容以叙述神灵身世、灵验故事为主，出资立碑者、灵验见证人多为士族、道士、巫觋。[1] 中古参与祠庙信仰的平民也曾留下题记。[2] 但是，唐以前国家祀典体系尚未正式确立，加之朝廷、官府屡次打击淫祠，即便士族撰写的祠庙碑记亦大多不存，平民题记更为罕见。[3]

无论是从石刻形制还是从参与者的呈现方式来看，九至十四世纪二仙庙题记的书写方式均发生了转变。石刻的形制呈现多样性：除10、19、25、26情况不明之外，有形制完备的碑（圭形，额、题俱备，如1–5、11、15、20–23、27–29）、形制不全的碑（矩形，缺额或题，如8、9、17、18），亦有器物（6刻于燋财盆）、建筑构件（7刻于石柱，12、24刻于门楣，13刻于须弥座，14、16刻于基阶）。石刻形制的多样化折射出石刻功能与立石者身份之间的关联及其变化。

---

① 参见宫川尚志：《水経注に見えた祠廟》，《東洋史研究》1939年第5卷第1期，第21–38页；Patricia Ebrey, "Later Han Stone Inscriptions," *Harvard Journal of Asiatic Studies*, vol.40, no.2 (Dec. 1980), pp.325–353；施舟人：《历经百世香火不衰的仙人唐公房》，林富士、傅飞岚编：《遗迹崇拜与圣者崇拜》，台北：允晨文化实业股份有限公司，2000年，第85–100页；程章灿：《从碑石、碑颂、碑传到碑文：论汉唐之间碑文体演变之大趋势》，《唐研究》第13卷，北京：北京大学出版社，2007年，第419–436页；易素梅：《宋代孝女文化转型论略：以曹娥与朱娥并祀为中心的历史考察》，《中山大学学报》2016年第6期。

② 参见李旭：《"乡党"之"达尊"：西晋当利里社碑考释》，《历史研究》2015年第4期。

③ 参见雷闻：《郊庙之外：隋唐国家祭祀与宗教》，第250–276页。

九至十四世纪晋豫之交二仙庙题记表

编号	刻石年代	庙址	著作人	碑额题（拟题）	村民头衔	出处
1	乾宁元年（894）	古墟任村	乡贡进士张瑜撰，都虞候司十将冯□□书	额口当兴口君堆记，题大唐广平郡乐公之二女灵圣通仙合有拜先代三乡圣母有五瑞记	村人，镌匠	胡聘之：《山右石刻丛编》卷9，台北：新文丰出版社，1979年，第20册，石刻史料新编本，第15129-15130页；刘泽民、李玉明，王雅安编：《三晋石刻大全·长治市壶关县卷》，太原：三晋出版社，2014年，第10-11页
2	显德三年（956）	泽州陵川县	西□人起如游撰	额乐氏二神仙圣德之碑，题大周路州大督府泽州陵川县龙川、普安、鸡鸣等三乡共造二圣神碑并序	老人，乡书，录事，里正	刘泽民、王立新编：《三晋石刻大全·晋城市陵川县卷》，太原：三晋出版社，2013年，第6-8页
3	开宝八年（975）	（今壶关县树掌镇神南村）	县令，主簿立石	额重建二圣之碑，题重建二圣碑铭并序	都维那	刘泽民、李玉明，王雅安编：《三晋石刻大全·长治市壶关县卷》，第16-17页
4	大中祥符五年（1012）	隆德府壶关县（今壶关县树掌镇神郊村）	前代州军事推官张仪凤撰，壶关县令□志寺仓篆额，主簿李□书	额情况不明，题再修壶关县二圣本庙记	邑首都维那	冯俊杰：《山西戏曲碑刻辑考》，北京：中华书局，2002年，第1-8页

续表

编号	刻石年代	庙址	著作人	碑额、题（拟题）	村民头衔	出　处
5	嘉祐四年（1059）	泽州高都县移风乡招贤管	知县、灵事举意立碑	额修二仙行宫碑，题大宋国泽州高都郡晋城县移风乡招贤口神禅长老重兴二仙行宫记	乡录翁/首领人、管社、知事老人、副乡首领同意人乿司	刘泽民、王丽编:《三晋石刻大全·晋城市泽州县卷》，太原:三晋出版社，2012年，第29-30页
6	熙宁四年（1071）	潞城乡	无	无（二仙庙燋财盆记）	乡录翁、（乡）乿司、神官、庙子、博士	实地考察
7	不详	泽州招贤管贤崔家社县金村（今泽州镇东南村）	无	无（王安一家题记）	税户	刘泽民、王丽编:《三晋石刻大全·晋城市泽州县卷》，第39页
8	崇宁五年（1106）	同7	无	无额、题二仙铭记	老人、维那、村众、客户、乐人	刘泽民、王丽编:《三晋石刻大全·晋城市泽州县卷》，第41页

续 表

编号	刻石年代	庙址	著作人	碑额、题（拟题）	村民头衔	出处
9	大观元年（1107）	同7	苟显忠撰	额二仙庙记、无题	都/副维那、维那	乾隆《凤台县志》卷13,《中国地方志集成·山西府县志辑》第37册,南京：凤凰出版社,2005年,第259-260页；晋城市地方志丛书编委会：《晋城金石志》,北京：海潮出版社,1995年,第367-368页；刘泽民,王丽编：《三晋石刻大全·晋城市泽州县卷》,第42页
10	政和元年（1111）	同4	壶关县令李元儒撰,县嗣武炼立石	已泐（二真人封号记）	无	乾隆《潞安府志》卷29,南京：凤凰出版社,2005年,《中国地方志集成·山西府县志辑》第31册,第21页；道光《壶关县志》卷9,《中国地方志集成·山西府县志辑》第35册,南京：凤凰出版社,2005年,第118-119页
11	政和七年	同7	霍秀西社卫尚撰,招贤西社王重书	额二仙庙记,题新修二仙庙记	都维那、副维那、老人、女弟子	刘泽民,王丽编：《三晋石刻大全·晋城市泽州县卷》,第45页
12	正隆二年（1157）	晋城县莒山乡司徒村	无	无（众社民户施门一合题记）	纠司、石匠、木匠	刘泽民,李玉明编：《三晋石刻大全·晋城市高平市卷》,太原：三晋出版社,2011年,第31页

续表

编号	刻石年代	庙址	著作人	碑额、题（拟题）	村民头衔	出处
13	正隆三年	举义乡丁壁村（同12）	陇西刘涧书	题举义口口口村重修献楼口口记	长老、石匠、木匠	王璐伟：《高平西李门二仙庙方台非"露台"新证》，《戏剧》2014年第3期
14	大定三年	同13	乡贡进士魏口年隅记	题举义乡丁壁村砌基阶记	老人、保录事	实地考察
15	大定五年	泽州陵川县鸡鸣乡鲁山村	前南京京路兵马都总管判官赵安时撰，中靖大夫潞城县上骑都尉、太原县开国子王良翰书，都维那化缘人赵达立石	额重修真泽之碑，题重修真泽二仙庙碑	维那、化缘人、邑婆	胡聘之：《山右石刻丛编》卷20，第15392—15394页，雍正《泽州府志》卷46，《中国地方志集成·山西府县志辑》，第32册，南京：凤凰出版社，2005年，第537—538页；晋城市地方志丛书编委会：《晋城金石志》，第380—383页；刘泽民、王立新编：《三晋石刻大全·晋城市陵川县卷》，第21—22页
16	大定十二年	（今高平市北诗镇南村）	无	无（本村维那整基地题记）	维那	刘泽民、李玉明编：《三晋石刻大全·晋城市高平市卷》，第35页
17	大定二十一年	同15	陵川县主簿王禧撰	无（祈雨灵验题记）	无	刘泽民、王立新编：《三晋石刻大全·晋城市陵川县卷》，第25页

续表

编号	刻石年代	庙址	著作人	碑额、题（拟题）	村民头衔	出 处
18	崇庆二年(1213)	（今陵川县礼义镇西头村）	张振释书丹、里人秦彦立石	无（祈雨灵验题记）	维那、水官、主首、里人	刘泽民、王立新编：《三晋石刻大全·晋城市陵川县卷》，第34页
19	蒙古国庚子年(1240)	高平县南张庄,李门之间①	李俊民撰	题重修真泽碑	无	李俊民：《庄靖集》卷9，影印文津阁《四库全书》本，第1195册,北京：商务印书馆，2006年，第120-121页
20	蒙古国丁未年(1247)	同15	鹤鸣老人李俊民撰书、李真书丹篆额，张重信立石②	额、题重修真泽庙记	无	刘泽民、王立新编：《三晋石刻大全·晋城市陵川县卷》，第35页
21	至元七年(1270)	同4（在22反面）	上党末勃初记及书，邑人李泽民题额	额真泽庙记，题重修真泽庙记	里人、邑人、木匠、石匠、瓦匠	《山右石刻丛编》卷25，第20册，第15520-15521页；道光《壶关县志》卷9，《中国地方志集成·山西府县志辑》，第35册，第124页；冯俊杰：《山西戏曲碑刻辑考》，第69-75页；刘泽民、李玉明，王雅安编：《三晋石刻大全·长治市壶关县卷》，第22-23页

① 李俊民：《庄靖集》卷8《重修悟真观记》，影印文津阁《四库全书》本，第1195册，第112-113页。

② 原碑仅题鹤鸣老人撰，据李俊民撰《新修会真观记》，鹤鸣老人即李俊民（刘泽民、王丽编：《三晋石刻大全·晋城市泽州县卷》，第95页）。

续 表

编号	刻石年代	庙址	著作人	碑额、题（拟题）	村民头衔	出处
22	至元七年	同4（在21反面）	乡贡进士韩仲元撰，乡贡进士刘大祐书，北城头英司英口英口立石	额真泽庙记，题重修真泽庙记	耆宿，石匠	《山右石刻丛编》卷25；冯俊杰：《山西戏曲碑刻辑考》，第69~75页；刘泽民、李玉明、王雅安编：《三晋石刻大全·长治市壶关县卷》，第24~26页
23	至元二十一年	高平县东案、赵二庄	高平县儒学教谕韩德温撰，长平进士董怀英篆额并书丹，守庙者秦全同妻庞氏立石	额、题重修真泽庙记	老人，乩司，社长，奥鲁长	刘泽民、李玉明编：《三晋石刻大全·晋城市高平市卷》，第58~59页
24	至大三年（1310）	壶关县口阴乡归善口归善上庄	无	无（重修真泽殿记）	（都）维那，石匠，瓦匠	刘泽民、李玉明、王雅安编：《三晋石刻大全·长治市壶关县卷》，第29页
25	延祐七年（1320）	河内县赵寨	本寨常思明篆额，天党郡乡贡进士陈奕道撰文并书丹	额、题情况不明（重修真泽庙记）	耆老人，社首，里人，维那	道光《河内县志》卷21《金石书》，台北：《中国地方志丛书》，成文出版社，1975年，第475册，第1051~1057页
26	泰定元年（1324）	大名路浚州西阴阳洞村	河西陇北道肃政廉访司经历梁板报撰，彰德路临漳县儒学教谕男梁克楼篆额并书，土民梁安立石	额情况不明，题元大名路浚州西阴阳洞村二真人纪德碑记并铭	土民	陈垣、陈智超、曾庆瑛：《道家金石略》，北京：文物出版社，1988年，第1161~1162页；嘉庆《浚县志》附金石录卷3，《中国地方志丛书》，第493册，第1317~1322页

续 表

编号	刻石年代	庙址	著作人	碑额、题（拟题）	村民头衔	出 处
27	至元五年（1339）	高平县举义乡话壁村（同16）	郭良撰，张彦书，李从道额，社长秦弘乡司郭良立石	额重修二圣庙记，题大元泽州高平县举义乡话壁村翠屏山重修真泽行宫之记	社长、乡司、总维那、庙官、都料、木匠	刘泽民、李玉明编：《三晋石刻大全·晋城市高平市卷》，第79—80页
28	洪武二年（1369）	同15	维杨儒士吴善撰并书丹，陵川县儒学教谕张韶题额	额，题陵川县二仙感应碑	不明	刘泽民、王立新编：《三晋石刻大全·晋城市陵川县卷》，第45页
29	洪武十八年	同15	陵川县儒学训导乔宣撰，儒学生吴杲书丹并篆额	额重修真泽之碑，题重修真泽二仙庙记	不明	刘泽民、王立新编：《三晋石刻大全·晋城市陵川县卷》，第46—48页

石刻形制与立石人的阶级属性有关。地方官为辖地二仙庙出资立碑或撰记、书丹、篆额,其碑大多形制完备(仅17例外)。除了纪念二仙获得赐封的碑石(10),它们集中分布在唐末、五代、宋初、明初(1至5、28、29),旨在为处于国家性或地方性重大历史事件(改朝换代、战争)中的官员记功。[①]其他涉及官员的碑刻虽为平民记功(如待阙或退休官员为乡人撰书,地方官吏作为监管人在记文末尾署名),形制亦完备(11、15、20-23、27,仅18例外)。完全不见官员的题记有10例(6-9、11-14、19、24),大多刻于器物、建筑构件、形制不全的碑石。平民创作、为平民记功的题记增多,是宋以后二仙庙题记书写最显著的变化。

创作题记的平民大多不以文学见长,读者主要是当地村民。政和七年记(11)碑石与清朝县志录文在内容、形式上存在较大差异,当与碑文收入县志时被删改有关。县志编纂者大概不满原文措辞粗鄙、毫不关心二仙对国家的贡献,因此据后出文献补入二仙助宋抗夏的事迹。碑石在"传"字旁注明声调"平""上",显示庙记预设的读者是粗通文字的村民。碑刻不仅是村民记录自己建庙缘由与经过的媒介,或许还充当他们习字的读本。

以家、社为中心,二仙庙题记趋向凸显村社组织领袖、平民家族在庙事中的贡献。无论参与者来自单一聚落还是同乡、跨越州县的多个聚落,"社"成为他们认同的最基本的地缘、信仰合一的组织单位。[②]题名显示村民一般以村、庄、邑等聚落为单位建社,有的村落可能分设二社。如有必要,则冠以管、乡、县、州、路等政区名称加以标识。信徒题名较少使用官方设立的基层管理职位头衔,胥吏(县衙录事、列曹、乡批书、乡司等)、乡村行政管理人员(里正、社长等)等头衔主要出现在官员出资或者监管的石刻(2、23、25、27)。[③]相形之下,"老人"(又称耆老、长老)等民间社会领袖以及祠庙、私社

---

① 参见宋燕鹏:《南部太行山区祠神信仰研究:618-1368》,北京:中国社会科学出版社,2015年,第125-128页;易素梅:《战争、族群与区域社会:9至14世纪晋东南地区二仙信仰研究》,《中山大学学报》2013年第2期。

② 关于"社"的含义,可参见杜正贞:《村社传统与明清士绅:山西泽州乡土社会的制度变迁》,上海:上海辞书出版社,2007年,第7-13、254-261页。

③ 参见张国刚:《唐代乡村基层组织及其演变》,《北京大学学报》2009年第5期;杜文玉:《唐五代州县内部监察机制研究》,《江西社会科学》2013年第2期;王棣:《从乡司地位变化看(转下页)

管理人员名称(维那、乣司、录翁、化缘人、庙官等)更受青睐(2、5、8、11、13、14、22、23、25)。[①]至迟到五代，各村村民已在老人率领下，以特定二仙庙为中心，跨乡结成祭祀联盟。秦汉以来，因为老人谙熟民事，兼具调解仲裁、慈善救济的能力，他们既是村民的代表，又是官府管理基层社会的重要助力。[②]然而唐以前，晋豫之交石刻材料中较少出现作为自我身份认同标签的"老人"，这种历史书写的变化显示刻石立碑成为地方社会精英树立权威的新手段。

一社之内偶或使用官方户籍分类名称，显示乡村社会的等级性与祠庙信仰整合地方社会的功能。崇宁五年记(8)依次记泽州招贤管崔家社"老人""维那""村众""客户""乐人"若干；该庙后殿东石柱上有"孔亭社税户"一家题名记(7)。税户、客户是宋代法律文书中对有、无常产人户的称谓。[③]宋元时期，虽然宫廷教坊部分乐人可以转官，但是州县乐人隶属乐籍，当为贱民。[④]税户、客户、乐人栏目的设立显示有产者对无产税者、平民对贱民的优越感，大概也为标识他们在庙事中的贡献大小与权益高下。不过，客户、乐人并没有因为无产税、身份低贱而被排除在题名之外，显示出祠庙信仰整合社会各阶层的作用。

从修建二仙庙的融资、施工过程来看，记功方式逐渐从分摊实物、实务转向划分份额、折算钱钞，这有助于明确各村社、各社员之间的权利关系。9-12世纪，捐助者主要通过施财、施料、施力等方式参与建庙。碑刻中除了少数捐助者以特殊贡献(如施舍田地、金箔等重要物资或者独自承包塑像、翻瓦等较大工程)而被单独列出，其他捐助者的贡献往往略去不书。至元

（接上页）宋代乡村管理体制的转变》，《中国史研究》2000年第1期；杨讷：《元代农村社制研究》，《历史研究》1965年第4期。

① 关于社内管理人员名衔的研究，可参见郝春文：《东晋南北朝佛社首领考略》，《北京师范学院学报》1991年第3期。

② 参见堀敏一：《中国古代の家と集落》，东京：汲古书院，1996年，第185页；侯旭东：《北朝"三长制"》，《北朝村民的生活世界：朝廷、州县与村里》，第108-133页；梁庚尧：《豪横与长者》，《新史学》(台北)1993年第4卷第4期，第45-95页；柳田节子：《宋代の父老》，《东洋史学报》第81卷第3号，1999年，第293-318页；杜芝明、张文：《长者与宋朝地方社会》，《云南社会科学》2011年第2期；高柯立：《宋代的粉壁与榜谕：以州县官府的政令传布为中心》，邓小南主编：《政绩考察与信息渠道：以宋代为重心》，北京：北京大学出版社，2008年，第411-460页。

③ 参见王曾瑜：《宋朝阶级结构》，北京：中国人民大学出版社，2009年［1996年初版］，第12-13页。

④ 参见项阳：《山西乐户研究》，北京：文物出版社，2001年，第13-17页。

代，则出现"验元定老人分数计费鸠工"的建庙形式以及列举各人捐银钞数目的记录（23、27）。根据经济贡献标识各村社、各社员的权利和地位正逐渐成为民间成文惯例，有利于富民通过施财在地方建立权威。

与其说宋以前二仙庙庙事由官吏而不是平民主导，不如说唐宋时期贵族社会向平民社会的转变，导致题记书写方式的转型，平民得以在历史中发声。对家族谱系的记录同样体现世族体制扩及平民的趋势。唐末、五代二仙庙题名记中家族谱系信息不显；宋以后，题名记逐渐成为地方势力记录亲属关系、家族谱系的重要方式。显德三年记（2）盛赞朝廷派遣至陵川镇使臣的家世背景，称其为"簪缨□户，钟鼎朱门"，却并未列举他的家族成员姓名。宋以后二仙题记中不时出现当地有影响力的平民家族谱系信息，家族谱系书写的焦点从远代祖先的门第、官爵转向现世子嗣的亲属关系（7—9、11—12、15、20、22、23、25—27）。

这种书写方式的改变亦体现于晋豫之交出土墓志铭、墓碑。五代宋初，世族凋零殆尽，起自草莽的新贵一方面仰视旧贵族的家门声誉，企图照搬挪用他们标榜家世的话语体系（如郡望），宣称"李氏先祖上望陇西郡人"，董氏之先宗来自"渭州陇西郡"；另一方面，旧有的以记录祖先官爵为主的谱系书写方式已不适用于平民家族。墓志往往称墓主先祖因"官"迁至现居地，却不能说明他们曾任何官，墓主祖、父又显然不仕。有的坦陈墓主"本非贵族"，或"自十世为丰厚之农民也"。为了显示他们并非"寒微"，墓志转而注重记录现世子嗣的成就和谱系（子、孙以及他们的配偶等）。繁盛的亲属关系本身就成为家世兴旺的表征，因此墓志等材料中的家族谱系往往也包括旁系宗亲（兄弟、侄子等）与姻亲（女婿、姊妹及其夫婿）。①

---

① 唯一的例外是今高平市三甲镇邢村承安二年《邢氏宗族墓铭》，以石浮图、佛堂碑证明从魏到开元高平邢氏来源、祖先历史。（刘泽民、李玉明编：《三晋石刻大全·晋城市高平市卷》，第37—38页）唐至金，晋东南平民墓志多出土于长治县，见《唐故处士范君（澄）夫人韩氏墓志铭》《大周故公士田君（德）志铭》《唐故隰州司马董君（师）墓志》《大汉故董府君墓志铭并序》《大宋故李府君（进祖）墓志铭并序》《大宋故冯府君墓志铭并序》《宋圣记苗村坐化郭氏（清）碑并序》《宋故隆德府上党韩君（习）墓志并序》《金故申公（宗）墓铭》，刘泽民、李玉明、贾圪堆编：《三晋石刻大全·长治市长治县卷》，太原：三晋出版社，2012年，第11、21、23、39—40、43、44—45、46—47、48—49、53—54页；宣和二年王用石棺铭，刘泽民、李永红、杨晓波编：《三晋石刻大全·晋城市城区卷》，太原：三晋出版社，2012年，第24页。

最后，二仙庙题记书写方式的平民化转型，还表现为专业化宗教人士在庙事中被呈现为辅助性角色。巫觋虽然是迎神赛会等祠庙仪式的重要承担者（1、15），但是题记不书其名，不予重视。[①] 乡人尊重僧（5）、道（21、23、26）。特别是道士，不仅帮助修庙，而且以道教观念丰富乡人对二仙的想象。但是，佛、道仪式并未取代祠庙杀牲献祭的传统，僧、道亦不能取代村民作为立石人、灵验见证人、出资出工者的主导角色。[②]

总之，无论从石刻形制还是从参与者的呈现方式来看，二仙庙题记书写方式均体现出平民化转向。有关家、社的书写变化表现为呈现平民之间亲属、权力关系的方式日益丰富：平民家族谱系开始见诸题记；村社管理人员题名凸显乡村社会精英（如老人）的地位；信众偶以官方户籍类别划分等级，元代则出现以更精确的经济手段确立社员之间责任与义务的题名方式。以下从家、社两方面分述这一转向与女性的关联。

三、关于家、族之中女性的书写与实践

北宋后期，二仙碑刻中涌现诸多平民家、族的信息，反映出家族组织方式、观念的转变。首先，依靠荐举制、门第观念维系的士族逐渐被平民家族所取代。参与二仙信仰的家、族没有显赫的家世，并未孕育官僚，亦不以读书为培养子弟的主要手段。其次，平民家族在沿袭士族注重血亲、姻亲等发展策略的同时，开发出多元化的家族管理与组织方式。他们选择性吸收理学家提倡的小宗之法；他们联合投资建庙，其延续与发展的模式显现出与强调父系原则的儒家理念不尽相同的特点。在家与庙之间，女性发挥着不可或缺的作用，家族与村民也认可她们在其中的地位。

新型平民家族利用祠庙信仰维系自身地位，以绵延二百余年的泽州陵

---

① 林富士：《汉代的巫者》，台北：稻乡出版社，1999年，第27-42页；林富士：《"旧俗"与"新风"：试论宋代巫觋信仰的特色》，《新史学》2013年第4期，第1-54页；王章伟：《在国家与社会之间——宋代巫觋信仰研究》，香港：中华书局，2005年，第29-37页。

② 易素梅：《道教与民间宗教的角力与融合：宋元时期晋东南地区二仙信仰之研究》，《学术研究》2011年第7期。

川县鸡鸣乡鲁山村张氏宗族最为成功。11世纪，张氏一族创建二仙庙，具体经过已不可考。此后，二仙庙先后毁于宋金、金元之际战火。两次重修中，张氏一直是投入资财、土地、劳力最多的家族。据大定五年碑记（15），二仙庙毁于红巾军，张氏第四房始祖张志率领子侄择地重修。第二代张举、张愿作为"都维那"继承张志遗志，"先舍资财，次率化于乡村及邻邑"。他们的堂兄弟们"独办后殿塑像"，"重鬴瓦前殿"，增施神山周围的土地。最后，修成"正大殿三间，挟殿六间，前大殿三间，两重檐梳洗楼一坐，三滴水三门九间，五道、安乐殿各一坐，行廊前后共三十余间"。据蒙古国丁未年庙记（20），金元之际，张氏一族外出逃难。战火平息之后，张氏返回故里，从戊戌年（1238）开始，花费十年重修二仙庙，其中第六代张昌续施神山西松岗一所。鲁山村二仙庙的历史与张氏家史交织在一起，集中体现在祖先、宗族谱系、地方关系网络三方面。

（一）祖先

祖先既是曾经祭祀家族庇护神的主体，也因与二仙的关联在后世成为祠庙传统的一部分。宋元时期，儒士企图以儒教改造祠庙信仰。然而伴随祠庙体系的确立，家事与庙事的结合有助于平民家族的发展，女性祖先凭借庙事得以在家史、庙史中留名。

张氏宗族是否在二仙庙内供奉祖先牌位已不可考。树立在庙内、记载祖先事迹以及族人姓名的庙记、题名碑应该给每一位拜庙的族人带来荣耀感、归属感。丁未年庙记称张氏子孙"事如家庙"。张氏家族并未孕育高官，因此原则上不应享有高级官员才具备的修建家庙的特权。[①]张氏施舍的山地是否用作赡坟田，亦不可考。[②]二仙庙大概为张氏宗族提供祭祖的场所与

---

① 参见刘雅萍：《宋代家庙制度考略》，《兰州大学学报》2009年第1期；游彪：《宋代的宗族祠堂、祭祀及其他》，《安徽师范大学学报》2006年第5期；远藤隆俊：《宋元宗族的坟墓与祠堂》，《中国社会历史评论》第9卷，天津：天津古籍出版社，2006年，第63-77页。

② 宋元时期，民众施舍田地用于祭祀男、女亲属的情况以佛寺多见，道观亦有。参见竺沙雅章：《宋代坟寺考》，《中国佛教社会史研究》，京都：同朋舍，1982年，第111-144页；黄敏枝：《宋代佛教社会经济史论集》第7章《宋代的功德坟寺》，台北：学生书局，1989年，第241-300页；游彪：《宋代寺院经济史稿》，保定：河北大学出版社，2003年，第74-86页。

资源,因此被诔赞为家庙。

祖先庙事活动的呈现与现世子孙的价值观念直接相关。伴随儒家观念在基层社会的普及,人们相信男性才具有祭祀祖先、家族庇护神的资格。大定五年、丁未年张氏题名均以各房男性最长者并列为始祖。至治二年,大名路浚州西阳涧村梁安为了答谢二仙送孙,求得河西陇北道肃政廉访司经历梁枢撰文,其子彰德路临漳县儒学教谕梁克燧篆额并书。碑文(26)称,

> 　土民梁氏,昔年夜梦二真人抱送一孙,且云:"庙庭树石,以纪其德。"良为骇窳,未期遂得一孙男,今已二载。门深阴德,故有吉□之符;神达玄□,遂显灵通之兆。《诗》《书》云"作善降之百祥",又"吉梦维何,维熊维罴"。"男子之祥。"信不诬矣。盖神不歆非类,当以致敬服亦宜哉! 故孔子言:"敬鬼神而远之。"梁氏因宗亲之故,敦余为记。

官员梁枢父子"因宗亲之故",为"土民"梁安撰文、篆额并书,显示敬神求子在新兴宗族组织事务中的重要性。梁枢通过堆砌儒经词句,强调梁安的善行而不是庙事活动使之获得福报。同时,二仙出现在男性家长而不是待孕女性的梦中,意味着传宗接代主要被视为男性家长的责任,能够出头露面、光宗耀祖的角色也着落在男性家长身上。

女性参与庙事的形象深受文类影响。墓志受"女主内"价值观影响较大,较少呈现女性的庙事活动。魏晋以降,墓志撰者往往秉持女性外事不可有、内事不可彰的原则,通过她们男性亲属的赞誉或成就间接彰显其闺门懿行。[①] 即便是比丘尼墓志,撰者也会将活动空间设置在女性群体之中,强调她们对家事的关注、与本家的关系。[②] 宋代墓志中母亲、妻子的名讳以及她

---

① 参见陈爽:《出土墓志所见中古谱牒探迹》,第69-100页;刘静贞:《欧阳修笔下的宋代女性:对象、文类与书写期待》,《台大历史学报》第32期,2003年,第57-76页;姚平:《唐代妇女的生命历程》,上海:上海古籍出版社,2004年,第257-281页;邓小南:《从出土材料看唐宋女性生活》,《文史知识》2011年第3期。

② 参见王珊:《北魏僧芝墓志考释》,《北大史学》第13期,北京:北京大学出版社,2008年,第87-107页;张梅雅:《同行解脱之道:南北朝至唐朝比丘尼与家族之关系》,《文献》2012年第3期。

们的庙事活动则大多隐而不书。①北宋末年，长子县酒商陈礼墓志铭称其治家有法，"虽邻居妇女，亦不令妄出入……闺庭整肃，士族矜式焉"。②这说明一方面平民墓志书写亦以士族为榜样，另一方面邻居妇女串门其实是平民生活的常态，墓志书写传统对此有所限定。

与墓志铭形成鲜明对照的是，寺观、祠庙题记中世俗女性参与其事的记载比比皆是。北朝造像记有大量出资祈福的已婚女性题名，不少姓、名俱全。③唐以后，晋豫之交寺观、祠庙题名记不时显现已婚女性，然而这些女性题名并不能如实体现当地女性的庙事参与度。长子县慈林山法兴寺元丰四年《造像功德施主名号碑》列举各村都/副维那等200多人，仅记录一位女性（固益村张智妻）；长子县成汤庙正隆元年题名记共计20多个村庄施主姓名，也仅一位女性（庙子李元妻胡氏）被记录下来。④与其说这些庙事缺乏女性参与，不如说性别歧视造成女信徒题名的大量缺失。即便女性凭借出资、职务便利而题名，她们大多以夫妻、家族为单位参与庙事，以本姓相称，排名在夫、子之后，显示从夫、从子、隐讳闺名等儒学理念对唐以后寺观、祠庙题记书写的渗透。⑤

虽然"男外女内"的儒学理念逐渐渗入基层民众的宗教生活，女性独立参与庙事的记载却并未消失，如后唐天祐十三年（916）出府巡祀至泽州县青莲寺的弘农郡君夫人、金崇庆元年潞州屯留县王村崇福院赐牒碑助缘人郭

① 参见邓小南：《"内外"之际与"秩序"格局：兼谈宋代士大夫对〈周易·家人〉的阐发》，邓小南主编：《唐宋女性与社会》上册，上海：上海辞书出版社，2003年，第97–126页；张文：《宋朝民间慈善活动研究》，重庆：西南师范大学出版社，2005年，第253–266页；Mark Halperin, "Domesticity and the Dharma."

② 蓬汝为：《陈侯（礼）墓铭》，刘泽民、申修福编：《三晋石刻大全·长治市长子县卷》，太原：三晋出版社，2013年，第49–50页。

③ 参见石越婕：《北魏女性佛教造像记整理及研究》，硕士学位论文，中山大学哲学系，2016年，第15–17页；邵正坤：《造像记中所见的北朝家庭》，《西安欧亚学院学报》2012年第1期。

④ 刘泽民、申修福编：《三晋石刻大全·长治市长子县卷》，第37–39、57–61页。

⑤ 崇寿寺天圣十年、宣和元年题名，某寺政和元年题名，济渎庙宣和四年题名，显庆寺泰和四年题名，玉皇庙泰和八年题名，刘泽民、王丽编：《三晋石刻大全·晋城市泽州县卷》，第27、44、47、50、71、79页；定林寺大定二年题名，资圣寺至元十九年题名，悬壶真人庙元贞元年题名，刘泽民、李玉明编：《三晋石刻大全·晋城市高平市卷》，第32–34、53、64–65页；全道庵大德六年提名，刘泽民、李树生编：《三晋石刻大全·长治市武乡县卷》，太原：三晋出版社，2012年，第51–52页；灵泽王庙延祐四年题名，刘泽民、李玉明、王雅安编：《三晋石刻大全·长治市壶关县卷》，第32页。

下村王许氏、元延祐元年长治县上王村神农庙"起盖都维那苏夫人"。[①]题记全然不提这些命妇或民妇的配偶、子嗣或女性亲友。她们或单独题名，或题名居首，后缀老人、首领或工匠题名，说明她们完全独立参与庙事，而且居功至伟，得到当地民众的认可。

夫妻、母子联合参与庙事的现象更为常见，说明世人认可家事与庙事的衔接以及世俗女性在庙事中的贡献。女性凭借其自身努力、家内威信、家族地位，可以规避儒家教条，凸显她们在庙事中不逊于、甚至高于男性亲属的贡献。泽州县金村镇府城村玉皇庙至元三十一年碑记称"黄头社尹家门下金氏同男忠显校尉千户尹彦忠、妻刘氏施神马一匹，又香钱宝钞一百五十四贯文"，作为尹家家主的母亲排名在任官的儿子之前。泽州县硖石山福严院大定七年题名有"宣州中厢徐法荣并妻郭法憨"，妻子与丈夫一样具全名。[②]高平市原村乡良户村玉虚观至元十六年碑记中都功德主泽州长官夫人、清真散人李同善不仅书全名，而且题名位置十分特殊，不在碑阴其夫都功德主泽州长官段直题名之后，而在碑题与撰者题名之间。撰记者并未说明李同善与玉虚观全真道道人之间的关系。从原村乡上董峰村仙姑祠、玉皇庙至元二十一年题记看，李同善热衷于支持与真大道教密切相关的马仙姑一派。[③]关于金元时期全真道、真大道等道教新流派与异族统治者、地方势力重建社会秩序的合作，前人论述已备，世俗女性如李氏在其中的角色却罕被论及。[④]李氏积极参与道教各派活动，有助于其夫、其子施政，家事与国事、庙事的衔接应是她题名显著的根本原因。

鲁山村二仙庙题记中的女性祖先形象亦需从书写方式、实践两方面来看。一方面，受儒学传统影响，题记中已婚女性题名只录姓氏，她们能否题名很大程度上取决于其夫家的家世背景；女性庙事活动的记录往往被置于

① 刘泽民、王丽编：《三晋石刻大全·晋城市泽州县卷》，第17页；刘泽民、冯贵兴、许松林编：《三晋石刻大全·长治市屯留县卷》，太原：三晋出版社，2012年，第21—22页；刘泽民、李玉明、贾圪堆编：《三晋石刻大全·长治市长治县卷》，第56页。

② 刘泽民、王丽编：《三晋石刻大全·晋城市泽州县卷》，第89、59页。

③ 刘泽民、李玉明：《三晋石刻大全·晋城市高平市卷》，第51—52、54—57页。

④ 参见赵世瑜：《圣姑庙：金元明变迁中的"异教"命运与晋东南社会的多样性》，《清华大学学报》2009年第4期。

关于家事的叙事框架之中。另一方面，寺观、祠庙题记的书写传统给予书写者变庙事为家事、展现女性才能的自由。大定五年庙记凸显女性祖先在选取二仙作为张氏家族庇护神过程中的重要角色：

> 先是百年前，陵川县岭西□张志母亲秦氏因浣衣于东南涧，见二女人服纯红衣，凤冠俨然，至涧南弗见。夜见梦曰："汝前所睹红衣者，乃我姊妹二仙也。汝家立庙于化现处，令汝子孙蕃富。"秦氏因与子志创建庙于涧南，春秋享祀不怠。自尔家道自兴，良田至数十顷，积谷至数千斛，聚钱至数百万，子孙眷属至百余口。则神之报应信不诬矣。

这篇庙记由秦氏曾孙张举、张愿请士人撰写，对其曾祖不着点墨，亦未刻画秦氏如何相夫教子，而是通过秦氏见证灵验、建庙、祭祀等庙事活动凸显其对家事的贡献。张氏后人大力依托庙史构建家史，其中秦氏是张氏家族中辈分最高的祖先，是家道兴盛的始发者。

女性祖先在家/庙史之中占据独特地位，亦见于大观元年庙记（9）。田宗和他的母亲李氏共同担任都维那，创建泽州招贤管二仙庙，并且施金箔，用于装饰彩绘二仙塑像。至政和七年庙成，碑阴题名记（11）独辟一栏，专记以李氏为首的田氏一家五代人的姓名。

二仙庙题记对祖先的刻画反映出部分士人试图以儒家理念改造平民对宗族、祠庙的看法。他们强调庙事即家事，应由男性家长主持，并且需以敬德延嗣而不是敬事鬼神为先。但是，对女性祖先的刻画反映出这种尝试并不成功。虽然女性祖先不再以全名示人，但是女性在家门之外的庙事活动得到士人、村民的肯定，儒家强调的相夫教子等角色反而不被看重。

（二）宗族谱系

中古谱牒与选官密切相关，一般标注家主的母、妻、出嫁女配偶的郡望及其父祖的官职，女性名讳隐现不定。宋元时期，敬宗收族的理念渐及平民，宗族谱系的编撰方式兼具灵活与务实性。我们不知道张氏是否编修族谱，二仙庙题名记却是他们记录家族谱系的重要手段。

大定五年题名记开篇即记录张氏150多位族人姓名，丁未年记续录40多位族人。第一列冠以"长"字，张愿称"房弟"，可见张氏已有长房之设。题名分列书写政、密、言、权、珪、端、林七房族人姓名。宋代士人一般主张"五世则迁"的小宗之法，张氏略作调整。大定五年记遵守小宗之法。端房其实已传至第六代，但各房最多只记五代。丁未年记中，前五房恪守小宗之法，从第六代开始续写；后二房则从第三代开始记录，当与他们迁至集贤村，重新确立始迁祖有关。

张氏各房人口不均，组织方式不一。政、端二房为兄弟合居的联合式家庭；珪、林房内兄弟分居，包括若干个直系、主干、核心家庭；其余三房为直系家庭。[1]有的利用中古以来国家彰表义门"累世同居"的宣传口号，以凝聚族人。大定五年，端房题名记末尾载：

> 下至来孙众多，不可复知。古者孝义之家，朝廷闻之，必表门锡爵，以旌显之。端五世同居，未蒙此宠，故刻于是。

金朝法律规定汉人家庭不得令子孙别籍，但是可以析分财产。一些汉人家族则延续宋代累世同居的做法。[2]端房五世同居，所记族属28人。蒙古灭金之后，端房已经无法达到"五世同居"规模，但在题名末尾仍注明"三世同居"。端房积极利用官府表彰义门的传统，进行自我表扬，当出于现实的考量。二题名记撰写时间相隔80余年，期间新增人口仅40余人。各房世代最多只延长三代，原本人丁兴旺的张端一房甚至出现世代逆增长的现象。第六、七房第三至四代人口构成巨变，第五代及以下人口缺失。张氏族丁锐减应当是受金元之际战乱的影响。在战乱年代，大家族聚族而居，可以整合财力、人力等资源，比飘散零落的小家庭更具自保的优势。这种情况亦见于

---

[1] 有关家庭结构的界定，可参见郑振满：《明清福建家族组织与社会变迁》，北京：中国人民大学出版社，2009年，第20页。

[2] 关于金朝义门制度的发展，可参见刘晓：《试论累世同居共财在元代的发展及其特点》，《中国经济史研究》2001年第1期。

宋、辽边境，紧张的军事局势促成多个累世同居大家族的形成。①

　　张氏注重族内女性。大定五年记盛赞秦氏之举使张氏"子孙眷属至百余口"，二仙保佑信徒"求男者生智慧之男，求女者得端正之女"。虽然书写者、立碑人持有男重才、女重德的偏见，但是他们期待的家族新成员有男性子嗣，也有女儿、媳妇。

　　张氏族内女性与当地同时期女性题名的书写方式一致。九至十四世纪，晋豫之交墓志、佛教题记往往著录出嫁女（墓主或施主妻子、儿媳、孙媳、女儿、孙女等）本姓及配偶的姓氏，与中古相比，其名讳从时或隐去变为一般隐去；在室女（女儿、孙女等）记录较少，不过一旦著录，往往出具名讳。②这说明一方面隐去女性名讳已成民间惯习，因此出嫁女不书名，无外姓标识的在室女容易失载；另一方面女性在家内、外的祭祀活动中并不缺席，出嫁女亦参与本家祭祀活动。③张氏题名登录各位嫁入张家的女性，书妻某氏。只有两位女儿的名字被记录在张氏一栏：长房六世孙蔺英、珪房五世孙朱郎

---

① 参见中岛乐章：《从累世同居到宗族形成：宋代徽州的区域开发与同族结合》，平田茂树、远藤隆俊、冈元司主编：《宋代社会的空间与交流》，开封：河南大学出版社，2008年，第232-267页；许怀林：《陈氏家族的瓦解与"义门"的影响》，《中国史研究》1994年第2期；徐扬杰：《宋明家族制度史论》，北京：中华书局，1995年，第156-159页；王善军：《宋代宗族与宗族制度研究》，第153、165-168页。

② 清河郡崔府君（宣）墓志铭文并序，刘泽民、王立新编：《三晋石刻大全·晋城市陵川县卷》，第12页；《大汉故董府君墓志铭并序》，刘泽民、李玉明、贾圪堆编：《三晋石刻大全·长治市长治县卷》，第39-40页；《大宋故李府君（进祖）墓志铭并序》《大宋故冯府君墓志铭并序》，郭用章：《宋圣记苗村坐化郭氏（清）碑并序》《金故申公（宗）墓铭》，刘泽民、李玉明、贾圪堆编：《三晋石刻大全·长治市长治县卷》，第43-47、53-54页；《宋故郭（用）府君墓志铭》，刘泽民、李玉明编：《三晋石刻大全·晋城市高平市卷》，第26页；《宋故赠左屯卫大将军窦府君（璘）碑铭》《三晋石刻大全·晋城市沁水县卷》，第15页；大历八年长子县法兴寺燃灯塔束腰塔铭、《陈侯（礼）墓铭》，刘泽民、申修福编：《三晋石刻大全·长治市长子县卷》，第24、49-50页；焦守约：《宋故隆德府上党韩君（习）墓志并序》，刘泽民、李玉明、贾圪堆编：《三晋石刻大全·长治市长治县卷》，第48-49页；姬世英：《金故杨公（皋）墓志铭》，刘泽民、王立新编：《三晋石刻大全·晋城市陵川县卷》，第29页；元祐二年景德寺石柱题记、天会八年崇圣寺门楣题记、大定十八年高都东岳庙石柱题记、至治元年《崔公（通）墓志》，刘泽民、王丽编：《三晋石刻大全·晋城市泽州县卷》，第36、54、61、100页；《大宋故牛府君（仅）墓志并序》《大宋元祐七年慈父慈母李氏百母三兄墓志铭》，绍圣五年龙门寺大雄宝殿重建题记、皇庆元年大铎白衣堂碣文，刘泽民、申树森编：《三晋石刻大全·长治市平顺县卷》，太原：三晋出版社，2013年，第21-22、28-29、38页。

③ 太平兴国九年《清河郡崔府君（宣）墓志铭文并序》载，出嫁女赵郎妇、秦郎妇为本家扩建祖茔、购买外宅、茔地（刘泽民、王立新编：《三晋石刻大全·晋城市陵川县卷》，第12页）。

姐，均为孤女。蔺英书全名，当是在室女。以"某（夫姓）郎妇"称出嫁女在晋豫之交较为流行，但朱郎姐不称"妇"，大概为待嫁或归宗女。[①]因此张氏题名原则上不录女儿的名字，除非该户户绝。但是，我们不能以此认为张氏女儿在题名记中不被重视。正如嫁入张家的女性留有题名，二仙庙题名记中其他家族的媳妇不少姓张，有的应该就来自鲁山村张氏。

整体而言，当地平民家族、民众对出嫁女参与建庙等活动持肯定态度。出嫁女是否能够题名，主要取决于社会经济因素，即她所在家庭社会地位越高，她就越有可能获得题名。在室女是否能够题名，取决于尊长是否允许她们以闺名示人，绝户女题名机会较大。

（三）地方关系网络

潞州壶关县是唐末至北宋官方认定二仙祖庙所在地。大定五年、丁未年题名记均见壶关信众，说明泽州陵川县鸡鸣乡鲁山村已成为新兴的二仙信仰中心，这与张氏及其姻亲对地缘关系的成功经营不无关系。二记反映陵川县鸡鸣、潞城、云川、普安四乡是建庙主力，参与者以多姓村居多。大定五年记计有陵川、壶关二县30多个村落360多位信徒姓名，多见张、秦、赵、司、苟、申等姓；丁未记计有二县20多个村庄120多位信徒姓名。此外，泽州高平、晋城县20多个村落、坊巷90多人见于大定记，以吴、雍、赵等姓居多；卫州汲县（今河南卫辉）、怀州（今河南焦作）9人及蒙古国官吏与家属40余人见于丁未记。

二记中张、秦、赵姓最为多见且互通婚姻。张氏原本聚族居住在鲁山村，其后二房迁居集贤村。他们出地、出资最多，在题名记中居首要位置，其宗族谱系体现最为完整。秦氏、赵氏散居各县。秦氏是张氏最重要的乡党，鸡鸣乡鲁山村、西唐村、集贤村均有较多秦氏族属。因此，秦氏在庙事中表现出众：他们是灵验见证人（如张志母），其题名紧接张氏之后。赵氏多居于外乡，尤以云川乡为多。大定五年记载云川乡南马村两个赵氏家族50多人

[①] 至元二十一年崇寿寺石柱题记有"妹张郎姐""女焦郎妇"之称，可见某郎姐与某郎妇身份不同（刘泽民、王丽编：《三晋石刻大全·晋城市泽州县卷》，第86页）。

姓名。丁未碑面积较小，"随县乡村众施主"姓名大多省略不书，但云川乡栏仍书"赵氏"。

大定五年记显示三姓之间庙事分工明晰，且呈现地缘特征。张氏"保选"从南马村迁来鲁山村的赵达及其妻秦六嫂为"化缘人"，主持"兴修庙宇、其绘像什物等并甃砌"。领导层囊括三姓，首席执事者以外乡人充当，既能整合三姓资源，又能平衡三姓之间、鸡鸣乡与外乡之间的势力。

三姓建立婚姻、祭祀联盟的对象大概还包括蒙元异族统治者。二仙庙事胡汉合作的传统，至迟可追溯至唐末沙陀人李克用集团。金代，泽州举义乡丁壁村二仙庙大定三年所砌基阶上有胡、汉共同起舞娱神的线刻图。鲁山村二仙庙大定五年记末尾有女真官员徒单、妻刘氏题名。[①] 礼义镇西头村二仙庙崇庆二年记称女真官员完颜□□□等与水官同行至壶关二仙庙祈雨（18）。丁未年题名记最后一段冠以"大蒙古国"字样，下署蒙古、女真、契丹、汉等族官吏、平民及其家属的姓名。其中，二位张氏、二位赵氏的丈夫名字分别为怅急压、小达达兀鲁都、韩家奴、察字海，带有浓郁的异族色彩。此处张氏、赵氏或即当地三姓的族人，她们是沟通胡汉文化的桥梁，将本家的信仰带入夫家。

张氏善于利用亲属关系、同乡之谊、地缘便利，引地方官吏、武装势力为奥援。大定五年记载，张氏坚持十余年，最终求得同乡官员赵安时撰写碑记。题名记末尾是县令、主簿题名，起首鲁山村一栏张氏、秦氏家族后紧接"寨主张、首领秦"等36人的姓氏、姓名，其中"秦"居15。寨主、首领应是鲁山村一寨头目的称呼。[②] 宋金时期，堡寨既受官府扶持、整编，又具民间自卫武力组织特征。[③] 这些张姓、秦姓堡寨首领与兵丁应来自地方，与主持建庙的张、秦二族有亲缘关系。丁未年庙记有陵川县长官、前长官权达鲁花赤、

① 参见易素梅：《战争、族群与区域社会：九至十四世纪晋东南地区二仙信仰研究》，《中山大学学报》2013年第2期。

② 《宋会要辑稿·兵》18之7，上海：上海古籍出版社，2014年，第9673、8979页；《金史》卷24《地理志》，卷42《仪卫志》，北京：中华书局，1975年，第550、963页。

③ 参见黄宽重：《从坞堡到山水寨：地方自卫武力》，刘岱编：《吾土与吾民》，台北：联经出版社，1982年，第227-280页；黄宽重：《南宋地方武力：地方军与民间自卫武力的探讨》，台北：东大图书股份有限公司，2001年，第203-238页。

次官等数位官僚的题名，各村信徒中地方武装势力首领、胥吏的身份也一一标出，如鲁山村宋元帅、云川乡崔村将军杨进。张氏家族能够渡过宋金交替的难关，在外逃避金元之际的混乱长达30余年，应与拥有地方官吏、特别是地方武力组织的庇护有关。

在各地二仙庙的施主之中，具有张氏规模、掌管庙宇长达二百年之久的家族绝无仅有。然而这种由家族主持建庙的模式比较常见。如田氏家族历时20年主持修建泽州招贤管二仙庙（9、11）。又如延祐七年，怀庆路河内县赵寨刘氏家族历时17年，修复毁于地震的二仙庙（25）。修庙耗时长，动辄需要两代人的努力，变庙事为家事既有利于维持管理层的稳定，亦有助于家族建立地方影响力。

士人撰写、官吏署名的庙记仍然是增加祠庙声誉的重要助力（如鲁山村二仙庙），但是平民撰写的庙记开始出现（如招贤管二仙庙），为平民家族而不是僧道、士人记功的题记也逐渐增多。这些平民家族与士人一样，注重家族谱系、姻亲、武装势力的支持。与士人理念不尽相同的是，他们追溯祖先事迹、记录家族谱系的方法是建立祠庙而不是家庙、祠堂、功德寺；在庙里立碑而不是撰写族谱，根据家族境况掺杂使用小宗之法、义门理念而不是恪守教条；争取而不是隐讳异族统治者的支持。

在平民家族的"家/庙史"中，女性的身影不时显现，与士人家族女性墓志铭罕见庙事记载的状况截然不同。总体而言，基于家事与庙事间相得益彰的关系，基层民众对女性施财、化缘等行为往往持肯定态度。阶级和辈分的联合作用可以塑造出女性"类始祖"的形象，如张志母秦氏、田宗母李氏，其夫君的名字反而不载。妻子、绝户女凭借夫家、本家地位，在祠庙这一公共空间中留名。这些特点与强调男性始祖名分、主张女无外事的士人家族墓志铭书写明显不同。

造成这些书写方式差异的原因既与变化中的祠庙题记、墓志铭叙事传统有关，也与立石人、书写对象的阶级属性有关。上述家族大多是农耕之家，或许投入地方武力组织，但是读书仕进不是他们追求的主要目标。一方面，他们仰慕士人文化，接受士人隐去出嫁女名讳的做法；另一方面，他们灵活、务实，并不恪守女无外事的书写规范，不时记录在室女的全名、女性在家门之外的活动。同时，相较于墓志铭等文类，祠庙题记的书写传统有助于凸显女性在庙事中的贡献。然而阶级与性别因素的共同作用，仍然使得许多女性的庙事活动不能体现在碑刻记录之中：当家族的参与被化约为一位代表时，除非作为户主，女性往往被忽略。当个体的诉求不能透过家族题名显现之时，女性尚可诉诸村社组织。

四、关于结社女性的书写与实践

社既依赖家、族的参与，又创造超越家族的关系网络。一方面，影响平民家族呈现的因素同样影响村社的呈现，如隐去女性名讳。另一方面，呈现平民社众之间权力关系的方式日益丰富，为参与庙事的女性创造机遇。一社之内可分男众、女众，或者单设女人社。女人社呈现的频次与祠神性别有关。现存9-14世纪晋豫之交寺观祠庙题名中，女人社记录共4条：今高平市原村乡上董峰村仙姑祠、泽州招贤管二仙庙、泽州陵川县鸡鸣乡鲁山村二仙庙、泽州高平县举义乡鲁村玉帝庙各1条。其中3条与女性神灵相关，显示女人社题名与祠神性别具有一定相关性。但是，其他村社二仙庙、潞州潞城县九天圣母庙题名不见女人社；男性祠神信仰罕见女人社的题名，说明大量女人社的活动其实失载。[①]女人社的组织、呈现方式受村社管理层男女构成比例影响，以下分述之。

1. 泽州招贤管二仙庙

泽州招贤管二仙庙政和七年题名（11）所见各社均为多姓，男、女均多见王、张、李氏，说明三姓之间大概互通婚姻。但是，社众选择分男、女登录姓名，淡化其亲属关系，突出同性在庙事中的团结一致性。男、女分录题名应是女性争取庙事发言权的结果。大观元年，招贤管二仙庙初建，题名仅录男、女都维那、维那姓名：田宗等与母亲李氏共任都维那；除南下社苏清妻牛氏、苏文进妻王氏、新妇田氏、施金人刘氏等人之外，其余五社均无女性

---

① 《大宋国大都督府潞州潞城县圣母仙乡重建之庙》，刘泽民、申树森编：《三晋石刻大全·长治市平顺县卷》，第30-32页。

（9）。夫家的支持、慷慨的布施可能有助于女性获得维那一职，但是女性维那集中出现于一社，说明男女、夫妻并举的题名方式或许掩盖了女性通过庙事形成的亲密关系。她们只有互通声气、互相声援，才能在男性主导的管理层中占据一席之地。

这种男女混杂的管理层设置并不持久。政和七年，二仙庙建成。此时，管理层分工更细致，设都、副维那、管老人、纠司、各社老人等职。他们姓、名俱全，全是男性，女性全线退出管理层。田宗与其子出任都维那，其母李氏仅作为"施地人母亲"题名。管理层女性代言人的缺失并不意味女性放弃发言权，她们争取到独立结社、题名的机会。

政和七年题名显示，男/女、夫/妻分离不仅体现为题名书写方式，还体现为庙事实践。约90余名男性的题名分列于招贤、招贤西、北村、南下、崔家五社栏下。可辨识的女性题名约30余个，分列东村、南下、崔家三社栏下。编写者亦开具招贤、北村社女弟子二栏，但其下空白，或已漶。女人社抬头书"某社女弟子"，成员称"某氏"，一社之中出现数位王、张、李氏。这种题名方式显示女人社的私密性、排他性，即向外公布的成员个人信息极其有限。[①]女众题名以本姓或夫姓，排名是按年齿或按家庭，均已不可知。不过，东村社仅见女性题名，可见女性不依附男性参与庙事。

金大安二年（1210）泽州高平县举义乡鲁村重修玉帝庙题名亦以性别区分，女人社内部成员信息较为详细。题名分设长老、修庙维那、总领修崇、纠率立碑、众邑婆等栏目，"具合村大小人户从老至幼姓名"。前四栏记86位男性姓名。"众邑婆"栏记55位女性姓名：成玠妻韩氏、李溥妻牛氏题名居首，且特别注明夫名，可能是众邑婆的首领；魏遇贞、姚善净、毕遇贞、缑净贞等4位邑婆的姓氏不见于男众，另有9位邑婆亦书全名，她们的婚姻、家庭状况均未标识，显示她们参与庙事的独立性；其余邑婆以夫姓加本姓相称。邑婆以自身而不是配偶的年龄排名：如成玠妻排首位，其夫在维那中排第四；李溥妻排第二，其夫排第三。邑婆应具一定财产支配权力。对比该村大姓韩、

---

① 北宋山东佛教社邑题名中有"女邑""女弟子"等栏目，成员大多称某氏，可参见谭景玉：《北宋前期山东地区的佛教结社初探》，《民俗研究》2014年第4期。

李，经济实力较强的韩姓女性题名比例较高：韩姓男子21名，其中3位分任长老（3人）、总领修崇（1人）、纠率立碑人（1人），相应地，韩姓女性题名较多（夫姓韩的女子15名、本姓韩且婚姻状况不明的女子2名、本姓韩的出嫁女6名）；李姓男子12名，夫姓为李的女子仅2名，本姓李的出嫁女3名。①

招贤管二仙庙政和七年题名、鲁村玉帝庙大安二年题名显示女性结社受到村民的认可，女人社兼具独立组织性、包容性：女性可以独立或者以妻子的身份参加，但是排名不凸显她们的家庭属性；她们有自己的首领，不一定加入祠庙管理层。女性入社、题名的资格受到财产支配权的影响：不仅在财产分配上更具优势的男众多于女众，富裕家族比贫困家族女性也有更多题名机会。

2. 泽州陵川县鸡鸣乡鲁山村二仙庙

大定五年二仙庙题名涉及跨州县50多个村庄、450多位信徒（约1/3为张氏宗族成员）。各村题名混杂个体、家/族、女人社等多种形式，以适应不同财产、家庭、组织状况的信徒。

女性题名方式分为三类：第一类是家庭成员联合署名，如"高平县富教坊郭震、妻张氏""积善村王□、母亲元氏""郭佑、外婆秦氏""秦阿李、女夫刘贤"；第二类为个体题名，如"南张寨张阿李、张阿韩"，即女性独立以夫姓加本姓示人；第三类是约1/3村社题名末尾署"众邑婆"，不开列成员姓名。

第一类女性题名以家庭为单位，反映以女子从人为指导的性别观（除非招赘，如秦阿李），强调庙事即家事。第二、三类题名以女性个体、社团为单位，强调女性对独立、自主空间的诉求。第二类题名显示题名者已婚，单独具名意味着她们或许失婚、招赘，但一定具有财产支配权。②相较于零星的社众、寨众集体题名（如"任家庄上社众施主、北尹寨众施主"），第三类"众邑婆"题名出现频率较高。这说明各个村落中普遍存在一批中老年女性信

---

① 《重修玉帝庙记》，刘泽民、李玉明编：《三晋石刻大全·晋城市高平市卷》，第40—43页。

② 类似的例子可见大定七年《碛石山福严院创建钟楼台基记》施主有建福上社秦二婆王氏（刘泽民、王丽编：《三晋石刻大全·晋城市泽州县卷》，第59页）；延祐四年《灵泽王庙重修基阶记》有功德施石人东坊马阿程（刘泽民、李玉明、王雅安编：《三晋石刻大全·长治市壶关县卷》，第32页）。

徒，她们与男性相比有较强的结社意愿。与同村的男性相比，女性获得社会承认的家外联系较少，结社为她们提供了一种合法的归属感，一些互助、互励的机会。题名不书众邑婆姓名，反映她们首领、成员的封闭性。这既可能因为女性在庙事中的发言权受限，也可能是女性为提高组织的凝聚力、淡化个体角色而采取的策略。

多元化的女性题名方式亦见于高平市原村乡上董峰村仙姑祠。金蒙之际，马仙姑与其夫共同修道，方式简便易行。她死后不仅得以立祠，而且下庙遍布晋城、阳城、沁水、永年等县，声名远在其夫之上。她的成功之道在于"在家而能忘家"，且能治病救人。[①]至元二十一年题名显示马仙姑门徒、信徒中颇多女性，她们担任都功德主、助缘人、庙主等职位。女信徒践行"在家而能忘家"的方式多样，她们在家、庙之间的选择亦透过题名方式呈现出来：有的仅署全名以示"忘家"，如李法善、翟法善（法善大概是当地女性常用名，如牛宅董法善）；有的在全名前冠以配偶的官称、姓名、姓氏，兼顾个体性与家庭属性，如都功德主前泽州长官夫人李同善、杨顺妻张妙德、成宅王淑芳、霍宅王淑直、赵家门下刘志明；更多女性采取夫姓加本姓的题名方式，隐去己名而凸显家庭属性，如助缘李宅浩氏、张家门下李氏、唐庄唐元妻张氏。[②]

仙姑祠本庙、下庙庙主不少为女性，如本庙主韩贵志、朱姑（其余5位署全名，性别不明），庙主张老姑、杨老姑，沁水县郭壁村下庙庙主苗宅吴氏。一方面，她们的题名方式受民间对世俗女性称谓影响，如以夫姓加本姓相称，又如尊老。另一方面，她们受道教、民间对神鬼、女道称谓方式的影响，称全名、称姑。[③]庙主大概是奉事香火的守庙人，如高平县东二仙庙秦全、妻庞氏所事（23）。祠庙运营对女性管理人员的需求除了显示民众信任女性的管理能力，还意味着她们的服务对象中有一定数量的女性。

① 曹飞：《万寿宫历史渊源考》，《山西师大学报》2004年第1期。

② 董庭谏：《仙姑祠堂记》，刘泽民、李玉明编：《三晋石刻大全·晋城市高平市卷》，第54—55页。

③ 女冠题名称全名、称姑，可参见至元三年武乡县监漳镇陈嘉：《会仙观起本碑》，《三晋石刻大全·长治市武乡县卷》，第40—41页；民间厉鬼信仰中有丁姑、紫姑、梅姑、蒋姑等，可参见林富士：《六朝时期民间社会所祀"女性人鬼"初探》，《新史学》（台北）1996年第4期，第95—117页。

仙姑祠中女性结社现象突出：仅次于首列都功德主题名的就是"本村女善众助缘人元婆婆、陈婆婆、秦婆婆、赵婆婆"；不少女性题名成串出现，如"助缘李宅浩氏、浩宅陈氏、郭宅李氏、张宅李氏、段宅□氏、成宅王淑芳、霍宅王淑直、闫宅王氏、赵宅坤氏"，"汩村助缘宠宅李氏、郭宅许氏、唐宅□氏、郭宅王氏、郭宅焦氏、郭宅赵氏、宠宅靳氏、马宅魏氏"，"玉井和宅徐氏、马宅陈氏"，"梁宅李氏、翟法善、牛宅董法善、王宅吴氏"。"婆婆"与"众邑婆"一样，是民间对女性年长者的尊称。"助缘人"与化缘人职司应当相近，如鲁山村二仙庙化缘人赵达、妻秦六嫂负责集资建庙事宜(15)。仙姑祠本庙所在村落的诸婆婆、诸庙庙主应属管理层，与其余各村女善众助缘人之间有一定统属关系。但是，各村女善众助缘人题名方式并不统一，大多略去标识性别的字眼。有的连续女性题名之中还夹杂男性题名，如"赵家门下刘志明，陈静善，李法□，赵家门下魏氏，程宅潘氏、侄程泰、赵氏"，说明该社以女性参与为主，但并不彻底排斥男性。因此，女人社的开放度与管理层女性所占比例成正比。

题名方式反映了参与者的自我认同、各色信仰组织单位的宗旨与规则。招贤管、鲁山村二仙庙的女人社题名共同强调女弟子、众邑婆的性别一致性而不是她们的亲属关系，但是前者包括成员署名，后者则仅录组织名称。对照鲁村玉帝庙、上董峰村仙姑祠等处题名，我们发现，虽然隐去女性名讳的题名方式在唐以后已经普及，但是女性题名的方式仍然保持多样性，她们对呈现自身家庭属性的态度不一，不少女性仍以署全名的方式彰显其独立自主性。女性社众对接纳男性成员的态度也不尽相同，主要取决于女性在管理层的影响力。

结　论

综上，晋豫之交二仙信仰有助于加深我们对中国宗教、宗族组织发展的多元性、历史性的认识，重思女性在家、庙之间的生活。村民依凭祠庙祭祀对家族制度进行继承与改造，是值得家族史、宗教史研究者关注的现象。从强调门阀士族的郡望官爵到凸显平民家族的宗族谱系，维持家族延续性的手段从来不止一途。从比比皆是的佛教造像记到祠庙题记，为平民记功的书写方式日益丰富。

伴随历史书写的平民化转向，女性在家、庙之间的形象与活动呈现不同特点。九至十四世纪，国家在基层社会的统治日趋严密，乡村社会的首脑人物与官府、士人的互动更为频繁。一方面，"男外女内"的儒家观念深入基层社会，性别偏见存在于宗教活动与历史书写之中。祠庙题记撰写者多为男性，即便粗通文字的村民也知道并且践行不书女性名讳的原则，女性的庙事活动信息大多被屏蔽，譬如她们参与庙事的心态、感受与过程以及她们在家外的社会联系。男性撰者还为我们制造出种种幻像：只有倚赖男性亲属，女性才能参与庙事；女性结社无关紧要，祠庙管理层应由男性组成。家事与庙事的衔接并不意味着基层社会不存在性别偏见，抑或女性可以轻易跨越内、外之间的阈限。

另一方面，不仅女性参与庙事不是罕见的现象，而且她们的活动得到家庭与地方社会的普遍认可。这首先与唐宋时期逐渐确立的地方祠庙体系及其社会功能有关。祠庙祭祀可以整合不同阶层与族群的个体与家庭，庙事成为平民家族争取在地方社会影响力的家事。女性在庙事中扮演的角色因此被认可：从发起组织建庙、筹集资金、出工出料、祠庙建成并进入日常运营到刻碑立石等各个环节，她们的身影随处可见。在异族入侵之前的北宋时期，晋豫之交乡村女性已经享受以个人、家庭或者结社等方式参与庙事的自由，这种自由不以新儒学的兴起而改变。

其次，女性积极利用其亲属关系、财产支配权、社会网络，在地方社会中发声。官员、富裕家族的女性更容易名垂庙史，而贫民女性则不易留名。同时，以阶级、亲属关系框定的女性题名方式可能掩盖了女性之间连同合作的复杂关系。换言之，女性之间的交往不限于结社，只是这些松散的合作关系难以在以父系原则为指导的题名记中反映出来。在阶级、经济优势之外，女性之间的同气连声能够增加她们发声的机会以及入主村社管理层的胜算。

原载《历史研究》2017年第5期。

西湖十景：景观命名的传统

段晓琳

　　1924年，矗立于西子湖畔一千余年的雷峰塔轰然坍塌。这则新闻，在那个政治动荡的时代似乎微不足道，但它成功地吸引了当地居民甚至全国文人名士的关注。一些知识分子感叹历史的变迁，提出重建雷峰塔，以维持"西湖十景"。然而，著名作家鲁迅（1881-1936）却借此抨击了中国的传统文化，讽刺地写道："我们中国的许多人——我在此特别郑重声明：并不包括四万万同胞全部！——大抵患有一种'十景病'，至少是'八景病'，沉重起来的时候大概在清朝。凡看一部县志，这一县往往有十景或八景，如'远村明月''萧寺清钟''古池好水'之类。"[①]让鲁迅反感的，是以八个或十个四字词语，来概括某地佳景的程式。早在鲁迅之前，清朝文人查其昌（1713-1761）就已经注意到，即便是偏远地区的人，在地方志中也都会套用固定数量的刻板地名。查其昌在写到这些被滥用的"八景"或"十景"时，批判说"至于十景八景，僻志者皆然，诚为恶陋"。[②]

　　这种影响广泛的程式化命名方式，正是起源于南宋的"西湖十景"。查其昌和鲁迅说晚期的"十景"大多是陈词滥调，这也许有其道理。但南宋的西湖十景在很长一段时间里，一直都是一种创造性的话语，帮助塑造了人们与自然山水的互动。与西湖相关的地名标记了游人感兴趣的景致，并影响了这些游人对所见之景的理解。与鲁迅批评的大多数十

---

① 鲁迅：《再论雷峰塔的倒掉》，见林贤治评注《鲁迅选集·杂感Ⅱ》，桂林：广西师范大学出版社，2018年，第257页。

② 金鳌等编：《海宁县志》，台北：成文出版社，1983年，第3卷，第423页。

景不同，西湖十景扎根于当地的风景。这种具有地方特色的视觉文化与社会活动和文化规范有着错综复杂的联系。一方面，它植根于并反过来增强了当地的自豪感。往更广了说，它可以让所有游人都能在景观中寻找到熟悉的感觉。本文通过追寻西湖十景在宋代是如何被创造、呈现和流传的，希望能探讨视觉和物质文化是如何与文化地理和城市生活紧密相连的。

虽然西湖游赏的传统可以追溯到唐朝，但是游人们直到宋朝才开始归纳和甄选标志性的景点。当身处一个新的环境中时，游人需要地标来帮助自己融入并且体会，他们习惯赋予这些地标以象征意义。人们的这种习惯已经蕴含在文化中，蕴含在"文化风格、有关于地方的广泛流传的图像和文本中。"①这种审视周遭自然的文化方式，拉近了游人与风景的关系。人文地理学家段义孚（Yi-fu Tuan）将这种人地纽带统称为"恋地情结"。②在绘画与文学的加持下，西湖十景成了游人的游赏清单。有关西湖的绘画，也唤起了那些无法亲身游赏西湖的人的遐想。这种体验被称为"卧游"，这个词最早由六朝时的山水画家宗炳（375-443）提出。③

地点和时间通常能为研究视觉和物质文化提供具有建设意义的出发点。正如艾朗诺（Ronald Egan）所说的，对自然景观的描绘往往涉及对自然元素进行概念化和抽象化的复杂过程。④具体的地点可以被比作构建文化记忆的锚点：这些地点帮助人们构建个人身份，并促进有意义的文字和图像的结合。⑤汪悦进（Eugene Wang）在研究雷峰塔时，就将其作为一个

---

① 约翰（John Urry）和乔纳斯（Jonas Larsen）：《游客的凝视3.0》（*The Tourist Gaze 3.0*），伦敦：赛吉（Sage）出版社，2011年，第17页。

② 段义孚（Yi-fu Tuan）：《恋地情结》（*Topophilia: A Study of Environmental Perception, Attitudes, and Values*），新泽西：普林蒂斯霍尔（Prentice-Hall）出版社，2011年，第4-5页。

③ 宗炳：《画山水序》，见俞剑华编《中国画论类编》，北京：人民美术出版社，1986年，第583-584页。

④ 艾朗诺（Ronald Egan）：《书法、音乐与绘画文本中的本质与理想》（Nature and Higher Ideals in Texts on Calligraphy, Music, and Painting），见蔡宗齐编《中国审美：六朝的文学，艺术和宇宙秩序》（*Chinese Aesthetics: The Ordering of Literature, the Arts, and the Universe in the Six Dynasties*），火奴鲁鲁：夏威夷大学出版社，2004年，第303页。

⑤ 柯律格（Craig Clunas）：《雅债：文徵明的社交性艺术》（*Elegant Debts: The Social Art of Wen Zhengming, 1470-1559*），火奴鲁鲁：夏威夷大学出版社，2004年，第93页。刘礼红：《收集此时此地：明代中国的寿诞册页和社团的审美》（Collecting the Here and Now: Birthday （转下页）

路标和一个文学主题，"在现实中，一个地点在大众记忆中的回响，是通过它启发写作和主题性思考的能力来实现的"。[①]具体某个地方的意义经常与文本记载的流传和反复解读相联系。以往有关"潇湘八景"[②]的研究表明，文字与视觉文化之间的相辅相成，推动了特定景观及其视觉图像的广泛流传。[③]

十景不仅仅和特定的地方相关联，也能够唤起人们对于特定的季节和时间的体验。在人的记忆中，时间是重要的坐标。落日熔金、清湖月影、银装素裹，这些都是人们在其他许多地方可以获得的体验。西湖十景将景点与人们对大自然的更为普适性的感情相结合，促使观众在欣赏具体景点的同时，能够回忆并细细品味他们过去的经历。

这种对地点和时间的使用，对于我们理解分析宋代西湖十景的形成和创作至关重要。游人们欣赏这些景致，用文字、图像将其再现和传播，从而创造了一种理解和思考自然风景的方式。这种方式既是私密的，也是公开的。在这一章中，我从宋代视觉和物质文化的不同表现形式——诗歌、地图

（接上页）Albums and the Aesthetics of Association in Mid-Ming China），《中国文学与文化》（*Journal of Chinese Literature and Culture*），第2卷第1期（2015年），第57—69页。

① 汪悦进：《塔与迹：雷峰塔与魔怪话语》（Tope and Topos: The Leifeng Pagoda and the Discourse of the Demonic），见韩南（Patrick Hanan）、蔡九迪（Zeitlin T. Judith）、刘禾、魏爱莲（Ellen Widmer）编《中国的写作和物质性：纪念韩南论文集》（*Writing and Materiality in China: Essays in Honor of Patrick Hanan*），麻省剑桥：哈佛大学亚洲中心，2003年，第489页。

② 现存最早的有关潇湘八景的图画，应是由北宋文人宋迪（约1023—1032）所作，其中的地名为："平沙落雁""远浦归帆""山市晴岚""江天暮雪""洞庭秋月""潇湘夜雨""晨钟暮鼓""渔村夕照"。沈括《梦溪笔谈》，第9卷，第549页。另外参见班宗华（Richard Barnhart）《闪光河流：宋代绘画中的潇湘八景》（Shining Rivers: Eight Views of the Hsiao and Hsiang in Sung Painting），见中国艺术文物讨论会和台北"故宫博物院"编《"中华民国"建国八十年中国艺术文物讨论会论文集》，台北："故宫博物院"，1992年，第45—95页；衣若芬《"江山如画"与"画里江山"：宋题"潇湘"山水画诗之比较》，《中国文哲研究集刊》，第23期（2003年），第33—70页；李慧漱《宋代后妃、艺术与能动性》（*Empress, Art, and Agency in Song Dynasty China*），西雅图：华盛顿大学出版社，2010年，第171—179页；宫崎法子《西湖边的绘画：南宋绘画史初探》（西湖をめぐる绘画—南宋绘画史初探），见梅原郁编《中国近代的都市与文化》（中国近世の都市と文化），京都大学人文科学研究所，1984年，第203页。

③ 石守谦：《移动的桃花源：东亚世界中的山水画》，北京：生活·读书·新知三联书店，2015年，第23—25页；姜斐德（Alfreda Murck）：《王洪的潇湘八景》（Eight Views of the Hsiao and Hsiang Rivers by Wang Hong），见方闻《心印——中国书画风格与结构分析研究》（*Images of the Mind*），普林斯顿大学艺术博物馆，1984年，第215—235页。

和绘画（尤其是《十景图》册页的很多细节）——入手对十景进行了研究。
我希望能够展现这些景观名称和内涵是如何被构建的。这一命名传统，源
自与山水相关的文化惯例，又反过来促其成型。作为一种命名思路，诗歌、
绘画和俗语中的"十景"，同时塑造着文化地标、文艺主题和文化传统。①

"十景"的起源

现存最早的有关"西湖十景"的记载，出自祝穆（？-1255）的笔下。他
写道："好事者尝命十题有曰：平湖秋月、苏堤春晓、断桥残雪、雷峰落照、南
屏晚钟、曲院风荷、花港观鱼、柳浪闻莺、三潭印月、两峰插云。"②现存最早的
有关"十景"的画作与诗文，也是出现于十三世纪五六十年代，说明这一命
名系统就是在这时候诞生的。西湖十景主要是以一组特定时辰与季节中的
景观、活动来展现西湖游赏的精髓（表一、图1）。

表一 西湖十景

标题	位置	年 代	季节	时辰	天气	植被	活 动
1. 平湖秋月	龙王庙	宋代（960-1279）	秋季	夜晚	晴朗		观赏
2. 苏堤春晓	苏堤	北宋（1089）	春季	清晨			观赏与感受
3. 断桥残雪	白堤	唐代（618-907）之前	冬季		雪后		远望
4. 雷峰夕照	雷峰塔	宋代（975）		黄昏	晴朗		观赏

① 米歇尔（W. J. T. Mitchell）：《图像学：形象、文本、意识形态》（*Iconology: Image, Text, Ideology*），芝加哥：芝加哥大学出版社，1986年，第10-11页。
② 祝穆：《方舆胜览》，《四库全书》本，第1卷，第6页下至第7页上。

标题	位置	年　代	季节	时辰	天气	植被	活　动
5. 南屏晚钟	净慈寺	五代（954）		黄昏			聆听
6. 曲院风荷	曲院	南宋（1127-1279）	夏季		微风	荷花	观赏、嗅闻与感受
7. 花港观鱼	花家山脚	南宋			晴朗	鲜花	观鱼
8. 柳浪闻莺	聚景园	孝宗在位期间（1162-89）	春季		微风	柳树	聆听与观赏
9. 三潭印月	湖心三塔	北宋（约1089年）		夜晚	晴朗		观赏
10. 两峰插云	西山之间	唐代	春季或秋季		雾霭		观赏

* "十景" 标题中的序号与图1中的一致

　　学者们早就注意到这种用四字诗题来命名"八景"或"十景"的思路，并指出十景与早期的"潇湘八景"有着不可分割的联系。即便"十景""八景"在图画和文字记载中有相似之处，这两者也还是有一些不同。首先，前者着重于具体地点，并包含了更多的人文活动。文人们直到元代才将"潇湘八景"与湖南地区的具体景致联系起来，而"西湖十景"早在出现伊始就说明了具体的地点或建筑。① 在"八景"的基础上细化具体地点，似乎只是一种细枝末节的变化，但却深刻地改变了人们对自然的体会，影响深远。

　　若不是因为金人征服了北方，宋朝也不会将政治中心南迁至杭州，那么"十景"也不会如此出名。杭州位于大运河的南端和东南沿海，受益于国内水路运输和国际海上贸易。它的人口很快就增长到了约100万，人口密度几

---

① 姜斐德：《宋代诗画中的政治隐情》（*Poetry and Painting in Song China: The Subtle Art of Dissent*），北京：中华书局，2009年，第218页。

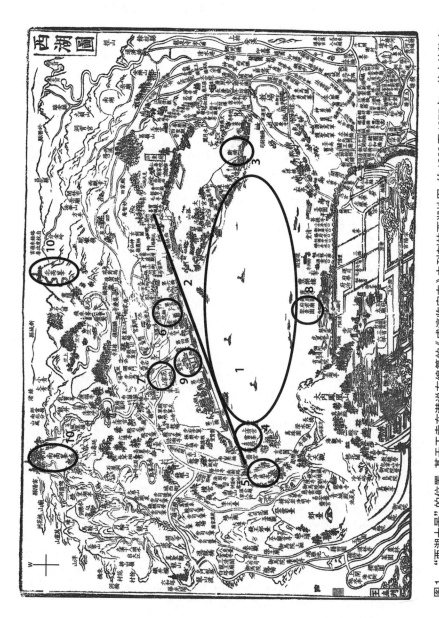

图1 "西湖十景"的位置，基于王圭在潜说友编纂的《咸淳临安志》中刊刻的西湖地图，约1268至1275年。其中的数字与表一中的一致。作者绘图，源自姜青青：《咸淳临安志》宋版〈京城四图〉复原研究》，上海：上海古籍出版社，2015年。

乎是唐朝长安的四倍。①段义孚在讨论恋地情结时说："一旦社会达到一定的人工化和复杂性，人们就会开始欣赏和追求相对单纯的大自然。"②在南宋初期，皇室成员和官员是西湖的主要观光者。但渐渐地，尤其是在节日里，杭州的平民也经常加入了他们的行列。③高居翰（James Cahill）解释了这种游赏群体的扩大，他认为由于北方的沦陷和对于理想化过往的念想，纷闹熙攘的城市生活往往会唤起人们的怀旧之情。④

对西湖的关注似乎也符合宋代士大夫文化关注上的转变。不少学者曾经提出，在南宋时期，中国的精英们将注意力从中央政府逐渐转移到了他们的家乡，他们以明显的自豪感记录着自己的家乡。⑤通过忠实而热情地记录地方性的知识，士绅们试图减轻政治动荡带来的不稳定的感觉。由于对北宋灭亡的了解，精英们敏锐地意识到王朝的寿命是有限的。⑥但与终会灭亡的王朝不同，地方有自己的自然变化和文化历史，更重要的是有地理上的永恒性。在南宋持续受到北方的女真和蒙古威胁的时代，这种认知可以给人一种稳定的感觉。⑦

---

① 谢和耐（Jacques Gernet）：《蒙元入侵前夜的中国日常生活》（*Daily Life in China, On the Eve of the Mongol Invasion, 1250–1276*），斯坦福：斯坦福大学出版社，1962年，第18页。

② 段义孚：《恋地情结》，第103页。

③ 有关精英和大众在西湖的游赏，参见周密《武林旧事》，北京：文化艺术出版社，第3卷，第351页。

④ 高居翰（James Cahill）：《皇家画院》（The Imperial Painting Academy），见方闻、屈志仁（James C. Y. Watt）和"故宫博物院"编《拥有过去：台北故宫博物院珍宝》（*Possessing the Past: Treasures from the National Palace Museum, Taipei*），纽约大都会博物馆，1996年，第186页。

⑤ 最近的学术研究广泛讨论了南宋时期的地方自豪感。韩明士认为，在那个时期，精英们更注重地方事务而不是中央政府。见韩明士《婚姻、血统群体和地方主义策略》（Marriage, Descent Groups, and the Localist Strategy），见伊沛霞、华琛（James L. Watson）：《中华帝国晚期的亲缘组织，1000–1900》（*Kinship Organization in Late Imperial China 1000–1940*），伯克利：加利福尼亚大学出版社，1996年，第95–136页。包弼德（Peter K. Bol）也认为地方史的兴起部分是由于这种转变，参见包弼德《地方史的兴起：宋元婺州的历史、地理和文化》（The Rise of Local History: History, Geography, and Culture in Southern Song and Yuan Wuzhou），《哈佛亚洲研究学刊》（*Harvard Journal of Asiatic Studies*），第61卷第1期（2001年），第37–76页。

⑥ 包弼德：《地方史的兴起：宋元婺州的历史、地理和文化》。

⑦ 有关文人的危机感，参见刘子健（James T. C. Liu）《中国转向内在：两宋之际的文化转向》（*China Turning Inward: Intellectual-Political Changes in the Early Twelfth Century*），麻省剑桥：哈佛大学出版社，1988年，第147页。

诗 中 的 十 景

给风景名胜赋予诗意的名字，是长久以来的文人传统。"西湖十景"反映了唐代到北宋的园林名称对于后世的影响。唐代园林的景点名，通常涵盖了景点自身的位置、功能和景色，而北宋园林主人所起的名字则更重视园内景点唤起的情感与文化纽带。[①]唐代诗人王维（699-759）为他在辋川别墅之中最喜爱的景点作诗，其中包括"南垞""柳浪"与"北垞"。西湖十景似乎在一些景点名称的前两个字上沿用了王维的命名，例如"曲院""柳浪"和"两峰（双峰）"。北宋诸如司马光（1019-1086）"独乐园"中的"读书堂""钓鱼庵""弄水轩""浇花亭"在内的景观名，似乎能让人想起西湖十景中的"观鱼""闻莺"。王维与司马光的命名思路，分别强调了自然景观与人类活动，这两者在南宋时期得到了融合。

南宋至少有四组有关"西湖十景"的组诗传世，分别由张矩（约活跃于1253-1258年）、王洧（约活跃于1256年前后）、周密，以及陈允平（约活跃于1275-1278年）。[②]从整体上看，这一系列的组诗反映了那一时期西湖边流行的活跃的诗歌写作活动。杭州的文人以组建诗社而闻名，他们经常在船宴上玩押韵和诗的游戏。有时，他们会将自己的诗作收集起来出版。西湖十景很可能在许多场合成为诗歌比赛的一个合适的选择。

很多诗作都像是迷你的游记，因为其中写明了游人在哪里、做了什么。打个比方，所有关于"三潭印月"的诗文，都写了这一景是从船上看

---

① 韩文彬（Robert E. Harrist）：《独乐园的地名及其意义》(Site Names and Their Meaning in the Garden of Solitary Enjoyment)，《园林史学报》(Journal of Garden History)，第13期（1993年），第207页。

② 田汝成：《西湖游览志余》，杭州：浙江人民出版社，1980年，第10卷，第153页；王奕清、沈辰垣、玄烨：《御选历代诗余》，《四库全书》本，卷604，第23-26页；查为仁、厉鹗：《绝妙好词笺》，《四库全书》本，第7卷，第11-12页；陈允平：《日湖渔唱》，见《丛书集成初编》，台北：新文丰出版公司，1986年，第80卷，第663页。
陈起是一位著名的出版商，曾为江湖诗社出版过文集。见周密《萍洲渔笛谱》，《四库全书》本，第1卷，第16页上；刘方《盛世繁华：宋代江南城市文化的繁荣与变迁》，杭州：浙江大学出版社，2011年，第168页。周密读罢张矩的诗，便打算也写下自己的西湖十景组诗，希望与之相和。周密还邀请了陈允平来写同样的题目，用了一样的标题和韵脚。

到的。有意思的是，四位诗人笔下的"苏堤春晓"都展现了相似的景象：游人们通宵作乐；到了清晨，刚刚睡醒的青楼女子还没来得及补妆，那些慕色之人就已经骑马赶到了。比如，周密是这么描写的："东园，夜游乍散，……宿妆旋整，忙上雕辀。都缘探芳起早，看堤边，早已开船。"[1]为什么这些诗作都有同样的主题，我们并没有确切的答案；后代诗人似乎有意化用前人的作品，可能也是为了借用他们对此地的感受，向历代文豪们致敬。

西湖十景还让人想起潇湘八景中的一种诗句式的结构。[2]例如"两峰插云"和"三潭印月"就用了同样的格式，都包含着一个数字、一座建筑或山峦，再加上一个动词，最后以天上的月云结尾。在四组有关西湖的诗词中，有三组都改变了祝穆和吴自牧笔下十景的原始顺序。为这十景重新排序，似乎是为了找寻更好的配对方法。

表二　西湖十景的诗歌结构

地点＋季节＋时间	苏堤春晓	平湖秋月
地点＋时节性的景致	雷峰夕照	断桥残雪
地点＋水景	曲院荷风	花港观鱼
声音	柳浪闻莺	南屏晚钟
数字和动词的呼应	两峰插云	三潭印月

潇湘八景与西湖十景的诗之间存在一个惊人的差异：八景诗主要流露文人被流放的感情（例如《潇湘夜雨》），而十景诗一般都是描绘游赏活动的

---

[1] 查为仁、厉鹗：《绝妙好词笺》，第7卷，第10页下。南宋文人所描绘的风景在明末的一套木刻版画《新镌海内奇观》中得到了展现，该书描绘了"苏堤春晓"的场景。这本书代表了十景诗画合璧的进一步发展。见杨尔曾《新镌海内奇观》，上海：上海古籍出版社，2002年，第3卷，第407页。关于明代印刷品的更多信息，见段晓琳《西湖十景两套版画的比较研究》（A Comparative Study of Two Series of Printed West Lake Ten Views），载李松、丁宁编《2011年北京大学美术学博士生国际学术论坛论文集》，西安：陕西师范大学出版社，2012年，第224–249页。

[2] 姜斐德：《王洪的潇湘八景》，第219–220页。

盛景，即便这首诗写的是通常象征忧愁的夕阳。[①] 在《雷峰夕照》一诗中，前半部分描绘了日落前的景色，而后半部分则从日落的那一刻开始：

> 郊坰。未厌游情。云暮合、谩消凝。想罢歌停舞，烟花露柳都付栖莺。
> 重闉。已催凤钥，正钿车、绣勒入争门。银烛擎花夜暖，禁街淡月黄昏。[②]

作者周密并没有伤感地结束全诗；相反，他描写了人们不间断的欢愉，描写了人们用的"钿车""银烛"，营造了欢畅热闹的景象。

在南宋文人士大夫对于西湖的描写中，赞誉朝廷是一个很常见的主题。由于1127年后的政治动荡，朝廷和许多官员被迫流离失所数年后，都有强烈的定居愿望。他们在关于西湖的文字中注入了对新家园的渴望，在描写西湖边纵情娱乐的游人同时，西湖十景和与之相关的欢快氛围也成为政局稳定的象征。这种赞美当然受到了新的高宗朝（1127-1162）的欢迎，因为他们的合法性在这种繁荣的景象中得到了证实。当时的两浙东路提点刑狱朱敦儒（1081-1159）在描写西湖时这样称赞朝廷："此日西湖真境，圣治中兴。直须听歌按舞，任留香、满酌杯深。最好是，贺丰年、天下太平。"[③] 此诗开篇歌颂了朝廷的中兴，末尾强调了这一时代的太平。"中兴"一词，指的是国家衰微之后的复兴，代表的是人们对于南宋朝廷收复失地的美好愿景。类似的情况也发生在北方的金朝。衣若芬指出，陈栎（1252-1334）在1260-1264年左右绘制的《燕京八景》就将金国南都描绘得十分繁荣。[④] 不论是西湖十景还是燕京八景，潇湘八景中标志性的天涯归客被嬉笑游冶的民众所取代，诗

---

① 姜斐德：《宋代诗画中的政治隐情》。
② 查为仁、厉鹗：《绝妙好词笺》，第7卷，第十页下。
③ 唐圭璋编：《全宋词》，北京：中华书局，1965年，第2卷，第839页。
④ 衣若芬：《"江山如画"与"画里江山"：宋元题"潇湘"山水画诗之比较》，第38-39页。在另一篇关于北京八景的文章中，衣若芬指出，与可归类为文化地理的潇湘八景相比，燕京八景代表了现实地理。但她也指出，这些八景画并非都是对自然景观的写实描写，有些画是为了唤起人们对以前八景诗的回忆。见衣若芬《玉堂天上：清宫旧藏明代〈北京八景图〉新探》，《故宫学刊》，第16期（2016年），第288页。

人则借此传达着某种政治观点和立场。

地图中的十景

西湖十景也出现在地图上。在当地的地方志中，有一张详细的西湖景点地图。图中标记了四百余处名胜。[①]四百多处名胜中的大多数，也都出现在同时代的都市笔记中，比如《武林旧事》第五卷《湖山胜概》就记录了这些地点，周密将这些景点按照不同的游览路线进行了介绍。[②]不同资料的相互印证说明有关这些地点的知识，已经在文人之间传播分享了。游人持有此类地图，便不会无意间疏漏必去的景点。

虽然这幅《咸淳临安志》地图因其提供的丰富地理信息而著称，但其他更方便的简要地图却往往流传得更广。据记载，南宋时期到访杭州的游人都会在白塔附近购买一份导游图（"地经"），正所谓"白塔桥边卖地经，长亭短驿甚分明"。[③]这座白塔位于西湖南面，在宋人进入杭州城的主要水道——浙江——的北岸。购买此类地图，也是文人的必做之事。大众能购买到的可能不是方志地图，但是这些地图仍然被广泛印制，并且大受欢迎。有游人还在白塔外壁写了一首诗，讽刺买卖地图的双方只关心游赏杭州而非收复北都："如何只说临安路，不较中原有几程。"从诗中我们可以得知，这些地图标明了各个景点与驿站之间的距离。对于名胜的标记帮助宣传了十景所代表的视觉文化，因为这些景点告诉了读者能看什么，在哪里看，以及景点之间的地理关系。这些地图不仅是辅助了人们对于杭州及其活动的想象，而且收录了足够多的地理信息以方便游人。此类地图是大众知识的一个重要表现形式。它们帮助持有者熟悉注明的地标和景点，更使游客可以参与到凝视（Gaze）这些地标的活动中。

---

① 这幅地图是西边朝上，采用的是从杭州城看西湖的视角。
② 周密：《武林旧事》，第5卷。
③ 李有：《古杭杂记》，见丁丙《武林坊巷志》，杭州：浙江人民出版社，1988年，第1卷，第1页下。

画 中 的 十 景

在宋代，诗画合璧已经成为一种常见的传统，特别是在画院画家的作品之中。[①]有时候先有画，有时候先有诗。赵希鹄（约1180-约1240）认为西湖十景是画家而非文人的首创，"画人先命名，非士夫也"。[②]吴自牧也证实了这种景点命名与绘画之间的关系："近者画家称湖山四时景色最奇者有十。"[③]

西湖风景是南宋山水画的一个主要灵感来源。刘松年（约活跃于1155-1218）、陈清波（约活跃于1253-1258）与马麟（约活跃于1180-1256）等南宋画家创作了不少描绘西湖的画作。[④]山水画的发展反过来也促进了将湖光山色比作山水画的习惯。初见西湖，周密笔下那位生活于十三世纪的张秀才就如此感叹："（西湖）甚好！青山四围，中涵绿水，金碧楼台相间，全似着色山水。独东偏无山，乃有鳞鳞万瓦，屋宇充满，此天生地设好处也。"[⑤]山水画逐渐成为人们抒怀言志的媒介。

[①] 许多研究宋代艺术的学者都讨论过诗与画的相互依存关系。用一首诗或诗句为题作画的做法成形于徽宗（1100-1125）朝。关于以诗句为题作画的考试，见邓椿《画继》，北京：人民美术出版社，1963年，第1卷，第5页；高居翰《皇家画院》（*The Imperial Painting Academy*），第160-161，165页。关于八景中诗画相通的详细讨论，见姜斐德《宋代诗画中的政治隐情》；勒瑞（Valerie Malenfer Ortiz）《梦见南宋山水：中国画中幻想的力量》（*Dreaming the Southern Song Landscape: the Power of Illusion in Chinese Painting*），莱顿：博睿（Brill）学术出版社，1999年。最近，黄士珊（Susan Huang）借用米歇尔对西方文化的讨论，重新阐述了文字与图像之间的连锁关系。参见黄士珊《画出真形：传统中国的道家视觉文化》（*Picturing the True Form: Daoist Visual Culture in Traditional China*），麻省剑桥：哈佛大学亚洲中心，2012年，第11页。诗画之间的这种密切互动，也可以解释为什么南宋以来的《十景图》册页大多是以诗画合璧的模式。例如，明代文人画家李流芳（1575-1629）的《西湖诗画合璧》就包括十幅画和十首诗。

[②] 赵希鹄：《洞天清录集》，见黄宾虹、邓实编《美术丛书》，台北：艺文印书馆，1960年，第1卷，第566页。

[③] 吴自牧：《梦粱录》，北京：文化艺术出版社，1988年，第12卷，第220页。

[④] 张丑：《清河书画舫》，见卢辅圣、崔尔平、江宏编《中国书画全书》，上海：上海书画出版社，2000年，第3卷，第383页上；高士奇：《江村消夏录》，见《中国书画全集》，第7卷，第1031页；文嘉：《钤山堂书画记》，见《中国书画全集》，第8卷，第51页；厉鹗：《南宋院画录》，第2卷，第635页；王毓贤：《绘事备考》，第6卷，第20页下到第21页上。

[⑤] 周密：《癸辛杂识·续编》，北京：中华书局，第203-204页。

手卷一般用来绘制西湖全景，而扇面则多是描画具体小景。据记载，出访杭州的金朝使臣曾经这样说："递之指点，回头看城内山上，人家层层叠叠，观宇楼台，参差如花落仙宫。下节步行，争说城里湖边有千个扇面……"①作为当时画家的发明，西湖十景的形成证明了选景与构图在描绘具体小景时的重要性。用册页这种画式来表现十景再合适不过。

册页在宋代（尤其是十二世纪之后）已然成为成熟且具有代表性的模式。不像历史悠久的手卷或立轴这种一般能够表现出肉眼无法一次看全的景色，册页表现的则是一位观察者在一个时间点所见之景的如实描绘。十景的形成是当代画家的发明，证明了构图和选择景物元素以形成特定景象的重要性。十景中的大多数包括适合入画的各种元素。册页中的每一页看似独立，但是互相之间又有关系，最利于描画一系列的景观。这也部分解释了为什么西湖十景在历史上通常是以十幅册页的形式出现的。

每开册页都属于这一系列中的一部分，观众更易识别每开具体描画了什么。景点中的地标标明着每一开册页的内容，即便其他视觉要素并不写实，观众也很容易想象此地的真实景色。②但同时，如果某一页因任何原因从册页中被分离出来，也就很难确定它属于哪一套册页，或者它描绘的是哪一个场景。③

南宋画院的画家创作了不少西湖十景册页，有些画家甚至创作了不止

---

① 西湖老人：《繁盛录》，北京：文化艺术出版社，1988年，第122-123页。

② 黄书梅在讨论南京的明代山水画时，发现这些画家中也有类似的做法。她用"同义词"（synecdoche）一词来描述这种做法，意味着某物的一部分被用来指代它的整体。黄书梅《自然、风水和政治象征主义：十七世纪的钟山松树》（Nature, Fengshui, and Political Symbolism: Pines on Mount Zhong during the Seventeenth Century），2016年亚洲研究年会报告。

③ 南宋时期有一些无题的册页也会让人联想到十景的标题，比方说现藏于波士顿艺术博物馆的佚名《晚霭行旅图》（图片见李慧漱《雅致之时：西湖与南宋艺术》[Exquisite Moments: West Lake and Southern Song Art]，纽约：中国美术馆，2001年，第67页。）班宗华和李慧漱都认为这很可能是对《南屏晚钟》的描绘，因为从地形特征来看，这幅画很可能是在西湖边，而且其布景位置等和叶肖岩的画很接近（图14）。班宗华《闪光的河流》，第56页；李慧漱《雅致之时》，第66页。李慧漱还提出，另外两幅画册上的画作可能也描绘了十景，一幅是马远的《柳岸远山图》，这幅画中的柳树和它们的相对位置表明，画家可能是在描绘"柳浪闻莺"中的聚景园；另外一幅是现藏于大都会艺术博物馆的佚名《泛舟柳塘图》，这幅画对圆形荷叶的描绘让观众想起了叶肖岩笔下的"曲院荷风"。参见李慧漱《雅致之时》，第68-69，108-109页。

一套。^①然而，整个宋代，只有叶肖岩（约活跃于1253-1258）的那一套存世至今。^②有关叶肖岩的信息很少，现存的这套《西湖十景》图册是他唯一存世的真迹。在这套册页中，观众能明显从斧劈皴和远景渲染中看出马远、夏圭二人对叶肖岩的影响。反复演绎的主题、元素与技法，都是再现并强化西湖形象的关键。

叶肖岩的册页，很有可能是对前人作品的摹写。高居翰指出，画院中著名画师的画作可能会通过复制和模仿来满足不断扩大的市场需求。^③在杭州，在宫廷画家中流行的风格很快就传到了普通消费者那里。如果这套图册确实源自现已失传的杰作，那么就可以解释为什么这套册页构图精妙而笔法平庸了。

图2　叶肖岩《柳浪闻莺》

西湖十景图与潇湘八景图之间经常会相互影响。^④牧谿（约1200-1279之后）等南宋画家，甚至是根据自己对西湖风景的观察画出《潇湘八景图》的。^⑤这一做法，反过来促使画家从潇湘八景中寻找灵感，去描画西湖十景。比方说叶肖岩册页中的《柳浪闻莺》一开（图2），与牧谿

---

① 高士其：《江村消夏录》，见卢辅圣等编：《中国书画全书》，第7卷，第1031页；厉鹗：《南宋院画录》，第8卷，第635页。

② 作品图片可见于台北"故宫博物院"《故宫书画图录》，台北"故宫博物院"，1989年，第22卷，第74-79页；还可参见李玉珉《西湖十景特展》，《故宫文物月刊》，第156期（1996年3月），第98-117页。

③ 高居翰：《诗之旅：中国与日本的诗意绘画》(The Lyric Journey: Poetic Painting in China and Japan)，麻省剑桥：哈佛大学出版社，1961年，第42页；高居翰《皇家画院》，第169页。他还认为，这种模仿也可以反其道而行之，比如地方上的艺术家在被召入宫时会带来他们自己的画风。

④ 班宗华在讨论八景时提出，虽然新的十景侧重于西湖的独特风景，但很明显，最早描绘这个主题的画家在创作时受到了潇湘八景传统的影响。班宗华《闪光的河流》，第55页。

⑤ 李慧漱：《雅致之时》，第12页。

图3　牧谿《远浦归帆图》，京都美术馆。

图4　夏圭《山水十二景》（局部），纳尔逊·阿特金斯艺术博物馆（The Nelson-Atkins Museum of Art）。

的《远浦归帆图》（图3）很像，都是在近景中描绘了湖岸，在远景中描画了消散在烟岚之中的水波。① 同样，人们普遍认为夏圭的《山水十二景》受到了《八景图》的影响和启发（图4）。② 虽然今天现存的夏圭的四幅册页比叶肖岩的册页中的画面更缥缈，也没有那么具体的形式，但山的形状和轮廓以及用树来标示湖岸等做法都和《八景图》非常相似。

① 参见李霖灿《叶肖岩的西湖图及其他》，《故宫文物月刊》，第28期（1985年7月），第126-131页；班宗华《闪光的河流》，第51页（图26）。

② 衣若芬：《"江山如画"与"画里江山"：宋元题"潇湘"山水画诗之比较》，第52页。

虽然受到了潇湘八景的影响，但是叶肖岩的作品则体现了非常不同的意图。他最关注的，是让观众能够很容易辨识其中的每一景。[①]在这么小的画幅中，他仔细经营树石、亭台楼阁与点景人物的位置，尽最大可能传递画题中最重要的信息。和其他风景地相比，西湖位置的便利，大大丰富了有关西湖的视觉表现。南宋画院地处西湖东岸望江门旁，这一得天独厚的地理位置让画师能够仔细观摩西湖的晴雨变幻。[②]

对于西湖十景的表现，很多时候都基于具体景点与建筑，比方说雷峰塔（图5）、净慈寺和苏堤（表一）。这些地方常常是十景诗和叶肖岩册页中的焦点。即便是缺乏特征的画面，也暗含对应真景的线索。比方说在《平湖秋月》中（图6），虽然对"平湖"的具体形象作了留白，但叶肖岩刻画了一座尖锐的山峰，与平静的湖面形成对比，让观众能想象出"平湖"的存在。对植物的具体描写和色彩的使用也有助于观者识别场景。例如，《曲院荷风》（图7）和《花港观鱼》（图8）所对应的叶子，乍一看很相似，但前者却能用圆形的荷叶来做进一步区分。

西湖十景中对于地点的强调，也源自视觉文化的传统。唐代画家王维与卢鸿（约活跃于740年前后）都描绘过自家的园林。传为李公麟所做的

---

① 李慧漱：《杨皇后：南宋宫廷的艺术、性别和政治》（The Domain of Empress Yang［1162-1233］: Art, Gender and Politics at the Southern Song Court），博士学位论文，耶鲁大学，1994年。

② 陈野：《南宋绘画史》，上海：上海古籍出版社，2008年，第53-56页。

图5　叶肖岩《雷峰夕照》,台北"故宫博物院"。　图6　叶肖岩《平湖秋月》,台北"故宫博物院"。

图7　叶肖岩《曲院荷风》,台北"故宫博物院"。　图8　叶肖岩《花港观鱼》,台北"故宫博物院"。

图9 李公麟《山居图》，台北"故宫博物院"。

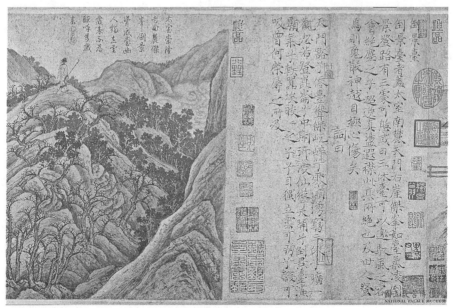

图10 卢鸿《返景台》，台北"故宫博物院"。

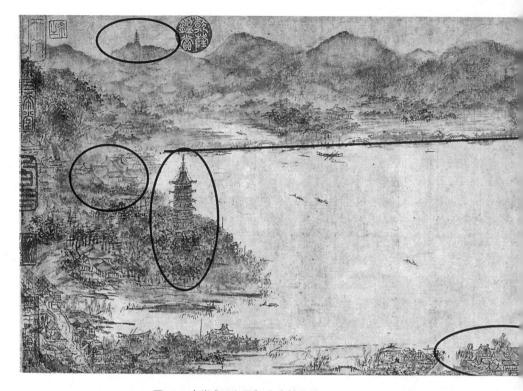

图11　李嵩《西湖图》，上海博物馆。

《山居图》(图9)也说明北宋画家李公麟描绘过自己的园林。[1]卢鸿的《草堂十志图》(图10)中，每一开都有一特有的地名，例如"草堂""期仙磴"等，并且每一开都绘有一位端坐或漫步的点景人物。[2]卢鸿的每一幅册页，都写了关于此地的地理、历史信息，后面会附上描写该地的一两首诗文。无论是一套十开的册页画式，还是对于真景的极力再现，似乎都影响到了西湖十景的出现。叶肖岩的画作与唐代描绘实景的作品之间的不同之处在于，他显然假定观众已经知道他所描画的地点了。卢鸿的作品图文并茂，意在再现真

---

① 有关《山居图》现存不同版本的讨论，参见韩文彬《十一世纪中国的绘画和个人生活》(*Painting and Private Life in Eleventh-Century China*)，普林斯顿：普林斯顿大学出版社，1998年。

② 更多有关卢鸿《草堂十志图卷》的讨论，可参见庄申《唐卢鸿草堂十志图卷考》，台北："中研院"历史研究所，1960年；吴刚毅《卢鸿及其画迹伪讹源流考鉴》，硕士学位论文，台湾师范大学美术系，1998年。

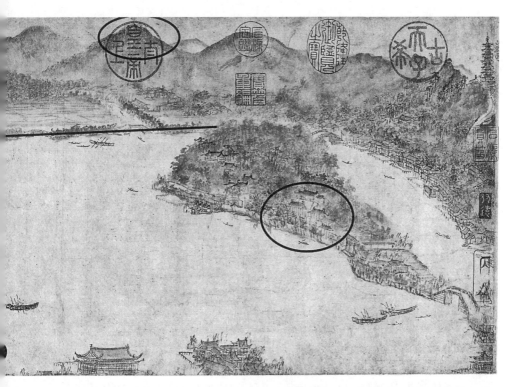

图12 叶肖岩《苏堤春晓》，台北"故宫博物院"。

图13 叶肖岩《三潭印月》，台北"故宫博物院"。　图14 叶肖岩《南屏晚钟》，台北"故宫博物院"。

景。而叶肖岩的册页却没有那么高的还原度，但是由于游赏活动的兴盛和西湖诗歌的流传，游人自然会注意到湖边的各种标志性景物。

对具体景致的强调，也使画家们、诗人们能够以更亲近的方式再现自然。陈允平的诗经常提到每一景旁边的地名，诸如"曲院风荷"旁边的小新堤和"苏堤春晓"旁的六桥烟柳。他借用这些地名来构建自己在景色中的行动轨迹，再现了他近观自然的不同视角。此外，传为李嵩的《西湖图》（图11）也差不多涵盖了"十景"，若是将其与叶肖岩的册页相比对，能够展现后者呈现给观者的不同视点。李嵩用了鸟瞰的视角，期望实现完成他用高远视角描画整个西湖的宏大构想。在叶肖岩的《苏堤春晓》中（图12），画家仅描绘了苏堤六桥中的一座，而不试图展现整座苏堤。这些表现手法引导观众近距离赏景，创造了一种亲近自然的氛围。其他一些册页虽然仍受李嵩鸟瞰图的影响，但被设计为提供一种放大的效果；这种方法的例子有《三潭印月》（图13）和《南屏晚钟》（图14）。"缩放"式的写作、绘画技巧，强化了观众的情感纽带和对该地的归属之感。

观众不仅被拉近了与特定地点的距离，而且还被着意表现在绘画中。

图 15　叶肖岩《苏堤春晓》(局部)，台北　　图 16　叶肖岩《两峰插云》，台北"故宫博物院"。
"故宫博物院"。

诸如"花港观鱼"这样的标题，就意在展现游赏活动。在这一开里，叶肖岩描绘了一个在湖面上悠闲泛舟的人物，并将观众的视点引向悠远的湖面。①在南宋绘画中，船通常被解释为"主人与外部世界的联系"，因为它能让人联想到水路旅行。②绘画与外部世界的联系还体现在画中游客的姿势上。他们的姿势通常会将观众的视线引向自然风光以及画题所强调的建筑。例如，在《苏堤春晓》(图15)这幅画中，叶肖岩在桥的一侧放置了三个人物：两个是文人打扮，一个是仆人。其中一个文人把头转向另一个文人，指着桥，似乎在提议过桥。这种人物安排的作用是邀请观众将自己置于画中。其他绘画，如《三潭印月》(图13)和《两峰插云》(图16)，采用的都是远眺的视角。所以画家没有在这些画中直接画上人物，而是将这两幅风景画渲染得如同观众身临湖畔。观众可以把自己想象成画题所建议的观景的凝视者。

---

① 这就使它与《曲院荷风》(图7)一画有了区别，《曲院荷风》册页只在柳树下加了一条空船，部分原因是标题中没有提到具体的观赏活动。

② 高居翰：《皇家画院》，第181页。

　　叶肖岩笔下的自然是理想的和安全的，这是因为他对视觉元素进行了深思熟虑的安排；这反映了南宋山水画的惯例。[①]他的画册中对十景的表现遵循了南宋画院中流行的风格。换句话说，他对十景的视觉表现更多是受到了艺术传统的影响，当然同时也意在唤起和呼应实际的观光体验。基于这种游赏的经验，观画者可以通过解码叶肖岩笔下的视觉线索来辨别不同的景点，这为观画者提供了一种参与感和成就感。熟悉纽约天际线的人很容易认出帝国大厦，因为它的形状独特，而且通过照片广为流传。来到西湖的南宋游客一定有类似的经历：站在湖边，当他们看向远处的山丘时，两座山峰会因为矗立于那里的两座佛塔而显得格外突出（图16）；而如果看向南山，雷峰塔的轮廓和树后露出的净慈寺的飞檐则格外引人注意（图5）。册页画作中对自然风景的描绘，都是在为观者营造实际的地点和体验，以帮助他们想象自己在山水中徜徉，和那些同样卧游或者身临其境的人一起拥有关于一个地方的共同体验和记忆。

　　除了对具体地点的关注和随之构成的视点，十景所暗含的不同时间看到的不同景色，也值得进一步讨论。从表一可以看出，十景中有两景正值春天，其余夏天、秋天和冬天各有一景。南宋艺术中时常可见对于不同季节的丰富情感。[②]许多南宋绘画都表现了季节性的风景和活动，比如刘松年《四景山水图》和马麟的《荷香清夏图》。不少笔记也按照时间顺序记载了城市生活。[③]在有关十景的记载中，吴自牧就为这十景重新排序，使它们更符合季节和时间的顺序。[④]

---

① 高居翰：《皇家画院》，第173页。

② 李慧漱：《雅致之时》，第41—42页。李慧漱将这一特点与道教与禅宗联系起来，这两种宗教都强调了世俗世界的转瞬即逝。

③ 有关这些都市笔记的编纂体例，参见奚如谷（Stephen West）《释"梦"：〈东京梦华录〉的来源、评价与影响》（The Interpretation of a Dream: The Sources, Evaluation, and Influence of the *Dongjing meng hua lu*），《通报》（*T'oung Pao*），第71卷第3期（1985年），第63—108页。裴志昂（Christian de Pee）《自然之都：〈都城纪胜〉中园林般的城市》（Nature's Capital: The City as Garden in *The Splendid Scenery of the Capital* [*Ducheng jisheng*, 1235]），见林萃青（Joseph Lam）、林顺夫、裴志昂、包华石（Martin Powers）《城市之感：理解南宋杭州》（*Senses of the City: Perceptions of Hangzhou in the Southern Song* [*1127—1179*]），香港：香港中文大学出版社，2017年，第179—204页。

④ 吴自牧：《梦粱录》，第12卷，第219页。

　　除了这种对季节的敏感，十景还反映了作者偏爱捕捉自然的瞬息万变，如晨昏之景。南宋文人们喜欢叹息青春的流逝（一般由清晨或早春意象所象征）与现实世界中的无穷变幻。罗樾指出："这些时刻见证了黄昏、落日与夜幕，也见证了和风细雨。"①包华石也指出正是在迁都杭州之后，画院画家们发展出了独特的创作技巧，使他们的画作倾向于"强调观众的主观体验"。②游人们应该都会注意到，眼前的美景在每个季节、每个时辰都有不同的面貌。吴自牧在《梦粱录》中记录下了一些季节特征，反映出了他对于季节变化的敏锐洞察："春则花柳争妍，夏则荷榴竞放，秋则桂子飘香，冬则梅花破玉、瑞雪飞瑶。四时之景不同，而赏心乐事者亦与之无穷矣。"吴自牧还记载了杭州居民会在春、夏、秋三个季节的若干节日到湖游赏。③从清晨到日暮，时光的流逝让游人在光影、风雨、烟岚之中体验自然的变化。同一座雷峰塔，在归家路上的夕阳映照下比平时更显高大深邃。"十景"之名，明确了欣赏每一景的最佳时机，将最好的赏景指南带给世人。比如，曲院附近的空气总有酒香弥漫，但只有在伴着荷花香的夏天，此景才最为宜人。

　　此外，时间不仅是人们记忆中最重要的坐标，还赋予了十景广为世人接受的意义。读画者、读诗者的体会，同亲眼欣赏日暮霞光、水中月影无异。这些体会，使那些从未亲身到过西子湖畔的人更容易想象自己伫立湖岸的画面。就像册页画框住了一个独特的观看风景的视角，十景的标题也提供了一种观看和体验山水的方式。④

---

①　罗樾（Max Loehr）：《伟大的中国画家》(The Great Painters of China)，纽约：哈珀（Harper & Row）出版社，1980年，第191页。

②　包华石：《宋代诗画中对时间的描绘》(Picturing Time in Song Painting and Poetry)，见《城市之感：理解南宋杭州》，第55–72页。

③　吴自牧：《梦粱录》，第12卷，第216–217页。例如，清明节、寒食节、端午节和崔府君生辰都是常见的游湖节日。参见段晓琳《西湖的诞生：宋代的文化地标》，北京：北京师范大学出版社，2023年。

④　正如雅克拉康（Jacques Lacan）所认为的，凝视通常发生在有他人在场的时候。在人们凝视这十幅风景画的那一刻，无论是真实的风景还是画中的，这种互动不再单纯是个人与自然山水之间的互动。拉康认为，凝视削弱了被看者（客体）的存在，而增强了人（主体）的力量，因为凝视本身给人提供了一种命令和安排自然的手段。拉康：《精神分析的四个基本概念》(The Four Fundamental Concepts of Psycho-Analysis)，伦敦：卡纳克（Karnac）出版社，2004年，第84–85页。

小　结

　　本文通过诗歌、地图和绘画来探讨用四字诗题来命名西湖景色和游赏体验的文化实践，这些诗题本质上是对场景的一种捕捉。西湖的视觉文化是由众多参与者通过不同媒介创造、复制和传播的。在这个文化建设的过程中，文字和图像之间的相互作用和张力变得无处不在，无论是单独的文字还是图像都不能完全解释人们对湖泊的理解。相反，文字和图像在他们对观众、读者和彼此的影响中合二为一，共同捕捉转瞬即逝的时刻，并将这些时刻巧妙地融合进西湖这个文化地标之中。鉴于西湖的诗歌和图片的广泛流传，即使是那些未能亲临现场的人也能实现卧游。这样一来，每个人都有权享受这份记忆，每个人都在西湖这一都城的舞台上拥有了怀旧的共鸣。

　　以诗题命名景观的做法延续到了宋代之后。从南宋时期开始，用十景介绍当地景致的惯例逐渐成为全国流行的做法。这一做法甚至还传播到了日本和韩国。[①]这是因为这种命名惯例既能加强当地人的自豪感，又能帮助所有亲身到达的游客熟悉此地。到了最后，中国几乎所有县志都收录了一个专门介绍风景名胜的部分。由于其他地方的管理者不加变通便直接套用"十景"模式，使得宋代之后的景观越来越程式化。因此，亲身经历与刻板印象之间的分歧越来越大。这也是为什么鲁迅日后称此为"十景病"。

　　尽管不断有新的"十景"被创造出来，西湖十景一直是画家们偏爱的主题，他们不断地用画笔描绘着湖边的风景。利用流传甚广的视觉和文字材料，画家们不用踏足湖边就能创造出新的图像。史料记载的传统，在画家、制图家选景时举足轻重，画家本人的真实体验反而不那么重要了。南宋以后，战火与新的水利工程使得西湖发生变化。后来一些再现西湖景色的画作甚至还画了一些宋代之后就已消失不见的景点。经历了宋末的战火，雷峰塔早已惨遭损毁，但是后来的画作仍然将其描绘得完好无缺。基于西湖十景标题的绘画与真实的不断发生改变的自然山水越来越脱节。具有讽刺

---

① 比方说，潇湘八景和西湖十景共同影响到了日本的近江八景。更多有关西湖对日本、韩国的影响，可参见金文京《西湖在中日韩——略谈风景转移在东亚文学中的意义》，见石守谦、廖肇亨编：《东亚文化意象之形塑》，台北：允晨文化实业股份有限公司，2001年，第141-166页。

图17　2002年重建后的雷峰塔
（段晓琳摄于2011年）

意味的是，这十景是因为人地的情感纽带而诞生的，旨在唤起人们对西湖的依恋，但正是这十景的诞生和传播使得个人与山水的联系可能受到威胁。除了描绘不复存在或翻天覆地的场景外，视觉和物质文化的普及也使得对西湖的实际游赏变得可有可无。可以说，与西湖有关的南宋视觉文化同时鼓励和阻碍了此后的游客与山水之间的交流。

　　在今天的杭州，人们正试图重建十景，包括对相关景致、地标的重建，以及纪念品的销售。若是知道雷峰塔在2002年被重建并且加上了电梯，以便在复刻原貌的同时吸引更多游客，那鲁迅一定会感到十分失望（图17）。现代游客在西湖十景诞生八百年后到达此地，仍然可以在旅游地图上辨识十景的位置和形象，也仍然可以在西子湖畔漫步时偶遇十景；他们现在还能用相机抓拍雷峰夕照，购买《西湖十景》的明信片——后者就像是现代版的十景册页。此外，今天的杭州政府还从传统的十景中得到启发，鼓励市民为新十景投票。流行了几个世纪的西湖十景的视觉文化继续以一种特殊的方式来描述和表现着山水景观，鼓励着新的观赏行为，并继续塑造着人们对湖边地标的依恋。

原载伊沛霞、黄士珊编《中古中国的视觉和物质文化》（*Visual and Material Cultures in Middle Period China*），莱顿：博睿学术出版社，2017年，第151—192页。

附录　伊沛霞履历

伊沛霞（Patricia Buckley Ebrey）
华盛顿大学荣休教授

电邮：ebrey@uw.edu

网址：https://sites.google.com/a/uw.edu/patricia-ebrey/

联系地址
History Department
University of Washington
Box 353560
Seattle, WA 98195−3560

学历
1968年芝加哥大学本科
1970年哥伦比亚大学硕士
1975年哥伦比亚大学博士

外语
古汉语、汉语、日语、法语

学术职务
华盛顿大学历史系教授，1997−2020年

华盛顿大学威廉姆斯家庭捐赠历史教授,2015-2019年

华盛顿大学东亚研究中心主任,1999-2001年

伊利诺伊大学厄巴纳-香槟分校东亚研究和历史教授,1985-1997年(1973-1974年访问讲师、1975-1980年访问助理教授、1980-1982年助理教授、1982-1985年副教授)

伊利诺伊大学厄巴纳-香槟分校东亚语言与文化系主任,1993-1995年

京都大学人文科学研究所访问学者,1990-1991年

普林斯顿大学东亚研究访问研究员,1983-1984年

伊利诺伊大学厄巴纳-香槟分校研究生院和国际项目与研究办公室国际项目与研究访问助理主任,1979-1981年

哥伦比亚大学东方学委员会指导教师(Preceptor),1972-1973年

邀访职务

欧洲汉学研究中心(巴黎)资深访问研究员,2021年

北京大学人文社会科学研究院特邀访问教授,2018年

清华大学苏世民书院杰出访问教授,2016-2017年

台湾"科技部"补助人文社会科学研究中心访问研究教授,2015-2016年

德国明斯特大学汉学系访问学者,2010-2011年

香港中文大学中国文化研究所访问教授,2009年

普林斯顿高等研究院访问教授,1998-1999年

主要学术领域

中国史

荣誉

美国亚洲研究协会亚洲研究杰出贡献奖,2020年

美国人文与科学院院士,2016年

美国历史学会学术杰出奖,2014年

岛田优秀东亚艺术史奖,2011年

美国亚洲研究协会列文森图书奖,1995年

研究奖(Fellowship,博士学位之后)

安德鲁·W·梅隆高等研究院成员(Member),2013年

宏博(Humboldt)基金会研究奖,2010–2011年

蒋经国基金会杰出研究员(Distinguished Fellow),2005–2006年

古根海姆(Guggenheim)研究员(Fellow),2001–2002年

华盛顿大学辛普森(Walter Chapin Simpson)人文中心资深学者,1999–2000年

美国国家人文基金会研究奖,1994–1995年

伊利诺伊大学高等研究中心研究员,1990–1991年

美中学术交流委员会研究员,1988年

中国研究联席委员会夏季语言研究员,1987年

伊利诺伊大学学者奖,1985–1988年

美国学术团体联合会(ACLS)美中学术交流委员会研究员,1984年

伊利诺伊大学高等研究中心附属研究员(Associate),1983–1984年

研究奖之外的校外资助金(External Grants,博士学位之后)

蒋经国基金会–学术会议资助,15 000美元,2020年

弗里曼基金会–亚洲研究本科新方案,400 000美元,2008–2011年

弗里曼基金会–"扩大本科亚洲研究课程新方案",1 996 082美元,2001–
　　2005年

美国教育部第六款国家资源中心(东亚)–以华盛顿大学东亚中心主任的身
　　份申请,600 000美元中心基金,500 000美元奖学金,2000–2003年

蒋经国基金会–《中国文明图片史料集》(A Visual Sourcebook for Chinese
　　Civilization),22 500美元NEH配比基金,1999年

弗里曼基金会–《中国文明图片史料集》10 000美元NEH配比基金,1999年

美国国家人文基金会教科材料开发资助金–《中国文明图片史料集》,
　　200 000美元,1998–2000年

美国国家人文基金会诠释性研究资助金(Interpretative Research Grant)——

"中国的宗教与社会，750-1300"学术讨论会（合办者：格里高利［Peter Gregory］），80 000美元，1988-1990年

美国国家人文基金会翻译资助金-翻译朱熹《家礼》，1986年、1989年

中国研究联席委员会学术讨论会资助金-"中国社会的婚姻和不平等学术讨论会"（合办者：华如璧［Rubie S. Watson］），30 000美元，1987-1988年

美国国家人文基金会学术讨论会资助金-"中国历史中的家庭与亲属制度学术讨论会"，10 000美元，1982-1983年

美国国家人文基金会教育部门示范项目资助金-"《中国文明与社会：资料读物》教师指南"，10 186美元，1983年

美国国家人文基金会翻译资助金-袁采《袁氏世范》注译，1980-1982年

中国研究联席委员会学术讨论会资助金 "中国历史中的家庭与亲属制度学术讨论会"（合办者：华琛［James L. Watson］），18 000美元，1982-1983年

美国国家人文基金会教育项目资助金-"中国社会与文明-资料读物"，127 086美元，1977-1980年

发表作品

学术专著

2014年　《宋徽宗》(*Emperor Huizong*)，哈佛大学出版社，680页，中译本2018年。

2008年　《积淀文化：宋徽宗的收藏》(*Accumulating Culture: The Collections of Emperor Huizong*)，华盛顿大学出版社，497页，中文版即将出版，获岛田奖。

2003年　《中国历史中的妇女和家庭》(*Women and the Family in Chinese History*)，劳特利奇(Routledge)出版社，291页，重要亚洲研究学术成果(Critical Asian Scholarship)出版系列。

1993年　《内闱：宋代妇女的婚姻和生活》(*The Inner Quarters: Marriage and the Lives of Chinese Women in the Sung Period*)，加利福尼亚大学出版社，332页（精装本和平装本），获亚洲研究协会列文森奖。韩文版，2000年，中文版，2004年。

1991年　《中华帝国的儒学和家礼：礼仪著述的社会史》(*Confucianism and Family Rituals in Imperial China: A Social History of Writing about Rites*)，普林斯顿大学出版社，277页。

1991年　《〈朱子家礼〉：一部十二世纪中国冠、婚、丧及祭礼手册》(*Chu Hsi's Family Rituals: A Twelfth-Century Chinese Manual for the Performance of Cappings, Weddings, Funerals, and Ancestral Rites*)，《家礼》英译，全文注释，31页前言介绍，普林斯顿大学出版社，31页+234页。

1984年　《宋代中国的家庭和财产：袁采的社会生活规诫》(*Family and Property in Sung China: Yüan Ts'ai's Precepts for Social Life*)，《袁氏世范》英译，全文注释，171页前言介绍，普林斯顿大学出版社，367页。

1978年　《早期中华帝国的贵族家庭：博陵崔氏个案研究》(*Aristocratic Families of Early Imperial China: A Case Study of the Po-ling Ts'ui Family*)，剑桥大学出版社，8+ 249页。平装本2009年，中文版2012年。

书籍编撰

2023年　《中国历史上的自传写作：个人记述选集》(*Chinese Autobiographical Writing: An Anthology of Personal Accounts*)，合著者：张聪、姚平，华盛顿大学出版社。

2019年　《追怀生命：中国历史上的墓志铭》(*Chinese Funerary Biographies: An Anthology of Remembered Lives*)，合编者：姚平、张聪，华盛顿大学出版社，280页。中文版2021年。

2017年　《中古中国的视觉和物质文化》(*Visual and Material Cultures in Middle Period China*)，合编者：黄士珊，博睿（Brill）学术出版社，333页。

2016年　《中国历史上的国家权力，900–1325》(*State Power in China, 900–1325*)，合编者：史乐民（Paul Jakov Smith），华盛顿大学出版社，363页。平装本2019年。

2006年　《徽宗与晚期北宋：文化政治与政治文化》(*Emperor Huizong and Late Northern Song China: The Politics of Culture and the Culture of Politics*)，合编者：毕嘉珍(Maggie Bickford)，哈佛大学亚洲中心，625页。中文版即将出版。

2001年　《文化与权力：魏晋南北朝时期华夏世界的瓦解与重建》(*Culture and Power in the Reconstitution of the Chinese Realm, 200–600*)，合编者：裴士凯(Scott Pearce)、司白乐(Audrey Spiro)，哈佛大学亚洲中心，359页。

1993年　《唐宋中国的宗教与社会》(*Religion and Society in T'ang and Sung China*)，合编者：格里高利，夏威夷大学出版社，379页。

1991年　《中国社会中的婚姻与不平等》(*Marriage and Inequality in Chinese Society*)，合编者：华如璧，加利福尼亚大学出版社，385页，精装本和平装本。中文版即将出版。

1986年　《帝制中国后期的亲属组织，1000–1940》(*Kinship Organization in Late Imperial China, 1000–1940*)，合编者：华琛(James L. Watson)，加利福尼亚大学出版社，319页。

通俗读物和教科书

2006, 2009, 2014年　《东亚：一部文化、社会与政治史》(*East Asia: A Cultural, Social, and Political History*)，合著者：沃尔索(Anne Walthall)、帕莱斯(James Palais)，霍顿米夫林(Houghton Mifflin)出版公司，652页。上下册版：《古代东亚》《近代东亚》，2009年第二版，2014年第三版。

1999, 2003, 2006, 2009, 2012, 2015, 2018年　《世界通史》(*A History of World Societies*)，合著者：麦凯(John McKay)、黑尔(Bennet Hill)、布克勒(John Buckler)、贝克(Roger Beck)、克罗斯顿(Clare Crowston)、维斯讷-汉克斯(Merry Weisner-Hanks)，贝德福德圣马丁(Bedford-St. Martins)出版社，第5至第11版。逾一千页，担当30%的写作。

1996, 2010, 2022年　《剑桥插图中国史》(*The Cambridge Illustrated History of China*），剑桥大学出版社，352页。平装本1999年，2010年第二版增加一章，2022年第三版。

德文版1996年；中文简体版2001年；韩文版2001年；波兰文版2002年；中文繁体版2005年；俄文版2009年；西班牙文版2009年；希腊文版2010年。

1993年　《中国文明：资料读物》（*Chinese Civilization: A Sourcebook*），修订扩充版，自由出版社（Free Press），担当编辑、编纂以及34篇（总100篇）文献的翻译。平装本，524页。仍在出版。

1981年　《中国文明与社会：资料读物》（*Chinese Civilization and Society: A Sourcebook*），自由出版社，麦克米伦（Macmillan）出版公司，35+436页。精装本、平装本。担当编辑、编纂、前言作者（50页）以及12篇（总89篇）文献的翻译。

学术刊物文章

1.《从〈四民月令〉看后汉的财产和家族管理》(Estate and Family Management in the Later Han as Seen in the *Monthly Instructions for the Four Classes of People*)，《东方经济与社会史学刊》(*Journal of the Economic and Social History of the Orient*)，第17卷（1974年），第173–205页。收入戈曼斯（Jos Gommans）、宋汉理（Harriet Zurndorfer）编《中印发展的根源与路径——〈东方经济与社会史学刊〉五十年集锦，1957–2007》(*Roots and Routes of Development in China and India: Highlights of Fifty Years of the Journal of the Economic and Social History of the Orient 1957–2007*)，博睿学术出版社，2008年。

2.《后汉碑铭》(Later Han Stone Inscriptions)，《哈佛亚洲研究学刊》(*Harvard Journal of Asiatic Studies*)，第49卷（1980年），第325–353页。

3.《社会史教学中原始资料的运用》(Using Primary Sources in Teaching Social History)，《美国历史学会简讯》(*American Historical Assosiation Newsletter*)，第18卷第8期（1980年），第7–8页。收入鲍森姆（Henry Bausum）编《当代历史教学》(*Teaching History Today*)，美国历史学会出

版,1985年,第65—70页。

4.《南宋上层社会亲属制度中的女性》(Women in the Kinship System of the Southern Song Upper Class),《历史反思》(*Historical Reflections*), 第8卷(1981年), 第113—128页。收入约翰内森(Stanley Johannesen)、桂时雨(Richard W. Guisso)编《中国妇女——历史研究的新动态》(*Women in China: Current Directions in Historical Research*), 费罗(Philo)出版社, 1981年。

5.《清代中国的宗族类型：对桐城张氏的重新审视》(Types of Lineages in Ch'ing China: A Re-examination of the Changs of T'ung-ch'eng),《清史问题》,第4卷(1983年),第1—20页。

6.《后汉时期的主客关系》(Patron-Client Relations in the Later Han),《美国东方学会杂志》(*Journal of the American Oriental Society*),第103卷(1983年),第533—542页。

7.《宋代的家庭概念》(Conceptions of the Family in the Sung Dynasty),《亚洲研究学刊》(*Journal of Asian Studies*),第43卷(1984年),第219—245页,中文版载《中国史研究动态》1985年第1期。

8.《传统中国晚期的家庭生活—概论》(Family Life in Late Traditional China: Introduction),《近代中国》(*Modern China*), 第10卷(1984年), 第379—385页。

9.《刘克庄家族的女性》(The Women in Liu Kezhuang's Family),《近代中国》,第10卷(1984年),第415—440页。收入《中国历史中的妇女和家庭》。

10.《中国历史中的家庭和亲属制度》(Family and Kinship in Chinese History),《历史学趋势》(*Trends in History*),第3卷(1985年),第151—162页。

11.《唐代的书仪》(T'ang Guides to Verbal Etiquette),《哈佛亚洲研究学刊》,第45卷(1985),第581—613页。

12.《宋代的妾》(Concubines in Sung China),《家庭史杂志》(*Journal of Family History*),第11卷(1986年),第1—24页。收入《中国历史中的妇女和家庭》。

13.《理学与中国士大夫》(Neo-Confucianism and the Chinese Shih-ta-fu),《美

国亚洲评论》(*American Asian Review*),第4卷(1986年),第34-43页。

14.《宋代精英阶层取得优势的动因》(The Dynamics of Elite Domination in Sung China,学术评论文章),《哈佛亚洲研究学刊》,第48卷(1988年),第493-519页。

15.《宋代的火葬》(Cremation in Sung China),《美国历史评论》(*American Historical Review*),第95卷(1990年),第406-428页。收入《中国历史中的妇女和家庭》。

16.《宋史的酿成》(Engendering Song History),《宋辽金元》(*Journal of Sung-Yuan Studies*),第24卷(1994年),第340-346页。

17.《宋代宫廷祭祖仪式中的神御》(Portrait Sculptures in Imperial Ancestral Rites in Song China),《通报》(*T'oung Pao*),第83卷(1997年),第42-92页。

18.《性别与汉学:十四到十九世纪西方对缠足的诠释》(Gender and Sinology: Shifts in Western Interpretations of Footbinding, 1300-1890),《晚期帝制中国》(*Late Imperial China*),第20卷第2期(1999)年,第1-34页。收入《中国历史中的妇女和家庭》。中译文收入姚平编《当代西方汉学研究集萃·妇女史卷》,上海古籍出版社,2012年,第147-186页。

19.《中国文化中的视觉维度研讨会前言》(Introduction to the Symposium on Visual Dimensions in Chinese Culture),《泰东》(*Asia Major*),第12卷第1期(1999年),第1-7页。

20.《大驾卤簿:皇家胜景和北宋开封的视觉文化》(Taking Out the Grand Carriage: Imperial Spectacle and the Visual Culture of Northern Song Kaifeng),《泰东》,第12卷第1期(1999年),第33-65页。中文版载《历史文献研究》,第40卷(2018年),第131-155页。

21.《谈宫廷收藏对宫廷绘画的影响:宋徽宗个案研究》,《中国书画》,2003年第12期,第80-83页。

22.《宫廷收藏对宫廷绘画的影响》,《故宫博物院院刊》,第113卷(2004年),第105-113页。

23.《徽宗朝秘书省与文物收藏》（日文），《亚细亚游学》(*Ajia yūgaku*)，第64卷（2004年），第13-30页。

24.《文人文化及徽宗与蔡京的关系》(Literati Culture and the Relationship between Huizong and Cai Jing)，《宋辽金元》第36卷（2006年），第1-24页。

25.《四十年的中国史缘——伊沛霞访谈录》(Four Decades Engagement with Chinese History: A Conversation with Patricia Ebrey)，合著者：姚平，《中国历史评论》(*The Chinese Historical Review*)第17卷第1期（2010年），第96-109页。中文版收于王希、卢汉超、姚平编《开拓者：著名历史学家访谈录》，北京大学出版社，2015年。

26.《朱熹〈家礼〉中的饮食》（韩文），《国学研究》，第16卷（2010年），第369-390页。

27.《徽宗和皇龙：探索皇权的物质文化》(Huizong and the Imperial Dragon: Exploring the Material Culture of Imperial Sovereignty)，《清华大学学报》，第41卷（2011年），第39-72页。

28.《中国的多次统一》(China's Repeated Reunifications)，《美国人文与科学院简报》(*Bulletin of the American Academy of Arts and Sciences*)，第60卷第2期（2017年），第82-83页。

29.《榜而告之：宋代与民众的交流》(Informing the Public in Song China)，《哈佛亚洲研究学刊》，第79卷，第1&2期（2019年），第189-229页。

30.《宋代史料中的移民的文化一面》(Song Sources for the Cultural Side of Migration)，《清华大学学报》，第51卷，第1期（2021年），第5-35页。

书籍章节

1.《前言》，合著者：华琛(James L. Watson)，伊沛霞、华琛编《帝制中国后期的亲属组织，1000-1940》，加利福尼亚大学出版社，1986年，第1-15页。

2.《亲属集团发展的早期阶段》(The Early Stages in the Development of Descent Group Organization)，同上，第16-61页。收入《中国历史中的妇

女和家庭》。

3.《后汉经济与社会史》(*Economic and Social History of the Later Han*)，鲁惟一（Michael Loewe）、杜希德（Denis Twitchett）编《剑桥中国秦汉史》(*The Cambridge History of China Vol.1, The Ch'in and Han Empires, B.C.221–A.D.220*)，剑桥大学出版社，1986年，第608–648页。

4.《寓教于礼：宋代家礼的形成》(Education Through Ritual: Efforts to Formulate Family Rituals During the Sung Dynasty)，狄培理（Wm. Theodore de Bary）、贾志扬（John W. Chaffee）编《理学教育：形成阶段》(*Neo-Confucian Education: The Formative Stage*)，加利福尼亚大学出版社，1989年，第277–305页。

5.《中国历史中的妇女、婚姻和家庭》(Women, Marriage, and the Family in Chinese History)，罗溥洛（Paul S. Ropp）编《中国的遗产》(*The Heritage of China*)，加利福尼亚大学出版社，1990年，第197–223页。意大利文版：L'eredità della Cina, 乔瓦尼·安吉利基金会（Edizioni della Fondaxione Giovanni Angelli），1994年，第225–256页。

6.《更好地理解后汉的上层阶级》(Toward a Better Understanding of the Later Han Upper Class)，丁爱博（Albert Dien）编《早期中古中国的国家与社会》(*State and Society in Early Medieval China*)，斯坦福大学出版社，1990年，第49–72页。

7.《中国的家庭与儒家价值观的传播》(The Chinese Family and the Spread of Confucian Values)，罗兹曼（Gilbert Rozman）编《东亚地区：儒家传统及其现代适应》(*The East Asian Region: Confucian Traditions and Modern Dynamism*)，普林斯顿大学出版社，1990年，第45–83页。

8.《前言》，华如璧、伊沛霞编《中国社会中的婚姻与不平等》，加利福尼亚大学出版社，1991年，第1–24页。

9.《六至十三世纪婚姻财务的变迁》(Shifts in Marriage Finance, From the Sixth to the Thirteenth Century)，同上，第97–132页。收入《中国历史中的婚姻和家庭》。

10.《妇女、金钱与阶级：司马光及宋代理学的妇女观》(Women, Money, and

Class: Ssu-ma Kuang and Neo-Confucian Views on Women），台湾"中研院"历史语言研究所编《中国近世社会文化史论文集》，1992年，第613-669页。收入《中国历史中的妇女和家庭》。

11.《宋代的财产法与赘婿婚》(Property Law and Uxorilocal Marriage in the Sung Period)，台湾"中研院"中国近代史研究所编《近世家族与政治比较历史论文集》，1992年，第33-66页。

12.《唐宋中国的宗教与社会：宗教与历史背景总览》(Historical and Religious Landscape)，合著者：格里高利，伊沛霞、格里高利编《唐宋中国的宗教与社会》(Religion and Society in T'ang and Sung China)，夏威夷大学出版社，1993年，第1-44页。中译文收入姚平编《当代西方汉学研究集萃·宗教史卷》，上海古籍出版社，2012年，第163-197页。

13.《宋朝廷对民众丧葬习俗的反应》(The State Response to Popular Funeral Practices in the Sung)，同上，第209-240页。

14.《洪迈〈夷坚志〉中的女性与恶意》(Women and Malice in Hung Mai's I-chien chih)，柳田节子先生古稀纪念论集编辑委员会编《柳田節子先生古稀纪念—中国传统的社会与家族》，汲古书院，1993年，第41-64页。

15.《唐宋盛世》(The Golden Age of Tang and Song)，慕容捷(Robert E Murowchick)编《文明的摇篮：中国》(Cradles of Civilization: China)，威尔顿罗素(Weldon Russell)出版社，1994年，第135-143页。

16.《〈家礼〉系列中的祭祖仪式》(Liturgies for Ancestral Rites in Successive Versions of the Family Rituals)，姜士彬(David Johnson)编《中国民间宗教中的仪式与经文：五项研究》(Ritual and Scripture in Chinese Popular Religion: Five Studies)，加利福尼亚大学出版社，1995年，第104-136页。

17.《宋代士人阶层的婚姻》(Marriages among the Sung Elite)，郝瑞(Stevan Harrell)编《微观中国历史人口学》(Chinese Historical Micro-demography)，加利福尼亚大学出版社，1995年，第21-47页。

18.《姓氏与汉族身份标识》(Surnames and Han Chinese Identity)，鲍梅立(Melissa Brown)《中国的民族身份》(Negotiating Ethnicities in China)，加利福尼亚大学伯克利分校东亚研究所，1996年，第11-36页。收入《中国

历史中的妇女和家庭》。

19.《宋代理学的风水观念》(Sung Neo-Confucian Views on Geomancy)，华蔼仁(Irene Bloom)、傅佛果(Joshua A. Fogel)编《共识》(*Meeting of Minds*)，陈荣捷、狄培理纪念文集，哥伦比亚大学出版社，1997年，第75–107页。

20.《女性和斗士》(Woman and Warrior)、《性别、儿子和继嗣之争》(Sex, Sons, and Wars of Succession)，《人与神：古代中国考古新发现》(*Men and Gods: New Discoveries from Ancient China*)，丹麦路易斯安那(Lousiana)现代艺术博物馆，1997年，第49–51、92–95页。

21.《中国艺术的思想文化和宗教背景中的某些元素》(Some Elements in the Intellectual and Religious Context of Chinese Art)，《五千年的中国艺术》(*Five Thousand Years of Chinese Art*)，古根海姆艺术博物馆，1998年，第36–48页。

22.《宋朝帝后画像的礼仪语境》(The Ritual Context of Sung Imperial Portraiture)，方闻(Wen Fong)编《宋元中国的艺术》(*The Arts of Sung and Yuan China*)，普林斯顿大学艺术博物馆，1999年，第68–93页。

23.《宋徽宗朝廷的道教和艺术》(Taoism and Art at the Court of Song Huizong)，利特尔(Stephen Little)、施舟人(Kristofer Shipper)、巫鸿、夏南悉(Nancy Steinhardt)编《道教与中国艺术》(*Taoism and the Arts of China*)，加利福尼亚大学出版社，2000年，第94–111页。

24.《女孝经》(翻译)，曼素恩(Susan Mann)、程玉瑛编《在儒家的观点下：中国历史上的性别书写》(*Under Confucian Eyes: Writings on Gender in Chinese History*)，加利福尼亚大学出版社，2001年，第46–69页。

25.《前言》，合著者：裴士凯、司白乐，伊沛霞、裴士凯、司白乐编《文化与权力：魏晋南北朝时期华夏世界的瓦解与重建》，哈佛大学亚洲中心，2001年，第1–32页。

26.《宋时期的皇帝与地方社区》(The Emperor and the Local Community in the Song Period)，《中国历史世界—统一系统—多元发展》，东京都立大学出版会，2002年，第373–402页。

27.《文人文化与蔡京和徽宗的关系》，国际宋史研讨会第九届年会编委编

《宋代研究论文集》，河北大学出版社，2002年，第142-160页。

28.《记录、谣言、想象：开封沦陷前后徽宗朝宫廷女性的有关史料》（Record, Rumor, and Imagination: Sources for the Women of Huizong's Court Before and After the Fall of Kaifeng），邓小南等编《唐宋女性与社会》，上海辞书出版社，2003年，第46-97页。

29.《肖像画之纳入中国祭祖仪式》（The Incorporation of Portraits into Chinese Ancestral Rites），克瑞那施（Jens Kreinath）、哈通（Constance Hartung）、戴希讷（Annette Deschner）编《仪式变迁的动因：社会和文化背景之下的宗教仪式转型》（*The Dynamics of Changing Rituals: The Transformation of Religious Rituals within Their Social and Cultural Context*），彼得·兰（Peter Lang）出版社，2004年，第129-140页。

30.《作为政治问题的帝王孝道》（Imperial Filial Piety as a Political Problem），陈金梁、陈素芬编《中国思想和历史中的孝道》（*Filial Piety in Chinese Thought and History*），劳特里奇（Routledge）出版社，2004年，第122-140页。

31.《儒家》，布朗宁（Donald Browning）、格林（M. Christian Green）、维特（John Witte Jr.）编《世界宗教中的性、婚姻和家庭》（*Sex, Marriage, and Family in World Religions*），哥伦比亚大学出版社，2006年，第367-448页。包括译文和简介。

32.《前言》《徽宗的碑刻》（Huizong's Stone Inscriptions），伊沛霞、毕嘉珍（Maggie Bickford）编《徽宗和晚期北宋：文化政治和政治文化》（*Emperor Huizong and Late Northern Song China: The Politics of Culture and the Culture of Politics*），哈佛大学亚洲中心，2006年，第1-27、229-274页。

33.《君位的传承：中国的案例》（Succession to High Office: The Chinese Case），奥尔森（David R. Olson）、科尔（Michael Cole）编《文化、技术与历史：杰克·古迪人类学论著的启迪》（*Culture, technology and history: Implications of the anthropological work of Jack Goody*），厄鲍姆（Erlbaum）出版社，2006年，第49-71页。

34.《反思宫廷艺术收藏：北宋的案例》（Rethinking Imperial Art Collecting:

The Case of the Northern Sung),《开创典范:北宋的艺术与文化研讨会论文集》,台北"故宫博物院",2009年,第471-497页。

35.《北宋时期宫廷收藏的政治意义》(The Politics of Imperial Collecting in the Northern Song Period),刘咏聪编《中国世界之窗》(*Windows on the Chinese World*),列克星顿出版社(Lexington Books),2009年,第29-44页。

36.《北宋朝廷复制周钟》(Replicating Zhou Bells at the Northern Song Court),巫鸿编《重塑过去:中国艺术和视觉文化中的古董主义与复古风》(*Reinventing the Past: Archaism and Antiquarianism in Chinese Art and Visual Culture*),芝加哥:艺术媒体资源(Art Media Resources),2010年,179-199页。

37.《向皇后(1046-1101)及史传以外的传记资料》(Empress Xiang［1046-1101］and Biographical Sources beyond Formal Biographies),胡缨、季家珍编《列女传之外:中国的文化政治与女性传记》(*Beyond Exemplar Tales: Cultural Politics and Women's Biography in China*),加利福尼亚大学出版社,2011年,第193-211页。中译本:游鉴明、胡缨、季家珍《重读中国女性生命故事》,江苏人民出版社,2012年。

38.《徽宗朝的开封建筑计划》,伊原弘编《清明上河图与徽宗的时代——余晖残照》,东京:勉诚出版,2012年,第119-145页。

39.《朱熹〈家礼〉中的饮食》,吾妻重二、朴元在编《〈朱子家礼〉与东亚文化交流》,东京:汲古书院,2012年,第289-305页。

40.《图释中国妇女史》(Illustrating Chinese Women's History),刘咏聪编《亦显亦隐的宝库:中国女性史史料学论》(*Overt and Covert Treasures: Essays on the Sources for Chinese Women's History*),香港中文大学出版社,2012年,第217-259页。

41.《作为道家的徽宗》(Emperor Huizong as a Daoist),《中国文化研究所访问教授讲座系列(三)》(*Institute for Chinese Studies Visiting Professor Lecture Series III*),香港中文大学出版社,2013年,第47-89页。

42.《帝制中国时期对皇室奢侈的谏议》(Remonstrating against Royal

Extravagance in Imperial China），杜丹（Jeroen Duindam）编《王朝中心与地方：动因与互动》（*The Dynastic Center and the Provinces: Agents and Interactions*），博睿学术出版社，2014年，第129–149页。

43.《宋代政府政策》（Song Government Policy），劳格文（John Lagerwey）编《近代中国宗教》（*Modern Chinese Religon*），博睿学术出版社，2015年，第73–137页。

44.《宫廷画》（Court Painting），包华石（Martin Powers）、蒋人和（Katherine Tsiang）编《中国艺术概论》（*A Companion to Chinese Art*），布莱克威尔（Blackwell）出版社，2016年，第29–46页。

45.《作为对比的中国：宋代的官僚体制与帝国》（China as a Contrasting Case: Bureaucracy and Empire in Song China），克鲁克斯（Peter Crooks）、帕森斯（Timothy Parsons）编《世界史中的帝国和官僚体制，古代晚期至二十世纪》（*Empires and Bureaucracies in World History, From Late Antiquity to the Twentieth Century*），剑桥大学出版社，2016年，第31–53页。

46.《前言》，合著者：史乐民，伊沛霞、史乐民编《中国历史上的国家权力，900–1325》，华盛顿大学出版社，2016年，第3–26页。

47.《中国历史上的国家强制移民，900–1300》（Government-Forced Relocations in China, 900–1300），同上，第307–349页。

48.《前言》，伊沛霞、黄士珊编《中古中国的视觉和物质文化》，博睿学术出版社，2017年，第1–37页。

49.《朱熹在手书上的题跋》（Zhu Xi's Colophons on Handwritten Documents），同上，第226–252页。

50.《蒙古统治下的小吏升迁》（A Clerk Promoted to Official Under the Mongols），伊沛霞、姚平、张聪编《追怀生命：中国历史上的墓志铭》，华盛顿大学出版社，2019年，第158–181页。

51.《宋朝与罗马文艺复兴时期的公告》（Giving the Public Due Notice in Song China and Renaissance Rome），合著者：麦瑟乌（Margaret Meserve），魏希德（Hilde de Weerdt）编《中世纪欧洲和中古中国的政治传播》（*Political Communication in Medieval Europe and Middle Period China*），阿姆斯特

丹大学出版社,2021年,第345-382页。

工具书条目

1. "宋代",恩布里(Ainslee Embree)编《亚洲史百科全书》(*Encyclopedia of Asian History*),麦克米伦出版公司,1986年,第三册,第495-500页。

2. "中国 —— 远古至1644",诺顿(Mary Beth Norton)、吉拉蒂(Pamela Gerardi)编《美国历史协会历史文献指南》(*The American Historical Association's Guide to Historical Literature*),牛津大学出版社,1995年,第283-307页。

3. "中国的历史",微软百科全书(Encarta 2000,两万字)。

4. "孝道""祖先崇拜""成年礼""婚礼""成人仪式""丧葬仪式""守孝三年",姚新中编《儒学百科全书》(*Encyclopedia of Confucianism*),劳特里奇出版社,2003年。

5. "中国妇女(400-1450)""武后""缠足""李清照""杨贵妃""薛涛",威尔森(Katharina M. Wilson)、玛格里斯(Nadia Margolis)编《中世纪的女性:百科全书》(*Women in the Middle Ages: An Encyclopedia*),格林伍德(Greenwood)出版社,2004年,第179-183、344、560-561、957-961页。

书评

37篇书评刊登在以下学术杂志:

《美国历史评论》(*American Historical Review*)

《亚洲思想与社会》(*Asian Thought and Society*)

《伦敦大学亚非学院通报》(*Bulletin of the School of Oriental and African Studies*)

《中国季刊》(*China Quarterly*)

《中国研究书评》(*China Review International*)

《哈佛亚洲研究学刊》(*Harvard Journal of Asiatic Studies*)

《教育史季刊》(*History of Education Quarterly*)

《美国东方学会杂志》(*Journal of the American Oriental Society*)

《亚洲研究学刊》(*Journal of Asian Studies*)

《中国宗教杂志》(*Journal of Chinese Religions*)

《中国文化研究所学报》(*Journal of Chinese Studies*)

《皇家亚洲学会杂志》(*Journal of the Royal Asiatic Society*)

《国际亚洲研究期刊》(*International Journal of Asian Studies*)

《美国社会学协会杂志》(*Journal of the American Sociological Association*)

网站

中国文明视觉资料(A Visual Sourcebook for Chinese Civilization)：
　　http://depts.Washington.edu/chinaciv/

NEH推荐网站：http://edsitement.neh.gov/tab_websites.asp

其他

《〈中国文明与社会：资料读物〉教师指南》(*Teachers' Guide for Chinese Civilization and Society: A Sourcebook*)，伊利诺伊大学亚洲研究中心，1983年，第91页。

《〈中国文明：资料读物〉教师指南》(*Teachers' Guide for Chinese Civilization: A Sourcebook*)，自由出版社，1993年，第56页。

《评论》，《当代人类学》(*Current Anthropology*)，第37卷第3期，1996年，第441-442页。

《序》，李晨阳编《圣人与第二性：有关儒学与女性主义的观点》(*The Sage and the Second Sex: Perspectives on Confucianism and Feminism*)，劳特里奇出版社，2000年。

《序》，张举文《〈葬书〉：一份古代中国的文本及其注释和图解》(*Book of Burial: An Ancient Chinese Text with Annotation and Illustration*)，埃德温·梅伦(Edwin Mellen)出版社，2004年。

《前言》，伊沛霞、姚平主编《当代西汉学研究集萃》系列，上海古籍出版社2012、2016年。

学界贡献

评选委员会、政策委员会、审核委员会

美国学术团体协会/卢斯研究奖评选委员会,2018、2017、2016、2013年

美国国家人文基金会(NEH)研究奖申请审核委员会,2015年

蒋经国/美国学术团体协会联合监督委员会,1993-1995年

美中学术交流委员会,1989-1992年

中国研究联席委员会,1987-1990年

亚洲研究学会列文森奖评选委员会主席,1986-1987年

中国研究联席委员会奖学金评选委员会,1985-1988年

中国研究联席委员会中国分层委员会,1985-1987年

美国国家人文基金会研究奖学术会议小组,1989年

美国国家人文基金会教育奖小组,1983、1992、1999年

学术团体

美国亚洲研究协会年会议程委员会,1987、1988年(1988年任主席)

美国亚洲研究协会执行委员会,1982-1984年

美国亚洲研究协会中国和中亚委员会委员,1982-1985年(1982-1984年任主席)

美国唐研究协会主席,1987-1989年

重要讲席讲座主讲

厦门大学林惠像讲座,2018年

韩国国立中央博物馆Lee & Won基金会讲座,2015年

堪萨斯大学约翰森(Wallace Johnson)纪念讲座,2014年

波特兰艺术博物馆史尼泽(Mildred Schnitzer)亚洲艺术年度讲座,2012年

北爱荷华大学贝克(Carl L. Becker)纪念讲座,2010年

宾夕法尼亚大学FEW讲座,2007年

莱斯(Rice)大学布朗(Katherine Brown)讲座杰出主讲,2007年

香港浸会大学金禧学术讲座,2006年

波莫纳学院（Pomona college）汤普森（Ena Thompson）讲座，2006年

南塔克特图书馆（Nantucket Atheneum）格什克（Gershke）讲座，2005年

凯尼恩学院（Kenyon College）斯托尔（Storer）讲座，1995年

编辑工作

主编，《中国历史学刊》（*Journal of Chinese History*）2015年至今

主编，《当代西方汉学研究集萃》（上海古籍出版社）

编委，美国亚洲研究协会，1997-2002年（1997-1998年任主席），合编八册会议论文集

编辑，《近代中国》"传统中国晚期的家庭生活"（Family Life in Late Traditional China）研讨会

编辑，《泰东》"中国文化中的视觉维度"（Visual Dimensions in Chinese Culture）研讨会

编辑，美国历史学会《中国——远古至1644历史课指南》

学术杂志编委

《中国研究书评》（*China Review International*）

《中国宗教杂志》（*Journal of Chinese Religions*）

《妇女史杂志》（*Journal of Women's History*）

《东北亚历史》（*Journal of Northeast Asian History*）

学术杂志审稿

《哈佛亚洲研究学刊》（*Harvard Journal of Asiatic Studies*）

《美国历史评论》（*American Historical Review*）

《亚洲研究学刊》（*Journal of Asian Studies*）

《远东历史论文集》（*Papers on Far Eastern Studies*）

《东方文化杂志》（*Journal of Oriental Culture*）

《标志》（*Signs*）

《泰东》（*Asia Major*）

《帝制晚期中国》(*Late Imperial China*)

《宋辽金元》(*Journal of Sung-Yuan Studies*)

《美国东方学会杂志》(*Journal of the American Oriental Society*)

《当代人类学》(*Current Anthropology*)

《通报》(*T'oung Pao*)

书稿审阅

芝加哥大学出版社

夏威夷大学出版社

加利福尼亚大学出版社

哈佛大学东亚研究委员会

中国研究联席委员会

麦格劳-希尔(McGraw Hill)出版社

华盛顿大学出版社

斯坦福大学出版社

博睿学术出版社

牛津大学出版社

哈佛大学亚洲中心

学术会议-组织筹办

合作组织者,"十至十三世纪中国的新研究"工作坊(Workshop on New Research on Tenth to Thirteenth Century China),欧洲中国研究院(巴黎),2021年10月15日

合作组织者,"中国历史中的国家和移民"学术讨论会(Conference on State and Migration in Chinese History),2020年,ZOOM(原定在西雅图召开)

组织者,"九至十五世纪的中古中国"国际跨学科学术讨论会(International Interdisciplineary Conference on Middle Period China, 800−1400),2014年6月,哈佛大学

组织者,"书信及相关宋史研究史料"小组讨论会(Panel on Letters and

Related Primary Sources for the Study of the Song Period），第六届亚洲学者国际会议（ICAS），韩国大田，2009 年 8 月 6-9 日

组织者，"中国历史学者合撰世界史" 小组讨论会（Panel on Chinese Historians Co-Authoring World Histories），美国亚洲研究协会年会，2006 年

合作组织者，"写作文化" 研讨会（Symposium on Writing Culture），华盛顿大学暨西雅图亚洲艺术博物馆，2001 年 4 月

组织者，"徽宗与北宋晚期的文化" 研讨会（Symposium on Huizong and the Culture of Late Northern Song China），西雅图，2001 年

组织者，"中国文化中的视觉维度" 研讨会（Symposium on Visual Dimensions of Chinese Culture），普林斯顿高等研究院，1999 年

合作组织者，"与古人对话——六朝时期的中国" 学术讨论会（Conference on Dialogue with the Ancients, China in the Six Dynasties Period），1996 年 8 月

合作组织者，"八至十四世纪中国的宗教和社会学术讨论会"（Conference on Religion and Society in China, 750-1300），1989 年 10 月

合作组织者，"中国的婚姻和不平等" 学术讨论会（Conference on Marriage and Inequality in China），1988 年 1 月

合作组织者，"中国历史中的家庭和亲属制度" 学术讨论会（Conference on Family and Kinship in Chinese History），1983 年 1 月

组织者，"权威、家庭和亡者"（Authority, the Family, and the Dead）小组讨论会，美国历史学会年会，1989 年 12 月

组织者，"中国中古史研究的趋势和转折点" 双重小组讨论会（Double Panel on Trends and Turning Points in Middle Period China），美国亚洲研究协会年会，1986 年

组织者，美国中西部中国研讨班前现代中国场（Session of the Midwest China Seminar on Premodern China），1981 年 5 月

组织者，"唐宋中国新探" 小组讨论会（Panel on New Approaches to Tang and Song China），美国亚洲研究协会年会，1980 年

组织者，"唐宋社会与官僚体制" 小组讨论会（Panel on Tang-Sung Society and Bureaucracy），美国中西部亚洲事务学术讨论会，1975 年

学术会议-讲评讨论

"十至十三世纪中国的新研究"工作坊,欧洲中国研究院,2021年10月

"作为史料的墓志铭"小组讨论会(Panel on Epitaphs as a Historical Source),
　　美国亚洲研究协会年会,2019年(讲评人兼报告人)

"大北京宋辽西夏金学者"研讨会(Symposium of Song-Liao-XiXia-Jin
　　Scholars in Great Beijing),2017年,北京

"十一至十七世纪中国的精英"研讨会(Symposium on Elites in China, 1000–
　　1600),"中研院"人文社会科学研究中心,2015年,台北

"中国历史中的孝道"学术讨论会(Conference on Filial Piety in Chinese
　　History),弗吉尼亚大学,2013年

"中古中国的主客关系"小组讨论会(Panel on Patron Client Relations in
　　Medieval China),美国亚洲研究协会年会,2012年

"唐宋中国的婚姻、家庭关系和地位"小组讨论会(Panel on Marriage,
　　Familial Relations and Status in Tang［618–907］and Song［960–1279］
　　China),美国亚洲研究协会年会,2008年

"帝制中国时期的女德与政治"小组讨论会(Panel on Female Virtues and
　　Politics in Imperial China),第四届亚洲学者国际会议(ICAS),2005年,
　　上海

"统一之前:六世纪中国的军事和社会政治形态"小组讨论会(Panel on
　　Before Unification: Military and Socio-Political Aspects of Sixth Century
　　China),美国亚洲研究协会年会,2005年

"儒家殉道"小组讨论会(Panel on Confucian Martyrdom),美国亚洲研究协
　　会年会,2001年

"跨越边界:宋辽关系"学术讨论会(Conference on Crossing Borders: Song-
　　Liao Relations),波特兰,2000年

"古代中国之谜"学术讨论会(Conference on Mysteries of Ancient China),伦
　　敦,1996年

"东亚的仪礼和社团生活"学术讨论会(Conference on Ritual and Community

Life in East Asia），蒙特利尔，1996年

"与古人对话"学术讨论会（Conference on Dialogue with the Ancients），贝灵汉（Bellingham），1996年

"叙事、艺术与仪式：现代东亚国家身份的想象与建构"学术讨论会（Conference on Narratives, Art, and Ritual: Imagining and Constructing Nationhood in Modern East Asia），伊利诺伊州厄巴纳（Urbana），1996年

"宋代佛教"学术讨论会（Conference on Buddhism in Sung China），伊利诺伊州阿勒屯（Allerton），1996年

"宫廷女性：重新审视中国历史上的强势女性"小组讨论会（Panel on Palace Ladies: Reexamining Powerful Women in Chinese History），美国亚洲研究协会年会，1996年

"古地理视野下的上古女性"小组讨论会（Panel on Paleographic Perspectives on women in Early China），美国亚洲研究协会年会，1996年

"《红楼梦》：中国文化与社会的大家庭隐喻"暑期学院（Summer Institute on *Dream of the Red Chamber*: The Extended Family as Metaphor for Chinese Culture and Society），芝加哥，1995年

"争议中国：近期学术研究的问题与展望"圆桌会（Roundtable on China Contested: Issues and Perspectives in Recent Scholarship），美国亚洲研究协会年会，1995年

"权力、性与约束：唐代女性的生活"小组讨论会（Panel on Power, Sexuality, and Constraint: Life of Women in the T'ang Dynasty），美国亚洲研究协会年会，1995年

"专念的身体：缠足"小组讨论会（Panel on The Mindful Body in China: Footbinding），美国亚洲研究协会年会，1994年

"姻亲与同族：宋代亲属关系的形态"小组讨论会（Panel on Affines and Agnates: Aspects of Kinship in Song China），美国亚洲研究协会年会，1994年

"明清中国的女性和文学"学术讨论会（Conference on Women and Literature in Ming-Qing China），耶鲁大学，1993年

"宋元转型"研讨会（Symposium on the Song-Ming Transition），加州大学洛
　　杉矶分校，1993年

"训诫与约束：明清至民国时期的女性身体政治"小组讨论会（Panel on
　　Discipline and Restrictions: The "Body" Politics of Women, from Late
　　Imperial to Republican China），美国亚洲研究协会年会，1992年

东亚研究学术交流欧美学术讨论会（European-American Conference on
　　Exchanges in East Asian Studies），纽约，1988年

"中国的宗教遗产"工作坊（Workshop on the Legacy of Religion in China），麻
　　省剑桥，1988年

"中国文化中死亡的社会意义"学术讨论会（Conference on the Social
　　Significance of Death in Chinese Culture），亚利桑那，1985年

美国国家人文基金会"本科课程中的亚洲内容"学术讨论会（NEH National
　　Conference on Asia in the Undergraduate Curriculum）旧金山，1983年

"教授中国文明"小组讨论会（Panel on Teaching Chinese Civilization），美国
　　亚洲研究协会年会，1982年

"中国史研究的现状与未来"学术讨论会（Conference on the Current State
　　and Future Prospects in Chinese History），俄亥俄州哥伦布，1981年

其他专业活动和职责

哈佛大学监察委员会东亚语言和文明系审核委员会成员，2014年
古根海姆基金会古根海姆奖顾问，2011–2017年
美国学术团体联合会／鲁斯基金会项目报评审，2016、2017年
美国人文基金会研究、教育、公共项目类基金申报评审
研究基金申请评审：
　　蒋经国基金会、香港研究资助局、加拿大国家研究委员会、美国学术团
　　体联合会、福布莱特基金会、古根海姆基金会
升等审阅外校专家（30所大学）
博士资格外校主考人（3所大学）
学术会议筹办委员会：

东亚仪礼（1994年）、古代中国的历史和语言文字学（1983年）、六朝史料（1981年）

全美亚洲课程教育项目顾问，1993年

麦格劳-希尔出版社六年级历史教科书《古代世界：时空历险》(*Ancient World: Adventures in Time and Place*)顾问

夏威夷大学东亚研究项目校外考核专家，1997年

高等学院学术演讲和研讨班

芝加哥大学、印第安纳大学、密歇根大学、普林斯顿大学、哥伦比亚大学、哈佛大学、耶鲁大学、华盛顿大学、纽约州立大学奥尔巴尼分校、亚利桑那州立大学、西南大学、爱荷华大学、斯坦福大学、加州大学戴维斯分校、罗格斯大学、杜佩奇学院、杜克大学、宾夕法尼亚大学、凯尼恩学院、乔治敦大学、三一大学、不列颠哥伦比亚大学、西华盛顿大学、维多利亚大学、斯沃斯莫尔学院、弗吉尼亚大学、西雅图大学、布朗大学、圣罗斯学院、波莫纳学院、南加州大学、香港浸会大学、莱斯大学、多伦多大学、惠特曼学院、墨尔本大学、悉尼科技大学、香港大学、香港中文大学、香港科技大学、中山大学、剑桥大学、牛津大学、伦敦大学亚非学院、明斯特大学、波鸿大学、法兰克福大学、柏林自由大学、加州大学伯克利分校、田纳西大学、堪萨斯大学、台湾大学、北京大学、清华大学、中国人民大学、圣母大学、巴黎大学

学术会议和研讨会报告

2019年　"宋代中国的移民文化"（The Culture of Migration in Song China），"宋代史料新视角"学术讨论会（Conference on New Perspectives on Song Sources），台湾

2019年　"中国人口基因组学最新研究及其与中国史研究的相关性"（Recent Research on Chinese Population Genomics and its Relevance to the Study of Chinese History），华盛顿大学中国研究项目

2018年　"中国历史上基于地方的身份认同、移民和统一"（Place-Based Identities, Migration, and Unification in Chinese History），"中国移

民史新视角"小组讨论会（Panel on New Perspectives on Migration in Chinese History），美国亚洲研究协会年会，华盛顿

2017年　"将皇帝放到宋朝的宝座"（Putting Emperors on the Song throne）第二届九至十五世纪的中国国际学术讨论会，莱顿

2016年　"以世界史视角看宋代中国"（Song China from the Perspective of World History），国际宋史协会学术讨论会主题演讲，广州

2016年　"榜谕告示"（Informing the Public by Posting Notices），国际宋史协会学术讨论会

2016年　"一个历史学家对宋代视觉文化的探索"，台湾大学

2015年　"徽宗宫廷的文化"（Culture at the Court of Emperor Huizong），汝窑研讨会，汉城

2015年　"谁会读你的写作：如何在数字时代维持学术圈？"（Who Will Read What You Write: Sustaining Scholarly Communities in the Digital Age），汉学研究新前沿学术讨论会（Conference on New Frontiers in Chinese Studies），台湾"国家图书馆"汉学中心

2015年　"朱熹在书法作品上的题跋与文人视觉文化"（Zhu Xi's Colophons on Calligraphy and Literati Visual Culture），"艺术之友：十一至十四世纪文人的文化活动和社会网络"学术讨论会（Conference on Friends of the Arts: Cultural Activities and Social Networks of the Literati during the Eleventh to Fourteenth Centuries），台北

2015年　"榜而告之：宋代与民众的交流"（Informing the Public by Posting Notices in Song China），"十二至十七世纪欧洲和中国的政治传播"学术讨论会（Conference on Political Communication in Europe and China, 1100−1600），罗马

2015年　"辽宋金元时期的国家强制移民"（State-Forced Relocations in Liao, Song, Jin, and Yuan），美国西北部中国论坛（Northwest China Forum）

2013年　"宋朝宫廷收藏"（Collecting at the Song Court），收藏亚洲学术讨论会（Conference on Collecting Asia），宾夕法尼亚州立大学

2013年　"中国大小之问"（The Question of China's Size），普林斯顿高等研究院历史研究学院

2012年　"作为学术资料的徽宗古董收藏"（Huizong's Collection of Antiquities as a Scholarly Resource），"回应古代研讨会"（Symposium on the Reception of Antiquity），纽约大学古代世界研究所

2012年　"政府政策"（Government Policy），"宋代宗教"学术讨论会（Conference on Song Religion），香港中文大学

2012年　"宫廷画"（Court Painting），"另一个视野的空间"学术讨论会（Conference on Room for Another View），密歇根大学

2011年　"创立皇室辉煌：宋徽宗的建筑项目"（Creating Royal Magnificence in Song China (960-1276): The Building Projects of Emperor Huizong），"帝制中国晚期和近代欧洲早期的王朝权力结构和遗产"工作坊（Workshop on Structures and Legacies of Dynastic Power in Late Imperial China and Early Modern Europe），德国沃尔芬比特尔

2011年　"创立、重建庞大帝国：有关帝制中国官僚机构及其国域间联系的思考"（Creating and Re-Creating a Huge Empire: Reflections on the Connections between Imperial China's Bureaucracy and Its Size），"帝国与官僚体制"学术讨论会（Conference on Empires and Bureaucracies），都柏林

2011年　"社会性别与中国皇帝"（Gender and the Chinese Emperor），哈佛大学亚洲中心

2009年　"宋时期皇权物质文化中的龙"（The Dragon in the Material Culture of Imperial Sovereignty in the Song Period），"中国帝制时期的物质文化"学术讨论会（Conference on Material Culture of Imperial China），台湾清华大学

2009年　"朱熹《家礼》中的饮食"（Food and Drink in Zhu Xi's *Family Rituals*），"朱熹《家礼》在东亚"学术讨论会（Conference on Zhu Xi's *Family Rituals* in East Asia），韩国安东

2009年　　"皇帝的书信往来"（Letters to and From the Emperor），第六届亚洲学者国际会议（ICAS），韩国大田

2009年　　"唐代研究的未来二十五年"圆桌讨论，美国唐代学会二十五周年纪念研讨会，纽约州奥尔巴尼

2008年　　"宋代的党争和专制"（Factionalism and Autocracy in the Song Period），宋史学术讨论会，昆明

2008年　　"宋时期作为皇室形象的龙"（The Dragon as an Imperial Image in the Song Period），"活跃的中国艺术"研讨会（Symposium on the Chinese Art of Enlivenment），哈佛大学

2007年　　"图释中国妇女史"，女性史史料学术讨论会，香港

2007年　　"反思宫廷艺术收藏：北宋的案例"（Rethinking Imperial Art Collecting: The Case of the Northern Sung），"开创典范：北宋的艺术与文化"研讨会（Symposium on Founding Paradigms: The Art and Culture of the Northern Sung Dynasty），台北

2006年　　"同兴共亡：辽与北宋"（Rising and Falling Together: Liao and Northern Song），"中国的新考古：重新估价辽帝国"研讨会（Symposium on China's New Archaeology: Reassessing the Liao Empire, 907–1125 AD），纽约

2006年　　"北宋朝廷复制周钟"（Replicating Zhou Bells at the Northern Song Court），"重塑过去：中国艺术和视觉文化中的古董主义与复古风"研讨会（Reinventing the Past: Archaism and Antiquarianism in Chinese Art and Visual Culture），芝加哥

2006年　　"权势皇后传记中的信息：以向皇后为例"（Seeing Through Biographies of Powerful Empresses: The Case of Empress Xiang），"女性传记"学术讨论会（Conference on Chinese Women's Biography），加州尔湾

2005年　　"身兼道家与皇帝的徽宗"（Huizong as Both Daoist and Emperor），第四届亚洲学者国际会议（ICAS），上海

2004年　　"徽宗和他的收藏品目录"（Emperor Huizong and the Catalogues of

his Collections），美国亚洲研究协会年会，圣地亚哥

2003年　"宫廷收藏对宫廷绘画的影响：宋徽宗个案研究"，宫廷艺术学术讨论会，北京故宫博物馆

2003年　"徽宗朝之秘阁与文物收藏"（The Palace Library and the Collection of Cultural Relics at the Court of Song Huizong［r. 1100-1125］），"中国艺术：概念与背景"学术讨论会（Conference on Chinese Art: Concepts and Contexts），波恩

2002年　"成为政治问题的帝王孝道"（Imperial Filial Piety as a Political Problem），"孝——中国传统中孝道的性质与实践"学术讨论会（Conference on "Xiao—Nature and Practice of Filial Piety in Chinese Tradition"），新加坡

2001年　"徽宗的碑刻"（Huizong's Stone Inscriptions），"徽宗与北宋文化"工作坊（Workshop on Huizong and the Culture of the Northern Song），普罗维登斯，罗得岛

2001年　"记录、谣言、想象：开封沦陷前后徽宗朝宫廷女性的有关史料"，唐宋妇女学术讨论会，北京

2001年　"徽宗的御笔之用"（Huizong's Use of the Imperial Brush），"徽宗与北宋文化"工作坊（Workshop on Huizong and the Culture of Northern Song China），西雅图

2001年　"徽宗御笔碑"（Huizong's Imperial Brush Stelae），"写作文化"研讨会，西雅图亚洲艺术博物馆

2000年　"徽宗——道家皇帝画家"（The Daoist Emperor-Painter Huizong［1101-1125］），"道教与中国艺术"研讨会（Symposium on Taoism and the Arts of China），芝加哥艺术博物馆

2000年　"宋时期的皇帝与地方社区"，第一届中国史国际学术研讨会，日本早稻田大学

2000年　"徽宗与蔡京"，第三届宋史国际学术研讨会，保定

2000年　"徽宗与道教大师的关系"（Huizong's Relations with Daoist Masters），美国亚洲研究协会年会

1999年 "徽宗朝宫廷中的艺术与道教"（Art and Daoism at the Court of Song Huizong），西雅图汉学圈

1999年 "肖像画之纳入中国祭祖仪式"（The Incorporation of Portraits into Chinese Ancestral Rites），"仪式变迁的动因：社会和文化背景之下的宗教仪式转型"（The Dynamics of Changing Rituals: The Transformation of Religious Rituals within Their Social and Cultural Context）学术讨论会，海德堡

1999年 "视觉文化和中国的文化史"，蒋经国基金会十周年纪念讨论会

1999年 "甚于赞助：徽宗的艺术政治"（Beyond Patronage: Huizong's Art Politics），"中国文化的视觉维度研讨会"，普林斯顿高等研究院

1998年 "宋朝社会地位的视觉展示"（Visual Display of Status in Song China），"中国文化的视觉维度"研习班（Seminar on Visual Dimensions of Chinese Culture），普林斯顿高等研究院

1998年 "性别与汉学：十四到十九世纪西方对缠足的诠释"（Gender and Sinology: Western Interpretations of Footbinding, 1300–1890），"中国女性研究学术讨论会"，北京大学

1998年 "命运观是如何影响人们的行为的"（How Ideas about Fate Influenced People's Behavior），美国亚洲研究协会年会

1997年 "西方男人、中国女人和缠足，1200–1890年"（Western Men, Chinese Women, and Footbinding, 1200–1890），不列颠哥伦比亚中国学者研讨会，维多利亚大学

1996年 "宋朝帝后画像的礼仪语境"（The Ritual Context of Sung Imperial Portraiture），"宋元艺术和文化"研讨会（Symposium on Sung and Yuan Arts and Culture），普林斯顿

1996年 "中国的女性隔离"（Seclusion of Women in China），伯克夏尔妇女史会议（Berkshire Conference on Women's History）

1995年 "宋代皇室祖先崇拜中帝后雕塑肖像和绘画肖像"（Sculpted and Painted Portraits of Emperors and Empresses in the Cult of the Imperial Ancestors during the Song Dynasty），"东亚的国家和礼仪"

学术讨论会（Conference on State and Ritual in East Asia），巴黎

1995年　"中国的儒家思想、社会性别建构及性别不平等之持恒"
（Confucianism, the Construction of Gender, and the Persistence of
Sexual Inequality in China），"社会性别和历史"研讨会（Symposium
on Gender and History），不列颠哥伦比亚大学

1994年　"唐至元时期汉人身份认同的伦理成分"（Ethic Components of
Chinese Identity During Tang through Yuan Times），"中国人的身份
认同"研讨会（Symposium on Chinese Identities），加州大学伯克利
分校

1993年　"女性与中国传统"（Women and Chinese Tradition），"当代中国
的传统制度和价值观"学术讨论会（Conference on "Traditional
Institutions and Values in Contemporary China"），东西方中心，火
奴鲁鲁

1993年　"宋代中国的酿成"（Engendering Song China），美国亚洲研究协会
年会

1993年　"宫廷仪礼与作为想象中的群体的中国"（Imperial Rituals and
China as an Imagined Community），"东亚的宫廷仪礼"学术讨论
会（Conference on Court Rituals in East Asia），剑桥大学

1992年　"宋代妇女，亦或缠足为何流行？"（Women in Sung China, Or Why
Foot Binding Spread），宋史研讨会，哈佛大学

1992年　"宋代的财产法和赘婿婚"（Property Law and Uxorilocal Marriage
in the Sung Period），"家族与政治学术"讨论会，台湾"中研院"近
代史研究所

1992年　"父系制楷模与含糊的形象"（Patrilineal Models and Ambiguous
Images），美国亚洲研究协会年会

1992年　"再现前现代中国的女性"（Representing Women in Premodern
China），"构建、展现亚洲"研讨会（Symposium on "Constructing
and Presenting Asia"），罗格斯大学

1991年　"汉代的礼经与家礼实践"（The Ritual Classics and the Practice of

Family Rituals in the Han），"汉代生活"研讨会（Symposium on Life in Han China），芝加哥大学

1991年　"宋代中国的妇女和婚姻：阐释持续性"（Women and Marriage in Sung China: Explaining Continuities），中国妇女史研究小组，东京；东亚的社会性别研习班，西雅图

1990年　"十一世纪新精英的祭祖仪式"（Ancestral Rites for a New Elite in the Eleventh Century），"中国的知识分子、理念和行动"研讨会（Symposium on Chinese Intellectuals, Ideals and Actions），香港

1990年　"宋元史料"（Sources for the Sung and Yuan），"中国史史料研习班"（Seminar on Sources for Chinese History），奥斯陆

1990年　"妇女、金钱与阶级：司马光及宋代理学的妇女观"（Women, Money, and Class: Ssu-ma Kuang and Neo-Confucian Views on Women），"十至十八世纪的中国文化和社会"学术讨论会，台北

1990年　"创造、颠覆和挑战关于宋明家礼的正统观念"（Creating, Subverting, and Challenging Orthodoxy on the Issue of Family Rituals in Sung-Ming China），"亚洲和世界的学习、讨论自由"研习会（Symposium on Freedom on Learning and Discussion in Asia and the World），纽约

1990年　《家礼》系列中的祭祖仪式"（Liturgies for Ancestral Rites in Successive Versions of the *Family Rituals*），"中国民间宗教中的仪式与经文"学术讨论会（Conference on Rituals and Scriptures in Chinese Popular Religion），博德加湾（Bodega Bay）

1989年　"宋朝廷对民众丧葬习俗的反应"（The State Response to Popular Funeral Practices in the Sung），"八至十四世纪中国的宗教和社会"学术讨论会，洛杉矶

1988年　"六世纪到十三世纪婚姻资金的变化"（Shifts in Marriage Finance, the Sixth Through Thirteenth Centuries），"中国社会中的婚姻与不平等"学术讨论会，加州阿西洛玛

1987年　"汉至宋时期精英统治的某些动因"（Some Dynamics of Elite

Domination in Han-Song China），"地方精英与统治模式"学术讨

论会（Conference on Local Elites and Patterns of Dominance），班夫

1987年　"火葬和宋代丧葬仪式"（Cremation and Sung Funerary Rituals），美日

历史学家学术讨论会（U-S.-Japanese Historians' Conference），洛杉矶

1987年　"宋朝精英的结婚年龄：来自墓志和家谱的证据"（Age at Marriage

among the Sung Elite: Evidence from Epitaphs and Genealogies），

"中国的系谱人口统计"学术讨论会（Conference on Chinese

Lineage Demography），加州阿西洛玛

1986年　"中国社会的儒教化"（The Confucianization of Chinese Society），

普林斯顿大学儒家社会关系研习班和南加州地区中国研习班

1985年　"宋代家礼的形成"（The Formulation of Family Rituals During the

Sung Dynasty），国际宋史学术讨论会，杭州

1984年　"宋代的妾"（Concubines in Sung China），美国亚洲研究协会年会

1983年　"亲属团体组织发展的早期阶段"（The Early Stages in the

Development of Kin Group Organization），哥伦比亚大学传统中国

研习班

1983年　"宋代的家庭概念"（Conceptions of the Family in the Sung Dynasty），"中

国历史中的家庭和亲属关系"学术讨论会（Conference on Family and

Kinship in Chinese History），加州阿西洛玛

1981年　"宋代的妇女和亲属关系结构"（Women and the Structure of

Kinship during the Sung），中西部中国研讨班，芝加哥

1980年　"宋代的寡妇和亲属关系结构"（Widows and the Structure of

Kinship during the Sung Dynasty），美国亚洲研究协会年会

1980年　"二世纪的土地所有权和社会结构变化：来自墓葬的证据"

（Landholding and Changes in Social Structure in the Second

Century: The Evidence from Tombs），"发掘中国的过去：考古新发

现与早期帝国时期历史记录的整合"学术讨论会（Conference on

China's Past Unearthed: Reconciliation of the New Discoveries and

the Historical Record of the Early Imperial Period），旧金山

1976年 "后汉的主客关系"（Patron-Client Relations in the Later Han），
"中国历史中的精英和决策"工作坊（Workshop on "Elites and
Decision Making in Chinese History"），费城

1975年 "唐代的贵族家庭"（Aristocratic Families in the Tang），中西部亚
洲研究大会年会（Annual Meeting of the Midwest Conference on
Asian Affairs）

1974年 "北朝时期北方大族精英地位的维持"（Preservation of Elite Status
by the Great Northeastern Families during the Northern Dynasties），
美国亚洲研究协会年会

教课

华盛顿大学，1997-2020年

《中国文明》《中国史（1276前）》《中国社会史》《中国妇女史（19世纪前）》
《世界史中的问题（16世纪前）》《帝国比较史》《中国史—研究生专
业课及研讨班》《唐宋时期》《中国史主课研讨班》《投稿简介工作坊》
（Prospectus workshop）《宋代的国家与社会研讨班》《中国的文人文化研
讨班》《马可·波罗研讨班》《中国文化中的文字世界研讨班》《历史视
野下的中国身份标识》《中国历史中的国家和移民》

伊利诺伊大学，1973-1997年

《中国文明》《文言文导论》《文言文阅读》《中国妇女史》《中文史料》《东亚
研究书目及方法》《东亚史（一）》《东亚史（二）》《中国与外部世界》
《东亚的人与社会（一）》《东亚的人与社会（二）》《中国和日本的家庭
与社团》《中国的宗教和社会，750-1300年》《亚洲研究研讨班》《亚洲研
究研习会》《中国史研讨班》

院校服务

华盛顿大学，1997-2020年

历史系本科课程委员会，2019-2020年

华盛顿大学燕京学院提名委员会，2016年、2017年、2018年

晋升委员会，2017年

明清史助理教授遴选委员会，2014-2015年

副教授评审委员会，2019年、2017年、2014年、2008-2010年、2003年

终身教授评审委员会，2012年

讲师聘任委员会，2008-2009年

外语和区域研究奖学金（FLAS）东亚遴选委员会主席，2003年、2008年、
    2012年

对外事务委员会（历史系），2007-2008年

明治前日本史教职遴选委员主席，2006-2007年

东亚中心外展演讲员，2007年

历史系咨询委员会，2003-2004年、2006-2007年

历史系代理主任，2006年

南亚史教职遴选委员主席，2004-2005年

东亚中心教学成果奖遴选委员会，2004年

东亚中心主任，1999-2001年

日本捐赠基金委员会，2000-2001年

历史系研究生课程委员会1997-1998年

杰克森学院助理教授评审委员会主席，1998年

杰克森学院副教授评审委员会主席，1999年、2000年

历史系副教授评审委员会主席，1999-2000年

本地汉学家研讨班召集人，1997-2002年

福布莱特奖面试委员会，1999年

历史系治理规划小组委员会，2000年

杰克森学院科技规划小组委员会，2000年

博士生

谢宝华（Bau-Hwa Hsieh）

博士论文：《十四至十七世纪中国社会中的妾》(Concubines in Chinese

Society from the Fourteenth to the Seventeenth Centuries），1992年

现任职务：西俄罗冈大学教授

姚平

博士论文：《白居易作品中的女性、爱与女性气质》（Women, Love, and Femininity in the Writings of Bo Juyi, 772–846），1997年

现任职务：加州大学洛杉矶分校教授

James Anderson

博士论文：《宋王朝南部边境的疆界管理和朝贡关系：十世纪和十一世纪的中国和越南》（Frontier Management and Tribute Relations along the Empire's Southern Border: China and Vietnam in the 10th and 11th Centuries），1999年

现任职务：北卡罗来纳大学格林斯伯勒（Greensboro）分校教授

张聪

博士论文：《宋代中国的旅行文化》（The Culture of Travel in Song China），2003年

现任职务：弗吉尼亚大学教授

易素梅

博士论文：《九至十四世纪中国北方女性神灵的产生》（Female Deities in North China, 800–1400），2009年

现任职务：中山大学副教授

程晓文

博士论文：《游记与隐欲：10–13世纪宋朝女性的性征》（Traveling Stories and Untold Desires: Female Sexuality in Song China, 10th–13th Centuries），2012年

现任职务：宾夕法尼亚大学副教授

Chad Garcia

博士论文：《帝国边缘的骑手》(Horsemen from the Edge of Empire)，2012年

现任职务：哥伦比亚盆地学院(Columbia Basin College)助理教授

Jeongwon Hyun

博士论文：《东亚外交礼品：宋、辽、高丽、西夏》(Diplomatic Gifts in East Asia: Song, Liao, Koryo, XiXia)，2013年

现任职务：西华盛顿大学访问助理教授

段晓琳

博士论文：《南宋时期西湖旅游》(Tourism to West Lake in the Southern Song Period)，2014年

现任职务：北卡莱罗纳州立大学副教授

Peyton Canary

博士论文：《北宋的国家与兵变，1000—1050》(State and Mutiny in the Northern Song, 1000—1050)，2017年

现任职务：西华盛顿大学访问助理教授

更新日期：2021年12月

（姚　平　译）